Meine Erinnerungen

Band VI

1832 bis 1833

Alexandre Dumas

(Übersetzer: EM Waller)

Writat

Diese Ausgabe erschien im Jahr 2024

ISBN: 9789359946078

Herausgegeben von
Writat
E-Mail: info@writat.com

Inhalt

BUCH I

KAPITEL I

Vorbereitungen für meinen Kostümball – Ich finde, dass meine Unterkunft zu sehr im Stil von Sokrates ist – Meine Künstler-Dekorateure – Die Frage des Abendessens – Ich gehe in La Ferté-Vidame, um Lebensmittel zu holen – Blick auf diese Hauptstadt des Kantons bei Nacht, im Schneesturm – Das Zimmer meines Neffen – Mein Freund Gondon – Rehbockjagd – Rückkehr nach Paris – Ich erfinde vor Herrn Proudhon eine Wechselbank – Die Künstler bei der Arbeit – Die Toten

Die Karnevalszeit rückte näher, und Bocages Vorschlag, ich solle einen Ball geben, verbreitete sich in der Künstlerwelt und wurde von allen Seiten auf mich zurückgeworfen. Eine der ersten Schwierigkeiten, die aufkamen, war die Frage der Kleinheit meiner Unterkunft – meine Räume bestanden aus einem Esszimmer, einem Wohnzimmer, einem Schlafzimmer und einem Arbeitszimmer, die zwar von der Größe her für eine Wohnung ausreichend waren, für eine Party jedoch zu klein waren. Für einen Ball, den ich gab, waren drei- oder vierhundert Einladungen erforderlich; und wie konnte ich drei- oder vierhundert Leute in einem Esszimmer, einem Salon, einem Schlafzimmer und einem Arbeitszimmer unterbringen? Glücklicherweise fiel mir eine Reihe von vier Räumen auf demselben Treppenabsatz ein, die nicht nur leer, sondern auch ohne jegliche Dekoration waren – abgesehen von den Spiegeln über den Kaminsimsen und der blaugrauen Tapete, die die Wände bedeckte. Ich bat den Vermieter um Erlaubnis, diese Reihe von Räumen für den Ball zu verwenden, den ich geben wollte. Sie wurde mir gewährt. Als nächstes kam die Frage der Dekoration der Räume. Dies war die Aufgabe meiner Künstlerfreunde. Sie wussten kaum, dass ich sie brauchte, da kamen sie und boten mir ihre Dienste an. Vier Räume mussten dekoriert werden, und sie teilten sich die Aufgabe auf. Die Dekorateure waren keine anderen als Eugène Delacroix, Louis und Clément Boulanger, Alfred und Tony Johannot, Decamps, Grandville, Jadin, Barye, Nanteuil – eigentlich unsere ersten Maler. Ciceri übernahm die Decken. Es stellte sich die Frage, ob das Motiv aus einem Roman oder einem Theaterstück der einzelnen anwesenden Autoren stammen sollte. Eugène Delacroix übernahm es, König Rodrigo nach der Niederlage der Guadalèté zu malen, ein Motiv aus dem *Romancero*, übersetzt von Émile Deschamps. Louis Boulanger wählte eine Szene aus *Lucrèce Borgia* , Clément Boulanger eine Szene aus *Tour de Nesle* , Tony Johannot eine Szene aus *Sire de Giac* , Alfred Johannot eine Szene aus *Cinq-Mars* . Decamps versprach ein Debureau in einem mit Mohn und Kornblumen übersäten Kornfeld; Grandville nahm ein zwölf Fuß langes und acht Fuß breites Gemälde, auf dem er sich verpflichtete, alle unsere Berufe in einem Bild wiederzugeben, das ein Orchester aus dreißig oder vierzig Musikern darstellte, von denen einige mit Zimbeln klirrten, andere chinesische Hüte schüttelten, einige auf Hörnern und Fagotten bliesen und andere auf Geigen und Violoncelli kratzten. Außerdem waren über jeder Tür spielende Tiere zu sehen.

Barye übernahm die Fensterrahmen: Löwen und Tiger in Lebensgröße bildeten diese Stützen. Nanteuil gestaltete die Umgebung, die Ornamente und die Türfüllungen. Nachdem dieser Punkt geklärt war, wurde beschlossen, dass Ciceri vier oder fünf Tage vor dem Ball die Leinwände an die Wände spannen und Pinsel, Maße und Farben mitbringen sollte. Wenn die Künstler mit ihrer Arbeit begonnen hatten, durften sie diese nur verlassen, um zu Bett zu gehen: Sie sollten im Haus verköstigt und mit Getränken versorgt werden. Die Kollation sollte aus drei Teilen bestehen.

Jetzt blieb noch eine Sache von größter Wichtigkeit zu erledigen, nämlich das Abendessen. Ich dachte daran, die Hauptgrundlage dafür mit Wild zu schaffen, das ich selbst erlegt hatte; das wäre sowohl ein Vergnügen als auch eine Ersparnis. Ich machte mich auf die Suche nach Monsieur Deviolaine, der mir die Erlaubnis erteilte, im Wald von La Ferté-Vidame zu schießen. Das war umso erfreulicher, als mein alter Freund Gondon dort Inspektor war, und ich war ganz sicher, dass er mir keinen Rehbock mehr oder weniger missgönnen würde. Außerdem galt die Erlaubnis außer mir auch für einige Freunde. Ich lud Clerjon de Champagny, Tony Johannot, Géniole und Louis Boulanger ein. Mein Schwager und mein Neffe sollten von Chartres aufbrechen und zur verabredeten Stunde in La Ferté-Vidame eintreffen. Ich benachrichtigte Gondon zwei Tage vorher, damit er die nötigen Treiber besorgen konnte, und wir vereinbarten, dass wir in einem Gasthof übernachten sollten, dessen Adresse er mir gab, und dass wir dort schlafen sollten; dass wir den ganzen nächsten Tag schießen sollten und dass wir, je nachdem, ob wir zu müde waren oder nicht, entweder am selben Abend oder am nächsten Morgen abreisen sollten. Wir sollten die Reise in einer riesigen *Berline machen* , die ich zufällig besaß. Alles, was beschlossen wurde, wurde peinlich genau ausgeführt. Wir brachen zwischen neun und zehn Uhr morgens auf. Wir rechneten damit, gegen sechs oder sieben Uhr abends anzukommen, aber als wir ein Drittel unserer Reise zurückgelegt hatten, überkam uns der Schnee, und statt um sieben anzukommen, war es Mitternacht, bevor wir dort ankamen, und wir hatten während der ganzen langen Reise nichts gehabt, um uns zu wärmen, außer dem nie versagenden Witz und den bezaubernden Geistern von Champagny, zu denen als Begleitung der Klang einer Blechtrompete dazukam, die er irgendwo gekauft hatte, ich weiß nicht zu welchem Zweck, und ihr lustiger Klang brachte uns dazu, vor Lachen zu schreien.

Als wir ankamen, fanden wir natürlich alle schlafend vor; in La Ferté-Vidame gehen sie im Sommer um zehn und im Winter um acht zu Bett. Wir betraten einen herrlichen Schneeteppich, der mich an die Wolfsjagden meiner Jugend mit meinen alten Freunden M. Deviolaine und den Wildhütern erinnerte. Wie viele Dinge waren zwischen den Schneefällen von 1817 und denen von 1832 geschehen und waren mit ihnen dahingeschmolzen! Wir sahen aus wie diejenigen, die an die Nebengebäude des Dornröschenschlosses klopften; niemand antwortete uns, und als wir immer betäubter wurden, fing ich bereits an, davon zu sprechen, die Tür des Gasthofs aufzubrechen, wie ich es bei M. Dupont-Delportes Landhaus getan hatte, als ich von der anderen Seite der Tür die Stimme meines Neffen hörte. Er war genau in dem Alter, in dem ich war, als ich wegen der Jagd nicht schlafen konnte – der arme Junge, er ist inzwischen gestorben! Halb wach von der Freude, die er sich auf den Sport am nächsten Tag freute, erwachte er völlig durch den Lärm, den wir machten, durch unsere verzweifelten Schreie und vor allem durch den Klang von Champagnys Trompete. Er strengte sich drinnen wie wir draußen an, um die Hotelgäste aus ihren Betten zu wecken. Schließlich stand ein Mann fluchend, schimpfend und mürrisch auf und flehte den Himmel an, zu wissen, ob dies die Stunde sei, um ehrliche Leute zu wecken. Die Tür öffnete sich und die schlechte Laune des Wirts beruhigte sich ein wenig, als er sah, dass wir mit der Postkutsche gekommen waren! Das machte es gerechtfertigt, dass er nachts gestört wurde, und von da an wurden wir gut aufgenommen. Mein Schwager hatte nicht kommen können. Émile, mein Neffe, war allein und hatte sich natürlich das beste Zimmer im Haus genommen, kraft seines Rechts als Erstankömmling. Man machte ihn sofort darauf aufmerksam, dass er in dem Alter sei, in dem man alles essen kann, und natürlich auch in dem Alter, in dem man die schlechtesten Betten und kältesten Zimmer bekommt. Sein Zimmer hatte einen prächtigen Kamin, in dem die Reste eines Feuers brannten, das ich mit der Gewissenhaftigkeit einer Vestalin pflegte, bis sie eine Ladung Holz brachten. Es war ein großer Raum; wir hielten Rat, und es wurde einstimmig beschlossen, die Matratzen aus den kleinen Räumen in den großen zu tragen, sie symmetrisch an der Wand anzuordnen und alle zusammen zu schlafen. Emile verlangte zwei Dinge: die Ehre, einer der Gäste zu sein, und das Recht, sein fertig gemachtes Bett auf den Boden zu stellen. Er hatte einen Vorrat an Wärme in seinen Laken gelassen, den er nicht verlieren wollte. Nachdem diese vorläufigen Vorbereitungen getroffen waren, gingen wir zum Abendessen. Jeder starb buchstäblich vor Hunger, und es gab auch buchstäblich nichts zu essen im Gasthof. Wir besuchten den Hühnerstall: Die Hühner hatten pflichtbewusst zwanzig Eier gelegt. Das machte vier Eier pro Person; wir bekamen jeder ein gekochtes Ei, zwei in einem Omelett und eines im Salat. Es gab Brot und Wein, wie man es brauchte. Ich glaube, wir haben nie ein fröhlicheres Abendessen gefeiert oder besser geschlafen. Im Morgengrauen wurden wir von Gondon geweckt. Er kam mit seinen beiden Hunden in voller Jagdausrüstung an. Fünfzehn Treiber, die am Vortag beschäftigt waren, warteten an der Tür auf uns. Die Toilette eines Jägers ist schnell gemacht. Ein riesiges Feuer wurde angezündet: Es gab keine Möglichkeit, die Reste des Abendessens vom Vorabend zu essen: Wir mussten uns mit einer in Weißwein getauchten Brotkruste zufrieden geben. Außerdem sprach Gondon von einer kalten Hammelkeule, die wir auf dem Weg an seinem Haus auflesen würden und die wir zwischen zwei Treibjagden im Wald an einem großen Feuer essen sollten ; diese willkommene Nachricht zauberte ein Lächeln auf die mürrischsten Lippen. Eine Viertelstunde später schossen wir. Man hat seine Tage der Geschicklichkeit, aber auch seine Tage des Mutes. Champagny, normalerweise ein ausgezeichneter Schütze, schoss an diesem Tag wie ein Droschkenkutscher und schrieb seine Ungeschicklichkeit der Enge des Laufs seiner Waffe zu. Ich weiß wirklich nicht, warum er mit einer Art doppelläufiger Pistole schoss. Tony Johannot war, glaube ich, ein völliger Neuling in Sachen Schießen. Géniole war ein Anfänger. Louis Boulanger hingegen pflegte mit einem Bleistift in der einen und einem Skizzenbuch in der anderen Hand zu schießen. Es waren also nur Gondon und ich da, beide alte Jäger, und da wir lange Gewehre hatten, waren wir die Könige der Jagd. Die Jagd verdient keine besondere Beschreibung; dennoch ereignete sich dort ein Vorfall, der seitdem im Wald von La Ferté-Vidame zu Wetten zwischen den Waldjägern und den Pariser Jägern, die meine Nachfolger waren, geführt hat. Wir wurden in einer Reihe aufgestellt, wie es bei einer *Treibjagd üblich ist,* und ich hatte als meine Position den Winkel gewählt, den ein kleiner schmaler Fußpfad und die Hauptstraße bildeten. Vor mir lag der Pfad waagerecht, und hinter mir verlief die Hauptstraße im rechten Winkel. Zu meiner Rechten war Tony Johannot, zu meiner Linken Géniole. Die Treiber trieben das Wild auf uns zu. Jedes gejagte Tier neigt dazu, dem Pfad zu folgen, wenn es auf eine Straße, insbesondere einen Fußweg, trifft, da es dadurch besser sehen und laufen kann. Drei Rehböcke, von den Treibern angetrieben, folgten dem Fußweg und kamen direkt auf mich zu. Tony Johannot, für den sie außer Reichweite waren, gab mir heftige Zeichen, da er glaubte, ich hätte sie nicht gesehen. Ich sah sie sehr gut, aber ich hatte die sehr ehrgeizige Idee im Kopf, alle drei mit zwei Schüssen zu töten. Tony, der meine Untätigkeit nicht verstand, verstärkte seine Signale. Trotzdem ließ ich die drei Rehböcke näherkommen. Schließlich, als sie fast dreißig Schritte von mir entfernt waren, blieben sie abrupt stehen und lauschten in bewundernswerter Position: Zwei kreuzten ihre schönen, anmutigen Hälse übereinander, einer blickte nach rechts, der andere nach links; der dritte blieb etwas zurück, von den beiden anderen verdeckt. Ich schoss auf die ersten beiden und brachte sie zur Strecke. Der dritte machte einen Sprung, aber nicht so schnell, dass er meinem zweiten Schuss entging. Dann stellte ich mich in Position, um mein Gewehr nachzuladen, da ich nicht wollte, dass mir die ganze Jagd zum Verhängnis wurde. Tatsächlich kam einen Augenblick später ein Rehbock an Gondon vorbei, und er tötete ihn. Als meine Kameraden sahen, dass ich nach meinen beiden Schüssen nichts tat, dachten sie, ich hätte danebengeschossen. Doch Géniole, der zu meiner Linken war, und Tony, der zu meiner Rechten war, fragten, was aus den Rehböcken geworden sei. Das Rätsel wurde ihnen von den Treibern erklärt, die die drei toten Böcke dreißig Schritte von mir entfernt fanden: zwei auf dem Weg – sie hatten sich nicht gerührt! – der andere vier Meter entfernt im Unterholz.

Als wir an diesem Abend bei Einbruch der Dunkelheit zurückkamen, war ein letzter Rehbock so unvorsichtig, vor uns in einer Art Lichtung aufzuspringen. Die Sonne, ein wenig hinter den Wolken hervorgekommen, ging buchstäblich in einem purpurnen Bett unter; trotz dieser Wetterbesserung am Horizont schneite es noch immer in dicken Flocken um uns herum. Plötzlich sprang ein Bock fünfzehn Meter von uns entfernt davon. Die Gewehre waren entladen, also musste der schnellste Lader herhalten. Zehn oder ein Dutzend Schüsse gingen fast gleichzeitig los. Der Bock verschwand inmitten von Feuer und Rauch. Hunde und Jäger nahmen die Verfolgung auf. Ich habe nie eine passendere Bildkomposition gesehen als die, die der Zufall geschaffen hatte – Boulanger war außer sich vor Ekstase! Da er kein Gewehr hatte, konnte er alles sehen, ohne abgelenkt zu werden. Die ganze Nacht verfolgte ihn der Gedanke, eine Skizze dieser Szene anzufertigen; er konnte sie nicht vergessen. Wir brachten neun Rehe und drei Hasen mit; Ich hatte für meinen Anteil fünf Rehe und zwei Hasen erlegt. Wir aßen an diesem Abend bei Gondon zu Abend und hatten ein ganz anderes Abendessen als am Abend zuvor.

Am nächsten Tag brachen wir im Morgengrauen auf, und als es dunkel wurde, kamen wir wieder in Paris an, unsere neun Dollar hingen wie in einer Metzgerei am Imperial unseres Wagens. Ich rief Chevet. Es ging um Tauschhandel. Ich wollte einen riesigen Fisch: Für drei Dollar versprach Chevet, mir einen Lachs von dreißig Pfund oder einen Stör von fünfzig Pfund zu besorgen. Ich wollte eine riesige Galantine; ein vierter Dollar bezahlte sie. Ich wollte zwei ganze Böcke gebraten haben; Chevet versprach, sie braten zu lassen. Der letzte Bock wurde zerlegt und unter den Familien meiner Reisegefährten verteilt. Die drei Hasen lieferten eine Pastete. So wird man sehen, dass die Jagd uns neben dem Vergnügen, das sie mit sich brachte, die Hauptzutaten des Abendessens lieferte. Der Rest war nur eine Frage der Besorgung von Einzelheiten; das war die Aufgabe des Personals des Hauses. In unserer Abwesenheit, alter Ciceri – verneigt euch alle vor dem alten Mann, der heute noch genauso fröhlich ist, wohlerhalten und willig, trotz seiner siebzig Jahre; verneigt euch vor ihm, Séchan, Diéterle, Despléchin, Thierry, Cambon, Devoir, Moinet, ihr Könige, Vizekönige und Fürsten der modernen dekorativen Kunst: der alte Ciceri war es, der das Kloster von *Robert le Diable gemacht hat* ! – in unserer Abwesenheit, sage ich, hatte der alte Ciceri die Leinwände aufstellen lassen und das Papier befestigt. Alles war bereit, sogar die Farben, Stifte und Pinsel. Alle Räume waren mit großen Feuern geheizt; Stühle, Hocker, Schemel in allen Größen waren da, und eine Klappleiter war gekauft worden. Granville, unser guter, ausgezeichneter Granville, entzückender Maler des Menschen, rein als Tier, und von Tieren mit menschlicher Intelligenz, machte sich als erster an die Arbeit. Er war es tatsächlich, der die schwerste Aufgabe zu bewältigen hatte; man wird sich erinnern, dass er mit einem riesigen Paneel und mit der Bemalung aller oberen Teile über den Türen beladen war. Ach! Es ist traurig, daran zu denken, dass von jenen zehn Künstlern, die mir ihr Talent zur Verfügung stellten, heute vier im Grab liegen! Von jenen zehn Herzen, die so glücklich im Einklang mit meinem schlugen, sind vier verstummt! Wer hätte euch damals in diesem fröhlichen Arbeitszimmer, das ihr mit euren Gemälden bedeckt und mit eurem Lachen erfüllt habt, in jenen drei Tagen des Redens, während derer unaufhörlich jener faszinierende Witz funkelte, dessen Geheimnis nur Künstler kennen, gesagt; wer hätte euch, geliebte tote Freunde, gesagt, dass ich euch, als noch jung, überleben würde und dass ich beim Erwähnen eurer Namen innehalten würde, um mir zu sagen: „Es genügt dir, ihr Bruder, nicht, nur ihre Namen zu nennen; du solltest erzählen, wie sie als Menschen und Künstler waren, ihre Charaktere und ihre Talente!" Es ist eine süße und zugleich melancholische Aufgabe, von den Toten zu sprechen, die man liebt! Außerdem ist es Mitternacht, die Stunde der Anrufung. Ich bin allein, kein gottloser Blick dringt durch die Dunkelheit, um eure Grabesscham zu erschrecken. Kommt, Brüder! Kommt! Erzählt mir in der Sprache der Toten, diesem sanften Flüstern, das wie der Bach klingt, der seine Ufer streichelt, dem leisen Geräusch von Blättern, die im Wald rascheln, dem sanften Murmeln der Brise, die im Schilf schluchzt, erzählt mir von eurem Leben, euren Sorgen, euren Hoffnungen und euren Triumphen, damit die Welt, die fast immer gleichgültig ist, wenn sie nicht undankbar ist, erfährt, was ihr wart und vor allem, was ihr wert seid!

KAPITEL II

Alfred Johannot

Der erste, der mir erscheint, weil er der erste war, der uns verließ, ist blass und traurig wie zu Lebzeiten. Sein Haar ist kurz geschnitten, seine Stirn ist vorspringend, sein Blick ist düster und sanft zugleich unter seinen dicken Augenbrauen, Schnurrbart und Bart sind rotbraun, das Gesicht lang und melancholisch. Sein Name ist Alfred Johannot, und er ist nun seit sechzehn Jahren tot.

Komm, Bruder! Komm näher zu mir; ich bin es, ein Freund, der dich ruft. Sprich, erzähle in der Sprache der Toten von deiner Jugend und deinem glorreichen Leben, und ich werde es in der Sprache der Lebenden wiederholen. Geister der Nacht, bringt sogar das Zittern eurer mottengleichen Flügel zum Schweigen, damit alles still sein kann; auch du, oh Nacht – schweige, stummer Sohn der Dunkelheit! Die Toten sprechen leise, aber ich werde laut sprechen. Wir haben ihn alle gesehen, junge Männer von fünfundzwanzig, Männer von vierzig, alte Männer von siebzig. War er nicht tatsächlich so, wie ich ihn beschrieben habe? Hier ist nun seine Biographie.

Er wurde mit dem Jahrhundert geboren, im Jahr 1800; mit dem Frühling, am 21. März; er wurde im Großherzogtum Hessen geboren, in der kleinen Stadt Offenbach, an den Ufern des bezaubernden Flusses, der bei Fischern und Wassermännern beliebt ist, den die Menschen Mein nennen, der in Bayern entspringt und gegenüber von Mainz in den Rhein mündet. Sein Vater war ein reicher Kaufmann aus Frankfurt, und seine Vorfahren waren Protestanten, die durch die Aufhebung des Edikts von Nantes gezwungen worden waren, im Ausland Zuflucht zu suchen. Nach einem mehrjährigen Aufenthalt in Lyon gründete Monsieur Johannot, der Vater, in Frankfurt die erste große Seidenfabrik. Der Handel, wenn er die Höhe erreicht, auf die er ihn gebracht hat, erhebt sich zur Höhe der Poesie; außerdem war er ein ausgezeichneter Blumenmaler und verbrachte sein Leben unter Künstlern. Im Jahr 1806 war Monsieur Johannot ruiniert und ließ sich in Paris nieder. Dieser Umbruch, obwohl traurig für die Eltern, war ein glücklicher für Alfred. Jede Veränderung und jede Aufregung amüsiert die Kindheit. Seine Mutter, die ihn vergötterte, bemühte sich, ihn selbst zu erziehen; daher kam vielleicht das, was man sein Leben lang für Melancholie hielt und was bloß die bescheidene Empfindsamkeit eines Herzens war, das ganz und gar von Frauenhand geformt worden war.

Alfred Johannot war acht Jahre alt, als man ihn das erste Mal in den Louvre mitnahm. Wer diese Zeilen liest, wird sich an den Louvre zur Zeit des Kaiserreichs erinnern? Er war der Treffpunkt aller erlesenen Dinge der Welt; jedes Meisterwerk schien das Recht zu haben, dort zu sein, und schien nur dort zu Hause zu sein. Er war erstaunt, tief bewegt, geblendet. Er ging als Kind hinein, ohne jede Berufung: Er kam als Jugendlicher und Maler heraus. Als er nach Hause zurückkehrte, nahm er seinen Bleistift zur Hand und ließ ihn nie wieder los. Er hatte einen Bruder, einen klugen Kupferstecher, Charles Johannot, der vor ihm starb, leider auch so jung wie er! Das Alter der drei Brüder erreichte zum Zeitpunkt des Todes eines jeden kaum das eines reifen Mannes. Dieser Bruder lieh ihm seine Künstlerkarte für den Louvre, und unter dem Schutz des Namens seines Bruders konnte er dort arbeiten. Als man ihn grausam bestrafen wollte, sagten sie zu ihm: „Alfred, du wirst morgen nicht in den Louvre gehen." Als er im Louvre war, lebte er nicht mehr, existierte er nicht mehr. Er war in seine Arbeit vertieft, und darin lebte und bestand sein Dasein.

Eines Tages, als er, wie gewohnt, allein mit seinen Gedanken war und sein Genie ihn mit jenen süßen geflüsterten Worten ermutigte, die die Augen und Lippen der Jugend immer zum Lächeln bringen, ahmte er einen Raffael nach, als er eine Hand leicht auf seiner Schulter spürte. Er drehte sich um und blieb verwirrt stehen. Inmitten eines Kreises von Offizieren in Militäruniform und Höflingen in Hoftracht stand er allein neben einem Mann in sehr einfacher Uniform. Die Hand, die dieser Mann leicht auf seine Schulter gelegt hatte, ließ die Welt taumeln, als sie auf die entferntesten Enden der Erde gedrückt wurde: Es war die Hand Napoleons.

„Nur Mut, mein Freund!", sagte eine Stimme, fast so sanft wie die einer Frau, zu ihm.

Es war die Stimme des Kaisers. Dann ging der wunderbare Mann weg und ließ das Kind bleich, stumm, zitternd und fast atemlos zurück; doch als er wegging, fragte er, wer das Kind sei. Ein Sekretär aus der Suite des Kaisers blieb zurück, kam zu Alfred, fragte ihn nach seinem Namen und wo seine Eltern wohnten, und schloss sich dann wieder der brillanten Gruppe an, die in einem Nachbarzimmer verschwand.

Einige Tage später wurde Alfred Johannots Vater zum Bibliotheksinspektor in Hamburg ernannt, damals eine französische Stadt. Die ganze Familie machte sich auf den Weg dorthin, und Alfred sollte Paris erst 1818 wiedersehen. Den Kaiser sollte er nie wiedersehen, aber die Erinnerung an die Szene, die wir gerade beschrieben haben, blieb tief im Gedächtnis des Kindes eingebrannt. Ich erinnere mich an einen Abend, an dem Abend, an dem er mir selbst die Geschichte erzählte – es war in meinem Zimmer –, an dem er Feder und Papier nahm und eine Federzeichnung der Szene anfertigte. Ich habe nie ein schöneres Porträt von Napoleon gesehen, würdevolleres, größeres oder sanfteres, ich würde sogar sagen väterlicheres. In Alfreds Gedanken blieb der Kaiser wie im Jahr 1810, schön, strahlend und siegreich!

In Ermangelung guter Lehrer fand das Kind in Hamburg hervorragende Graveure; deshalb bevorzugte er als junger Mann zunächst das Gravierwerkzeug gegenüber dem Pinsel. Er war dreizehn, als das Reich von einer Katastrophe heimgesucht wurde. Der Feind belagerte Hamburg, und Hamburg beschloss, bis zum letzten Widerstand zu leisten, und seine Verteidigung war tatsächlich eine berühmte Leistung.

Alfred entging dreimal nur knapp dem Tod: durch eine Kugel, durch Hunger und durch Typhus! Eines Tages, als er auf der Festungsmauer stand, flog eine Kugel zwei Meter von ihm entfernt vorbei; wäre er etwas näher gekommen, wäre er ums Leben gekommen; aber er blieb verschont. Anders war es beim Hunger und vor allem beim Typhus! Der Hunger schwächte seine Verdauung, der Typhus verbrannte sein Blut: daher die Blässe seiner Wangen und das Fieber in seinen Augen: Er starb 1837 an den Folgen der Hungersnot und des Fiebers von 1813.

Die ganze Familie kehrte, wie bereits erwähnt, 1818 nach Paris zurück und ließ sich in der Nähe von Charles nieder, der damals einen seiner wundervollen Kupferstiche anfertigte, *Le Trompette blessé*, von Horace Vernet. Die armen Leute waren völlig ruiniert. Es war unerlässlich, dass die Kinder, die sie großgezogen hatten, sich ihrerseits um diejenigen kümmerten, die sie großgezogen hatten.

Alfred begann zunächst damit, Gravuren für Konditoren anzufertigen und Heiligenbilder zu illuminieren. Dies dauerte sieben Jahre. Es war Charles, der den größten Beitrag zur öffentlichen Kasse leistete. Er starb 1825, im selben Alter wie Alfred, als er starb: 37 Jahre. Gott ließ es zu, dass Alfreds Kräfte von nun an zunahmen, aufgrund der Last, die dieses Unglück auf ihn legte. Ein junger Bruder und alte Eltern – das waren die Verantwortlichkeiten, die ihm der Tod seines Bruders hinterließ!

Die Welt kennt die Geschichte dieses heiligen Kampfes kindlicher Liebe gegen die Armut nicht ausreichend, aber ich werde sie immer wieder erzählen!

Alfreds Leben war seltsam! Er war nicht jung und sollte auch nicht alt werden. Die Furchen des reifen Alters, die die gequälte Stirn des Denkers säumen, wurden ihm durch den Hunger im Alter von dreizehn Jahren eingegraben, durch Exil und Müdigkeit wurden sie mit achtzehn Jahren fortgesetzt, und die Armut übernahm die Aufgabe, als er fünfundzwanzig war.

„Haben Sie, der ihn kannte, ihn jemals lächeln sehen?"

„Nein." Und doch hatte dieser Ernst nichts von der Melancholie des Ekels oder der Verzweiflung an sich; es war die Ruhe der Resignation.

Die erste Tafel, die er veröffentlichte – denn er begann sich mit dem Kupferstich zu beschäftigen: da er sich schwach fühlte, suchte er nach einer Stütze, auf die er sich stützen konnte – war die von Scheffers *Orphelins*. Diese Veröffentlichung brachte ihm die Schirmherrschaft von Gérard ein. Zunächst vertraute ihm dieser Meister eine Szene aus *Ourika an,* dann die Reproduktion seines großen Gemäldes von *Ludwig XIV., anwesend als Philippe V. bei den spanischen Botschaftern.* Von diesem Moment an wurde Alfred Johannot bekannt. Es war die Zeit, als englische Veröffentlichungen den Geschmack für Illustrationen nach Frankreich brachten. Seit Moreau dem Jüngeren, der die Gemälde aus der Zeit Ludwigs XIV. und insbesondere aus der Zeit Ludwigs XV. bewundernswert reproduziert hatte, gab es in Frankreich keinen bedeutenderen Kupferstecher als Alexandre Desenne. Alfred ging zu ihm und bat darum, unter seiner Anleitung studieren zu dürfen. Ein Genie ist einfach, freundlich und freundlich: Desenne gab ihm ausgezeichnete Ratschläge. Dann starb Desenne, und der einzige bekannte Kupferstecher, der übrig blieb, war Achille Devéria – Sie kannten diesen großen Geist? diesen fruchtbaren Produzenten, der sich zwischen Genie, das die Menschen verhungern lässt, und Talent, das eine Familie ernähren kann, entscheiden musste, sich weinend aus den trostlosen Armen des Genies riss und ihm als Ersatz seinen Bruder Eugène in die Arme warf. Eines Tages werde ich seine Geschichte erzählen, so wie ich Alfreds erzähle, und ich werde die spöttische und undankbare Welt zwingen, ihr Haupt vor dem frommen Sohn zu beugen, dem fleißigen Vater, der, indem er sechzehn Stunden am Tag arbeitete, eine ganze Familie in Wohlstand hielt.

O Devéria, wie edel warst du in Gottes Augen, als du dir die Chance versagtest, in den Augen der Menschen so groß zu werden, wie du hättest werden können!

Doch schon bald gab Devéria die Malerei und die Gravur auf und widmete sich der Lithografie. Dann übernahm Alfred die erste Stelle als Buchillustrator, die bald sein Bruder teilen sollte und die er ihm auf seinem Sterbebett ganz überließ.

Während dieser ganzen Zeit war Tony unter dem Schutz jener Freundschaft aufgewachsen, die sowohl die Vertrautheit der Brüderlichkeit als auch die beschützende Zärtlichkeit der Vaterschaft in sich trug. Und von dem Zeitpunkt an, als das junge Leben mit dem von Alfred verbunden wurde, gab es keine Trennung mehr: Die bildlichen Ausdrücke über Efeu und Ulmen, Schlingpflanzen und Eichen scheinen im Hinblick auf diese beiden Künstler erdacht worden zu sein. Eines Tages erlag der Tod dem Ältesten; aber der Überlebende blieb zurück, und seine Wurzeln sprossen aus dem Grab des Toten. Denn tatsächlich hielten sie von dem Moment an, als sie ihre Kräfte bündelten, den gleichen Schritt und das gleiche Tempo, bis es unmöglich war zu sagen, wer dem anderen voraus war. Tony verschmolz mit Alfred, wurde Graveur mit dem Graveur, Designer und Maler mit dem Designer und Maler und bildete das einzigartige Schauspiel einer dreifachen Brüderlichkeit von Blut, Geist und Talent. Es war nicht wie auf den Theaterzetteln, wo der Name des Ältesten in der Kunst dem des Jüngeren vorangestellt wird: Man sprach ebenso oft von Alfred und Tony wie von Tony und Alfred. Wie die unzertrennlichen siamesischen Zwillinge kam ein Moment, als sie sich trennen wollten, es aber nicht konnten. Und so ist die Geschichte des einen zehn Jahre lang die des anderen. Man kann diese Geschichte ebenso wenig trennen, wie man die Saône eine Meile von Lyon von der Rhone trennen kann oder die Mosel eine Meile von Mainz vom Rhein. Wenn sie voneinander abhängig waren, fühlten sie sich stark. Sie gravierten nicht mehr die Zeichnungen anderer, sondern ihre eigenen. Die Aquafortis-Gravur wurde zu ihrem bevorzugten Verfahren; und zu dieser Zeit erschienen die Vignetten von Walter Scott, Cooper und Byron. Alle großen literarischen Namen trugen ihre Unterschrift. Es gibt kaum eine Poesie, die über die Welt verstreut ist und deren Illustrationen nicht mit ihren Gravurwerkzeugen nachgezeichnet wurden.

Dann, so wundersam es auch klingen mag, träumte jeder von ihnen von noch größerem Ruhm; von Kopisten wurden sie zu Kupferstechern; von Kupferstechern beschlossen sie, Maler zu werden. Sie führten ihre Aquafortis-Arbeiten nicht mehr nach Entwürfen aus: Nach den bezaubernden kleinen Bildern im Salon von 1831 – so bemerkenswert, dass wir zwei- oder dreimal zurückkamen, um sie zu sehen – stellten sie ihre Platten aus, die, soweit ich mich erinnere, in der Nische eines Fensters der großen Galerie links standen. Es waren 24 Kompositionen. Von diesem Moment an wurde jeder von ihnen gleichzeitig Künstler und Kupferstecher.

Folgen wir Alfred; auf Tony kommen wir später zurück. 1831 malte Alfred sein erstes großes Staffeleigemälde: *L'Arrestation de Jean Crespière* . Dies war ein Erfolg. Im selben Jahr vollendete er *Don Juan naufragé* und eine Szene aus *Cinq-Mars* .

In den Jahren 1832 und 1833 produzierte er *L'Annonce de la Victoire de Hastenbeck* für die Galerie von König Louis-Philippe und *L'Entrée de Mademoiselle de Montpensier, Pendant la Fronde, à Orléans* ; 1834 *François I.* und *Charles Quint* ; im Jahr 1835 schrieb „Le Courrier Vernet" an König Louis-Philippe, *Heinrich II., Katharina von Medici und ihre Kinder* ; im Jahre 1836 verließ Marie

Stuart die Ecosse, – Anne d'Este, Duchesse de Guise erschien im Hof von Charles IX., *– Saint Martin ,* – und *La bataille de Saint-Jacques* .

Aber in den letzten zwei Jahren war die Natur in Alfred erschöpft; er erlag einer letzten Anstrengung. Er erkannte seinen Zustand und wusste, dass die Stunde der Ewigkeit für ihn schlagen würde, wenn der Finger der Zeit auf die ersten Monate des Winters 1837 zeigte. So sind die letzten achtzehn Monate seines Lebens voller Aktivitäten: Bilder, Vignetten, Aquarelle, Aquafortis, Holzstiche, Bleistiftskizzen, Federzeichnungen, er unternahm alles, beeilte sich und führte alles durch. Ein Leben hätte kaum ausgereicht, um zu beenden, was er begonnen hatte, und ihm blieben nur wenige Monate!

Mitten in dieser fieberhaften Arbeit, dieser quälenden Produktivität, erhielt er einen Brief aus Mannheim. Er war von seiner Schwester; sein Vater war krank und wollte ihn sehen. Er kündigte seine Abreise an; vergebens erzählten ihm die Leute, dass sein Vater, so schwer er auch sein mochte, nicht so krank war wie er selbst; dass der alte Mann noch länger zu leben hatte als der junge Mann: Er hörte auf nichts; sein Vater rief nach ihm und er fühlte, dass er gehen musste! Er ging, blieb drei Monate von Paris abwesend und kehrte Ende November zurück. Sein Vater war außer Gefahr; aber er lag im Sterben. Am 7. Dezember 1837 starb er, mit seinen Skizzen, Werkzeugen und Vignetten auf seinem Bett und den Augen auf seine unvollendeten Bilder gerichtet!

Das Phantom hatte gerade aufgehört zu sprechen. Dann wandte ich mich ihm zu und sagte: So war es, Bruder, nicht wahr? Habe ich deine Worte gut übersetzt? Aber ich sah nichts weiter als einen weißen Dampf, der sich auflöste, ich hörte nichts weiter als ein leises Seufzen, das sich in der Luft verlor, nachdem ich das Wort „Ja!" ausgesprochen hatte.

KAPITEL III

Clément Boulanger

Das Flüstern verstummt und der Schatten verschwindet. Ein anderer Schatten kommt aus der Erde und nähert sich ebenso leise wie der erste, aber mit schnelleren Schritten. Man spürte, dass das Leben in diesem Fall in gewisser Weise heller gewesen war und dass der Tod dieses Wesen plötzlich und ohne Vorankündigung in seine nackte Umarmung genommen hatte, wie er es im Fall des armen Alfred getan hatte.

Dieser Schatten war der Maler des Bildes mit dem Titel *Der Tod Heinrichs II.* und der *Fronleichnamsprozession.* Kurzes kastanienbraunes Haar, eine ziemlich schmale, aber intelligente Stirn, blaue Augen, lange Nase, heller Schnurrbart und Bart, ein frischer und klarer Teint, tote Lippen, die dem Leben zulächelten, wie sie im Leben dem Tod zugelächelt hatten: das war der Schatten von Clément Boulanger. Er neigte seine große Gestalt mir entgegen und ich spürte seinen Atem auf meiner Stirn, wie den Kuss eines Freundes nach einer langen Reise. Er küsste mich, als er vom Tod zurückkehrte.

Tour de Nesle malte, die Buridan darstellt, „in die Seine geworfen", wie Villon sagt, und die er aus dem *Écolier de Cluny von Roger de Beauvoir* entlehnte .

„Freund", sage ich zu ihm, „ich wusste nur wenig über dein Leben und noch weniger über deinen Tod. Du hast weit weg von mir gelebt und bist gestorben. Du ruhst unter den Zypressen von Scutari, über deinem Kopf erstreckt sich der Himmel des Bosporus und zu deinen Füßen bricht das Marmarameer; die blauen Tauben kommen durch die halb geöffneten Fenster deiner Kapelle herein und umkreisen dein Grab wie geliebte Freunde! Erzähl mir, was ich nicht weiß, damit ich es der Generation erzählen kann, die dich nie kannte."

Ich sah, als ob in den hohlen Augen des Phantoms ein Funke aufleuchtete und eine Art Lächeln über die blassen Lippen huschte. Das Leben ist eine so schöne Sache, was auch immer die Leute darüber sagen, dass die Toten jedes Mal zittern, wenn ein lebendes Wesen ihren Namen ausspricht.

Er sprach, und auch ich zitterte vor Erstaunen, als ich diese fröhlichen Worte aus dem Mund eines Phantoms hörte.

Er starb, ohne zu wissen, dass er sterben würde; sein letzter Krampf war ein Lachen und seine letzten Worte ein Lied.

Clément Boulanger wurde 1812 geboren. Seine Mutter war während der Schwangerschaft von einem einzigartigen Wunsch besessen: Sie wollte auf jeden Fall Malunterricht nehmen. Man besorgte ihr einen Lehrer, und sie gab sich dem Vergnügen hin, auf fünf oder sechs Leinwänden herumzukritzeln. Obwohl der Wunsch gestillt war, wurde das Kind „ *marqué* " (gestempelt), wie die Hebammen das nennen: Sobald es sprechen konnte, bat es um einen Bleistift. Mit vier Jahren saß ihm alles Modell: Katzen, Hunde, Papageien, Schornsteinfeger, Laufburschen und Wasserträger. Mit acht Jahren wurde er ins Priesterseminar geschickt. Von da an gefiel ihm alles in Uniform, aller kirchliche Pomp entzückte ihn. Als Chorknabe skizzierte er, während er am Altar diente, mit einem Bleistift, den er in seiner Handfläche versteckte, den Kirchendiener, den Kantor und den zelebrierenden Priester in ein Messbuch. Sein erster Gedanke war nicht, das Priesterseminar zu verlassen, sondern Priester und Maler zugleich zu werden. seine Mutter, die die Studien, die er als Künstler absolvieren musste, für nicht sehr vereinbar mit den Pflichten eines Priesters hielt, nahm ihn aus dem Seminar. Der Junge bat dann darum, in ein Atelier gehen zu dürfen. Seine Mutter war über diesen Wunsch beunruhigt: In einem Atelier lernt man so viele Dinge, dass Malen manchmal das Letzte ist, was man dort lernt; dennoch drängte ihr mütterlicher Stolz sie, zuzustimmen; mit seinen Neigungen konnte der Junge ganz sicher ein großer Künstler werden. Aber wohin sollte man ihn bringen, bis er erwachsen war? – Gut! Genau das Richtige! – zu einem Chemiker; es wäre ein Mittelweg; er würde dort die Bestandteile der Farben lernen. Bald hatte er ein Labor und eine mechanische Werkstatt im Haus seiner Mutter. Im Labor studierte er Chemie: In der Werkstatt baute er Maschinen, vor allem hydraulische Maschinen; er hatte den Geschmack von Agrippa, dem Schwiegersohn von Augustus. Eines Nachts hörte seine Mutter ein leises, aber merkwürdiges Geräusch in seinem Zimmer: etwas zwischen einem Flüstern, einem Heulen und einem Murmeln. Sie stand auf und trat vor, und als sie die Mitte ihres Zimmers erreicht hatte, fühlte sie, wie ein feiner Regen sie benetzte. Sie wich zurück, zündete eine Kerze an, und nachdem sie die Wirkung gespürt hatte, entdeckte sie auch die Ursache. Das Kind hatte Experimente bezüglich der physikalischen Wahrheit gemacht, dass Wasser dazu neigt, seinen eigenen Pegel zu finden. Es hatte ein Becken in die Mitte über dem Zimmer seiner Mutter gestellt und ein Reservoir in sein eigenes. Das Reservoir befand sich sechs Fuß über dem Becken. Ein perfekt zusammengelötetes Blechrohr, das in einem Wasserauslauf endete, diente als Verbindung zwischen dem Reservoir und dem Becken. Während der Nacht war das Ventil kaputtgegangen, und der Wasserstrahl bahnte sich seinen Weg bis in Madame Boulangers Schlafzimmer!

Ansonsten gab es keine Theaterstücke und kein Geld: Geld ist eine Versuchung, das Theater weckt die Lust. Jeden Sonntag Abendandacht und Messe! Das war das normale Leben des Jungen, der, so wie er ganz allein zeichnete und seine mechanischen Arbeiten allein erledigte, auch allein zu malen begann.

Mit vierzehn Jahren erkrankte er an Pocken und blieb nach einer schweren Erkrankung einen Monat lang während seiner Genesung in seinem Zimmer eingeschlossen. Zur Zerstreuung malte er seinen Hof mit dem fegenden Pförtner. Das Bild existiert noch und ist bezaubernd; ganz wie ein kleiner Van Ostade. Etwas später entdeckte er beim Spielen das Geheimnis der Glasmalerei wieder. Nachdem seine Mutter zwischen all den berühmten Malern in Paris geschwankt hatte, entschied sie sich für M. Ingres; die Moral aller anderen schien ihr unzureichend oder zweifelhaft.

Mit neunzehn Jahren sah er seine Cousine Marie Elisabeth Monchablon und verliebte sich sofort in sie. Sie war fünfzehn Jahre alt. Am selben Tag, als er sie sah, bat er seine Mutter, ihn sie heiraten zu lassen. Seine Mutter war durchaus einverstanden, aber sie dachte, die beiden Kinder seien nur alt genug, um verlobt zu werden, aber nicht Mann und Frau. Sie verhängte für Clément ein zweijähriges Noviziat. Marie Monchablon malte ebenfalls. Sie erinnern sich an Madame Clément Boulangers exquisite Aquarelle? Sie erinnern sich an Madame Cavés hervorragende Arbeit beim Malen ohne die Hilfe eines Meisters? Madame Clément Boulanger und Madame Cavé sind ein und dieselbe bezaubernde Frau und dieselbe ätherische Künstlerin wie Marie Monchablon. Die Kinder malten zusammen. Marie war zunächst Cléments Lehrerin, Clément schließlich Maries. In der Zwischenzeit wurden bei Ingres große Fortschritte gemacht, und zwischen Ingres und seinem Schüler, der nun einundzwanzig war und endlich frei, seine Cousine zu heiraten, entstand eine große Freundschaft. Am Tag nach ihrer Hochzeit floh das junge Paar nach Holland. Sie hatten es eilig, frei zu sein und sich vor allem von ihrer Freiheit zu überzeugen. Drei Monate lang wusste niemand, was aus ihnen geworden war. Nach Ablauf dieser Zeit tauchten sie wieder auf. Die Turteltauben kehrten von selbst in ihren Taubenschlag zurück. Während dieser Eskapade war Clément von Arbeitswut befallen worden. Noch am Tag seiner Rückkehr skizzierte er eine *Suzanne im Bad,* die er in drei Wochen fertigstellte. Sie ist blass und vielleicht etwas eintönig in der Farbgebung, aber malerisch in der Komposition. Clément bewunderte zwei sehr gegensätzliche Künstler: Ingres und Delacroix. Er zeigte sein Bild den beiden Meistern. Seltsamerweise lobten sie beide den Maler. Die Farbe gefiel Herrn Ingres, aber er tadelte die ungeordnete Komposition. Das gefiel Delacroix, aber er tadelte die Farbgebung. Kurz gesagt, jeder sagte zu dem jungen Mann: „Du wirst Maler!" Clément ließ nach diesem doppelten Versprechen kein Gras wachsen; er ließ eine vier Meter große Leinwand bestellen und malte darauf die lebensgroßen Figuren des *Märtyrers der Macchabées.* Diesmal machte er sich nicht viele Gedanken darüber, was Monsieur Ingres sagen würde; er wollte vor allem Delacroix gefallen; denn obwohl er die beiden Maler vielleicht in gleichem Maße bewunderte, galt seine Sympathie Delacroix. Das Bild sollte in Farben leuchten. Sieben Monate genügten für seine Ausführung. Wie bei *Suzanne* rief er die beiden Meister herbei, als das Bild fertig war. Diesmal kam Delacroix als Erster. Er war entzückt und hatte dem jungen Mann, den er mit Glückwünschen überhäufte, keine kritischen Bemerkungen zu machen. Am nächsten Tag kam Monsieur Ingres an die Reihe, stieß eine Art Knurren aus und wich zurück, als hätte ihm ein Spiegelbild in die Augen geschlagen; allmählich verwandelte sich sein Knurren in Vorwürfe: Es war Undankbarkeit, Ketzerei, Abfall vom Glauben! M. Ingres verließ wütend das Zimmer und verfluchte den Abtrünnigen. Von dieser Verwünschung niedergeschlagen, bereitete sich Clément auf die Abreise nach Rom vor. Dies war schon lange der Ehrgeiz der beiden jungen Leute gewesen, aber ihre Großeltern hätten niemals zugestimmt, diese jungen Leute von einundzwanzig und siebzehn, insgesamt achtunddreißig Jahren, reisen zu lassen, und wie hätten sie ohne die Erlaubnis ihrer Großeltern, die die Geldbörse in der Hand hielten, reisen können? Es gibt eine Vorsehung, die sich um Reisende kümmert! Ein Kenner besuchte Cléments Atelier. Wie im Fall von Delacroix gefiel ihm die malerische Umgebung von *Suzanne* ; er wollte *Suzanne* in seine Schlafzimmernische stellen. Aber Clément, der es nicht wagte, 6000 Francs für das Bild zu verlangen, erklärte, dass er es nicht allein verkaufen wolle, und verlangte 4500 Francs für die *Macchabées* und 1500 Francs für die *Suzanne*. *Der Kenner wollte nur die Suzanne* kaufen , aber Clément machte ihn darauf aufmerksam, dass die Bilder untrennbar miteinander verbunden seien. Der Kenner verstand den Grund für diese unauflösliche Verbindung zwischen der *Suzanne* und den *Macchabées nicht* und bot erst 2000 Francs, dann 2500 Francs für die *Suzanne* allein. Clément blieb unnachgiebig; er machte nur einen Preisnachlass, indem er die beiden Bilder für 5000 Francs anbot. Der Kenner kaufte die *Macchabées* , um die *Suzanne zu bekommen,* und stellte die letztere in sein Schlafzimmer und die erstere in seine Dachkammer; und siehe da, die beiden jungen Leute verfügten über die gewaltige Summe von 5000 Francs! Damit könnten sie fünfmal um die Welt reisen! Also rannten sie nach Italien, wie sie nach Holland geflohen waren, nahmen eine Reisekutsche nach Lyon, überquerten den Mont Cenis und erreichten Rom in einundzwanzig Tagen. Bei seinem Besuch in Italien wollte Clément mit seiner verschlingenden Fantasie alles sehen. Seine Frau wollte nur drei Dinge sehen: Madame Lætitia, die sie damals Madame Mère nannten, den ausbrechenden Vesuv und Venedig zur Karnevalszeit. Die beiden letzteren Wünsche entsprangen schlichter Neugier; der erste einem Gefühl: Marie Monchablon war eine Cousine von General Leclerc, dem ersten Ehemann der Prinzessin Borghese. Es bestand also eine Verwandtschaft mit der Familie Napoleon, wenn auch offensichtlich sehr distanziert; aber die Beziehungen reichen viel weiter zurück als bis nach Korsika!

Horace Vernet war Direktor der Malschule in Rom. Der erste Besuch der beiden Künstler galt natürlich Horace Vernet; aber als sie sein Haus verließen, mussten sie nur den Monte Pincio überqueren, das Tor del Popolo passieren und schon befanden sie sich in der Villa Borghese. In der Villa Borghese lebte Madame Mère, die Madame Clément Boulanger unbedingt sehen wollte. Der Zufall half der jungen Enthusiastin: Während ihres Spaziergangs kam sie an Madame Mère vorbei. Madame Clément sehnte sich danach, auf die Knie zu fallen. – Ich kann das verstehen, denn genau das tat ich, und ich bin kein Fanatiker, als ich die Ehre hatte, von Madame Lætitia in Rom empfangen zu werden, und als sie mir ihre Hand zum Kuss gab. Oh! Es ist unmöglich, sich vorzustellen, welche antiken Ausmaße das Exil dieser Frau zu verleihen schien! Ich glaubte, die Mutter Alexanders, Cäsars oder Karls des Großen zu sehen. Madame Lætitia sah die beiden jungen Leute an und lächelte ihnen zu, wie das Alter der Jugend zulächelt, wie die untergehende Sonne dem Osten zulächelt, wie die Güte der Schönheit zulächelt. Madame Clément kehrte freudetrunken in ihre Wohnung zurück. Sie war für diesen Abend von Madame Lacroix in den Palast Ruspoli eingeladen worden; noch immer voller Entzücken und ohne zu wissen, dass sie mit dem Sekretär von Madame Mère sprach –

„Ah!“, sagte sie, „ich kann Rom heute Nacht verlassen.“

„Warum? Du bist doch erst heute Morgen angekommen!“

„Ich habe gesehen, was ich sehen wollte.“

„Ah! Was wolltest du sehen?“

„Madame Mère.“

Anschließend erzählte sie von den drei Wünschen, die sie nach Italien geführt hatten: Madame Mère zu sehen, einen Ausbruch des Vesuvs und den Karneval in Venedig.

Der Sekretär hörte sich diese große Begeisterung an, ohne einen Kommentar abzugeben; aber am selben Abend erzählte er der Mutter von Cäsar, was er gehört hatte. Sie lächelte, erinnerte sich an die beiden hübschen jungen Leute, vor denen sie sich im Garten der Villa Borghese verneigt hatte, und bat darum, sie ihr am nächsten Tag vorzustellen. Am nächsten Tag wurden sie beide in Madame Mères Schlafzimmer eingeführt, in dem die berühmte alte Dame gewöhnlich wohnte.

„Komm her, mein Kind“, sagte Madame Lætitia und winkte der jungen Frau näher, „und erzähl mir, warum du mich so unbedingt sehen wolltest.“

„Weil die Leute sagen, dass Söhne ihren Müttern ähneln.“ Madame Lætitia lächelte über diese köstliche Schmeichelei, die aus dem Mund einer Siebzehnjährigen bezaubernder denn je klang.

„Dann", antwortete sie, „hoffe ich, dass Sie einen eigenen Sohn haben werden, Madame!"

„Ein unglücklicher Wunsch, Prinzessin, denn mir wäre eine Tochter lieber."

„Warum?"

„Warum sollten Sie wollen, dass ich einen Jungen zur Welt bringe, da der Kaiser nicht mehr hier ist, um ihm seine Epauletten zu geben?"

„Trotzdem, bekommen Sie einen Sohn, und vielleicht wird ein Napoleon auf dem Thron sitzen, wenn er das diensttaugliche Alter erreicht hat."

Diese seltsame Prophezeiung hat sich erfüllt! Madame Clément Boulanger hat einen Sohn bekommen; dieser Sohn ist jetzt 22 Jahre alt und arbeitet unter Napoleon in den Regierungsämtern.

Einige Tage später tanzte Madame Clément Boulanger, die zu den Soirées von Königin Hortense eingeladen war, zum ersten Mal Walzer. Als junges Mädchen war ihr das nie erlaubt worden, als junge Ehefrau hatte sie noch keine Zeit dazu gehabt. Sie tanzte, sagen wir , zum ersten Mal Walzer, und zwar mit Prinz Louis. Danach begannen sie ernsthaft mit der Arbeit. Madame Clément Boulanger hatte alles gesehen, was sie sich gewünscht hatte, als sie Madame Mère traf, aber sie wäre sehr enttäuscht gewesen, wenn man sie daran gehindert hätte, den Rest zu sehen!

In der Zwischenzeit hatte Clément ein Begleitbild zu den *Macchabées fertiggestellt* und das Turnier der Tournelles skizziert: Das Motiv war *Henri II., du, durchquerst seinen Blick, par l'Éclat de lance de Gabriel de Montgomery*. Dieses Bild erschien auf der Ausstellung von 1831 und befindet sich heute im Schloss Saint-Germain.

Von Rom aus machten sich die Liebenden auf den Weg nach Neapel. Madame Clément war *verheiratet,* und um eine glückliche Schwangerschaft herbeizuführen, arrangierte die Vorsehung den Ausbruch des Jahres 1832. Von Neapel kehrten sie nach Florenz zurück. Dort vollendete Clément sein Bild des *Corpus Domini und stellte es in einer Kirche aus.* Dieses Bild war ein großer Erfolg, so groß, dass die Contadini aus der Umgebung von Florenz, die in Prozessionen kamen, um das Bild zu sehen, es ständig hörten und sagten, es sei eine Darstellung des *Corpus Domini* , und da sie nicht wussten, was *Corpus Domini* bedeutete, sondern glaubten, es sei der Name des Malers, nannten sie Clément Boulanger und seine Frau offen M. und Mme. Corpus Domini. In der Zwischenzeit unternahm das junge Paar hastige Ausflüge aufs Land, und da die Eltern den kleinen Albert nicht zurücklassen konnten, legten sie ihn in einen Korb, den ein Mann auf dem Kopf trug. Dies war der Sohn des

Corpus Domini, und wenn er diesen Titel trug, gab es keinen Ziegenhirten, der ihm nicht von ihrer Milch geben wollte.

In seinen freien Minuten erinnerte sich Clément an seine Chemiestudien: Er hatte eine Art Papier erfunden, das Tinte verbarg. Man brauchte die Feder nur in einen Wasserkrug, einen Bach oder Fluss oder einfach in den Mund zu tauchen, um mit Wasser oder Speichel zu schreiben, und die Schrift wurde schwarz, sobald die Feder die Buchstaben formte. Es war eine so wunderbare Erfindung, dass man beschloss, unter illustrer Schirmherrschaft eine Papierfabrik zu gründen. Diese Schirmherrschaft wurde gewährt und ein Blatt des chemischen Papiers wurde zu Madame Clément gebracht. Unglücklicherweise oder glücklicherweise hatte Madame Clément eine Erkältung; sie nieste; das angefeuchtete Papier wurde überall schwarz, wo es nass geworden war. Dies gab den Zuschauern viel Stoff zum Nachdenken. Es wäre unmöglich, das Papier an einem regnerischen Tag oder an Tagen mit Erkältung oder an Tagen mit Tränen in den Augen zu verwenden. Die Idee einer Fabrik wurde aufgegeben.

Clément Boulanger kehrte im Februar 1832 nach Paris zurück und vom 10. bis zum 15. März desselben Jahres bemalte er, soweit ich mich erinnern kann, mit seiner großzügigen und lockeren Malweise ein zwölf mal zehn Fuß großes Gemälde in meinem Haus.

1840 brach Clément Boulanger nach Konstantinopel auf. Anderthalb Jahre hatte er in Toulouse verbracht, wo er die *Prozession malte*, die sich heute in Saint-Étienne-du-Mont befindet. Die Arbeit in der Provinz hatte ihn ermüdet: Er wollte die frische Luft, einen Tapetenwechsel, den Trubel des Lebens, kurz gesagt, statt eines sesshaften Lebens folgte er dem Vorschlag des Reisenden Tessier, der Ausgrabungen in Kleinasien durchführen wollte; und wie bereits erwähnt, brach Clément 1840 auf, im Auftrag der Abteilung für Schöne Künste, ein Bild von den Ausgrabungen zu malen. Sie erreichten Magnesia in der Nähe des Flusses Mendere und begannen, in der Erde zu graben. Diese Vorarbeit erschien Clément als der aufregendste und lebendigste Teil der Arbeit; er war der Meinung, dass sie auf jeden Fall reproduziert werden sollte. Er fertigte eine Skizze in der glühenden Mittagssonne an und erlitt während der Arbeit einen jener im Osten so gefährlichen Sonnenstiche. Er bekam eine Hirnentzündung. Jede Hilfe war weit entfernt. In seiner Nähe gab es nur schlechte griechische Ärzte von der Sorte, die Byron umgebracht hatten. Sie hängten in einer Moschee eine Hängematte auf und legten den armen Kranken hinein. Am dritten Tag setzte ein Delirium ein. Am fünften starb er lachend und singend, ohne zu wissen, dass er im Sterben lag. Die gesamte griechische Geistlichkeit

Konstantinopels kam, um dem Leichnam des armen Reisenden die letzte Ehre zu erweisen, der im Alter von 28 Jahren gestorben war, weit weg von seinen Freunden, seiner Familie und seinem Land! 28 Jahre alt! Ist Ihnen das klar? Vergleichen Sie dieses Alter mit dem, was er getan hatte! Der Leichnam wurde auf dem Rücken eines Kamels weggebracht.

Dort wie hier liebte ihn jeder. Menschen aus allen Ländern und in allen möglichen Kostümen folgten der Prozession. Alle französischen Schiffe auf der Reede trugen ihre Flaggen auf Halbmast und ihre Trauerfahnen. Das gesamte Gesandtschaftspersonal kam, um den Leichnam am Tor von Konstantinopel zu empfangen, und eine Prozession von über dreitausend Menschen folgte ihm bis zur französischen Kirche. Dort liegt er, schlafend wie Ophelia, immer noch lächelnd und singend!

KAPITEL IV

Grandville

Zartes und sarkastisches Lächeln, vor Intelligenz funkelnde Augen, ein satirischer Mund, eine kleine Gestalt und ein großes Herz und ein überall wahrnehmbarer, entzückender Anflug von Melancholie – das ist Ihr Porträt, lieber Grandville! Kommen Sie! Ich fange an, unter der Erde ebenso viele Freunde zu haben wie über der Erde; kommen Sie zu mir! Sagen Sie mir, dass Freundschaft stärker ist als das Grab, und ich werde keine Angst haben, zu Ihnen hinabzusteigen, denn wenn man stirbt, trifft man wieder auf seine toten Freunde, ohne die Lebenden zu verlassen.

Sie werden sich erinnern, lieber Grandville, als ich Sie in Ihrer Dachkammer in der Rue des Petits-Augustins besuchte, einer Dachkammer, aus der ich nie herauskam, ohne einige wunderbare Skizzen mitzunehmen? Was für gute lange Gespräche wir hatten! Was für schöne Erkenntnisse! Ich dachte damals nicht daran, Sie zu fragen, woher Sie kamen oder wohin Sie gingen; Sie lächelten traurig über das Leben, über die Zukunft; aus der Tiefe Ihres Herzens war eine Traurigkeit aus Ihnen herausgedrängt worden. Es war leicht zu erklären, Sie waren ein Bindeglied zwischen Molière und la Fontaine. Das, was ich nicht daran dachte, den Künstler zu fragen, als er voller Leben, Energie und Gesundheit war, frage ich jetzt von ihm, wenn er tot ist und im Grab liegt. Sie haben vergessen, sagen Sie, lieber Grandville? Das verstehe ich. Aber es gibt einen Ihrer Freunde, einen Mann mit Herz und Talent, der nicht vergessen hat: Nehmen Sie Charles Blanc und fügen Sie dem, was er vergessen hat, das hinzu, woran Sie sich selbst erinnern können. Ihr Leben war zu uninteressant, sagen Sie? Nun gut, aber das Publikum interessiert sich ebenso sehr für den bescheidenen Pfarrer von Wakefield in seiner Dorfgemeinde wie für den brillanten Ralegh am Hof der stolzen Elizabeth – Versuchen Sie, sich zu erinnern? Gut! – Ich werde es aufschreiben.

Grandville wurde in Nancy geboren. Er war der Nachfolger, Landsmann, man könnte fast sagen, der Schüler von Callot. Sein richtiger Name war Gérard; aber sein Vater, ein ausgezeichneter Miniaturmaler, hatte seinen Familiennamen aufgegeben und den Theaternamen seines Großvaters angenommen, eines hervorragenden Komikers, der mehr als einmal die beiden Exilanten Hanislas und Marie Leczinski zum Lächeln gebracht hatte, von denen einer König gewesen war und die andere Königin werden sollte. Der Großvater hieß Grandville. Dieses Kind, das seine eigene Welt erschaffen sollte, halb Tier, halb Mensch, das den Duft der Blumen erklären sollte, indem es die Blume zur bloßen äußeren Hülle der Frau machte, das mit Hilfe von Bildern aus dem menschlichen Leben die Sterne mit jenen schönen Augen ausstatten sollte, die in der Dunkelheit blitzen und mit denen sie auf die Erde blicken sollen, dieses Kind, sage ich, wurde am 13. September 1802 geboren. Es wurde so schwach geboren, dass man einen Moment lang dachte, es sei nur zum Sterben geboren, aber seine Mutter nahm es in ihre Arme und verbarg es so fest in ihrem Herzen, dass der Tod, der nach ihm suchte, vorbeiging und es nicht sah. Aber das Kind sah den Tod, und deshalb hat es ihn seitdem so genau gemalt.

Als Jugendlicher war er schweigsam, aber aufmerksam und beobachtete alles mit seinen großen, melancholischen Augen, die in allem eine Seite zu suchen und zu finden schienen, die anderen Augen unbekannt und unsichtbar war. Diese Seite hat er in allen Wesen und Geschöpfen gezeigt, vom Riesen bis zur Ameise, vom Menschen bis zur Molluske, vom Stern bis zur Blume. Andere bemängeln die Welt, wie der liebe Gott sie geschaffen hat, aber da sie nicht in der Lage sind, sie umzugestalten, geben sie sich damit zufrieden, sie zu beschimpfen; Grandville hat sie nicht nur nicht verspottet, sondern sogar selbst eine geschaffen.

Mit zwölf Jahren kam er in die Schule von Nancy und verließ sie mit vierzehn. Was bedeuteten ihm Latein, Griechisch oder sogar Französisch? Er hatte seine eigene Sprache, die er leise mit jenem unsichtbaren Meister sprach, den wir Genie nennen, eine Sprache, die er später laut mit der gesamten Schöpfung sprechen sollte. Wenn ich Grandville besuchte und ihn mit einer Eidechse in der Hand vorfand, wie er einem Kanarienvogel in seinem Käfig etwas vorpfiff oder Brot in einer Schüssel mit roten Fischen zerbröselte, war ich immer versucht, ihn zu fragen: „Komm, was sagt dir der Fisch, der Kanarienvogel oder die Eidechse?"

Grandville begann mit vierzehn zu zeichnen; ich irre mich, er hatte schon immer gezeichnet. In seinen Schulheften waren Übungen und Übersetzungen rar, aber die Illustrationen – wie man sie seither nennt – zum Thema La Rose, Rosa und zur Übersetzung von *Deus creavit cælum et terrant* waren wunderbar! Eines Tages zeigten die Lehrer diese Hefte seinem Vater. Sie wollten damit dem Kind eine Standpauke einbläuen; aber der Vater sah mehr als die Lehrer: Sie sahen nur einen gleichgültigen Lateinschüler; der Vater sah einen großen Künstler. Alle sahen richtig, aber jeder drehte ihm den Rücken zu und sah in die entgegengesetzte Richtung als die anderen. Grandville wurde von diesem Tag an in das Atelier seines Vaters eingeführt und hatte das Recht, Skizzen anzufertigen, ohne zu Übungen und Übersetzungen verpflichtet zu sein. Wenn ein Modell kam, um in M. Grandvilles Atelier für eine Miniatur Modell zu sitzen, saß er sowohl für den Vater als auch für den Sohn Modell. Das Modell sah jedoch nur die Arbeit des Vaters, denn es handelte sich um ein fertiges, gefirnisstes und retuschiertes Porträt, während das des Sohnes eine wunderschöne und ausgezeichnete Karikatur war, über die der Vater herzlich lachte, wenn das Modell weg war, die er seinem Sohn jedoch riet, tief zwischen seinen Zeichnungen zu verstecken, wobei er sich jedes Mal wunderte, wie das Gesicht des Mannes eine gewisse Ähnlichkeit mit dem Kopf eines Tieres hatte. In der Zwischenzeit kam ein Künstler namens Mansion durch Nancy und besuchte seinen Mitbruder Grandville, der ihm seine Miniaturen zeigte; der Künstlerbesucher betrachtete sie ziemlich verächtlich, aber als er zu den Zeichnungen des Jugendlichen kam, stürzte er sich eifrig auf sie und betrachtete sie, als würde er nie aufhören, sie anzuschauen, und wiederholte: „Mehr!", solange noch welche übrig waren.

„Gib mir diesen Jungen", sagte er zum Vater, „und ich werde ihn nach Paris bringen."

Es fiel ihm schwer, seinen Sohn aufzugeben, selbst für einen Künstlerkollegen. Und doch wusste Grandvilles Vater sehr wohl, dass man kein großer Künstler werden kann, wenn man nicht in die großen Zentren der Zivilisation geht. Er wählte einen Mittelweg, der sein Gewissen beruhigte und sein Herz tröstete. Er *versprach*, den Jungen nach Paris zu schicken. Sechs Monate vergingen, bis dieses Versprechen in die Tat umgesetzt wurde. Als der Vater schließlich erkannte, dass der Junge seine Zeit in der Provinz verschwendete, fasste er einen Entschluss. Der junge Künstler steckte hundert Kronen in die eine Tasche, in die andere einen Brief an einen Cousin, und er wurde der Obhut eines Postkutschenführers anvertraut. So machte sich der große Mann der kommenden Zukunft auf den Weg nach Paris. Der Cousin hieß Lemétayer und war Direktor der Opéra-Comique. Er war ein kluger Mann, den wir alle kannten, der in der Künstlerwelt sehr beliebt war und mit Picot, Horace Vernet, Léon Cogniet, Hippolyte Lecomte und Féréol befreundet war.

Man wird mich fragen, warum ich Féréol, einen Sänger, mit den vier Malern Picot, Horace Vernet, Léon Cogniet und Hippolyte Lecomte zusammenbringe. Nun, so wie M. Ingres, ein großer Maler, den Anspruch erhebt, ein Virtuose zu sein, so war es auch mit Féréol, der zwar ein ausgezeichneter Opernsänger war, den Anspruch erhob, ein Maler zu sein.

Ach! Wir kennen außer M. Ingres und Féréol noch andere, die auf die gleiche Weise ehrgeizig sind! Eines Tages geschah es, dass Féréol eine seiner Kompositionen zu Lemétayer brachte und sie von Grandville gesehen wurde. Grandville, der Féréols Gemälde nicht respektierte, begann, es noch einmal zu zeichnen, so wie Féréol begonnen haben könnte, eine der Melodien von M. Ingres noch einmal zu singen. In der Zwischenzeit kam Hippolyte Lecomte herein. Wir wissen nicht, ob Hippolyte Lecomte, wie M.

Ingres und Féréol, neben seiner Kunst noch ein Hobby hatte; wir wissen jedoch, dass er ein Mann mit gesundem Menschenverstand und gutem Urteilsvermögen war. Es war genau das, was der junge Mann wollte, und er wechselte von M. Mansions Atelier zu dem von Lecomte. Und M. Mansions Schüler hegte einen alten Groll gegen seinen Meister. Dies war der Anlass dafür –

Mit seiner reizvollen Fantasie, die als Kind ebenso malerisch war wie als Mann, hatte Grandville ein Spiel mit 52 Karten erfunden. Mansion fand dieses Spiel so bemerkenswert, dass er es unter seinem eigenen Namen mit dem Titel *La Sibylle des salons ins Leben rief.* Ich sah das Spiel einmal bei Grandville, als er gut gelaunt war und alle seine Zeichnungen durchblätterte; es hatte etwas sehr Phantastisches an sich. Bei Hippolyte Lecomte kam das Zeichnen nicht mehr in Frage – er musste malen. Aber Malen war nicht Grandvilles Stärke – Bleistift oder Feder waren ihm in jeder Hinsicht vorbehalten! Er malte, wie Callot, mit einer Stahlfeder. Bleistift, Feder und Stil sprachen bewundernswert die Sprache des Künstlers und drückten angemessen aus, was er sagen wollte!

Dann, plötzlich, tritt die Lithographie auf den Plan. Grandville ist fasziniert, beobachtet und untersucht den Prozess, stößt einen Freudenschrei aus und fühlt, dass dies das ist, was er tun muss. Grandville war wie Clément Boulanger ein Suchender, der sich nie mit dem zufrieden gab, was andere für ihn fanden, und manchmal unzufrieden mit dem, was er selbst gefunden hatte. Callot hatte in seinen Kupferstichen den Spirituslack der Instrumentenbauer durch weiche Lacke ersetzt. Grandville führt seine Lithographien nach der Art von Kupferstichen aus: Er schneidet mit einem harten Bleistift in den Stein, schattiert mit Schnittlinien, gibt seine Umrisse an und zeichnet nicht mehr, sondern graviert; zu dieser Zeit erscheinen die Zeichnungsreihen mit den *Tribulations de la petite propriété* und die der *Dimanches d'un bon bourgeois.* Grandville lebte damals im Hotel Saint-Phar am Boulevard Poissonnière, dem Zimmer, das seitdem von Alphonse Karr bewohnt wird, einem Künstler, der seine Feder ebenfalls als Gravurwerkzeug verwendete, anstatt damit zu schreiben.

Um 1826 verließ Grandville das Hotel Saint-Phar und bezog eine Art Dachkammer gegenüber dem Palais des Beaux-Arts, wo ich seine Bekanntschaft machte. Ach! Ich wohnte auch in einer anderen Art von Dachkammer; die 25 Francs, die mir Herr de Broval auf Oudards *Bitte* hin gerade zu meinem Gehalt hinzugefügt hatte, reichten mir nicht aus, im ersten Stock der Rue de Rivoli zu wohnen; meine Dachkammer war jedoch neidisch auf die von Grandville: Das Atelier eines Künstlers, egal wie arm er ist, enthält immer mehr Dinge als das Zimmer eines gewöhnlichen Arbeiters; eine Skizze, eine Statuette, ein Gipsabdruck, ein alter visierloser Helm, einige Rüstungsteile mit Resten der Goldtablierung, ein ausgestopftes

Eichhörnchen, das Flöte spielt, eine Möwe, die mit ausgebreiteten Flügeln von der Decke hängt und aussieht, als würde sie noch immer über die Wellen gleiten, und ein Streifen chinesischen Stoffes, der vor einer Tür drapiert ist, verleihen den Wänden eine kokette Ausstrahlung, die das Auge erfreut und die Fantasie kitzelt. Und das Atelier des Malers war ein Treffpunkt für Gespräche. Dort und in den angrenzenden Ateliers fand man Philippon, der später *La Caricature gründete, und später sein Bruder, der Le Journal pour rire* gründete ; Ricourt, der beharrliche Erfinder unwahrscheinlicher Geschichten; Horeau, der Architekt; Huet, Forest, Renou. Wenn sie viel Geld hatten, tranken sie Bier; an anderen Tagen begnügten sie sich damit, zu rauchen, zu schreien, zu deklamieren und zu lachen. Grandville lachte, deklamierte, schrie, rauchte und trank nur wenig. Er blieb an einem Tisch sitzen, ein Blatt Papier vor sich, Feder oder Bleistift in der Hand, und lächelte gelegentlich, aber unaufhörlich zeichnend. Was zeichnete er? Das wusste er selbst nie. Eine an Unsinn grenzende Phantasie führte seinen Bleistift. Vögel mit Affenköpfen, Affen mit Fischköpfen, die Gesichter von Zweibeinern auf den Körpern von Vierbeinern: eine groteskere Welt als die Versuchungen Callots oder die schelmischen Dämonen Breughels. Nach zwei Stunden voller Gelächter, Lärm und Rauch für die anderen hatte Grandville aus seinem Gehirn wie aus einem phantasievollen Kreis eine ganz neue Schöpfung gezeichnet, die sicherlich ebenso sehr ihm gehörte, wie die durch die Sintflut zerstörte Schöpfung Gott gehörte. Es war alles sehr erlesen, sehr geschickt, sehr bezaubernd und drückte sehr klar aus, was es ausdrücken wollte; die Augen und Gesten sprachen eine so drollige Sprache, dass man, bevor man sie verlassen musste, immer mehr als eine halbe oder eine ganze Stunde damit verbracht hatte, sie anzuschauen und zu versuchen, ihre Bedeutung zu ergründen – improvisierte Illustrationen von Geschichten, die Hoffmann nicht kannte. Auf diese Weise bereitete, verfasste und veröffentlichte er *Les Quatre saisons de la vie, Le Voyage pour l'éternité, Les Metamorphoses du jour* und schließlich *La Caricature,* in dem alle politischen Berühmtheiten der Zeit für ihn oder vor ihm Modell saßen. Dann kam 1832.

Grandville hatte angeboten, dass mein Porträt eines der ersten sein sollte; er war einer der ersten, der kam und auf seine Plattform stieg, seine Tafel auf einer Klappleiter glattstrich und die Teile skizzierte, die über die Höhe der Tür hinausreichten. Zwei Monate später ging ich auf eine Reise. Habe ich ihn wiedergesehen? Ich habe meine Zweifel. Nur Nachrichten über seine großartigen Werke erreichten mich. Dies waren *Chansons de Béranger, Gargantua au berceau,* die *Fables de la Fontaine, Les Animaux peinte par eux-mêmes, les Étoiles, les Fleurs animées.* Dann, inmitten all dieser fröhlichen Figuren, die aus seinem Bleistift und seiner Feder fielen, kamen herzzerreißende und bittere Sorgen; seine Frau und seine drei Kinder starben nacheinander; als das letzte starb, wurde er selbst krank. Es war, als würden die Stimmen seiner vier Geliebten ihn zu sich rufen. Seine Konversation änderte ihren Charakter;

sie wurde erhabener; kein Atelierlachen oder jugendliches Scherzen war mehr zu hören. Er sprach von dem künftigen Leben, dem er entgegenging, von der Unsterblichkeit der Seele, deren Geheimnis er erfahren sollte; er erhob sich in den reinsten Äther und schwebte auf den durchsichtigsten Wolken.

Am 14. März 1847 erkrankte er an Wahnsinn und starb drei Tage später im Haus von Dr. Voisin in Vauvres. Er ist in Saint-Mandé begraben, neben seiner Frau und seinen drei Kindern, und wenn die Toten noch Mitgefühl empfinden, braucht er nur seinen Arm auszustrecken, um Carrels Hand zu berühren!

KAPITEL V

Tony Johannot

Grandville verschwand. Ist er auf den Strahlen eines jener Sterne mit den Gesichtern der Frauen, mit denen er Liebe machte, in den Himmel aufgestiegen? Hat er sich im Grabe schlafen gelegt, um im Todesschlaf dem Wachsen jener Frauen zu lauschen, denen er die Blumenstängel geschenkt hatte? Oh! Das ist das große Geheimnis, das das Grab geheimnisvoll bewacht, das der Tod dem Leben nicht verraten kann, das Hamlet vergeblich Yorick, den Geist seines Vaters, das unterbrochene Lied Ophelias fragte!

Dieses Geheimnis hätten mir meine beiden lieben und ausgezeichneten Freunde Tony Johannot und Alfred d'Orsay, die am selben Tag – dem 4. August 1852 – starben, sicherlich verraten, wenn man es ihnen erlaubt hätte. Welche Trauerdichtung könnte also angemessen sein, um die Gefühle meines Herzens an dem Morgen auszudrücken, als ich aufwachte und zwei Briefe wie diese erhielt?

„MEIN LIEBER VATER, haben Sie jemals etwas Vergleichbares gehört? Ich ging gestern mit Ihrem Brief zu Tony Johannots Haus, um ihn zu fragen, ob er die Vignetten für *Isaac Laquedem übernehmen könnte*, und sie sagten zu mir: ‚Sir, er ist gerade gestorben!'

„Tony Johannot ist tot! Ich habe ihn vorgestern getroffen und wir haben uns für heute verabredet. Tot! Diese einzelne Silbe fühlte sich an wie das Läuten einer Glocke. Sie weckte dieselbe Art von Schwingung in meinem Herzen. Tot! Tony Johannot ist tot! Wenn Menschen auf diese Weise sterben, sollte man diejenigen, die man liebt, nie verlassen. Komm sofort nach Paris zurück, oder ich mache mich auf den Weg nach Brüssel. – Dein „ALEX. DUMAS, *fils*"

„MEIN LIEBER DUMAS, – Unser geliebter Alfred d'Orsay starb heute Morgen um vier Uhr in meinen Armen, lachend, redend, Pläne schmiedend und ohne zu ahnen, dass er im Sterben lag. Einer der letzten Namen, die er aussprach, war Deiner, denn eines seiner letzten Vorhaben war, den Pachtvertrag für Dein Jagdrevier zu verlängern, das er im letzten Jahr sehr genossen hat. Die Beerdigung wird übermorgen in Chambourcy stattfinden. Komm, wenn mein Brief Dich rechtzeitig erreicht! Es wäre ein Trost für

Agénor und die Herzogin von Grammont, Dich in einer
solchen Zeit bei sich zu haben. – In Liebe, „CABARRUS"

Ein anderes Mal werde ich Ihnen die ganze Geschichte von d'Orsay erzählen,
d'Orsay, dem Gentleman, dem Mann der Mode, dem Künstler und vor allem
dem Mann mit dem guten Herzen; und dafür werde ich in einem Kapitel
sicherlich nicht genug Platz haben. Beschränken wir uns vorerst auf Tony
Johannot, denjenigen der vier Toten, deren Leben ich hier erzähle, mit dem
ich am vertrautesten war.

Er wurde 1803 in der kleinen Stadt Offenbach geboren, genau wie sein
Bruder. Ich habe die Geschichte seiner Eltern und seiner frühen Tage in der
Erzählung von Alfred erzählt. Er muss daher unseren Lesern als junger Mann
in derselben Gestalt wie Alfred erscheinen; in dieser Form veröffentlichte
der *Artiste* sie tatsächlich in seinen beiden hervorragenden Porträts dieser
beiden Genies der Kunst. Tony war damals, mit etwa dreißig Jahren,
entzückend: ein klarer, frischer Teint, um den ihn eine Frau hätte beneiden
können, kurzes, lockiges Haar, ein dunkler Schnurrbart, kleine, aber helle,
intelligente und funkelnde Augen, eine mittelgroße, aber wunderbar wohl
proportionierte Figur. Wie Alfred war er schweigsam; aber er war nicht so
schweigsam: seine Melancholie ging nie so weit, dass sie zur Depression
wurde: er war ein Mann weniger Worte und begann nie lange Sätze, aber was
er sagte, zeigte immer Feingefühl und Geistesblitze. Schließlich spiegelte sein
Talent seinen Charakter wie ein Spiegel wider, und jeder, der ihn nicht
kannte, konnte sich anhand seiner Zeichnungen, Vignetten und Bilder ein
vollkommen richtiges Bild von ihm machen. Das erste Mal sah ich ihn, wenn
ich mich recht erinnere, im Haus unseres lieben guten Freundes Nodier.
Nodier mochte beide Brüder sehr. Tony brachte Marie Nodier ein
wunderschönes Aquarell. Ich kann es jetzt noch sehen: es stellte eine
ermordete Frau dar, entweder eine Desdemona oder eine Vanina d'Ornano.
Es war für Maries Album bestimmt. Wir zeichneten sofort und ohne zu
zögern gemeinsam, als hätten unsere beiden Herzen einander 25 Jahre lang
gesucht; wir waren fast gleich alt, er ein wenig jünger als ich. Ich habe in
diesen Memoiren erzählt, dass wir den Feldzug von Rambouillet Seite an
Seite durchmachten und gemeinsam von dort zurückkehrten. Zwanzig Mal
hatte er versucht, eine Porträtskizze von mir anzufertigen; Zwanzigmal hatte
er das Papier sauber radiert, das Holz abgerieben, die Farbe von der
Leinwand gekratzt und war mit seiner Arbeit unzufrieden. Vergeblich sagte
ich ihm, es sei eine gute Ähnlichkeit.

„Nein", sagte er, „und niemand könnte das tun, genauso wenig wie ich."

„Warum?"

„Weil sich Ihr Gesichtsausdruck alle zehn Sekunden ändert. Wie kann man ein Abbild eines Menschen erstellen, der nicht er selbst ist?"

Als Entschädigung übergab er mir dann seine Mappen und schenkte mir eine bezaubernde Zeichnung von *Minna und Brenda* oder eine schöne Skizze vom *letzten Mohikaner.*

Der Hauptvorteil der Figur Tony Johannot und die besondere Note seines Talents war jene Gabe des Himmels, die speziell Blumen, Vögeln und Frauen zuteil wird – Charme. Tony entzückte sogar seine Kritiker. Seine Hautfarbe war vielleicht ein wenig eintönig, aber sie war fröhlich, hell und silbrig im Ton. Seine Frauen waren alle einander ähnlich, Virginie und Brenda, Diana Vernon und Ophelia; was machte das schon, da sie alle jung und schön und anmutig und keusch waren? Die Töchter der Dichter, aus welchem Land sie auch stammen mögen, haben alle ein und dasselbe Vatergenie. Charlotte und Desdemona, Leonora und Haidée, Dona Sol und Amy Robsart sind Schwestern. Wer kann Schwestern nun vorwerfen, dass sie eine Familienähnlichkeit aufweisen?

Andere Illustratoren tadelten Tony, weil er jedes Buch monopolisierte, so wie sie mir vorwarfen, dass ich jede Zeitung monopolisierte. Nun, Tony ist seit achtzehn Monaten tot; sehen wir uns also an, wo diese Vignetten sind, die nur auf eine Gelegenheit warteten, produziert zu werden? Wo sind dann all die illustrierten *Pauls und Virginies,* die *Manon Lescauts, Molières, Coopers, Walter Scotts* , die dafür sorgen sollten, dass die des armen toten Künstlers in Vergessenheit gerieten? Wo sind dann die Einfälle und Launen, die auf diese Wut folgen werden? Wo ist die Kunst, die dieses Gewerbe ersetzen wird? Was mich betrifft, da sie mir den gleichen Vorwurf der Monopolisierung gemacht haben und sich eine Gelegenheit bietet, ein Wort zu diesem Thema zu sagen, werde ich es ohne Umschweife sagen. Im Augenblick, am 15. Dezember 1853, habe ich seit einiger Zeit mehr oder weniger *La Presse* frei gelassen, *Le Siècle* frei, *Le Constitutionnel frei; ich muss nur noch eine Geschichte für Le* schreiben *Pays* : Sehen Sie, Sie, meine Herren, die Tore stehen offen, die Säulen sind leer; neben *Le Constitutionnel, Le Siècle, La Presse* haben Sie *La Patrie, l'Assemblée nationale, Le Moniteur,* die *Revue de Paris,* die *Revue des Deux Mondes;* schreiben Sie Ihre *Reine Margots,* meine Herren! Schreiben Sie *Monte-Cristo,* die *Mousquetaires, Capitaine Paul, Amaury, Comtesse de Charny, Conscience, Pasteur d'Ashbourn* ; schreiben Sie all das, meine Herren! Warten Sie nicht, bis ich tot bin. Ich habe nur eines zu bedauern: Ich kann mich nicht von meiner gigantischen Arbeit ablenken, indem ich meine eigenen Bücher lese; lenken Sie meine Gedanken ab, indem Sie mich Ihre lesen lassen, und ich versichere Ihnen, das wird sowohl mir als auch Ihnen gut tun und vielleicht sogar besser für Sie als für mich.

Tony machte es wie ich; er arbeitete zunächst sechs Stunden am Tag, dann acht, dann zehn, dann zwölf, dann fünfzehn: Arbeit ist wie der Rausch von Haschisch und Opium: Sie erschafft ein fiktives Leben innerhalb des wirklichen Lebens, so voll köstlicher Träume und entzückender Halluzinationen, dass man schließlich das fiktive Leben dem wirklichen vorzieht. Tony arbeitete dann fünfzehn Stunden am Tag – das spricht für sich.

So stellte er, nachdem er mit seinem Bruder die Reihe der *Tableaus-Vignetten ausgestellt hatte* , die ich im Zusammenhang mit Alfred erwähnt habe, folgendes allein aus: *Minna et Brenda sur le bord de la mer, La Bataille de Rosbecque, La Mort von Julien d'Avenel, Die Schlacht von Fontenoy, Die Kindheit von Duguesclin, Die Eroberung von Elisabeth in Kenilworth, Zwei junge Frauen vor einem Fenster, Das Sieb, Ludwig XIII. forçant le passage du Méandre*, ein Motiv aus George Sands „ *André*“, ein Motiv aus den Evangelien, eines aus der *Nachfolge Christi, Le Roi Louis-Philippe offerrant à la reine Victoria deux tapisseries des Gobelins au Château d'Eu*. Nachdem er auf den Ausstellungen von 1843, 1845 und 1846 nicht ausstellen konnte, schickte er 1848 zwölf Bilder, 1850 fünf, 1851 drei und 1852 eine *Scène de village* und die *Plaisirs de l'automne*. Drei oder vier Jahre zuvor waren Tonys Freunde von einer Sache erschreckt worden, die trotz der Angst der Ärzte doch völlig unmöglich schien. Es war ihm eine Lungenvergiftung angedroht worden. Nichts hätte solider gebaut werden können, muss man sagen, als Tony Johannots Brustkorb und, bei maßlosem Ehrgeiz, die Lungen waren nie bequemer gelegen, um ihre Funktionen zu erfüllen; Tonys Freunde waren also nicht beunruhigt. Er hustete, spuckte ein wenig Blut, unterzog sich einer Behandlung und wurde wieder gesund. Er hatte nicht aufgehört Arbeiten. Arbeit ist ein Gesundheitsfaktor für alle, die produzieren. Er hatte gerade sein *Évangile* und *seine Nachfolge Christi fertiggestellt*, hatte die Arbeit an einem Ölgemälde von *Ruth und Boas unterbrochen* , um mit Illustrationen zu den Werken Victor Hugos zu beginnen, als er plötzlich zusammenbrach und auf die Knie fiel. Er war von einem Schlaganfall heimgesucht. Am 4. August 1852 starb er. Die doppelte Nachricht kam zu spät: Ich konnte weder d'Orsay zum Friedhof von Chambourcy folgen, noch Tony Johannot zum Friedhof von Montmartre. Dort ist es, Der Schöpfer vieler bezaubernder Vignetten und faszinierender Bilder schläft in der Gruft, in der vor ihm seine beiden Brüder Charles und Alfred geschlafen hatten.

BUCH II

KAPITEL I

Fortsetzung der Vorbereitungen für meinen Ball – Öl und Staupe – Unannehmlichkeiten der Nachtarbeit – Wie Delacroix seine Aufgabe erledigte – Der Ball – Ernste Männer – La Fayette und Beauchene – Verschiedene Kostüme – Der Kranke und der Bestatter – Der letzte Galopp – Ein politisches Stück – Ein moralisches Stück

Kehren wir von den Malern zu den Gemälden zurück. Der elfte Dekorateur hatte sich Ziégler genannt. Wir hatten nicht mit ihm gerechnet, aber er hatte vorausgesehen, was passieren könnte; eine Tafel war leer gelassen worden und man hatte sie ihm gegeben, um darauf eine Szene aus *La Esmeralda zu malen*. Drei Tage vor dem Ball waren alle auf ihrem Posten: Alfred Johannot skizzierte seine Szene aus *Cinq-Mars* ; Tony Johannot seinen *Sire de Giac;* Clément Boulanger seinen *Tour de Nesle;* Louis Boulanger seine *Lucrèce Borgia;* Jadin und Decamps arbeiteten zusammen an ihrem *Debureau,* Grandville an seinem *Orchestre,* Barye an seinem *Tigres,* Nanteuil an seinen Türtafeln, die aus zwei Medaillons bestanden, die Hugo und Alfred de Vigny darstellten. Nur Delacroix antwortete nicht auf den Appell: Sie wollten seine Tafel loswerden, aber ich antwortete für ihn.

Es war sehr unterhaltsam, den Start dieses Hindernisrennens zwischen zehn gleichberechtigten Malern zu sehen. Jeder von ihnen folgte, ohne seinen Nachbarn offensichtlich zu beobachten, mit den Augen zuerst der Kohle und dann dem Pinsel. Keiner von ihnen – insbesondere die Johannots, die Kupferstecher und Vignettenzeichner und Staffeleibildermaler waren – war an die Verwendung von Leimfarbe gewöhnt. Aber die Maler großer Leinwände gewöhnten sich bald daran. Unter ihnen schienen Louis und Clément Boulanger nie mit einem anderen Medium gearbeitet zu haben. Jadin und Decamps entdeckten wunderbare Farbtöne in dieser neuen Ausführungsmethode und erklärten, sie wollten nie wieder mit etwas anderem als Leimfarbe malen. Ziégler kam mit einiger Leichtigkeit damit zurecht, Barye war der Meinung, es sei Aquarell im großen Maßstab, aber einfacher und schneller zu machen als Aquarell im kleinen Maßstab. Grandville zeichnete mit Rötel, Kohle und spanischer weißer Kreide und erzielte mit diesen drei Buntstiften erstaunliche Effekte. Wir warteten neugierig auf Delacroix, dessen Leichtigkeit der Ausführung sprichwörtlich geworden ist. Wie ich bereits sagte, waren nur die beiden Johannots im Rückstand. Sie wussten, dass sie nicht fertig werden würden, wenn sie nicht nachts arbeiteten. Während die anderen spielten, rauchten und tratschten, setzten beide daher ihre Tagesarbeit fort, als die Nacht hereinbrach, und erfreuten sich an den Tönen, die ihnen das Licht verlieh, und an der Überlegenheit des Lampenlichts gegenüber dem des Tages, da die Bilder im Lampenlicht betrachtet werden sollten. Sie hörten nicht vor Mitternacht auf zu arbeiten, holten aber dadurch die anderen ein. Am nächsten Tag, als es dunkel wurde, stießen Alfred und Tony verzweifelte Schreie aus: Im Lampenlicht hatten sie Gelb mit Weiß und Weiß mit Gelb, Grün mit Blau und Blau mit Grün verwechselt. Die beiden Bilder sahen aus wie riesige *Omeletts mit Kräutern*. In diesem Moment kam Ciceri *père* herein. Er brauchte nur einen Blick auf die beiden Bilder zu werfen, um zu erraten, was passiert war.

„Bravo!", sagte er, „wir haben einen grünen Himmel und gelbe Wolken! Aber das ist gar nichts!"

Tatsächlich war der Fehler vor allem am Himmel begangen worden. Er nahm die Pinsel und malte mit breiten, kräftigen, kraftvollen Strichen in einer Minute die Himmel beider Bilder neu: das eine ruhig, heiter und azurblau, so dass man durch das Blau des Firmaments einen Blick auf Dantes Paradies erhaschen konnte; das andere niedrig, wolkig, elektrisiert und bereit, in Blitze auszubrechen.

Alle jungen Maler lernten im Nu die Geheimnisse der Dekoration, denen sie am Vortag stundenlang nachgespürt hatten. Niemand machte sich Gedanken über die Nachtarbeit. Außerdem gingen die Dinge dank der Lektion, die *Vater Ciceri erteilt hatte,* mit Riesenschritten voran. Von Delacroix gab es nicht mehr Neuigkeiten, als hätte es ihn nie gegeben. In der Nacht des zweiten Tages schickte ich ihm eine Nachricht, ob er sich erinnere, dass der Ball für den nächsten Tag angesetzt war. Er antwortete, ich brauche mir keine Sorgen zu machen und er würde am nächsten Morgen zum Frühstück kommen. Die Arbeit begann im Morgengrauen des nächsten Tages. Die meisten Arbeiter hatten ihre Aufgabe übrigens zu drei Vierteln erledigt. Clément Boulanger und Barye waren fertig. Louis Boulanger hatte höchstens drei oder vier Stunden Arbeit. Decamps gab seinem *Debureau den letzten Schliff* und Jadin seinen Mohn- und Kornblumen; Grandville arbeitete an seinen Türklinken, als Delacroix, wie versprochen, eintraf.

„Na, wie geht es Ihnen?", fragte er.

„Sehen Sie selbst", sagte jeder Arbeiter und trat beiseite, damit seine Arbeit gezeigt werden konnte.

„Oh, wirklich! Aber Sie machen hier Miniaturarbeit! Das hätten Sie mir sagen sollen. Dann wäre ich schon vor einem Monat gekommen."

Er ging durch alle vier Räume, blieb vor jedem Paneel stehen und fand dank seines charmanten Wesens etwas Nettes, das er jedem seiner Mitbrüder sagen konnte. Dann, als sie zum Frühstück gingen, frühstückte er ebenfalls.

„Und?", fragte er, als das Frühstück beendet war, und drehte sich zu der leeren Tafel um.

"Nun, da ist es!", sagte ich. "Es ist das Bild von der *Durchquerung des Roten Meeres*. Das Meer ist zurückgegangen, die Israeliten sind hinüber, die Ägypter sind noch nicht angekommen."

„Dann werde ich die Gelegenheit nutzen, etwas anderes zu tun. Was soll ich da oben stecken?"

„Oh, wissen Sie, ein König Rodrigo nach einer Schlacht:

‚Auf den murmelnden Flüssen
fleuve aux oncles sanglantes, Le roi sans royaume allait, Froissant, dans ses mains saignantes, Les grains d'or d'un cappelle.'"

"Ah, ist es das, was du willst?"

"Ja."

„Du wirst mich nicht um etwas anderes bitten, wenn es zur Hälfte fertig ist?"

"Natürlich nicht!"

„Also los für König Rodrigo!"

Und ohne seinen kleinen schwarzen Mantel auszuziehen, der eng an seinem Körper klebte, ohne die Ärmel hochzukrempeln oder die Manschetten auszuziehen oder eine Bluse oder eine Baumwolljacke anzuziehen, nahm Delacroix zunächst die Kohle und zeichnete mit drei oder vier Strichen das Pferd, mit fünf oder sechs den Kavalier, mit sieben oder acht das Schlachtfeld, Tote, Sterbende und Flüchtlinge inbegriffen. Dann machte er sich mit dieser groben Skizze so viel Mühe, dass er es sich merken konnte, nahm die Pinsel und begann zu malen. Und blitzschnell, als hätte man eine Leinwand enthüllt, sah man unter seiner Hand zuerst einen Kavalier erscheinen, blutend, verletzt und verwundet, halb von seinem Pferd mitgeschleift, das ebenso verletzt war wie er selbst, sich bloß mit den Steigbügeln festhaltend und auf seine lange Lanze gestützt; um ihn herum, vor und hinter ihm Haufen von Toten; am Flussufer die Verwundeten, die versuchten, ihre Lippen ans Wasser zu halten und Blutspuren hinterließen; so weit das Auge reichte, erstreckte sich bis zum Horizont das Schlachtfeld, unbarmherzig und schrecklich; über allem, in einem Horizont, der durch den Dampf des Blutes verdichtet war, ging eine Sonne unter wie ein roter Rundschild in einer Schmiede; dann schließlich ein blauer Himmel, der, als er in der Ferne verschwand, einen undefinierbaren Grünton annahm, mit rosigen Wolken darauf wie dem Flaum eines Ibis. Das Ganze war wunderbar anzusehen: Ein Kreis versammelte sich um den Meister, und jeder der

Künstler verließ seine Arbeit, um ohne Eifersucht oder Neid auf den neuen Rubens zu klatschen, der sowohl Komposition als auch Ausführung improvisierte, während er weitermachte. Es war in zwei oder drei Stunden fertig. Um fünf Uhr nachmittags war dank eines großen Feuers alles trocken und sie konnten die Formen an die Wände stellen. Der Ball hatte ein enormes Aufsehen erregt. Ich hatte fast alle Künstler in Paris eingeladen; diejenigen, die ich vergessen hatte, schrieben mir, um mich an ihre Existenz zu erinnern. Viele Damen der Gesellschaft hatten dasselbe getan, aber sie baten darum, maskiert kommen zu dürfen: Es war eine Unverschämtheit gegenüber anderen Frauen, und ich überließ es denen, die es angeboten hatten. Es war ein Kostümball, aber kein Maskenball; die Ordnung war streng, und ich mietete zwei Dutzend Dominosteine für Betrüger, wer auch immer sie sein mochten, die versuchten, sich in geschmuggelter Kleidung vorzustellen.

Um sieben Uhr kam Chevet mit einem fünfzig Pfund schweren Lachs und einem im Ganzen gebratenen Rehbock, serviert auf einer silbernen Platte, die aussah, als wäre sie von Gargantuas Anrichte geliehen worden, und einer riesigen Pastete, alles passend dazu. Dreihundert Flaschen Bordeaux standen zum Aufwärmen bereit, dreihundert Flaschen Burgunder kühlten, fünfhundert Flaschen Champagner lagen auf Eis.

Ich hatte in der Bibliothek in einem kleinen Kupferstichbuch von Tizians Bruder ein entzückendes Kostüm aus dem Jahr 1525 entdeckt: rund geschnittenes, über die Schultern hängendes Haar, das mit einem Goldband zusammengebunden war; ein meergrünes, mit Gold geflochtenes Wams, das vorne am Hemd mit Goldborten geschnürt und an den Schultern und Ellbogen mit einer ähnlichen Schnürung befestigt war; Kniehosen aus mehrfarbiger roter und weißer Seide; schwarze Samtpantoffeln à la François I., mit Gold bestickt. Die Hausherrin, eine sehr schöne Person mit dunklem Haar und blauen Augen, trug ein Samtkleid mit einem gestärkten Kragen und den schwarzen Filzhut mit schwarzen Federn von Helena Formann, Rubens' zweiter Frau. In jeder Zimmerflucht waren zwei Orchester aufgestellt worden, so dass sie zu einem bestimmten Zeitpunkt beide dieselbe Melodie spielen konnten und der Galopp in allen fünf Zimmern und der Halle zu hören war. Um Mitternacht boten diese fünf Zimmer ein wunderbares Schauspiel. Alle hatten die Idee aufgegriffen, mit Ausnahme derer, die sich als gesetzte Männer bezeichneten; alle waren in Kostümen gekommen; aber die ernsthaften Männer beschworen ihre Ernsthaftigkeit vergebens; man schenkte ihr überhaupt keine Beachtung; sie waren gezwungen, sich in Dominosteine in den ruhigsten Farben zu kleiden. Véron, ein gesetzter Mensch, obwohl er auch fröhlich sein konnte, war in Rosa gehüllt; Buloz, der von ernstem und melancholischem Temperament war, war in Himmelblau gekleidet; Odilon Barrot, der überernst bis zur Feierlichkeit war, hatte aufgrund seines doppelten Titels als Rechtsanwalt und Abgeordneter einen schwarzen Dominostein erhalten; und schließlich hatte La Fayette, der gute, elegante und höfliche alte Herr, über all diese Albernheiten der Jugend gelächelt und, ohne sich dagegen zu wehren, das venezianische Kostüm angelegt. Dieser Mann hatte Washington die Hand gedrückt, hatte Marat gezwungen, sich in Höhlen zu verstecken, hatte gegen Mirabeau gekämpft, hatte seine Popularität eingebüßt, als er das Leben der Königin rettete, und hatte am 6. Oktober zu einem zehn Jahrhunderte alten Königshaus gesagt: „Beuge dich vor jenem Königshaus, das gestern noch Volk hieß!" Dieser Mann – der 1814 Napoleon vom Thron gestoßen hatte, der 1830 Louis-Philippe geholfen hatte, den Thron zu besteigen, der, statt zu fallen, während der Revolutionen immer mehr an Macht gewann – war auch unter uns, einfach wie Größe, gut wie Stärke, offen wie Genie. Er war tatsächlich Gegenstand des Erstaunens und der Bewunderung all jener hinreißenden Wesen, die ihn zum ersten Mal sahen, berührten und mit ihm sprachen, die ihm seine jüngeren Tage zurückbrachten; er sah sie ernst an, reichte ihnen beide Hände und antwortete mit den höflichsten und zuvorkommendsten Worten auf all die hübschen Reden, die die bezaubernden Königinnen der Pariser Theater an ihn richteten. Sie erinnern sich, dass Sie eine ganze Nacht lang die Lieblinge dieses berühmten Mannes waren – Léontine Fay, Louise Despréaux, Cornélie Falcon, Virginie Déjazet? Sie erinnern sich an Ihr Erstaunen, als Sie ihn einfach und sanft, kokett und galant, witzig und ehrerbietig vorfanden, wie er es vierzig Jahre zuvor auf den Bällen von Versailles und Trianon gewesen war? Einen Augenblick später setzte sich Beauchene neben ihn, und diese Gegenüberstellung ergab einen merkwürdigen Kontrast: Beauchene trug das Vendée-Kostüm in seiner ganzen Vollständigkeit: den Hut mit einem Taschentuch umwickelt, die bretonische Jacke, kurze Hosen, Gamaschen, das blutende Herz auf der Brust und den englischen Karabiner. Beauchene, der unter den Bourbonen des älteren Zweigs als zu liberaler Royalist galt, galt unter dem jüngeren Zweig als zu liberaler Royalist. Als General La Fayette ihn erkannte, sagte er mit einem bezaubernden Lächeln:

„Monsieur de Beauchene, sagen Sie mir, ich bitte Sie, kraft welchen Privilegs sind Sie hier die einzige Person, die keine Verkleidung trägt?"

Eine Viertelstunde später saßen beide an einem Ecarté-Tisch, und Beauchene spielte gegen den Republikaner von 1789 und von 1830, mit Goldmünzen, die das Abbild Heinrichs V. trugen.

Das Wohnzimmer bot den malerischsten Anblick. Mademoiselle Mars, Joanny, Michel Menjaud, Firmin, Mademoiselle Leverd waren in den Kostümen von *Heinrich III. gekommen*. Der Hof der Valois war komplett. Dupont, die beleidigte Soubrette von Molière, die fröhliche Soubrette von Marivaux, trug ein Schäferinnenkostüm von Boucher. Georges, der die Schönheit seiner besten Tage wiedererlangt hatte, hatte das Kostüm eines

Bauernmädchens aus Nettuno angenommen und Madame Paradol trug das von Anna von Österreich. Rose Dupuis hatte eines wie Lady Rochester. Noblet trug ein Harlekinkleid; Javureck war eine türkische Sklavin. Adèle Alphonse, die ihren ersten öffentlichen Auftritt hatte und, glaube ich, aus Sankt Petersburg kam, war eine junge Griechin. Léontine Fay, eine Albanerin. Falcon, die schöne Jüdin, war als Rebekka verkleidet, Déjazet als du Barry; Nourrit als Hofabbé; Monrose als Soldat von Ruyter; Volnys als Armenier; Bocage als Didier. Allan – der sich zweifellos für eine ernsthafte Person wie Buloz und Véron hielt – trug eine weiße Krawatte, einen schwarzen Mantel und schwarze Hosen; aber über die Toilette eines vergoldeten Jünglings hatten wir darauf bestanden, einen kohlgrünen Dominostein zu legen. Rossini hatte das Kostüm des Figaro angenommen und wetteiferte an Beliebtheit mit La Fayette. Moyne, unser armer Moyne!, der so viel Talent hatte und trotz seines Talents verhungerte und Selbstmord beging in der Hoffnung, dass sein Tod seiner Witwe eine Rente hinterlassen würde – Moyne hatte das Kostüm von Karl IX. angenommen; Barye war als bengalischer Tiger verkleidet; Etex als Andalusier; Adam als Puppe; Zimmermann als Küchenmädchen; Plantade als Madame Pochet; Pichot als Zauberer; Alphonse Royer als Türke; Charles Lenormand als gebürtiger Smyrner; Considérant als Bey von Algier; Paul de Musset als Russe; Alfred de Musset als Wetterhahn; Capo de Feuillide als Stierkämpfer. Eugène Sue, der sechste der ernsten Männer, war in einem Pistaziendomino; Paul Lacroix als Astrologe; Pétrus Borel, der den Namen Lykanthrop annahm, als das junge Frankreich; Bard, mein Begleiter bei der Expedition nach Soissons, als Page aus der Zeit Albert Dürers; Francisque Michel als Vagabund; Paul Fouché als Fußsoldat in der Narrenprozession; Eugène Duverger als Van Dyck; Ladvocat als Heinrich XI.; Fournier als Seemann; Giraud als Soldat des elften Jahrhunderts; Tony Johannot als Sire de Giac; Alfred Johannot als junger Ludwig XI.; Menut als Page von Karl VII.; Louis Boulanger als Höfling von König Johann; Nanteuil als alter Soldat aus dem 16. Jahrhundert; Gaindron als Verrückter; Boisselot als junger Lord aus der Zeit Ludwigs XII.; Châtillon als Sentinelli; Ziégler als Cinq-Mars; Clément Boulanger als neapolitanischer Bauer; Roqueplan als mexikanischer Offizier; Lépaule in hochländischer Kleidung; Grenier als Seemann; Robert Fleury als Chinese; Delacroix als Dante; Champmartin als Pilger; Henriquet Dupont als Ariosto; Chenavard als Tizian; Frédérick Lemaître als mit Pailletten bedeckter Robert Macaire.

Mehrere drollige Vorfälle belebten den Abend. Monsieur Tissot von der Akademie kam auf die Idee, sich als Invalide zu verkleiden. Kaum war er eingetreten, als Jadin als Leichenbestatter hereinkam und ihm mit einem düsteren Krepphut von Zimmer zu Zimmer folgte, wobei er sich seinem Tempo anpasste und alle fünf Minuten die Worte wiederholte: *„Ich warte! “* Monsieur Tissot konnte das nicht ertragen und verließ die Wohnung nach

einer halben Stunde. Einmal waren siebenhundert Personen anwesend. Wir
aßen um drei Uhr morgens zu Abend. Die beiden Zimmer der leeren
Wohnung auf meinem Flur wurden in ein Esszimmer umgewandelt.

Wunderbar, zu erzählen, es gab genug zu essen und zu trinken für alle! Um
neun Uhr morgens begannen sie mit Musik im Kopf einen letzten Galopp in
der Rue des Trois-Frères, wobei die Spitze der Prozession den Boulevard
erreichte, während das Ende noch im Hof des Platzes herumhüpfte. Ich habe
seitdem oft daran gedacht, einen zweiten Ball wie diesen zu veranstalten, aber
es schien mir immer völlig unmöglich.

Ungefähr zu dieser Zeit wurde im Odéon ein Stück aufgeführt, das für
einiges Aufsehen sorgte, zunächst wegen seines eigenen Werts und auch
wegen des von ihm angeregten Maßes. Der Titel des Stücks lautete: *Révolution
d'autrefois, ou les Romains chez eux*. Die Autoren waren Félix Pyat und Théo.

Sie hatten den verrückten Kaiser zu ihrem Helden gemacht, den ich sechs
Jahre später meinerseits auf die Bühne zu bringen versuchte – Caligula. Das
Stück hatte kaum Handlung; sein Hauptwert lag in seinem Untertitel: *Les
Romains chez eux*. Tatsächlich war dies das erste Mal, dass die Leute die Toga
und Halbstiefel an den Füßen sahen und die Sprache, Handlungen und
Mahlzeiten wie im wirklichen Leben. Das Thema war der Tod Caligulas und
die Thronbesteigung von Claudius. Unglücklicherweise für die Langlebigkeit
des Stücks enthielt es eine Szene, die eine respektlose Anspielung auf den
Regierungschef zu sein schien. Es war die dritte Szene des letzten Aktes. Ein
Soldat stellte Claudius als vollkommen geeignet für die Römer dar, weil er
groß, dick und *dumm war*. Es ist unmöglich zu beschreiben, welche Wirkung
dieses *große, dicke* und *dumme Wesen* hatte; damals gab es eine schreckliche
Gegenreaktion gegen Louis-Philippe. Der Aufstand des Monats Juni
schwebte noch immer in aller Gemüter. Sie gaben dem Regierungschef diese
drei Beinamen und erwiesen ihm damit die Gerechtigkeit, die er sechzehn
oder siebzehn Jahre später jedenfalls verdiente. Ich war bei der ersten
Vorstellung nicht dabei gewesen. Es gelang mir nach großen Schwierigkeiten,
einen Platz bei der zweiten zu ergattern. Beachten Sie genau, dass ich vom
Odéon spreche. Ganz Paris wäre in Harels Theater gekommen, denn ich
glaube, er hatte damals noch das Odéon, wenn das Stück nicht bei der dritten
Vorstellung abgebrochen worden wäre. Und das Merkwürdigste war, dass
niemand, weder Regisseur noch Autoren, viel von dem Werk hielten, was
man an der Art und Weise, wie es inszeniert wurde, leicht erkennen konnte.
Abgesehen von Lockroy und Provost wurde das ganze Stück auf das verteilt,
was im Theaterjargon *la troupe de fer-blanc* („eine aufgebrachte Menge")
genannt wird. Arsène spielte Chéréas und Moëssard Claude. Siebzehn Tage
später spielte die Porte-Saint-Martin ein Stück, das einen Skandal ganz
anderer Art auslösen sollte. Es hieß: „ *Dix ans de la vie d'une femme, ou les mauvais
conseils* ". Die Hauptrolle spielte Dorval. Das Stück „ *Dix ans de la vie d'une*

femme" – zumindest das erste Manuskript – stammte von einem jungen Mann von etwa dreißig Jahren namens Ferrier. Harel hatte beim Lesen darin eine Fortsetzung von „*Joueur*" gesehen und Ferrier mit Scribe zusammengebracht. Das Ergebnis dieser Verbindung war ein Stück, das den Leuten die Haare zu Berge stehen ließ, ein Drama, für das Mecier oder Rétif de la Bretonne kaum ihren Namen hergegeben hätten!

Etwa achtzehn Jahre später diskutierten wir im Staatsrat vor der Kommission, die das Theatergesetz vorbereiten sollte, die Frage der Theaterzensur und der Theaterfreiheit, und zu diesem Thema hörte ich, wie Scribe die *unmoralische Literatur* heftiger angriff, als es bei ihm sonst der Fall war. Er forderte eine Zensur, die eine heilsame Kontrolle sein sollte, um das Talent vor Exzessen aller Art zu bewahren, denen es sich nur allzu leicht hingibt. Ich erlaubte mir, den strengen Redner zu unterbrechen, und sprach diese Frage lachend an, so dass man sie im ganzen Raum hören konnte.

„Kommen Sie, Schreiber, sagen Sie uns, fällt das Drama mit dem Titel *Dix ans de la vie d'une femme* in die Kategorie moralische Literatur?"

"Was?"

Ich habe die Frage wiederholt.

Scribe antwortete in demselben lachenden Ton, in dem er angegriffen worden war. Lesen Sie das Werk noch einmal und Sie werden sehen, dass es ihm schwergefallen wäre, anders zu antworten. Urteilen Sie selbst. Wir haben so oft erlebt, dass unsere Werke und die der romantischen Schule von Leuten, die M. Scribe als moralischen Autor hochhalten, der Unmoral bezichtigt wurden, dass es uns wirklich gestattet sein muss, die Beschuldigung hier zu wiederholen und, mit dem *Spiel in der Hand, zu zeigen*, wie weit sie den Skandal im gegnerischen Lager manchmal getrieben haben. Der breite Gesichtspunkt, den die Gliederung dieser Memoiren umfasst, lässt uns hoffen, dass eine solche Darlegung nicht als Abschweifung betrachtet werden kann. Jedenfalls steht es denjenigen unserer Leser, die es für irrelevant halten, völlig frei, das folgende Kapitel zu überspringen.

KAPITEL II

Sag mir, was ich von einer Frau wohne

So war *Dix ans de la vie d'une femme* . Adèle Évrard hat M. Darcey geheiratet, einen reichen Landbesitzer, einen ehrenwerten und vorbildlichen Mann, der sich um seine Frau sorgt, ihr Aufmerksamkeit schenkt und ihr Güte entgegenbringt – eine Art Danville der *École des vieillards,* mit dem Unterschied, dass Darcey erst vierzig ist. Adèle, Madame Darcey, hat denselben Vornamen wie Madame d'Hervey; aber statt wie die Heldin des *Antonius zu sein,* die bereit ist, so weit zu kämpfen, dass sie den Tod der Schande vorzieht, wurde Adèle von *Dix ans de la vie d'une femme* mit jeder bösen Neigung geboren, die durch schlechte Einflüsse gefördert werden kann. Nun fehlten solche schlechten Einflüsse in ihrem Fall nicht. Adèle, Tochter eines ehrlichen Kaufmanns, Frau eines ehrlichen Mannes, hatte die Bekanntschaft gemacht – (wo, sagt die Erzählung nicht, aber sie hätte es tun sollen: diese Dinge sollten sogar auf der Bühne erklärt werden) – Adèle, wir wiederholen, hatte die Bekanntschaft zweier anrüchiger Frauen namens Madame Laferrier und Sophie Marini gemacht. Als sich der Vorhang hebt, plaudert Adèle mit ihrer Schwester; worüber? Über ein Thema, über das junge Frauen und Mädchen ewig reden – Liebe. Clarisse liebt einen faszinierenden jungen Mann namens Valdeja, der eine Stelle als Attaché an der Botschaft in Sankt Petersburg innehat, weit weg von ihr. Es gibt nur ein beunruhigendes Element in dieser Liebe – der Charakter des Empfängers neigt zur Melancholie.

Inzwischen trifft M. Darcey ein. Schon an den ersten Worten, die er spricht, erkennt man, dass er ein ausgezeichneter Mann ist, halb Vater, halb Ehemann; seine Frau, die er anbetet, wird die Sonnenseite des Lebens genießen; nur die Federn, Seide und Samt des Ehelebens, wenn sie nur seinen Befehlen gehorcht oder vielmehr den Wünschen ihres Mannes nachgibt, die sehr einfach und vernünftig sind. Er möchte, dass sie sich nicht mehr mit zwei Personen trifft, die mehr als zweideutige Vorfahren haben, deren Verhalten und Umgangsformen nicht mit dem Benehmen einer anständigen Frau oder den Pflichten einer Familienmutter vereinbar sind. Adèle verspricht auf eine Weise, die bedeutet, dass sie ihr Versprechen brechen wird. Ihr Mann geht aus, da er geschäftlich von zu Hause weggerufen wird, was ihn den halben Tag aufhalten wird; Clarisse geht, um sich um Haushaltsangelegenheiten zu kümmern, und Madame Darcey bleibt allein. Kaum ist sie so gegangen, als man ihr sagt, dass Madame Laferrier, Sophie Marini und M. Achille Grosbois gekommen sind. Ihr erster Impuls ist, sich an das Versprechen zu erinnern, das sie ihrem Mann gegeben hat; die zweite, es beiseite zu legen. Diese Damen und M. Achille kommen herein.

Wir können uns vorstellen, welche Wendung das Gespräch nimmt, besonders als sie, als sie Adèles besorgte Mienen beim Empfang ihrer Freundinnen sehen, erfahren, dass etwas Neues im Haus vorgefallen ist und dass Darcey seiner Frau verboten hat, Sophie und Amélie zu empfangen. Ein solches Verbot, das zwei Frauen, die auch nur ein Fünkchen Stolz besitzen, vor Scham erzittern lassen sollte, stachelt unsere beiden Schlampen nur an: Sie begnügen sich nicht damit, dem Schloss einen gewöhnlichen Besuch abzustatten, sondern laden sich selbst zum Abendessen ein. Und als hätten sie die Beleidigung erwartet, die ihnen zugefügt wurde, bereiten sie ihre Rache vor: Monsieur Rodolphe wird kommen.

> „Was ist das für ein Mensch, Monsieur Rodolphe?, fragte Adèle.
>
> – Ein charmanter junger Mann!
>
> —Was ist das für eine Sache?
>
> —Er geht nach Tortoni.
>
> – Das verstehe ich gut … Aber was ist passiert?
>
>
> – Frühmorgens ist es bei Tortoni, und abends finden Sie es in gelben Handschuhen auf dem Balkon aller Theater. Im Übrigen ist er ein Junge, besitzt tausende Mietgelder und ist ein Verehrer Adeles.
>
> —Von mir?
>
> – „Du hast es teilweise ohne die Kraft getan, darauf zu achten, und aus Verzweiflung lieben wir Sophie und mich, denn wir sind deine besten Freunde!"

Und auf diese etwas vage Nachricht hin, dass Rodolphe bei Tortoni frühstückt und abends mit gelben Handschuhen im Parkett des Theaters sitzt, empfängt Adèle Monsieur Rodolphe und lädt ihn zum Abendessen mit ihren Freunden und Monsieur Achille Grosbois ein. In diesem Moment kommt Clarisse freudig hereingerannt: Sie erzählt ihrer Schwester, dass gerade ein Coupé, gezogen von zwei Pferden mit den schönsten Mänteln und einem Kutscher in eleganter Livree, das als Geschenk von Monsieur Darcey geschickt wurde, in den Schlosshof einfährt.

> „Kommentar! Hat es noch nicht einmal einen Versuch gedauert? Das sagt einer der Besucher."

– Es sind drei, die meinen Mann heiraten. das sagt der Andere."

Und die Wirkung, die M. Darcey mit seinem Kutscher, seiner Kutsche und seinem Gespann erzielen wollte, geht völlig verloren. Doch als Adèles Vater in dieser schönen Equipage ankommt, muss Madame Darcey, so wenig Begeisterung sie auch in ihre Wertschätzung für ein Geschenk steckt, auf das sie sich so lange gefreut hat, ihre lieben Freunde verlassen, nicht um die Kutsche, den Kutscher und die Pferde zu sehen, sondern um M. Évrard willkommen zu heißen. Amélie folgt ihr, zweifellos aus Angst, dass die väterlichen Umarmungen im Herzen ihrer Freundin ein angemessenes Gefühl wecken könnten. Sophie, M. Achille, M. Rodolphe und Clarisse bleiben zusammen. Die Unterhaltung zwischen einem tugendhaften jungen Mädchen und solchen Geschöpfen ist schwierig; aber halt, Sophie will das Gespräch fortsetzen. Sie dankt Clarisse für eine kleine Summe, die diese ihr gegeben hat. Sophie Marini hatte sich verpflichtet, als wohltätige Dame Geld zu sammeln, und erfüllt damit eine fromme Pflicht. Wofür hatte diese Person gesammelt? Oh, das ist eine ganz einfache Angelegenheit: für ein junges Mädchen, das von einem schändlichen Verführer verlassen wurde.

„Oh! Voilà, das ist schrecklich!, rief Rodolphe, – *saß auf einem Wagen.*

– Ich werde dir nicht den Verführer nennen, den ich kenne, verkörpere Sophie; dies wäre nutzlos: es ist nicht länger in Frankreich, es ist sehr schade, für den Ausländer ... in Russland.

—In Russland! Wiederhole Clarisse lebendig – ohne zu merken, dass hinter ihr, dem jungen Mädchen und der Halbmeisterin des Hauses, ein Herr *auf einem Stuhl sitzt.*

– Ja, in Russland wird es einen wirklich schönen Platz geben! Und mit Sicherheit wird dieses Valdeja-Gefühl gut sein ...

—Valdeja! schreie Clarisse."

Nun gut! Das Gift ist vergossen, das arme Kind ist tief im Herzen verletzt! Adèle kommt wieder herein. Sie will im Pavillon im Park eine Mahlzeit zubereiten lassen. Die ganze Gesellschaft geht dann zum Mittagessen. Einige Minuten später kommt Monsieur Darcey zurück und erfährt, dass die besten Weine aus seinem Keller und die edelsten Früchte aus seinem Garten serviert werden, um Monsieur Achille und Monsieur Rodolphe zu bewirten, die er überhaupt nicht kennt, sowie die Damen Sophie Marini und Amélie Laferrier, die er nur zu gut kennt. Er fragt sich, ob es möglich ist, dass seine Frau das Versprechen, das sie ihm gegeben hat, so schnell vergessen hat, als

Amélie, Sophie und Achille auf der Bildfläche erscheinen und anfangen, sich
frei zu unterhalten, ohne den Hausherrn wahrzunehmen.

"AMELIE.

Wir werden Einnahmen erzielen, sobald wir unsere
Partisanenpreise absenden. Dieser Park ist bezaubernd.
aber es ist ein wahres Labyrinth.

SOPHIE.

Herzlichen Glückwunsch, wir haben den Minotaurus nie
getroffen!

ACHILLE.

Es ist in Paris.

DARCEY, *der noch am Leben ist, kommt vor Amelie.*

Nein, Monsieur!

Allgemeines Ausrufezeichen.

ACHILLE.

Das war's! Monsieur, wer wird bezweifeln, dass Sie mir
zuhören werden? Wirklich, ich bin sehr dankbar dafür, dass
Sie zugehört haben! Entschuldigen Sie den Spaß, habe ich
Angst?

DARCEYS.

Herr ...

ACHILLE.

Die Luft des Feldes wird nur mit guten Worten besungen,
und wenn man nicht nachsieht, dass sie genau sind, ist die
Sprache verlegen.

DARCEYS.

Ich verstehe das – wunderbar. aber ich habe einen großen
Durchbruch im Geiste: Ich mag die Fetten nicht.

ACHILLE.

Ach! das gefällt dir nicht! ...

DARCEYS.

Ach! das gefällt dir nicht! ...

DARCEYS.

Nein, das sind nicht meine Freunde. und wenn sie sich mir vorstellen (hinsichtlich der beiden Damen), in der Gesellschaft, in der sie sich befinden, jagen wir ohne Gleichgewicht.

ACHILLE, *auf den Kiefern.*

Guten Tag, guten Tag! – Ich war immer zur Stelle.

DARCEY, *die Stimme ist gefragt.*

Monsieur, Sie müssen verstehen …

SOPHIE, *für Amelie.*

Er hat es nie durchschnittlich gehalten: schon gut, mein Schatz! Sie gibt Achille die Hauptsache.

DARCEYS.

Ich werde mich auf dich verlassen können.

AMELIE.

Monsieur, eine Empörung vergleichbaren Ausmaßes.

DARCEYS.

„Madame Laferrier, erlaubt ihr das, solange sie ihr Auto hat?"

Und während Darcey sich umdreht, spielt sich die folgende Szene zwischen Adèle und Rodolphe ab.

„RODOLPHE, *ein Hauptblumenstrauß.*

Gut, wo sind diese Damen?

ADEL.

Gott! Monsieur Rodolphe, sprechen Sie! Melden Sie sich bei mir!

RODOLPHE.

Und warum also?

ADEL.

Meine Mutter ist zurück.

RODOLPHE.

Eh! was ist meine Bedeutung?

ADEL.

Es wird uns gelingen, eine aufregende Szene zu schaffen.

RODOLPHE, *fröhlich.*

So ist es, als wären es meine Freunde, meine Freunde!

ADEL.

Aber für mich, Monsieur. für mich, danke, sprich!

RODOLPHE.

Für Sie ist das anders. Es stimmt einfach nicht, was ich gesagt habe. Aber mein Respekt, hat mich Ihre Anwesenheit gefesselt? Warum verzichte ich auf dieses Glück?

ADEL.

Das ist die Wahrheit. *Ich kann nicht mehr sehen.*

RODOLPHE.

Bei dir verstehe ich es. aber in der Welt. Bei euch, Freunde? …

ADÈLE, *mit Krampf.*

Monsieur, Sie werden mir wohl verzeihen!

RODOLPHE.

Ein Wort der Zustimmung, ein einziges Wort und ich bin gleich. das stimmt, du bist noch da.

ADEL.

Sag, sag, ich liefere dir!

RODOLPHE, *er genießt die Hauptsache.*

Ach! ich bedaure dich!"

Er entkommt durch das Ende des Gartens; dann kommt Darcey zurück.

„DARCEYS.

Ihr Auto befindet sich auf der Route de Paris... Aber, Madame, möchten Sie, dass wir uns im Salon vergnügen?

ADEL.

Monsieur, ist dies der Beginn Ihrer Marienrolle?

DARCEYS.

Ja, Madame.

ADÈLE, *so was*. Also, leider ist das Ladegerät kaputt!

DARCEY, *die nächsten Augen, und irgendwie hinter ihr her.*

Schade für dich, wenn du andere Ratschläge gehört hast, die
aus der Sache heraus entstanden sind!"

Im zweiten Akt ist Adèle die Geliebte von Rodolphe. Die Ehefrau hat also
nicht einmal den Vorwand der Verführung; sie hat sich nicht überwältigen
lassen, hat aus Schwäche nachgegeben, hat gezögert; sie hat nachgegeben,
wie es Sophie Marini oder Amélie Laferrier getan hätten; dann wächst das
Interesse. Eine Ehefrau ist verloren, aber ohne jegliche Anstrengungen, sich
selbst zu retten!

Valdeja ist aus Russland angekommen; er ist düsterer, verbitterter und
Frauen gegenüber abgeneigter denn je. Ein junges Mädchen, das ihn liebte,
das er heiraten wollte und das beinahe seine Verlobte gewesen wäre, hat ihm
durch ihren Vater geschrieben, dass sie ihn nicht liebt und nicht lieben könne.
Daher Valdejas Traurigkeit und sein Schwur, sich an anderen Frauen für das
Leid zu rächen, das diese ihm zugefügt hat. Darcey weiß nicht, wer das junge
Mädchen ist: eine außergewöhnliche Sache, wenn man bedenkt, wie vertraut
er mit Valdeja ist, und dass dieses junge Mädchen seine Schwägerin ist. Aber
weiter!...

Adèle kommt herein. Sie zeigt ihrem Mann gegenüber jene unaufrichtige
Zärtlichkeit, jene Beharrlichkeit, die betrügerische Frauen an den Tag legen.
Valdeja lässt sich von den ersten Worten nicht täuschen. Adèle erzählt ihrem
Mann, dass sie gerade erfahren hat, dass ihr Vater krank ist; deshalb schlägt
sie vor, ihn zu besuchen, aber zum Abendessen zurückzukehren.

„Wirklich! Es sind neun Morgenstunden, sagt Darcey, und
werden Sie in sechs Stunden gemietet?

—Vielen Dank, dass Sie mich verlassen haben. dieser arme
Vater ist gut!

— Es scheint mir, als ob der Bote Creponne oder Baptiste
über seine Gesundheit informiert wäre …

-Oh! dies wäre aus Gleichgültigkeit entstanden ... Und dann, Clarisse, *meine junge Schwester,* schrieb ich: Sie möchte, dass ich sehe, ohne Zweifel am Thema der Hochzeit. Ist es nicht eine Frage für sie, sagst du?

—Ah! Mademoiselle, Ihre Schwester wird heiraten!"

Hier wird Valdeja darüber informiert, dass Clarisse heiraten wird, da man ihr erzählt hat, Valdeja sei ihr untreu gewesen. Danach betont Adèle so sehr die Krankheit ihres Vaters und die Tatsache, dass der Brief ihrer Schwester Clarisse sehr dringend sei, dass ihr Mann ihr die völlige Freiheit gibt, zu gehen, wohin sie wolle. Die Bereitwilligkeit, mit der sie diese Freiheit ausnutzt, weckt Valdejas Misstrauen, und unter dem Vorwand, verschiedene Besuche machen zu müssen, einen Brief eines russischen Prinzen an einen M. Laferrier zu übergeben usw., geht er auf gut Glück hinaus, um Madame Darcey zu folgen, als sie die Ankunft von Clarisse ankündigen.

„Also, antworte Darcey, er sagt Adele, dass ihre Schwester hier ist.

– Madame est sortie.

– Das ist beeindruckend! Ich verstehe sein Auto nicht und es ist fast so, als ob es auf dem Fuß sitzt.

– Frau Baptiste wurde an den Landungssteg geschickt, um ein Fiaker auszurücken.

—Ein Fiaker? Das ist einzigartig! sagte Darcey."

Clarisse kommt herein; ihrem Vater fehlt überhaupt nichts! Aber sein Kredit steht kurz vor dem Bankrott. Er braucht hunderttausend Kronen, um sich zu retten. Valdeja bietet sie an. Aber Darcey will nicht zulassen, dass ein Fremder die Schulden seiner Familie bezahlt: Er stellt die hunderttausend Kronen Clarisses Vater zur Verfügung.

Kommen wir zur nächsten Szene und sehen wir, ob Adèle d'Hervey - die arme Adèle, gegen die es diesen Aufschrei gab, weil sie eine anständige Frau war! - nicht ein Muster an Tugend (*rosière* [1]) im Vergleich zu Adèle Darcey ist. Beachten Sie insbesondere, dass unser Mitbruder Scribe, Autor von *Dix ans de la vie d'une femme* und von *Héloise et Abeilard,* einer der leidenschaftlichsten Anhänger einer dramatischen Zensur ist. Konsultieren Sie zu diesem Punkt die Archive der Staatskommission. Wir werden uns außerdem bemühen, diese Archive zu beschaffen, und dort werden unsere drei Meinungen dargelegt: die von Eugène Scribe, die von Victor Hugo und die von Alexandre Dumas - eine Angelegenheit, die für alle, die mit Literatur zu tun haben, nicht ohne ein gewisses Interesse ist.

Kehren wir zu unserem Drama zurück. Die Bühne stellt ein elegantes Boudoir im Haus von Madame Laferrier dar. Adèle ist dort und wartet auf Rodolphe. Sie werden zugeben, dass ich nicht ganz falsch lag, als ich Madame Laferrier eine anrüchige Frau nannte. Ich glaube, es gibt eine andere Bezeichnung für Frauen, die ihre Boudoirs Freundinnen überlassen, wenn diese ihren Ehemännern sagen, dass ihre Väter im Sterben liegen, um die Freiheit zu erlangen, ihre Liebhaber zu treffen. Aber seien Sie beruhigt. Adèle und Rodolphe kommen nur hierher, um zu streiten. Freilich ist der Streit an sich schon schändlich genug.

„Warum wollen Sie mir Vorwürfe machen, Madame?

– Sie müssen alle Konventionen einhalten. Vor uns liegt zum Beispiel die Frage, ob Sie mir die BHs anziehen, oder ob Sie auf dem Boulevard spazieren gehen, Mademoiselle Anastasie, eine Figur der Oper!

– Nur den Hut ziehen, ohne Arme, ohne Gnade, wie wäre es mit Salut auf der ganzen Welt.

– Ich hatte eine Vision, als wäre einer bei Ihnen gewesen.

—Das ist mein Standort. Ich liebe die Künste, ich …

– Ich bitte Sie, mir meine Briefe und mein Porträt zu zeigen.

– Nun, mein Zimmerdiener Sylvestre trägt Ihnen Ihre Briefe und überreicht Ihnen, auf Ihrem Porträt, ein Medaillon, das ich gefunden habe, damit ich es nicht bereue, meine Damen und Herren.

– So ist es gut! voilà, also Einnahmen in meinem Hauptgeschäft. *(Zum Anschauen aufklappen.)* Gott! was wirst du tun? und diese Empörung! Das Porträt von Mademoiselle Anastasie!

—Ist das möglich? Das ist köstlich! Ich werde diesen Morgen beim Schwangerwerden Trompeten singen. *(Textuell)."*

Rodolphe geht hinaus, küsst Adèles Hand, nennt sie grausam und verspricht, ihre Freundlichkeiten nie zu vergessen.

„Dieser arme Rodolphe, ein charmanter Kavalier, sagte Amélie, die sich der Unterhaltung stellt."

Man hätte meinen können, dass Amélie nach den Unverschämtheiten, die Monsieur Rodolphe hatte begehen dürfen, Adele kaum noch an *ce charmant cavalier denken würde* . Aber vielleicht wäre das passiert, wenn der Name Valdeja nicht ausgesprochen worden wäre. Dieser Vorfall gibt dem Gespräch eine andere Wendung.

„Valdeja!", ruft Amélie, „Sophie Marinis Todfeind?"

„Mir … hast du gehört, dass Sophie Marini gegen ihn ist?

—Sie hat mir nichts anvertraut; aber tu so, als wäre sie die Freundin, die sie liebt. Ja; Er hat herausgefunden, dass er Rivalen ist und dass er sich auf eine empörte Art und Weise rächt.

—Wie kommt das?

– Wenn Sie zu einem Abendessen gehen, wo es Ihnen schmeckt, laden Sie alle ein, die Sie bevorzugen. Auf keinen Fall sollte man es mit den verfügbaren Abdeckungen kombinieren. *(Textuell.)"*

In diesem Moment erscheint Créponne, Adeles Zofe. Sie hat ihre Herrin seit sechs Stunden gesucht: bei Rodolphe und bei Madame Marini. Clarisse kommt ins Haus und enthüllt alles: Ihr Vater ist nicht krank, und sie hat nie geschrieben! Was tun? Zum Glück ist Amélie da.

„Und in dieser langen Zeit sind Sie nicht mehr hier, Sie und Ihr Mann, bei Madame de Longpré. Wollen Sie nicht mit mir reden?"

—Fünf Tage Umgebung.

— Sag es dir und schreibe es.

—Was willst du sagen, was ich ihm geschrieben habe?

—Wir helfen Ihnen allezeit. (*Diktant.*) „Wenn also, bevor ich es sehe, der Herr dich in Kontakt mit meinem Vater oder meinem Mann gebracht hat, vergiss nicht, dass ich heute in einem misslichen Lage bei dir angekommen bin. dass ich lange geruht habe und dass ich im Fiaker zurückgeschickt wurde. Ich schicke Ihnen meinen Hut und mein Gepäck. „Sie werden mir den Wunsch von Ihrer Zimmerfrau wiedergeben." Datum und Unterschrift. Beginnt – wirst du es verstehen?

—Ja, mein guter Engel!

– Als ich bei dir ankam, fand ich etwas Schlechtes und ich
antwortete auf den Rest.

—Gott! das ist einfach und gut! *(Textuel.)* "

In diesem Moment verkündet ein Diener, dass ein Herr nach Madame fragt.

„Es dauert eine Weile, bis es vorbei ist, Amelie, antworte.
Es dauert eine Weile, bis es vorbei ist!

– Er gibt vor, er sei nicht für einen Tag in Paris da, sondern
er überbringe Madame die Briefe und Neuigkeiten des
Prinzen Krimikoff.

– Dieser arme Prinz! ich denke noch einmal an mich!—

– Sagen Sie dem Herrn der Lage das Stück, das dieses
Boudoir berührt. in einem Augenblick bin ich bei ihm, ich
empfange ihn."

Warum *im Zimmer neben dem Boudoir,* fragen wir? Natürlich, damit der Herr
hören kann, was gesagt wird; es gibt keinen tieferen Grund dafür! Aber sehen
Sie selbst: Als das Dienstmädchen hinausgegangen ist, geht der Dialog
zwischen Adèle und Amélie weiter.

„Eines Tages wurde mir eine Frage gestellt, aber das sind
die Briefe und das Porträt, die Rodolphe zwischen den
Zeilen schrieb.

—Das ist dein Problem; ich habe es schon versucht, weil
ich es nicht geschrieben habe. Wir werden uns immer mit
dir treffen!

– Es waren nicht drei, und mir war es recht, als sie mich
baten, sie durch ihren Zimmerdiener zu melden.

—Esperons-le! Allons, va-t'en vite!

—Von dieser Seite?

-Oh! nein, du wirst diesen Fremden sehen.

—Eh! aber ich denke, jetzt werden wir ganz oben reden,
und das Einzige, was ich aus meinem kleinen Salon
verstehe, ist das, was hier steht.

– Was ist wichtig? cet étranger ne sait peut-être pas le
français."

Adèle ist zufrieden mit der Annahme, dass eine Russin kein Französisch
versteht, die Landessprache Russlands; sie denkt nicht darüber nach, dass

eine Russin, die kein Französisch kann, nicht darum bitten würde, mit Amélie zu sprechen, die ja keine Frau sein soll, die Russisch kann. Valdeja kommt hinter den beiden Frauen herein, von einem Diener hereingeführt.

> „Das ist mir nicht passiert, wenn mir nichts passiert ist! Das sagt Valdeja, und als ich dieses kleine Ding durchquerte, hörte ich die Stimme von Madame Darcey. Es ist mir ein Verdienst, mein Leben nicht richtig zu verstehen, wenn mir ein Wort aus ihrer Unterhaltung entgangen ist!“

Was gedenkt Valdeja jetzt zu tun? Ganz einfach: Adeles Taschentuch und Brief mitzunehmen. Leider hat Amelie sie mitgenommen, als sie ihre Freundin nach Hause brachte. Aber seien Sie nicht beunruhigt, wenn sie zurückkommt, wird sie sie zurückbringen, und das wird Anlass zu einer merkwürdigen Szene geben, wie Sie gleich hören werden.

Valdeja, der perfekt Französisch spricht, obwohl er Ausländer ist, denn er ist Spanier, wurde von Prinz Krimikoff mit einem Brief für M. Laferrier beauftragt. Mit diesem Brief beginnt die Affäre. Also unterhalten sie sich über Prinz Krimikoff.

> „In welchem Zustand haben Sie das gefunden?, fragte Amelie.
>
> —Festgefahren und festgefahren.
>
> —Das hat sich geändert! Ich bin hier, vor sechs Jahren: Es war charmant.
>
> – Das habe ich gesagt. Ich sage Ihnen, dass Sie einen bezaubernden Eindruck davon bekommen haben.
>
> —Hast du das gesagt?
>
> – Ach du meine Güte! … Aber ich habe dir vor ein paar Stunden gesagt, dass es für die Veröffentlichung keinen Grund gibt.
>
> —Monsieur! M. Krimikoff ist ein Fettwanst … das ist mir nicht bewusst.
>
> —Und was ist gut? Was ist, wenn wir aus dem Herzen Russlands kommen und uns aus der Zivilisation entfernen? Also, wie hier, versteht man, dass das Leben nicht nur ein freudiges Fest ist. und welches Recht. Behält sich M. Krimikoff das Privileg einer exklusiven Übertragung vor?
>
> —Eh! aber, Monsieur, gestatten Sie mir, Ihnen zu sagen, dass ich Prinzipien aufgeben werde.“

Gleichzeitig, und das betont der Autor, spricht Amélie diese Worte *lächelnd aus*. Valdeja fährt fort:

> „Es ist mutig, es zu ertragen, es ist leicht, es praktisch zu handhaben.
>
> —Monsieur!
>
> – „Das ist nichts, ich sage alles … Denn dieser Buchstabe, den ich habe, ist nichts für Ihren Mann, wie ich sagte: Sie ist für Sie.“

Es ist in der Tat bedauerlich, dass es für Madame Laferrier und nicht für M. Laferrier ist; denn obwohl viel darüber geredet wird, sehen die Zuschauer M. Laferrier überhaupt nicht. Es wäre sicherlich interessant, den Ehemann zu sehen, der sich an eine solche Frau anpassen würde! Hören Sie aufmerksam zu und verfolgen Sie die Wendung, die das Gespräch nehmen wird.

> „Aber, fahr fort, Valdeja, in deinem einzigen Anblick, ich bereue es, dass ich angeklagt bin ... Es kommt mir grausam vor, dich zu bestrafen, von einem anderen Teil, von den Huldigungen, die ich versucht habe, dir zu erweisen, und von denen du hören wirst, was ich dir nicht gesagt habe.
>
> —Ein Rivale? ... Erlaube es! Ich schätze nicht die brillanten Qualitäten von M. Krimikoff, ich war fassungslos. jedoch, ohne den Halt, den ich habe, werde ich bleiben, ich bezeuge, ich bleibe tadellos.“

Welche Falle hat Prinz Krimikoff Madame Laferrier also gestellt? Der Autor verrät es nicht. Aber es muss dieselbe Art von Falle sein, die Valdeja ihr stellt. Die arme Amélie! Nehmen wir an, sie hat von Natur aus ein großes Talent dafür, sich in eine Falle locken zu lassen.

> „Untadellos!, schreit Valdeja mit Leidenschaft.
>
> —Eh! Bon Dieu! welches Wort wird Ihnen dienen? Was ist *Tugend* ? (*Riant.*) Ah!
>
> —Ah! auf meinen Lippen, ich habe schreckliche Ideen, alte, ziemlich armselige Vorstellungen und ich erobere Frankreich ein Stück weiter. Haben Sie einen Moment der Gleichheitsunterschiede begriffen?
>
> —Ah! Madame, ich bin gerade dabei, Ihnen die beste Idee zu geben!“

Man kann sich vorstellen, wie sehr Amelie sich freute, als sie an die gute Meinung dachte, die der edle Fremde von ihr hatte. Valdeja fährt mit *erhobener Stimme fort:*

"Wenn ich ein Regime einführe, muss ich lernen, dass es gut ist. Ich weiß nicht, dass eine ehrbare Ausbildung von unseren Leidenschaften bestimmt wird. Die Natur ist für alle da, die Gesellschaft für uns. Vergnügen, Leidenschaft, Entschlossenheit, und dann werden die Worte aus unseren Herzen kommen ... Sie werden sparen, Sie werden nicht können, selbst in diesem Moment werden Sie Ihre Gedanken behalten, die Sie ansprechen (*er hält die Hand*), Sie werden nicht aktiv, das Oehlfeld wird nicht entflammt und Sie werden über all diese Aphorismen der Tugend schweigen.

– Monsieur, Monsieur ...

– Warum sind diese Skrupel nutzlos? Ich verstehe, ich bin es, ich kann es nicht lassen.

— Andere gewählte Worte, ich bitte Sie.

– „Sehen Sie, Ihre Erinnerung ist an Sie, Ihre Erinnerungen sind in Ihren Liedern; Sie werden alles hinter sich lassen, was Ihnen im Leben gebührt, ein Moment der Illusion.

—Laissez-moi!

– Das kann ein Zweifel sein ...

—Laissez-moi!

—Ein Soufflé, das kehrt um!

-Oh! Anmut! Anmut!"

Man kann sehr deutlich sehen, dass Valdeja nicht aufhört, sondern fortfährt:

„Venez! Das sagt sie in Amelie's Namen in voller Größe.

—Hör zu! (*Um das Geräusch eines Autos zu verstehen.*) Das ist mein Mann! „Voilà, ich miete mein Auto."

Ah, also werden wir diesen ehrenwerten Monsieur Laferrier doch noch sehen! Der Lärm der Kutsche, der jeden anderen gestört hätte, hilft Valdeja im Gegenteil, die Szene zu beenden, die, wie wir zugeben müssen, zwischen Menschen, die sich gerade zum ersten Mal begegnet sind und von denen einer den anderen hasst und verachtet, schwierig geworden ist.

„Du gibst also auf, ruf Valdeja, ohne ein Zeichen, ohne eine Erinnerung? (*Achte auf den auf dem Tisch liegenden Moucher.*) Ah! Dieser Moucher, das ist dein ...

—Monsieur ...

—Ich, ich, auf meinem Herzen; es und restauriere wie dein Bild!

– Monsieur, verabreden wir uns mit meinem Kerl.

—Jamais! Adieu, adieu, Madame!"

Und trotz Amélies Rufen „Mein Taschentuch, mein Taschentuch!" verlässt Valdeja das Zimmer und vergisst, sich bei seiner Abreise zu verabschieden. Der Vorhang fällt. Sehen wir uns nun an, was im dritten Akt geschieht.

In der ersten Szene des dritten Aktes befinden wir uns in Valdejas Zimmern in einem möblierten Haus. Er sitzt allein an einem Tisch und hält in der Hand das Taschentuch, das er Madame Laferrier abgenommen hat. Er wartet auf seinen Moujik Mourawieff. Mourawieff wurde von Valdeja beauftragt, die Briefe und das Porträt *kunstvoll anzufertigen*. Vielleicht hätte Valdeja als zivilisiertes Wesen die Fähigkeiten eines Moujik unterstützen sollen, der erst am Vortag in Paris angekommen war und daher mit den französischen Manieren nicht sehr vertraut sein konnte; aber er hat dieses Detail übersehen, das, da es den Ruf der Frau eines Freundes betrifft, vielleicht etwas Aufmerksamkeit verdient.

Die Folge ist, dass Mourawieff so schlau wie ein Moujik handelt; er wartete auf Rodolphes Diener an der Tür von Nr. 71 der Rue de Provence, wo der Stammgast des Café Tortoni wohnt; er vergewissert sich, dass der Diener der Überbringer der Briefe und des Porträts ist, und, um es mit einem Ringer zu sagen, er stellt ihm ein Bein. Sylvestre fällt und verliert Briefe und Porträt. Mourawieff nimmt sie in Besitz und kommt rennend an. Wir wollen uns nicht beschweren: Mourawieffs Ungeschicklichkeit ist ein geschickter Schachzug des Autors und wird uns gleich eine hervorragende Szene bescheren. Ich sage gleich, weil davor eine Szene steht, die wir nicht für sehr glücklich halten – vom moralischen Standpunkt aus wohlgemerkt: Wir beschäftigen uns hier nicht, das sollten Sie wohl beachten, mit den literarischen Vorzügen des Dramas. Nein, wir werden uns als Akademiker vorstellen – was kann man sich mehr wünschen? wir sind alle sterblich! – beauftragt, einen Bericht über das moralischste Stück zu verfassen, das 1832 in den Boulevardtheatern aufgeführt wurde; unser Mitbruder Scribe konkurriert um den Preis für Moralität: Wir untersuchen sein Stück mit umso größerer Sorgfalt, als wir wissen, dass er ein fanatischer Anhänger der Zensur ist, und wir verfassen unseren Bericht.

Die unglückliche Szene ist die, in der Valdeja das Paket öffnet und die Briefe liest, die die Frau seines Freundes an M. Rodolphe gerichtet hat. Die Lektüre dieser Briefe bestärkt ihn in seinem Entschluss, seinen Freund über alles im Unklaren zu lassen; aber er nimmt es auf sich, die Ehre seines Freundes zu rächen und sich mit Rodolphe zu duellieren. Er nimmt also ein Paar Pistolen und ein paar Duellschwerter und macht sich bereit, Rodolphe in der Rue de Provence 71 zu suchen. Er trifft den Mann, den er sucht, an der Schwelle seiner Tür. Rodolphe hat, wie Valdeja, ebenfalls ein Paar Pistolen in der Hand und zwei Schwerter unter dem Arm.

Dass Valdeja, der wahrscheinlich ein Duell ohne Zeugen wünscht, Pistolen und Schwerter nimmt und bewaffnet wie ein Malbrouk in den Krieg zieht, um den Mann zu suchen, von dem er die Verteidigung der Ehre eines Freundes verlangen muss, ist durchaus denkbar. Aber dass Rodolphe, der keine dieser Motive hat, anstatt seine Sekundanten zu schicken, wie es unter wohlerzogenen Leuten üblich ist, selbst kommt und mit Schwert unter dem Arm und Pistolen in der Hand die Treppe hinaufgeht, anstatt alle Waffen in seinem Wagen zu lassen, ist völlig sinnlos. Das macht nichts, denn wie wir bereits gesagt haben, fischen wir nicht in diesen Gewässern. Die Szene, in der sich dieser unwahrscheinliche Vorfall abspielt, ist originell und gut gezeichnet; das genügt. Bravo! Bravo! Bravo! Aber Sie werden sehen, wo es uns ärgert, dass unser Mitbruder die Abwesenheit der Zensur ausgenutzt hat. Die beiden jungen Leute vereinbaren, mit Pistolen zu kämpfen. Es ist Rodolphe, der die Waffe vorschlägt.

„Die Pistole, ja!", antwortete Valdeja.

—Hol dir die Toten.

– Ich stimme zu.

– Sag mir also, Rodolphe Tenant, und Valdeja, sein Schatz, ist da – wir haben Schmuck im Angebot, also laufen die praktischen Dinge.

—Warum nicht? Der Tod ist eine Qual wie der andere, und unsere Herzen sind, sagen wir, göttliche Freude.

– *Viele Ideen ohne Grundlage und ohne Unterstützung* !

– Für einen der beiden, Rodolphe, besteht heute kein Zweifel mehr.

– So ist es!"

Beide gehen hinaus. Die zweite Szene des dritten Aktes führt uns in ein Zimmer in Évrards Haus. Die ganze Familie ist in Jubelstimmung; Darceys 100.000 Francs haben Évrard vor dem Ruin gerettet. Sie segnen Darcey.

Albert Melville, Clarisses zukünftiger Ehemann, nutzt diesen Moment der Ausgelassenheit, um von seiner Verlobten eine positive Aussage über den Stand ihrer Gefühle zu erhalten. Clarisse empfindet für ihn die Zärtlichkeit einer Schwester, die Zärtlichkeit einer Freundin, aber sie wird ihn nie lieben. Albert ist resigniert; er zählt Clarisses hervorragende Eigenschaften auf und glaubt, dass er mit seinem Schicksal glücklich sein wird. Die Szene wird durch die Ankunft von Adèle unterbrochen. Sie war lange nicht mehr im Haus ihres Vaters, aber als sie von ihm und ihrem Ehemann zu einem kleinen Familientreffen eingeladen wurde, folgt sie der Einladung. Hinter ihr treten M. und Madame Dusseuil, ihr Onkel und ihre Tante, auf. Was M. Darcey betrifft, weiß niemand, ob er kommt; Adèle hat ihn seit dem Morgen nicht mehr gesehen. Während sie sich fragen, ob er kommt, öffnet sich die Tür und er kommt herein, bleich und gezwungen.

Nun beginnt eine Szene, dramatisch in ihrer einfachen Häuslichkeit. Darcey hat die Briefe seiner Frau gefunden. Der Autor sagt uns nicht, wie, denn diese Briefe können ihm nicht zwei Stunden nach Valdejas Abreise in den Weg gelegt worden sein; was uns zu der Annahme führt, dass Valdeja tot sein muss, da er nicht innerhalb von zwei Stunden zurückgekehrt ist. Es ist egal, auf welche Weise Darcey die Briefe entdeckt hat; er hat sie, und das ist der Hauptpunkt, und er tritt wie vor ein Familiengericht, um jedes Mitglied zu fragen, welche Strafe ein Freund von ihm einer Frau auferlegen sollte, die ihn betrogen hat.

> „Ich verzeihe, mein Bruder", sagte Clarisse, „in der Hoffnung, zu bereuen, dass ein anderes Gefühl nicht die Kraft aufbringt, um natürlich zu bleiben."

> —Ich, ich bin der Teufel! sagte Albert."

Auch Adèles Vater wird befragt.

> „ÉVRARD.

> Aber ich habe es meinen Eltern angetan. ich habe die Schergen zwischen ihr und mir zerbrochen; ich sage ihnen: „Voilà!" der Mauvais-Keim wird mit dem Guten verfeinert; es trägt seine Früchte; es sind Mauern, reiß sie zusammen! und ich lasse sie.

> DARCEYS.

> Gut, das ist es, was du hast.

> ADÈLE, *mit Angst.*

> Aber wer hat das getan? ...

> DARCEYS.

Ich habe es nicht versucht, ich habe es nicht auf die Bänke eines Gerichts abgesehen. aber ich werde es dir zeigen, mein Vater! Auto, dieser Mann, das bin ich! Diese Frau, das ist dein Mädchen!

ADEL.

Das ist nicht wahr!

EVRARD.

Adèle, hast du sie verloren?

ADEL.

Ich bin nicht verheiratet! es ist nicht mein Lieblingsstück: das ist ein Vorwand.

DARCEYS.

Und Rodolphe, bist du seitdem hier gelandet?

ADEL.

Wer ist Rodolphe?

DARCEYS.

Rodolphe, dein Liebhaber!

ADEL.

Ich kenne Rodolphe nicht!

DARCEYS.

Kennen Sie Rodolphe nicht?

ADEL.

Nicht.

DARCEY, *er trifft seine Buchstaben unter den Augen.*

Machen Sie es gut! liebes Mädchen! Voilà, die Teile des Prozesses. diese Buchstaben, das sind die Siennes. Adieu!

Gerechtigkeit ist gegeben!..."

Darcey bleibt nichts anderes übrig, als sich an Rodolphe zu rächen; aber wie zu erwarten, wurde er von Valdeja getötet. Im vierten Akt sind wir in Adèles Haus: Es ist bescheiden bis an die Mittelmäßigkeit, denn Adèle ist knapp bei Kasse; sie hält eine Feder in der Hand und hat Papier vor sich; sie ist im Begriff, sich vor ihrem Mann zu erniedrigen und ihn um Hilfe zu bitten. Sie zieht diese Erniedrigung vor, anstatt die Geliebte eines italienischen Bankiers namens Rialto zu werden. Sophie und Amélie treten auf. Man kann sich die Szene vorstellen: Die Feder wird über den Tisch geschleudert, das Papier, auf dem die ersten Buchstaben bereits nachgezeichnet waren, wird zerrissen; die Vorschläge von Rialto werden angenommen. Der schändliche Vertrag trägt den Stempel der Selbstaufopferung. Albert Melville hat seine Stelle im Schatzamt verloren; Rialto, der für alle Kredite verantwortlich ist, setzt ihn wieder ein, und Albert Melville heiratet Clarisse. Was ist der Grund für diese Sorge der drei Frauen um das Wohlergehen von Albert Melville und Clarisse? Halt mal! Die Heirat dieser beiden jungen Leute wird Valdeja in Verzweiflung stürzen. Daraufhin tritt Valdeja vor. Er kommt im Namen von Darcey, dessen Herzensgüte durch die körperlichen Leiden der Frau berührt wird: als Frau, nicht als seine Ehefrau. Adèle bedeutet ihm jetzt persönlich nichts mehr, nur aus der Sicht der gewöhnlichen Menschheit; sie gehört nicht mehr zu seiner Familie; sie ist nur noch seine Nachbarin. Adèle, die diese eheliche Wohltätigkeit beinahe angenommen hätte, lehnt sie auf Betreiben der beiden Frauen ab. Valdeja ist fröhlicher als sonst: Er lächelt trotz allem über den Zwischenfall, der die Aussicht auf eine Heirat von Albert und Clarisse für immer zerstört. Doch als Adèle verspricht, sich Rialto hinzugeben, bittet sie darum, dass Alberts Posten ihm zurückgegeben wird, und innerhalb von zehn Minuten wird ihm der Posten zurückgegeben, die Heirat ist arrangiert und die jungen Leute sind verheiratet! Es ist nicht sehr wahrscheinlich, dass all dies in zehn Minuten geschehen könnte; aber man weiß, dass es auf der Bühne keine tatsächlichen Zeiten gibt. Als Valdeja erfährt, dass es der Hass der drei Frauen ist, der gerade seine letzte Hoffnung zerstört hat, erneuert er seinen Hassschwur, dem sie lachend zuhören. Der Vorhang fällt nach diesem Schwur. Er hebt sich und gibt einen hübschen Garten frei, auf dessen linker Seite sich ein Gartenhaus befindet.

Drei Jahre lang ist Adèle Rialtos Geliebte und lebt mit ihm, als wäre sie seine Frau. Sie hat alles, was sie will, sogar den Liebhaber ihres Herzens. Der Name dieses Liebhabers ist M. Hippolyte. Rialto verspricht, ihr Häuser, Kutschen und Pferde zu kaufen, und sie verabscheut ihn. M. Hippolyte schenkt ihr einen einfachen Blumenstrauß und sie betet ihn an. Sehen Sie, wie er die Bühne betritt.

„Bonjour! Meine liebe Adele!"

—Ah! Kommen Sie also, Monsieur! Ich unterhalte mich mit Ihnen.

– Und ich denke an dich. *Sieh zu, meine liebe Adele, die Blumen, dein Bild ...* "

Es ist offensichtlich, dass Hippolyte Madame Darceys Eroberung aus einer Herzensangelegenheit heraus bestritten hat, an der ihr Verstand überhaupt nichts zu tun hat. Außerdem ist Hippolyte sehr feierlich. Er schickt

Créponne, das Zimmermädchen, fort und bleibt mit Adèle allein. Sie ist es, die das Gespräch beginnt.

„Sehen Sie, wer heute von der Fröhlichkeit so fasziniert ist? Fordern Sie es heraus.

– Ich habe eine so wichtige Entscheidung getroffen, dass ich dich treffen muss.

—Was also?

– Meine liebe Adèle, seit drei Monaten bin ich dein Liebster. Seit sechs Wochen habe ich den Plan ausgearbeitet, meinen Ehemann zu retten, und werde ihn Ihnen mitteilen.

—Ah! ah! ah! ah! Adele ist felsenfest davongekommen.

—Warum ist das so lächerlich?

– Das ist mir eingefallen... Ah! ah! ah! aber es ist ein Vergnügen."

Diese Heiterkeit, die angesichts eines so ernsten Antrags völlig unpassend ist, bringt Hippolyte nicht im Geringsten aus der Fassung. Er war am Vortag volljährig geworden und wollte seine Volljährigkeit nutzen, um Adele in aller Eile zu heiraten. Rialto wird angekündigt.

„Ist das dein Vater?, fragte Hippolyte.

—Ja, mein Freund. es muss sofort losgehen, hier durch die Tür dieses Pavillons.

—Warum also?

– Es ist nie zu spät, dich zu verlassen, sonst wäre alles verloren! Erlauben Sie mir, de Grace!

— *Du alle!* Ich werde sehen, mein Herr Vater, ich; ich habe mit ihm gesprochen."

Sie erraten, warum Hippolyte mit Rialto sprechen will; Hippolyte, der Adeles maßloses Lachen auf einen spielerischen Charakter zurückführt, möchte Rialto um die Hand seiner Tochter bitten! Rialto lacht über diese Forderung ebenso laut wie Adele. Der arme Liebhaber hätte ebenso gut um die Hand der Tochter von Demokrit bitten können. Aber Hippolyte beharrt bei Rialto hartnäckiger darauf als bei Adele; sein Lehrer, vor dem er mit der Tugend und Schönheit der Frau, die er liebt, geprahlt hat, kommt. Der Scherz geht etwa zehn Minuten lang weiter; und dann denkt Rialto, dessen Lachen mehrere Male gebremst wurde, dass es Zeit ist, ihm ein Ende zu setzen. Er schickt den Liebhaber nach rechts um und nimmt Adele am Arm, um mit ihr spazieren zu gehen. Sie werden sehen, was passiert; und eines werden Sie sicherlich nicht erwartet haben!

„HIPPOLYTE, *befehle Rialto durch die BHs.*

Monsieur, das ist viel ernster, als Sie denken!

RIALTO.

Das ist möglich; aber wenn Sie an einer Bierkrankheit leiden, dann gehen Sie nicht zum Arzt.

ADEL.

Mon Dieu! lass mir diese Unterhaltung.

HIPPOLYT.

Nein, Madame. ich zwinge Ihren Vater herzlich, mich nicht abzulehnen.

RIALTO.

Das ist es, was uns passiert ist.

HIPPOLYT.

Ein zusätzliches Wort. Und wenn es nichts Besseres gibt, werden Sie mir dann antworten, Monsieur, und Ihre Ehre kennen?

RIALTO.

Gut, ja, ich weiß es. Was würden Sie tun, wenn Sie sich das anhören müssten?

HIPPOLYT.

Sind Sie bei Ihnen und im Kreis Ihrer Familie?

RIALTO.

Ohne Zweifel, dass ich es bin.

HIPPOLYT.

Passen Sie also auf, dass Sie nicht die Aufmerksamkeit auf sich ziehen, die Sie an den Türen haben, und versuchen Sie mit dem Meer den Schaden zu beheben, den Ihr Liebhaber erlitten hat.

RIALTO.

Der Liebhaber?

ADEL.

Passen Sie auf!

HIPPOLYT.

Der Liebhaber! Seit drei Monaten, Madame, meine Güte!

RIALTO.

Ach! ah! was hast du mir gesagt?

HIPPOLYT.

Das ist es.

ADEL.

Das ist ein Horror!

HIPPOLYT.

Und wenn du ein Vaterherz hast …

RIALTO.

Eh! Monsieur, ich bin nicht sein Vater!

HIPPOLYT.

War das nicht sein Vater?

RIALTO.

Kein Vater, kein Bruder, kein Onkel, keine Frau … Verstehst du jetzt?

Hippolyte, der Betäubte.

Ach! das ist nicht möglich!

RIALTO.

Ach! ja! Schöne Dame, haben Sie mir deshalb ein Gütesiegel verliehen? Und meine tausend Fan-Blöcke sind für zwei zusammengestellt, auf das, was sie brauchen!

ADEL.

Es ist nicht wahr, das ist dir sicher!

RIALTO.

Ach! ah! ah! Und du, mein Tapferer, du willst die Frauen besiegen, die getrennt von ihren Meeren leben, und die Beschützer wollen dich trösten! ..."

Wir meinen, wir sollten unseren Lesern, insbesondere unseren weiblichen, den Rest der Szene ersparen. Das mag zwar *Natur sein,* wie man im Studiojargon sagt; aber es ist abscheuliche Natur! Pah! Und wenn ich daran denke, dass ich einmal in meinem Leben etwas Ähnliches in einem Stück mit dem Titel *Le Fils de l'Émigré getan habe* ! Aber seien Sie nicht beunruhigt, wenn es soweit ist, werde ich streng mit mir selbst verfahren!

Im fünften Akt befinden wir uns in einem *schäbigen Zimmer mit erbärmlichem Aussehen.* Drei Jahre sind vergangen, seit Adèle von Rialto hinausgeworfen und von Hippolyte verlassen wurde. Sophie wartet auf Adèle. Die beiden Frauen erkennen sich.

"Ah! Das bist du, Sophie", sagte Adele.

—Erkundest du mich? Das ist Freude! Für mich habe ich mich mit ein paar Wimpernschlägen getraut ...

—Je suis so bien changée? vertrete Adèle.

—Du, während die Luft einsaugt ...

– Und hast du nach drei Jahren Paris verlassen? ...

—Ich bin mit meinem Mann in Belgien aufgewachsen, weil ich für dieses Land wohne, ohne die Schuld seiner Schöpfer zu tragen, denn die Lieferanten sind alle: Sie ruinieren Unternehmen, Spekulationen, wenn sie schon lange nicht mehr da sind. "Andere Mittel!"

—Und bleibt es noch lange so?

– Das ist wahr, was ich meine. antworte Sophie mit Dank. Aber ich *habe noch mehr Erfahrungen gemacht* : ein gelähmter Onkel, Monsieur de Saint-Brice; hier, ohne Kinder, habe ich ein riesiges Vermögen erworben und bin in Frankreich in Paris eingezogen. Dort habe ich erfahren, dass er mir *durch die Gnade des Himmels den Wunsch verspürte,* zu sterben. Aber es ist entsetzlich, dass ich enttäuscht wurde!"

Valdeja war es, der Monsieur de Saint Brice zu diesem großen Schlag veranlasste. Sie sehen also, dass die Liebe des Ex-Attachés der Gesandtschaft in St. Petersburg zu Sophie nicht viel Fortschritte gemacht hat. Wir sagen Ex -*Attaché,* weil Valdeja während der sechs Jahre, die er in Paris verbrachte, um sich um die Angelegenheiten seines Freundes Darcey und seines Schülers Hippolyte zu kümmern, nicht länger der Gesandtschaft angehörte, sondern von ihr getrennt sein musste. Während dieser letzten drei Jahre hat Adèle Monsieur Léopold kennengelernt, den Sohn eines reichen Weinhändlers, der seinen Platz als Nachfolger seines Vaters eingenommen hat. *Doch leider hat diese Nachfolge nicht lange gedauert.*

„Und hast du dich nie verlassen?", fragte Sophie.

Ich will es, sagte Adele. das ist mir nicht aufgefallen. Wenn es gewalttätig ist, wird es mich töten!"

Außerdem hat Adèle Geheimnisse entdeckt, die sie erzittern lassen: M. Léopold *lockt extravagante junge Männer an und beraubt sie.* Sie hat keine Hoffnung mehr außer ihrer Schwester, der sie geschrieben hat.

Créponne kommt herein und gibt Adèle einen Brief; er ist von Clarisse, die immer gut, barmherzig und liebevoll ist! Ihr Mann hat ihr verboten, ihre Schwester zu sehen; aber um zwei Uhr wird sie, durch einen Mantel verhüllt, zu Fuß kommen. Adèle muss es so einrichten, dass sie allein ist. Sophie liest den Brief gleichzeitig mit Adèle. Sie sieht darin eine Möglichkeit, Clarisse zu verletzen, und wird darüber nachdenken.

> „Lebe wohl, Madame Darcey. Wenn ich etwas Neues gewählt hätte, würde ich mich freuen, dich zu verlassen.
>
> – Ich befürchte, dass Leopold das nicht tut, und dass ihm das nicht gefallen wird.
>
> —Eh, gut! zum Beispiel!
>
> – Um noch sicherer zu sein, wenn du mich anstarrst, steig nicht von der großen Treppe herab, wo du hinsehen kannst, aber von den Leuten dort oben, hör nicht den Schlüssel."

Der Schlüssel ist genau das, was Sophie braucht, um ihren Plan in die Tat umzusetzen. Aber jetzt, da sie den Schlüssel hat, fehlt ihr nur noch etwas Geld, um Essen zu kaufen.

> „Hast du nicht genug Silber, um es mir zu zeigen?
>
> —Das ist mir egal!
>
> – Und ich habe nichts von alledem gehört. Ich sage Ihnen, dass ich das erreicht habe, was ich wollte.
>
> —Bientôt?
>
> —Je te le promets.
>
> —Zur guten Stunde, ohne Auto … Tiens!"

In diesem Moment kommt Méopold, er wittert das Geld, stürzt sich darauf und konfisziert es, wie er sagt, auf *Befehl der Polizei*. Das gibt Ihnen eine Vorstellung von der Vorgehensweise des Monsieurs, aber Sie werden noch viel mehr sehen. Er will Geld, viel Geld.

Adèle muss ihre Eltern darum bitten.

> „Du weißt gut, dass sie vor Kummer sterben, sagte er, Adele.
>
> —Ja, auf diese abweichenden Meinungen antwortet Leopold."

Das ist schöngeredet, zu schön sogar. Es gibt noch Monsieur Rialto, aber Adèle weigert sich, sich an ihn zu wenden. Dann an Monsieur Hippolyte...

> „ADÈLE.

Traurigerweise würde ich ihm nur das zurückgeben, was er verdient!

LÉOPOLD, *höre die Stimme.*

Es ist jedoch die Tatsache, dass es so ist. ja, ich habe Sehnsucht, und du weißt nichts davon, wenn ich dagegen wehre.

ADEL.

Léopold, Léopold, du musst mich austricksen! ... *(ein Teil).*

Ach! Gott! wer holt sich sein Geld?

LÉOPOLD.

Also, an die Sekretärin ... voilà, das müssen Sie schreiben.

Zwischen Créponne.

CRÉPONNE, *ist Adèle.*

Eine in einen Mantel gehüllte Dame befindet sich in Ihrem Zimmer.

ADÈLE, das ist dasselbe .
Das ist meine Schwester, das ist Clarisse!

LÉOPOLD, *der Festgenommene der BHs.*
Wo bist du? Du denkst nicht darüber nach, was du geschrieben hast.

ADEL.

O mein Gott!

LÉOPOLD, *der Handwerker sitzt im Sekretär.*

Dann schickte er einen Brief an Sévigné und dafür sagte ich:
„Cher Hippolyte …“

ADEL.

Ich habe das nie erfahren.

LÉOPOLD.

Hippolyte, alles in allem.

ADÈLE, *Schreiberin.*

„Monsieur...“

LÉOPOLD.

Heute ist es soweit, es gibt keine Pause. *(Diktant.)* Monsieur,
eine alte Freundin, sehr ungeschickt …

CREPONNE.

Das ist ganz wahr!

LÉOPOLD.

Ich habe keine Ahnung ... *(Diktant.)* Es droht eine schwere
Gefahr, nur du kannst das retten.

ADEL.

Aber das ist der Tromper!

LÉOPOLD.

Was ist mit Ihnen? Ich habe keine Angst … (*Diktant.*)
„Wenn alle Erinnerungen vorhanden sind, wenn alle
Menschlichkeit nicht in deinem Herzen verborgen ist, schau
in seine Sicherheit! Sie werden heute in dieser Straße sein
…“ Geben Sie Ihren Namen und Ihre Adresse ein. „Hör
auf mit dir, viel Gold.“ „Das ist mir lieb, warum.“

ADÈLE, *empört.*

Ich habe das nicht geschrieben.

LÉOPOLD, *Diktator einer Macht.*

„Sie sind traurig darüber und dieser Gedanke erfüllt Sie mir mit Dankbarkeit." *(Er nimmt die Hauptleitung.)*

Alles klar! écris, ich sehe es!

ADEL.

Aber was tun Sie, wenn Sie das tun? Der Spieler wird gezwungen, den Gegner zu zwingen, ihn zu zwingen, den Gegner ...

LÉOPOLD.

Das sehe ich so ... Signe!"

Adèle unterschreibt und Léopold geht hinaus. Doch Adèle befiehlt Créponne schnell, zu Hippolyte zu rennen, um ihn vor der Falle zu warnen, die man ihm stellt. Adèle geht dann zu ihrer Schwester. Créponne bleibt allein und spricht mit sich selbst, während sie ihren Schal anzieht. Während sie sich dieser doppelten Beschäftigung widmet, öffnet sich langsam die Tür der kleinen Treppe und Albert erscheint, in einen Umhang gehüllt.

„Noch einer, der angekommen ist, sagte die Zimmerfrau. Ist es so, dass es an allen Ecken und Enden so ist?"

Sie nehmen vielleicht an, dass Créponne, die nicht sprachlos ist, auf den Neuankömmling zugehen und ihn fragen wird, wer er sein kann, um den Hausschlüssel seiner Herrin zu bekommen? Aber nein, sie geht ruhig auf die andere Seite. Ah! Mitbruder, obwohl Sie sehr klug und einfallsreich sind, hätte ich wahrlich lieber das begangen, was man in der Theatersprache einen *Wolf nennt.* Hätte Créponne allerdings mit dem in einen Mantel gehüllten Mann gesprochen, hätte sie Albert erkannt, dem sie gesagt hätte, dass seine Frau da sei, und das wäre das Ende der ersten Szene des fünften Aktes gewesen.

Verstehen Sie, lieber Leser? Sophie hatte den Schlüssel, den Adèle ihr gegeben hatte, an Albert geschickt und dabei natürlich sorgfältig darauf geachtet, Melville mitzuteilen, dass seine Frau ein Treffen mit Valdeja vereinbart hatte; dann schrieb sie Valdeja in Clarisses Namen, um ihm mitzuteilen, dass er sie finden werde ... wo? Ich habe keine Ahnung, denn der Autor des Stücks gibt die Adresse des Hauses nicht an. Es ist eine unnötige Vorsichtsmaßnahme und macht keinen Unterschied, seien Sie versichert!

Albert, der alles erfahren möchte, versteckt sich in einem Schrank. Während er sich versteckt, kommt Valdeja herein! Sie können sich die Situation vorstellen. Valdeja und Clarisse treffen sich. Ihr Erstaunen ist groß, besonders von Clarisses Seite. Doch schließlich erklären sie die Sache. Das Einzige, was Clarisse in all dem erkennt, ist, dass sie sich in einer echten Gefahr befindet.

> „Ach, mein Gott! Rufe es, ich bin verloren, ich bin entehrt! Wer wird mich retten, wer wird mich beschützen?"

> —Ich, Clarisse! sagte Albert im Kabinett."

Albert und Valdeja begrüßen sich freundlich; sie haben gelernt, einander zu schätzen. Valdeja geht durch eine Hintertür weg. Albert gibt Adèle Geld; Clarisse gibt ihr eine Goldkette, dann gehen Albert und Clarisse durch die kleine Treppe hinaus. Kaum sind sie verschwunden, als draußen ein Geräusch zu hören ist, dann ein Pistolenschuss und Schreie: „Hilfe! Mord!" Adèle rennt erschrocken zur Treppe, und der Vorhang fällt ohne weitere Erklärung; aber diejenigen, die raten wollen, ohne es zu erfahren, vermuten, dass Léopold Albert für Hippolyte gehalten und auf ihn geschossen hat. Der zweite Teil des fünften Aktes zeigt Adèle auf einem Pritschenbett, krank und hustend und dem Tode nahe. Nachdem sie ihre letzten Kronen in einer Lotterie ausgegeben hat, hat sie nichts, auf das sie zurückgreifen kann, außer einer Goldkette, die sie Sophie zum Verkauf gegeben hat. Sie hätte gern eine zuverlässigere Agentur gewählt, denn sie beginnt, ihrer ehemaligen Freundin zu misstrauen; aber es ist notwendig, dass es Sophie ist, die die Kette verkauft. Sie werden sehen, warum.

> „Meine Güte, das ist schlimm! Sagte Sophie zu ihrer Miete. Du sagst, was hältst du von dieser Kette auf deiner Oberseite?

> —Eh, gut?

> – Ich war dabei, unseren Schmuck an unseren Nachbarn zu verkaufen, einen alten Mann, der mir Aufmerksamkeit schenkte. dann sagte er: ‚Wer hat Sie an dieser Kette gepackt? – Von einer Dame meiner Freunde. – Wer ist sie? – Was ist Ihnen wichtig? – Das ist es, was, wenn man ein Register anlegt, diese Kette, in der ich mich zusammensetze, unter dem Namen der Gegenstände steht, die wir wegen der Affäre Leopold von der Polizei gemeldet wurden.'"

Wie kann die Kette von der Polizei markiert worden sein, wenn Adèle sie doch vor dem Attentat von ihrer Schwester erhalten hatte? Dann verlor Sophie ihren Kopf; und das aus gutem Grund! Als sie sieht, wie schlau die Polizei ist, rennt sie weg; der Juwelier ruft seine Gehilfen und sie folgen ihr; sie wissen, dass sie da ist.

> „Aber wie oft ignorierst du es?"

– Vielleicht habe ich ja irgendwann den Besitzer kennengelernt.

– Ich kenne es nicht.

– Gut, wissen Sie, was diese Frau ist? Unser alter Freund!

—Amélie Laferrier?

—Sie-mich!

Wie schade, dass es nicht ihr Mann war! Vielleicht werden wir ihn sehen. Aber er ist nicht da, das können Sie sicher sein, und ich sehne mich sehr danach, ihm vorgestellt zu werden. In diesem Moment klopft es an der Tür. Es ist eine Barmherzige Schwester. Adèle hat dem Bürgermeister unter dem Namen Madame Laurencin geschrieben; sie hat ihr Elend in bemitleidenswerten Worten geschildert; die Barmherzige Schwester wurde informiert und kommt. Raten Sie mal, wer diese Barmherzige Schwester ist? Es ist Clarisse! Clarisse, die ihre Schwester schwach, gebrochen und sterbend vorfindet! Clarisse trauert, denn Albert ist tot. Als Adèle Clarisse erkennt, fällt sie in Ohnmacht. Während Clarisse sie mit Salzen wieder zu Bewusstsein bringt, treten die Richter ein, gebracht von Amélie Laferrier. Natürlich fehlt es der Versammlung an Ergüssen. Die Richter sind gekommen, um Madame Laurencin zu verhaften; aber da sie dies gesetzlich tun müssen, haben sie den Bürgermeister holen lassen. Er kommt an, und es ist Darcey, Amélies Ehemann, der dank eines Verhaltens, das dem seiner Frau diametral entgegengesetzt ist, Bürgermeister seines Bezirks geworden ist! Ihm folgt sein treuer Valdeja. Der Autor sagt uns nicht, ob Valdeja unter Darcey zum stellvertretenden Bürgermeister ernannt wurde; es ist wahrscheinlich, denn wie wäre er sonst dort?

„Warum spricht diese Frau mit mir, um mich zu verhaften?", fragte Darcey.

– So ist es, Monsieur! deine arme Frau!

– Meine Frau! „antworte Darcey, der das Wort mit Empörung zurückweist."

Für Adèle ist es ein großer Schock: Im Bewusstsein, dass sie im Sterben liegt, richtet sie sich auf und bittet ihren Mann um Vergebung.

„Jamais! Antworte, Darcey."

Adèle stößt einen Schrei aus und fällt in einen Sessel.

„DARCEY, *lass es bleiben, sage Valdeja, wo die Macht gegen Adèle ist.*"

Hast du Lust? Eh bien ... *(In diesem Moment reißt Adèle den letzten Schliff.)* Gott! es ist nicht zu heiß!

VALDEJA.

Elle läuft ab! *(Für Amelie und Sophie.)* Frauen, nehmt euch diese Leiche! nehmen Sie es also, es liegt an Ihnen ... Ihre Werke verdienen ein Gehalt: voilà! Ehrlich gesagt, für Sie und alle Ihre Verwandten! *(Für Darcey) Für dich die Freiheit!*

DARCEY, *er schaut Clarisse an.*

Und für dich, ich hoffe, du bleibst gesund! "

Diese beiden letzten Züge erscheinen uns angesichts des Leichnams von Adèle und Clarisses Trauergewand ein wenig hart; so hart, dass wir, wären wir Mitglieder der Akademie und beauftragt, den Preis für Moral zu vergeben, dies ein Grund wäre, ihn zurückzuhalten. der Preis aus dem Drama *Dix ans de la vie d'une femme.*

[1] ANMERKUNG DES ÜBERSETZERS: *Rosière*. – Ein junges Mädchen, das im Dorfleben für seine Tugend mit einer Rose ausgezeichnet wird.

KAPITEL III

Doligny, Direktor des Theaters in Italien – Saint-Germain
von der Tarantel gebissen – Wie man Versailles hätte
beleben können, wenn Louis-Philippe es gewollt hätte –
Die Zensur des Großherzogs der Toskana – Die Einbände
des Druckers Batelli – *Richard Darlington*, *Angèle*, *Antony* und
La Tour de Nesle traten unter dem Namen Eugène Scribe auf

Die merkwürdige Diskussion, auf die wir uns bezogen haben [1], beweist unter
anderem, dass der Autor von *Dix ans de la vie d'une femme*, dem Drama, das
Mercier oder Rétif de la Bretonne kaum zu unterschreiben wagten, zwei sehr
unterschiedliche Ansichten vertritt, die er nicht miteinander zu vereinbaren
glaubt: die eine als Gesetzgeber und die andere als Dichter, da er die
Staatskommission aufforderte, die *kleinen unmoralischen Theater zu unterdrücken*,
und eine Zensur beantragte, die ein heilsamer Hemmschuh sein sollte, um
das Talent von den *Exzessen aller Art abzuhalten* , zu denen es allzu häufig
neigt. Tatsächlich ist es so, dass, hätte es 1832 eine Zensur gegeben, das
Talent meines Mitbruders Scribe, das ich mehr schätze als jeder andere,
durch *einen heilsamen Hemmschuh zurückgehalten*, furchtsamen Seelen niemals
das Schauspiel eines Stückes geboten hätte, das nicht als Muster, sondern als
das fortgeschrittenste Beispiel dramatischer *Exzentrizität geblieben ist*. Es war
M. Scribe, der mir in dem folgenden Satz, den er vor dem Staatsrat
verkündete, das Wort vorschlug, das ich brauchte: „Mit wirklich literarischen
Stücken lässt sich nicht viel Geld verdienen; Erfolg wird oft durch
Exzentrizitäten und *Angriffe auf die Moral und die Regierung erzielt*. " Außerdem
genießt mein berühmter Mitbruder einen ausgezeichneten Ruf als Mann mit
moralischem Charakter, nicht nur in Frankreich, sondern auch im Ausland;
und ich werde zu diesem Thema eine Anekdote erzählen, die ihre amüsante
Seite hat.

Ich lebte zwei Jahre in Florenz, bevor ein einziger Theaterdirektor daran
dachte, etwas von mir zu spielen; weil ich ein unmoralischer Mensch war,
konnte kein Stück, weder im Original noch in einer Übersetzung, in einem
der Theater der Blumenstadt aufgeführt werden. Eines schönen Morgens, als
ich noch im Bett lag, hörte ich in meinem Wohnzimmer eine Stimme, die ich
kannte, und den Klang des Namens eines Freundes. Die Stimme und der
Name waren die von Doligny. Sie erinnern sich, dass ich über Doligny im
Zusammenhang mit dem Tompson von *Richard Darlington sprach* und dass ich
der bemerkenswerten Art, in der er die Rolle gespielt hatte, voll gerecht
wurde. Nun gut, es war Doligny, der als Schauspieler und Direktor mit einer
französischen Truppe kam, um sein Glück in Italien zu suchen. Überall sonst

hat das Glück drei Stirnlocken: in Italien hat es nur eine; überall sonst dreht es sich um ein einziges Rad: in Italien dreht es sich um zwei. Das heißt, dass das Glück in Italien mehr als anderswo für alle und insbesondere für die Manager literarischer Unternehmen ein Atlanta ist, das schwer zu überholen und bei den Haaren zu packen ist. Doligny reiste also von Turin nach Mailand, von Mailand nach Rom, von Rom nach Neapel, von Neapel nach Venedig, von Venedig nach Bologna, in der Hoffnung, das Glück zu erobern. Es war ihm noch nicht gelungen. Schließlich glaubte er, in Richtung Florenz eine Vision von Gold zu sehen. Er schlug sich an die Stirn und sagte sich: Warum habe ich nicht früher daran gedacht? Woran er nicht gedacht hatte, war meine Anwesenheit in Florenz. Ich trage – ich weiß nicht, woher sie kommt, aber sie ist da – eine Atmosphäre von Leben und Aufregung mit mir herum, die sprichwörtlich geworden ist. Ich lebte drei Jahre in Saint-Germain; die Einwohner selbst, ehrenwerte Untertanen von Dornröschen, erkannten sich selbst nicht mehr. Ich übertrug der Stadt einen Energiegeist, den sie zunächst für eine Art Epidemie hielten, ein ansteckendes Fieber, wie es durch den Biss der neapolitanischen Spinne hervorgerufen wird. Ich kaufte das Theater, und die besten Schauspieler von Paris, die mit mir zum Abendessen kamen, spielten von Zeit zu Zeit, bevor sie sich zu Tisch setzten, um sich Appetit zu machen, entweder *Hamlet* oder *Mademoiselle de Belle-Isle* oder *Les Demoiselles de Saint Cyr,* zum Wohle der Armen. Ravelet hatte nicht genug Pferde, Collinet nicht genug Zimmer, und die Eisenbahn gewährte mir einmal eine Erhöhung der Einnahmen um 20.000 Francs pro Jahr, seit ich in Saint-Germain lebte. Es stimmt, dass Saint-Germain mich zur Zeit der Wahlen für zu *unmoralisch hielt*, um die Ehre zu haben, sein Vertreter zu sein. Saint-Germain war damals aufgewacht, oder fast. Es hatte seinen Wald, um mit den Pferden zu trainieren, ging ins Theater und ließ auf meiner Terrasse Feuerwerkskörper brennen, die man aus Paris bestellt hatte, zum großen Erstaunen von Versailles, das sich von Zeit zu Zeit aus seinem Grab erhob und mit leerem Blick über die Hügel von Louveciennes blickte und mit sterbender Stimme sagte: „Was macht Saint-Germain, um so einen Aufruhr zu verursachen? Sehen Sie mich an, bewege ich mich? Herrgott noch mal! Wenn man tot ist, ist es nicht an der Zeit, Feuerwerke zu machen, ins Theater zu gehen oder zu reiten! Sehen Sie mich an, ich schlafe wie ein Akademiker und treibe den Respekt vor Konventionen sogar so weit, dass ich nie mehr schnarche!"

Versailles legte sich wieder in sein vergoldetes Grab, wo es, wie es sagte, nicht einmal schnarchte. Eines Tages ärgerte sich der König über den Lärm, der aus Richtung Saint-Germain kam, so sehr, dass er darauf achtete, nicht den leisesten Windhauch aus Versailles zu hören. Er ließ Monsieur de Montalivet rufen, obwohl er für intellektuelle Menschen nichts übrig hatte. Montalivet und Vatout waren die beiden Ausnahmen am Hof.

„Mein lieber Graf“, sagte Louis-Philippe, „wissen Sie, was passiert ist?“

„Was, Sire?“

„Es ist uns gelungen, Saint-Germain aufzuwecken (sie hatten dem König eingeredet, er hätte dieses Wunder selbst vollbracht); wir werden es schaffen, Versailles mit der Gemäldegalerie und den Springbrunnen an jedem ersten Sonntag im Monat zum Leben zu erwecken!“

„Sire“, antwortete Montalivet, „möchten Sie, dass Versailles nicht totenstill, sondern fröhlich bis zur Torheit ist?“

„Mein lieber Graf“, antwortete der König, „ich werde Ihnen nicht verheimlichen, dass es mir die größte Freude bereiten würde.“

„Also gut, Sire, Dumas hat vierzehn Tage Dienst als Nationalgardist vor sich. Befehlen Sie ihm, diese Zeit hier in Versailles zu verbringen.“

Der König kehrte Monsieur de Montalivet den Rücken und sprach einen Monat lang kein Wort mit ihm. Was geschah? Versailles wurde immer düsterer und ging, nachdem es von Melancholie zu Finsternis übergegangen war, von Finsternis zu düsteren Tiefen über.

Was Saint-Germain betrifft, weiß ich nicht, was daraus geworden ist; man hat mir aber versichert, dass es seit meiner Abreise von einer Milz befallen ist und vor Schmerzen zittert. Das Wissen um diese belebende Eigenschaft war es, das Doligny nach Florenz zog. Er sagte sich: Da Dumas in der Toskana ist, muss die Toskana wieder zum Département des Arno geworden sein, und wir werden lachen und Geld verdienen. Doligny irrte sich: In ganz Italien lacht man, aber in der Toskana lacht man überhaupt nicht. Was das Geldverdienen dort angeht, kannte ich nur den Comte de Larderette, der dort ein Vermögen machte; aber seine Spekulationen hatten nichts Literarisches an sich ... Ich hörte Dolignys Darlegung seiner Pläne mit einer wachsenden Melancholie zu, die ihn zwangsläufig entmutigte.

„Nun“, fragte er mich, „täusche ich mich?“

"In was?"

„Gehen Sie nicht zum Gericht?“

„So wenig ich kann, aber ich gehe.“

„Gehen Sie nicht in die Gesellschaft?“

„So wenig wie möglich, aber ich sehe natürlich etwas davon.“

"Hast du keine Freunde?"

„So wenig wie möglich, ich habe welche."

„Denken Sie, dass meine Schauspieler schlecht sind?"

"Ich kenne sie nicht."

„Glauben Sie nicht, dass die Aufführung Ihrer Stücke die Neugier der Leute wecken wird?"

„Ja, tatsächlich."

„Kurz gesagt, glauben Sie nicht, dass ich dank all dem Geld verdienen kann?"

„Ich glaube, das können Sie, aber ..."

"Aber was?"

„Das müssen Sie mit anderen Stücken machen als mit meinen."

„Warum?"

„Weil sie dir nicht erlauben, gegen sie zu spielen."

„Sie werden mir nicht erlauben, Ihre Stücke aufzuführen?"

"Ja."

„Welchen Grund werden sie für ihre Ablehnung angeben?"

"Sie geben keine."

„Trotzdem, mein lieber Freund, muss es einen Grund dafür geben."

"Kein Zweifel."

„Sag mir, was es ist."

„Mein Freund, Sie verlangen von mir ein schmerzliches Geständnis."

„Sag mir, was es ist."

„Ich weiß nicht, wie ich Ihnen etwas sagen soll, was ich sogar mir selbst gegenüber zu gestehen schäme."

„Denken Sie daran, dass mein Glück davon abhängt!"

„Mein Freund, ich bin ein unmoralischer Autor."

„Pah!"

"Ja."

"Wer hat das gesagt?"

„ *Le Constitutionnel* ; die Sache hat sich also von Osten nach Westen, von Süden nach Norden ausgebreitet." „Sie machen mir Angst!"

"Was kann ich sonst noch tun!..."

„Trotzdem werde ich ihnen Ihre Stücke schicken."

„Schicken Sie sie, aber es wird nutzlos sein."

„Aber wenn sie sie gelesen haben …"

„Ja, aber sie werden sie nicht lesen."

„Und doch lehnen sie es ab?"

„Der Optik halber."

„Nun, ich möchte in dieser Angelegenheit ein reines Gewissen haben." „Haben Sie ein reines Gewissen, mein Lieber; die Mietkosten werden Ihnen nur dann in Rechnung gestellt, wenn Sie das Theater bereits gemietet haben."

„Natürlich habe ich es gemietet."

„Zum Teufel! Dann schickt mir die Stücke."

"Noch heute."

„Gehen Sie! Teilen Sie mir die Ablehnung aber sofort mit, wenn Sie sie erhalten."

"Was soll das bringen?"

„Wer weiß? Vielleicht habe ich dann eine neue Idee."

"Warum hast du jetzt keins?"

„Ach, mein lieber Freund, Ideen sind kapriziöse Mädchen, die sich nichts nehmen lassen, außer wenn sie Lust dazu haben, und die Laune meiner Idee ist, nichts hervorzubringen, bis die großherzogliche Zensur sie abgelehnt hat." „Na gut, ich schätze, wir müssen Ihrer Laune nachgeben." Doligny ging verzweifelt weg, angesichts der wahrscheinlichen Ablehnung, die ihm drohte, und doch mit einem gewissen Maß an Hoffnung in Bezug auf die Idee, die aus dieser Ablehnung erwachsen könnte. Drei Tage später sah ich ihn wieder. Dank des Schutzes von Belloc, dem Botschafter, einem wunderbaren Mann, wurde die Ablehnung nur um drei Tage verschoben. Das war ein großer Gefallen; es hätte einen Monat, sechs Wochen – für immer – aufgeschoben werden können!

„Nun?", sagte ich, als ich Doligny erblickte.

„Nun, wie du gesagt hast."

"Abgelehnt?"

"Abgelehnt."

"Welche Stücke hast du geschickt?"

„ *Richard Darlington, Antony, Angèle, Der Turm von Nesle.* "

„Mein Gott! Sie sind mit aller Macht an die Arbeit gegangen! Die vier unmoralischsten Stücke eines unmoralischen Autors.“

„Denken Sie, ich hätte andere geschickt?“

"Nutzlos."

„Dann bleibt nur noch, Ihre Idee in die Tat umzusetzen!“

„Haben Sie besonderen Wert auf diese vier Stücke gelegt?“

„Ich glaube, sie hätten die besten Ergebnisse erzielt. Wenn Sie jedoch meinen, Sie könnten leichter Urlaub für andere bekommen …“

„Oh! Das macht nichts.“

"Warum?"

„Nun, ich habe es auf mich genommen, die Erlaubnis einzuholen. Das ist alles, was Sie interessiert?“

„Natürlich! Übernehmen Sie das?“

"Ich gewinne."

Ich nahm meinen Hut.

"Du gehst?"

"Komm mit mir."

„Ich werde dir voller Zuversicht folgen.“

"Das ist richtig."

Ich schrieb damals ein großes Werk über Malerei mit dem Titel *La Galerie des Offices*. Ich brachte Doligny zum Drucker.

„Mein lieber Batelli“, sagte ich, als ich eintrat, „Sie müssen mir einen Gefallen tun.“

„Mit Vergnügen, Monsou Doumasse.“

"Das ist es."

"Was ist es?"

„Ich möchte, dass Sie diese vier Stücke neu binden, die vier Titel ändern und ihnen den Namen eines anderen Autors geben.“

„Das ist ganz einfach. Sagen Sie mir einfach genau, was Sie wollen.“

„Sehen Sie dieses hier?“

„ *Richard Darlington,* Drama in drei Akten mit sieben Szenen, von Monsou Alessandre Doumasse.“

„Ganz genau. Also gut, Sie müssen es durch *L'Ambitieux ou le Fils du bourreau* von M. Eugène Scribe ersetzen.“

„Bene! Der Nächste?“

"Du siehst das?"

„ *Angèle,* Drama in fünf Akten von Monsou Alessandre Doumasse.“

„Sie müssen angeben: *L'Échelle de femmes,* von M. Eugène Scribe.“

„Bene! Der Nächste?“

„Sehen Sie dieses hier?“

„ *Antonius,* Drama in fünf Akten von Monsou Alessandre Doumasse.“

„Legen Sie *L'Assassin par amour* von M. Eugène Scribe.“

„Bene! Der Nächste?“

„Sehen Sie dieses hier?“

„*La Tour de Nesle,* von MM. Gaillardet et * * *.“

„Gepostet: *L'Adultère puni,* von M. Eugène Scribe.“

„Bene! Bene!“

Innerhalb einer Stunde waren die Einbände fertig, genäht und geklebt. Noch am selben Tag wurden die vier Stücke auf dem Schreibtisch der Zensurstelle abgelegt. Drei Tage später kamen sie unterschrieben und mit Genehmigung zurück.

Die Zensoren hatten keinerlei Bemerkungen gemacht, sie hatten kein einziges Wort gegen sie einzuwenden. Es ist ein Wunder, dass das Zensurkomitee dem Großherzog nicht vorgeschlagen hatte, einen Tugendpreis zu stiften, der vier so erbauliche Stücke begünstigte. Noch am selben Abend erfuhr die ganze Stadt, außer den Herren Censeurs, dass die Aufführung von vier Stücken von M. Alexandre Dumas unter der moralischen Unterschrift von Eugène Scribe genehmigt worden war. Ich hatte noch nie einen solchen Erfolg. Sie hielten diese vier Werke für den

Inbegriff der Unschuld; der Großherzog, der unschuldigste Mann seines Großherzogtums, erhielt schallenden Beifall!

Scribe sollte bei dieser Gelegenheit das Kreuz des Komturs von Saint-Joseph erhalten. Zu Scribes Glück wurde der Großherzog von irgendjemandem von dem Betrug verraten. Scribe war außer sich vor Angst.

[1] Siehe Anhang.

KAPITEL IV

Einige Worte zu *La Tour de Nesle* und M. Frédérick
Gaillardet – The *Revue des Deux Mondes* – M. Buloz – The
Journal des Voyages – Mein erster Versuch in der römischen
Geschichte – *Isabeau de Bavière* – Ein geistreicher Mann von
1,75 m.

Verlassen wir Italien – wohin wir bald zurückkehren werden – und kehren
wir zu unseren Stücken zurück, die ich, durch eine unschuldige Ausrede, wie
es ein moralischer Autor nannte, in der Hauptstadt Seiner Kaiserlichen
Hoheit, des Großherzogs der Toskana, aufgeführt hatte.

Zwei davon waren bereits im April 1832 in Paris aufgeführt worden, also zu
diesem Zeitpunkt – *Antony* und *Richard;* aber es standen noch zwei weitere
aus, *La Tour de Nesle* und *Angèle*. Nun, da ich nun über die Entstehung des
ersten dieser Stücke spreche, möchte ich nichts sagen, was die
schlummernden Empfindsamkeiten von M. Gaillardet wecken könnte! Seit
dem 2. Juni 1832, das heißt in den letzten fünfundzwanzig Jahren, habe ich
über vierzig Dramen und achthundert Bände komponiert; es wird daher als
selbstverständlich vorausgesetzt, dass ich keinerlei Interesse daran habe,
mehr oder weniger Anspruch auf eine Vaterschaft zu erheben. Aber die
Sache hat damals so viel Aufsehen erregt, sie entwirrt sich so offensichtlich,
dass ich kaum das Recht habe, sie mit Stillschweigen zu übergehen; aber da
wir gerade beim Thema sind, verspreche ich, nur die Tatsachen anzuführen,
für die ich Beweise habe, und diese Tatsachen von jeglichem Gefühl des
Hasses oder des Angriffs freizuhalten. Seitdem hat M. Gaillardet Frankreich
verlassen und ist nach Amerika gegangen, von Paris nach New Orleans. Zu
meiner großen Freude hat er, wie man mir sagte, dort ein Vermögen
gemacht; zu meiner noch größeren Freude haben meine Bücher, so wurde
mir versichert, seinem Glück keinen Abbruch getan. Umso besser! Glücklich
ist der, dem die Vorsehung eine doppelte Portion Ruhe schenkt und der,
wenn kaum ein Drittel des Lebens vergangen ist, nach einem glänzenden
Debüt seine Feder niederlegen und sich auf seinen Lorbeeren ausruhen darf,
den französischen Lorbeeren, die am meisten zu beneiden sind, und sich auf
einem Bett aus amerikanischen Blumen auszuruhen, den leuchtendsten aller
Blumen, die blühen! In der Dunkelheit, die, obwohl sie für eine Weile
verflogen ist, allmählich zurückkehrt, um ihn wieder in ihren geliebten
Schatten zu hüllen, bewahrt ein solcher Mann wie Horaz die glücklichen
Dinge für die Gegenwart und lässt die Sorgen bis zum Morgen hinter sich;
ein solcher Mann kennt den täglichen Kampf und die nächtliche Arbeit nicht;
er lebt nicht im Licht der Lampe, sondern im Licht der Sonne. Er legt sich

hin, wenn das Rotkehlchen sein Abendlied singt, und wacht auf, wenn die Lerche zu singen beginnt; nichts stört für ihn die Ordnung der Natur; sein Tag ist Tag und seine Nacht ist Nacht; und wenn sein letzter Tag oder seine letzte Nacht kommt, hat er sein Leben innerhalb seiner natürlichen Grenzen gelebt. Ich werde meines hinter mir gebracht haben, indem ich auf der bremsenlosen Maschine der Arbeit dahingeeilt bin. Ich werde an keinem Tisch bei diesen langen Banketten gesessen haben, bei denen die Leute bleiben, bis sie betrunken sind; ich werde aus allen möglichen Bechern gekostet haben; und die einzigen, die ich bis zur Neige geleert haben werde (denn die Existenz des Menschen, so schnell sie auch sein mag, hat immer Zeit dafür), werden die bitteren Becher gewesen sein!

Damals, im Jahr 1832, war ich jedoch noch nicht der Mensch, der ich heute bin. Ich war damals ein junger Mann von neunundzwanzig Jahren, sehnte sich nach Vergnügen, nach Liebe und Leben, nach allem, nur nicht nach Hass. Es ist merkwürdig, dass ich nie aufgrund persönlichen Unrechts oder einer Verletzung hassen konnte. Wenn ich in meinem Herzen Antipathie hegte, wenn ich in meinen Worten oder Schriften aggressive Gefühle zeigte, dann richtete sich dies gegen jene Leute, die sich dem Wachstum der Kunst widersetzten und sich dem Fortschritt in der Politik widersetzten. Wenn ich heute, nach fünfundzwanzig Jahren, Herrn Viennet, Herrn Jay, Herrn Étienne, kurz gesagt, die gesamte Akademie oder jedenfalls den größten Teil ihrer Mitglieder angreife, so liegt dies nicht im Geringsten daran, dass diese Herren gemeinsam Petitionen gegen mich unterzeichnet oder einzeln meine Stücke verboten haben; es liegt daran, dass sie Frankreich daran hinderten, auf die höchste Eroberung der Kunst hinzuarbeiten und eine universelle Monarchie des Geistes zu gründen. Wenn ich nach dreißig Jahren noch einen Groll gegen Louis-Philippe hege, dann nicht, weil er mir mein Gehalt gestrichen hat, als ich mich der Literatur widmete, oder weil er meinen Rücktritt verlangte, als ich im Théâtre-Français ein Drama aufgeführt bekam; es liegt daran, dass dieser Möchtegern-Bürgerkönig eine tief verwurzelte Abneigung gegen neue Ideen hatte, eine instinktive Abneigung gegen alle Bewegungen, die darauf abzielten, die Menschheit voranzubringen. Wie können Sie nun von mir, der ich voll und ganz für den Fortschritt bin, erwarten, dass ich, egal auf welcher Seite ich ihnen begegne, den Tod oder die Untätigkeit, die dem Tod gleicht, ohne Frage eingestehe?

Schon 1832 merkte ich, dass die Arbeit für das Theater – ich will nicht sagen, dass sie mich nicht ausreichend beschäftigte, aber – meinen Geist zu sehr in eine Richtung lenkte. Ich hatte, wie ich bereits erwähnte, versucht, einige Kurzromane zu schreiben: *Laurette, Le Cocher de Cabriolet, La Rose rouge*. Ich habe erzählt, wie ich sie unter dem Titel *Nouvelles Contemporaines* auf meine eigenen Kosten oder vielmehr auf die meiner armen Mutter drucken ließ und dass sechs Exemplare zu 3 Francs pro Stück verkauft wurden, was mir 582

Francs aus der Tasche ließ. Eines der sechs verkauften Exemplare oder vielmehr wahrscheinlich eines der drei- oder vierhundert Exemplare, die verschenkt wurden, fiel in die Hände des Herausgebers der Revue *des Deux Mondes,* und er beschloss, dass der Autor, der sie geschrieben hatte, trotz der armseligen Geschichten, durch Arbeit etwas als Romanautor erreichen könnte.

Dieser Herausgeber war M. Buloz, der unter der Herrschaft von Louis-Philippe zu einer Macht im Staat geworden war und noch heute großen Einfluss auf die Literatur hat. Um es klar zu sagen: M. Buloz ist nicht aufgrund seiner persönlichen literarischen Fähigkeiten eine Macht, sondern aufgrund der literarischen Verdienste anderer, die er frei nutzte. Hugo, Balzac, Soulié, de Musset und ich haben den oberflächlichen literarischen Stil erfunden, und es ist uns gelungen, ob gut oder schlecht, mit diesem flüssigen Schreibstil einen guten Ruf zu erlangen.

M. Buloz hatte selbst den langweiligen literarischen Stil erfunden und, ob gut oder schlecht, damit sein Vermögen gemacht, so ermüdend er auch war. Es ist keineswegs so, dass M. Buloz, wenn er sich in den Kopf setzt zu schreiben, nicht so ermüdend oder sogar noch ermüdender ist als Monsieur Soundso; aber es genügt nicht, einfach zu schreiben, um echte Literatur zu produzieren. M. Nisard erklärte einmal mühsam, mühselig und ermüdend, was Leichtigkeit des literarischen Stils ist. Wir werden selbst versuchen, auf so unterhaltsame Weise wie möglich zu erklären, was der mühsame literarische Stil ist. Wir könnten hier zwar einen Verweis einfügen und sagen: „Siehe M. Désiré Nisard oder M. Philarète Chasles"; aber wir wissen, dass unsere Leser uns lieber glauben würden, als selbst nachzuschauen. MM. Désiré Nisard und Philarète Chasles werden an der Reihe behandelt. Wenden wir uns nun M. Buloz zu.

M. Buloz, zuerst Schriftsetzer, dann Vorarbeiter in einer Druckerei, war im Jahre 1830 ein Mann zwischen 34 und 35 Jahren, von blasser Hautfarbe, dünnem Bart, nicht ganz zueinander passenden Augen, uncharakteristischen Gesichtszügen und gelblichem, spärlich gewachsenem Haar; vom Temperament her war er schweigsam und fast düster, aufgrund zunehmender Taubheit nicht gern sprechend, an seinen guten Tagen mürrisch, an seinen schlechten brutal und immer verbissen stur. Ich kannte ihn durch Bixio und Bocage. Beide waren damals mit ihm vertraut. [1] M. Buloz war seither zu ihnen, wie er zu allen war, treulos in der Freundschaft, wenn er nicht geradezu undankbar für die ihm erwiesenen Dienste war. Ich weiß nicht, wie er jetzt mit Bixio auskommt; aber ich glaube, er ist sehr abscheulich zu Bocage. Wir waren damals nicht reich; Wir aßen in einem kleinen Restaurant in der Rue de Tournon neben dem *Hotel de l'Empereur Joseph II.,* und das kann ich Ihnen versichern, dass dort sehr schlechte Abendessen für sechs Sous pro Teller serviert wurden.

Herr Ribing de Leuven hatte eine Zeitung, die sich sehr schlecht verkaufte, ein „ *Journal de luxe*", und reiche Leute nahmen die Mode an und ruinierten sich damit; sie hieß „ *Le Journal des Voyages*". Adolphe und ich überredeten Herrn de Leuven, diese Zeitung an Buloz zu verkaufen.

Buloz, Bocage, Bonnaire und, glaube ich, sogar Bixio sammelten einige Mittel und wurden Eigentümer der oben erwähnten Zeitung, die den Titel *La Revue des Deux Mondes annahm*. Dies geschah 1830 oder 1831. Wir alle machten uns mit aller Kraft an die Arbeit für diese Zeitung, die wir als unser gemeinsames Kind betrachteten und mit väterlicher Zuneigung liebten. Die erste Milch, die ich ihr zu essen gab, war eine *Voyage en Vendée*, die teilweise in diesen Memoiren zu finden ist. Dann geschah Folgendes mit mir: Ich habe erzählt, wie tiefgreifend unwissend ich in Geschichte war und von meinem großen Wunsch, sie zu studieren. Ich hörte viel über den Duc de Bourgoyne und las die *Histoire des ducs de Bourgoyne* von Barante. Zum ersten Mal erlaubte sich ein französischer Historiker freien Spielraum bei der malerischen Beschreibung der Geschichte und der Einfachheit beim Erzählen von Legenden.

Die Arbeit, die mit den Romanen von Sir Walter Scott begonnen hatte, war inzwischen in meinem Geist gereift. Ich fühlte mich noch nicht stark genug, um einen langen Roman zu schreiben; aber es entstand damals eine Art Literatur, die einen Mittelweg zwischen Roman und Drama einschlug, die einige der Einflüsse des einen und viele der fesselnden Eigenschaften des anderen hatte, wobei Dialog und Erzählung abwechselten; diese Art von Literatur wurde „ *Scènes historiques*" genannt.

Da meine Neigungen ohnehin schon zum Theater tendierten, machte ich mich daran, diese historischen Szenen aus der *Histoire des ducs de Bourgoyne zu sezieren, zu erzählen und in Dialoge zu setzen*. Sie stammten aus einer der dramatischsten Perioden Frankreichs, der Herrschaft Karls VI.; sie lieferten mir die zerzauste Persönlichkeit des verrückten Königs, die poetische Figur Odettes, den herrischen und zügellosen Charakter Isabellas von Bayern, den sorglosen Ludwigs von Orléans, den furchtbaren Charakter Johanns von Burgund, den bleichen und romantischen Karls VII.; sie gaben mir l'Ile-Adam und sein Schwert, Tanneguy-Duchatel und seine Axt, den Sire de Giac und sein Pferd, den Chevalier de Bois-Bourdon und sein goldenes Wams und Perinet-Leclerc und seine Schlüssel. Aber sie boten mir noch mehr; Mir, der ich bereits Szenen erschaffen konnte, boten sie eine wohlbekannte Bühne, auf der ich meine Charaktere planen konnte, da die Ereignisse alle in der Umgebung von Paris oder in Paris selbst stattfanden. Ich begann, mein Buch zu schreiben, indem ich es vor mir hertrieb, wie ein Arbeiter seinen Pflug vorwärts treibt, ohne genau zu wissen, was passieren würde. Das Ergebnis war *Isabeau de Bavière*.

Sobald ich diese Szenen fertig hatte, brachte ich sie zu Buloz, der sie zur Druckerei brachte und druckte, und alle vierzehn Tage wurden sie von den Abonnenten gelesen.

Von dieser Zeit an entwickelten sich in meiner Arbeit meine beiden Haupteigenschaften, die meinen Büchern und Theaterstücken in Zukunft Wert verleihen werden: der Dialog, der die Grundlage des Dramas bildet, und die Gabe des Erzählens, die die Basis der Romantik bildet. Diese Eigenschaften – Sie wissen, wie freimütig und unbefangen ich von mir spreche – besitze ich in hohem Maße. Damals hatte ich noch nicht zwei andere, nichtsdestotrotz wichtige Eigenschaften an mir entdeckt, die sich voneinander ableiten – Fröhlichkeit und eine lebhafte Vorstellungskraft. Die Menschen sind unbeschwert, weil sie gesund sind, weil sie eine gute Verdauung haben, weil sie keinen Grund zur Traurigkeit haben. Das ist die Fröhlichkeit der meisten Menschen. Aber bei mir bleibt die Fröhlichkeit bestehen, nicht die Unbeschwertheit, die durch Kummer hindurchscheint – aller Kummer hingegen findet mich entweder voller Mitgefühl für andere oder zutiefst deprimiert über mich selbst –, sondern die durch alle Sorgen, materiellen Ärgernisse und sogar kleineren Gefahren des Lebens hindurchscheint. Man hat eine lebhafte Vorstellungskraft, weil man unbeschwert ist; aber diese Vorstellungskraft verflüchtigt sich oft wie die Flamme des Schnapses oder der Schaum auf Champagner. Ein fröhlicher Mensch, temperamentvoll und lebhaft in der Rede, ist manchmal langweilig und mürrisch, wenn er allein mit der Feder in der Hand vor seinem Papier sitzt. Jetzt hingegen erregt mich die Arbeit; sobald ich eine Feder in der Hand habe, setzt die Reaktion ein; meine verrücktesten Einfälle sind oft aus meinen langweiligsten Tagen hervorgegangen, wie feurige Blitze aus einem Sturm. Aber wie ich schon sagte, in dieser Zeit meiner Jugend erkannte ich weder diese Vorstellungskraft noch diese Leichtigkeit des Geistes in mir.

Eines Tages stellte ich Lassailly Oudard vor. Er brauchte Hilfe, glaube ich. Mein Brief war nicht trüb, sondern fröhlich, aber von einer Heiterkeit, die aufdringlich und voller Mitgefühl war. Lassailly las den Brief, den er persönlich überbringen sollte, und als er sich zu mir umdrehte, sagte er mit verblüffter Miene:
"Na, das ist ja komisch!"
"Was?"
„Du bist ja geistreich!“
„Warum sollte ich nicht? Bist du neidisch?“
„Ah! Sie sind wahrscheinlich der erste 1,75 Meter große Mann, der jemals witzig war!“
Ich erinnerte mich mehr als einmal an diesen Ausspruch, als ich Porthos schuf; er war bedeutungsvoller, als er auf den ersten Blick schien. Mein Brevet für Witzigkeit wurde mir damals von Lassailly verliehen, einem guten

Kerl, dem es zwar nicht an einer gewissen Art von Verdienst fehlte, der aber, was Witz anbelangt, von Natur aus so schlecht ausgestattet war wie der Fuchs, dem der Schwanz abgeschnitten wurde, an List. Außerdem hätte ich damals die wunderbare Eigenschaft der Fröhlichkeit erkennen müssen, die in meiner Seele verborgen lag und die ich furchtbar vor allen Augen versteckte. Damals war nur satanische Fröhlichkeit erlaubt, die Fröhlichkeit von Mephistopheles oder Manfred. Goethe und Byron waren die beiden großen Spötter des Jahrhunderts. Wie andere hatte ich mir eine Maske aufs Gesicht gelegt. Sehen Sie sich meine Porträtskizzen aus dieser Zeit an: Es gibt eine von Devéria, die 1831 geschrieben wurde und mit einigen Änderungen perfekt als Porträt von Antonius dienen könnte. Diese Maske fiel jedoch allmählich und ließ mein wahres Gesicht in den *Impressions de Voyages zum Vorschein kommen*. Aber ich wiederhole, 1832 sah man mich noch als Manfred und Childe Harold. Aber wenn man ein leicht zu beeinflussendes Temperament hat, überkommt einen diese Art von Laune nur in eigensinnigen Phasen; und die Zeiten selbst, die düster und schrecklich waren, trugen maßgeblich zum Erfolg sowohl meines Debüts als demokratischer Dichter als auch als Romanautor bei.

[1] M. Buloz hatte das Ziel, eine Rezension zu verfassen. Ich hatte das Glück, ihm dabei behilflich zu sein. Ich glaube, ich habe bereits erklärt, wie. Es sei mir verziehen, wenn ich mich wiederhole.

KAPITEL V

Erfolg meiner *Scènes historiques* —Clovis und Hlodewig (Chlodgwig) —Ich möchte mich ernsthaft dem Studium der Geschichte Frankreichs widmen—Der Abbé Gauthier und M. de Moyencourt—Cordelier-Delanoue enthüllt mir Augustin Thierry und Chateaubriand—Neue Aspekte der Geschichte— *Gaule et France* —Ein Drama in Zusammenarbeit mit Horace Vernet und Auguste Lafontaine

Meine *historischen Szenen aus der Herrschaft Karls VI.* waren meine ersten erfolgreichen Stücke in der *Revue des Deux Mondes.* Wir werden gleich sehen, welche Folgen dieser Erfolg für mich hatte. Dieser Erfolg veranlasste mich, eine Reihe von Romanen zu schreiben, die von der Regierungszeit Karls VI. bis in unsere Tage reichen sollten. Mein erster Wunsch ist immer grenzenlos; mein erster Inspiration, sogar das Unmögliche zu erreichen. Nur wenn ich mich verliebe, halb aus Stolz und halb aus Liebe zu meiner Kunst, erreiche ich das Unmögliche. Wie? – Ich werde versuchen, es Ihnen zu sagen, obwohl ich es selbst nicht sehr genau verstehe: indem ich arbeite, wie kein anderer, indem ich alle Nebensächlichkeiten des Lebens ausblende und auf Schlaf verzichte. Wenn ein Ehrgeiz erst einmal in meinen Gedanken Gestalt angenommen hat, ist mein ganzer Geist darauf gerichtet, ihn in die Tat umzusetzen. Nachdem ich eine Goldader im Brunnen vom Anfang des fünfzehnten Jahrhunderts, in dem ich gegraben hatte, zweifelte ich nie, so groß war mein Vertrauen in mich selbst, dass bei jedem neuen Brunnen, den ich in einem Jahrhundert näher an unserer Zeit grub, wenn ich keine Ader fand aus Gold sollte ich zumindest eines aus Platin oder Silber finden. Ich habe das Silber ans Ende gesetzt, weil Platin zu dieser Zeit noch einen Zwischenwert zwischen Silber und Gold hatte. Trotzdem machte mir eine Sache Sorgen: Vom fünfzehnten bis zum neunzehnten Jahrhundert, von Karl VI. bis Napoleon, sollte ich Geschichte lehren, die Öffentlichkeit, während ich es selbst lernte – aber wer würde es mir von Chlodwig bis Karl VI. beibringen? Man möge mir verzeihen, dass ich *Chlodwig sage.* Ich nannte es damals so, ich nenne es heute noch so, aber von 1833 bis 1840 sprach ich von *Hlodewig (Chlodgwig).* Allerdings verstand niemand, wen ich meinte; deshalb nannte ich es wieder *Clovis* – wie der Rest der Welt.

Ich beschloss, ein paar Seiten Einleitung zu meinem Roman *Isabeau de Bavière zu schreiben,* der die Reihe meiner historischen Romane eröffnen sollte. Sie sollen über meine Unwissenheit urteilen und meine Unschuld schätzen, denn ich werde Ihnen etwas erzählen, was sicherlich niemand sonst zugeben würde. Um die Geschichte Frankreichs kennenzulernen, von der ich 1831 kein Wort wusste (außer dem, das mit Heinrich III. zusammenhängt) und die ich, wie die allgemeine Meinung, für die langweiligste Geschichte der ganzen Welt hielt, kaufte ich auf Ersuchen und als Antwort auf den Abbé Gauthier die *Histoire de France , die inzwischen* von M. de Moyencourt überarbeitet und korrigiert wurde. Also machte ich mich mutig an die Arbeit, die Geschichte Frankreichs zu studieren, und schrieb so ernsthaft wie möglich Notizen wie die folgenden ab, die ein ganzes Kapitel poetisch zusammenfassten:

"MÉMOIRES D'ALEX. DUMAS

In vierhundert Jahren, Pharamond, erster König, wurde nur durch das heilige Gesetz bestimmt. ***Clodion, zweiter König, benannt nach Chevelu, an den feigen Aétius, der zweifach vergeblich war. ***Franken, Burgunder und Goten triumphierten über Attila.Chilpéric wurde gejagt, aber er kletterte los. ***Clovis, in Tolbiac, wurde von Christen gefangen genommen; Gondebauds Niederlage, dein Alarich, war ein Soldat; Zwischen seinen vier Söhnen teilten sich seine Staaten, Quelle der Grausamkeiten, der Kriege, der Angriffe. ***Childebert, in fünfhundert Jahren, in Paris in partage;Die Burgunder, die Goten beweisen ihren Mut."

Und das ging weiter bis zu Louis-Philippe, von dem dies der Distichon ist:

„Philippe d'Orléans, zieh aus seinem Palast.
Weiter geht's mit Charles-Dix, nach Wahl des Franzosen."

Es gab in diesen Vierzeilern und Distichen, so lehrreich sie auch waren, ein eigenartiges Merkmal, das mich tatsächlich etwas beunruhigte: Unter all diesen Versen waren nur zwei weiblicher Natur. Dafür musste es wahrlich einen Grund geben: Da die Geschichte *Frankreichs* speziell für Schulen bestimmt war, war es zweifellos notwendig, den Schulkindern so wenig böse Ideen wie möglich vor Augen zu führen, die sie indirekt an eine *Gattung erinnern könnten* , die der Menschheit Zerstörung brachte. Ich nahm meine Notizen offenbar mit verzweifelter Ernsthaftigkeit und dachte, ich wüsste bereits genug Geschichte, um sie anderen beizubringen, als Delanoue durch glückliche Umstände in mein Arbeitszimmer kam. So schnell ich auch meinen von M. de Moyencourt überarbeiteten Abbé Gauthier versteckt hatte, sah Delanoue die Handlung.

„Was liest du da?", fragte er.

"Nichts."

„Nichts? Du hattest doch ein Buch in der Hand!"

„Oh! Ein Buch … ja."

Zweifellos dachte er, es handele sich um ein obszönes Buch, das ich vor ihm verbergen wollte. Er beharrte so darauf, dass ich ihm nicht widerstehen konnte.

„So", sagte ich zu ihm, ziemlich beschämt, weil ich von der Lektüre eines so elementaren Themas wie der Geschichte Frankreichs überrascht war.

„Oh! Abbé Gauthiers Geschichte … nun, auf mein Wort!" Und ohne einen Blick in das Buch werfen zu müssen, wiederholte er:

„Neun Cent, vier Viertsept, sieh dir den Thron an.
Sein Sohn hat nur Cent und behält das Geld!"

„Oh, du kannst es auswendig?"

„Es ist das Pendant zu *Racines Grecques* —

‚O, sieh

zu …

In meinen Augen hat Delanoue ein sagenhaftes Maß an Gelehrsamkeit angenommen.

„Was? Kennen Sie nicht die *Histoire de France des Abbé Gauthier* und den *Jardin des Racines grecques* von M. Lancelot?"

„Ich weiß nichts, mein Lieber!"

„Das muss Sie zum Lachen bringen."

"Nicht sehr viel."

„Warum lesen Sie es dann?"

„Weil ich genaue Einzelheiten über die ersten Jahrhunderte unserer Geschichte erfahren möchte."

„Und Sie suchen sie im Abbé Gauthier?"

"Wie du siehst."

„Ach! Du bist komisch! Hast du deine Daten für *Heinrich III.* hierher?—

„‚Henri-Trois, de Bologna, in Frankreich ist Ramené,
Redoute les ligures, et meurt assassiné!'"

„Nein, aus l'Estoile, Brantôme, d'Aubigné und der *Confession de Sancy* ; aber ich wusste nicht, dass es so etwas über Mérovée oder Chlodwig gibt."

„Erstens heißen sie jetzt nicht mehr Mérovée und Clovis."

"Wie heißen sie dann?"

„Méro-Perücke und Hlode-Perücke; das bedeutet *der hervorragende Krieger* und *der gefeierte Krieger.*"

"Wo hast du das gesehen?"

„ *Parbleu!* In den *Lettres sur l'histoire de France* von Augustin Thierry."

„Die *Briefe über die Geschichte Frankreichs* von Augustin Thierry?"

"Ja."

„Wo kann man es bekommen?"

"Überall."

"Was kostet es?"

„Vielleicht 10 oder 12 Francs, ich bin mir nicht sicher, wie viel genau."

„Wären Sie so freundlich, es für mich zu kaufen und es mir zuschicken zu lassen, sobald Sie mich verlassen?"

„Nichts könnte einfacher sein."

„Kennen Sie noch weitere Bücher zu dieser Zeit?"

„Es gibt Chateaubriands *Études historiques* und die ursprünglichen Informationsquellen."

"Wer sind diese?"

„Die Autoren des Untergangs, Jornandès, Zozimus, Sidonius Apollinaris, Gregor von Tours."

"Haben Sie alle diese Autoren gelesen?"

„Ja, teilweise."

„Hat Abbé Gauthier sie nicht gelesen?"

„Im ersten Fall kann er Augustin Thierry nicht gelesen haben, der seit seinem Tod geschrieben hat. Chateaubriand war sein Zeitgenosse, und Historiker lesen nie zeitgenössische Historiker. Und was Jornandès, Zozimus, Sidonius Apollinaris und Gregor von Tours betrifft, so vermute ich, dass der Abbé Gauthier nicht einmal von ihrer Existenz gewusst hat."

„Aber woher hat er dann seine Geschichte?"

„Von Abbé Gauthier, der vor ihm die gleiche Art von Geschichten geschrieben hat."

„Kaufst du mir gleichzeitig mit Thierry auch Chateaubriand?"

"Sicherlich."

„Sehen Sie, hier ist das Geld ... Ich werde Sie nie wiedersehen."

„Nein, aber Sie wollen Ihren Augustin Thierry und Chateaubriand?"

„Ich gestehe, das tue ich."

„Sie sollen sie in einer Viertelstunde haben." Und ich hatte sie eine Viertelstunde später.

Ich schlug auf gut Glück eines der Bücher auf ... Ich war auf Augustin Thierry gestoßen. Ich las – ich irre mich, ich habe es nicht gelesen, ich habe es verschlungen – jenes wunderbare Werk über die frühen Könige des Autors der *Conquête des Normands* ; dann die Art von historischen Tableaus mit dem Titel *Récits Mérovingiens*. Dann, ohne dass ich Chateaubriand öffnen musste, erschienen mir alle Geister dieser Könige, die an der Schwelle zur Monarchie standen, von dem Moment an, als sie den Augen des gelehrten Chronisten sichtbar wurden – von Clodio, *dessen Späher berichteten, dass Gallien das edelste aller Länder sei, voller Reichtümer aller Art und mit Obstbaumwäldern bepflanzt,* der als erster die fränkische Herrschaft über die Gallier ausübte, bis zu dem großen und religiös gesinnten Karl, der *voller Furcht vom Tisch aufstand und lange Zeit mit verschränkten Armen an einem nach Osten gerichteten Fenster stand und weinte, ohne seine Tränen zu stillen,* weil er am Horizont die normannischen Schiffe sah. Tatsächlich sah ich Visionen, die ich bis dahin nie vermutet hatte, eine ganze lebendige Welt von Menschen von vor zwölf Jahrhunderten, in den dunklen und tiefen Abgründen der Vergangenheit. Ich blieb wie gebannt. Bis zu diesem Moment hatte ich geglaubt, Chlodwig und Karl der Große seien die Vorfahren von Ludwig XIV.; aber hier, unter der Feder von Augustin Thierry, wurde eine neue Art der Geographie enthüllt, jede Rasse floss getrennt vorbei und folgte ihrem eigenen besonderen Kanal durch die Jahrhunderte: Gallier, so groß wie ein See, Römer, so edel wie ein Fluss, Franken, so schrecklich wie eine Flut, Hunnen, Burgunder, Westgoten, so verschlingend und schnell wie Sturzbäche. Etwas Ähnliches wie das, was bei General Foy in mir vorging, wiederholte sich. Ich erkannte, dass ich in den neun Jahren, die vergangen waren, nichts oder so gut wie nichts gelernt hatte; ich erinnerte mich an mein Gespräch mit Lassagne; ich begriff, dass es in der Vergangenheit mehr zu sehen gab als in der Zukunft; ich schämte mich meiner Unwissenheit und presste krampfhaft meinen Kopf zwischen meine Hände. Warum haben dann diejenigen, die es wussten, ihr Wissen nicht vorgetragen? Oh! Ich wusste damals nicht, mit welcher väterlichen Güte Gott die Menschen behandelt; wie er einige zu Bergleuten macht, die Gold und Diamanten aus der Erde holen, andere zu Goldschmieden, die sie schleifen und zusammensetzen. Ich wusste nicht, dass Gott Augustin Thierry zum Bergmann und mich zum Goldschmied gemacht hatte.

Ich zögerte sieben oder acht Tage vor der enormen Aufgabe, die ich zu erfüllen hatte; dann, während dieser zögerlichen Zeit, kam mein Mut zurück und ich machte mich tapfer an die Arbeit und vergaß alles, um mich dem Studium der Geschichte zu widmen. In dieser Zeit schrieb ich *Teresa* und das Stück, von dem ich gleich sprechen werde. Horace Vernet hatte aus Rom ein großes Bild geschickt, das *Édith mit langem Haar darstellt, wie sie Harolds Leiche auf dem Schlachtfeld von Hastings verjagt.* Es war ein Bild aus der Kategorie, die Vernet lachend als seine großartige Art bezeichnete. Es faszinierte mich besonders wegen des Namens der Heldin, nicht wegen des Themas. Ich wurde von der Laune gepackt, ein Drama mit dem Titel *Édith mit langem Haar zu schreiben.* Man konnte ein Drama mit einem so poetischen Titel nur in Versen schreiben. *Karl VII.* hatte mich einigermaßen mit dem vertraut gemacht, was in der Akademie noch immer die Sprache der Götter genannt wird. Wie konnte all das, was ich nur unvollkommen sah und was ich unbedingt studieren musste, in meinem armen Gehirn bleiben, ohne dass es platzte? Und ich musste mir bewusst machen, dass ich bis jetzt nur über die frühesten Rassen grübelte. Wie sollte ich die Umgebung Karls des Großen und seines Sohnes entwirren und die Interessen und Typen der fränkischen Rasse darstellen? Wie sollte ich die Eudes und Roberts erkennen, die Nationalkönige, die aufkamen und über das eroberte Land herrschten, aus dem seine Camilles und Pélages hervorgehen sollten? Es war erschütternd, mit dreißig nichts von dem zu wissen, was andere Männer mit zwölf wussten. Ich hatte das Theater studiert; ich wusste genug darüber, um in dieser Hinsicht zufrieden zu sein. Ich musste also Geschichte studieren, wie ich das Theater studiert hatte, und ich glaubte, dass die Geschichte eine Barriere war, die mir in den Weg gelegt wurde. Wer konnte mir sagen, dass ich ein neues Studium beginnen musste, das länger, trockener und mühsamer war als das vorherige? Das Studium des Theaters hatte mich fünf oder sechs Jahre gekostet. Wie viel Zeit würde das Studium der Geschichte in Anspruch nehmen? Ach, ich müsste es mein ganzes Leben lang studieren! Hätte ich im Alter anderer studiert, hätte ich nichts anderes zu tun gehabt, als zu produzieren! Ich hatte bis dahin nur den Titel für mein Drama. Es muss wohl kaum erwähnt werden, dass ich über die Schlacht von Hastings nur das wusste, was ich in Sir Walter Scotts *Ivanhoe gelesen hatte.* Also beschloss ich, etwas im Stil von Shakespeares *Cymbeline zu schreiben* und kein historisches Drama. So las ich zufällig einen Roman von Auguste Lafontaine – ich würde Ihnen gern sagen, welchen, aber ich habe es vergessen –, und ich erinnere mich nur, dass die Heldin Jacobine hieß. Wenn Sie jedoch alle Zweifel in dieser Angelegenheit ausräumen möchten, wird Ihnen meine Freundin Madame Cardinal aus der Rue des Canettes davon erzählen. Sie kennt ihren Auguste Lafontaine auswendig. Jedenfalls muss Jacobine ein Narkotikum nehmen und wird in Schlaf versetzt, damit sie für tot gehalten werden kann, und dank dieses vermeintlichen Todes, der sie von den Fesseln der Erde befreit, kann sie ihren Geliebten heiraten. Es ist ein bisschen wie *Romeo und Julia;* aber was gibt es auf dieser Erde hier unten, das nicht mehr oder weniger einer anderen Idee ähnelt? Sie werden bemerken, dass ich dieses ermüdende Drama schon sehr lange im Kopf hatte; denn ich hatte es Harel im August 1830 anstelle von *Napoleon vorgeschlagen,* was mir sehr missfiel. Wir haben gesehen, wie Harel gegen meinen Widerstand kämpfte und ihn überwand. Was *Édith aux longs cheveux anging,* hatte er es rundheraus abgelehnt, und Sie werden sofort sehen, dass er damit nicht schlecht beraten war.

KAPITEL VI

Édith mit langem Haar – Catherine Howard

Dies ist die Geschichte von *Édith mit den langen Haaren*. Sie werden ihr unter einem anderen Namen und in einem anderen Gewand wieder begegnen. Anstatt sich in fünf Akten fortzubewegen, zieht sie einen Schweif von acht Szenen hinter sich her.

Ein junges, verlassenes Mädchen lebt in einer Art Eden, umgeben von grünem Schatten, singenden Vögeln und Blumen; ein Fluss fließt und dringt in eine Ecke ihres Gartens ein, wie der Arno oder der Canal de la Brenta, und schöne junge Leute gehen auf ihm vorbei, die sie von Liebe träumen lassen, und schöne Edelleute, die sie ehrgeizige Träume träumen lassen.

Einer dieser Edelmänner bemerkt sie und bleibt vor der anmutigen Erscheinung stehen, dringt in einen Palast ein, den er für ein Märchen hält, und findet dort ein junges Mädchen, das aussieht, als sei sie die Schwester der Vögel und Blumen, die sie umgeben; wie sie singt sie; wie sie ist sie weiß und rosig und duftet süß. Er verliebt sich in Edith. Aber Edith interessiert sich nur für den Hof und Bälle und Feste und königlichen Pomp. Ethelwood ist der Liebling des Königs und lässt sich inzwischen von Ethelwood lieben. Edith ist eine jener Frauen, die so weiß wie Marmor und so kalt im Herzen wie Marmor sind; sie ist wie die Statue einer antiken Kurtisane, die aus den Ruinen von Pompeji ausgegraben wurde und die durch Tageslicht und Sonnenschein zum Leben erweckt wird. Sie lebt, aber das ist alles; es ist sinnlos, Liebe von ihr zu erwarten. Es kommt sehr selten vor, dass ich in meinen Büchern oder Dramen solche Charaktere wie diese geschaffen habe, aber ich hatte damals ein Beispiel vor mir. Dieses Beispiel lockte mich an; In der idealen inneren Welt des Künstlers steckt immer ein wenig von der äußeren materiellen Welt. Sie sagt Ethelwood, dass sie ihn liebt, aber sie tut es nicht; denn hinter Ethelwood blickt sie zum König. Der König hat sie auch gesehen; es ist das Schicksal, dass bestimmte Frauen nicht gesehen werden können, ohne geliebt zu werden. Der König sieht Edith und liebt sie. Aber wer ist sie und wie soll man sich ihr nähern? Der König weiß nichts davon; er braucht Minister, die ihm zu seiner Liebe verhelfen, so wie er sie in seinem Königreich braucht; und wenn Ethelwood ihm hilft, die Hälfte seiner Macht zu erhalten, wird Ethelwood ihm auch helfen, die Last seiner Liebe zu tragen. Was Ethelwood befürchtet hat, geschieht: Der König verliebt sich in dieselbe Frau wie er. Diese Frau ist sein Leben; er möchte sie um jeden Preis vom König fernhalten. Am nächsten Tag muss er Edith mit dem König besuchen. Er hat die Nacht vor sich und auf seiner Seite – die Nacht, die treue Verbündete der Liebenden, wir müssen auch die kapriziöse

Freundin hinzufügen, denn sie betrügt fast so oft, wie sie dient! Er bricht auf; in zwei Stunden ist er bei Edith. Er drückt ihr eine Flasche mit dem wirksamen Mittel in die Hand, das es nur auf der Bühne gibt und das nur bei Shakespeares Alchimisten zu finden ist. Als der Liebhaber sie zum ersten Mal schön und jung und fast verliebt sieht — denn sie denkt an den König, während sie Ethelwood liebkost —, zögert er sogar, dieses Meisterwerk der Schöpfung einschläfern zu lassen. Der Schlaf, sagten die Alten, ist der Bruder des Todes. Aber angenommen, die Schwester wäre eifersüchtig auf den Bruder und pflücke die Seele dieses schönen Kindes wie eine Blume aus einem Grab, während sie schläft! Eine Ballade, die Edith über einen Vasallen singt, der einem König zur Frau gegeben wird, gibt ihm den Entschluss; das Narkotikum wird in das Glas des Mädchens gegossen; kaum hat sie es getrunken, als sie von einer tödlichen Benommenheit übermannt wird; sie fühlt, wie sie taub wird; sie schreit, ruft, stößt Ethelwood instinktiv von sich und schläft verzweifelt ein, im Glauben, sie sterbe. Er kehrt in den Palast zurück; Am nächsten Tag, als er mit dem König zurückkehrt, finden sie Edith tot vor. Sie liegt in einer Gruft; der König und Ethelwood steigen hinab und der König kniet nieder. Ethelwood bleibt mit seiner Hand auf dem Herzen des Mädchens stehen und fürchtet, dass das Leben erloschen und in Tod verwandelt worden ist. Er spürt ein leichtes Pochen in ihren Adern und glaubt, dass der eisige Marmor allmählich wärmer wird. Was wird geschehen, wenn Edith aufwacht? Er tut so, als ob der König trauere, und zerrt ihn fort, gerade als Ediths Herz unter seiner Hand zu klopfen beginnt. Edith bleibt allein zurück und erwacht wie Julia; doch als Julia aufwacht, wartet Romeo auf sie. Edith ist allein mit den Toten, mit all den Ängsten und Aberglauben des jungen Mädchens: Sie weint und ruft und rüttelt an der Tür der Gruft; sie öffnet sich und Ethelwood erscheint. Zum ersten Mal wirft sie sich mit einem Überschwang der Dankbarkeit in seine Arme. Es ist kein König, der ihr eine Krone bringt, sondern etwas viel Größeres und Wertvolleres, ein weitaus göttlicheres Geschenk: ein Retter, der ihr das Leben schenkt. Für einige Augenblicke liebt sie ihn mit der ganzen Kraft des Lebens, das sie verloren glaubte. Ihr Gesichtsausdruck ist so offen, wahr und spontan, dass sie den armen Liebhaber täuscht. Er glaubt, er sei geliebt, und erzählt ihr alles. Der König hat sie gesehen und ist in sie verliebt. Dann beginnt sich, nur zum Nutzen der Zuschauer, in der Gestalt des liebenden Mädchens einer der Charakterzüge der ehrgeizigen Frau zu offenbaren. Ethelwood gesteht Edith seine List. Er erzählt ihr, wie er ihr ein Mittel verabreichte, um sie einzuschlafen. Er offenbart ihr, was er ihr bisher verheimlicht hatte, dass er einer der höchsten Adligen im Staat ist. Aber das befriedigt Edith nicht mehr! Er erzählt ihr, dass der König, während sie schlief, in ihre Gruft hinabstieg und auf Knien neben dem angebeteten Körper betete, den er für eine Leiche hielt. und er, Ethelwood, der Qual der Verzweiflung preisgegeben, wartete mit dem Dolch in der Hand auf die erste Bewegung Ediths und den ersten Seufzer des Königs, um diesen zu erstechen.

Inmitten der Geschichte des armen Narren folgt Edith nur ihren eigenen Gedanken. Der König liebt sie! Warum nicht die Frau des Königs sein, anstatt die des Favoriten des Königs? ... Hat der König ihr nicht seinen Verlobungsring an den Finger gesteckt? ... Ein Ring – es ist eine Miniaturkrone! In der Zwischenzeit muss Edith aus dem Grab befreit werden, das schwer auf ihr lastet, und die Nacht nutzen, um Ethelwoods Schloss zu erreichen. Ethelwood wird die Umgebung erkunden und dann, wenn die Straße verlassen ist, zurückkehren und Edith holen. Edith bleibt für einen Moment allein und nutzt die Zeit, um nach Spuren der Schritte des Königs auf den feuchten Steinplatten und den Abdrücken seiner Hand auf dem kalten Marmor zu suchen. In diesem kurzen Moment offenbart sie ihr Herz und den Abgrund des Ehrgeizes, der all ihre Liebe verschlungen hat.

Ethelwood kommt zurück, um sie abzuholen. Fast mit Bedauern verlässt sie die Gruft, in der ein König sie auf die Stirn geküsst und ihr einen Ring an den Finger gesteckt hat. Der nächste Akt spielt im Schloss des Grafen. Edith scheint glücklich. Ethelwood ist glücklich. Die Ankunft des Königs wird angekündigt. Was hat er im Haus des Grafen zu tun? Edith weiß, warum; sie muss sich vor den Augen des Königs verstecken, tut dies aber auf eine Art und Weise, dass sie kein Wort von dem verliert, was er zum Grafen sagt.

Der König ist tieftraurig. Wie alle verletzten Herzen sucht er den Konflikt; der Krieg mit Frankreich bietet ihm eine Ablenkung von seinem Kummer; er wird auf den Kontinent gehen. Aber er braucht einen festen und vertrauenswürdigen Regenten für seinen Staat während seiner Abwesenheit; er hat an Ethelwood gedacht, der der Regent sein soll, und um ihn für seine Hingabe zu belohnen und ihn, mehr noch, für die Interessen des Königreichs zu gewinnen, wird er ihm, so sicher er seiner Loyalität ist, seine Schwester zur Frau geben.

Ethelwood versucht, diese doppelte Ehre zurückzuweisen. Er wendet ein, dass Prinzessin Eleanor – ich glaube, sie hieß Eleanor. Ich bin nicht ganz sicher, aber der Name der Prinzessin spielt keine Rolle: Im Theaterjargon würde man die Prinzessin la princesse *Bouche Trou nennen* (*d. h.* eine Notlösungsprinzessin) – Prinzessin Eleanor ihn nicht liebt. Ethelwood irrt sich, die Prinzessin liebt ihn. Er weist alles zurück. Diese Zurückweisung überrascht den König zunächst und ärgert ihn dann ... Zwischen Untertan und König kommt es zu Streit. Der Untertan legt die Hand auf den Griff seines Schwertes. Von nun an wird er Beschlagnahmung, Erniedrigung und den Tod auf dem Schafott erleiden. Er wird verarmen, seinen Rang aufgeben, dem Tod trotzen, aber er wird keine andere Frau als Edith heiraten. Der König geht weg und verbietet ihm, ihm zu folgen. Doch Ethelwood ist der

Gastgeber des Königs. Er muss ihn bis zu den Toren seines Schlosses geleiten. er muss seinen Steigbügel halten und dem König sein Knie hinhalten, damit er auf sein Pferd steigen kann. Kaum ist der König hinausgegangen und der Graf hinter ihm verschwunden, als ein dicker Wandteppich hochgehoben wird und Edith auf die Bühne tritt. Sie hat nichts gesehen, außer dass der König jung und schön ist; nichts gehört, außer dass er sie liebt. Ethelwoods Hingabe, seine Weigerung, die Schwester des Königs zu heiraten, die Gefahr, der er sich aussetzt, all das gleitet über ihr Herz wie ein Hauch über einen Spiegel. Sie geht zum Fenster. Ethelwood kniet und hält den Steigbügel des Königs. In dem Amt, das, wo Edelmut vorhanden ist, als Ehre gilt, sieht Edith nichts als Schande; und als sie den König ansieht, bedeckt mit Gold und Edelsteinen, umgeben von der Huldigung eines Volkes, wie in einem purpurnen Mantel, groß geworden durch die Niedrigkeit aller, die ihn umgeben, flüstert sie: „Wenn ich nur Königin sein könnte! ..." In diesem Moment kommt Ethelwood zurück. Er beschließt, Edith soll ihn so kennen, wie er ist. Er bittet um Stift, Papier und Tinte. Er wird sein Testament schreiben.

„Wirst du dann sterben?", fragt Edith.

„Nein, aber ich werde Ihnen alles zurückgeben, was Sie für mich getan haben. Ich habe Ihnen nur die Hälfte der Flüssigkeit aus der Flasche eingeschenkt. Der Rest war für mich selbst, für den Fall, dass es sich als Gift und nicht als Narkotikum herausgestellt hätte."

"Also?"

„Ich habe den Rest der Flüssigkeit aus der Flasche getrunken."

Edith wird blass; sie beginnt zu verstehen. Das Pergament, auf das Ethelwood rasch ein paar Zeilen gezeichnet hat, wird jedem sagen, dass der Graf im Tod Zuflucht vor dem Zorn des Königs gesucht hat. So wie Edith in ihrem Grab lag, wird Ethelwood in seinem liegen; und so wie er über sie wachte, wird sie ihrerseits an seiner Seite wachen; so wie er den Schlüssel des Todes hatte, wird sie den Schlüssel des Lebens haben. Edith kämpft gegen diesen Gedanken; sie misst ihre eigene Schwäche, drängt auf ihren Ehrgeiz, aber zu spät: Ethelwood hatte das Narkotikum genommen, als er den König verließ. Er wankt, wird blass, fällt in Ediths Arme, als er ihr den Schlüssel zur Gruft in die Hand drückt und sagt:

"Bis morgen!"

Am nächsten Tag öffnet Edith ihrem Geliebten nicht die Tore des Lebens, sondern bringt dem König ihren Verlobungsring. Der König glaubt zunächst, sie sei der Geist der Frau, die er geliebt hat; dann ist er allmählich zufrieden; er berührt freudig die warme und lebendige Hand, die er berührt hatte, als sie tot und kalt war; er erneuert der lebendigen Edith die Angebote, die er der im Grab schlafenden Edith gemacht hatte. Das junge Mädchen wird schwindlig und muss sich an all ihre versprochenen Ambitionen erinnern. Der Schlüssel zu der Gruft, in der ihr Geliebter liegt, brennt wie glühendes Eisen. Sie geht zum Fenster und fragt, ob der Fluss, der am Fuße des Palastes fließt, sehr tief ist.

„Es ist ein Abgrund, der alles verschlingt, was in ihn geworfen wird."

Edith wendet den Kopf zur Seite, lässt mit einem unterdrückten Schrei den Schlüssel hineinfallen und sagt:

„Was für die Ewigkeit.
Das Leben ist engstirnig, oder der Lauf der Dinge läuft nach! DER KÖNIG. Was hast du getan, Edith? EDITH, ich bin noch lange nicht allein … ich bin einfach rein!"

Ich hatte zwei Jahre lang über dieses Thema nachgedacht und etwa drei bis vier Monate an dem Plan dieses großartigen Werks gearbeitet. Ich war einigermaßen zufrieden damit, nicht wegen seines Werts, sondern wegen der Mühe, die es mich gekostet hatte: mit anderen Worten, ich glaubte, ein Meisterwerk geschaffen zu haben. Also lud ich zum ersten Mal in meinem Leben – und auch zum letzten Mal – zwei oder drei Freunde ein, um mir die Lesung anzuhören, die ich vor dem Théâtre-Français halten musste. Ich hatte ein großartiges Publikum. Meine Wahnvorstellung hielt bis zum Ende des ersten Akts an; aber ich muss sagen, sie ging nicht weiter. Am Ende dieses Akts hatte ich bereits das Gefühl, dass mein *Meisterwerk* beim Publikum nicht angekommen war. Im zweiten Akt war es noch kälter. Im dritten war es frostig! Eine der schwersten Strafen, die einem Autor zur Sühne seiner Stücke auferlegt werden können, ist, vor einem Komitee vorzulesen, das mit wohlwollenden Absichten gekommen ist, und zu spüren, wie diese Absichten nach und nach verblassen, gelb werden und im Atem der Langeweile fallen, wie Herbstblätter unter den tödlichen Winden des Winters fallen. Ach! Was würde man in einem solchen Moment nicht darum geben, nicht bis zum Ende weitermachen zu müssen, sondern sein Manuskript zusammenzurollen, sich zu verbeugen und zu gehen! Aber kein solches Schicksal! Trotz des Dienstes, den der Autor seinem Publikum erweisen würde, ist er dazu verurteilt, vorzulesen und das Publikum, zuzuhören. Er muss bis zum Ende gehen! Er muss die Treppe dieses Grabes Schritt für Schritt hinabsteigen, kälter als die Treppe des Todes selbst! Dies war, ich wiederhole, das erste Mal, dass mir so etwas passiert ist; eine gerechte Strafe für meinen Stolz. Ich stand sofort nach dem letzten Halbstich auf und ging hinaus, wobei ich *Édith aux longs cheveux* auf dem Komiteetisch liegen ließ. Ich spürte, dass sie diesmal kein Narkotikum wie Julia genommen hatte, sondern ein gutes, feines Gift wie Romeo. Ich hatte jedoch nicht den Mut, ohne Antwort wegzugehen. Also wartete ich im Büro des Direktors darauf.

Es war Mademoiselle Mars selbst, die sie mir brachte. Die arme Mademoiselle Mars! Sie hatte einen grässlichen Gesichtsausdruck; man hätte meinen können, sie sei von Ethelwoods Trauerfeier zurückgekommen, nachdem sie am Tag zuvor bei Ediths Trauerfeier gewesen war. Sie redete auf alle möglichen Arten um den heißen Brei herum, um mir beizubringen, dass das Komitee mein Stück nicht für schauspielerisch geeignet hielt. Ihrer Aussage nach war das Stück erst zur Hälfte geschrieben: „Was wurde aus Edith, nachdem sie den Schlüssel in den Abgrund geworfen hatte? Was wurde aus Ethelwood, der in der Gruft eingeschlossen war? Was wurde aus der Schwester des Königs, die in diesen lebenden Toten verliebt war? War es möglich, dass die Vorsehung einem solchen Verbrechen zusehen konnte, ohne einzugreifen? Dass die göttliche Gerechtigkeit von einer solchen Klage hören und keine wahre Anklage finden konnte? An einen solchen Anfang musste eine Fortsetzung angehängt werden, ein zweiter Teil, der an diesen ersten angehängt werden konnte. Gab es keine Möglichkeit, die Schwester des Königs zur Rechenschaft zu ziehen? Konnte sie nicht Treue darstellen, so wie Edith Undankbarkeit darstellte? Konnte sie nicht in die Gruft hinabsteigen, um ihren toten Geliebten zu sehen, wie der König es getan hatte, um seine tote Verlobte zu sehen? Konnte der Schwester nicht das passieren, was dem König und Ethelwood beinahe passiert wäre? …“

Ich ergriff Mademoiselle Mars' Hand.

„Das Stück ist gerettet“, sagte ich zu ihr. „Es soll *Catherine Howard heißen*. Dank Ihnen erkenne ich das Ende … Wo sind meine Freunde, denen ich die gute Nachricht verkünden kann?“

Aber meine Freunde waren weit weg. Sie fanden eine unbenutzte Tür, durch die sie sicher fliehen konnten, ohne mir zu begegnen. Am nächsten Tag erhielt ich einen Brief vom Sekretär der Comédie-Française, der mich aufforderte, das Manuskript mitzunehmen. „Wirf es ins Feuer!“, antwortete ich. Ich weiß nicht, ob er meinen Anweisungen Folge leistete; aber ich weiß, dass ich es nie wieder sah, und die einzigen Verse, an die ich mich erinnere, sind die zweieinhalb, die ich zitiert habe:

„Auf alle Fälle, Sire: sie sind dreimal so groß wie ein Jahrtausend!“

Und so wurde die schöne *Édith mit langem Haar* begraben.

Catherine Howard das Licht der Welt erblickte , die nicht viel mehr wert war, als sie war, und die in der Blüte ihres Alters, im Jahr der Gnade, 1834, starb.

BUCH III

KAPITEL I

Eine Cholera-Invasion – Blick auf Paris – Medizin und die Geißel – Proklamation des Polizeipräfekten – Die angeblichen Giftmischer – Harels Zeitungsartikel – Mademoiselle Dupont – Eugène Durieu und Anicet Bourgeois – Catherine (nicht Howard) und die Cholera – Uraufführung von *Mari de la veuve* — Ein Horoskop, das nicht eintraf

In der Zwischenzeit hatte Frankreich die Ausbreitung der Cholera seit einiger Zeit mit Sorge verfolgt. Von Indien aus hatte sie den Weg der großen magnetischen Ströme genommen, Persien durchquert, St. Petersburg erreicht und in London Halt gemacht. Nur der Kanal trennte sie von uns. Aber was ist die Entfernung zwischen Dover und Calais für einen Riesen, der gerade dreitausend Meilen zurückgelegt hat? Also überquerte sie den Kanal mit einem einzigen Schritt. Ich erinnere mich an den Tag, als sie ihren ersten Schlag führte: Der Himmel war saphirblau, die Sonne sehr kraftvoll. Die ganze Natur wurde wiedergeboren, mit ihrem schönen grünen Gewand und den Farben der Jugend und Gesundheit auf ihren Wangen. Die Tuilerien waren mit Frauen übersät wie ein Rasen mit Blumen; revolutionäre Aufstände waren für einige Zeit abgeebbt, ließen der Gesellschaft ein wenig Ruhe und erlaubten den Zuschauern, sich in die Theater zu wagen. Plötzlich ertönte ein schrecklicher Schrei, ausgesprochen mit einer Stimme wie denen in der Bibel, die durch die Atmosphäre vibrieren und vom Himmel aus Verwünschungen auf die Erde schleudern: „Die Cholera ist in Paris!" Sie fügten hinzu: „Ein Mann ist gerade in der Rue Chauchat gestorben; er wurde buchstäblich niedergestreckt!" Es war genau so, als ob ein Schleier aus Trauerflor zwischen dem blauen Himmel und der hellen Sonne und Paris gespannt wäre. Die Menschen stürmten auf die Straße und flohen in ihre Häuser und schrien: „Die Cholera! Die Cholera!", wie sie siebzehn Jahre zuvor geschrien hatten: „Die Kosaken!" Aber egal, wie gut sie ihre Türen und Fenster verschlossen, der schreckliche Dämon Asiens schlüpfte durch die Ritzen der Fensterläden und durch die Schlüssellöcher der Türen. Dann versuchten die Menschen, ihn zu bekämpfen. Die Wissenschaft trat vor und versuchte, aus nächster Nähe mit ihm zu ringen. Sie berührte ihn mit den Fingerspitzen und die Wissenschaft war fassungslos. Die Wissenschaft erhob sich betäubt, aber nicht besiegt und begann, die Krankheit zu studieren. Manchmal starben die Menschen innerhalb von drei Stunden, manchmal sogar noch schneller. Der Kranke, oder besser gesagt, der Verurteilte, verspürte plötzlich ein leichtes Zittern: dann kam die erste Phase der Erkältung, dann der Krampf, dann die schreckliche und unaufhörliche Ruhr;

dann wurde der Kreislauf durch die Verdickung des Blutes gestoppt; die Kapillaren veränderten sich; der Kranke wurde schwarz und starb. Aber keines dieser Stadien war eindeutig festgelegt; sie konnten aufeinander folgen oder vorangehen oder sich miteinander vermischen; jede einzelne Konstitution brachte ihre eigene Art der Krankheit mit sich. Außerdem waren dies nur Symptome; die Menschen starben mit Symptomen wie an einer unbekannten Krankheit. Die Leiche war sichtbar, aber der Mörder unsichtbar! Er schlug zu und der Schlag war zu sehen, aber es war sinnlos, nach dem Dolch zu suchen. Die Menschen wurden durch Vermutungen behandelt; wie ein Mann, der nachts von einem Dieb überrascht wird, zufällig in die Dunkelheit hinausgeht, in der Hoffnung, den Dieb zu treffen, so schwang die Wissenschaft ihr Schwert in der Dunkelheit. In Russland behandelte man Cholera mit Eis. Die Anfälle dort zeigten die Symptome von Typhus. In diesem Punkt waren die Meinungen geteilt. Einige verabreichten Stärkungsmittel, das heißt Punsch, warmen Wein, Bordeaux und Madeira. Andere, die nur an die Bauchschmerzen dachten, behandelten sie mit den beiden damals gängigen Methoden, entweder mit dem physiologischen System von Broussais, das darin bestand, den Kranken zur Ader zu lassen und Blutegel auf Magen und Bauch zu legen – eine Behandlung, die den entzündlichen Teil der Krankheit angreifen sollte – oder mit Opiaten, Beruhigungsmitteln und lindernden Medikamenten wie Opium, Tollkirsche und Nieswurz – dies sollte mehr den Schmerz als die Krankheit bekämpfen. Andere wiederum versuchten es mit Wärme, Heißluftbädern, Einreibungen und brennendem Eisen. Wenn das Erkältungsstadium rechtzeitig bekämpft wurde und es durch energische Reaktion gelang, die Kälte zu überwinden, war der Patient im Allgemeinen gerettet. Trotzdem retteten sie nur etwa einen von zehn! Dies war das Gegenteil des Zehnten.

Die Plage traf bevorzugt die ärmeren Klassen, verschonte aber auch die Reichen nicht. Die Krankenhäuser füllten sich mit erschreckender Geschwindigkeit. Ein Mann erkrankte zu Hause; zwei Nachbarn legten ihn auf eine Bahre und trugen ihn ins nächste Krankenhaus. Oft starb der Kranke, bevor er dort ankam, und einer, wenn nicht beide Träger nahmen seinen Platz auf der Bahre ein. Ein Kreis verängstigter Gesichter bildete sich um die Toten, und aus der Menge ertönte ein Schrei. Ein Mann, der eine Hand auf der Brust und die andere am Körper hielt, krümmte sich wie ein Epileptiker, fiel zu Boden, rollte auf dem Bürgersteig, wurde blau und starb. Die Menge zerstreute sich entsetzt, streckte die Hände zum Himmel, drehte den Kopf nach hinten und floh, um zu fliehen, denn die Gefahr lauerte überall; sie verstand nicht die Unterscheidung, die die Ärzte zwischen den drei Wörtern machten: Epidemie, endemisch und ansteckend.

Die Ärzte waren Helden! Kein General war auf dem blutigsten Schlachtfeld Gefahren ausgesetzt, die denen des Gelehrten in den Krankenhäusern oder auf dem Weg von Bett zu Bett in der Stadt gleichkamen. Die Barmherzigen Schwestern waren Heilige und oft Märtyrer. Die seltsamsten Gerüchte kamen in Umlauf, von niemandem weiß woher, und wurden vom Volk mit Flüchen und Drohungen wiederholt. Sie sagten, es sei die Schuld der Regierung, die, um die überschüssige Bevölkerung loszuwerden, die Paris füllte, Gift in die Brunnen und in die Fässer der Weinhändler schütten ließ. Paris schien vom Wahnsinn erfasst zu sein; selbst diejenigen, deren Ämter es zur Pflicht machten, andere zu beruhigen, hatten Angst. Am 2. April richtete der Polizeipräfekt, M. Gisquet, das folgende Rundschreiben an die Polizeikommissare:

„MONSIEUR LE COMMISSAIRE, — Das Auftreten des Cholera-Erregers in der Hauptstadt, der allen braven Bürgern große Sorgen und echtes Leid bereitet, hat den ewigen Feinden der Ordnung eine neue Gelegenheit gegeben, in der Bevölkerung schändliche Verleumdungen gegen die Regierung zu verbreiten. Man hat es gewagt zu behaupten, die Cholera sei nichts anderes als eine Vergiftung, die von den Agenten der Machthaber herbeigeführt werde, um die Bevölkerung zu dezimieren und die allgemeine Aufmerksamkeit von politischen Fragen abzulenken.

„Um diesen grausamen Vermutungen Glaubwürdigkeit zu verleihen, wurde mir mitgeteilt, dass gewisse Schurken den Plan ersonnen haben, mit Flaschen und Päckchen voller Gift durch die Gaststätten und Metzgereien zu ziehen, um sie entweder in die Brunnen oder Weinfässer oder auf das Fleisch zu werfen oder nur so zu tun, als ob sie es täten, und sich dann auf frischer Tat von Komplizen verhaften zu lassen, die, nachdem sie sich als Angehörige der Polizei ausgaben, ihre Flucht in Erwägung ziehen und schließlich alles daran setzen, die Wahrheit der abscheulichen, gegen die Autorität gerichteten Beschuldigung zu beweisen.

„Ich brauche Sie nur auf solche Pläne aufmerksam zu machen, Monsieur, um Ihnen die Notwendigkeit bewusst zu machen, Ihre Wachsamkeit gegenüber den Niederlassungen von Getränkehändlern und Metzgereien zu verdoppeln, und um Sie zu drängen, die Einwohner vor Anschlägen zu warnen, an deren Verhinderung sie ein persönliches und starkes Interesse haben. Wenn solche dreisten Anschläge durchgeführt werden, brauche ich Ihnen kaum zu sagen, wie wichtig es sein wird, die Schuldigen zu ergreifen und sie der Justiz zu überstellen. Dies ist eine Aufgabe, bei der Sie von allen Freunden der

Ordnung und allen ehrenwerten Leuten unterstützt werden.
– Empfangen usw.

"GISQUET"

Eine Stunde nach Erscheinen eines solchen Rundschreibens hätte der Polizeipräfekt angeklagt werden müssen. Aber es geschah nichts. M. Gisquet antwortete auf einen Fehler mit einer Verleumdung. Es waren nicht mehr die Agenten der Regierung, die die Brunnen und Weinfässer vergifteten, um die Bevölkerung zu reduzieren und die Aufmerksamkeit von den politischen Angelegenheiten abzulenken, es waren die Republikaner, die Giftflaschen über die Metzgereien warfen, um die Regierung von Louis-Philippe zu entvölkern! Man konnte die erste Anschuldigung verstehen, die aus Unwissenheit entsprang; aber die zweite! Sie kam von der Autorität und von einer solchen Seite! Einer Seite, die über solche Angelegenheiten am besten informiert sein sollte! Die Leute baten nur darum, nicht an die Anwesenheit der Pest glauben zu müssen: Dieser unsichtbare Feind, der aus dem Herzen der Wolken zuschlug, ärgerte die Leute durch seine Unsichtbarkeit. Sie weigerten sich zu glauben, dass man an einem atmosphärischen Gift sterben könnte, von einem so reinen Himmel und einer so strahlenden Sonne. Ein materieller, sichtbarer, greifbarer Grund würde seine Aufgabe viel wirksamer erfüllen – jedenfalls konnte man sich an einem greifbaren Grund rächen. Plakate mit fast denselben Anschuldigungen wurden aufgeklebt. Am selben Tag versammelten sich Menschenmengen um diese Plakate und begaben sich dann zu den Absperrungen. Die armen Unglücklichen wurden mit Stöcken niedergeschlagen, mit Messerstichen ermordet, von Frauennägeln und Hundezähnen zerfetzt. Auf einen Mann wurde mit dem Finger gezeigt – er wurde verfolgt, angegriffen und getötet! Ich sah eine dieser schrecklichen Hinrichtungen aus der Ferne. Die Menge bewegte sich auf die Absperrung zu: man konnte die Köpfe zu Tausenden zählen, jeder eine Welle dieses wütenden Ozeans; eine große Zahl von Metzgerjungen mit blutbefleckten Schürzen war in diesem schrecklichen Meer vermischt, jede Schürze zwischen all diesen Wellen wie ein Schaumkamm. Paris drohte schlimmer zu werden als ein großes Leichenhaus: es drohte zu einem riesigen Schlachthaus zu werden. Der Präfekt musste seine Aussage zurücknehmen und zugeben, dass ein Attentäter, ein Mörder, ein Giftmörder, der jeder Festnahme entgangen war, ausgebrochen war und sich in Paris versteckte. Dieser Attentäter, Mörder und Giftmörder war die Cholera!

Oh! Wer Paris damals je gesehen hat, würde es vergessen, mit seinem unerbittlich blauen Himmel, seiner spöttischen Sonne, seinen verlassenen Wegen, seinen einsamen Boulevards, seinen mit Leichenwagen übersäten und von Gespenstern heimgesuchten Straßen? Die öffentlichen Unterhaltungsstätten sahen aus wie riesige Gräber. Harel ließ während der

Aufführungen von *Dix ans de la vie d'une femme folgenden Absatz in die Zeitungen bringen:* –

> „Mit Erstaunen wurde festgestellt, dass Theater die einzigen öffentlichen Orte sind, an denen, ungeachtet der Zuschauerzahlen, bisher kein einziger Cholerafall aufgetreten ist. Wir legen diese UNBESTREITBARE Tatsache einer wissenschaftlichen Untersuchung vor."

Der arme Harel! Er war noch bei Verstand, als sonst niemand einen hatte oder auch nur davon träumte! Es war der Terror von 1793 im großen Maßstab. An den schlimmsten Tagen des Jahres 1793 gab es dreißig oder fünfunddreißig Opfer. Jetzt gaben die Zeitungen zwischen sieben- und achthundert Todesfälle pro Tag zu! Es war eine seltsame Sache! Aber andere Krankheiten schienen verschwunden zu sein; sie wurden durch pure Verblödung eingedämmt; der Tod hatte nur noch eine einzige Möglichkeit, zuzuschlagen. Man verließ einen Freund nachts, schüttelte ihm die Hand und sagte: „*Au revoir* !", und am nächsten Tag kam eine Stimme, von der man nicht wusste, woher, aus dem Chaos, und flüsterte einem ins Ohr:

„Du kanntest die und die Person?"

"Ja, schon?"

"Er ist tot!"

„*Au revoir*" gesagt , man hätte stattdessen „*Adieu*" sagen müssen.

Bald gab es einen Mangel an Särgen: In diesem schrecklichen *Hindernisrennen* zwischen Tod und Sargmachern wurden letztere überholt. Sie hüllten die Leichen in Wandteppiche; sie rumpelten zehn, fünfzehn, zwanzig gleichzeitig zur Kirche. Verwandte folgten den gemeinsamen Karren oder auch nicht, je nachdem. Jeder kannte die Zahl seiner eigenen Toten und betrauerte sie. Es wurde gemeinsam eine Messe für alle gelesen; dann zogen sie zum Friedhof, kippten den Inhalt des Wandteppichs in das gemeinsame Grab und bedeckten alles mit einem Leichentuch aus Kalk.

Am 18. April war der Ausbruch der ersten Seuche an der Tagesordnung – die Zahl der Erkrankten stieg auf fast tausend! Damals wohnte ich, wie bereits erwähnt, in der Rue Saint-Lazare am Square d'Orléans und sah von meinen Fenstern aus täglich fünfzig bis sechzig Leichen auf dem Weg zum Friedhof von Montmartre vorbeiziehen. Mit dieser Aussicht vor Augen schrieb ich eine meiner lustigsten Komödien: *Le Mari de la veuve.* So entstand das Stück. Mademoiselle Dupont, die hervorragende Soubrette der Comédie-Française, die mit so rosigen Lippen und weißen Zähnen lachte, sie war die frechste Martine, die ich je gesehen habe, und hatte eine Benefizvorstellung bekommen. Ich kannte sie eher privat bei Firmin als im Theater; sie hatte nie in einem meiner Stücke mitgespielt. Eines Morgens – es war, soweit ich mich erinnern kann, genau am Tag vor dem 29. März, an dem die Cholera ausbrechen sollte – kam sie zu mir. Alles war für ihre Aufführung vorbereitet. Sie kam, um mich zu bitten, ihr eine Erzählung zu schreiben. Es war Samstag, glaube ich. Die Aufführung sollte am darauffolgenden Dienstag oder Mittwoch stattfinden. Es war keine Zeit zu verlieren. Ich bin dumm, wenn es darum geht, für einen solchen Anlass etwas Passendes zu improvisieren. Und doch, wie hätte ich der bezaubernden Soubrette eine so unbedeutende Bitte abschlagen können?

„Verschieben Sie die Vorstellung auf Samstag“, sagte ich zu ihr, „und statt einer Szene schreibe ich Ihnen eine Einakter-Komödie.“

„Versprichst du mir, das zu tun?“

„Bei meiner Ehre!“

„Ich werde hingehen und sehen, ob es möglich ist, und in einer Stunde wieder zurück sein.“

Zwanzig Minuten später erhielt ich eine Nachricht von Mademoiselle Dupont, in der sie mir mitteilte, dass sie eine zwölftägige Frist erhalten hatte, und mich bat, für Mademoiselle Mars eine Rolle darin zu spielen. Seit *Antony war ich nicht mehr besonders befreundet mit Mademoiselle Mars,* und sie hatte sich nicht die Mühe gemacht, sich mit mir zu versöhnen.

Nun hatte ich einen Freund, einen Mann von unendlicher Klugheit, Chef oder Stellvertreter des Innenministeriums, einen Freund, der sich seitdem in der Regierung einen Namen gemacht hat. Er hieß Eugène Durieu und nennt sich glücklicherweise immer noch so. Ich hatte ihn im vergangenen Jahr zwei- oder dreimal getroffen, und jedes Mal hatte er mir das Thema für ein Stück gegeben, entweder in einem Akt, in zwei oder in drei Akten. Aber ich weiß nicht, warum wir noch nie etwas vereinbart hatten. Ich schrieb ihm, und er kam zu mir.

„Lassen Sie uns Ihre Themen durchgehen“, sagte ich. „Ich möchte ein Einakterstück für Mademoiselle Dupont.“

„Bist du verrückt? Sie hat die Rechnung für nächsten Dienstag!“

"Es wird um eine Woche verschoben."

„Und Sie glauben, dass bis dahin ein Theaterstück geschrieben, gelesen, verbreitet, gelernt und gespielt werden könnte?“

„Ich werde meinen Teil dazu beitragen.“

"Wirklich."

„Ein Tag, um das Stück zu schreiben, einer, um es neu kopieren zu lassen, einer, um es zu lesen; dann bleiben noch sieben Tage für die Proben; eine luxuriöse Aufwandsentschädigung!“

Eugène Durieu erkannte die Richtigkeit der Berechnung und ließ mich an seinen Ideen teilhaben. Wir dachten über das Thema *Le Mari de la veuve nach* , aber der Plan war noch lange nicht vollendet.

„Hören Sie!“, sagte ich zu Durieu, „es ist Mittag, ich habe bis fünf Uhr zu tun. Anicet Bourgeois möchte im Théâtre-Français auftreten, ich weiß nicht warum. Er hat eine Laune! Suchen Sie ihn für mich, besprechen Sie mit ihm die Umrisse des Dramas, kommen Sie um halb fünf zurück und essen Sie zusammen zu Abend. Abends werden wir die Nummerierung der Szenen festlegen; ich kann heute Abend oder morgen früh mit dem Stück beginnen, und auf jeden Fall wird es, egal zu welcher Zeit ich damit anfange, vierundzwanzig Stunden später fertig sein.“

Durieu rannte davon. Ich kam, wie gesagt, um fünf zurück und fand meine beiden Mitarbeiter bei der Arbeit vor. Die Grundlagen waren noch nicht gelegt; ich kam zu Hilfe. Sie verließen mich um Mitternacht und hinterließen mir eine Reihe fast fertiger Szenen. Am nächsten Tag machte ich mich, wie versprochen, an die Arbeit. Ich war bei meiner dritten oder vierten Szene, als das Zimmermädchen hereinkam, verängstigt und totenbleich.

„Ah! Monsieur! Monsieur! Monsieur!“ Sie sagte.

„Also, was ist los, Catherine?“

„Ah! Monsieur, es ist ... Mein Gott! Mein Gott!“

"Was?"

„Es ist die Cholera ... Ah! Monsieur, ich habe einen Krampf!“

„Die Cholera ist in Paris?“

„Ja, Monsieur, das ist er, der Schurke!“

„ *Diable!* Bist du sicher, dass das, was du sagst, wahr ist?“

„Ein Mann ist gerade in der Rue Chauchat gestorben, Monsieur. Er war erst eine Viertelstunde tot und ist schon so schwarz wie ein Nigger!“

"Wie haben sie ihn behandelt?"

„Durch Reiben, Monsieur; aber es hat nichts genützt ... Schwarz, Monsieur – ganz schwarz!“

„Vielleicht haben sie ihn mit einer Schuhcreme abgerieben.“

„Oh, Monsieur, Sie dürfen scherzen! ... Rue Chauchat, Monsieur, in der Rue Chauchat!"

Nun liegt die Rue Chauchat neben der Rue Saint-Lazare. Was könnte die Cholera davon abhalten, die Rue Chauchat zu verlassen, über die Rue Saint-Lazare zu wandern und an meine eigene Tür zu klopfen?

„Wenn die Cholera ausbricht, öffnen Sie ihr nicht den Weg, Catherine", fuhr ich fort. „Ich werde nachsehen, was los ist."

Ich nahm meinen Hut und ging hinaus. Da sah ich mit eigenen Augen das Schauspiel des Schreckens, das ich zu beschreiben versucht habe. Ich kehrte nach Hause zurück, ich gestehe, ich war sehr abgeneigt, meine Komödie zu schreiben, und schrieb an Mademoiselle Dupont:

> „MA BELLE MARTINE – ich nehme an, Sie hatten bei
> der Festlegung des Tages für Ihre Vorstellung nicht mit
> der Cholera gerechnet. Das Stück ist gerade aus London
> gekommen und hatte vor zwei Stunden in der Rue
> Chauchat Premiere. Seine Premiere macht so viel
> Aufsehen, dass es, fürchte ich, Ihre Einnahmen verderben
> wird. Was soll ich mit der Einakter-Komödie machen? –
> Immer Ihr
> ALEX. DUMAS"

Mademoiselle Dupont war zu Hause und ich erhielt von demselben Boten, der meinen Brief entgegengenommen hatte, folgende Antwort:

> „Mein lieber Dumas, meine Benefizveranstaltung ist schon
> so lange im Gange, dass ich sie auf die eine oder andere
> Weise hinter mich bringen möchte. Dann beende dein
> Stück, ich bitte dich; es muss sein Glück versuchen.
> Immer dein,
> Dupont."

Also kehrte ich zu *Le Mari de la veuve* zurück. Das Stück war, wie versprochen, in vierundzwanzig Stunden fertig. Die Hauptrolle gefiel Mademoiselle Mars, und sie nahm sie an. Ihre Anwesenheit in einem Stück war eine Garantie für Schnelligkeit. Tatsächlich haben wir bereits gesagt, wie ehrlich Mademoiselle Mars in Theaterangelegenheiten und mit Autoren war. Sie kam trotz der Cholera pünktlich zu den Proben und machte mich wegen eines Akts genauso wütend wie wegen eines Fünfakters. Jeden Tag fand sie etwas zu korrigieren; und ich musste das Stück mit nach Hause nehmen und die Korrektur dort vornehmen. So entstand *Le Mari de la veuve* mit jenem Trauerhintergrund, von dem ich Ihnen gerade erzählt habe. Das Stück war vorzüglich inszeniert: Die fünf Rollen, die es enthielt, wurden von

Mademoiselle Mars, Monrose, Anaïs, Menjaud und Mademoiselle Dupont besetzt.

Das Stück wurde am festgesetzten Tag aufgeführt. Die Cholera hatte sich als lästiger Konkurrent erwiesen; es waren nicht einmal fünfhundert Leute im Theater. Das Stück hatte nur mäßigen Erfolg und erntete sogar eine Runde Zischen. Nachdem Menjaud von einem Regenschauer überrascht worden war, betrat er zitternd das Schloss wieder.

„Was für ein Wetter!", sagte er. „Ich bin so durchnässt wie College-Wein!"

Ein Zuschauer zischte; zweifellos ein Schulmeister. Das Sprichwort stammte allerdings nicht von mir; ich hatte es ein paar Tage zuvor zu Soulié sagen hören und es verwendet, weil ich es so lustig fand.

Für mich war es ein neuer Beweis für die Wahrheit des Sprichworts, dass das, was dem einen vollkommen passt, dem anderen missfällt. Ich habe in allen Zeitungen nach einem Bericht über die Aufführung gesucht und konnte keine Spur davon finden, außer im *Annuaire historique* von Lesur und in der *Gazette de France*. Meine Leser werden mir gestatten, ihnen die zweifache Wertschätzung vorzulegen, die die Kritik dem Werk entgegenbringt: Sie ist kurz und aufrichtig. Hier ist Lesurs —

THEATRE-FRANÇAIS

„ *Aufführung zu Gunsten von Mademoiselle Dupuis …* "

[Zunächst einmal liegt Lesur falsch: Er hätte *Mademoiselle Dupont sagen sollen* .]

„ *Le Mari de la veuve*, eine Komödie in einem Akt, in Prosa von M...."

"Keine Theateraufführung an einem Benefiztag bot jemals ein melancholischeres Ambiente und eine spärlichere Zuschauerzahl. Die Cholera hatte Paris heimgesucht, die Stadt war dem Terror ausgeliefert, in den Straßen herrschte Aufruhr, zur Eröffnungsstunde der Kassen wurden Trommeln geschlagen. Es gab an diesem Abend nur sehr wenige Zuschauer, die mutig genug waren, den Geruch von Kampfer und Limette in der Einsamkeit des Théâtre-Français einzuatmen, um die Qualität des neuen Stücks zu beurteilen. Unter diesen Umständen hatten die Abwesenden kaum viel verloren.

„Ein paar nette Begebenheiten und witzige Sprüche sowie das Talent von Mademoiselle Mars könnten ausreichen, dieses kleine Werk etwa ein *Dutzend Aufführungen lang zu tragen.*

„Der Autor, dem die Unwichtigkeit des Stückes zweifellos nicht verborgen bleibt, wahrt seine Anonymität."

Das ist eins! Kommen wir nun zur *Gazette de Frankreich.*

„Vor kurzem wurde eine kurze Komödie aufgeführt: *Le Mari de la veuve* von M. Alexandre Dumas, das, obwohl der Dialog mit viel Schwung und Natürlichkeit geschrieben ist, sehr wenig gesunden Menschenverstand hinsichtlich Handlung und Wahrheit der Charakterisierung bietet; aber das Stück wird von Monrose, Menjaud, Mademoiselle Mars und Mademoiselle Dupont so angenehm gespielt, dass es bei denen, die dazu neigen, sich über die Haarspaltereien und die stille Gleichgültigkeit der kleineren Zeitungen gegenüber dem Théâtre-Français lustig zu machen und öfter in dieses Theater zu gehen als zu Atar -*Gull* oder *Madame Gibou, große Belustigung und viel Gelächter hervorrufen sollte."*

Seit seiner Uraufführung wurde das Stück inzwischen über dreihundert Mal aufgeführt.

KAPITEL II

Mein Regime gegen die Cholera – Ich werde von der Epidemie heimgesucht – Ich erfinde die Ätherisierung – Harel kommt, um mir *La Tour de Nesle vorzuschlagen* – Verteuils Manuskript – Janin und die Tirade der *Grandes Dames* – Erste Idee der *Gefängnisszene* – Meine Bedingungen mit Harel – Vorteile, die ich M. Gaillardet anbiete – Der Zuschauer im Odéon – Bekannte und unbekannte Autoren – Mein erster Brief an M. Gaillardet

Die Cholera war in vollem Gange, aber wir hatten uns bereits daran gewöhnt. In Frankreich gewöhnen wir uns leider an alles! Man sagte sogar, das beste Mittel gegen die Cholera sei, nicht daran zu denken, sondern so weit wie möglich sein gewohntes Leben zu führen. Dieses Regime kam mir zur fraglichen Zeit ausgezeichnet entgegen. Ich schrieb *Gaule et France*, ein Werk, das mich in Bezug auf das Studium sehr ermüdete, so dass ich es nicht bedauerte, abends meine Tagesarbeit zu vergessen. Jeden Abend hatte ich also einige Freunde bei mir: Fourcade, Collin, Boulanger, Liszt, Châtillon, manchmal Hugo, Delanoue fast immer. Wir redeten ununterbrochen über Kunst; manchmal überredeten wir Hugo, uns Gedichte vorzulesen; Liszt, der nie viel Druck brauchte, hämmerte mit aller Kraft auf ein schlechtes Klavier ein und zerschmetterte es schließlich in Stücke; so verging der Abend wie im Flug, ohne dass jemand mehr an die Cholera dachte, als wenn sie in St. Petersburg, Benares oder Peking stattgefunden hätte. Außerdem hatte man ausgerechnet, dass fünfhundert Tote pro Tag auf eine Million Menschen nicht ganz ein Toter pro Tausend sind, und alles in allem war die Chance, eine von tausend lebenden Seelen zu sein, weitaus größer als die eine tote. Diese Berechnung, wie man sehen wird, war äußerst beruhigend. Inmitten all dessen kam Harel, der mit Hugo im Clinch lag, von Zeit zu Zeit zu mir, um mich zu necken, ich solle ihm ein anderes Stück schreiben. Er tat so, als sei die Zeit sehr günstig, anderswo laufe nichts Erfolg aus, und der erste, der unter solchen Umständen Erfolg habe, werde hundert Aufführungen haben.

Die Cholera behandelte er als Mythos und stellte sie auf eine Stufe mit den Geistern von Semiramis und Hamlet; er steckte ein Stück Papier in seine Schnupftabakdose, um sich daran zu erinnern, dass er in Paris war. Der Grund für seine hartnäckige Verfolgung war ein Drama mit dem Titel *La Tour de Nesle*, das seiner Meinung nach so originell sei, dass ganz Paris vor Aufregung in Flammen stünde. Ich wies den Versucher energisch zurück und sagte ihm, dass mir dasselbe Thema schon zweimal zuvor vorgeschlagen worden sei: einmal von Roger de Beauvoir, dem Autor von *L'École de Cluny*, und auch von Fourcade, der damals bestrebt war, Literatur zu schreiben.

Henri Fourcade war Fourcades Bruder, mein alter Freund, von dem ich bereits im Zusammenhang mit meinen frühen Liebschaften in Villers-Cotterets gesprochen habe. Er tanzte, wie man sich erinnern wird, so gut und hatte in der Tasche ein zweites Paar Handschuhe, um sie zu wechseln, wenn er zum Ball ging – ein Luxus, der mich sprachlos machte. Eines Abends, als wir gelacht, geredet, Verse gesungen, Musik gespielt und zu Abend gegessen hatten, und ich meine Freunde verabschieden wollte und ihnen vom oberen Ende meines Treppenabsatzes aus Licht spendete, überkam mich plötzlich ein leichtes Zittern in den Beinen; ich schenkte ihm keine Beachtung und lehnte mich an das Geländer, halb um denen Licht zu spenden, die die Treppe hinuntergingen, und halb um mich selbst zu stützen, während ich ihnen ein lautes, fröhliches „ *Au revoir* !" zurief. Als das Geräusch ihrer Schritte auf dem Platz verhallt war, drehte ich mich um, um in meine Räume zu gehen.

„Oh, Monsieur!" sagte Catherine zu mir, „wie blass Sie sind!"

„Unsinn. Bin ich das wirklich, Catherine?", sagte ich lachend. „Gehen Sie und schauen Sie in den Spiegel, Sir, und sehen Sie selbst."

Ich befolgte ihren Rat und schaute in den Spiegel. Ich war tatsächlich sehr blass. Gleichzeitig überkam mich ein Zittern, das sich allmählich in einen heftigen Schüttelfrost verwandelte.

„Es ist merkwürdig", sagte ich. „Mir ist sehr kalt."

„Ah, Monsieur", rief Catherine, „so fängt es an."

„Was, Catherine?"

„Die Cholera, Monsieur."

„Dann glauben Sie, ich habe die Cholera, Catherine?"

„Oh! Da bin ich sicher, Monsieur."

„Oh! Dann, Catherine, lass uns keine Zeit verlieren: hol ein Stück Zucker, tauche es in Äther und hol einen Arzt."

Catherine ging weg, stolperte dabei gegen die Möbel und rief:

„Oh, *mein Herr!* Der Herr hat die Cholera!"

Inzwischen fühlte ich, wie meine Kräfte rasch nachließen, ging zu meinem Bett, zog mich so schnell wie möglich aus und legte mich hin. Ich zitterte immer stärker. Catherine kam zurück; das arme Mädchen war fast verrückt:

Statt mir ein Stück Zucker in Äther zu bringen, brachte sie mir ein Weinglas voll Äther. Wenn ich voll sage, sollte ich hinzufügen, dass ihre Hand glücklicherweise so sehr gezittert hatte, dass das Glas nur zu zwei Dritteln voll war. Sie gab es mir. Ich hatte mehr Grund zu meinem Zustand als sie und wusste kaum, was ich tat; ich erinnerte mich nicht daran, worum ich sie gebeten hatte, und wusste nicht, was das Glas enthielt, das sie mir hinhielt. Ich führte es an meine Lippen und schluckte eine ganze Unze Äther auf einen Zug. Ich fühlte mich, als hätte ich das Schwert des Racheengels verschluckt! Ich stieß einen Seufzer aus, schloss die Augen und ließ meinen Kopf auf das Kissen zurückfallen. Kein Chloroform hat jemals eine schnellere Wirkung erzielt. Von diesem Moment an und während meiner zweistündigen Bewusstlosigkeit wusste ich überhaupt nichts mehr; nur als ich die Augen wieder öffnete, befand ich mich in einem Dampfbad, das mir mein Arzt mithilfe eines Rohrs unter meiner Bettdecke verabreichte, während mich ein guter Nachbar mit einer Wärmpfanne voller Glut auf der Oberseite der Laken rieb. Ich weiß nicht, wie ich mich in der Hölle fühlen werde, aber selbst dort werde ich nie mehr verbrannt werden als in dieser Nacht. Fünf oder sechs Tage lang konnte ich keinen Fuß aus dem Bett setzen; ich war buchstäblich erschöpft. Jeden Tag wurde Harels Karte vorbeigebracht; ihm wurde, wie allen anderen auch, gesagt, dass ich keine Besucher empfangen könne. Als ich meine Türen wieder für Leute öffnete, war das Erste, was ich durch die halb geöffnete Tür sah, sein lächelndes, kluges Gesicht.

„Was ist mit der Cholera?", fragte ich.

"Es ist weg!"

„Bist du dir da sicher?"

„Die Kosten haben sich nicht bezahlt gemacht … Ach, mein Freund, was für ein großartiger Zeitpunkt, um ein Drama auf die Bühne zu bringen!"

"Denkst du so?"

„Es wird eine Reaktion zugunsten der Theater geben. Außerdem haben Sie gesehen, was ich in die Zeitungen gebracht habe?"

„Ja, darüber, dass es in den Vergnügungsstätten keinen einzigen Cholerafall gegeben hat … Mein lieber Harel, Sie sind der klügste Mann des neunzehnten Jahrhunderts!"

„Oh, das ist nicht so!"

"Warum nicht?"

„Sie können gut verstehen, warum nicht, da ich Sie nicht dazu bringen kann, mir ein Theaterstück zu schreiben."

„Bin ich nach bestem Wissen und Gewissen in der Verfassung, dies zu tun?"

"Du?..."

Er zuckte mit den Schultern.

„Ich bin von allen Teufeln eines Fiebers besessen.“

"Sie werden Ihnen eine Inspiration geben."

„Aber im Ernst, lassen Sie mich sehen, worum es in Ihrem Stück geht.“

„Also gut, ich werde dir die Wahrheit sagen.“

"Wirklich?"

„Bei meiner Ehre.“

„Harel! Harel! Harel!“

"Wie dumm bist du!"

„Sie sehen ganz genau, dass ich Sie nicht gezwungen habe, es zu sagen.“

„Aber wenn Sie mich dazu bringen, es zu sagen, beweist das nur Ihre Klugheit, weil Sie mich dumm machen.“

„Komm, hör auf mit dem Gehabe! Was haben wir gesagt?“

„Dass mir ein junger Mann aus Tonnerre, namens Frédérick Gaillardet, ein Manuskript mitgebracht hat, das einige Ideen enthält, aber er hat noch nie etwas mit der Bühne zu tun gehabt; dramatisch gesehen ist es so, wie es ist, nicht gut. Aber ich bin mit ihm einen Vertrag eingegangen, weil ich meine eigenen Pläne habe.“

„Lassen Sie uns hören, was sie sind.“

„Janin wollte schon lange ein Drama schreiben.“

"Gut!"

„Ich sagte: ‚Hier ist Ihre Entschuldigung, griffbereit!‘ Ich brachte ihm das Manuskript meines jungen Autors.“

"Nächste?"

„Er hat es gelesen.“

"Und dann?"

„Er stimmte mit mir darin überein, dass es dramatisches Material enthielt.

„Und dieses Drama...?“

„Er hat sechs Wochen danach gesucht und es nicht gefunden.“

„Dann hat er dem Originalmanuskript nichts hinzugefügt.“ „Tatsächlich hat er es umgeschrieben.“

"Was dann?"

„Es ist besser geschrieben, aber nicht schauspielertauglicher.“

„Also, dass es schon zwei Autoren gibt?“

„Um Janin brauchst du dir keine Sorgen zu machen.“

"Warum nicht?"

„Weil er heute Morgen sein eigenes Manuskript und das von Monsieur Gaillardet in die Arme nahm, sie auf Georges' Sofa warf und zu mir sagte: ‚Sie und Ihr Drama dort können zum Teufel gehen!‘“

„Dann bist du zu mir gekommen; danke!“

„Was geht dich das an, mein Freund? Lies das hier.“

„Aber ich sage Ihnen, ich bin sehr schwach. Ich kann nicht einmal lesen.“

„Ich werde Verteuil zu Ihnen schicken. Er wird Ihnen das Stück vorlesen. Er liest sehr gut.“

„Werde ich mit Ihrem jungen Mann keinen Ärger bekommen?“

„Er ist sanftmütig wie ein Lamm, mein Lieber!“

„Ich verstehe, und Sie möchten ihn scheren?“

"Mit dir kann man nicht ernsthaft reden."

„Schicken Sie mir Verteuil.“

"Wann?"

"Wenn du magst."

„Er wird in einer Stunde hier sein.“

„Also gut, gehst du?“

„Ich habe keine Lust zu bleiben.“

"Warum nicht?"

„Sie würden nur jemanden haben, der Ihnen widerspricht.“

„Oh! Ich verspreche nichts.“

„Das ist unnötig, da Sie verpfändet sind.“

„Wozu?“

„Sie sollen mir das Stück in vierzehn Tagen liefern.“

„Harel!“

„Geben Sie sich Mühe mit Georges' Teil.“

„Harel!“

"Auf Wiedersehen!"

Harel war weg.

„Oh, dieses Biest!“, murmelte ich und ließ mich auf mein Kissen zurückfallen. „Er wird mir einen Rückfall bescheren.“

Eine Stunde später, wie Harel gesagt hatte, war Verteuil im Haus. Er hatte erwartet, mich aufrecht und genesend vorzufinden, aber er fand mich im Bett, glühend vor Fieber und 25 Pfund abgenommen. Ich machte ihm Angst.

„Oh!“, sagte er, „in diesem Staat wollen Sie doch nicht arbeiten?“ „Was zum Teufel erwarten Sie denn sonst, mein Lieber, wenn Harel darauf besteht!“

„Nein, ich werde das Manuskript mitnehmen und Mademoiselle Georges sagen, dass das unmöglich ist, ohne Sie umzubringen.“

„Steht in diesem Manuskript etwas?“

„Sicher, es hat einige Ideen, aber…“

"Aber was?"

„Ah! Du wirst es sehen … ich wage es nicht zu sagen.“

„Dann überlass es mir. Ich werde es lesen.“

"Wann?"

„Ganz nach Belieben. Ist die Schrift übrigens klar?“

"Ich habe es selbst neu kopiert."

"Gut!"

„Ich habe nur Janins Version des Manuskripts mitgebracht, um Ihnen so viel Zeit wie möglich zu sparen.“ [1]

„Gibt es einen großen Unterschied zwischen den beiden Manuskripten?“

"Wie meinst du das?"

"Strukturell?"

„Es ist dasselbe, bis auf ein oder zwei Tiraden, die Janin hinzugefügt hat.“

„Was ist mit dem Formular?"

„Na ja! Es hat Stil, wissen Sie; es ist schick, brillant, prägnant."

„Ich werde das zur Kenntnis nehmen."

„Wann soll ich zurückkommen?"

„Kommen Sie morgen wieder."

"Zu welcher Stunde?"

"Gegen Mittag."

„Dann also morgen Mittag. Ruhe dich bis dahin so gut aus wie möglich."

„Ich werde es versuchen... Adieu."

„Adieu!" Er gab mir die Hand.

„Pass auf dich auf, du hast furchtbares Fieber."

"Genau darauf rechne ich. Tausend Komplimente an Georges; sie braucht sich keine Sorgen zu machen; wenn es eine passende Rolle für sie gibt, wird sie geschaffen, oder ich werde den Grund dafür erfahren."

„Gibt es sonst nichts, was ich ihr sagen könnte?"

„Nur, dass ich sie von ganzem Herzen liebe."

Verteuil ging weg und ließ mich mit dem Fieber und der Kopie von Janins Manuskript allein.

Ich wiederhole es noch einmal (und diese Zeilen sind an M. Frédérick Gaillardet gerichtet): Der Himmel bewahre mich davor, nach einundzwanzig Jahren den Anschein zu erwecken, feindselige Absichten gegenüber einem Mann zu hegen, der mir die Ehre erwiesen hat, sein Leben gegen meines zu riskieren, indem er mit mir Pistolenschüsse austauschte; aber ich muss, meiner gewohnten Offenheit entsprechend, die Dinge so erzählen, wie sie passiert sind, ganz sicher, dass, falls es heute noch nötig sein sollte, die Erinnerungen von Bocage, Georges, Janin und Verteuil mit meinen übereinstimmen werden. Nach dieser Behauptung werde ich meine Erzählung fortsetzen. Als ich allein war, begann ich, das Manuskript zu lesen. Das Stück begann mit der zweiten Szene, das heißt mit Orsinis Monolog. Schließlich blieb die zweite Szene, die damals die erste war, so ziemlich so, wie sie war. Es gab, wie Verteuil mir erzählt hatte und wie ich selbst später erkannte, keinen anderen Unterschied zwischen M. Gaillardets Manuskript und dem von Janin als den Stil. Janin ist in dieser Hinsicht bekanntlich ein Meister, vor dem sich die Kleinen verneigen und die Großen grüßen. Aber eine ganze Tirade, wahrscheinlich die brillanteste des ganzen Dramas, stammte von Janin: Es war die der *Grandes Dames.* Hat er sich hier an einer Dame gerächt , an einer, die er für eine *große Dame hielt* ? Ich weiß es nicht; aber obwohl die Tirade bekannt ist, werden wir sie hier wiedergeben.

„BURIDAN. Wissen Sie, wo wir sind?

PHILIPPE. Wo sind wir?

BURIDAN. Wissen Sie, warum das keine Frauen sind?

PHILIPPE. Das ist alles, was du willst, Buridan!

BURIDAN. Diese Frauen, habt ihr nicht ein bisschen von ihrem Ruf mitbekommen? ... Habt ihr nicht bemerkt, dass dies von großen Damen kommen muss? ... Habt ihr das gemerkt, denn ich dachte, dass es von euch kommt angekommen, bei Ihnen, das, was ich erwartete, bei mir — haben Sie gesehen, in Ihren Garnisonslieben, viel zu viel Weiß, viel zu viel kaltes Fühlen? ... Haben Sie diese reichen Gewohnheiten bemerkt? , diese Stimme ist süß, diese Grüße sind falsch? Dies sind große Damen, die Sie sehen werden! ... Sie werden nachts von einer alten, verführerischen Frau gesucht, die mir tolle Worte schenkt. Oh! dies sind große Damen! ... Mit der Hand betreten wir dieses blühende, parfümierte und heiße Parfüm, um es zu umhüllen, was uns mit tausend Zärtlichkeiten begegnet, was uns ohne Umwege und ohne Verzögerungen zugeschrieben wird, uns allen folgt, uns unbekannt und alles wird von dieser Erinnerung bestimmt. Vous voyez bien que ce sont de grandes dames!... A table,—et c'est notre histoire à tous deux, n'est-ce pas?—à table, ellens se sont abandonées à tout ce que l'amour et die Erregung war groß und schmerzhaft; sie haben gelästert; sie haben seltsame Reden und seltsame Worte parat. Sie sind völlig verschlossen, völlig verhüllt, die Erde ist verschlossen, der Himmel ist verschlossen. Dies sind große Damen, sehr große Damen, ich wiederhole es!“

Der erste Fehler, der mir als Theatermann an dem Werk auffiel, war, dass das Stück eigentlich erst mit der zweiten Szene begann und daher keine der Rollen bekannt war oder die Charaktere richtig enthüllt wurden; so dass mir beim Lesen dieser Turmszene die Tavernenszene wie in einer Wolke erschien. Aber ich blieb nicht dabei stehen, es war nicht der passende Moment. Ich begann mit der zweiten; aber ich behaupte, ich bin nicht über die achte oder zehnte Seite hinausgekommen. Das Drama wich völlig von dem Verlauf ab, den es meiner Meinung nach hätte nehmen sollen.

Der wesentliche Kern des Dramas war für mich der Kampf zwischen Buridan und Margarete von Burgund, zwischen einem Abenteurer und einer Königin, wobei der eine mit allen Mitteln seines Genies bewaffnet war, die andere mit den mächtigen Verbündeten ihres Standes. Natürlich ist Genie dazu geschaffen, über Macht zu triumphieren. Dann hatte ich schon lange eine Idee im Kopf, die ich für hochdramatisch hielt; und ich wollte versuchen, diese Situation an die Öffentlichkeit zu bringen.

Ein Mann wird verhaftet, verurteilt und ohne Ausweg oder Hoffnung in die tiefsten Kerker geworfen; ein Mann, der verloren ist, wenn sein Feind den Mut hat, nicht zu kommen und sich über seine Erniedrigung lustig zu machen, sondern ihn in seiner Ecke vergiften, erwürgen oder erstechen zu lassen; der Mann wird gerettet, wenn sein Feind dem Wunsch nachgibt, zu kommen und ihn ein letztes Mal zu beleidigen; denn mit der Sprache, der einzigen Waffe, die ihm noch bleibt, wird er seinen Feind so sehr erschrecken, dass dieser die Ketten an seinen Armen und das Eisenhalsband ein wenig lockert und ihm die Tür öffnet, die er bisher so sorgfältig vor ihm verschlossen hatte, und den Mann im Triumph hinausführt, der erwartete, dass er, wenn er sein lebendiges Grab überhaupt jemals verlassen würde, dies nur tun würde, um auf das Schafott zu steigen.

Der Kampf zwischen Margarete von Burgund und Buridan brachte mich auf die Idee für diese Situation. Es ist verständlich, dass ich mir eine solche Szene nicht entgehen ließ. Es ist die Szene, die man seitdem *La scène de la prison genannt hat*. Nachdem das geklärt war, kümmerte ich mich nicht weiter um den Rest. Ich schrieb Harel, dass ich sein Mann für *La Tour de Nesle sei*, und bat ihn, zu kommen und die Bedingungen zu vereinbaren, unter denen dieses neue Drama aufgeführt werden sollte.

Ich muss der Öffentlichkeit erklären, was ich mit der Festlegung der Bedingungen meine. Da Janin loyal, mehr als loyal, großzügig aus der Zusammenarbeit ausgestiegen war, wollte ich, dass Herr Gaillardet, der seinen Anteil vorübergehend an Janin abgetreten hatte, diesen Anteil wieder für sich beanspruchen sollte. Zu dieser Zeit betrugen die Autorenrechte am Theater Porte-Saint-Martin, für das das Drama von Herrn Gaillardet bestimmt war, 48 Francs für den Autorenanteil und 24 Francs für Eintrittskarten pro Abend, sofern keine Privatvereinbarung getroffen wurde. Folglich wurden Janin 24 Francs für die Autorenrechte und 12 Francs für Eintrittskarten zugestanden. Janin gab, wie gesagt, seinen Anteil ab; ich wollte, dass dieser Anteil an Herrn Gaillardet zurückgegeben und meine Rechte unabhängig geregelt werden, als ob ich ein völlig Fremder in diesem Werk gewesen wäre. Ich legte auch als unabdingbare Bedingung fest , dass mein Name erhalten bleiben sollte. Im Vertrag mit Janin war vereinbart worden, dass sein Name genannt werden sollte. Harel machte keine Schwierigkeiten, mir meinen Separatvertrag zu gewähren, der derselbe war wie bei *Christine*: 10 Francs pro Hundert der Einnahmen und Eintrittskarten im Wert von 36 bis 40 Francs, glaube ich. Da die Rechte proportional waren, konnte nichts eingewandt werden – wenn es sich auszahlte, gewann ich; wenn nicht, stellte ich nur geringe Ansprüche an die Einnahmen. Nun beachten Sie genau, dass in dieser Zeit der Cholera zwei- oder dreihundert Francs ziemlich hohe Einnahmen waren. Das Odéon spielte einmal vor einem Zuschauer, der sich weigerte, sein Geld zurückzubekommen, und darauf bestand, dass sie die Vorstellung für ihn durchgehen sollten, und dann zischte er. Aber durch sein Zischen erhob der elende Mann eine Waffe gegen sich selbst; der Manager schickte nach einem Polizisten, der ihn unter der Entschuldigung, das Zischen habe die Vorstellung gestört, vor die Tür setzte. Harel, sage ich, machte keinerlei Schwierigkeiten wegen meines Separatvertrags; aber er tat es, weil ich inkognito bleiben wollte: ich hatte einen harten Kampf darum, und er überschüttete mich mit all der blendenden Pracht seines Witzes und der donnernden Munition seiner Paradoxe. Ich hielt durch, und Harel zog sich besiegt zurück. Es wurde vereinbart und unterzeichnet, dass ich meinen eigenen Vertrag haben sollte, dass ich nicht genannt werden sollte, dass allein M. Gaillardet am Abend der ersten Vorstellung und auf den Rechnungen namentlich erwähnt werden sollte, und dass er allein alle Rechte in Anspruch nehmen sollte, die ihm das Theater Porte-Saint-Martin zum Zeitpunkt der Unterzeichnung seines Vertrags gewährt hatte; aber ich behielt mir das Recht vor, das Drama unter meinem eigenen Namen unter meine Gesamtwerke zu stellen. Von diesem Moment an verließ mich Verteuil nie mehr; er kam jeden Morgen, und jeden Abend nahm er eine Szene mit, die er sowohl diktiert als auch geschrieben hatte. Nach der Gefängnisszene stürzte Harel herein. Es war ein *Meisterwerk*, das sogar den Erfolg von *Heinrich III.* in den Schatten stellen würde. Ich lachte. Ich musste meinen Namen wirklich nennen, es ging nicht anders. Ich wurde wütend und Harel ging verzweifelt. Die Theaterdirektoren hatten damals eine merkwürdige Idee, zu der sie tatsächlich in letzter Zeit zurückgekehrt sind: Sie wollten bei gleichem Verdienst mehr Geld verdienen, wenn der Name des Autors bekannt war, als wenn er unbekannt war. Ich glaube, sie haben sich geirrt. Je bekannter der Name ist, desto mehr weckt er die Eifersucht der Kritiker; je weniger er bekannt ist, desto freundlicher ist er ihnen. Die Kritik, die keine eigenen Kinder hervorbringt, nimmt nur Waisen auf und streichelt sie, die sie adoptieren kann; aber sie wendet sich wütend und knurrend jenen Kindern zu, die von einer kräftigen Abstammung unterstützt werden. Heutzutage sind die Direktoren in den umgekehrten Missbrauch verfallen. Sie haben aus den Sprichwortsammlungen alle Stücke herausgesucht, die überhaupt nichts

taugten – Komödien, die keine Komödien waren, Dramen, die keine
Dramen waren – und sie mit mehr oder weniger Erfolg aufgeführt. Das Ziel
dieses Versuchs bestand meiner Meinung nach darin, zumindest zu
beweisen, dass die dramatische Kunst eine eigene Kunst ist; eine seltene und
schwierige, wenn man bedenkt, dass Griechenland uns nur Äschylus,
Euripides, Sophokles und Aristophanes hinterlassen hat; Rom nur Plautus,
Terenz und Seneca; England nur Shakespeare und Sheridan; Italien nur
Machiavelli und Alfieri; Spanien nur Lopes de Vega, Calderon, Alarcon und
Tirso de Molina; Deutschland nur Goethe und Schiller; und Frankreich nur
Corneille, Rotrou, Molière, Racine, Voltaire und Beaumarchais; das heißt, nur
dreiundzwanzig Namen, die auf einem Ozean von dreiundzwanzig
Jahrhunderten schwimmen! Tatsächlich geschieht meiner Meinung nach
Folgendes: Um das Werk eines bekannten Autors wird mehr Aufsehen
erregt; die Leute warten auf das Erscheinen eines solchen Werks und nehmen
es mit größerer Neugier auf; aber das Publikum wird auch anspruchsvoller,
je mehr der Ruf des Autors steigt: Es hat es satt, einen Menschen *glücklich
genannt zu hören* ; als die Athener es satt hatten, Aristides *den Gerechten nennen
zu hören* ; und die Reaktion wirkt mit einer Härte, die umso stärker ist, je
größer die vorherige Bevorzugung war. Schließlich fällt der Mann, der fällt,
wenn er unbekannt ist, nur von der Höhe des Stücks, mit dem er sein Debüt
gab; der bekannte Autor, der fällt, fällt dagegen von der Höhe all seiner
früheren Erfolge. Ich habe dies in meinem eigenen Fall erlebt; in drei
Epochen meines Lebens hat mich die Reaktion so gestört, dass ich, um den
Stand zu halten, den ich erreicht hatte, größere Anstrengungen unternehmen
musste als die, die ich unternommen hatte, um dieses Stadium zu erreichen.
Wir sind nicht weit von der ersten dieser Epochen entfernt, und ich werde
diese Phase meines Lebens mit der gleichen Einfachheit erzählen, wie ich
den Rest erzählt habe. Nach neun Tagen Arbeit, die meine Genesung um
mehr als einen Monat verzögerten, nahm Verteuil die letzten Szenen des
Dramas mit dem folgenden Brief an Harel mit:

> "LIEBER FREUND, - Seien Sie nicht betrübt über diese
> beiden letzten Szenen. Ich gebe zu, sie sind schwach; als ich
> am Ende angelangt war, verließen mich meine Kräfte.
> Betrachten Sie sie als null und nichtig, da sie neu
> geschrieben werden müssen. Aber geben Sie mir zwei oder
> drei Tage Ruhe und seien Sie nicht beunruhigt. Ich fange
> an, Ihrer Meinung zu sein: Das Werk enthält die Elemente
> eines ungeheuren Erfolgs. - Immer Ihr,
> "ALEX. DUMAS"

Nach dem vierten Akt, dem schwächsten des ganzen Werks, hatte Harel mir
geschrieben:

„MEIN LIEBER DUMAS, ich habe Ihren vierten Akt erhalten. Hm! Hm! Ihr König Louis, der Eigensinnige, ist in der Tat eine drollige Figur! Aber er hat jede Menge Witz, und Witz sorgt dafür, dass alles gut läuft. Ich warte auf den fünften Akt. — Ihr usw. HAREL"

Der fünfte Akt kam, aber er war noch schlimmer als der vierte! Harel eilte mit Trauerflor auf dem Hut und Asche auf dem Kopf zu mir. Er trauerte um seinen verlorenen Erfolg. Nichts, was ich sagen konnte, beruhigte ihn. Ich musste noch am selben Abend wieder an die Arbeit gehen. Zwei Tage später waren die Szenen umgeschrieben und Harel beruhigte sich. Am selben Tag schrieb ich an Monsieur Gaillardet und behielt dabei so weit wie möglich meine eigene Sicht der Dinge für mich:

„MONSIEUR, M. Harel, mit dem ich in ständiger Geschäftsbeziehung stehe, ist gekommen, um mich um *Rat* zu einem Werk *von Ihnen zu bitten* , das er auf die Bühne bringen möchte.

„Ich habe die Gelegenheit, einen jungen Dramatikerkollegen vorzustellen, den ich nicht die Ehre habe zu kennen, dem ich aber aufrichtigen Erfolg wünsche, mit Vergnügen ergriffen. Ich habe alle Schwierigkeiten aus dem Weg geräumt, die sich Ihnen bei der Probe Ihres ersten Werks stellen würden, und *Ihr* Stück scheint mir in seiner jetzigen Form erfolgversprechend.

„Ich muss Ihnen nicht sagen, Sir, dass Sie *allein* der Autor sein werden und dass *mein Name nicht einmal erwähnt wird* ; unter dieser Bedingung habe ich die Arbeit übernommen, zu der ich das Glück hatte, beitragen zu können. Wenn Sie das, was ich für Sie getan habe, als Freundlichkeit betrachten, erlauben Sie mir, es Ihnen zu *geben* , anstatt es Ihnen *zu verkaufen* .

"ALEX. DUMAS"

Tatsächlich war es aus meiner Sicht jedenfalls eine Dienstleistung; obwohl ich Janin als Mitarbeiter abgelöst hatte, übernahm ich weder die Autorenrechte noch die Rechte an den Tickets, die zur Zusammenarbeit gehörten, die laut Vertrag in Harels Händen blieben und aufgrund derer Harel an Janin zurückging. Hatte Harel das Recht, mit Janins Zustimmung und auf seine (Janins) Bitte hin mich an die Stelle von Janin zu setzen? Ich denke, er hatte das Recht, da durch meine Ersetzung nur M. Gaillardets

Name auf den Rechnungen stand und er 48 Francs für Rechte und 12 für Tickets erhielt, anstatt 24 Francs für Rechte und 6 Francs für Tickets. M. Gaillardet gewann also in finanzieller Hinsicht, da er das Doppelte erhielt; und er gewann an Ansehen, da nur sein Name erschien. Es bleibt zu beweisen, dass der Vertrag Janin-Gaillardet und Harel unter der Kontrolle des früheren Vertrags zustande kam, der nur 48 Francs für Rechte und 12 Francs für Tickets vorsah. Mit den beiden Daten wird mir das leicht fallen. Der Vertrag zwischen Janin-Gaillardet und Harel wurde am 29. März 1832 unterzeichnet, und der neue Vertrag, der noch heute im Theater Porte-Saint-Martin gültig ist, wurde erst am darauffolgenden 11. April zwischen M. Harel und der Autorenkommission unterzeichnet. Ich wiederhole, ich hätte diesen lächerlichen Streit um die Urheberschaft des Stücks lieber verschwiegen; aber ich bin gezwungen, meinen Lesern Einzelheiten vorzulegen, die sie nur gleichgültig interessieren, nach denen sie aber fragen dürften, wenn ich sie verschwieg. Ich schreibe die Kunstgeschichte der ersten Hälfte des neunzehnten Jahrhunderts; ich spreche von mir wie von einem Fremden; ich lege meine Stücke der Einsicht meines natürlichen Schiedsrichters, des Publikums, vor; es wird meine Arbeit beurteilen, wie man im Palast sagt. Ich werde weder M. Gaillardet Recht geben noch Unrecht; ich werde lediglich ein Rezitativ und kein Argument schreiben –

Ad narrandum, nicht ad firobandum.

---

[1] In der Pariser Ausgabe der *Souvenirs* von 1854 wird erwähnt, dass die Manuskripte von M. Gaillardet und M. Janin sowohl hierher als auch später gebracht worden sind.

KAPITEL III

Antwort und Protest von M. Gaillardet – Die Rolle von
Frédérick und Buridan – Die Auseinandersetzung mit M.
Gaillardet – Die Uraufführung von *La Tour de Nesle* – Das
Stück und seine Interpreten – Der Tag nach einem Erfolg
– M. * * * – Ein gewinnbringender Versuch in Aussicht –
Georges' Caprice – Der Manager, Autor und Mitarbeiter

Ich war sehr erstaunt, als ich eine Antwort von M. Gaillardet erhielt, die nicht
voller Dankbarkeit war, sondern ein Protest. Er schrieb, das Stück sei sein
eigenes und gehöre nur ihm; er habe nicht beabsichtigt und werde auch nie
einen Mitarbeiter haben. Ich gestehe, ich war verblüfft. Das Stück war, wie
alle dachten, so, wie es war, unspielbar, und Janin hatte es aufgegeben und
offen zugegeben, dass er nicht wisse, wie er es verbessern könne. Ich flog
nach Harel. Ich hatte ihn nicht gebeten, mir den Vertrag mitzuteilen, sondern
hatte einfach auf sein Wort geglaubt. Ich warf ihm vor, mich betrogen zu
haben. Daraufhin nahm er den Vertrag von seinem Schreibtisch und ließ ihn
mich lesen.

Dies war, was es verbal war –

„Zwischen MM. Gaillardet und Jules Janin einerseits:

„Und M. Harel, Manager der Porte-Saint-Martin, auf der
anderen Seite;

„Folgendes wird vereinbart:

„Die Herren Gaillardet und Jules Janin überweisen und
übergeben M. Harel ein Drama in fünf Akten mit dem Titel
La Tour de Nesle , das im Theater Porte-Saint-Martin
aufgeführt werden soll.

„M. Harel erhält das Werk und wird es umgehend ausführen
lassen.

„Kopie angefertigt in Paris, 29. März 1832.

Signiert : „F GAILLARDET. J. JANIN. HAREL."

Da die Herren Janin und Gaillardet ihr Drama gemeinsam *überwiesen und
übergeben haben* , muss Herr Gaillardet einen Mitarbeiter gehabt haben, und
dieser Mitarbeiter war angeblich Herr Janin. Nun, er hatte immer einen
Mitarbeiter; nur nahm dieser Mitarbeiter ihm nicht die Hälfte seiner Rechte

weg und hieß weder Janin noch sonst jemand, da er nie namentlich genannt wurde. Ich kann nur glauben, dass es die Person Janins war, die Herr Gaillardet bedauerte; denn wie wir gesehen haben, schrieb er später selbst, dass ihm Janin heimlich aufgedrängt worden war. Harel hatte keine Schwierigkeiten, mich davon zu überzeugen, dass er das Recht hatte, mir Herrn Gaillardets Drama zu bringen, da es ihm ohne Embargo *überwiesen* und *übergeben worden war* . Ich hatte das Drama nicht noch einmal aufgearbeitet; wäre es notwendig gewesen, das Stück komplett neu zu schreiben, hätte ich die Aufgabe sicherlich nie übernommen; aber was getan wurde, wurde geradlinig und in gutem Glauben getan. Das Wohlergehen des durch die Unruhen und die Cholera ruinierten Theaters hing ganz von diesem Werk ab. Ich war der erste, der riet, die Ankunft von Monsieur Gaillardet abzuwarten. Nach der Aufführung der ersten Szene war außerdem mit der Probe des Stücks begonnen worden. Bei der ersten dieser Proben ereignete sich nun ein sehr merkwürdiger Vorfall. Die beiden Hauptrollen waren Georges und Frédérick zugeteilt worden, aber wie gesagt, brachte die Cholera alles durcheinander. Frédérick, der gekommen war, um der Lesung des ersten Aktes zuzuhören, und der die Rolle mitgenommen hatte, fürchtete sich vor der Cholera; er blieb auf dem Land und gab trotz der Ankündigungen der Proben kein Lebenszeichen von sich. Fünf oder sechs Proben fanden statt, bevor er auftauchte oder Nachrichten von sich schickte. Er war ein Mann mit kapriziösem Talent, gewalttätig und leidenschaftlich, und dementsprechend sehr natürlich in leidenschaftlichen, gewalttätigen und kapriziösen Charakteren. Er war der französische Kean. Harel konnte weder auf das Ende von Frédéricks Angst noch auf das Ende der Cholera warten. Er beschloss, jemand anderen zu engagieren, da Frédérick weiterhin fernblieb; und er sah sich um. Bocage hatte eine Verpflichtung nicht mehr: er trat mit ihm in Verhandlungen. Bocage nahm die Rolle an, versprach, sie trotz aller Cholera auf der Erde zu proben, kehrte nach Hause zurück und begann, sie einzustudieren. Am nächsten Tag kam er ohne sein Manuskript ins Theater: Er kannte seine erste Szene. Die Nachricht von dem, was geschehen war, erreichte Frédérick; er eilte herbei, und ich habe noch nie jemanden in einem solchen Zustand der Verärgerung gesehen wie ihn. Frédérick ist ein großer Schauspieler, ein Künstler mit Talent und Gefühl; er war in beiden Hinsichten verletzt. Er bot Bocage bis zu 5000 Francs, wenn dieser seine Rolle aufgeben würde, aber Bocage lehnte ab, und die Rolle blieb bei ihm.

Dein Kummer war ein schöner Anblick, Frédérick, und ich werde ihn nie vergessen!

Die Proben gingen mit Bocage und Mademoiselle Georges weiter. Eines Tages ließ mich Harel, der damals in der Rue Bergère wohnte, abholen. M. Gaillardet war gerade angekommen, und der folgende Auszug beschreibt seinen Gemütszustand. Ich werde direkt von ihm zitieren, so sehr wünsche ich, in dieser Diskussion neutral zu bleiben.

„... Ich machte mich auf den Weg und ging, bevor ich nach Hause ging, in meiner Reisekleidung gekleidet, zu M. Harel.

„,Ich bin verloren!', sagte er zu mir. ,Ich habe dich betrogen, das ist die Wahrheit. Was sollst du jetzt tun?'

„,Hör auf mit dem Spiel.'

„,Das wird Ihnen nicht gelingen. *Ich werde den Titel ändern und das Stück spielen* . Sie können mich wegen Piraterie, Diebstahl, Plagiat oder was immer Sie wollen anklagen. Sie erhalten 1200 Franc Entschädigung. Wenn Sie dagegen die Aufführung zulassen, erhalten Sie 1200 Franc usw. usw.'

„,Er hat die Wahrheit gesagt, denn das ist der Schutz, den unsere Richter normalerweise einem Autor gewähren, der betrogen wurde."

Wenn ich mich recht erinnere, kam ich in dieser Pause an. Die Diskussion war auf beiden Seiten heftig, und die Erklärungen waren ebenso heftig. Wir mussten Harel zurücklassen, um auf beiden Seiten Sekundanten zu suchen. Harel intervenierte jedoch, beruhigte uns und veranlasste Monsieur Gaillardet, eine Urkunde zu unterzeichnen, mit der wir uns als Mitautoren von *La Tour de Nesle anerkannten*. Jeder von uns behielt sich das Recht vor, seinen Namen in seinen Gesamtwerken unter das Stück zu setzen. Das Stück sollte nur unter dem Namen Monsieur Gaillardet aufgeführt und veröffentlicht werden; aber Harel bestand darauf, dass hinter seinem Namen ein Sternchen stehen sollte. Als diese Urkunde unterzeichnet war, gingen die Proben ohne Unterbrechung weiter.

Im Laufe der Entwicklung nahm das Stück große Ausmaße an, und ich begann, wie Harel, zu glauben, dass es ein großer Erfolg werden würde. Die Rollen von Marguerite und Buridan waren wie geschaffen für Georges und Bocage, die beide darin großartig waren. Lockroy, der aus Freundschaft mit mir die Rolle von Gaultier d'Aulnay spielte, war darin herrlich jugendlich, verliebt und poetisch; Provost (als Savoisy), Serres (als Landry) und Delafosse (als Philippe d'Aulnay) vervollständigten die Charaktere.

Der Tag der Uraufführung kam: der 29. Mai 1832; ich hatte Odilon Barrot eine Logenkarte geschickt, in der ich ihm mitteilte, dass ich mit ihm zu Abend essen würde, und mir einen Platz in seiner Loge reserviert. Das Abendessen dauerte länger als erwartet; Madame Odilon Barrot, damals jung und charmant, immer eine kluge und originelle Frau – eine Seltenheit unter Frauen – war in Schwierigkeiten. Der große Demagoge hatte keine Ahnung, dass jemand so ungeduldig sein könnte, die Uraufführung eines Stücks zu sehen. Wir kamen mitten in der zweiten Szene an, gerade rechtzeitig, um die Tirade der *Grandes zu hören Damen*. Das Theater war in einem Zustand kochender Aufregung: Das Publikum spürte den Erfolg des Stücks, er lag in der Luft, sie atmeten ihn. Das Ende der zweiten Szene ist in seiner Eindringlichkeit schrecklich: Buridan springt aus dem Fenster in die Seine, Marguerite enthüllt ihre blutende Wange und ruft aus: „‚Schau dir dein Gesicht an und stirb dann‘, hast du gesagt? Es geschehe, wie du willst … Schau und stirb!" Das war alles erschreckend und schrecklich! Und als nach der Orgie, der Flucht, dem Mord, dem in Stöhnen erloschenen Lachen, dem in den Fluss geworfenen Mann, dem Liebhaber einer Nacht, der von seiner königlichen Mätresse erbarmungslos ermordet wurde, die sorglose und eintönige Stimme des Nachtwächters zu hören ist, der ruft: „Drei Uhr und eine ruhige Nacht: Pariser schlafen!", bricht das Publikum in lauten Applaus aus.

Die dritte Szene ist dürftig, das muss ich offen zugeben; sie wurde fast vollständig von mir geschrieben und war ein bisschen würgend; dennoch lässt sie das Interesse nicht nachlassen; die zweite hatte die Zuschauer für eine Weile gesättigt. Man wird sich erinnern, dass die zweite Szene, abgesehen von einer Änderung in der Inszenierung, fast vollständig dieselbe war wie in M. Gaillardets Manuskript. Das Ende der dritten Szene ist jedoch eine Erleichterung für den Anfang; die letzte Szene drehte sich ausschließlich um Gaultier d'Aulnay, der kommt, um von Marguerite von Bourgogne Rache für den Mord an seinem Bruder zu fordern, ohne zu wissen, dass sie den Mord begangen hatte. Lockroys Trauerbekundung war großartig.

Die vierte Szene war kaum besser als die dritte. Es war die Szene, in der Buridan und Marguerite sich in der Taverne Orsini begegnen und Marguerite aus dem Tagebuch, das ihrem Geliebten anvertraut wurde, die berühmte Seite herausreißt, die den Mord beweist. Die Hauptszene war unwahrscheinlich. Ich hatte mich drei oder vier Mal daran versucht, bevor es mir gelang. Ich möchte hinzufügen, dass ich nie zufrieden damit war. Georges, der auch ihrerseits das Gefühl hatte, dass es falsch war, spielte sie nicht so gut wie die anderen. Aber das Publikum war gefesselt und in jener Gemütsverfassung, die alles akzeptiert.

Die fünfte Szene war kurz, temperamentvoll, einfühlsam und voller Überraschungen. Die Verhaftung und Freilassung Buridans sorgten für die größte Sensation. Zum Schluss folgte der berühmte Gefängnisakt.

Eines Tages fragte mich mein Sohn — damals hatte er noch keine Theaterstücke geschrieben —

"Was sind die Grundprinzipien eines Dramas?"

„Dass der erste Akt übersichtlich, der letzte kurz und vor allem im dritten keine Gefängnisszene vorkommt!“

Als ich sagte, dass ich undankbar sei: Ich habe noch nie eine solche Wirkung wie diesen Gefängnisakt gesehen, und er wurde außerdem wunderbar gespielt von den beiden beteiligten Schauspielern, die die ganze Verantwortung dafür tragen. Serres (Landry) war darin herrlich kunstlos und launisch. Bocage mit seinen großen sizilianischen Augen, seinen Zähnen so weiß wie Perlen und seinem schwarzen Bart war von einer körperlichen Schönheit, die ich vielleicht nur bei einem anderen Mann gesehen habe: Mélingue, einer der schönsten Schauspieler, die ich je auf der Bühne gesehen habe.

Nach der Gefängnisszene konnte der andere gleichgültig sein, ob er gut oder böse war, denn der Erfolg war garantiert. Das war nicht bedauerlich!

Die siebte Szene war wie die dritte die schwächste des Werks; sie wurde durch ihren Witz gerettet und dadurch, dass die Zuschauer, wie Harel, den eigensinnigen König Ludwig alles in allem für *eine drollige Figur hielten.*

Schließlich kam der fünfte Akt, der Harel so viel Angst gemacht hatte. Er war in zwei Szenen unterteilt: die achte, von diabolischem Humor, die neunte, die wegen ihres entsetzlichen dramatischen Charakters mit der zweiten verglichen werden konnte. Etwas daran erinnerte an den antiken Fatalismus von Sophokles, vermischt mit den szenischen Schrecken von Shakespeare. Der Erfolg war also enorm und der Name von M. Frédérick Gaillardet wurde unter lautem Applaus verkündet.

Madame Odilon Barrot war in Ekstase und amüsierte sich wie ein Schulmädchen. Odilon Barrot, die an melodramatische Theatervorführungen nicht gewöhnt war, war erstaunt, dass die Emotionen so weit getrieben werden konnten. Natürlich kam Harel, wie im Fall von *Richard Darlington,* und machte mir alle möglichen Angebote, wenn ich damit einverstanden wäre, dass mein Name genannt wird. Bei *Richard hatte ich abgelehnt,* wo mich nichts dazu verpflichtete; bei *La Tour de Nesle lehnte ich noch entschiedener ab* , wo ich sowohl durch ein Ehrenversprechen als auch durch ein schriftliches Versprechen gebunden war.

Ich bin, das schwöre ich, ohne ein einziges Gefühl des Bedauerns nach Hause zurückgekehrt. Es war jedoch die erste Aufführung eines Stücks, das fast achthundert Mal die Kassen stopfen sollte! Am nächsten Tag kamen mehrere meiner Freunde, die von meiner Rolle in *La Tour de Nesle wussten,* zu mir, um mir ihre Komplimente zu machen. Unter ihnen war einer meiner besten Freunde, Pierre Collin.

„Wissen Sie, was Harel getan hat?", sagte er zu mir, als er hereinkam.

"Was hat er getan?"

"Was hat er auf die Scheine geschrieben?"

"NEIN."

„Anstatt wie in der Mathematik vom Bekannten zum Unbekannten vorzugehen, ist er vom Unbekannten zum Bekannten vorgegangen."

"Ich verstehe nicht."

„Statt zu schreiben: ,MM. Gaillardet et * * *', hat er et ,MM. * * * et Gaillardet' geschrieben."

„Oh, dieser Schurke!" rief ich aus. „Er wird mir einen neuen Streit mit Monsieur Gaillardet einbringen, und was noch schlimmer ist, dieses Mal wird Monsieur Gaillardet im Recht sein." Ich nahm meinen Hut und meinen Spazierstock.

"Wo gehst du hin?"

„Ich gehe nach Harel. Kommst du mit?"

„Ich muss in mein Büro."

„Dann ruf schnell eine Kutsche! Ich werde dich im Vorbeigehen dort absetzen."

Fünf Minuten später war ich bei Harel.

„Ah, da sind Sie ja!", sagte er zu mir. „Sie haben den Streich gelernt, den ich Gaillardet gespielt habe?"

„Weil ich davon erfahren habe, bin ich hierher geeilt … Das ist sehr falsch von Ihnen, mein lieber Freund!"

„Wirklich? Warum? War es nicht vereinbart, dass die Sternchen vor Monsieur Gaillardets Namen stehen? Das ist Ihr gutes Recht: Sie sind in Sachen Theater vier Jahre älter als er."

„Aber es ist Brauch, einem Namen ein Sternchen zu folgen."

„Die Gewohnheit ist dumm, meine Liebe. Wir werden sie entweder ändern oder ihr einen gewissen Sinn geben. Wir haben beide genug und noch mehr übrig, wenn uns der Teufel holt!"

„Sag, dass du alleine schon genug hast."

„Ah! Du würdest mich verraten? Du würdest dich gegen mich stellen?"

„O nein, ich bleibe neutral. Nur wenn Herr Gaillardet mich als Zeugen aufruft, bin ich gezwungen, die Wahrheit zu sagen.“

„Mein lieber Freund, wir haben bereits einen großen Erfolg; mit einem Hauch von Skandal werden wir einen gewaltigen Erfolg haben. ... Wenn Herr Gaillardet Einwände erhebt, liegt unser Skandal vor uns. Dann wird er jedenfalls etwas für das Stück getan haben.“

„Harel!“

„Oh, Sie sind wirklich entzückend! Sie meinen, es genügt, Meisterwerke zu schaffen und dann zu sagen: ‚Ich habe sie nicht gemacht.‘ Nun gut, ob es Ihnen passt oder nicht, ganz Paris soll wissen, dass Sie es waren.“

„Hau ab zum Teufel! Ich wünschte, ich hätte dein verfluchtes Stück nie angerührt ... Hören Sie, jemand klingelt bei Ihnen; ich wette, es ist Monsieur Gaillardet.“

Harel öffnete seine Tür und lauschte einen Moment.

„Wer ist da?“, fragte er.

„Ich weiß es nicht, Sir“, antwortete der Diener. „Es ist ein Mann, der ein gestempeltes Papier bei sich trägt.“

„Ein gestempeltes Papier? ... Das ist etwas ganz Neues! Lassen Sie ihn herein.“

Der Mann war ein Sheriff, der im Auftrag von Monsieur Gaillardet gekommen war und der, wie Haman für Mardocheus, als *Herold seines Ruhmes diente*. Das gestempelte Dokument war eine Vorladung vor das Handelsgericht, mit der Monsieur Harel gezwungen werden sollte, die unglückbringenden Sternchen zu entfernen.

„Gut!“, rief ich, „das ist eine gemeinsame Sache! Das werde ich auch feststellen, wenn ich nach Hause komme. Du warst ein Idiot, diesen Streich zu spielen!“

Harel rieb seine Hände aneinander, bis alle seine Gelenke knackten.

„Ein toller Prozess“, sagte er, „ein ausgezeichneter Prozess! Ich muss sechs Jahre lang nur zwei solcher Prozesse pro Jahr abschließen, und dann ist mein Vermögen gemacht!“

"Aber Sie werden den Prozess verlieren!"

„Das weiß ich sehr gut.“

"In diesem Fall wäre es eine üble Klage."

„Zunächst einmal möchte ich Sie darüber informieren, dass ein Rechtsstreit nicht unbedingt schlecht ist, nur weil man ihn verlieren kann. Und wenn ich ihn verliere, werde ich Berufung einlegen."

„Aber dann werden Sie es verlieren, denn ich sage Ihnen, ich werde gegen Sie sein."

„Sie werden wohl sagen, dass Sie mit dem Stück nichts zu tun haben?"

„Ich werde sagen, dass mein Name nicht genannt werden darf."

„In der Zwischenzeit werden Sie beim Handelsgericht und beim Appellationsgericht von Herrn Gaillardets Anwalt und von Ihrem eigenen erwähnt; die Zeitungen werden die Gerichtsverhandlungen wiedergeben; die drei Sternchen werden das Publikum zum Sprechen bringen, wenn sie vor den Namen gesetzt werden, und werden dies auch tun, wenn sie dahinter stehen; die Manuskripte werden eingefügt, die von Herrn Gaillardet, Janin und Ihnen … Mein lieber Freund, ich habe nur mit hundert Auftritten gerechnet; jetzt wette ich auf zweihundert."

"Der Teufel soll dich holen!"

„Willst du nicht zum Abendessen bei uns bleiben?"

"Danke."

„Ja, tatsächlich … Segnet Georges Sie nicht?"

"Ist sie mit ihrem Erfolg zufrieden?"

„Sehr erfreut! Obwohl Sie ihre Rolle Bocage geopfert haben, werden Sie zugeben."

„Gut! Wird sie auch gegen mich Klage einreichen?"

„Sie ist durchaus bereit, das zu tun, und es könnte tatsächlich passieren, es sei denn, Sie versprechen ihr, ein Theaterstück für sie zu schreiben."

„Oh! Das verspreche ich ihr, wenn das alles ist, was sie will."

„Sie hat eine Idee."

„Es ist keine Scheidung?" Georges hatte mich schon lange damit gereizt, ihr ein Stück über die Scheidung des Kaisers zu schreiben.

„Nein, mach dir keine Sorgen!"

Ich ging hin und sah sie. Sie war so schön wie die siegreiche Semiramis. Wir begrüßten uns so herzlich, wie wir es immer tun, wenn wir uns treffen. Ich erzählte ihr die ganze Geschichte über Monsieur Gaillardet und war betrübt, als ich sah, dass sie dachte, Harel habe völlig recht.

„Na gut", sagte ich, „reden wir nicht weiter darüber … Übrigens, was erzählt er mir da?"

„Harel?"

"Ja."

„So ein Blödsinn."

„Genau… Er sagt mir, dass Sie eine Idee im Kopf hatten."

"Unverschämter Mann!"

„Eine Idee für ein Theaterstück, wohlgemerkt. *Peste!* Sie haben etwas viel Besseres als Ideen: Sie haben Ihre Capricen."

„Jedenfalls nicht mit dir!"

„Das ist ja gerade das, worüber ich mich beschwere."

Ich kniete vor ihr nieder und küsste ihre schönen Hände.

„Sagen Sie mir dann, Georges, werden wir in den Augen der Nachwelt für lächerlich gehalten, weil wir ohne die Hilfe, von der Descartes spricht, miteinander in Kontakt gekommen sind."

„Sei still, du großes Tier! Und geh und rede solchen Unsinn mit deinem lieben Dorval."

„Oh! Dorval! … die arme Dorval, ich habe sie eine Ewigkeit nicht gesehen!"

„Gut! Wenn Sie mit ihr Tür an Tür gelebt haben."

„Genau! Früher hatten wir nur eine Tür zwischen uns! Jetzt haben wir eine Mauer."

"Nur eine Partition!"

„Bravo! Ah! Aber lass uns deine Idee hören."

„Nun, meine Liebe, ich habe Prinzessinnen gespielt und ich habe Königinnen gespielt …

„Und sogar Kaiserinnen!"

„Hör auf, das musst du tun." Sie hob ihre wunderschöne Hand zu mir empor, und ich hielt inne, um sie zu küssen.

„Und sogar Kaiserinnen!", wiederholte ich.

„Also gut, ich möchte eine Frau aus dem Volk spielen."

„Ja! Ich kenne dich! Du würdest das in einem Samtkleid und mit all deinen Diamanten spielen.“

„Nein! Ich sage dir, ich meine eine Frau aus dem Volk, eine Bettlerin!“

„Pah! Kommen Sie bis an die Rampe, strecken Sie Ihre Hand dem Publikum entgegen, und es gäbe kein Stück mehr, oder vielmehr keine Bettlerin mehr.“

„Auf welcher Weide haben Sie heute gegrast?“

„Auf einem, das eines Tages in Ihrem Ankleidezimmer wuchs, als Harel mich einsperrte, um *über Napoleon zu schreiben.*“

„Komm, sei ganz still und schreib mir mein Stück.“

„Eine Bettlerin … Wir haben Jane Shore. Reicht Ihnen die?“

„Nein, Jane Shore ist eine Prinzessin. Ich möchte eine Frau, die dem Volk gehört, das sage ich Ihnen.“

„Ich weiß nicht, wie man solche Frauen zeichnet.“

„Du Aristokrat!“

„Komm, hast du ein Thema?“

"Ich kenne jemanden, der eins hat."

"Schick mir das irgendjemand."

"Ich werde."

"Wer ist es?"

„Anicet.“

„Das ist ein großes Glück, denn ich schulde ihm ein Stück.“

"Wie ist das?"

„Wir haben *Térésa* zusammen gemacht, und mein Name erschien; wir werden deine *Mendiante* zusammen machen, und sein Name wird darauf stehen.“

„Oh! Es ist eine regelrechte Verrücktheit bei Ihnen, Ihren eigenen Namen nicht zu nennen? *Richard! La Tour de Nesle!* Sie werden am Ende nur Ihren Namen für schlimme Dramen hergeben.“

„Meinen Sie das im Zusammenhang mit *Catherine Howard?* “

„Nein, ich habe es... auf gut Glück gesagt.“

Jemand klopfte an die Tür.

„Gut!“, fuhr sie fort, „da kommt Harel, um uns Sorgen zu machen.“

„Lass uns sehen. Komm rein, was willst du?"

„Ich bringe Neuigkeiten von Monsieur Gaillardet."

„Eine zweite Verfügung?"

„Nein, die Kopie eines Briefes, der morgen in allen Zeitungen stehen wird."

„Oh! Lass uns in Ruhe!" sagte Georges.

„Warte dann, bis ich es dir vorgelesen habe."

„Mein lieber Harel, ich sage dir, du belästigst uns gewaltig."

„Das glaube ich nicht!", sagte er.

Tatsächlich kniete ich immer noch vor Georges.

"Hören."

Er las-

> "30. *Mai*
>
> *"Zum Herausgeber.*
>
> "Sehr geehrter Herr, gestern wurde ich allein als Autor von *La Tour de Neste genannt*, heute steht mein Name auf den Theaterzetteln, vor denen zwei M und * * * stehen. Es handelt sich um einen Fehler oder einen Akt der Bosheit, dessen Opfer ich weder sein noch dessen Opfer sein werde. In jedem Fall würden Sie bitte bekannt geben, dass ich in meinem Vertrag auf der Bühne und, wie ich hoffe, auf den morgigen Plakaten der alleinige Autor von *La Tour de Neste* *bin   und   sein   werde.*
> F. GAILLARDET"

„Da!", sagte ich zu Harel, „das ist flach."

Harel faltete einen zweiten Brief auseinander.

„Hier ist meine Antwort", sagte er.

„Mein lieber Mann, die einzige Antwort, die Sie geben können, ist, die Position der Sterne zu ändern."

„Das passt nicht in mein Planetensystem ... Hören Sie."

Und er las:

> „1. *Juni*
>
> *"Zum Herausgeber.*

"Dies ist meine Antwort auf den außergewöhnlichen Brief
von M. Gaillardet, der behauptet, der alleinige Autor von
La Tour de Neste zu sein. Das Stück gehört, was den Stil
betrifft, und zumindest neunzehn Zwanzigstel seiner
Komposition, einem berühmten Mitarbeiter, der aus
privaten Gründen seinen Namen nach dem immensen
Erfolg, den es erhielt, nicht nennen wollte. Vom
Originalwerk von M. Gaillardet ist kaum etwas übrig
geblieben. Ich behaupte dies und werde es bei Bedarf durch
Vergleich des Manuskripts mit dem von M. Gaillardet
beweisen. – Mit freundlichen Grüßen usw.
„HAREL"

Am 2. Juni enthielten die Zeitungen diese Antwort von M. Gaillardet:

" *Zum Herausgeber.*

„Als Antwort an Herrn Harel fügen Sie bitte den
beigefügten Brief bei, den mir der *berühmte Mitarbeiter
geschrieben hat* , von dem Herr Harel spricht. Ich habe ihn in
Tonnerre erhalten, wo ich zum ersten Mal erfuhr, dass ich
einen   Mitarbeiter   habe.
„F. GAILLARDET"

Es folgte mein Brief. Ich muss gestehen, dass mich die Einfügung meines
Briefes überraschte. Es war, gelinde gesagt, taktlos von Monsieur Gaillardet,
denn er machte damit einen Mann zum Gegner, der neutral bleiben wollte.
Ich konnte nicht länger schweigen; die Zeitungen, die mir gegenüber immer
ziemlich böswillig waren, begannen mich anzugreifen, und ich hatte am Tag
zuvor einen Streit mit Monsieur Viennet vom *Corsaire* in der Redaktion dieser
Zeitung gehabt, der beinahe in einem Duell geendet hätte. Außerdem hatte
ich das vage Gefühl, dass es, bevor diese Angelegenheit erledigt war, noch
Schwertkampf- oder Pistolenübungen geben oder empfangen würde. Nach
all den Demütigungen, die mich die Arbeit gekostet hatte, wäre es mir viel
lieber gewesen, dies mit Monsieur Gaillardet zu tun als mit irgendjemand
anderem. Darüber hinaus war ich seit meinem Choleraanfall äußerst
schwach. Ich konnte nicht essen und bekam jede Nacht Fieber, was mich in
eine abscheuliche Stimmung versetzte. Ich griff also zur Feder und
antwortete, verletzt von dem unangenehmen Eindruck, den die
Veröffentlichung meines Briefes bei mir hinterlassen hatte:

„*An den Chefredakteur der Zeitung.*

„HERR, gestatten Sie mir zunächst, Ihnen für die
Einfügung des Briefes zu danken, den ich an Herrn
Gaillardet geschrieben habe und der in Ihrer gestrigen

Ausgabe abgedruckt ist. Er wird der Öffentlichkeit zeigen, wie feinfühlig ich im Umgang mit diesem jungen Mann vorgehen wollte; aber dieses Feingefühl wurde, wie mir scheint, sehr schlecht gewürdigt: Die einzigen beiden Gespräche, die ich mit ihm führte, bewiesen mir, dass er es nicht verstehen konnte. [1] Aber wie konnte Herr Gaillardet nicht wissen, dass die Einfügung dieses Briefes zumindest eine Antwort meinerseits erfordern würde, dass diese nur zu seinem Nachteil sein könnte und dass er, der mit einer Laterne auf Spott aus ist, zwangsläufig mehr Glück haben würde als Diogenes? Nun gut, die Antwort, zu der er mich zwingt, lautet wie folgt:

„‚Ich habe das Manuskript von Herrn Gaillardet nicht gelesen. Es verließ Herrn Harels Hände nur für eine Sekunde und wurde ihm sofort zurückgegeben. Denn als ich zustimmte, ein Werk unter einem Titel und über eine bekannte Situation zu schreiben, hatte ich Angst, von einem früheren Werk beeinflusst zu werden und so die Frische zu verlieren, die für mich unabdingbar ist, bevor ich ein solches Werk verfassen kann.‘

Da nun Herr Gaillardet der Meinung ist, dass die Öffentlichkeit über diese bedauerliche Angelegenheit nicht ausreichend informiert ist, soll er drei Literaten *seiner Wahl zur Schlichtung einberufen* und mit seinem Manuskript vor sie treten, während ich mit meinem vorgehen werde; sie sollen dann entscheiden, auf welcher Seite das Zartgefühl und auf welcher die Undankbarkeit liegt.

„Damit ich den äußersten Grenzen der Bedingungen treu bleiben kann, die ich mir in meinem Brief an Herrn Gaillardet aufopferungsvoll auferlegt habe, gestatten Sie mir, Sir, meinen Namen hier nicht zu nennen, ebenso wenig wie ich es auf den Rechnungen getan habe.

„DER AUTOR DES MANUSKRIPTS VON *La Tour de Nesle* "

Von nun an, so wird man verstehen, wurde zwischen Monsieur Gaillardet und mir der Krieg erklärt.

---

[1] Um den Text nicht zu verändern, bin ich gezwungen, die Briefe vollständig wiederzugeben; nur missbillige ich jetzt schon jede verletzende Äußerung in den meinen.

KAPITEL IV

Der Einsatz von Freunden – *Le Musée des Familles* – Ein Artikel von M. Gaillardet – Meine Antwort darauf – Herausforderung von M. Gaillardet – Ich nehme sie mit Überschwang an – Mein Gegner verlangt zunächst eine Frist von einer Woche – Ich lade ihn vor die Kommission der Dramatiker – Er lehnt dieses Schiedsverfahren ab – Ich schicke ihm meine Sekundanten – Er bittet um eine Frist von zwei Monaten – Janins Brief an die Zeitungen

---

Obwohl sich große Ereignisse wie ein schrecklicher Sturm am Horizont zusammenbrauten und sich inmitten der traurigen Kontroverse, über die wir schreiben, abspielen würden, halte ich es für besser, sie, so wie wir sie begonnen haben, bis zum Ende zu verfolgen, statt später darauf zurückzukommen.

Herr Gaillardet beharrte auf seinem Prozess und gewann ihn. Ich habe bereits erwähnt, dass ich mich entschieden geweigert hatte, Harel bei seiner Verteidigung zu unterstützen. Die unklugen Stars, die Herrn Gaillardets Namen den Rang abgelaufen hatten, mussten sich ihm beugen; doch wie Harel es gewollt hatte, wusste ganz Paris, dass ich der wahre Autor von *La Tour de Nesle war*.

Hat das dem Drama gutgetan? Ich habe meine Zweifel daran; ich habe bereits meine Meinung über die Freude des Publikums geäußert, den Ruf eines unbekannten jungen Mannes auf Kosten des etablierten Rufs zu stärken. Zwei Jahre vergingen, während derer *La Tour de Nesle* zwei- bis dreihundert Aufführungen erlebte. Ich dachte nicht mehr an den alten Streit; ich hatte während dieser zwei Jahre nur *Gaule et France veröffentlicht* – ein sehr unvollendetes Werk, vom wissenschaftlichen Standpunkt aus gesehen, aber vom Standpunkt der Vorhersage, mit der es endet, außerordentlich bemerkenswert – und *Angèle* aufgeführt, als eines Morgens ein Freund von mir (Freunde sind manchmal sehr nützlich, wie wir gleich sehen werden) in mein Zimmer kam, als ich noch im Bett lag, und mich nach einigen einleitenden Worten fragte, ob ich *Le Musée des Familles gelesen hätte*. Ich sah ihn mit sichtlich erstauntem Gesichtsausdruck an.

„ *Le Musée des Familles* ?", fragte ich. „Weswegen hätte ich diesen Artikel lesen sollen?"

„Weil es einen Artikel von M. Gaillardet enthält."

„Umso besser für *Le Musée des Familles.* "

„Ein Artikel über *La Tour de Nesle* .“

„Ah! Ein Artikel über das Drama?“

„Nein, auf dem Turm.“

"Nun, wie betrifft mich das?"

„Weil Herr Gaillardet in seinem Artikel über den Turm von dem Theaterstück spricht.“

„Also, was sagt er? Kommen Sie zur Sache.“

"Er sagt, es sei sein bestes Drama."

„Er sollte sich schämen. Er meint, es ist eines meiner besten.“

„Das sollten Sie lesen.“

"Was soll das bringen?"

„Weil es vielleicht einer Antwort bedarf.“

„Der Artikel von Herrn Gaillardet?“

"Ja."

"Denkst du so?..."

„Du meine Güte! Lies es.“

Ich rief Louis. Der Diener, den ich damals hatte, hieß Louis; er war ein drolliger Kerl, den ich von Zeit zu Zeit betrunken vorfand, wenn ich nachts nach Hause kam, und der sich damit entschuldigte, dass er am nächsten Morgen ein Duell bestreiten müsse und deshalb seine Gedanken ertränken müsse. Ich eilte mit ihm zu Henry Berthoud, dem Verleger von *Le Musée des Familles,* und bat ihn, mir die Nummer zu schicken, die M. Gaillardets Artikel enthielt. Louis kam mit der gewünschten Nummer zurück, und das ist, was ich las

"LA TOUR DE NESLE

"Eines Abends erhellte die untergehende Sonne den Himmel mit purpurroter Farbe und säumte den Horizont, der zwischen Sèvres und Saint Cloud lag, mit einem Feuerband. Ich befand mich auf der Pont des Arts mit M. de Jouys *L'Ermite* in der Hand. Geleitet vom Akademiker war ich als Beobachter ins Zentrum einer Vogelperspektive gelangt; denn dieser besondere Ort ist ein Brennpunkt, in dem sich tausend Strahlen treffen und zusammenlaufen.

Mir gegenüber die Stadt, die Wiege von Paris, mit ihren in Form eines Dreiecks aufgetürmten Häusern, die so dicht beieinander stehen wie ein Kampfkorps; an der Spitze der Stadt die Pont Neuf mit ihren alten Bögen und ihren neun angrenzenden Straßen. Links der Louvre, der nicht mehr der alte Louvre ist, mit seinem schweren Turm und Glockenturm; die Tuilerien, dieses königliche *Zweitwohnsitz*, dessen Name mit der Würde der Zeit und der Revolutionen, die über ihm vorübergegangen sind, geadelt ist; ein Denkmal davon kann sagte, wie Milton über Satan sagte: „Der Blitz hat ihn getroffen und sein Gesicht gezeichnet!" Rechts die Münzstätte, das einzige Gebäude in Paris, das zusammen mit dem Timbre-Royal und der Morgue eine eigene Physiognomie besitzt und sozusagen die Natur seiner Existenz zeigt. Unten das Institut und die Bibliothèque Mazarine.

"Ich war in meiner *Umsicht schon so weit gekommen,* als mein *Cicerone* (ich beziehe mich noch immer auf M. de Jouy) mich in einer Fußnote darüber informierte, dass an dieser Stelle früher der Turm von Nesle gestanden hatte, von dessen Spitze sich den Chronisten zufolge mehrere Königinnen oder Prinzen in die Seine stürzen mussten, um das Unglück, das sie über sich gebracht hatten, sicherer und schneller loszuwerden. Diese Anekdote hat mich sehr beeindruckt. Als ich noch jung und auf dem College war, hatte ich Brantôme und den Inhalt über den Turm von Nesle gelesen; aber die Erinnerung daran war aus meinem Gedächtnis gelöscht worden: jetzt kam sie mir lebhaft und plötzlich wieder in den Sinn. Sie nahm eine doppelte Kraft an, je nach der Stunde und dem Ort, an dem ich stand, und kam mit verdoppelter Kraft und Eindringlichkeit wieder; sie nahm mich völlig in Besitz ... Zum ersten Mal spürte ich das Drama, und mein erstes und bestes Drama war konzipiert!

„Diese Geschichte von Ausschweifungen und fürstlichen Massakern, die nachts, um Mitternacht, zwischen den dicken Mauern eines Turms stattfanden, ohne Zeugen außer den brennenden Lampen, den begleitenden Mördern und Gott, der über alles wacht, hat etwas Anziehendes und zugleich Schreckliches! Etwas, das die Seele ergreift, in der Behausung dieser jungen Männer (sie waren alle jung und schön!), die ohne Waffen und ohne Misstrauen dorthin gekommen waren, ... eine wahrhaft königliche Beute, um die Hyänen und Tiger sie beneiden könnten! Aber ich lasse mich von diesen poetischen Betrachtungen mitreißen und vergesse, dass ich ein Geschichtenerzähler bin und nur sein möchte.

"Lassen Sie uns zuerst über das Gebäude sprechen, dann werde ich über seine Geheimnisse sprechen. Zur Zeit von König Philipp dem Schönen und seinen Söhnen waren die Grenzen von Paris am linken Seineufer durch eine Einfriedung begrenzt, die Philippe-Auguste errichten ließ, der ihr seinen Namen gab. Diese Einfriedung, deren Mauern ziemlich genau den späteren Türmen des Louvre entsprechen, hatte zu ihrer äußeren Verteidigung einen Graben, der mit der Seine in Verbindung stand und das Wasser zum Bussy-Tor leitete. Jenseits der Einfriedung befanden sich die großen und kleinen Pré-aux-Clercs, die so genannt wurden, weil sie an Festtagen von den Studenten der Universität als Promenade genutzt wurden. Sie bedeckten den Raum, den heute die Rue des Petits-Augustins, Marais-Saint-Germain, Colombier, Jacob, Verneuil, de l'Université und Saints-Pères usw. einnehmen. Auf diesem Raum und angrenzend an die Einfriedung befand sich das Hôtel de Nesle, das eine Fassade aus elf großen Arkaden, mit einem mit Bäumen bepflanzten Abschluss, dessen Ende am Kai in der Nähe der Augustinerkirche lag. Dieses Herrenhaus befand sich an der Stelle des College Mazarin, des Hôtel de la Monnaie und anderer angrenzender Orte: Sein geräumiger Hof, seine Gebäude und seine Gärten wurden fast von den Rues Mazarine und Nevers und dem Quai Conti begrenzt, der früher Quai de Nesle hieß.

"Amaury de Nesle, der Besitzer des Herrenhauses, verkaufte es 1308 für die Summe von 5000 Livres an Philippe le Bel; Philippe le Long schenkte es seiner Frau Jeanne de Bourgogne, und sie verfügte in ihrem Testament, dass es verkauft werden sollte und das Geld für die Gründung eines Colleges verwendet werden sollte, das Collège de Bourgogne genannt wurde. 1381 verkaufte Karl VI. es an seinen Onkel, den Herzog von Berry. Da dieser die Gärten zu klein fand, fügte er ihnen 1385 sieben Morgen Land hinzu, das außerhalb der Stadtgräben lag, und um eine Verbindung herzustellen, ließ er eine Brücke über den Graben bauen. Dieser äußere Teil wurde petit *séjour de Nesle genannt.* Aus den Händen des Herzogs von Berry ging das Herrenhaus in die Hände mehrerer anderer Fürsten über und wurde schließlich 1552 und 1570 von Heinrich II. und Karl IX. direkt verkauft. Auf seinem Boden erhoben sich verschiedene Gebäude, wie das Hôtel de Nevers, das Hôtel de Guénégaud, das seitdem den Namen Conti angenommen hat; noch später wurde das, was von diesem Herrenhaus übrig blieb, abgerissen, um Platz für das Collège Mazarin zu schaffen, heute das Palais de l'Institut. Am westlichen Ende des Herrenhauses, in dem Winkel, der vom Lauf der Seine und dem Graben des Geheges de Philippe-Auguste gebildet wird, befanden sich das Tor und der Turm von Nesle, die einzigen, die auf dem diesem Bericht vorangestellten Kupferstich dargestellt sind. Das Tor war eine Art Festung, bestehend aus einem Gebäude, das von zwei runden Türmen flankiert wurde, zwischen denen sich der Eingang von der Stadt aus befand. Diesen erreichte man über eine auf vier Bögen gestützte Steinbrücke, die die durch den an dieser Stelle sehr breiten Graben unterbrochene Verbindung wiederherstellte.

"Es scheint, dass dieses Tor lange Zeit für die Öffentlichkeit geschlossen war. Ich las nämlich Patentbriefe vom 13. April 1550, die an den Propst und die Stadträte gerichtet waren und sie ermächtigten, ,das Tor von Nesle zur Bequemlichkeit der Nachbarschaft und nur für Fußgänger und Pferde zu öffnen, nicht für die Verwendung von Wagen oder Packpferden, die der Zahlung einer Maut unterliegen.' Ich las in diesen Briefen weiter, dass ,das Faubourg durch die Kriege zerstört und in Ackerland verwandelt worden war. Und nachdem mit dem Wiederaufbau unter Franz I. begonnen wurde, der dies erlaubt hatte, war es einer der schönsten Vororte aller Städte Frankreichs. Daraufhin wurde auf Ersuchen der Stadt die Öffnung des besagten Tores gestattet.' [1]

"Durch dieses Nesle-Tor betrat Heinrich IV. Paris, nachdem er 1589 diese Seite der Stadt belagert hatte. Es existierte noch unter der Herrschaft von Ludwig XIV. Nun zum Turm: Er befand sich einige Meter nördlich des Tores, auf der Landzunge, die durch den Graben gebildet wurde, wo er sich wieder mit der Seine vereinigte: der Fluss umspülte ihn an seinem Fuß. Er hatte eine runde Form, war etwa hundertzwanzig Fuß hoch und überblickte das Dach der Galerie des Louvre. Er war mit einem zweiten Turm verbunden, der die Wendeltreppe enthielt, und war im Durchmesser nicht so groß, aber immer noch höher. Auf den ersten Blick hätte man gesagt, sie seien wie zwei Schwestern, von denen die eine die Kraft und Reife des Alters geerbt hatte und die andere die Leichtigkeit und Anmut der Jugend. Dieser Turm war spitzer und schlanker und war der Aussichtsturm; solider *und* gesetzter , der erstere vertraute auf seine Stärke und wartete. Beide waren durch eine Mauer, ihre Verbündete, mit dem benachbarten Tor verbunden, und diese drei bildeten eine vollständige Das Ganze war nach Südwesten ausgerichtet und wurde durch Wälle fortgesetzt, die zusammen mit mehreren anderen Bauwerken die Verteidigung vervollständigten.

„Auf dem anderen Ufer, gegenüber, erhob sich der Louvre, und in der Ecke zwischen dem Louvre und der Pariser Mauer stand ein ähnlicher Turm, den sie Tour *du Coin* *nannten.* In Zeiten der Gefahr wurde eine Eisenkette, deren eines Ende am *Tour de Nesle befestigt war,* über die Seine gespannt und in unterschiedlichen Abständen von Booten hochgehalten. Sie wurde am *Tour du Coin befestigt* und versperrte von dieser Seite des Flusses aus den Zugang zur Stadt Paris.

„Ursprünglich trugen die Tür und das Tor von Nesle den Namen von Philippe Hamelin, ihrem Erbauer oder ihrem ersten Besitzer, ich weiß nicht, wer von beiden. Später leiteten sie ihren Namen von dem Herrenhaus ab, das inzwischen an Bedeutung gewonnen hatte. Die Fenster des Turms und eine Terrasse des Herrenhauses blickten auf den Fluss.

„Brantôme (ich kehre nun zu ihm zurück) berichtet im zweiten Absatz, Art. I ᵉʳ seiner *Femmes Galantes,* dass dort normalerweise eine Königin von Frankreich lebte, deren Namen er nicht nennt, ‚die dort nach Vorübergehenden Ausschau hielt, sie rief und sie zu sich kommen ließ und sie von der Spitze des Turms, *der noch immer steht,* ins Wasser warf, um sie zu ertränken... Ich möchte nicht sagen, fügt er hinzu, dass dies wahr sei; aber das einfache Volk, zumindest der größte Teil von Paris, erklärt dies; und kein noch so einfacher Mann würde es nicht bestätigen, wenn man ihm den Turm allein zeigte und ihn darüber befragte.‘

„Jean Second, ein niederländischer Dichter, der 1536 starb, unterstützte Brantômes Behauptung in einem lateinischen Vers, den er über den Turm von Nesle verfasste. [2]

„Mayeme erwähnt es in seiner *Geschichte Spaniens* , Band I, S. 560. Villon, der seine Gedichte im fünfzehnten Jahrhundert, also zu einem noch näheren Zeitpunkt des Ereignisses, schrieb, fügt sein Zeugnis hinzu. Er gibt mehrere neue Einzelheiten an und informiert uns, dass die elenden Opfer in Säcke gesteckt wurden, bevor sie in den Fluss geworfen wurden. In der zweiten Strophe seiner *Ballade des „Dames du temps jadis"*, fragt er –

„… Woher kommt der König
, der BuridanFût in einen Sack auf der Seine schickt?"

„Dieser Buridan, von dem Villon spricht, entkam der Falle, wir wissen nicht wie. Er zog sich nach Wien in Österreich zurück, wo er eine Universität gründete, und sein Name wurde im 15. Jahrhundert in den Schulen von Paris berühmt.

„Im Jahr 1471 schrieb ein Magister der Künste der Universität Leipzig ein kleines Werk mit dem Titel *Commentaire historique sur les jeunes écoliers parisiens que Buridan,* etc." Man sieht, dass die Geschichte des Turms von Nesle europaweit Berühmtheit erlangt hatte. Die Königin, von der Brantôme, Jean Second, Mayeme und Villon alle sprechen, galt nacheinander als Jeanne de Navarre, die Frau von Philippe dem Schönen; dann als Marguerite de Bourgogne, die erste Frau von Ludwig X., sowie als seine beiden Schwestern Jeanne und Blanche, alle drei Schwiegertöchter von Philippe dem Schönen.

Doch Robert Gaguin, ein Historiker des 15. Jahrhunderts, nimmt Jeanne de Navarra in Schutz. Nachdem er über das Verhalten der drei Prinzessinnen, die die drei Söhne von Philipp dem Schönen heirateten, und über ihre Bestrafung gesprochen hat, fügt er hinzu: „Diese Unruhen und ihre schrecklichen Folgen führten zu einer Tradition, die dem Andenken von Jeanne de Navarra, der Frau von Philipp dem Schönen, schadet. Dieser Tradition zufolge ließ sie Studenten, die sie anzog, aus dem Fenster ihres Zimmers in den Fluss werfen. Nur ein einziger Student, Jean Buridan, hatte das Glück, der Strafe zu entgehen, die er auf sich geladen hatte; deshalb veröffentlichte er (vor seiner

Selbstexposition) dieses Epigramm: *Ne craignez pas de tuer une royne; cela est quelquefois bon* (Reginam interficere nolite timere; bonum est).“

„Gaguin bestreitet diese Tatsache also nicht; im Gegenteil, er bestätigt sie und entwickelt sie weiter, wobei er sich nur darüber beschwert – und das nicht ohne Grund –, dass sie Jeanne de Navarra zugeschrieben wurde, die nicht zur selben Zeit wie Buridan lebte. Was Margarete von Burgund und ihre Schwestern Jeanne und Blanche betrifft, so haben sie weder den Schutz noch den Schutz eines Datums noch des Urteils der Geschichte. Alle Welt weiß dagegen, dass die drei Schwestern sich auf andere Weise des skandalösesten Verhaltens schuldig gemacht haben; zwei von ihnen hatten ihre beiden Brüder Philippe und Gaultier d'Aulnay als Liebhaber; der Turm von Nesle gehörte damals der Prinzessin Jeanne und war ihr Treffpunkt. Aber eines Tages, sagt Geoffrey von Paris –

„‚Alles singen und singen und trinken.
Tornés stürzt in große Verwüstung.Du folgst den Leuten in Frankreich:Vertreibe mich nicht, um mich zu überzeugen.Zwei lustige und heitere Ritter,Gaultier und Philippe d'Aulnay.'

„Tatsächlich wurden diese beiden jungen Männer plötzlich verhaftet, ebenso wie die Königin und ihre Schwestern, die Prinzessinnen. Philippe gestand, dass er der Liebhaber von Margarete, der Frau von Ludwig X., war, und Gaultier der von Blanche, Comtesse de la Marche. Dieses Geständnis, sagt Geoffrey –

„‚Sie werden sich nie zurückziehen.
Was den Satz betrifft, haben sie ihn ohne Zweifel gespielt. Die beiden Ritter ihres *Paares. In einem Satz sind sie verliebt.* Durch ihren Verrat und ihre Jagd. Was sie gezwungen haben, zu entkommen … Und dann werden sie mitgerissen und hängen!'

„Margaret und Blanche wurden zu den Andelys gebracht, wo sie“, sagt Geoffrey, „in eine Art unterirdisches Verlies geworfen wurden.“

„‚Die Zeit im Gefängnis wird wütend,
Und der Trost wird wenig ärgerlich. Einer wird nicht

anders, aber alle Reisen werden schlimmer. Für den König von Navarra, Auf der Haut liegt es, und auf dem Land. Die Gräfin wird schlimmer. Sie wird nicht weniger Böses ertragen, Denn sie wird schlimmer. Dieses Zeitalter der Gerechtigkeit wird kommen, Denn der König wird schlimmer, Du willst, dass sie es vermeidet.'

„Von diesem Gefängnis wurden sie nach Château-Gaillard, einer Festung in der Normandie, überstellt. Dort wurde Margarete auf Befehl von Ludwig X. nach einigen Aussagen mit einem Handtuch erwürgt, nach anderen mit ihrem eigenen Haar. Blanche blieb verschont und wurde geschieden. Sie nahm den Schleier in der Abtei von Maubisson an, wo sie ihrem Leben ein Ende setzte. Doch Jeanne hatte noch mehr Glück; sie war wie ihre Schwestern verhaftet worden –

",Und wenn die Gräfin es tat,
rief sie und sagte: „Por Dieu, oiez moi, sire Roi;Wer redet mit mir?Je dis, que je suis preude fame,Sans nul crisme, sans nul diffame;
Et sé nul ne veut contre dire,
Gentil Roy, je vous réquirer. Sire,Was Sie in der Verteidigung hören müssen,Sé nul ou null demandantMe fait chose de mauvestie,My cuer sens s e pur, si traitie,Was mich entmutigt,Ou tel champion baillerai,Qui bien saura mon droit deffendre,S'il ovus pies à mon gage prendre."

Tatsächlich gelang es ihr, sich mehr oder weniger zu rechtfertigen, und ihr Mann Philippe le Long nahm sie wieder auf.

"Frédéric Gaillardet"

Das Ganze war für mich nicht besonders beleidigend, aber ich war über die ganze Sache so verärgert, dass ich mir vorgenommen hatte, bei der allerersten Gelegenheit, die sich bot, Herrn Gaillardet gegenüber unfreundlich zu sein, und ich hatte nicht vor, diese Gelegenheit ungenutzt verstreichen zu lassen. Die Gelegenheit bot sich und ich ergriff sie. Ich schrieb *ab irato* den folgenden Brief und tat Unrecht. Ich kann nicht mehr tun, als es zu gestehen, hoffe ich.

„An Frau Henry Berthoud

„MONSIEUR LE DIRECTEUR, – Als ich in einer Ihrer alten Ausgaben blätterte, stieß ich zufällig auf einen Artikel, in dem Herr Gaillardet erzählt, wie er sein Drama *La Tour de Nesle* schrieb. Ich hätte nie geglaubt, dass solche

Einzelheiten für das Publikum von ausreichend großem Interesse wären; aber da Herr Gaillardet anderer Meinung ist, werde ich mich seiner Meinung unterwerfen und meinerseits erzählen, wie ich mein Drama schrieb.

"Ich muss zunächst zugeben, dass seine Geburt oder vielmehr seine Verkörperung, seine früheste Idee mir weniger plötzlich und inspiriert und folglich weniger poetisch in den Sinn kam als bei ihm. Es kam mir nicht auf der Pont des Arts, gegen Abend eines schönen Sommertages, zu jener Stunde, wenn der Strahl der westlichen Sonne den Horizont der großen Stadt purpurn lässt; es kam mir tatsächlich nicht, während ich auf den Mazarin-Palast blickte, der gemeinhin als Institut bekannt ist. Deshalb ist mein *Tour de Nesle* so unakademisch. Nein; aber Sie werden sich vielleicht an die verheerende Zeit erinnern, als die Cholera von St. Petersburg nach London und von London nach Paris übersprang und auf das Hôtel-Dieu fiel und ihre Flügel wie ein schwarzes Leichentuch über die verdammte Stadt ausbreitete. Der reiche Mann in seiner Selbstsucht hoffte zunächst, dass der pestverseuchte Atem dieses Dämons sich auf die Sterblichkeit unter den Armen beschränken würde; dass die aristokratische Geißel nur die Bewohner von Wohnungen oder Dachkammern, und dass es zweimal nachdenken würde, bevor es mit seinem Leichentuch an die Türen der Villen der opulenten Chaussée oder des edlen Faubourg klopfte. Er dachte, es sei verrückt geworden! Er schloss die gepolsterten Fensterläden, damit ihn kein Geräusch erreichte; er befahl seinen Dienern, frische Kerzen anzuzünden, mehr Flaschen Wein hereinzubringen, mehr Lieder zu singen. Dann, am Ende der Orgie, hörte er den Ruf an seiner Tür: – Es war der asiatische Engel, der gekommen war, wie der Kommandant nach Don Juans Fest, um ihn bei den Haaren zu packen und zu sagen: „Tu Buße und stirb!"

„Oh, dann herrschte allgemeine Verzweiflung, wirklich, und es war merkwürdig zu sehen, wie das Gerücht über den ersten Todesschrei aus einem reichen Haushalt durch den Faubourg Saint-Honoré zum Luxembourg und vom Luxembourg nach La Nouvelle-Athènes hallte; wie plötzlich alle, die innerhalb dieses eleganten Dreiecks lebten, von wachsender Angst ergriffen wurden und an nichts anderes als an die Flucht dachten und sich in ihren

Kutschen einschlossen, die mit den Wappen von Crécy, von Marengo oder der Börse geschmückt waren. Mehr als eine dieser Kutschen stieß, bevor sie das Ende der Straße erreichte, mit einem schwarz überzogenen Wagen zusammen, der auf dem Weg zum Friedhof war, und mehr als ein Flüchtling begegnete dem Tod, dem unbestechlichen Zollbeamten, der ihm verbot, die Grenze zu überschreiten, da er ihn als den seinen erkannte und ihn im Voraus für das Grab markiert hatte.

„Dann folgte auf den Lärm dieser Barouches, Berlins und Postkutschen, der in alle Richtungen zunahm und die Straßen entlangraste, ein dumpfes, anhaltendes Geräusch. Eine lange Reihe von Leichenwagen aller Art, die aus einem einfachen schwarzen Vorhang zu einem solchen umfunktioniert worden waren (denn diese Leichenwagen reichten bald nicht mehr für die Zahl der eingeladenen Gäste), folgte unaufhörlich im Schritttempo in dreier Reihe, und vor ihnen gähnte der Rachen eines Friedhofs. Dann kehrten die Kutschen auf einem anderen Weg zurück, leer und ungeduldig, wieder gefüllt zu werden. Alles verschwand vor der unaufhörlichen Angst vor dem Tod: Die Börse war stumm, die Promenaden wurden einsam, die Vergnügungsstätten verlassen; das Theater Porte- Saint- Martin, dieser König der Geldmacher, nahm im ganzen Monat April nur 9000 Francs ein.

"Eine der Bomben, die über Paris explodiert waren, traf mich. Ich lag noch fiebrig, aber genesend im Bett, als M. Harel kam und sich an mein Bett setzte. Die Krankheit, an der sein Theater litt, nahm den entgegengesetzten Verlauf wie meine. M. Harel ist einer jener Gladiatoren, die, wenn nicht die stärksten, so doch zumindest die beweglichsten sind, die ich kenne: ein Mann mit kalkulierter Besonnenheit, von Natur aus klug, aus der Not heraus beredt. Fünf Jahre lang, glaube ich, rangen das Glück und er miteinander und kämpften in den Listen, die man als Parkett eines Theaters bezeichnet; sicherlich biss er mehr als einmal ins Gras, aber mehr als einmal schlug er auch seinen Gegner nieder, und jedes Mal, wenn es passierte, stand die Göttin nur mit leeren Taschen auf. Trotzdem gestand er dieses Mal selbst, dass sie ihm ihren Dolch an die Kehle hielt!

„Bei einem Mann wie Monsieur Harel können sich die Umstände zehnmal am Tag von schlecht zu gut und von gut zu schlecht ändern; aber in jedem Fall ist es immer eine Freude, ihn zu sehen, weil es immer unterhaltsam ist, ihm zuzuhören: Geben Sie ihm Mascarille und Figaro als *Kammerdiener*, und wenn er sie nicht besiegt, möchte ich ein Georges Dandin sein. Mit der üblichen Freude, die mir seine Anwesenheit bereitete, ganz gleich, wie ich, wie bereits erwähnt, in welcher Position ich mich ihm gegenüber befand, sah ich Monsieur Harel hereinkommen. Diesmal dachte ich außerdem, wir stünden auf freundschaftlichem Fuß, und sein Besuch war ein echter Glücksfall für einen Genesenden. Er erzählte mir auf die witzigste Art und Weise, die man sich vorstellen kann, von all den Schwierigkeiten, die das Theater durchmachte, genug, um einen gewöhnlichen Menschen in den Wahnsinn zu treiben, und endete mit den Worten, wenn mein Gehirn in diesem Moment so leer sei wie sein Theater, sei er ein ruinierter Mensch.

„Der Kopf eines Autors ist selten ganz ausgetrocknet; er hat immer in einer der Schubladen dieses wunderbaren Möbelstücks, das wir Gehirn nennen, zwei oder drei Ideen, die auf die für jede von ihnen notwendige Inkubationszeit warten, bevor sie lebendig hervortreten können. Unglücklicherweise oder vielleicht auch glücklicherweise war keine dieser Ideen im Moment bereit, von mir geboren zu werden, und jede von ihnen benötigte noch mehrere Monate der Schwangerschaft, wenn sie nicht tot geboren auf die Welt kommen sollten. M. Harel gab mir eine Woche.

„Es gibt zwei Arten, literarische Werke im Allgemeinen und dramatische Werke im Besonderen zu bearbeiten: die eine ist gewissenhaft, die andere finanziell; die erste ist künstlerisch, die zweite bürgerlich. Bei der ersten Methode arbeitet man nur mit dem Gedanken an sich selbst, bei der zweiten nur mit dem Gedanken an die Öffentlichkeit, und das große Übel unseres Berufs ist, dass sehr oft die finanzielle Arbeit die gewissenhafte überwiegt und die bürgerliche Arbeit sich über das künstlerische Schema behauptet. Das bedeutet, dass man, wenn man für sich selbst arbeitet, alle öffentlichen Anforderungen den persönlichen opfert, während man, wenn man für andere arbeitet, alle persönlichen Anforderungen den öffentlichen opfert; und das hindert einen Autor nicht daran, Werke zu haben, denen er gleichgültig ist, und solche, für die er eine

Vorliebe hat, was auch immer ihr Schicksal sein mag. Nun ist es sinnlos zu sagen, dass Werke, die man bevorzugt, nicht in einer Woche geschaffen werden. Ich blieb also dabei, keine der Ideen aufzugeben, die ich in diesem Moment im Kopf hatte; und als M. Harel dies sah, erwähnte er sofort eine der Ideen, die er in seinem Kopf hatte. MSS. Logen in seinem Theater.

„" *Pardieu!* ', sagte er zu mir, ‚in einem der drei- oder vierhundert Dramen, die an der Porte-Saint-Martin aufgeführt werden, gibt es ein Thema, das hervorragend zu Ihrem Arbeitsstil passen würde und in dem Mademoiselle Georges eine schöne Rolle spielen würde.'

"'Was ist es?'

„"Eine Margarete von Burgund.'

„"Ich kann es nicht ertragen: Ich habe mich neulich geweigert, mich damit zu befassen, als mir jemand dazu geraten hat.' [3]

"'Aber warum?'

„"Weil ein Freund von mir, der, wie ich glaube, viel schlauer ist als Sie, was schon viel heißen will, ein Drama darüber macht.'

"'Wer ist er?'

„"Roger de Beauvoir?'

„"Sie irren sich! Es ist ein Roman mit dem Titel , *Der Gelehrte von Cluny*'. "

„"Oh, dann ist eine weitere Schwierigkeit beseitigt! Ich freue mich umso mehr, in den Strom des vierzehnten Jahrhunderts einzutauchen, zu einer Zeit, in der die Cholera mir einen Besuch abstattet, denn ich kenne meinen Louis le Hutin bis in die Fingerspitzen."

„"Es versteht sich also von selbst, dass ich Ihnen das Manuskript morgen zusende.'

„"Aber der Autor! Wird es seinen Vorstellungen entsprechen?'

‚„Das Stück gehört mir; es gehört mir durch einen fairen und ehrlichen Vertrag: Ich habe das Recht, es nach meinem Belieben umschreiben zu lassen, von wem auch immer ich es für richtig halte. Und glauben Sie mir, ich bin sicher, der Autor wird es vorziehen, dass Sie es überarbeiten, anstatt irgendjemand anders … Außerdem möchte ich Ihnen alles offen erzählen.‘

‚„Ich warne Sie, dass ich nach dieser Erklärung auf der Hut sein werde!‘

‚„Genau so … Du weißt, dass Janin mir gegenüber eher freundlich ist?‘

"'Ja.'

‚„Also gut, ich habe ihn gebeten, das Stück umzuschreiben, da es in seiner jetzigen Form nicht aufführbar ist, und ich habe es erst angenommen, nachdem er einer Überarbeitung zugestimmt hatte …‘

‚„Dann brauchst du mich nicht?‘

‚„Im Gegenteil, denn es war Janin selbst, der mir sagte, ich solle zu Ihnen kommen. Er hat sich viel Mühe gegeben und einen wunderbaren Stil hineingelegt. Ich besitze Janins Manuskript. Es ist in der Tat vielleicht das Werk, in dem er den Reichtum und die extravagante Vielseitigkeit seiner Feder am besten zur Geltung brachte. Das ist so wahr, dass ich, als mein Drama fertig war, sein Werk als Goldstaub benutzte, mit dem ich mein eigenes bestreute. Aber schließlich war er der Erste, der erkannte, dass er nichts gespielt hatte. Heute Morgen kam er mit einem Arm voll Papiere in mein Zimmer, die er mir zuwarf, und sagte mir, Sie seien der Einzige, der es in Ordnung bringen könne, ich würde ihn vor Sorge umbringen, er habe die Cholera und werde zwanzig Blutegel anwenden.‘

‚„Also gut. Schicken Sie mir all diese alten Papiere morgen?‘

‚„Werden Sie sich sofort daran machen?‘

‚„Ich werde es versuchen, aber unter einer Bedingung.‘

"'Was ist es?'

‚„Dass ich nicht bei den Proben erscheinen werde und dass mein Name nicht auf den Rechnungen erscheinen wird, weil ich das für Sie tue und nicht für mich selbst. Geben Sie mir also Ihr Ehrenwort?'

„„Mein Ehrenwort!"'

„Ich habe bereits erwähnt, dass ich zu der Zeit, als M. Harel mich aufsuchte, an Fieber litt, einem Geisteszustand, der, wie jeder weiß, die Erfindung phantasievoller Werke außerordentlich begünstigt. Daher wurde noch am selben Tag meine Rolle als Margarete von Burgund festgelegt, meine Rolle als Buridan ausgearbeitet und ein Teil der Handlung ersonnen. Am nächsten Tag traf M. Harel mit seinem Manuskript ein.

„Die Sache ist die", sagte er.

„„Schade! Es kommt zu spät.'

"'Wie ist das?'

„„Ihr Drama ist vorbei.'

„„Pah!'

„„Schicken Sie mir heute Abend Ihren Sekretär. Er soll die erste Szene spielen.'

„„Ah! mein lieber Freund! Sie sind ...'

„„Einen Moment! Lassen Sie uns jetzt um geschäftliche Angelegenheiten kümmern.'

„„Aber Sie wissen, dass, unter uns gesagt ...'

„„Ah! Ich möchte nicht über mich selbst sprechen, sondern über Ihren jungen Mann ... Sie haben den jungen Mann einen Vertrag unterschreiben lassen, haben Sie mir gesagt?'

"'Ja.'

„„Unter welchen Bedingungen?'

„Nach den üblichen Bedingungen von Porte-Saint-Martin: 2 Louis pro Vorstellung, ich für ihn, ich für Janin und Eintrittskarten im Wert von 12 Francs. [4]

„Da Janin auf seine Rolle bei der Zusammenarbeit verzichtet hat, gibt er damit auch seine Rechte auf?'

„‚Darüber besteht kein Zweifel; er war der Erste, der mir das gesagt hat.' ‚Dann profitiert Ihr junger Mann also von Janins Rückzug und hat den Vertrag ganz für sich allein?'

"'Nichts Derartiges!'

"'Warum?'

„‚Weil mich das mit Ihren Rechten, die zusätzlich zu den normalen Vereinbarungen gelten, pro Nacht eine verheerende Summe kosten würde. Außerdem verlangt er nur einen Louis, er erwartet einen Mitarbeiter: Er wird seinen Louis und seinen Mitarbeiter bekommen, nur wird dieser nicht Janin, sondern Dumas heißen, und statt seinen Namen zu nennen, will er nichts davon hören.'

„‚Ja, aber ich möchte trotzdem, dass dieser junge Mann mit mir zufrieden ist."

„‚Es gibt einen Weg; lassen Sie ihn seinen zweiten Louis von Ihren Rechten abziehen."

„‚Ja, aber dann nehmen Sie Ihrerseits Tickets im Wert von 20 Francs, damit hat er 50 %.'

„‚Ich bin bestrebt, dass dies der Fall ist.'

„‚Sind Sie damit einverstanden?'

"'Perfekt.'

„‚Lasst es uns aufzeichnen.'

„Ich nahm Stift und Papier zur Hand, und der Vertrag wurde aufgesetzt und unterzeichnet.

„‚Gibt es in dem, was Sie dort mitgebracht haben, noch etwas anderes zu übernehmen?', fuhr ich fort und deutete auf das Manuskript, das auf meinem Bett lag.

„‚Ja, im ersten Akt... Verstehen Sie genau, dass dieses Manuskript Janins ist. Das andere, das unleserlich ist, habe ich Ihnen nicht mitgebracht.' ‚Das werde ich nachholen, nachdem ich meines geschrieben habe.'

„‚Dann soll ich heute Abend etwas haben?'

„‚Ja, die erste Szene.'

„‚Das ist gut; Verteuil wird um zehn Uhr bei Ihnen sein." [5]

„Ich verbrachte den ganzen Tag damit, mit der Federspitze auf Papier zu kratzen. Verteuil kam an diesem Abend zur verabredeten Zeit; ich war todmüde, aber die Szene war vorbei; es war die Wirtshausszene.

„‚Um wie viel Uhr muss ich zurückkommen?‘, fragte mich Verteuil.

„‚Morgen um vier.‘

„‚Und soll ich die zweite Szene haben?‘

„‚Du sollst es haben.‘

"'Wunderbar!...'

„‚Nur, lass mich in Ruhe.‘

„‚Ich werde sofort verschwinden.‘

"'Verteuil verabschiedete sich. Dann erinnerte ich mich daran, was M. Harel mir über die Schönheiten des Stils gesagt hatte, die seiner Meinung nach am Anfang des Werks vorhanden waren. Das erste, was mir auffiel, als ich die Namen der Charaktere betrachtete, war, dass der Hauptheld *Anatole hieß*, ein Name, der mir für ein Drama des vierzehnten Jahrhunderts ungewöhnlich modern erschien; aber ich las unbeirrt weiter. Es gab eine Andeutung einer Handlung, die ich ausnutzte, und, wie ich bereits sagte, bewundernswerte Dinge in Bezug auf den Stil. Ich nahm jedoch nur die Tirade der *Grandes Damen*. Die Marquisen des Faubourg Saint-Germain sollten also auf Janin und nicht auf mich Steine werfen. Was den zweiten, dritten, vierten und fünften Akt betrifft, weichen sie so sehr von den üblichen Theaterregeln ab, dass es unmöglich war, etwas daraus zu lernen; dennoch ließ mich der Zauber des Stils sie bis zum Ende lesen; aber als ich das Manuskript gelesen hatte, legte ich es weg und öffnete es nicht mehr.

„Am nächsten Tag war Verteuil pünktlich und ich war pünktlich, und er führte seine zweite Szene auf. Als die ersten drei Akte fertig waren, wurden sie den Schauspielern vorgelesen, ohne auf die letzten beiden zu warten. Gemäß unserer Abmachung wurde mein Name nicht ausgesprochen, ich erschien nie bei der Lesung, und M. Harel nahm den Platz des mutmaßlichen Autors ein, der immer noch nicht in Paris war.

„Innerhalb einer Woche hatte M. Harel sein Drama vollständig fertiggestellt. Dann schrieb ich dem jungen Mann, dass seine erste Aufführung stattfinden würde. Er beehrte mich nie mit einer Antwort, sondern nahm eine Kutsche, kam nach Paris und fand seine Probenkarten in seiner Wohnung. Er eilte zur Porte-Saint-Martin, kam herein, als der zweite Akt begann, hörte ihm ganz ruhig zu, ebenso dem dritten; aber schließlich verlor er nach der Gefängnisszene die Geduld, trat auf die Bühne und fragte, ob sie bald mit der Probe seines Stücks beginnen würden oder ob sie ihn nur hergebracht hätten, um das Drama eines anderen anzuhören. Die Schauspieler begannen zu lachen. Plötzlich fiel ihm die Ähnlichkeit der Namen ein und er sah klar, dass er etwas Dummes gesagt hatte.

„,Was', sagte Bocage zu ihm, ,erkennen Sie Ihr Kind nicht, oder wurde es beim Kindermädchen gewechselt?'

„Der junge Mann wusste nicht, was er antworten sollte.

„,Sind Sie mit der Szene im Gefängnis unzufrieden?"', fuhr Bocage fort.

„,Überhaupt nicht', sagte der junge Mann, der langsam seine Fassung wiedererlangte; ,im Gegenteil, es scheint mir sehr wirksam zu sein.'

„,Sehr gut, aber Sie werden Ihren zweiten Akt sehen', fuhr Bocage fort; ,das wird Ihnen wirklich gefallen!'

„Der junge Mann sah seinen zweiten Akt und erklärte, er sei ganz nach seinem Geschmack. Nur schien er es sehr zu bedauern, dass der Name Anatole gegen den von Gaultier d'Aulnay ausgetauscht worden war.

„Der junge Mann verfolgte die Proben *seines Dramas* mit größter Aufmerksamkeit, machte willkürlich Einwände, die niemand beachtete, und machte Korrekturen, denen man sorgfältig aus dem Weg ging.

„Der Tag der Aufführung kam. Obwohl ich das Geheimnis sorgfältig gehütet hatte, hatten das indiskrete Interesse des Direktors, die Witze der Schauspieler, ja sogar die Beschwerden über den *Autor* mich in der Öffentlichkeit als den wahren Schuldigen entlarvt; eine bestimmte Art der Gestaltung des Stücks und Stileigenschaften, die ihm ihren eigenen individuellen Stempel aufgedrückt hatten, erhoben sich von Moment zu Moment, um mich immer stärker anzuklagen; kurz gesagt, es gab keine einzige Person im Theater, die nicht erwartet hätte, meinen Namen von Bocage ausgesprochen zu hören, als er kam, um, wie es der Tradition entspricht, anzukündigen, dass das Stück, das sie aufzuführen die Ehre gehabt hatten, von Monsieur * * * stammte. Er nannte den jungen Mann.

"Ich hatte gerade die letzte Verpflichtung erfüllt, die ich mir gestellt hatte, und es war gewiß die schwierigste. Ein ganzes Theater stampfen und mit Hunderten von Händen applaudieren zu hören, das mit der Raserei des Triumphs deinen Namen als Autor fordert , der deiner Person, deinem Leben und deinem Ruhm gleichkommt, und statt deines eigenen einen unbekannten Namen dem Heiligenschein der Öffentlichkeit preiszugeben; und all dies, obwohl man auch anders hätte handeln können, da man durch keinerlei Versprechen gebunden ist, da keinerlei Verpflichtung eingegangen wurde, das ist, glauben Sie mir, die Philosophie der Zartheit auf die äußerste Grenze getrieben. [6]

„Als die Vorstellung zu Ende war, erblickte ich unseren jungen Mann, als ich mit dem Publikum die Treppe hinunterging. Er nahm bescheiden die Komplimente all seiner Freunde entgegen und ritt auf dem hohen Ross inmitten einer Gruppe von ihnen. Janin ging gleichzeitig mit mir die Treppe hinunter. Wir tauschten einen jener Blicke aus, die niemand verstehen konnte; dann gingen wir Arm in Arm davon und lachten den ganzen Boulevard entlang, über den jungen Mann, über das Publikum und vor allem über uns selbst. Am nächsten Tag erfand M. Harel, der vorgab, das Fehlen meines Namens auf den Plakaten sei für ihn schädlich, eine seiner eigenen Methoden, dem Publikum stillschweigend mitzuteilen, was man ihm nicht direkt sagen konnte, und er formulierte sein Plakat mit diesen Worten:

"LA TOUR DE NESLE
" *Drama in fünf Akten, in Prosa*
"DE MM. * * * ET GAILLARDET

„Er hatte, wie wir sehen, die Regeln der Algebra auf den Kopf gestellt, die besagen, dass man vom Bekannten zum Unbekannten und nicht vom Unbekannten zum Bekannten vorgehen soll. Ich glaube, es war unmöglich, den Beweis für eine klügere Unwissenheit und einen raffinierteren Fehler zu erbringen. Als der junge Mann dies sah, schrieb er den folgenden Brief an den Herausgeber des *Corsaire* …

Wir kennen diesen Brief sowie Harels Antwort: Ich habe sie bereits zuvor zitiert.

„Diese Antwort hinderte den jungen Mann, der Rechtsanwalt war, nicht daran, Klage gegen M. Harel zu erheben, aber es war eine merkwürdige Aktion, wie Sie sehen werden. Er dachte nie daran, die Sternchen ganz aus der Rechnung zu entfernen; es ging ihm also nur darum, ihre Position zu ändern. Der junge Mann reichte daraufhin beim Tribunal de Commerce einen Antrag ein, die Dinge in algebraischer Position wiederherzustellen; dieser Antrag forderte ein Dekret, das den jungen Mann ermächtigen sollte, sich selbst an die erste Stelle zu setzen. Bis dahin ging alles gut, und der junge Mann hatte den kleinen Dienst, den ich ihm gerade erwiesen hatte, und die Art und Weise, wie ich ihn geleistet hatte, nicht völlig vergessen; Zeugnis dafür ist der folgende Brief, den er mir zu Beginn seiner Klage geschrieben hatte:

„MEIN LIEBER HERR, ich möchte Ihnen meinen Dank für Ihr gutes und loyales Verhalten in meinen Angelegenheiten gestern noch einmal aussprechen; aber da Harel unnachgiebig ist, werde ich ihm keinen Zoll Boden räumen und werde gegen ihn kämpfen. Wenn tatsächlich, wie er sagt, die Ehre seiner Führung gefährdet ist, ist auch mein Wort kompromittiert; und *ich bin der Öffentlichkeit und meinen Freunden zu sehr verpflichtet, um ruhig zu bleiben.*

„Lassen Sie sich durch diese Angelegenheit nicht beunruhigen, mein lieber Herr, und vor allem lassen Sie sich dadurch nicht davon abhalten, wegzugehen, wenn Sie es wünschen; nur in diesem Fall würde ich Sie in Ihrer Güte bitten, eine geringfügige Erklärung abzugeben, [7] damit Harel vor Gericht gestellt und durch die sichere Aussicht auf eine Verurteilung seine Hartnäckigkeit überwunden werden kann. Tausendmal verzeihen Sie mir für all die Aufregung, die diese erbärmlichen, erbärmlichen Streitereien Ihnen bereiten. Tausendmal herzlichen Dank.

4. *Juni* 1832

„Aufgrund meiner Erklärung wurde das Urteil verkündet und die unglücklichen Sternchen wurden dazu verurteilt, ans Ende gesetzt zu werden. Inzwischen war dem jungen Mann eine eigenartige Idee gekommen: nämlich das Manuskript ohne mein Wissen zu verkaufen. Deshalb machte er sich auf die Suche nach Duvernoy und sagte ihm, er sei der Autor von *La Tour de Nesle* und er sei gekommen, um mit ihm Geschäfte zu machen.

„Duvernoy, der wusste, wie die Dinge gelaufen waren, suchte mich auf und warnte mich vor dem Vorgehen meines *Mitarbeiters*. Wir einigten uns sofort auf die Bedingungen des Verkaufs. Der Preis wurde auf 1400 Franc festgelegt, von denen 700 dem jungen Mann übergeben werden sollten. Zweifellos erschien dem jungen Mann diese Summe nicht im Verhältnis zum Wert seines *Dramas*; denn er drohte Duvernoy und mir mit einer zweiten Klage, wenn wir die Grundlage der Bedingungen auf diese Bedingungen setzten. Nach Ablauf von vierzehn Tagen unterzeichnete er einen Kaufvertrag über einen Gesamtbetrag von 500 Franc. Der junge Mann hätte besser daran getan, mich weiterhin seine geschäftlichen Angelegenheiten regeln zu lassen. Es ist unnötig zu erwähnen, dass auf der Broschüre nur ein einziger Name erschien, wie es auf den Rechnungen der Fall war. Sie werden vielleicht glauben, dass mein junger Mann mich in Anbetracht dieser letzten Teilungsurkunde für freigesprochen hielt?

„Zu der Zeit, als ich mit der Veröffentlichung meiner Gesamtwerke beschäftigt war, erhielt ich einen Brief von ihm. Was, glauben Sie, hat er mir in diesem Brief gesagt? Er sagte mir, er habe gerade mit größter Überraschung erfahren, dass ich die Anmaßung hatte, *sein Drama* unter die meinen zu stellen. Wie man sieht, war die Sache zu einer Posse ausgeartet. Ich antwortete dem jungen Mann, wenn er mich weiterhin mit seinem Unsinn belästige, würde ich sein Manuskript im Vorwort meines eigenen drucken. Diese Andeutung war für den armen Teufel ein echter Blitz. Er wusste nicht, dass M. Harel mir nach der Unterzeichnung meines Vertrags für *Angèle das handschriftliche Manuskript als eine Art Prämie geschenkt hatte.*

„Am nächsten Tag erhielt ich von einem Sheriff die Einladung, mein Manuskript dem Autor zu übergeben, da er, wie er sagte, gerade den *Verkauf ausgehandelt habe.* Das erscheint zunächst merkwürdig, wird aber verständlich, wenn man bedenkt, dass das Drama mit Ausnahme einer Szene völlig unverändert war; der Verleger kann also nicht bei Sinnen gewesen sein, der Autor hingegen war durchaus im Recht.

„M. Philippe Dupin, dem ich beide Manuskripte gesandt hatte und der sie noch immer in seinem Besitz hat, antwortete unserem Gegner, dass wir bereit seien, das besagte Autograph herauszugeben, dies aber nur im Austausch gegen eine von drei Dramatikern geprüfte und mit ihnen übereinstimmende Kopie tun würden. Der junge Mann dachte vierzehn Tage nach und zog dann seine Forderung zurück. Dies war der dritte Prozess, den er gegen mich angestrengt hatte, um 12.000 Francs für sich zu gewinnen. Seitdem habe ich keine weitere Erwähnung des jungen Mannes gehört und weiß bis heute nicht, ob er tot oder lebendig ist. So entstand mein *Tour de Nesle* . Was M. Gaillardets betrifft, so weiß ich nicht, ob es, wie er sagt, sein bestes Drama ist; ich kenne es nur aus der Lektüre und werde warten, bis er es aufgeführt hat, bevor ich entscheide, ob es besser ist als *George* und *Struensee*. – Treu und Glauben usw.,
„ALEX. DUMAS"

Die Tage vergingen, und ich wusste, dass mein zukünftiger Gegner jeden Morgen auf die Jagd ging, und ich wurde über seine Fortschritte auf dem Laufenden gehalten. Schließlich erschien die berühmte Antwort. Erlauben Sie mir, sie vollständig wiederzugeben, mit den Beleidigungen, die sie enthält. Es ist wahrscheinlich, dass Herr Gaillardet heute seine Beleidigungen mir gegenüber bereut, so wie ich meine Gewalttätigkeit ihm gegenüber bereue. [8]

„An Frau Henry Berthoud

„MONSIEUR LE DIRECTEUR, ich habe in der einundzwanzigsten Nummer von *Le Musée des Families einen Artikel* über den alten Turm von Nesle veröffentlicht, den Sie mir die Ehre erwiesen haben. In diesem Artikel erzählte ich flüchtig und in der Form eines Gesprächs ohne jeglichen Anspruch, wie ich auf die Idee gekommen war, ein Drama zu schreiben, dessen erste Konzeption mir niemand widersprochen hat; ein Drama, das vor über zwei Jahren gedruckt und veröffentlicht wurde und heute zum zweihundertsten Mal unter meinem Namen aufgeführt wurde, mit der Zustimmung von M. Dumas selbst. Ich habe kein Wort von M. Dumas gesagt; ich habe keine Anspielung auf die juristische und literarische Diskussion gemacht, die früher zwischen ihm und mir aufgekommen war. Jeder kann sich davon überzeugen, wenn er meinen Artikel liest. Ich hätte in der Tat Skrupel, einen Streit wieder aufleben zu lassen, der längst erloschen ist und dem eine gütliche Einigung ein Ende gesetzt hat; eine Einigung, die M. Dumas selbst vorgeschlagen hat, wie ich zu gegebener Zeit erzählen werde, durch die die öffentliche Kontroverse, die ich damals gewünscht und provoziert hatte, beendet wurde. in seinen frühesten Stadien geklärt. Wie dem auch sei, heute greift Herr Dumas die Angelegenheit wieder auf; er entzündet die kalte und verstreute Asche erneut, häuft sie mit seinen Händen auf und rührt sie mit seinem Atem zum Leben und zündet das Feuer erneut an, auf die Gefahr hin, sich dabei die Finger zu verbrennen. Da er den Handschuh hingeworfen hat, hebe ich ihn auf. Er hat mich aufgehetzt, antworte ich ihm. Umso schlimmer für ihn, wenn er bei diesem Spiel verletzt wird, wenn sein Ruf dadurch gefährdet wird: Es liegt nicht an mir, den Kampf zu vermeiden ... Ich bin der Beleidigte, der Beleidigte ich, und wenn Vergeltung jemals zulässig ist, dann für denjenigen, der den Angriff nicht gesucht hat ... Für einen solchen Menschen ist Rache heilig und Repressalien heilig, er übt das Recht auf natürliche und legitime Verteidigung aus!

"Ich komme nun zur *vollständigen und wahren Geschichte von La Tour de Nesle*. Ich werde meine Erzählung auf Beweise stützen, die von den tatsächlich in dieser Geschichte vorkommenden Personen *geschrieben und unterschrieben wurden* , und wenn mir die Beweise fehlen, werde ich den Lesern die Annahmen und Wahrscheinlichkeiten des Falles vor Augen führen und ihnen sagen: 'Überlegen Sie und urteilen Sie!' Aber in einem Rechtsstreit wie diesem, wo *die Ehre* alles ist, wo für viele allgemeine Tatsachen keine schriftlichen Beweise vorgelegt werden können (dazu müsste man die Zukunft voraussehen und voraussagen können, was geschehen würde), wo man jedem der Prozessbeteiligten unter bestimmten Umständen *glauben muss*, weil er unter anderen immer die Wahrheit gesagt hat, wo dagegen derjenige, der einmal gelogen hat, keinen Glauben mehr verdient; in einer Angelegenheit, wo nämlich Treu und Glauben über die Lüge siegen sollte, wenn beide außer *ihrem*

Wort nichts vorzuweisen haben – muss und werde ich meinen Gegner vor allem von der *Ungenauigkeit überzeugen* (ich werde mich höflich ausdrücken), und wenn diese *Ungenauigkeit* bewiesen ist, werde ich sie ihm an die Stirn binden wie die Inschrift eines Brandzeichens an die Spitze einer Standarte, damit das Stigma fortbesteht und vor den Augen der Richter in diesem Rechtsstreit unaufhörlich über dem Schuldigen schwebt.

"Herr Dumas erklärt (ich beginne mit dem ersten Satz seines Artikels über *La Tour de Nesle*), dass Herr Harel, als er einen Besuch erhielt, zu ihm sagte: ‚Das Stück gehört mir; es gehört mir laut einem fairen Vertrag; ich habe das Recht, es nach meinem Belieben umschreiben zu lassen, von wem auch immer ich es für richtig halte...‘ Und weiter: ‚Sie haben den jungen Mann einen Vertrag unterschreiben lassen, sagten Sie mir?‘ ‚Ja.‘ ‚Unter welchen Bedingungen?‘ ‚Nun, gemäß den üblichen Bedingungen der Porte-Saint-Martin: 2 Louis pro Vorstellung, 1 für ihn selbst, 1 für Janin und Eintrittskarten im Wert von 12 Francs.‘ Dann fügt Herr Dumas in einer Anmerkung hinzu: ‚Dieser Vertrag ist noch immer im Besitz von Herrn Harel.‘ Nun gut, je mehr Worte, desto mehr *Ungenauigkeiten*. Dies ist der einzige Vertrag, der jemals zwischen mir und M. Harel bestand; es ist der, den sie mich unterzeichnen ließen – mit welchem Manöver, das werde ich später erzählen –, als sie mich dazu brachten, die Zusammenarbeit mit M. Janin zu akzeptieren."

Dann folgte der dem Leser bekannte Text dieses Vertrags.

„‚Das Drama wurde aufgeführt‘, sagt Herr Dumas. ‚Sie gaben den Namen des *jungen Mannes an*. (Herr Dumas hat *diesen Ausdruck immer wieder verwendet* , um mich zu bezeichnen.) Ein ganzes Theater klatschen zu hören, das nach Ihrem Namen verlangt und statt des eigenen einen unbekannten Namen, der dem Schein der Öffentlichkeit preisgegeben wird; und all dies, *obwohl man auch anders hätte handeln können, da Sie durch keinerlei Versprechen gebunden sind, da keinerlei Verpflichtung eingegangen wurde* – das ist die Philosophie der Zartheit auf die Spitze getrieben.‘

„Nun, hier ist der Brief, den ich vor der Vorstellung von Monsieur Dumas erhielt, und die *Bedingungen* , unter denen ich allein der Aufführung des Stücks zustimmte."

Diesen Brief, den ersten, den ich an Monsieur Gaillardet schrieb, werde ich nie vergessen.

"Nun, lieber Leser, entscheiden Sie. Im Fall von Herrn Dumas, wer hat den höchsten Stellenwert, die *Philosophie* des Feingefühls oder tatsächlich die der *Zuversicht* ? ‚Duvernoy kam, um mich zu suchen‘, fährt Herr Dumas fort, ‚und wir *einigten uns* auf der Stelle auf die Bedingungen des Verkaufs. Sie wurden auf 1400 Francs *festgesetzt* , von denen 700 dem jungen Mann übergeben werden sollten . Zweifellos erschien dem *jungen Mann diese Summe in keinem* angemessenen Verhältnis zum Wert seines Dramas ... Vierzehn Tage später unterzeichnete er einen Kaufvertrag über einen Gesamtbetrag von 500 Francs. Der *junge Mann* hätte besser daran getan, mich weiterhin seine geschäftlichen Angelegenheiten regeln zu lassen.‘

„Hier ist eine von M. Duvernoy unterzeichnete Erklärung.

„Mit derselben unparteiischen Gesinnung, die mich dazu brachte, Herrn Alexandre Dumas eine Erklärung zu geben, in der ich anerkannte, dass Herr Gaillardet mir das Manuskript von *La Tour de Nesle angeboten hatte* (wir werden das später sehen), versichere ich, dass *es bei dem Preis des besagten Manuskripts nie* um 1400 Francs ging, sondern um eine Summe, die, glaube ich, 1000 Francs betragen sollte. DUVERNOY

„‘PARIS, 8. *September* 1834‘

„Ich habe noch viel mehr zu sagen und alle *Philosophien* zu zitieren! Aber sie werden in meiner Erzählung Platz finden; denn jetzt, ja – jetzt fühle ich mich stark genug, um sie in Angriff zu nehmen!

„Am 27. März las ich M. Harel in Anwesenheit von M. Janin und Mademoiselle Georges mein Drama *La Tour de Nesle* vor. Das Drama wurde gut aufgenommen. ‚Dumas hätte es nicht besser machen können!‘, rief der Manager begeistert aus. ‚Es gibt jedoch etwas am Stil zu verbessern, der überhaupt nicht dramatisch ist; aber machen Sie sich darüber keine Sorgen; beginnen Sie ein anderes Drama, und Janin wird uns beiden den Gefallen tun, einige Seiten zu überarbeiten.‘ Ich verstand nicht ganz, wie M. Janin, der noch nie ein Theaterstück geschrieben hatte, einen dramatischen Stil haben konnte, um den Ausdruck des Managers zu verwenden. ‚Aber wenn er keins geschrieben hat‘, sagte ich mir, ‚hat er sehr viele gehört, was vielleicht auf dasselbe hinausläuft.‘

„Ich erklärte daher, dass ich mich außerordentlich geschmeichelt und sehr dankbar fühlen würde, wenn Monsieur Janin tatsächlich ein paar Sätze *glätten würde* . Monsieur Janin willigte bereitwillig ein und ich verließ Monsieur Janin und Mademoiselle Georges freudig. Ich war im siebten Himmel ... Meine Verzückung hielt nicht lange an.

"Zwei Tage später, am 29. März, ging ich hin, um zu sehen, was aus meinem *janinisierten* Drama geworden war. Wie überrascht war ich, einen ganzen Akt *umgeschrieben zu sehen* ! ‚Das ist ein großes Stück Arbeit‘, sagte ich beiseite zum Manager. ‚Herr Janin hat viel mehr gemacht, als ich mir gewünscht hatte; aber ich glaube nicht, dass mein Stil so schlecht ist, dass er ...‘ ‚Nein, nein, sicher‘, antwortete Herr Harel; ‚aber Janin hat sich gründlich hineingestürzt, er wird zumindest seinen Anteil wollen.‘ ‚Was? Seinen Anteil?‘ ‚Ja, seine Hälfte.‘ ‚Aber es ist dann eine Zusammenarbeit? – Es gibt ein *Missverständnis* ; ich werde hingehen und es Herrn Janin sagen.‘ ‚Ah! Was wollen Sie tun? Sie werden Janin beleidigen, Janin, den einflussreichsten Kritiker! Sie werden sich einen Feind fürs Leben machen.‘ ‚Pah!‘ „Ich sage Ihnen, es ist so. Sie wissen nicht, was das Theater ist! Aber ... außerdem haben sie sich an die Arbeit gemacht! Es ist nicht intakt. Sie sind auf beiden Seiten gebunden! usw., usw.", und zwar in einem solchen Ausmaß, dass M. Harel, als er mich völlig verblüfft sah, ein Blatt Papier nahm, die Vereinbarung, die ich oben transkribiert habe, darauf kritzelte und mich es unterschreiben ließ ... Und so bekam ich meinen ersten Mitarbeiter.

„Damals schrieb ich diesen Vorfall einem Missverständnis zu; heute führe ich ihn auf eine *sehr gute Einsicht zurück* : Vorstellungen ändern sich mit der Zeit!

„Dann kam der Tag, an dem M. Janin uns sein Werk vorlas. Ich sagte nichts, denn ich übe, soweit ich kann, Nächstenliebe, sogar gegenüber meinen Feinden! ... Es sei nur bekannt, dass das Werk im gegenseitigen Einvernehmen für null und nichtig erklärt wurde. Janin zog sich zurück und gab die Aufgabe auf (ich werde den schriftlichen Beweis liefern), und M. Harel kehrte schlicht und einfach zu meinem Drama zurück. Nun, seit dem Tag, an dem ich mein Stück las, hatte ich neue Ideen und Verbesserungen entwickelt, die sowohl den Diskussionen und der Kritik des Managers als auch meinen eigenen Überlegungen zu verdanken waren. Aber um das Publikum über die wahren Geheimnisse der Geburt von *La Tour de Nesle aufzuklären* und es sozusagen in die Phasen und Entwicklungen des Werks einzuführen, durch das dieses Drama konzipiert wurde, das in seinem Erfolg und aufgrund der Streitigkeiten, die es hervorrief, ungewöhnlich war, werde ich kurz darlegen, was das Drama *als Ganzes war* und im Vergleich zu dem aufgeführten Drama, das ich M. Harel vorlas und das mir zu der Zeit zurückgegeben wurde, als es Ich spreche. Es wird für alle leicht sein, mich sofort zu verstehen (wer hat nicht *La Tour de Nesle gesehen* ?) und mich später zu *bestätigen* , da Herr Dumas das Originalmanuskript in seinem Besitz hat und es jedem zeigen kann, der es sehen möchte; außerdem können die Leute sicher sein, dass ich eher *weniger* als *mehr sagen werde.* Ich zitiere aus dem Gedächtnis und mein Gegner hat das Buch!"

Hier gab M. Gaillardet den Lebenslauf seines ersten Manuskripts wieder; dann fuhr er folgendermaßen fort:

„Der Leser hat bereits erraten, in welchen Punkten die *beiden* Dramen übereinstimmen. Sind diese Punkte in dem kleinen Teil, den ich zitiert und getreulich zitiert habe (denn wenn ich der Mann wäre, der eine dreiste Lüge erfindet, hätte mein Gegner die Mittel in den Händen, mich zu entlarven!), nicht *bereits* die grundlegende Basis des *gespielten* Dramas? Sind sie nicht das Mark und das Gerippe, die Substanz und das Gerüst? ... Tatsächlich wage ich zu behaupten, dass ich, wenn ich *nur das* in dem Stück getan hätte, mehr als die Hälfte des Dramas hätte tun sollen, folglich zehn-, zwanzigmal mehr, als M. Dumas mir erlaubt, da er mir *nichts erlaubt. Sehr gut!* Er hat es gewagt, es in all seinen Briefen zu schreiben und zu drucken! Aber worüber können und sollten wir nach allem, was wir von ihm wissen, überrascht sein?

„M. Harel hatte mir gegenüber sein großes Bedauern zum Ausdruck gebracht; erstens, weil das Drama nicht *en tableaux war* ; dieser Stil entsprach besser der Art seines Theaters, und der Erfolg von *Richard* stützte diese Meinung; zweitens, weil ich Buridan nicht zum Vater von Gaultier und Philippe gemacht hatte, dessen Mutter (Marguerite) die einzige bekannte war. ‚Das würde die Handlung verkomplizieren‘, sagte er zu mir. Schließlich hielt er es für unwahrscheinlich, dass Marguerite, eine Königin und allmächtig, Buridan nicht bei den ersten Worten seiner Offenbarung verhaften und beseitigen lassen hätte. Bei der Gegenüberstellung dieser beiden letzteren Einwände ging mir plötzlich ein Licht auf. Lassen Sie Buridan tatsächlich der *Vater sein* , durch eine bereits bestehende Intrige, und lassen Sie ihn von Marguerite verhaften, die sich seiner entledigen wollte; lassen Sie ihn sich dann im Moment seiner größten Gefahr zu erkennen geben, und es würde sich die Gelegenheit für eine großartige Szene ergeben – großartig! Die Gefängnisszene war gefunden.

„Zwei Tage nachdem Janin das Drama aufgegeben hatte, wie ein Athlet, der von einer für ihn zu schweren Aufgabe erschöpft ist, brachte ich Herrn Harel, dem Direktor des Porte-Saint-Martin, ein *Szenario* nahe, das dem von La Tour de Nesle ziemlich ähnlich war . Ich werde jedoch auf die Unterschiede hinweisen.

„Orsini war kein Wirt, das war Landry, obwohl beide zum Turm von Nesle gehörten. Orsini hingegen war einer jener Zauberer, die zu seiner Zeit unter dem Namen *Envoûteurs äußerst gefürchtet waren. Als Vertrauter von Marguerite empfängt er die Höflinge in seinem Haus, eine Rolle, die der von Ruggieri in Heinrich III.* sehr ähnlich ist . Aus diesem Grund, glaube ich, hat M. Dumas ihn anstelle von Landry zum Wirt gemacht.

„Zweitens wurde die Gefängnisszene so arrangiert, dass Buridan seine Rolle an Margaretes Händen beenden und zu ihr sagen konnte: ‚Délie ces cordes!‘ Margarete fiel gehorsam auf die Knie und befreite ihn mit *einem einzigen Schnitt.* M. Dumas hat diese Aktion *verdreifacht* , indem er dafür sorgte, dass Buridan erst nach drei Versuchen losgebunden wurde .

„Er ist mir meilenweit voraus, da erprobtes Talent schwache, unerfahrene Anstrengungen bei weitem übertrifft, da Leistung Unerfahrenheit übertrifft.

"Was die Wahrheit meiner Ausführungen betrifft, so
werden alle unvoreingenommenen Leser sie zunächst an
der Genauigkeit und Treue der Einzelheiten erkennen,
wenn ich das so ausdrücken darf; ich erzähle nicht nur, was
im eigentlichen *Tour de Nesle steht*, sondern auch Dinge, die
in dieser und anderen Szene im vierten Akt *nicht zu finden
sind . Buridan kommt als Zigeuner und nicht als Hauptmann, um
den Zauberer* Orsini zu besuchen. Dieser will den Zigeuner
einschüchtern, der ihm die Morde im Turm von Nesle
offenbart hat, so wie er sie Marguerite offenbart hatte; und
bald fällt der Zauberer dem Zigeuner zu Füßen, ergriffen
von demselben Aberglauben, den er selbst den gemeinen
Gemütern einflößt, um zu fragen, ob es vielleicht wahre
Zauberer gibt! Diese Szene musste verschwinden, sobald
Orsini zum Gastwirt ernannt wurde.

„Abschließend möchte ich zur Wahrscheinlichkeit sagen,
dass ich zum *Beweis* meiner Worte die tatsächlichen Worte
von M. Dumas in dem Brief habe, in dem er mir schreibt:
‚Harel ist gekommen, um mich um *Rat* zu einem Drama
von *Ihnen zu fragen* , das er auf die Bühne bringen möchte.
Ihr Stück ... das, was ich glücklicherweise hinzufügen konnte ...
usw.' Niemand spricht so über ein Werk, bei dem er alles
selbst gemacht hat .

„Als nächstes eine Zeile von M. Harel, die ich vor meiner
Abreise (*nach Janins Rückzug*) erhielt, in der er mir sagt:
‚Schreiben Sie mir, kümmern Sie sich um Ihre Gesundheit
und vor allem um Ihre *Arbeit*!' Es gab also Modifikationen,
beschlossene Änderungen, eine *Arbeit, die erledigt werden
musste* ! ... Sie bestreiten es; ich behaupte es und behaupte
es mit Beweisen! ... Es ist Sache des Lesers, die
Angelegenheit zu beurteilen. [9]

„Sie werden also jetzt erkennen, dass es für mich wenig
wichtig ist, ob M. Dumas mein *erstes* Manuskript in seinem
Besitz hatte oder nicht. Ich habe bewiesen, dass er meinen
zweiten Plan hatte; aus einer anderen Quelle gibt er selbst
zu, Janins Manuskript besessen und teilweise kopiert zu
haben, das mir *verdorben wurde* ... Was brauche ich noch?

„Ich werde meine Geschichte also dort fortsetzen, wo ich
aufgehört habe. *Die Verbrechen* folgten aufeinander wie ein
Akt des Abfeuerns. Am 8. April brachte ich mein *Szenario*
zu Monsieur Harel. Mein Vater starb am 9.; er war eigens

nach Paris gekommen, um mich vor der Seuche zu retten, die in der Stadt herrschte, und seine Freude, bei meinem ersten Stück dabei zu sein, veranlasste ihn, bei mir zu bleiben! Diese Erinnerung bricht mir das Herz! ... Am 10. ging ich als Todesbote, um meine arme Mutter zu trösten. Das war in der Nacht desselben Tages, an dem Monsieur Harel mir die Notiz schrieb, in der er sagte: , *Achten Sie auf Ihre Gesundheit* !' Erbärmliche Ironie, die mich zwischen einem Unglück, das mich getroffen hatte, und einem Raubüberfall, der mich ereilen sollte, traf! ,Gehen Sie', hatte er zu mir gesagt, ,ich habe ein Stück vor Ihnen: Sie haben noch drei Monate vor sich. Machen Sie es sich bequem und schreiben Sie mir!'

„Ich war kaum einen Monat weg, als ich an M. Janin schreiben musste, um ihn nach einer Ankündigung bezüglich *La Tour de Nesle zu fragen*. Zu demselben Thema war gerade ein Buch erschienen (*L'Écolier de Cluny)*, und ich wollte nicht, dass man dachte, mein Stück sei aus diesem Buch entnommen. Janin antwortete:

„Ich werde gern tun, was Sie von mir verlangen. Aber was soll das? Ich kündige die bevorstehende Aufführung Ihres Stückes an. Ich sage *Ihr* und nicht *unser, weil ich dabei absolut nichts* zähle . Sie wissen, dass die Angelegenheit zwischen Ihnen und M. Harel bleibt. Das wurde vor langer Zeit vereinbart   usw.
JULES JANIN'

"'10. *Mai* 1832'

„Danach kein Wort mehr. Ich schrieb nach Paris und erfuhr, dass Herr Dumas zu meinem Mitarbeiter *ernannt worden war und sich zu ihm bekennt hatte* . Ich überlasse es dem Leser, sich vorzustellen, was ich dabei empfand! ...

Außer mir, zitternd vor Wut und Empörung, schrieb ich an M. Harel, um ihm zu verbieten, das Stück aufzuführen, und an M. Dumas, um ihn zu bitten, es zu verhindern. ,Sie sind zweifellos falsch informiert worden', sagte ich zu ihm, ,das Stück gehört mir und nur mir; ich möchte nicht, dass mir irgendwelche Mitarbeiter aufgezwungen werden, schon gar keine heimlichen; ich appelliere daher an Sie, um Ihrer eigenen Ehre willen, und weise Sie auf die Notwendigkeit hin, die Proben usw. abzubrechen.'

"Keine Antwort von Herrn Harel oder Herrn Dumas! ... Ich machte mich auf den Weg und ging, bevor ich nach Hause ging, in Reisekleidung, so wie ich war, geradewegs zu Herrn Harel. ‚Ich bin ruiniert!', sagte er zu mir, ‚es ist wahr, dass ich Sie betrogen habe ... Was wollen Sie jetzt tun? ... Stoppen Sie das Stück! – Das werden Sie nicht schaffen; ich werde den Titel ändern und es spielen. Sie können mich wegen Fälschung, Diebstahl, Plagiat oder was immer Sie wollen anklagen: Sie würden 1200 Francs Schadenersatz erhalten. Fragen Sie einen Anwalt! Wenn Sie es jedoch spielen lassen, erhalten Sie 12.000 Francs usw.' Er sprach die Wahrheit, denn diesen Schutz gewähren unsere Richter normalerweise dem bestohlenen Autor! ... Ich kehrte bleich vor Wut nach Hause zurück und fand dort den hochtrabenden Brief von Herrn Dumas, den ich am Anfang dieses Artikels zitiert habe. Das sind die wichtigsten Fakten.

"Was sagen Sie nun zu diesen Zeilen von Herrn Dumas? 'Ich habe dem jungen Mann geschrieben, und er *hat mir nie geantwortet*!' Diesmal ist es die Philosophie der *Wahrhaftigkeit*, und zwar in voller Stärke! Niemand hätte es geglaubt, wenn ich nicht die *Beweise* und die *Mittel gehabt hätte* , um meine Behauptungen zu beweisen! Herr Dumas hat meiner Aufforderung oder Aufforderung, die Proben des Stücks abzubrechen, nicht nachgegeben (was der erste, wenn nicht der zweite seiner *Fehler war,* von dem er sich nie reinwaschen wird, da es seine *Mitschuld beweist),* und Herr Harel hat gedroht, mir zum Trotz zu spielen - wozu er sowohl moralisch als auch physisch in der Lage war -, und mir blieb nichts anderes übrig, als mein Drama aufführen zu lassen, und zwar zu den *Bedingungen* , die in Herrn Dumas' Brief festgelegt waren, in dem er erklärte, dass *sein Name nicht genannt würde, dass ich der alleinige Autor* sein würde , dass er mir einen Dienst *anbieten* und ihn mir nicht *verkaufen wolle.*

„Also gut, am Tag nach der ersten Vorstellung erschienen auf den Theaterzetteln *Sternchen vor* meinem Namen, und jetzt will Herr Dumas *meinen Namen* durch seinen ersetzen: Man wird sehen, welche Übergriffe das waren! Das ist noch nicht alles. Was die Bezahlung anging, wollten sie mir nicht mehr als *einen Anteil geben.* Hören Sie jetzt gut zu: Im April hatte die Autorenkommission vor der Aufführung meines Stücks eine Vereinbarung mit Herrn Harel getroffen, die eine Gage von zehn Prozent für die Autoren bei den *kommenden Aufführungen* im Porte-Saint-Martin vorsah. Ich hatte also das Recht, von dieser Vereinbarung zu profitieren. Herr Dumas genoss sie und noch mehr; er erhielt außerdem zwei- und dreihundert Francs pro Abend. Was ließen sie mir übrig? Achtundvierzig Francs, der Preis einer alten Vereinbarung! Und Herr Dumas nahm mir die *Hälfte* davon ab – das ist der Dienst, den er mir *anbieten* und nicht *verkaufen wollte* !!!

„Mir blieb nichts anderes übrig, als gerichtlich gegen derartige Taten vorzugehen, denn gegen Diebstahl und Taschendiebstahl gibt es außer der Polizei keine anderen Mittel. Ich habe mich daher an die Gerichte gewandt.

noch weitere Beweise erforderlich sind, so liegen mir diese vor, verfasst und in den *ordnungsgemäß beglaubigten Gerichtsakten dargelegt,* mit denen die Untersuchungen zu diesem Verfahren begannen. Aber es scheint, dass der Prozess das öffentliche Gewissen von Herrn Dumas ein wenig beunruhigte, denn er schlug mir vor, ihn durch einen Vergleich zu beenden.

„In diesem Kompromiss – Erstens erkannten wir uns gegenseitig als *gemeinsame* Autoren von *La Tour de Nesle an;* zweitens wurde festgelegt, dass dieses Stück immer unter *meinem Namen,* gefolgt von einem Sternchen, veröffentlicht und aufgeführt werden sollte; drittens garantierte mir M. Dumas einen festen Betrag von 48 Francs pro Vorstellung und *die Hälfte* seiner Eintrittskarten. ‚Wie hoch ist der Betrag?‘, fragte ich ihn in gutem Glauben. ‚36 Francs, auf meine Ehre!‘, antwortete er und warf M. Harel einen Blick zu; also akzeptierte ich Eintrittskarten im Wert von 18 Francs. Am nächsten Tag wollte M. Harel den oben genannten Kompromiss, soweit er ihn betraf, nicht erfüllen, obwohl er der Anstifter und Zeuge davon gewesen war. Es bedurfte eines *Prozesses* , um ihn dazu zu zwingen, und M. Dumas machte ihm bei dieser Gelegenheit Vorwürfe … Das hatte ich ihm zu verdanken … es war das *erste* und *letzte* Mal. Er zitierte auch meinen Brief.

"Kurz darauf erfuhr ich, dass Herr Dumas, der mir ehrenwörtlich versichert hatte, dass es nur Tickets im Wert von 36 Francs geben würde, über 50 hatte! Aber während er den Eid ablegte, hatte er Herrn Harel angesehen. Das Manuskript stand noch zum Verkauf. Barba, der 1000

Francs dafür geboten hatte und nie 1400, wollte nicht mehr als 500 Francs geben. Die Hälfte dieser Summe hätte jedem von uns sofort ausgezahlt werden müssen, und der Rest in sechs Monaten ab diesem Datum. Als ich ein paar Tage später zu Herrn Barba ging, um meine 125 Francs abzuholen, erfuhr ich, dass Herr Dumas gekommen war und meinen Anteil des *zu zahlenden Bargelds* zusammen mit seinem eigenen abgeholt hatte, *mit der Begründung, er sei von mir dazu ermächtigt worden* !

"Eine solche Tat hat etwas so Unglaubliches, so Kleinliches, so Erniedrigendes für den *Literaten*, dass ich es nicht gewagt hätte, sie zu zitieren, wenn ich nicht den Beweis besessen hätte, den Herr Dumas selbst geschrieben hat. Als Barba mir das mitteilte, *wagte* ich es nicht zu glauben und schrieb an Herrn Dumas, der antwortete, dass er tatsächlich 250 Francs erhalten habe; aber Barba habe gesagt, er habe besondere Vereinbarungen mit mir getroffen (sagten sie nicht, dass es Barba war, der sofort zahlen wollte?); außerdem habe er mir ermöglicht, für mich den gleichen Vorteil zu erzielen wie für ihn ... dass ich seinen Brief benutzen könne, um mich auch sofort bezahlen zu lassen, dass er mich ermächtigt habe usw. Das war die Ausnutzung eines ersten *Betrugs* , um einen zweiten zu begehen, zwei *Unschicklichkeiten* statt einer! Ich hätte es vorgezogen, mit einer Rechnung für sechs Monate beglichen zu werden. [10] Nun, Herr Dumas, was glauben Sie, soll ich Ihnen antworten – Ihnen, der Sie mich in Ihrem Brief behandelt haben, als wäre ich ein *armer* Teufel Kerl? ... Ich bin zu wohlerzogen, als dass Sie es erraten könnten. Um diesen unwürdigen Einzelheiten, die ein so schlechtes Bild abgeben, möglichst schnell aus dem Weg zu gehen, möchte ich erklären, dass ich mich niemals der Aufnahme von *La Tour de Nesle* in die Gesamtwerke von Herrn Dumas widersetzen würde (obwohl dieses Recht streng genommen aus den Bedingungen unserer gemeinsamen Transaktion für mich resultierte), wenn Herr Dumas zugestimmt hätte, meine Mitarbeit an diesem Stück einfach zu erwähnen. Dies ist die Methode, die Herr Scribe heutzutage anwendet. Aber auf einen höflichen Brief antwortete Herr Dumas mit einer jener *Unhöflichkeiten* , auf die er das Monopol beansprucht. [11]

„Wenn ich schließlich M. Dumas durch einen Sheriff um mein *erstes* Manuskript bat, dann deshalb, weil es seinerseits eine unglaubliche Illoyalität war, neben dieses einzige Manuskript ein Stück zu stellen, *von* dem es mindestens drei gab!

"Dies ist die Wahrheit über *La Tour de Nesle* und die ganze Wahrheit. Ich sollte den Dokumenten, die ich vorgelegt habe, und den Beweisen, die ich erbracht habe, hinzufügen, dass ich, vor unseren Adelsstand, die Autorenkommission, gerufen, all diese Einzelheiten und Fakten vor M. Dumas persönlich angeführt und aufgezählt habe! Und dort wie hier spürte ich mehr als einmal, wie meine Wangen vor unwillkürlicher Scham rot wurden. Bis jetzt erschien mir M. Dumas groß und heilig, mit der Größe des Talents, der Heiligkeit der Kunst. Wenn also nach dieser Kontroverse, die er hervorrief, eine weitere folgen sollte, könnte meine Hand tatsächlich zittern ... denn hinter M. Dumas, dem *Menschen,* steht der *Künstler,* und unter der *Schande* liegt sein *Ruhm.*

PS: Zur Untermauerung seiner Behauptungen hat Herr Dumas verschiedene Zertifikate vorgelegt, denen ich jeweils nur das zugestehen werde, was zur Würdigung ihres Wertes und ihrer Bedeutung erforderlich ist.

„Ich werde nichts über Herrn Harel sagen, der der Hauptschuldige in der ganzen Angelegenheit war und dessen *Komplize* Herr Dumas ist. Herr Dumas sollte sich schämen, einen solchen Zeugen aufzurufen.

„M. Verteuil, *der Sekretär von M. Harel,* behauptet, er sei zu M. Dumas gegangen, um die fünf Akte von *La Tour de Nesle* (ausgezeichnet!) abzuholen, so wie er sie geschrieben hatte, und sein Manuskript vollständig neu abgeschrieben zu haben (immer besser!), das keinerlei Ähnlichkeit mit *dem* (welchem?) von M. Gaillardet hatte, einem Manuskript, das sich seit etwa drei Monaten in meinem Besitz befand... Ah! Monsieur Verteuil, ich ziehe Sie hier herauf!... *La Tour de Nesle* wurde am 31. Mai aufgeführt . Am 29. März (sehen Sie sich das Datum oben an) erhielt ich mein Manuskript. Ich reiste am 10. *April ab* ; M. Dumas war am 11. mein Mitarbeiter. Er erklärt, er habe seine Arbeit in *einer Woche erledigt,* und Sie erklären, mein Manuskript sei *zu diesem*

Zeitpunkt etwa drei Monate in Ihrem Besitz gewesen ?... Oh,
Monsieur Verteuil, Sie sind tatsächlich *der Sekretär von M.
Harel.*

"Herr Duvernoy bestätigt, dass ich das Drama verkaufen
wollte (das glaube ich ihm tatsächlich!). Er behauptete mir
gegenüber, Herr Dumas habe einen *falschen* Preis genannt;
das ist etwas sicherer. Jetzt bleibt nur noch die Bestätigung
von Herrn Janin. Ach! Das habe ich, das muss ich gestehen,
kaum erwartet. Herr Janin schreibt, dass nichts genauer sein
kann als die Angaben von Herrn Dumas, an die *er sich* zu
erinnern glaubt, und dass die Antwort von Herrn Dumas
im Großen und Ganzen *wahrheitsgetreu ist*! Und Herr Dumas
erklärt, dass *Janin, von mir als Mitarbeiter akzeptiert, ihm seine
Rechte übertragen und von Herrn Harel geschickt worden sei*! Das
ist zu viel! Herr Janin vergisst also, dass *er keine weiteren Rechte
hatte*, dass er *auf seinen Anspruch verzichtet hatte*, dass er *mir dies
in einem* eigenhändig *geschriebenen* und *unterschriebenen* Brief
mitgeteilt hatte?

"Das ist noch nicht alles, und da ich es Ihnen, lieber Leser,
erzählen muss, seien Sie darüber informiert, dass es nach
der ersten Aufführung von *La Tour de Nesle* M. Janin war,
der mich zum Protest *verpflichtete* ; ich schrieb meinen
Protest *in seinem Haus* ; er selbst *wollte* ihn mir diktieren und
tat es auch! Er war wütend auf M. Harel und Dumas. Das ist
noch nicht alles; infolge des Rechtsstreits, der zwischen M.
Harel und mir vor dem Tribunal de Commerce entstand,
schrieb M. Janin *selbst* an M. Darmaing, um einen Protest zu
unterstützen, den ich bei der *Gazette des Tribunaux einlegte* :
‚Ich bitte M. Darmaing, die beigefügte kurze Notiz
beizufügen, ich bitte darum *in meinem eigenen Namen* und dem
von M. Gaillardet. Ich verstehe die Sturheit nicht, mit der
sie versuchen, diesem jungen Mann das zu rauben, *was ihm
gehört* usw.' (Siehe *La Gazette des Tribunaux, 1.* Juli 1832.) Was
sagen Sie dazu, Leser? Ich hatte versprochen, die kleinen
Geheimnisse dieses Abfalls zu erzählen, aber mir fehlt der
Platz; außerdem dachte ich, dass es die Mühe nicht wert ist,
und   so   unterschreibe   ich:
„F. GAILLARDET"

Nach dieser Antwort wird klar, dass Herr Gaillardet kein Recht hatte, unser
Duell zu verschieben, da er mich nicht weniger geschont hatte als ihn, und

ich mich als die geschädigte Partei betrachtete. Nach einem erneuten Aufruf meiner Sekundanten wurde das Treffen auf den 17. Oktober 1834 festgelegt.

———

[1] *Histoire de Paris,* von Félibien, Band III der Beweise, S. 378, Collect, B.

[2] „Epigramm, libro", S. 140. bearbeiten. Lugd. Batav.

[3] „Tatsächlich war Fourcade, einer meiner besten Freunde, der Sohn des gleichnamigen Generalkonsuls, einige Tage zuvor gekommen, um mir dieses Angebot zu unterbreiten. Es wird mich, denke ich, in einem Brief dieser Art nicht überraschen, dass ich jeden Einzelnen mit Namen nenne; denn ein deutlich ausgeschriebener Name erspart mir Zeugnisse und Bescheinigungen."

[4] Dieser Vertrag befindet sich noch immer im Besitz von M. Harel.

[5] Verteuil ist der Sekretär von M. Haxel.

[6] „Das war mir schon einmal in *Richard passiert* ; aber diesmal war es nicht die Stimme meiner *Eigenliebe* , die mich zur Zurückhaltung zwang, sondern das Flehen meines Mitarbeiters. Zehnmal während der Vorstellung kamen Dinaux und M. Harel in meine Loge und baten mich mit wachsender Dringlichkeit, als das Drama an Popularität gewann, meinen Namen bekannt zu geben. Sie haben, glaube ich, die Entschiedenheit meiner Ablehnung nicht vergessen; aber ich werde auch nicht das freundliche Feingefühl ihrer Flehen vergessen."

[7] „Der Zweck dieser Erklärung bestand darin, bekannt zu geben, dass ich auf meine Position als Erster verzichtete und dass ich mich nie um diese Position beworben hatte."

[8] Siehe Anhang.

[9] „Ich, der Unterzeichnete, einer der Leiter der Zeitung „ *L'Avant-Scène* ", ehemaliger Generalinspektor des Theaters Porte-Saint-Martin unter M. de Lhéry, dem Vorgänger von M. Harel, behaupte, dass MF Gaillardet mir kurz vor M. de Lhérys Rücktritt von mir ein Manuskript von *La Tour de Nesle* in fünf Akten ohne Szenen mitteilte, dessen alleiniger Autor er war; dass M. Gaillardet mir später, vor seiner Abreise in die Provinz, einen neuen Plan desselben Dramas in Szenen zeigte, in dem fast der gesamte ursprüngliche *Tour de Nesle enthalten war;* ein Plan, der, wie er sagte, gerade zwischen ihm und M. Harel vereinbart worden war. Als Zeuge dafür usw. schreibt DUPERRET'

[10] Hier ist die Aussage von M. Barba:

„Ich glaube mich zu erinnern (es ist mehr als zwei Jahre her), dass die Hälfte des Kaufpreises für *La Tour de Nesle* in bar an Herrn Dumas überwiesen wurde, nachdem er behauptet hatte, dies sei mit Herrn Gaillardet vereinbart worden, was dieser jedoch bestritt. Er war dann gemäß den Bedingungen unserer Vereinbarung verpflichtet, meinen Wechsel als Gegenleistung für seinen Anteil zu akzeptieren.

BARBA '29. *August* 1834'

[11] „„Sie haben *Struensee geschrieben* !' sagt er zu mir. Glaubt Herr Dumas damit zu beweisen, dass ich nichts in *La Tour de Nesle getan habe* ? Er vergisst also, dass er auch *La Chasse et l'Amour, La Noce et l'Enterrement geschrieben hat* ? (Wer hat diese Stücke schon erwähnt gehört?) Dann der elende *Napoleon*, der zwei Waterloos erlebt hat und im zweiten den Untergang des Odéon und von M. Harel mit sich schleppte! Dann, gleich nach *La Tour de Nesle, Le Fils de l'Émigré*, das drei Aufführungen mit M. Anicet hatte; *Angèle*, das dreißig mit M. Anicet hatte; *La Vénitienne*, das zwanzig mit M. Anicet hatte; *Catherine Howard*, das fünfzehn ohne M. Anicet hatte? Sollen wir wirklich annehmen, dass Herr Dumas nicht der Autor der Schönheiten von *Antonius*, Heinrich *III.* und *Christine ist* ? Das wurde sicherlich hier und da gesagt und sogar teilweise bewiesen! Vielleicht verdanke ich dem Der Angriff von Herrn Dumas? Aber er braucht sich keine Sorgen zu machen: Ich werde nie ein Buch über *Gaule et France schreiben* und schon gar nicht über *Madame et la Vendée.*

KAPITEL V

Schwert und Pistole – Woher kommt meine Abneigung gegen letztere Waffe – Philippes Marionette – Die Statue von Corneille – Ein Autogramm *in extremis* – Le bois de Vincennes – Eine Duelltoilette – Wissenschaftliche Frage von Bixio – Die Bedingungen des Duells – Offizieller Bericht der Sekundanten – Wie Bixios Problem seine Lösung fand

---

Ich hatte mir gewünscht, dass das Duell mit Schwertern ausgetragen wird; M. Gaillardet bestand darauf, dass es mit Pistolen ausgetragen werden sollte. Ich habe eine starke Abneigung gegen diese Waffe; sie erscheint mir brutal und eher wie die eines Straßenräubers, der einen Reisenden aus dem Schutz eines Waldes angreift, als wie die eines ehrenhaften Kämpfers, der sein Leben verteidigt. Was ich am meisten an Pistolenduellen fürchte (aber ich habe nur zweimal mit dieser Waffe gekämpft), ist Ungeschicklichkeit, viel mehr als Geschicklichkeit. Tatsächlich hatte ich zwei oder drei Jahre vor der Zeit, in der die Ereignisse stattfanden, die ich beschreibe – nämlich vor 1834 – ein Pistolenduell; ich habe nicht darüber gesprochen, da ich weder den Namen des Mannes nennen konnte, gegen den ich kämpfte, noch die Gründe, warum ich kämpfte. Bei diesem Duell, das um sieben Uhr morgens im Bois de Boulogne in der Nähe von Madrid stattfand, standen mein Gegner und ich zwanzig Schritte voneinander entfernt. Es wurde ausgelost, wer zuerst schießen sollte, und mein Gegner hatte die Nase vorn. Ich stellte mich mit geladener Pistole in zwanzig Schritt Entfernung auf und wartete mit erhobener Mündung auf den Schuss.

Mein Gegner feuerte. Ich sah, wie seine Hand zitterte und die Kugel sechs Längen vor mir auf den Boden traf, und gleichzeitig fühlte ich etwas, das wie der scharfe Schnitt einer Peitsche an meinem Bein klang. Es war die abgeflachte Kugel, die beim Abprallen meine Wade traf, eine fünf Zentimeter tiefe Wunde hinterließ und ein Stück meiner Hose und meines Stiefels in die Wunde drückte. Der Schmerz war so groß, dass ich unbewusst den Abzug meiner Waffe drückte und die Ladung in die Luft ging. Die Sekunden entschieden dann, dass der Schuss gültig war und dass jede Pistole, die in einem Duell abgefeuert wurde, gegen den Gegner abgefeuert wurde.

Ich bat um Fortsetzung, und die Sekundanten begannen, die Waffen nachzuladen. Doch während dieser Operation wurde ich beinahe ohnmächtig, sei es aufgrund der Nervenerschütterung oder des Blutverlusts. Es war daher unmöglich, das Duell fortzusetzen. Ich stieg also in meine Kutsche, und da ich in meinem Zustand nicht zu meiner Mutter zurückkehren wollte, ließ ich mich zu Delignys Schwimmschule fahren, wo mir mein Freund, Vater Jean, ein Badezimmer gab und in die Rue de l'Université nach Roux schickte, dem geschickten Chirurgen. Roux war nicht zu Hause, aber sie brachten einen seiner Assistenten mit. Der junge Mann untersuchte die Wunde, und da die Kugel dort, wo sie eingedrungen war, fast von einer Seite zur anderen durchgegangen war, entschied er, dass es kürzer sei, die Suche anhand einer frischen Wunde zu beginnen, als in der anderen herumzutasten. Überdies machte die Schwellung dies fast unmöglich. Es wurde getan, wie er es wünschte. Der junge Mann öffnete die Wade meines Beines und holte zuerst die Kugel heraus, dann das Stiefelstück und schließlich das Stück meiner Hose. Dann legten sie mir auf beiden Seiten meiner Wunde sorgfältig einen Wattebausch und verbanden mein Bein. Ich kehrte auf einem Bein hüpfend nach Hause zurück und erzählte meiner armen Mutter, ich hätte mir beim Baden das Bein mit einem Holzsplitter aufgerissen. Ich hatte also gute Gründe, keine Vorliebe für Pistolen zu haben – obwohl ich gut mit ihnen schoss und damals ein bemerkenswerter Schütze war –, aber M. Gaillardet bestand darauf, und ich nahm seine Waffe an. Trotzdem wollte ich seinen Sekundanten beweisen, dass ich, wenn ich auf Schwertern bestand, dies nicht aus mangelnder Geschicklichkeit bei der Verwendung der von meinem Gegner bevorzugten Waffe tat. Ich lud daraufhin Soulié und Fontan zu Gosset ein. Es war eine merkwürdige Sache! Die Sekundanten hatten ihren Kämpfer per Los gezogen, oder besser gesagt, Herr Gaillardet und ich hatten unsere Sekundanten gezogen, und das Schicksal gab mir Longpré und Maillan, die einfache Bekannte waren, und Soulié und Fontan gab es Herrn Gaillardet, die beide meine Freunde waren. Soulié, Fontan und ich gingen also am Abend vor dem Duell zu Gosset. Ein Junge namens Philippe lud normalerweise meine Pistolen. Er war es also, der die Puppe abnahm und die Zielscheibe aufsetzte.

„Nein", sagte ich zu Philippe, „lass die Puppe zurück."

„Aber Monsieur ist es nicht gewohnt, auf die Puppe zu schießen."

„Ich werde nur zehn Kugeln abfeuern, Philippe. Ich will den Herren damit nur zeigen, dass ich keiner Ihrer schlechten Schützen bin."

Philippe hat die Puppe zurückgelassen.

Ich platzierte meine erste Kugel einen Zoll über seinem Kopf, die zweite einen Zoll unter seinen Füßen, die dritte einen Zoll rechts von ihm und die vierte einen Zoll links von ihm. „Jetzt, da es weder nach oben noch nach unten, nach rechts oder nach links entkommen kann, werde ich es mit meiner fünften Kugel zerschmettern." Und ich zerschmetterte es mit meiner fünften. Die sechste Kugel zielte ich auf den Boden; sie blieb fast zehn Schritte entfernt stehen. Ich schoss mit dem Rest meiner Pistole auf sie. In diesem Moment kam eine Schwalbe und ließ sich auf einem Kamin nieder, und ich tötete sie. Fontan und Soulié tauschten Blicke. Einer meiner Grundsätze war, nie das Schwert zu ziehen oder vor anderen zu schießen; diesmal hatte ich ihnen zuliebe eine Ausnahme gemacht. Soulié selbst schoss hervorragend; ich war vier oder fünf Jahre zuvor sein Sekundant gewesen, bei einem Duell, das er mit Signol gehabt hatte, und bei einem ähnlichen Experiment, das ich gemacht hatte, hatte ich gesehen, wie er auf fünfzehn Meter Entfernung nacheinander den kleinen und den großen Zeiger einer Kuckucksuhr zerschmetterte.

„Philippe", sagte ich, als ich herauskam, „ich muss morgen ein Duell austragen; ich möchte, dass alles fair und ehrlich abläuft. Nimm Munition und Pistolen mit, die ich noch nie benutzt habe, Pulver und Schrot, und sei bis Mittag in Saint-Mandé."

Philippe versprach, das zu tun, was ihm gesagt wurde, und wir gingen weg.

Die Angelegenheit nahm eine Ernsthaftigkeit an, die mir bis dahin nie bewusst gewesen war. Ich ging zu Bixio und bat ihn wie üblich, beim Duell anwesend zu sein, nicht als Sekundant, sondern als Chirurg. Das Treffen sollte um zwölf Uhr in Saint-Mandé sein! Wir sollten mit der Postkutsche fahren. Wenn ich nicht verwundet oder getötet würde, sollten wir sofort das Schlachtfeld verlassen und nach Rouen fahren, wo die Statue von Corneille eingeweiht werden sollte. Fontan, Dupeuty und ich waren mit Stimmenmehrheit zu Vertretern dramatischer Autoren ernannt worden. Bixio nahm natürlich an; er sollte mich aus der Rue Bleue abholen, wo ich zu der Zeit wohnte. Ich kehrte nach Hause zurück, um für den Fall meines Todes gewisse Vorsichtsmaßnahmen für meinen Sohn und meine Tochter zu treffen. Da die arme Frau wusste, dass ich eine längere Reise vor mir hatte, hinterließ ich meiner Mutter zwanzig Briefe aus verschiedenen Städten Italiens. wenn ich getötet würde, könnten sie ihr die Wahrheit verheimlichen, indem sie sie glauben ließen, ich sei noch am Leben, indem sie in Abständen einen Brief erhielten, als sei er gerade mit der Post eingetroffen. Diese Vorbereitungen nahmen die ganze Nacht in Anspruch. Ich schlief erst gegen fünf Uhr morgens. Um zehn Uhr, als meine beiden Sekundanten kamen, fanden sie mich noch schlafend vor. Die Sache war noch im Gange. Wir sollten im Café des Variétés frühstücken. Dort holte mich meine Kutsche ab, und meine Pferde sollten uns abholen und zurückbringen; dann sollten wir auf der Rückfahrt (falls es eine Rückfahrt gab) Postpferde nehmen und, wie gesagt, nach Rouen aufbrechen. Ich schickte Maillan und Longpré voraus, um Frühstück zu bestellen. Zehn Minuten nach ihnen ging ich die Treppe hinunter. Ich hatte, um jeden Preis, Duellschwerter unter meinen Mantel genommen; ich hoffte immer noch, dass die Sache so enden würde. Auf der Treppe traf ich Florestan Bonnaire, den ich bereits im Zusammenhang mit Madame Sand erwähnt habe. Er hatte ein Album in der Hand.

„Halt", sagte er, „gehst du raus?"

"Ja."

"Sind Sie in Eile?"

"Warum?"

„Denn wenn du nicht in Eile bist, würde ich mir wünschen, du würdest nach oben gehen und ein paar Gedichtzeilen in mein Album schreiben."

„Gut! Bringen Sie das Album nach oben und lassen Sie es dort. Wenn ich zurückkomme, werde ich Ihnen eine Szene aus *Christine* oder *Charles VII. hineinlegen.*"

„Können Sie es nicht sofort tun?"

„Nein, ehrlich, das kann ich nicht."

„Geh mit!"

„Auf mein Ehrenwort, ich bin in Eile und möchte um nichts in der Welt zu spät kommen!"

"Wo gehst du hin?"

„Ich bin unterwegs, um mich mit Gaillardet zu duellieren."

„Pah!"

"Besser spät als nie."

„Oh, dann, mein lieber Freund, schreiben Sie mir meine Zeilen sofort, ich bitte Sie."

"Warum?"

„Wenn Sie getötet werden, überlegen Sie mal, wie interessant es für meine Frau wäre, die letzten Zeilen zu haben, die Sie geschrieben haben!"

„Sie haben Recht, daran habe ich nicht gedacht. Ich möchte Madame Bonnaire diese Chance nicht vorenthalten. Gehen wir hinauf, mein Freund."

Wir gingen nach oben, ich schrieb zehn Zeilen in das Album und Bonnaire ließ mich entzückt zurück. Ich war zwar etwas später dran als meine Sekundanten, aber ich hatte ihnen eine so gute Entschuldigung anzubieten, dass sie mir verziehen. Bixio kam und gesellte sich zu uns ins Café. Gegen Mittag waren wir in Saint-Mandé. Dort trafen wir Gossets Jungen an, der mit frisch gereinigten Pistolen auf uns wartete, die bisher noch niemand benutzt hatte. Als wir hinter die Kutsche blickten, sahen wir eine Droschke, die uns folgte. Wir vermuteten, dass es unser Gegner und seine Sekundanten waren.

Wir stiegen am vereinbarten Ort aus. Die Droschke öffnete sich, aber wir sahen nur Soulié und Fontan aussteigen. Monsieur Gaillardet hatte gesagt, er würde allein kommen. Sie liefen zu mir. Mir war bereits aufgefallen, dass sie Monsieur Gaillardet kaum kannten, obwohl wir alte Freunde waren. Ihr ganzes Mitgefühl galt also mir. Ich bat sie, einen letzten Versuch zu unternehmen, Monsieur Gaillardet mit Schwertern kämpfen zu lassen, und warnte sie, dass ich, wenn beim ersten Schuss nichts passierte, das Nachladen der Pistolen verlangen würde. Sie versprachen, ihr Bestes zu tun, um die Waffen zu wechseln. In diesem Moment erschien eine Kutsche und hielt wenige Meter von uns entfernt. Monsieur Gaillardet stieg aus. Er trug die übliche Duellkleidung: Mantel, Kniehosen und schwarze Weste, ohne einen einzigen weißen Fleck irgendwo an ihm, nicht einmal am Hemdkragen.

In Erinnerung an die Wirkung, die er in dieser Kleidung auf mich machte, schrieb ich sechzehn Jahre später die Szene zwischen Graf Hermann und Karl, eine Szene, in der Graf Hermann, als er seinen Neffen zu einem Pistolenduell gehen lässt, Karls Mantel zuknöpft und die Enden seines Kragens unter seine Krawatte steckt. Es ist bekannt, wie schwierig es ist, einen ganz in Schwarz gekleideten Mann zu treffen. Als Carrel ein oder zwei Jahre später von Giradin verwundet wurde, geschah dies an den wenigen Fäden am Ende seiner gelben Weste, die aus seinem schwarzen Mantel herausragten.

Ich habe Bixio von meiner Beobachtung berichtet.

„Wohin werden Sie zielen?", fragte er mich.

„Ich weiß es aufrichtig nicht", antwortete ich.

Plötzlich drückte ich seinen Arm.

„Und?", fragte er.

„Er hat Watte in den Ohren", sagte ich. „Ich werde versuchen, ihm den Kopf einzuschlagen."

In der Zwischenzeit unterhielt sich M. Gaillardet angeregt mit den Sekundanten, und es war leicht zu erkennen, dass seine Gesten ablehnend waren. Tatsächlich lehnte er es ein drittes Mal ab, mit Schwertern zu kämpfen. Seine beiden Sekundanten kamen, um zu verkünden, dass sein Entschluss in diesem Punkt unerschütterlich sei; es blieb nichts weiter zu tun, als einen Ort für das Duell auszuwählen. Wir ließen die Kutsche stehen, wo sie war, und wiesen den Kutscher an, zu kommen, wenn er die Schüsse hörte, und stürzten uns in den Wald. Nach einem fünfminütigen Fußmarsch fanden wir eine geeignete Lichtung: gerade und ohne Sonne. Es mussten nur noch die letzten Regelungen getroffen werden – die Angelegenheit der Sekundanten – sie trafen sich und traten in den Ausschuss ein. In der

Zwischenzeit übergab ich die für meine Mutter bestimmten Briefe für den Fall eines Unfalls Bixios Obhut. Meine letzten Anweisungen an ihn wurden ihm in so einfacher Weise und in so zuversichtlichem Ton übermittelt, dass Bixio meine Hand nahm und sie drückte und sagte:

„Bravo, mein Lieber! Ich hätte nicht geglaubt, dass Sie unter diesen Umständen so cool bleiben würden."

„Bei solchen Gelegenheiten bleibe ich kühl", sagte ich zu ihm. „Ich habe in der Nacht nach Monsieur Gaillardets Provokation schlecht geschlafen. Aber es liegt in meiner Natur – meinem Temperament, wie immer Sie es nennen wollen –, dass ich aus ärztlicher Sicht von Gefahren immer weniger beeindruckt bin, je näher sie mir kommen."

„Ich würde sehr gerne Ihren Puls fühlen, wenn Sie tatsächlich aufrecht gegenüberstehen."

„Ganz wie Du willst, das ist ganz leicht!"

„Wir werden sehen, wie viele Schläge es vor Aufregung noch hergibt."

„Das würde ich auch gern wissen, es ist eine Frage, die mich persönlich interessiert."

"Glaubst du, dass du ihn treffen wirst?"

"Ich fürchte nicht."

„Aber versuch es."

„Ich werde mein Bestes geben … Du hegst also einen Groll gegen ihn?"

„Ich, nicht der Geringste auf der Welt; ich kenne ihn nicht."

"Na dann?"

„Haben Sie Mérimées *Le Vase étrusque gelesen* ?"

"Ja."

„Nun, er sagt, dass sich jeder Mann, der durch eine Kugel getötet wird, umdreht, bevor er fällt. Ich möchte wissen, ob das aus wissenschaftlicher Sicht wahr ist."

„Ich werde mein Bestes tun, um Ihren Wunsch zu erfüllen."

Die Sekundanten trennten sich voneinander. Fontan und Soulié gingen auf M. Gaillardet und de Longpré zu, und Maillan kam zu mir.

„Gut", sagten sie, „wir haben behauptet, dass die Wahl der Waffen durch das Los entschieden werden sollte, aber die Sekundanten von Herrn Gaillardet behaupten das Gegenteil. Wir sind gekommen, um Sie zu konsultieren."

„Sie wissen ganz genau, was ich denke. Ich werde mit allem kämpfen, was Sie wollen, aber ich würde Schwerter vorziehen."

„Fontan und Soulié melden sich bei Monsieur Gaillardet, wie Sie sehen. Bleiben Sie stehen, sie kommen zu uns."

Und tatsächlich taten Soulié und Fontan dies, und wir kamen ihnen auf halbem Weg entgegen.

„Herr Gaillardet", sagte Soulié, „hat uns gerade erklärt, dass er, wenn er nicht mit Pistolen kämpft, überhaupt nicht kämpfen wird."

„Werfen Sie fünf Francs in die Luft", sagte ich zu meinen Sekundanten, „und verfassen Sie eine schriftliche Erklärung, in der diese Herren es ablehnen, die Angelegenheit dem Los zu überlassen."

De Longpré warf eine Fünf-Franc-Münze in die Luft, aber Soulié und Fontan schwiegen.

„Gut", sagte ich, „ich nehme die Waffen von Herrn Gaillardet an, verlange aber eine Darlegung des Sachverhalts."

Sie rissen ein Stück Papier aus einem Notizbuch und Maillan schrieb auf die Krone eines Hutes einen Bericht über die Fakten, die ich gerade geschildert habe.

Diese Hartnäckigkeit meinerseits beendete die Besprechung. Ich akzeptierte die Pistolen und es blieb nur noch die Klärung der Bedingungen. Ich wünschte, wir könnten aufeinander losgehen und nur nach eigenem Ermessen schießen.

„Herr Gaillardet hat die Bedingungen für die Waffen festgelegt", sagte ich. „Meiner Ansicht nach habe ich im Austausch für das Zugeständnis, das ich ihm bei der Annahme dieser Bedingungen gemacht habe, meinerseits das Recht, über die Art und Weise zu entscheiden, wie wir sie verwenden werden."

„Mein lieber Freund", sagte Soulié zu mir, „die Kämpfer haben keine Rechte; es ist Sache der Sekundanten, über alle Rechte zu entscheiden."

„Sehr gut! Ich bitte, wenn nicht als Forderung, so doch zumindest als Vorschlag, dass mein Wunsch Herrn Gaillardet mitgeteilt wird."

Die Sekunden vergingen und ich war wieder allein mit Bixio.

„ *Sacredieu* , mein Lieber", sagte ich zu ihm, „der Junge dort geht mir so auf die Nerven, dass ich es ihm unbedingt heimzahlen möchte."

„Ah, versuchen Sie es! Sie werden einen sehr interessanten Punkt der Wissenschaft geklärt haben."

Fünf Minuten später kamen Maillan und de Longpré zu mir zurück.

„Gut", sagten sie, „alles ist arrangiert."

"Gut!"

„Sie werden in einem Abstand von fünfzig Metern zueinander aufgestellt …"

„Warum fünfzig Meter?"

„Ach komm, warte mal. Und ihr habt das Recht, fünfzehn Meter aufeinander zuzugehen."

"Ah!"

„Sie sind nicht zufrieden?"

„Es ist nicht alles, was ich wollte, aber man muss mit dem zufrieden sein, was man kriegen kann. Kommt, markiert die Entfernungen, meine Jungs!"

„Sehen Sie, Soulié und Fontan machen es."

"Werden Sie die Seite behalten, auf der Sie jetzt sind?"

„Da ich schon hier bin, kann ich auch gleich bleiben."

Die Herren machten sich daran, die Entfernungen zu messen, und ich plauderte weiter mit Bixio. In der Zwischenzeit lud der Schießjunge die Pistolen. Die fünfzehn Meter, die wir zurücklegen konnten, waren durch zwei Stöcke markiert, die quer über den Weg gespannt waren. Sie nahmen Monsieur Gaillardet seine Pistole und brachten mir meine. Ich nahm sie in die rechte Hand und streckte die linke aus, damit Bixio meinen Puls fühlen konnte. Monsieur Gaillardet stand auf seinem Posten bereit. Ich gab ihm ein Zeichen, zu warten, bis Bixio seine Beobachtung gemacht hatte.

„Dann sag ihm, er soll keine Notiz von mir nehmen und trotzdem schießen", sagte Bixio.

Der Charakter von Bixio folgt ausschließlich diesen beiden Linien.

Mein Puls schlug achtundsechzig auf die Minute.

„Nun geh mit!", sagte Bixio zu mir, „und beeil dich nicht."

Dann ging er mit den vier Zeugen in den Wald. Ich ging und nahm meine Position ein. Soulié klatschte dreimal in die Hände. Beim dritten Klatschen lief Herr Gaillardet die Strecke, die ihn von der Grenze trennte, und wartete.

Ich ging auf ihn zu und wich dabei ein wenig von der geraden Linie ab, um ihm nicht den Vorteil zu geben, sich selbst beim Zielen auf dem Weg zu helfen. Herr Gaillardet schoss auf meinen zehnten Meter. Ich hörte nicht einmal das Pfeifen der Kugel. Ich wandte mich unseren vier Freunden zu. Soulié, bleich wie der Tod, lehnte an einem Baum. Ich senkte den Kopf und schwenkte meine Pistole in Richtung der Zeugen, um ihnen zu zeigen, dass nichts passiert war. Dann wollte ich die wenigen Meter zurücklegen, die mir noch blieben; aber mein Gewissen ließ meine Füße am Boden kleben und sagte mir, dass ich von der Stelle aus schießen sollte, an der ich beschossen worden war. Und ich hob meine Pistole und suchte nach dem berühmten weißen Punkt, den mir die Watte in seinen Ohren versprach. Aber nachdem Herr Gaillardet geschossen hatte, war er zurückgetreten, um mein Feuer abzufangen, und da er seinen Kopf mit der Pistole schützte, war sein Ohr hinter der Waffe verborgen. Ich musste mir also eine andere Stelle suchen; aber ich fürchtete, man würde mich beschuldigen, ich hätte zu lange gezielt, und konnte mich nicht damit entschuldigen, dass ich die gesuchte Stelle nicht gefunden hatte. Also schoss ich aufs Geratewohl. Herr Gaillardet warf den Kopf zurück. Ich dachte zuerst, er sei verwundet, und ich gestehe, dass ich damals ein lebhaftes Gefühl der Freude über etwas empfand, was ich heute von ganzem Herzen bereuen würde. Glücklicherweise wurde er nicht getroffen.

„Komm, wir laden unsere Waffen nach", sagte ich und warf dem Jungen meine Pistole vor die Füße, „und dann bleiben wir an unseren Plätzen, das spart Zeit."

Zum Schluss möchte ich meinen eigenen Bericht durch die schriftliche Darstellung der Vorgänge ersetzen. Meine Füße schienen wie festgeklebt, genau wie damals, als ich M. Gaillardets Feuer erduldete.

"BOIS DE VINCENNES, 17. *Oktober* 1834,
14.45 Uhr

„Nachdem wir unsere erste Note verfasst hatten, wurden die Gegner fünfzig Schritte voneinander entfernt aufgestellt, mit der Befugnis, bis auf fünfzehn Schritte aneinander heranzukommen. Herr Gaillardet erreichte die Grenze und feuerte den ersten Schuss ab; Herr Dumas feuerte den zweiten; keiner der Schüsse traf. Herr Dumas erklärte dann, er wolle die Sache nicht damit beenden und verlangte, dass der Kampf fortgesetzt werden solle, bis einer der beiden gestorben sei. Herr Gaillardet willigte ein; aber die Sekundanten weigerten sich, die Waffen nachzuladen. Daraufhin schlug Herr Dumas vor, das Duell mit

Schwertern fortzusetzen. Die Sekundanten von Herrn
Gaillardet lehnten ab. Dann drängte Herr Dumas darauf,
die Pistolen nachzuladen; aber die Sekundanten, die lange
überlegten und versucht hatten, seine Hartnäckigkeit zu
überwinden, waren sich nicht imstande, einem Kampf ihre
Unterstützung zu leihen, der zwangsläufig tödlich enden
musste. Folglich zogen sich die Sekundanten zurück und
nahmen die Waffen mit, und dieser Rückzug beendete das
Duell.
" „FONTAN, SOULIÉ, MAILLAN, DE LANGPRÉ"

Die Sekundanten zogen sich zurück, und ich fand mich allein mit Herrn
Gaillardet, Bixio und dem Bruder von Herrn Gaillardet, der gerade durch
den Wald gekommen war, als die Schießerei stattfand. Da wir nun zwei
Sekundanten und zwei Schwerter hatten, schlug ich Herrn Gaillardet vor,
sowohl Männer als auch Waffen einzusetzen. Er lehnte ab. Daraufhin stiegen
Bixio und ich in die Kutsche und kehrten auf der Straße nach Paris zurück.
[1]

Ein paar Stunden später fuhren wir mit Fontan und Dupeuty mit der
Postkutsche nach Rouen auf.

Bixio war noch zweimal mein Sekundant. Da jedoch einer der beiden Duelle
mit Schwertern ausgetragen wurde und der andere überhaupt nicht stattfand,
hatte er keine Gelegenheit, sich zu vergewissern, ob sich ein durch eine Kugel
verwundeter oder getöteter Mann umdreht, bevor er fällt. Er musste das
Experiment an sich selbst durchführen.

Im Juni 1848, als Bixio in seiner Funktion als Volksvertreter mit seinem
gewohnten Mut an der Barrikade des Panthéon entlangging, traf ihn eine
Kugel, die aus dem ersten Stock eines Hauses in der Rue Soufflot abgefeuert
wurde, über dem Schlüsselbein, drang in seine rechte Lunge ein und blieb
nach einer Strecke von 15 bis 18 Zoll in der Nähe der Wirbelsäule stecken.
Bixio drehte sich dreimal um und fiel.

„ *Ohne jeden Zweifel dreht man sich um!*", sagte er. Das Problem war gelöst.

(ANMERKUNG DES VERLAGS.)

„MEIN LIEBER FOURNIER, – Ein Gerichtsbeschluss aus dem Jahr
1832 ordnete an, dass *La Tour de Nesle* nur unter meinem Namen gedruckt
und in Rechnung gestellt werden sollte; und dies wurde tatsächlich bis 1851
getan, als es verboten wurde. Jetzt, da wir es wiederbeleben wollen, erlaube
ich Ihnen und bitte Sie sogar, meinen Namen mit dem meines Mitarbeiters
Alexandre Dumas zu verbinden, dem ich beweisen möchte, dass ich unsere

alten Streitigkeiten vergessen habe und mich nur an unsere guten Beziehungen in der Vergangenheit erinnere und an den großen Anteil, den sein unvergleichliches Talent am Erfolg von *La Tour de Nesle hatte.* – Ihr usw.

„F. GAILLARDET

"PARIS, 25. *April* 1864"

[ANMERKUNG DES ÜBERSETZERS.—Die obige Anmerkung erscheint in der aktuellen Ausgabe der Memoiren. Im Anhang der Pariser Ausgabe von 1854 findet sich ein langer Brief von MF Gaillardet vom 12. April 1854, den Dumas in der Brüsseler Ausgabe nicht wiedergab.]

[1] Um die Geschichte dieses Streits, der in der Literaturwelt so viel Aufsehen erregte, abzuschließen, halten wir es für besser, hier den Brief wiederzugeben, den M. Gaillardet mit einer Dynamik, die ihm Ehre macht, spontan an M. Marc Fournier schrieb, den Direktor des Porte-Saint-Martin, seit dort im Jahr 1861 *La Tour de Nesle wiederaufgeführt wurde.*

Buch IV

KAPITEL I

Die Maskerade des Budgets in Grenoble – M. Maurice
Duval – Die Serenaden – Flucht des 35. Linienregiments –
Der Aufstand, den es auslöst – Verhaftung von General
Saint-Clair – Einnahme der Präfektur und der Zitadelle
durch Bastide – Bastide in Lyon – Ordnung herrscht in
Grenoble – Casimir Périer, Garnier-Pagès und M. Dupin –
Bericht der Gemeinde Grenoble – Freispruch der
Randalierer – Wiedereinsetzung des 35. Regiments –
Protest eines Rauchers

Mit großer Freude gab ich die literarische Seite meines Lebens auf, die mich
gerade, sehr gegen meinen Willen, dazu gezwungen hatte, einem Mann
gegenüber unfreundlich zu sein, gegen den ich keinen Groll hegte, und der
außerdem ungefähr zu dieser Zeit das Theater aufgegeben hatte, nach der
Veröffentlichung eines bemerkenswerten Buches, so bin ich überzeugt, *La
Chevalière d'Éon*, nach Amerika ging und der französischen Literatur den
immensen Dienst erwies, sie im Land Washington Irvings und Coopers zu
verbreiten und populär zu machen; ich wiederhole, mit großer Freude gab
ich die literarische Seite meines Lebens auf, um den Faden der politischen
Ereignisse wieder aufzunehmen, die das Jahr 1832 bewegten, auch wenn sie
Paris noch nicht mit Blut befleckt und Frankreich in ein Leichentuch der
Trauer gehüllt hatten. Erlauben Sie uns, sie ein wenig weiter zurück zu führen
als bis zum Monat Juni, in dem sie ausbrachen; wir werden allzu bald zu
jenem schrecklichen Moment zurückkehren.

Nach dem Artillerie-Probelauf, von dem ich berichtet habe, wurden die alten
Geheimgesellschaften, die mit den karbonistischen Grundsätzen von 1821
ausgestattet waren, neu organisiert, und gleichzeitig wurden neue
Gesellschaften gegründet. Unseren Lesern sind die Namen der Gesellschaft
der „Freunde des Volkes" und der „Menschenrechte" bekannt: Dies waren
in gewissem Maße die Muttergesellschaften; aber zwei andere Gesellschaften
waren neben ihnen entstanden: die Société Gauloise, die sich zur Zeit der
Kämpfe als eine der eifrigsten erwies, wenn es darum ging, zu den Waffen
zu greifen; und das Organisationskomitee der Munizipalitäten, das sich durch
unsichtbare, aber reale Bande mit der berühmten Gesellschaft der
Philadelphianer verband, die es unter dem Kaiserreich nicht hatte stürzen
können, und deren wichtigste Führer Oudet, Pichegru und Moreau waren.
Bastide war der letztgenannten Gesellschaft angeschlossen, deren
Grundsätze babouvistisch waren; So wurde Bastide beim Aufstand von
Lyon, der durch Armut verursacht wurde und eine sozialistische Tendenz

hatte, in die aufständische Stadt geschickt, um zu sehen, was die Republikanische Partei davon haben könnte. Als er ankam, war alles vorbei; aber er glaubte, in dem sterbenden Aufstand den Keim eines neuen Aufstands zu erkennen, und kehrte mit der Idee zurück, dass in dieser Hinsicht etwas getan werden könnte. So blieb er nur kurze Zeit in Paris und brach bald wieder in die Départements Ardèche und Isère auf. Dort traf er auf jene feurige Bevölkerung des Dauphiné, die 1788 als erste ihre Staaten für Vizille verteidigte und seit 1816 gegen die Bourbonen und seit 1832 gegen Louis-Philippe konspirierte. Am 13. März kehrte er von einer Tour in die Berge mit den beiden Brüdern Vasseur zurück, die beide inzwischen verstorben waren und von denen der ältere das Volk in der gesetzgebenden Versammlung vertrat. und als sie sich den Toren Grenobles näherten, erfuhren sie, dass die Stadt, die sie in völliger Ruhe verlassen hatten, in Flammen stand. Folgendes war passiert:

Am 11. März hatten die jungen Leute einen Maskenball organisiert, der das Budget und die beiden Zusatztrusts vertrat. Neue Vorschriften verboten diesen Maskenball; doch die alte Sitte hatte sich gegen die neuen Regeln durchgesetzt, und der Maskenzug hatte Grenoble durch das Tor Frankreichs verlassen und war geradewegs auf die Esplanade zugesteuert, wo General Saint-Clair genau zu dieser Stunde eine Garnisonsparade abhalten sollte. Der General war sich des Verbots des Maskenballs bewusst; doch wie ein vernünftiger Mann gab er vor, es nicht zu bemerken. Unglücklicherweise war Herr Maurice Duval, der Präfekt von Isère, weniger tolerant. Es war derselbe Herr Maurice Duval, den wir drei oder vier Monate später wiedersehen werden, als er mit seinem Hut auf dem Kopf mit Madame la Duchesse de Berry spricht.

M. Maurice Duval, wütend darüber, dass die jungen Leute der Stadt den Befehl missachtet hatten, forderte M. de Saint-Clair auf, die Soldaten zu den Waffen zu greifen. Das Ergebnis dieses Befehls war, dass unsere Maskierten, als sie die Stadt wieder betreten wollten, nicht nur feststellten, dass das Tor geschlossen war, sondern dass hinter jedem geschlossenen Tor etwa hundert Grenadiere auf sie warteten, die bis an die Zähne bewaffnet waren. Die Maskierten, die nicht älter als zehn oder zwölf waren, konnten an eine solche Machtdemonstration nicht glauben; daher marschierten sie entschlossen auf die Grenadiere zu, die ihre Bajonette aufpflanzten. Leider hielt die Menge, die ihnen folgte, es für einen Scherz, so wie sie selbst, und beschloss, ebenfalls einzutreten; es waren Reiter und Kutschen unter ihnen, aber die Grenadiere dachten an nichts anderes als an ihre Befehle und blieben standhaft. Die Menge, die auf die Bajonette gestoßen war, begann sich zu beschweren, dass diese in ihre Körper eindrangen. Auf die Beschwerden folgten Rufe: „Nieder mit den Grenadieren!", und auf diesen Ruf folgten Steinhagel. Ein Zusammenstoß schien unmittelbar bevorzustehen. Oberst

Bosonier l'Espinasse übernahm es, den Befehl zu geben, die Tore zu öffnen. Die Grenadiere zogen sich zurück; die Menge war in der Stadt untergegangen, und inmitten dieses Tumults verschwanden die Maskierten, die eigentliche Ursache des ganzen Aufruhrs. Statt sich mit diesem für alle versöhnlichen Ende zufrieden zu geben, protestierte Maurice Duval gegen das schwache Nachgeben und behauptete, die Regierung werde in Verruf geraten, wenn er sich nicht räche.

Für den Abend war ein Maskenball angekündigt, doch M. Maurice Duval verbot ihn. Der Bürgermeister, ein vernünftiger Mann, eilte zur Präfektur und machte M. Maurice Duval darauf aufmerksam, dass dieses Verbot, wenn man ihnen ein Vergnügen vorenthalten würde, mit dem sie rechneten, die allerschlimmste Wirkung auf Menschen haben würde, deren Köpfe bereits aufgeregt seien.

„Was ist damit?", erwiderte M. Duval, so wurde es jedenfalls gesagt.

„Was soll das? Es wird einen Aufruhr geben!"

„Gut! Die Randalierer werden Steine auf die Soldaten werfen. Aber wenn sie Steine werfen, werden die Soldaten ihnen Kugeln reinschießen, das ist alles."

Diese Erwiderung, deren Wahrheitsgehalt sich nicht nachweisen lässt, machte in der ganzen Stadt die Runde.

Abends wurden im Theater Forderungen laut, den vom Präfekten verbotenen Ball abzuhalten. Doch darüber hinaus blieb es.

Am nächsten Tag schien die Stadt ruhig; doch es verbreitete sich das Gerücht, dass sie Herrn le Préfet an diesem Abend ein Charivari geben würden. Die Charivaris der Dauphiné sind berühmt; einige Zeit zuvor hatten sie in Vizille eines gegeben, das viel Aufsehen erregt hatte. Am Morgen wurde Herr Maurice Duval von dem Vorhaben in Kenntnis gesetzt. Also schickte er dem Bürgermeister den Befehl, ein Bataillon der Nationalgarde unter Waffen zu stellen. Diese Depesche, die – aus welchem Grund oder Anlass, wie noch immer unbekannt ist – mittags von der Präfektur abgeschickt wurde, erreichte die Mairie erst um Viertel vor fünf abends. Das war zu spät: Die Aufforderung konnte nicht wirksam werden.

Das Charivari war keine leere Drohung. Gegen acht Uhr abends begann sich eine Menschenmenge zu versammeln: Sie hatte nichts Feindseliges an sich, denn fast ein Drittel davon bestand aus Frauen und Kindern. Diese Menge, die weder Waffen noch, zumindest in diesem Moment, die Mittel hatte, um ein Charivari zu verteilen, begnügte sich mit lautem Gelächter, dem Ausstoßen von Hallos und gelegentlichen Rufen von „Nieder mit dem Präfekten!"

Das war alles sehr unangenehm, gehörte aber zu den Beleidigungen, denen nicht nur öffentliche Beamte ausgesetzt sind, sondern noch mehr konservative Abgeordnete. Eine Vorladung hätte der Versammlung ein Ende setzen können; aber M. Duval war nicht damit zufrieden, nur die Ordnung wiederherzustellen; er wollte diejenigen bestrafen, die ihn belästigt hatten. Er befahl den Polizeikommissaren MM. Vidal und Jourdan, in die Kaserne zu gehen, wo die Soldaten seit vier Stunden eingesperrt waren, und jeder sollte eine Kompanie bilden und die Agitatoren *umzingeln* . Unter diesen Agitatoren machte ein angetrunkener junger Mann durch seine drolligen Gesten und wilden Schreie auf sich aufmerksam. Die Polizeibeamten bahnten sich einen Weg durch die Menge, um den *Charivariseur* aus der Mitte heraus festzunehmen . Die Menge ließ es zu, und der junge Mann wurde ins Wachhaus gebracht. Doch kaum war die Verhaftung vollzogen, machten sich alle Männer, die geschwiegen und zwei Polizisten Platz gemacht hatten, ihre Feigheit vor, stachelten sich gegenseitig an und riefen lautstark nach dem Gefangenen. Dann begann das Charivari sein Aussehen zu ändern: Es wurde zu einem Aufruhr. In diesem Moment, als der erste Stellvertreter des Bürgermeisters den Gefangenen freilassen wollte – der, da er nichts von der Ursache des ganzen Aufruhrs wusste, im Wachhaus geschlafen hatte –, erschienen die Grenadiere und die leichte Infanterie: Die Grenadiere, angeführt von M. Vidal, rückten über den Place Saint-André vor; die Infanterie, angeführt von M. Jourdan, durch die Rue du Quai. Dies waren die einzigen beiden Fluchtwege. Die Soldaten trugen den düsteren Gesichtsausdruck, der Entschlossenheit verrät. Sie marschierten in Reihe, gingen schweigend vorwärts, die Trommler trugen ihre Trommeln auf dem Rücken. Plötzlich verschwand M. Vidal, und über den Place Saint-André erklang zwischen den geballten Zähnen des Offiziers dieser Befehl: „Soldaten, vorwärts!" Bei diesem Befehl senkten die Grenadiere ihre Gewehre, spannten ihre Bajonette an und rückten im Sturmschritt vor, wobei sie die ganze Breite der Straße einnahmen. Die Menge floh durch die Rue du Quai, den einzigen Weg, der ihr offen schien; aber in dieser Straße traf sie auf eine andere Menge, die vor der Infanterie floh, und prallte gegen sie. Dann entstand auf allen Seiten ein furchtbarer Tumult in der so bedrohten Menge, und er wurde von der Stimme eines Offiziers übertönt, der diesen lakonischen Befehl gab: „Bajonette aufpflanzen! Angriff!" Fast im selben Moment folgten Schmerzensschreie auf die Angstschreie; man konnte sie von den gequälten Tönen unterscheiden, die riefen:

„Verzeihung! … Hilfe! … Mord!"

Glücklicherweise öffneten sich die Fenster eines Arbeitszimmers und etwa dreißig Personen stürmten in den so gebotenen Schutz. M. Marion, Ratsherr des *Cour Royale* von Grenoble, stürzte sich in den Eingang von Baillys Laden und begegnete dort einem blutüberströmten Mann. Ein Student namens

Huguet, der eine Frau beschützen wollte, die mit einem Grenadierbajonett bedroht wurde, warf sich vor sie und bekam den ihr zugedachten Schlag auf den Arm. Ein Tischler namens Guibert wich an die Wand zurück, als er den Kreis der Bajonette auf sich zukommen sah, und rief: „Schlagen Sie mich nicht! Ich mache keinen Aufruhr!" Er erhielt drei Bajonettstiche, von denen ihn einer in die Leistengegend schleuderte und ihn in die Nähe der Statue von Bayard wirbelte.

Stellen Sie sich diese Statue vor, wie sie dreihundert Jahre später mit den Augen eines Ritters *ohne Angst und Vorwurf auf sie blickt,* und beurteilen Sie sein Erstaunen!

Mitten in diesem Tumult trafen Bastide und die beiden Brüder Vasseur ein. Die Gelegenheit, auf die der unerschrockene Agent der Société des Municipalités gewartet hatte, war ihm entgegengekommen. Die beiden Brüder Vasseur wechselten ein paar Worte mit den Mitarbeitern, und in der Nacht eilten alle jungen Männer, die in Geheimgesellschaften eingeschrieben waren, los, um Bastide zu treffen. Alle waren der Meinung, dass der Moment gekommen war, *den Schlag zu führen.* In diesen jungen Köpfen herrschte zu dieser Zeit so viel Enthusiasmus, in allen jungen Herzen so viel Mut, dass sie kaum ihre Überzeugung verwirklicht hatten, als sie versuchten, anderen die Idee einzuflößen, dass die Zeit zum Handeln gekommen war. Jeder dachte, dass die feurige Atmosphäre, die er atmete, die Atmosphäre ganz Frankreichs sei. Dann wurde beschlossen, dass sie am nächsten Tag alle Umstände ausnutzen und versuchen sollten, einen ernsthafteren Kampf zu beginnen. Es war in der Tat ein Wunder, dass sie bis zum nächsten Morgen warteten.

Am nächsten Tag war alles so, wie die Patrioten es sich wünschen konnten: Die öffentliche Wut war auf dem Höhepunkt und die allgemeine Empörung überschäumte. Die Zahl der Verletzten wurde übertrieben und es hieß, der Tischlergeselle Guibert sei tot. Von allen Seiten wurde eine Untersuchung gefordert. Der Generalstaatsanwalt, Monsieur Moyne, sagte offen, er werde die Schuldigen, wer immer sie auch seien, strafrechtlich verfolgen.

Der *Cour royale* nahm sich der Sache an. Alle diese Gerüchte, alle diese aufkeimenden Nachrichten verbreiteten sich und nahmen mit furchtbarer Geschwindigkeit zu, wie ein Sturm, der in der Luft tobt. Die Flüche der Stadt konzentrierten sich auf den Präfekten und das 35. Linienregiment – auf diejenigen, die die Befehle gegeben und diejenigen, die sie ausgeführt hatten. [1] Gegen zehn Uhr morgens ertönte in allen Straßen von Grenoble das Abseilgeläut: Die Nationalgarde wurde auf Befehl der Stadträte gerufen. Aber während die Nationalgardisten ihre Posten einnahmen, liefen die jungen Männer, die nicht zur Nationalgarde gehörten, hin und her, gingen zwischen den Bewaffneten umher, wechselten ein paar kurze Worte mit ihnen, die bewiesen, dass die gesamte Bevölkerung die gleiche Meinung hatte, und indem sie nach Gewehren verlangten, entfachten sie die Flammen des bereits sichtbaren Aufstands.

Dann traten zwei völlig unterschiedliche und entschiedene Autoritäten zutage: die städtische Autorität, die mit Sanftmut und Versöhnung vorging, und die königliche Autorität, die Zwang und Terror ausübte.

Zwei Proklamationen erschienen gleichzeitig; eine von der Seite des Bürgermeisters, die andere von der des Präfekten; die Proklamation des Präfekten wurde unter Flüchen heruntergerissen; die des Bürgermeisters erhielt begeisterten Beifall. In diesem Moment füllte sich das Dach des Rathauses mit Infanterie, deren Gewehre man im Schatten glänzen sah; die *Piquéure* des Vortages waren wiederzuerkennen, und von allen Seiten erklangen Rufe: „Nieder mit dem Präfekten! Nieder mit dem 35. der Linie!" Der Präfekt, der glaubte, alle notwendigen Zwangsmaßnahmen ergriffen zu haben, wartete in der Präfektur, wobei General Saint-Clair und sein gesamter Stab bei ihm waren.

In diesem Augenblick wurden M. Maurice Duval, MM. Ducruy, Buisson und Arribert gemeldet. Diese drei wohlbekannten Namen, ehrenhaft bekannte Namen, gehörten dem Stadtrat der Stadt an. Sie kamen, um den Präfekten um die Übergabe der vom 35. Linienregiment besetzten Stellungen an die Nationalgarde zu bitten!

General Saint-Clair war sich des Ernstes der Lage bewusst; er vermutete, dass dort unten etwas Ernsteres als ein Streit im Anschluss an ein Charivari die Leute aufwühlte; er erkannte darin den Gegenschlag der Pariser Aufstände; dass republikanischer Einfluss im Spiel war. Deshalb kündigte er trotz des Widerstands des Präfekten an, dass er bereit sei, alle Stellungen, die weniger als ein Dutzend Mann umfassten, der Nationalgarde zu überlassen.

„Versteht der Wächter, der am Tor Ihres Hotels Wache hält, das?", fragte der Präfekt.

„Das ist das erste, was ich aufgebe", antwortete der General.

Tatsächlich sollte der Befehl gerade gegeben werden, als im Hof der Präfektur ein großer Lärm zu hören war. Die Menge war in den Hof eingedrungen und Schläge hallten gegen die Tore.

„Was bedeutet das?", fragte General Saint-Clair.

„Parbleu!", antwortete M. Maurice Duval lachend, „das bedeutet, dass wir, Sie und ich, aufgrund Ihrer feinen Versöhnungsmaßnahmen aus den Fenstern geworfen werden!"

Man wettete hundert zu eins, dass sich die Prophezeiung erfüllen würde; also überließen der General, sein Stab und der Präfekt die Verteidigung der

Präfektur einer Abteilung Feuerwehrleute und eilten in die Rathaushalle. Dort fanden sie eine große Anzahl von Nationalgardisten versammelt, um das Rathaus und den Stadtrat zu verteidigen, falls diese angegriffen werden sollten, aber sie schienen nicht im Geringsten geneigt, dem Präfekten und General Saint-Clair diesen Schutz zu gewähren. Letzterer täuschte sich nicht, denn er spürte, dass hinter all dem etwas Unbekanntes und Unheilvolleres steckte als ein provinzieller Aufstand; es waren Bastide und die Brüder Vasseur – alte Kämpfer, deren erste Spuren auf den Karbonarismus zurückgingen –, die die Bewegung anführten.

Bei dem Geschrei, das in der Stadt erschallte: „Guibert ist tot!“, hatte Bastide eine Idee, die er seinen Gefährten mitteilte; er wollte die Leiche aufheben und durch die Straßen tragen und dabei „Zu den Waffen!“ rufen. Wir wissen, was eine ähnliche Prozession, die 1830 das Vaudeville-Theater verließ, bewirkt hatte, und wir haben später gesehen, was dasselbe Manöver nach der berühmten Entladung des 14. Linienregiments auf dem Boulevard des Capucines bewirkte. Daraufhin schickte Bastide Männer zu Guiberts Wohnung. Die Leiche sollte in das Haus der Brüder Vasseur gebracht werden, und der Trauerzug sollte von dort durch alle Straßen der Stadt marschieren. Während sie zu Guiberts Haus gingen, reorganisierte der jüngere Vasseur das Freiwilligenkorps, mit dem er 1830 versucht hatte, Savoyen zu erobern. Als verzweifelter Gemsenjäger führte er damals einen höchst merkwürdigen Krieg in den Bergen, der einen eigenen Historiker verdient hätte. Später wurde er aus Frankreich verbannt und reiste durch Mexiko und Texas. Auf seiner Rückkehr erkrankte er an Cholera und starb. Er war ein Mann mit hohen Zielen, der in Grenoble verehrt wurde, besonders von den Männern, mit denen er das seltsame Unternehmen gewagt hatte, Savoyen aufzurütteln und zu erobern.

Während er losrannte, um zu verkünden, dass sein Freiwilligenkorps bereit sei, kamen die Boten, die zu Guiberts Haus geschickt worden waren, um die Leiche abzuholen, und berichteten flüsternd, dass Guibert sehr krank, aber nicht tot sei. Dies war eine große Enttäuschung; gleichzeitig änderte Bastide mit seiner üblichen Klugheit seinen Plan: Da die Menschen zu mutigen Unternehmungen bereit zu sein schienen, verlieh ihm das Freiwilligenkorps des jüngeren Vasseur tatsächliche Macht; er befahl ihnen, auf die Präfektur zu marschieren. Es war der Lärm der von Bastide angeführten Invasion, der in den Wohnungen widerhallte und General Saint-Clair und M. Maurice Duval gezwungen hatte, in der Mairie Zuflucht zu suchen, um nicht aus den Fenstern geschleudert zu werden, wie der Präfekt sagte. Zur gleichen Zeit stellte sich Vasseur der Jüngere mit seinem Freiwilligenkorps vor den Fenstern der Mairie auf. Als General Saint-Clair den Vorschlag machte, alle Posten mit weniger als einem Dutzend Mann an die Nationalgarde abzutreten, erhob sich eine Stimme und rief: „Es ist zu spät!“

Was ist an diesen vier Worten mit elf Buchstaben so fatal und kabbalistisch?

Die Aufständischen forderten nun die Besetzung aller von der Nationalgarde gehaltenen Posten mit Ausnahme der drei Stadttore, die von der Nationalgarde, Artillerie und Pionieren gemeinsam bewacht werden sollten. Die Bedingungen waren hart. General Saint-Clair beschloss, den Aufständischen gegenüberzutreten, anstatt eine Verhandlungsgruppe zu schicken; er ging selbst in den Hof und wollte die Menge ansprechen. Aber ein junger Mann mit dem Arm in einer Schlinge kam aus der Menge. Es war Huguet, der am Vortag verwundet worden war. Er wechselte ein paar lebhafte Worte mit dem General, die nur die Umstehenden hörten, die dieser aber anderen wiederholte; und so erfuhren sie, dass Huguet mit der Kraft eines Mannes, der am Tag zuvor sein Leben riskiert hatte, gegen die Rückkehr des 35. der Linie protestierte. Huguets Protest wurde mit allgemeinem Applaus begrüßt; während Vasseur, der dachte, es sei an der Zeit zu erfahren, warum er und seine Freiwilligen dort waren, ihn vor allen umarmte. Die Wirkung dieser Begrüßung war elektrisierend. Sie riefen: „ *Vive Vasseur! Vive Huguet! Vive le Maire! ... Nieder mit dem Präfekten! Nieder mit dem 35. der Linie!* "

Ein junger Mann namens Gauthier streckte den Arm aus, packte General Saint-Clair am Kragen und rief laut:

„General, Sie sind mein Gefangener!"

Der General leistete keinen Widerstand, obwohl die Soldaten in Hörweite waren, und er wusste, dass er nur ein Wort zu sagen brauchte, um einen noch schrecklicheren Kampf als am Vortag auszulösen; aber er zögerte, dieses Wort zu geben, und folgte dem Mann, der ihn verhaftet hatte. Sie brachten den General zu seinem Hotel, und Vasseur postierte vor jeder Tür Wachen seiner Freiwilligenkompanie. Gleichzeitig dachte Bastide, der die ganze Lage studierte, dass der Moment gekommen sei, die Präfektur anzugreifen. Die Türen wurden beim ersten Versuch aufgebrochen, und trotz des Widerstands der Feuerwehrleute drangen die Aufständischen in den Vorraum ein und versuchten es mit den Wohnungstüren: sie waren alle von innen solide verbarrikadiert. Einem Straßenjungen – man findet sie überall und sie sind immer an der Spitze jedes Aufruhrs – gelang es, den unteren Teil einer Tür aufzubrechen und aufzubrechen. Bastide schlüpfte durch die Öffnung und erhielt einen Bajonettschlag, der seinen Mantel zerriss und seine Brust zerkratzte; aber er packte das Bajonett mit beiden Händen, und der Soldat zog sein Gewehr zu sich heran und zog gleichzeitig Bastide hinein, der sich im Inneren befand, dem Soldaten das Gewehr aus der Hand riss und denen, die ihm folgten, die beiden Seiten der Schwingtür öffnete. Die Präfektur wurde gefangen genommen.

Es hatte sich das Gerücht verbreitet, der Präfekt sei in einem Schrank versteckt. Bastide selbst leitete die Öffnung aller Schränke ein, aber sie waren leer – jedenfalls keine Präfekten. Als nächstes galt es, die Zitadelle einzunehmen. In Grenoble liegt die Zitadelle, wie im alten Arx, auf einem Hügel und beherrscht die ganze Stadt. Bastide bat um einen Freiwilligen, der die Zitadelle mitnehmen wollte; ein Artillerist namens Gervais meldete sich. Sie stiegen beide den steilen Hang hinauf; als sie bis auf zwanzig Meter an den Wachposten herangekommen waren, rief dieser:

"Wer geht dahin?"

„Der Kommandant der Festung“, antwortete Bastide.

Der Wachposten präsentierte die Waffen und ließ Bastide und Monsieur Gervais passieren. Die Inbesitznahme erfolgte ebenso schnell wie der Einmarsch. Bastide, der sich an seinen Beruf als Artilleriekapitän erinnerte, ließ sechs Kanonen herausbringen und auf dem Platz in Stellung bringen. Als sie diesen Ort erreicht hatten, hatte ihr Erfolg seinen Höhepunkt erreicht. Tatsächlich war nichts vorbereitet worden, was einem so plötzlichen Angriff ernsthaften Widerstand leisten konnte. Während Bastide die Präfektur betrat und die Zitadelle eroberte, erschraken furchtsame Herzen, als sie sahen, in welche Richtung die feurigen Geister gingen. Die Reaktion begann einzusetzen.

Als Bastide, nachdem er sich der Zitadelle versichert hatte, wieder in die Stadt kam, stellte er fest, dass die Nationalgarde die Posten im Hotel von General Saint-Clair abgelöst hatte. Vasseur hatte seinen ganzen Einfluss auf seine Männer einsetzen müssen, um einen Zusammenstoß zwischen ihnen und dem Freiwilligenkorps zu verhindern. Von diesem Zeitpunkt an war Bastide klar, dass alles verloren war, wenn Lyon sich nicht erhob. General Saint-Clair, der den Frieden wiederherstellen wollte, den er nicht aufrechterhalten konnte, sprach davon, eine Abordnung zu General Hulot zu schicken, die ihn um die Rückkehr des 35. bitten sollte. Er erwähnte den Namen von M. Julien Bertrand. Bastide bot an und wurde angenommen. M. Bress, Adjutant von General Saint-Clair, wurde ihnen hinzugefügt, und alle drei machten sich auf den Weg nach Lyon. Es ist verständlich, dass die von Bastide geforderte Mission nur ein Vorwand war. Er wollte mit den Republikanern von Lyon sprechen und feststellen, was getan werden konnte.

Nach ihrem Abzug blieb in Grenoble nur eine Macht: die Stadtverwaltung. Der Präfekt suchte Schutz in der Kaserne – die Nationalgarde verteilte über den Bürgermeister Patronen.

Die drei Abgeordneten erreichten Lyon mitten in der Nacht. Sie wurden sofort zu General Hulot gebracht. Bastide war der Sprecher.

"Grenoble ist eingenommen. General Saint-Clair ist gefangen. Der Präfekt versteckt sich oder ist geflohen. 35.000 Aufständische besetzen die Stadt. Und die Bauern aus der Umgebung beginnen, aus den Bergen herunterzukommen."

Diese Nachricht, die mit dem Anschein vollkommener Wahrheit übermittelt wurde und die weder von Herrn Bertrand noch von Herrn Bress bestritten wurde, erschreckte General Hulot, der dem Rückzug des 35. Regiments und der Wegsendung des Präfekten zustimmte, Herrn Bress einen schriftlichen Befehl gab und ihn direkt nach Paris schickte.

Bastide verließ das Haus von General Hulot mit Herrn de Gasparin, dem Bürgermeister von Lyon. Herr de Gasparin vertrat fortschrittliche liberale Ansichten: Er erinnerte Bastide daran, dass er der Sohn des Königsmörders war und dass er ganz dem Republikanismus zuneigte. Bastide verließ Herrn de Gasparin und nahm sofort Kontakt mit den Republikanern von Lyon auf, die er auf seiner letzten Reise gesehen hatte. Sie versicherten ihm, dass sie einen 24. November beginnen würden, der noch schrecklicher sei als der erste, wenn Grenoble nur 48 Stunden aushielte. Und tatsächlich brach dieser 24. November im Jahr 1834 aus. Bastide machte sich auf den Weg nach Grenoble. Während seiner Abwesenheit hatte sich alles beruhigt. Das Freiwilligenkorps wurde aufgelöst und überall die verfassungsmäßige Ordnung wiederhergestellt. Sie boten Bastide die Wahl, im Piemont oder in Savoyen Zuflucht zu suchen; aber er fürchtete, dass er, wenn er diesem Rat folgte, als Agent der Aufständischen gelten würde, und begnügte sich damit, ein Boot zu nehmen und mit den beiden Brüdern Vasseur, die im Département Ardèche lebten, die Rhone hinunterzufahren; dort würden die drei Verschwörer zu Hause sein und tausend Mittel haben, einer Durchsuchung zu entgehen. In Romans wurden sie alle drei verhaftet und nach Grenoble zurückgebracht. Zur gleichen Zeit wurde M. Huguet verhaftet, der General Saint-Clair angeredet hatte, und auch M. Gauthier, der den General verhaftet hatte. Inzwischen waren General Hulots Befehle ausgeführt worden, und am 16. März hatte das 35. Linienregiment die Stadt verlassen.

Casimir Périer, am ganzen Leib gallig und gereizt, noch gereizter wegen der Krankheit, der er zwei Monate später erliegen sollte, erfuhr diese Nachricht voller Wut. Casimir Périer war ein Minister mit starken Abneigungen und kleinlichen Ansichten; für ihn war Frankreich in Freunde und Feinde gespalten. Sein Wunsch war nicht, Frankreich zu regieren, sondern seine persönlichen Feinde zu vernichten. Als Finanzier wollte er vor allem Frieden; er tat alles in seiner Macht Stehende, um die Staatseinnahmen aufrechtzuerhalten, und unternahm unmögliche Anstrengungen, sie noch weiter zu steigern. Die Börse trauerte tatsächlich um seinen Tod!

Auf seinen Befehl veröffentlichte *Le Moniteur* einen Artikel zum Lob des 35. Regiments. Das war nichts: Aus Sicht der Regierung hatte das 35. Regiment lediglich seine Pflicht getan. Doch gleichzeitig mit diesem Lob, das man durchgehen ließ, fügte der Artikel hinzu, dass das Militär der Aggression nur Widerstand geleistet habe: Viele seien bereits verwundet gewesen, als sie angriffen, während im Gegenteil die Verletzungen der Agitatoren übertrieben worden seien. Diese Ungenauigkeiten waren allgemein bekannt; man weiß jedoch, dass die Regierung von König Louis-Philippe vor derartigen Dingen nicht zurückschreckte. Die Abgeordneten Duboys-Aymé und Félix Réal, Abgeordnete des Bezirks Grenoble, schrieben an *Le Moniteur*, um die wahren Fakten des Falles darzulegen. *Le Moniteur* weigerte sich, ihre Briefe zu veröffentlichen. In der Sitzung vom 20. März bat Herr Duboys-Aymé um Redeerlaubnis, bestieg das Rednerpult und befragte den Minister zu den Vorkommnissen in Grenoble. Garnier-Pagès, ein führender Politiker der Republikanischen Partei im Parlament, unterstützte ihn.

"Wie kann die Regierung ohne vorherige Untersuchung Tadel oder Lob aussprechen? Wie kann sie aus dem Bericht des Präfekten schließen, dass dieser richtig gehandelt hat; wie kann sie aus dem Bericht des Militärkommandanten schließen, dass die Streitkräfte richtig gehandelt haben; wie kann sie aus dem Bericht des Generalstaatsanwalts schließen, dass sie den Generalstaatsanwalt loben soll?"

„Ich", sagte der Redner, „urteile nicht so hart. Obwohl ich sagen kann, dass die Korrespondenz und die beiden Zeitungen von Grenoble – Zeitungen mit völlig gegensätzlichen Meinungen – die Fakten auf die gleiche Weise wiedergeben; obwohl wir tausend Beweise dafür haben, dass die Randalierer nicht von den Stadtbehörden aufgefordert wurden, sich zu zerstreuen, möchte ich nur hypothetisch sprechen und sagen: Auch *wenn diese Befehle nicht ausgeführt wurden, wurden die Bürger getötet!"*

Bei diesen letzten Worten griffen die Zentren die zweifelhafte Formulierung auf und bejahten sie; sie schrien so laut, dass der Sprecher nicht weiterreden konnte.

Herr Dupin bestieg die Rednertribüne; die Zentren beruhigten sich. Sie wussten, dass Herr Dupin unter allen Umständen der Anwalt des Königs war, sowohl vor Gericht als auch auf der Tribüne.

Hier ist ein Beispiel der Rede des Abgeordneten für La Nièvre:

> "Wie kann man von einer Regierung Fortschritte erwarten",
> fragte Herr Dupin, "wenn im Herzen der nationalen
> Vertretung selbst - einem Mikrokosmos der Bevölkerung,
> unter den Treuhändern ihrer Macht - die erste Bewegung
> nicht zugunsten der Autoritäten und der Instrumente des

Rechts ist und der erste Impuls darauf gerichtet ist, die Autorität ins Unrecht zu setzen und die Vernunft in die Flucht zu schlagen? Es wird gesagt, dass der Riot Act nicht verlesen wurde; aber wann sollte er verlesen werden? Wenn öffentliche Versammlungen durch ihr Geschrei und ihre Anwesenheit beunruhigend werden, aber nicht, wenn sich eine gewalttätige Aggression durch Maßnahmen und offene Angriffe zeigt."

Bei diesen Worten erhob sich der Präsident des Rates. Obwohl er blass war, hatte er eine feurige und energische Seele in seinem kränklichen, geschwächten Körper, und er rief:

„Das ist die Frage; sprich!"

M. Dupin, ermutigt durch den Präsidenten des Rates und durch die Schreie der Zentren, fuhr fort:

> „Wenn die Rechtsordnung in Anspruch genommen wird, muss sie sich den Regeln der Legalität unterwerfen. Wenn ich auf den Straßen der Stadt von einem Übeltäter angegriffen werde, rufe ich die Hilfe der Richter an, den rechtlichen Schutz der Autorität; aber wenn ich im Alleingang auf der Landstraße angegriffen werde, werde ich zum Richter in eigener Sache und verteidige mich gegen alles und jeden … Denken Sie darüber nach, meine Herren, kann eine französische Armee einwilligen, ihre Heimstätten, ihre Familie zu verlassen, um sich den Richtern zur Verfügung zu stellen, über die Verteidigung und den Schutz ihrer Bürger zu wachen, und sich dennoch an einer Straßenecke und am Ende einer Passage beleidigen, angreifen und töten lassen? Meine Herren, ich bin sicher, dass die gesamte Bevölkerung von Grenoble empört ist.
>
> „M. GARNIER-PAGÈS.—Ja, empört, das ist wahr.
>
> „M. DUBOYS-AYMÉ. – Empört, aber gegen die Autorität.
>
> „M. DUPIN. – Man ist empört über die Urheber der Unruhe. Wer hat denn diese Unruhen und dieses Unglück verursacht? Nicht die jungen Männer, die sich einfach mit einer harmlosen Maskerade amüsierten. ES IST EIN ABSCHEULICHES VERBRECHEN, ES GEHT UM DIE VORSTELLUNG DES MORDES AM KÖNIG!"

Monsieur Dupin, der Mann des Königs, hatte soeben ein wichtiges Geständnis abgelegt.

Der König *ist das Budget und die beiden Nachtragstrusts*. Beides und das Budget durch eine Maskerade zu verspotten, heißt, den Mord am König vorzutäuschen! Ein Feind hätte nichts Besseres gesagt. O La Fontaine! Guter La Fontaine! Was für Steine hat Monsieur Dupin seinem Freund Louis-Philippe an den Kopf geworfen! Dieser letzte war einer der schwersten.

Ein paar Tage später traf ein Bericht der Stadt Grenoble ein. Darin hieß es:

> 1. Dass der Maskenball vom 11. März in keiner Weise die Ermordung des Königs verkörperte.

> 2. Dass die Nationalgarde zu spät einberufen worden sei, um sich zu versammeln.

> 3. Dass unter den Fenstern des Präfekten keine in irgendeiner Weise feindseligen Rufe gegen die Regierung oder den König erschallten.

> 4. Dass Herr Duval den Polizeikommissaren zwar den Befehl gegeben habe, die Menschenansammlung einzukesseln, sie aber nicht aufzulösen.

> 5. Dass keine gerichtliche Vorladung erfolgt sei.

> 6. Dass es am Versammlungsort keine Steine gab, mit denen man die Soldaten bewerfen konnte.

> 7. Dass von den den Bürgern zugefügten Wunden vierzehn von hinten herrührten.

> 8. Dieser eine Soldat sei erst vier Tage nach den Ereignissen vom 12. ins Krankenhaus eingeliefert worden, wegen eines entzündlichen Anfalls infolge eines Tritts.

> 9. Schließlich, dass die Ereignisse vom 13. das unvermeidliche Ergebnis der durch einen eklatanten Gesetzesbruch verursachten Verzweiflung waren und dass das Verhalten der Nationalgarde von Grenoble nicht nur tadellos gewesen sei, sondern sogar die Dankbarkeit der Bürger verdient habe."

Noch besser war, dass das Tribunal der Police Correctionnelle, vor das die Angeklagten gestellt worden waren, mangels Befugnis, sie dem Schwurgericht zu überstellen, entschied, dass ihr Verhalten lediglich unklug gewesen sei. Infolge dieser Entscheidung wurde Bastide freigelassen und kehrte nach Paris zurück.

Kein einziger Zeuge wollte ihn wiedererkennen, nicht einmal der Feuerwehrmann, der ihm mit seinem Bajonett einen Schlag in die Brust versetzt und dem Bastide sein Gewehr entrissen hatte. Aber die Regierung konnte sich nicht irren, und das 35. Regiment kehrte mit Trommeln, Musikkapellen und Zündhölzern in die Stadt zurück. Es wurde nur ein einziger Protest eingelegt, der die französische Denkweise veranschaulicht.

Ein sich nähernder Arbeiter, der nicht wusste, welchen tödlichen Zweck dieses Streichholz hatte, sagte zu dem Kanonier:

„Mein Freund, bitte gib mir Feuer für meine Pfeife.“

[1] Siehe Anhang.

KAPITEL II

Die Papiere von General Dermoncourt – Protest von
Charles X. gegen die Usurpation des Herzogs von Orléans
– Der mutigste aller Politiker – Von Madame la Duchesse
de Berry geplanter Restaurationsversuch – Der *Carlo-Alberto*
– Wie ich authentische Notizen schreibe – Madame landet
bei La Ciotat – Legitimistische Schlägerei in Marseille –
Madame bricht nach La Vendée auf – Monsieur de
Bonnechose – Monsieur de Villeneuve – Monsieur de
Lorges

Nachdem wir nun gesehen haben, was im Osten Frankreichs geschah, wollen
wir uns ansehen, was im Westen geschah. Um das Feuer, das im Begriff war,
Paris in Brand zu setzen, richtig einzuschätzen, müssen wir einen Blick auf
das werfen, was die Provinzen verschlang. Nachdem wir die Versuche der
Republikanischen Partei in den Départements Rhône und Isère verfolgt
haben, wollen wir nun die der Legitimistischen Partei in den Départements
Loire-Inférieure, Morbihan und Vendée verfolgen.

Darüber hinaus können wir die genaue Genauigkeit der Ereignisse
garantieren, die wir gleich wiedergeben werden: Sie stammen aus den
Papieren von General Dermoncourt, dem Adjutanten meines Vaters, über
den ich oft Gelegenheit hatte zu sprechen. Unter diesen Papieren befanden
sich zahlreiche Notizen der Herzogin von Berry selbst, die in der zweiten
Ausgabe des Buches „ *La Vendée et Madame" verwendet wurden,* das 1834 von
General Dermoncourt veröffentlicht wurde.

Es wird nicht vergessen worden sein, dass es durch einen merkwürdigen
Zufall dieser General Dermoncourt und derselbe M. Maurice Duval waren,
mit denen wir uns gerade im Zusammenhang mit den Unruhen in Grenoble
befasst haben. Der eine war Kommandant der Streitkräfte, der andere vertrat
die königliche Autorität. Sie nahmen Madame la Duchesse de Berry aus
ihrem Versteck in Nantes fest.

Lassen Sie uns ein paar Worte darüber sagen, wie der Aufstand in der Vendée
in Gang gesetzt wurde und welchen Punkt er zu dem Zeitpunkt erreicht
hatte, an dem wir jetzt angelangt sind; ein paar Worte, die eine Fortsetzung
dessen bilden, was wir gerade über die Ereignisse in Lyon und Grenoble
berichtet haben. Vor zwanzig Jahren kannte jeder die kleinsten Einzelheiten
dessen, was wir gleich beschreiben werden; jetzt hat sie jeder vergessen. Die
Geschichte vergeht in Frankreich schnell! In einem anderen Teil unserer
Memoiren folgten wir Karl X. und der königlichen Familie nach Cherbourg.

Am 24. August 1830 protestierte der alte König in Lulworth gegen die Usurpation der Rechte seiner Familie und behielt sich die Macht über die Regentschaft bis zur Volljährigkeit seines Enkels vor.

Hier ist der Protest, der, soviel ich weiß, in Frankreich nicht veröffentlicht wurde:

> „Wir, Karl, der Zehnte dieses Namens, *von Gottes Gnaden König von Frankreich und Navarra.* [1] Die Unglücke, die gerade über Frankreich hereingebrochen sind, und der Wunsch, uns vor noch größeren zu schützen, haben uns am 2. Tag des laufenden Monats in unserem Schloss Rambouillet dazu entschlossen, die Krone abzugeben, und gleichzeitig haben wir unseren geliebten Sohn dazu bewegt, seine Rechte zugunsten unseres Enkelsohns, des Herzogs von Bordeaux, aufzugeben. Durch eine ähnliche Erklärung, die gestern am selben Ort datiert und im zweiten Akt wiederholt wurde, haben wir vorläufig einen Prinzen unseres Blutes zum Generalleutnant des Königreichs ernannt, der seitdem aus den Händen der Rebellen den usurpierten Titel des Königs der Franzosen angenommen hat. Nach einem Ereignis dieser Art können wir uns nicht zu schnell beeilen, die uns obliegenden Pflichten zu erfüllen, sowohl im Interesse Frankreichs, als auch in unserem unerschütterlichen Vertrauen in die göttliche Gerechtigkeit. Aus diesen Gründen protestieren wir in unserem eigenen Namen und im Namen unserer Nachfolger, gegen jede Usurpation der legitimen Rechte unserer Familie gegenüber der Krone Frankreichs. Wir widerrufen und erklären die oben genannte Absetzung für ungültig, mit der wir dem Herzog von Orléans den Generalleutnantrang des Königreichs anvertrauten.
>
> „Wir behalten uns das Vorrecht der Regentschaft vor, solange es erforderlich ist, bis zur Volljährigkeit unseres Enkels Henri V., der infolge des am zweiten Tag dieses Monats in Rambouillet erlassenen Gesetzes auf den Thron berufen wurde; diese Volljährigkeit, die durch die Kronstatuten und die Tradition des Königreichs festgelegt ist, wird zu Beginn seines vierzehnten Jahres, am 30. Tag des Monats September 1833, erreicht sein.
>
> „Falls es der Vorsehung gefällt, uns vor der Volljährigkeit von König Heinrich V. zu entfernen, wird seine Mutter, unsere geliebte Tochter, die Herzogin von Berry, Regentin

des Königreichs sein. Die vorliegende Erklärung wird öffentlich gemacht und denjenigen mitgeteilt, die zu Recht an der Angelegenheit beteiligt sind, wenn die Umstände es erfordern.

„Aufgestellt in Lulworth, am 24. Tag des Monats August im Gnadenjahr 1830, dem sechsten unserer Herrschaft. *Unterzeichnet:* CHARLES"

Dennoch hielt Madame la Duchesse de Berry sechs Monate später eine dritte Vendée für möglich und teilte dem alten König diese Annahme mit. Er gab ihr einen Brief aus Edinburgh, der an die Royalisten in Frankreich adressiert war, damit diese sie trotz seiner Erklärung vom 24. August sofort als Regentin anerkennen sollten. Die Erklärung lautet wie folgt:

„M * * *, Oberhaupt der Zivilbehörde in der Provinz * * *, wird sich mit den wichtigsten Behörden zusammentun, um eine Proklamation zu Gunsten Heinrichs V. zu verfassen und zu veröffentlichen, in der bekannt gegeben wird, dass Madame, Herzogin von Berry, während der Minderjährigkeit des Königs, ihres Sohnes, Regentin des Königreichs sein wird und dass sie den Titel bei ihrer Einreise nach Frankreich annehmen wird; denn das ist unser Wille.
" *Unterzeichnet* : CHARLES

"EDINBURGH, 27. *Januar* 1834"

Seit ihrer Abreise aus Frankreich hatte Madame la Duchesse de Berry, deren Körper geschwächt, deren Temperament wechselhaft und deren Geist kräftig und unternehmungslustig war, davon geträumt, die Rolle von Maria Theresia zu spielen. Die Vendée war ihr Ungarn, und die tapfere Frau, die Paris über Rambouillet, Dreux und Cherbourg verließ, hoffte, *über* Nantes, Tours und Orléans wieder dorthin zurückzukehren. Ihr ganzer kleiner Hof, sei es aus Interesse oder aus Blindheit, malte ihr Frankreich als bereit zum Aufstand. Briefe aus der Vendée ließen in diesem Punkt keinen Zweifel. Herr de Sesmaisons, selbst ein Staatsmann und daher kompetent, in dieser Angelegenheit zu urteilen, und außerdem ein Pair von Frankreich, schrieb damals an Madame:

„Wenn Ihre Königliche Hoheit nur nach Vendée kommt, wird sie sehen, dass mein Magen, obwohl er europäisch in seiner Robustheit ist, mich nicht daran hindert, über Hecken oder Gräben zu springen! Wenn Madame de Staël M. de Lally-Tollendal das stärkste aller fühlenden Wesen nannte, dann könnte man M. de Sesmaisons als den *stärkster Politiker bezeichnen. "*

Über ihn wird folgende Anekdote erzählt:

Als Monsieur de Sesmaisons mit einem öffentlichen Verkehrsmittel von Nantes nach Paris fuhr, pflegte er, weniger aus Selbstsucht als aus Höflichkeit, zwei Plätze im Wagen einzunehmen. Denn obwohl er in diesem Jahrhundert lebte, war er ein Sinnbild der Höflichkeit einer anderen Epoche, so wie er ein Sinnbild der Loyalität für alle Zeitalter war. Nachdem er seinen Diener gewechselt hatte und im Begriff war, nach Paris aufzubrechen, schickte er seinen neuen Diener zum Postkutschenbüro, um wie üblich seine beiden Plätze zu reservieren. Der Mann kam zwei Minuten später zurück.

„Also", fragte ihn M. de Sesmaisons, „kann ich meine beiden Plätze haben?"

„Ja, Monsieur le Comte, nur einer wird im Coupé sein und der andere drinnen."

Von all diesen Ermahnungen und noch mehr von ihren eigenen Wünschen mitgerissen, schrieb Madame am 14. Dezember an Monsieur de Coislin:

> „Ich weiß schon lange, mein lieber Graf, von dem Eifer und der Hingabe, die Sie und die Ihren für die Sache meines Sohnes zu zeigen bereit sind. Ich möchte noch einmal betonen, dass ich bei solchen Gelegenheiten auf Sie zählen werde, so wie Sie auf meine Dankbarkeit zählen können.
> MARIE CAROLINE
>
> "14. *Dezember* 1831"

Daher wurde am kleinen Hof von Massa entschieden – Madame war nach ihrer Abreise aus England nach Italien gegangen und lebte in einer Stadt im Herzogtum Modena –, dass der öffentliche Geist in Frankreich einen ausreichenden Reifegrad erreicht hatte, um darauf einwirken zu können. Folglich forderte ein mit unsichtbarer Tinte geschriebener Geheimbrief alle Führer im Süden und Westen Frankreichs auf, sich bereit zu machen. Hier ist die Übersetzung dieses Briefes. Das erste nicht entzifferte Wort, das alles andere verriet, war *Lyon* –

> „Ich werde Nantes, Angers, Rennes und Lyon bekannt geben, dass ich in Frankreich bin. Bereiten Sie sich darauf vor, zu den Waffen zu greifen, sobald Sie eine entsprechende Nachricht erhalten, und rechnen Sie damit, dass Sie diese wahrscheinlich am 2. oder 3. Mai nächsten Jahres erhalten werden. Wenn Boten nicht durchkommen können, werden Sie durch öffentliche Meldungen über

meine Ankunft informiert, und Sie werden unverzüglich zu
den Waffen greifen.“

Am 24. April 1832 ging Madame an Bord des Dampfers *Carlo-Alberto,* den
sie auf eigene Kosten gechartert hatte. Die Prinzessin lief in Nizza in den
Hafen ein und erreichte am Abend des 28. die Gewässer von Marseille in
Sichtweite des Leuchtturms Planier, in dessen Nähe sie sich mit ihren
Anhängern vereinigen sollte. Die Zeit zwischen der Nacht vom 19. auf den
30. war für die Bewegung festgelegt, die in Marseille ausbrechen sollte.

Von diesem Moment an können wir Madame la Duchesse de Berry Schritt
für Schritt folgen, ohne Angst haben zu müssen, uns auch nur einen
Augenblick lang in Bezug auf ihre Reiseroute oder die Ereignisse, die ihre
Einreise nach Frankreich und ihre Reise durch die südlichen Provinzen
begleiteten, zu irren. So können wir uns der Tatsachen sicher sein, die wir
erzählen werden. Meine Verbindung zu General Dermoncourt ist bekannt;
ich weiß nicht, wann sie begann; sie reicht bis in meine Kindheit zurück.
Dermoncourt war einer jener seltenen Freunde, die trotz Unglücks treu
bleiben; und von dem Moment an, als ich nach Paris kam, streckte er mir,
wie Lethières, ein weiterer Freund meines Vaters, die Hand zum Ermutigen
entgegen. Er hatte in der Vendée das Kommando übernommen: Er war es,
der Madame empfing, als sie aus dem Kamin kam, in dem sie sich versteckt
hielt. Da sie sich zwischen dem offenen und freimütigen Gesicht des
Generals und dem mürrischen des Präfekten entscheiden musste, begab sich
die Prinzessin in seine Hände und unter den Schutz seiner Ehre. Er hat mir
während unserer langen Gespräche oft alle Episoden dieses Krieges erzählt.
Einmal schlug ich ihm vor, alle seine Erinnerungen auf Papier zu schreiben,
und er war einverstanden. Ich sah mir seine Arbeit an, brachte sie in eine
mögliche Form, wobei ich den Inhalt gewissenhaft beibehielt, und so
erschien die erste Ausgabe von *La Vendée et Madame* . Das Buch erregte
großes Aufsehen; in weniger als einer Woche wurden dreitausend Exemplare
verkauft. Jeder las es, sogar die Prinzessin selbst.

Madame war sehr erstaunt, in einem Buch, in dem die republikanischen
Ansichten offen zum Ausdruck gebracht wurden, eine so vollkommene
Unparteilichkeit und Höflichkeit zu finden. Sie sandte General Dermoncourt
einen Dankbrief, und da einige Details fehlerhaft oder nicht ganz richtig
waren, schickte sie General Dermoncourt Notizen für den Fall, dass er eine
zweite Auflage veröffentlichen sollte.

Die Undankbarkeit der Regierung ließ General Dermoncourt fast in Armut
zurück. Eine Erstausgabe brachte ihm, glaube ich, 2000 Francs ein; eine
zweite Ausgabe, die den gleichen Betrag einbrachte, war für ihn wie Manna,
das vom Himmel fiel. Er akzeptierte die Kommentare von Madame la
duchesse de Berry und kündigte eine zweite Ausgabe an, die überarbeitet,

korrigiert und durch authentische Notizen, die dem Autor seit der Erstveröffentlichung zugefügt worden waren, auf den doppelten Umfang angehoben wurde. Leider kannte ich die Quelle, aus der die Notizen stammten, und ich befürchtete, dass sie dem Buch einen legitimistischen Ton verleihen würden. Ich ermächtigte Dermoncourt, in der ersten Ausgabe zu nehmen, was ihm passte, weigerte mich jedoch, bei der zweiten mitzuhelfen. Die zweite Ausgabe erschien und war ebenso erfolgreich wie die erste.

Ich habe mich nicht geirrt. Der General hatte wahrscheinlich unbewusst bemerkt, dass die dreifarbige Flagge in seinen Händen verblasst war, und für diejenigen, die der Sache nur oberflächlich Beachtung schenkten, konnte man sie für eine weiße oder jedenfalls weiß getünchte Flagge halten.

Heute, da meine Ansichten hinreichend bekannt sind, sodass ich nicht fürchten muss, man könnte mir etwas anderes vorwerfen als Mitleid mit dem Unglück der Frau, zögere ich nicht, jetzt, da wir diesen Abschnitt unserer Geschichte erreicht haben, die mir zur Verfügung stehenden Notizen zu verwenden. Der Leser erhält so einen offiziellen Ablauf und authentische Fakten. Nach Abschluss dieses Exkurses kehren wir zu unserer Erzählung zurück.

Die Landung war sehr mühsam. Ein starkes Fischerboot erschien mehrere Nächte lang am Leuchtturm von Planier, wurde signalisiert und erkannt: das Zeichen, näher zu kommen, wurde gegeben, und es kam längsseits der *Carlo-Alberto an*. Aber die See war schwer; die beiden Boote, die von den wütenden Wellen ohne Harmonie in ihren Bewegungen nacheinander hochgehoben wurden, stießen zusammen, fielen auseinander, kamen näher und stießen gegeneinander; der Moment, in dem die beiden Seiten fast auf gleicher Höhe waren, musste genutzt werden, um von einem zum anderen zu springen, auf die Gefahr hin, auf den nassen und daher rutschigen Sitzen des Bootes gefährlich zu landen. Endlich war die Umladung abgeschlossen. Die Prinzessin ging mit sechs Personen aus ihrem Gefolge und einem Lotsen, der schon lange in Madames Diensten stand und alle Punkte der Küste sowie die verschiedenen Warnsignale kannte, die anzeigen konnten, dass die Küste gefährlich war oder dass sie sicher anlegen konnten, vom Dampfer in das Beiboot des Schiffes.

Das Boot, das der Prinzessin entgegengekommen war, war ein Fischerboot: Seine Segel waren mit Seewasser vollgesogen, das nie versiegt; das Wasser stand auf dem Boden; der Teer, mit dem das Boot repariert war, verströmte einen widerwärtigen und ekelhaften Geruch; außerdem hatte es keine Brücke, keinen Schutz vor dem kalten und schneidenden Seewind, und die Wellenkämme, die sich an seinen Seiten brachen, schwappten an Bord, manchmal in nasser Gischt, manchmal in heftigem Regen. Die Prinzessin und ihre Gefährten waren für solche Umstände schlecht gekleidet; außerdem wurden sie von jener unerträglichen Unpässlichkeit namens *Seekrankheit heimgesucht*. Stellen Sie sich eine dunkle, kalte, düstere Nacht vor, und Sie werden eine Vorstellung davon haben, wie viel Zeit verging, nachdem wir den Dampfer verlassen hatten, um zum Fischerboot zu fahren. Endlich glaubten sie, den Landeplatz erreicht zu haben, als sie beim Näherkommen an Land ein Licht am Ufer bemerkten. Als sie näher kamen, wurde es größer und entzifferbar: Was sie zunächst für das verabredete Signal gehalten hatten, verwandelte sich in ein loderndes Feuer, und mit Hilfe eines Nachtglases konnten sie acht bis zehn Küstenwächter erkennen, die sich am Feuer wärmten. Sie mussten sich eilig in die Ferne begeben, und doch war es unbedingt notwendig, dass sie vor Tagesanbruch an Land gingen. Unglücklicherweise war der Punkt, an dem sich die Küstenwächter niedergelassen hatten, der einzige, an dem man anlanden konnte; fast überall sonst war die Küste unzugänglich. Sie riskierten ihr Risiko zwischen den Felsen und schafften es wie durch ein Wunder, an Land zu gehen.

Madame hatte in den drei Stunden, die gerade vergangen waren, bewundernswerten Mut bewiesen. Sie besaß einen jener zarten und nervösen Organe, die man meinen könnte, als könnte man sie durch einen Hauch zusammendrücken, die aber dennoch ihre volle Kraft erst entfalten können, wenn Stürme in der Luft und in ihren Herzen toben. Als sie landete, stieß sie einen Freudenschrei aus.

„Komm", sagte sie, „vergiss alles: wir sind in Frankreich!"

Ja, sie waren in Frankreich, und dort begann die wirkliche Gefahr für sie.

Glücklicherweise kannte sich der Lotse, der das Boot gerade an einem fast unzugänglichen Ufer an Land gebracht hatte, im Landesinneren ebenso gut aus wie an der Küste. Er übernahm das Kommando über die kleine Gruppe und wies die Prinzessin und ihre Gefährten respektvoll, aber bestimmt darauf hin, dass sie sofort aufbrechen müssten, um ein Versteck zu finden, bevor der Tag anbrach.

Madame wurde in einem Haus drei Meilen vom Ufer entfernt erwartet, das einem alten Offizier gehörte, der sich ihrer Sache verschrieben hatte. Als sie das Haus erreichte, hielt der Besitzer den Rückzug jedoch für nicht sicher genug, und sie musste noch eine dreiviertel Meile weiter zu einem anderen Wohnort gehen. Der gewählte Weg führte zwischen Felsen hindurch und über fast unpassierbare Wege. Es war heller Tag, als sie endlich ankamen. Die Prinzessin war entsetzlich müde, ebenso wie ihre Begleiter. Da sie sich jedoch nicht beschwerte, wagte es auch niemand sonst, sich zu beklagen. Das Haus war ein ideales Versteck für Verschwörer. Es war einsam und von Wäldern und Felsen umgeben.

Sie bestanden darauf, dass Madame zu Bett gehen sollte; aber sie wollte nicht zustimmen, bis sie zwei Mitglieder ihres Gefolges nach Marseille aufbrechen sah. Diese Personen hatten die Aufgabe, M * * * von ihrer Ankunft zu benachrichtigen. M * * * war einer der Menschen, die sich gegenüber der Prinzessin für einen Aufstand zu ihren Gunsten verantwortlich erklärt hatten, nicht nur in Marseille, sondern im ganzen Süden.

Wir werden die Personen, die an dem Unternehmen, über dessen Verlauf wir berichten, beteiligt waren, durch Sternchen, Initialen oder Namen kennzeichnen, je nachdem, ob wir ihrer Stellung mehr oder weniger Rechnung tragen möchten.

In derselben Nacht kam einer der Boten mit einer kurzen, aber bedeutsamen Nachricht zurück. Sie enthielt die einfache Aussage: „Marseille wird morgen umziehen.“

Die andere Person war zurückgeblieben, um an der Bewegung teilzunehmen. Madame war außer sich vor Freude. Wie man ihr erzählt hatte, warteten Marseille und der Süden nur auf die Gelegenheit, zu ihren Gunsten aufzusteigen. Die Nacht brach herein, doch trotz der Strapazen, die sie durchgemacht hatte, schlief die Prinzessin kaum. Der erste Arm ihrer Gruppe war im Einsatz und in diesem Augenblick in Aktion. Und so geschah es tatsächlich.

Die ganze Nacht über wimmelte es in der Stadt von Legitimisten, die die weiße Standarte trugen und „ *Vive Henri V.* “ riefen. Um drei Uhr morgens erschienen ein Dutzend bewaffneter Männer bei der Kirche St. Laurent, nahmen die Schlüssel des Turms in Besitz und während einige die Sturmglocke läuteten, stellten andere die weiße Standarte auf; andere hatten ohne Sturmglocke dasselbe an der Patache getan. Die Trikolore war in die Gosse geschleift worden. Zur gleichen Zeit war die Esplanade de la Tourelle voller Menschen. Es hieß, die Herzogin von Berry und Monsieur de Bourmont würden auf der *Carlo-Alberto erwartet.* Dieses Gerücht wurde in Umlauf gebracht, um die Aufmerksamkeit der Polizei auf das Meer zu lenken. Schließlich strömte noch immer eine große Menschenmenge zum Justizpalast und rief „ *Vive la ligne! Vive Henri V.* “

Zu Madames Unglück war der Unterleutnant, der diesen Posten befehligte, ein Patriot, fast ein Republikaner, und anstatt mit den Schreien und der Bewegung zu sympathisieren, kam er aus seinem Wachhaus, befahl der Versammlung, sich zu zerstreuen, und als die Person, die der Anführer zu sein schien, sich weigerte, packte er ihn am Kragen und warf ihn nach einem ziemlich heftigen Kampf ins Wachhaus. Der Anführer war kaum verhaftet, als die Verschwörer von einer Panik des Schreckens erfasst wurden: Schreie von „Rettet euch!“ wurden gehört, die Soldaten fielen über die Flüchtigen her und drei neue Verhaftungen wurden vorgenommen. Um zwei Uhr nachmittags verließ eine Fregatte den Hafen, um die *Carlo-Alberto zu verfolgen,* die man am Horizont treiben sah, ohne Segel oder Dampf; aber als die *Carlo-Alberto die feindlichen Gesinnungen gegen sie sah,* nahm sie Dampf auf, setzte die Segel, hüllte sich in Rauch und Segel und verschwand in Richtung Südosten.

Es war ein Glück für die Herzogin von Berry; man glaubte, sie sei an Bord, und da die *Carlo-Alberto* wieder auf hoher See war, waren sie überzeugt, sie sei mitgerissen worden. Sie wartete jedoch noch immer in dem kleinen Haus. Die Personen, die bei ihr blieben, konnten sich eine Vorstellung von ihrer Ungeduld machen, als ein, zwei, drei Stunden vergingen. Endlich, um vier Uhr, kamen zwei Boten, erschrocken und atemlos. Sie riefen:

„Die Bewegung ist gescheitert! Sie müssen Frankreich sofort verlassen!"

Die Herzogin widerstand dem Schlag und hatte den Mut zu lächeln.

„Frankreich verlassen?", sagte sie. „Das sehe ich nicht so. Wir müssen dringend von hier fort, um unsere Gastgeber nicht zu kompromittieren. Es könnte sein, dass den Boten Leute gefolgt sind."

Außerdem war es nicht leicht, Frankreich zu verlassen. Die *Carlo-Alberto* war verschwunden; sie konnten Piemont nur wieder erreichen, wenn sie Hannibals Route folgten. Wäre es nicht der Mühe wert, alles zu riskieren, eine Abkürzung durch Frankreich zu nehmen und die Überzeugung der Polizei auszunutzen, die Herzogin von Berry sei mit der *Carlo-Alberto geflohen,* um in der Vendée einen Aufstand zu versuchen, der gerade in Marseille so jämmerlich gescheitert war?

Das war die Ansicht der Herzogin, und mit jener Schnelligkeit der Entscheidung, die ein starkes Element ihres abenteuerlichen Charakters ist, gab sie den Befehl, sich zur Abreise bereit zu machen. Sie hatten weder Kutschen noch Pferde noch Maultiere; aber die Herzogin versicherte, dass sie, da sie ihre Ausbildung im Wandern bestanden hatte, sich stark genug fühlte, um in der nächsten Nacht und, wenn nötig, auch in den folgenden Nächten auf diese Weise zu reisen.

Es blieb also nur noch, einen Führer zu finden. Sie ließen einen zuverlässigen Mann kommen und brachen gegen sieben Uhr abends auf. Die Nacht brach schnell herein; es war dunkel, sie konnten kaum sehen, wohin sie ihre Schritte setzen sollten; nach ein paar Stunden war jede Spur des Fußweges verschwunden. Sie blieben stehen und versuchten, sich zu orientieren. Sie stellten fest, dass sie sich inmitten von Felsen befanden, die mit verkrüppelten Olivenbäumen durchsetzt waren; der Führer war skeptisch: Er blickte abwechselnd auf die Erde und in den Himmel, beide gleichermaßen dunkel; schließlich, als die Ungeduld der Herzogin ihn drängte, gab er zu, dass sie sich verirrt hatten.

„Auf mein Wort!", sagt die Herzogin. „Ich freue mich sehr! Ich bin so müde, dass ich Sie gerade bitten wollte, nicht weiterzugehen."

Während sie ihre Ausbildung zum Biwakieren absolvierte, hüllte sie sich in ihren Mantel, legte sich auf den Boden und schlief. Dasselbe passierte der Herzogin von Montpensier, als sie mit Oberst Thierry aus Frankreich floh.

Madame erwachte, vor Kälte durchgefroren und sehr krank; ihr Unwohlsein schien so ernst, dass ihre Reisegefährten große Besorgnis erregten. Glücklicherweise hatten sie während ihres Schlafs herumgesucht und eine Art Hütte gefunden, die von Hirten als Unterschlupf bei Stürmen genutzt wurde. Sie brachten die Herzogin dorthin, wo sie den ganzen Tag an einem Feuer aus Heidekraut und trockenen Zweigen wartete. In der Zwischenzeit war einer von Madames Gefährten, M. de B———l, der aus dieser Gegend stammte, auf der Suche nach einer Kutsche losgegangen. Er kam bei Tagesanbruch mit einem Cabriolet zurück, das nur drei Personen Platz bot. Sie mussten sich daher trennen und verabredeten sich als Treffpunkt im Haus von M. de B———l in G * * *.

Madame, M. de Ménars und M. de B. stiegen in das Cabriolet und fanden keine vier Meter von dem Ort entfernt, an dem sie die Nacht verbracht hatten, eine ausgezeichnete Straße. Auf halbem Weg der ersten Etappe diskutierten sie, wo sie schlafen sollten. Die missliche Lage bestand darin, dass Madame damit rechnete, bei einem Herrn zu übernachten, dessen Haus unglücklicherweise verschlossen war. Sein Bruder wohnte zwar ganz in der Nähe, aber er war Republikaner.

„Ist er ein vertrauenswürdiger Mann?", fragte die Herzogin.

„Der vertrauenswürdigste Mann, den ich kenne!" antwortete Herr von B.

„Das ist gut! Dann bring mich zu ihm."

Sie wollten mit Madame diskutieren.

„Es ist sinnlos", sagte sie. „Ich habe beschlossen, hier aufzuhören."

Zwei Stunden später klingelte Madame an der Tür des politischen Feindes, bei dem sie um Schutz gebeten hatte. Madame und ihre beiden Reisegefährten wurden in den Salon geführt.

„Wen soll ich dem Herrn melden?", fragte der Diener.

„Bitten Sie ihn einfach, herunterzukommen", sagte die Herzogin. „Ich werde ihm selbst sagen, wer ich bin."

Eine Minute später kam der Hausherr in den Salon. Madame ging auf ihn zu.

„Monsieur", sagte sie, „ich weiß, dass Sie ein Republikaner sind, aber einem Gesetzlosen ist keine Meinung erlaubt: Ich bin die Herzogin von Berry."

Der Republikaner verbeugte sich, stellte der Prinzessin sein Haus zur Verfügung und nachdem sie dort eine ihrer ruhigsten und schönsten Nächte verbracht hatte, machte sich Madame am nächsten Tag wieder auf den Weg in ein kleines Dorf, wo sie sich mit mehreren ihrer Anhänger und insbesondere mit Monsieur de Bonnechose traf. Es war derselbe gute, vortreffliche junge Mann, den ich, wie man sich erinnern wird, in Trouville kennengelernt hatte.

Es musste eine andere Kutsche beschafft werden, denn Monsieur de Bonnechose wollte die Prinzessin nicht mehr verlassen; daher wurde ein viersitziger Char-à-banc gekauft und das Cabriolet zurückgelassen.

Der Anführer der Gruppe war Herr de B———l. Er saß neben der Prinzessin auf dem ersten Sitz und war durch einen Sichtschutz geschützt. Die Herren de Ménars und de Bonnechose saßen auf dem Rücksitz.

Bei einer rasanten Abfahrt, die auf der einen Seite von Felsen und auf der anderen von einem Abgrund gesäumt war, lief das Pferd davon. Es war Nacht; nach einem heftigen Stoß sahen Monsieur de Ménars und Monsieur de Bonnechose plötzlich einen voluminösen Gegenstand vom Verdeck der Kutsche fallen. Beide glaubten, es sei Madame la Duchesse de Berry, die durch die Erschütterungen aus der Kutsche geschleudert worden war: Der Gegenstand in menschlicher Gestalt lag reglos auf der Straße; wenn es die Prinzessin war, war sie entweder getötet oder schwer verwundet. Unglücklicherweise gab es keine Möglichkeit, die Kutsche anzuhalten; sie setzte ihre rasante Abfahrt fast einen Kilometer lang fort. Schließlich kam die eiserne Trittstufe, die aus ihrer Position gerissen worden war, mit der Straße in Berührung und bildete eine Art Bremse; Monsieur de Bonnechose, jung und leicht, sprang auf den Boden und sprang aus der Kutsche; er fand Madame sehr ruhig vor, mit keiner anderen Sorge als der, dass der Wind ihren Mantel davongetragen hatte. Die Kutsche war schwer beschädigt. Sie gingen zu Fuß zu einer Schmiede, wo die notwendigen Reparaturen durchgeführt wurden. Am selben Tag wurde die Prinzessin in die Familie von Monsieur de B———l aufgenommen.

Dort hatte sie den ersten Treffpunkt vereinbart, und alle, die sie dazu gerufen hatte, waren anwesend. Sie drängten Madame, nicht zu weit zu gehen, sondern im Gegenteil umzukehren und Frankreich zu verlassen. Die Prinzessin antwortete entschieden:

"Wenn ich Frankreich verließe, ohne in die Vendée zu gehen, was würden die tapferen Menschen des Westens sagen, die so viele Beweise ihrer Hingabe an die königliche Sache erbracht haben? Sie würden mir niemals vergeben, und ich würde die Vorwürfe, die sie meinen Verwandten so oft gemacht haben, noch mehr verdienen als sie selbst! [2] Da ich ihnen vor vier Jahren versprochen habe, im Falle eines Unglücks zu ihnen zu kommen, und da ich bereits in Frankreich bin, werde ich es nicht verlassen, ohne mein Versprechen zu halten... Wir werden heute Abend aufbrechen; bereiten Sie meine Abreise vor."

Die Freunde der Herzogin erneuerten ihre Bitten und zählten die Gefahren auf, denen sie ausgesetzt war. Doch ein Argument dieser Art hatte eher eine anstachelnde als eine hinderliche Wirkung.

„Gott und die heilige Anna werden mir helfen!" sagte sie. „Ich habe gut geschlafen und bin ausgeruht. Ich möchte heute Abend aufbrechen."

Nachdem der Befehl gegeben worden war, blieb uns nichts anderes übrig, als ihm Folge zu leisten.

Herr von B. traf seine Vorbereitungen für diese Abreise unter größter Geheimhaltung. Er besorgte sich aus dem nächsten Dorf eine Reisekutsche, die in der folgenden Nacht zu einer bestimmten Stunde und an einem bestimmten Ort warten sollte; unglücklicherweise hatte sie nur drei Sitzplätze. Madame beschloss, Herrn von Ménars und Herrn von Villeneuve, einen Verwandten des Marquis von B., zu begleiten, und sie brachen noch am selben Abend auf.

M. de Villeneuve, im ganzen Süden bekannt und geachtet, besaß einen Pass für sich, seine Frau und einen Diener. M. de Lorge erbat sich den bescheidenen Titel eines Kammerdieners und kam zur Abreisestunde in Livree, um Madame seine Dienste anzubieten. Es erinnert an Charles Edward in Culloden und an Ludwig XVI. in Varennes. Madame streckte ihre Hand aus, damit diejenigen, die sie nicht begleiten konnten, sie grüßen konnten, vereinbarte einen Treffpunkt im Westen und brach in Richtung Vendée auf, wohin wir ihr folgen werden.

[1] Siehe Anhang.

[2] Der Leser kennt Charettes Brief an den Comte d'Artois nach der Niederlage bei Quiberon.

KAPITEL III

Reiseplan der Madame – Panik – Monsieur de Puylaroque
– *Domine salvum fac Philippum* – Das Schloss von Dampierre
– Madame de la Myre – Der angebliche Vetter und der
Pfarrer – Monsieur Guibourg – Monsieur de Bourmont –
Brief der Madame an Monsieur de Coislin – Die *Namen der
guerre* – Proklamation von Madame – Neue Art von *Henna*
– M. Charette – Madame ertränkt beinahe im Maine – Der
Küster ist für die Lebensmittel zuständig – Eine Nacht im
Stall – Die Legitimisten von Paris – Sie schicken M. Berryer
in die Vendée

Sie mussten den Ort, an dem die Kutsche stand, über schmale, schwierige
und mit Dornengestrüpp übersäte Pfade erreichen; Madame verlor dabei
ihren Schal. Dies geschah in der Nacht von Donnerstag auf Freitag, den 4.
Mai. Die Kutsche, die von den Herren von B—l und Villeneuve gebracht
worden war, wartete am verabredeten Ort. Die Nacht war ruhig, still und
klar; obwohl der Mond erst im ersten Viertel stand, konnten sie schon weit
sehen. Jetzt glaubten sie, einen Mann zu Pferd auf der Straße stehen zu sehen.
Einer der Herren huschte zwischen die Hügel und kam zurück, um zu
melden, dass der Mann zu Pferd ein Gendarm sei. Gleichzeitig begannen sie
die Schritte einer Pferdetruppe zu hören und konnten die Funken sehen, die
von den Hufen der Kavallerie noch in der Ferne sprühten.

Sollten sie wie Flüchtlinge abreisen oder sich durch ihr Bleiben mutig der
Gefahr aussetzen? Madame war für den mutigen Weg! Wenn sie flohen, egal
wie schnell, würden sie sicher eingeholt werden; wenn sie blieben und kein
Verdacht geweckt wurde, hatten sie eine Chance, indem sie ihn nicht
erweckten.

Die Truppe marschierte in schnellem Trab und wurde bald bemerkt. Es
waren ein Dutzend Postpferde, geritten von drei Postillonen, die Staffeln von
einem Ausgangspunkt zurückbrachten. Als sie Madames Kutsche auf der
Straße sahen, boten sie ihre Dienste an. M. de B. l bedankte sich in
provenzalischem Dialekt und sie setzten ihren Weg fort. Hinter ihnen fuhr
die Kutsche, und der Gendarm war dahinter. M. de B. l, unruhig, folgte der
Kutsche zu Fuß. Der Gendarm holte die Kutsche ein und wollte sie gerade
einholen, als M. de B. l zur Tür eilte und sagte:

„Da kommt der Gendarm, Gott schütze euch!"

Madame schaute durch das Glas im hinteren Teil der Kutsche und sah
tatsächlich, dass der Gendarm nur wenige Meter entfernt war und das Tempo

seines Pferdes dem der Pferde der Prinzessin anpasste. Was konnten sie nur denken, außer dass dieser Mann, als er sah, dass eine Kutsche angehalten und von mehreren Personen umringt war – und das um elf Uhr nachts –, Verdacht geschöpft hatte und, da er es nicht wagte, eine so große Kompanie allein anzugreifen, die erste Brigade alarmieren wollte, die er unterwegs traf? Herr von B. konnte nicht die ganze Strecke zu Fuß laufen; also blieb er stehen und setzte sich an den Straßenrand, um auf Nachrichten zu warten, wann der Kutscher zurückkommen würde. Als die Duchess das Gasthaus erreichte, wo sie frische Pferde nehmen musste, sah sie sich besorgt um. Der Gendarm war verschwunden. Zweifellos war er losgegangen, um die Brigade zu warnen. Sie drängten den Stallmeister so sehr sie konnten und zogen mit nur zwei Pferden los, um den Verdacht zu zerstreuen; aber sie waren kaum aus dem Dorf, bevor sie den Gendarmen wiederfanden. Er sah aus wie ein aus dem Boden gewachsener Feenritter. Man war allgemein der Meinung, dass es in dem Dorf, das sie gerade durchquert hatten, keine Gendarmeriestation gab und dass sie im nächsten Dorf verhaftet würden. Ein paar Meter von der Poststation entfernt bog der Gendarm in eine Seitenstraße ein, und sie sahen ihn nie wieder. Als sie die andere Seite des Dorfes erreichten, wo sie mit ihrer Verhaftung rechneten, und sahen, dass die Straße frei war, atmeten sie wieder auf.

„Nun, was denken Eure Hoheit über unseren Gendarmen?", fragte Monsieur de Villeneuve.

„Entweder ist er ein dämlicher Dummkopf, der nicht weiß, wie er sich um seine eigenen Angelegenheiten kümmern soll", sagte die Herzogin, „oder er ist ein schlauer Kerl, der mich erkannt hat und der, wenn ich Erfolg habe, bereits im Voraus seinen Offiziersbrief und einige hundert Louisdors in der Tasche hat, mit denen er sich ausrüsten kann. Auf jeden Fall kann er damit prahlen, dass er mich in große Angst versetzt hat!"

Herr von B——l erfuhr diese Einzelheiten bei der Rückkehr des Kutschers und kehrte einigermaßen beruhigt nach Hause zurück. Am 4. Mai setzten sie ihre Reise nach Toulouse *über* Nîmes, Montpellier und Narbonne fort. Sie reisten Tag und Nacht und machten nur frühmorgens Halt, um zu frühstücken, ihre Toilette zu machen und den Stallknechten Zeit zu geben, den Wagen zu ölen. In Lunel wechselten sie die Pferde.

„Wo sind wir?", fragte die Prinzessin.

„In Lunel, Madame", antwortete Monsieur de Villeneuve.

"Oh!", sagte sie, "wenn dieser vortreffliche D * * *, der mir nach Italien ein Fass Wein aus seinem eigenen Anbau geschickt hat, wüsste, dass ich in diesem Moment Halt mache, um die Pferde zu wechseln, wie würde er hergerannt kommen! Aber wir dürfen nicht unvorsichtig sein."

Sie machten sich wieder auf den Weg, ohne M. D. * * * zu benachrichtigen. Am 5. Mai um 19.30 Uhr kam die Herzogin von Berry in einer offenen Kalesche in Toulouse an, ohne jede Verkleidung, die verhindert hätte, dass diejenigen, die sie gesehen hatten, sie erkannten. Wie üblich hielt die Kutsche vor dem Postgasthof; die Arbeitslosen und die Neugierigen kamen bald herbeigelaufen. Unter diesen Zuschauern befand sich ein junger Mann von elegantem Aussehen, der mit einem Ausdruck blickte, der weniger von Müßiggang als von Neugier zeugte als der anderer Leute; Madame tat so, als schliefe sie, ohne ihn auf ihrer Seite aus den Augen zu verlieren, und er heftete seinen Blick beharrlich auf sie.

„Mein lieber Monsieur de Lorge", sagte Madame, während die Pferde gewechselt wurden, „gehen Sie und bringen Sie mir einen Hut, der mein Gesicht besser beschattet."

Herr de Lorge sprang von seinem Sitz auf und ging zu einem Hutmacherladen. Der neugierige Zuschauer folgte ihm, betrat mit ihm den Laden, kam mit ihm wieder heraus und berührte ihn an der Schulter. Er sagte:

„Meine liebe de Lorge, Madame la Duchesse de Berry ist hier."

„Nun ja, mein lieber Jules", antwortete die Person, die er befragte.

"Wohin geht sie?"

„In die Vendée."

"Die Vendée ist von Truppen überrannt!"

"Wir wissen es."

„Warum dann dorthin gehen? Die Provinzen, durch die sie jetzt reist, bieten günstigere Möglichkeiten; Madame kann in aller Sicherheit in Toulouse bleiben. In einem Augenblick werde ich alles bewiesen haben ... Ich muss unbedingt mit ihr sprechen."

„Also gut, so sei es! Sprich mit ihr."

„Nicht im Augenblick. Das wäre unklug. Ich werde in der Kutsche auf Ihrem Platz mitkommen, und wenn wir aus der Stadt heraus sind, werden wir uns beraten."

Monsieur de Lorge kehrte zum Wagen zurück, überreichte der Herzogin den neuen Hut, stieg behände auf seinen Sitz, die Person, die er mit dem Namen Jules bezeichnet hatte, nahm zu Madames großem Erstaunen neben ihm Platz, und der Wagen setzte sich im Galopp wieder in Bewegung. Außerhalb der Stadt beugte sich der Neuankömmling zu Madame.

„Eh! Monsieur de Puylaroque", rief sie aus, „sind Sie es wirklich? Ah! Jetzt, da ich weiß, dass Sie es sind, bin ich beruhigt. Ich bin glücklich! Wie kam es, dass wir uns begegnet sind? Es ist die Vorsehung, die Sie geschickt hat, denn ich wollte unbedingt mit Ihnen sprechen. Ich habe die Hälfte meiner Fähigkeiten verloren; Sie werden sie mir wiedergeben."

„Wie Eure Hoheit will, sie weiß, dass ich ihr vollkommen ergeben bin. Vor allem aber bitte ich Sie, Madame, nicht in die Vendée zu gehen! ..."

„Wohin soll ich gehen?"

„Bleiben Sie in Toulouse, dort finden Sie Ruhe und Sicherheit."

„Ich will weder das eine noch das andere, ich suche den Konflikt. Was das angeht, was Sie über die Vendée sagen, dort wird mir nichts Unangenehmes passieren. Die Vendée, sagen Sie, ist von Soldaten überrannt? Umso besser! Ich kannte viele von denen, die in der Kaserne waren; sie werden mich auch kennen und nicht auf mich schießen, dafür stehe ich! Ich habe meinen treuen Vendéeern versprochen, sie zu besuchen. Ich werde mein Wort halten; wenn Umstände, die ich nicht vorhersehen kann, mich zwingen, mich aus dem Staub zu machen, kommen Sie und suchen Sie mich, und ich werde mit Ihnen in den Süden zurückkehren. Aber da ich hier in Frankreich bin, reden wir nicht davon, es zu verlassen."

Als Madame sich einmal entschieden hatte, war es eine ausgemachte Sache, dass sie dabei bleiben würde.

Herr von Puylaroque war also gezwungen, seinen Plan aufzugeben; er verließ den Wagen und kehrte nach Toulouse zurück. Eine Woche später machte er sich auf den Weg, um Madame in der Vendée wieder zu treffen. Als sie Toulouse verließ, fuhr Madame durch Moissac und Agen, dann verließ sie die Straße nach Bordeaux und folgte der *über* Villeneuve d'Agen, Bergerac, Sainte-Foy, Libourne und Blaye – Blaye, das, als es sie vorbeifahren sah, über die Zukunft stumm blieb! Sie machten sich auf den Weg zum Schloss des Marquis de Dampierre, der nicht im Voraus von dem Besuch, den er empfangen sollte, benachrichtigt worden war; aber er war ein enger Freund von Herrn von Lorge, der sich verpflichtete, für seine Ergebenheit einzustehen. Von diesem Schloss, das auf halbem Weg zwischen Blaye und Saintes liegt, wollte die Herzogin ihre Freunde in Paris von ihrer Ankunft benachrichtigen, mit den Anführern des künftigen Aufstands beraten und in der ganzen Vendée ihre Proklamationen bekannt geben. Aber bevor sie das Schloss des Marquis de Dampierre erreichten, mussten sie das Schloss eines Verwandten von ihm passieren, das nur durch den Fluss von der Straße getrennt war. Eine Fähre lockte die Reisenden. Madame's Abenteuerlust konnte dem Wunsch, dem unbekannten Freund einen Besuch abzustatten, nicht widerstehen; außerdem drängte Herr von Villeneuve dazu. Es galt, dort nachzufragen, ob Herr der Marquis de Dampierre zu Hause sei. Sie stiegen aus und setzten mit der Fähre über. Herr von Villeneuve stellte sich vor und stellte dem Schlossherrn die Prinzessin als seine Gemahlin vor. Sie wollten sich gerade zu Tisch setzen und schlugen vor, dass Herr und Madame de Villeneuve gemeinsam frühstücken sollten; Der Vorschlag wurde angenommen. Es war Sonntag; während der Schlossherr auf das Frühstück wartete, schlug er seinen Gästen vor, zur Messe zu gehen. Obwohl dies für Madames Inkognito gefährlich war, war es unmöglich, ein solches Angebot abzulehnen. Madame ging zu Fuß zur Kirche, am Arm ihres Gastgebers, schritt kühn und mit erhobenem Kopf durch die Menge. Allerdings übermannten sie in der Kirche Hitze und Müdigkeit, und die Prinzessin nutzte die einstündige Predigt des Pfarrers, um diese Stunde zu schlafen.

Das Stuhlgeklapper, das auf den Schluss einer Predigt folgt, weckte Madame, und sie hörte zum ersten Mal das „ *Domine salvum fac regem LUDOVICUM-PHILIPPUM*“. *Nach dem Frühstück machten sie sich* wieder auf den Weg. Am Abend des 7. Mai erreichte die Herzogin von Berry das Tor des Schlosses von Dampierre. Monsieur de Lorge stieg aus und klingelte. In England erkennt man an der Art, wie der Besucher anklopft, wer Einlass verlangt. Monsieur de Lorge klingelte auf aristokratische Art, als hätte er keine Zeit zu warten; Monsieur de Dampierre selbst erschien.

„Wer ist da?“, fragte er.

„Ich, de Lorge! Mach schnell auf! Ich habe dir Madame la Duchesse de Berry gebracht.“

Der Hausherr machte einen Sprung nach hinten.

„Die Herzogin von Berry!“, rief er. „Was? Madame?“

„Ja, sie selbst... Öffne!“

„Aber“, fuhr Monsieur de Dampierre fort, „Sie wissen nicht, dass ich zwanzig Leute zu Besuch habe, die sich im Salon aufhalten und ...“

„Monsieur“, sagte die Herzogin von Berry und streckte den Kopf zur Tür hinaus, „ich glaube, ich habe irgendwo gehört, dass Sie einen Cousin haben, der fünfzig Meilen von hier entfernt lebt?“

„Madame de la Myre, ja, Madame.“

„Dann öffnen Sie Ihre Tür, Monsieur, und stellen Sie mich den Persönlichkeiten Ihrer Gesellschaft unter dem Namen Madame de la Myre vor.“

„Madam, glauben Sie mir bitte", rief Monsieur de Dampierre, „dass ich diese Einwände nur in Ihrem eigenen Interesse erhoben habe; aber wenn Sie mir die Ehre erweisen, darauf zu bestehen ..."

„Ich bestehe darauf."

Herr von Dampierre beeilte sich, die Tür zu öffnen. Madame sprang aus dem Wagen, hakte sich beim Hausherrn ein und begab sich in den Salon. Er war leer. Während der Abwesenheit von Herrn von Dampierre hatte sich jeder in sein Zimmer zurückgezogen.

Als die Herzogin von Berry den Salon betrat, gefolgt von Monsieur de Ménars, Monsieur de Villeneuve und Monsieur de Lorge, der seine Livree abgelegt und wieder die eines Gentlemans angenommen hatte, fand sie dort niemanden außer der Hausherrin und zwei oder drei Personen, denen die Herzogin und Monsieur de Lorge unter dem Namen Monsieur und Madame de la Myre vorgestellt wurden.

Am nächsten Abend reiste Herr de Villeneuve, der wusste, dass Madame in Sicherheit war, erneut nach Provence ab. Auch am folgenden Tag wurde Madame beim Frühstück zum zweiten Mal vorgestellt. Es gab keinerlei Zweifel hinsichtlich der Identität der falschen Madame de la Myre. Am folgenden Sonntag kam der Pfarrer der Gemeinde, zu der das Schloss gehörte, wie üblich zum Abendessen mit Herrn le Marquis de Dampierre, der Madame unter dem Namen seines Cousins vorstellte, wie er es bei seinen anderen Gästen getan hatte. Der Pfarrer ging auf die Herzogin zu, um sich zu verbeugen; doch als er die halbe Zeit hinter sich hatte, heftete er seine Augen auf sie, blieb stehen und sein Gesicht nahm einen so komischen Ausdruck der Verblüffung an, dass die Herzogin nicht anders konnte, als in Gelächter auszubrechen. Als Madame 1828 Rochefort besucht hatte, war ihr der gute Mann vorgestellt worden und er erkannte sie.

„Mein lieber Pfarrer", sagte Monsieur de Dampierre zu ihm, „entschuldigen Sie, aber ich kann es wirklich nicht lassen, Sie zu fragen, was es an dem Gesicht meiner Cousine ist, das Ihre Blicke darauf lenkt."

„Weil, Monsieur le Marquis", sagte der Pfarrer, „weil Madame, Ihre Cousine ... Oh, das ist doch unglaublich! Und doch ist es unmöglich! Denn in Wirklichkeit ..."

Der Rest des Satzes des guten Pfarrers ging in einem wirren und unverständlichen Gemurmel unter.

„Monsieur", sagte Madame ihrerseits zu dem ehrenwerten Pfarrer, „erlauben Sie mir, mich meinem Cousin anzuschließen und zu fragen, was los ist."

„Es ist wie", antwortete der Pfarrer, „wie ein Blatt aus einem Vaudeville von Scribe oder einer von Alexandre Duvals Komödien; Eure Königliche Hoheit ähnelt dem Cousin von M. le Marquis wie … Nein, ich irre mich; der Cousin von M. le Marquis ähnelt Eurer Königlichen Hoheit. Das meine ich nicht – Oh! Aber ich könnte schwören …"

Die Herzogin brach in Gelächter aus. Aber in diesem Moment läutete die Essensglocke. Monsieur de Dampierre, der sah, wie sehr die Herzogin sich über die Überraschung des guten Pfarrers freute, setzte ihn ihr gegenüber. Das Ergebnis war, dass der Pfarrer, statt zu speisen, Madame unentwegt ansah und wiederholte:

„Oh, aber das ist unglaublich! Ich hätte es wirklich schwören können … und doch ist es unmöglich!"

Madame, die schon als Kind unbesonnen und inkonsequent war, verbrachte neun Tage im Schloss, und niemand außer dem Pfarrer kam auf die Idee, ihren Namen und ihre Verwandtschaft zu hinterfragen. Am zweiten Tag machte sich ein Bote mit drei Briefen in Richtung Vendée auf. In der ersten bat die Herzogin einen Mann, der ihr vertraute, ihr ein unauffindbares Versteck zu suchen. Die zweite war an einen der wichtigsten Führer der Vendée gerichtet und hatte folgenden Wortlaut:

> "Trotz der Hürde, die wir gerade erlitten haben, bin ich weit davon entfernt, meinen Fall als verloren anzusehen: Ich habe grenzenloses Vertrauen in seine Gerechtigkeit. Meine Absicht ist es daher, unaufhörlich weiter zu plädieren, und ich bitte meine Anwälte, sich bereitzuhalten, am ersten Tag zu plädieren."

Die dritte Notiz war an Herrn Guibourg gerichtet und zeichnete sich besonders durch ihre Lakonizität aus. Hier ist sie.

> „Man wird Ihnen sagen, wo ich bin. Kommen Sie, ohne einen Augenblick zu verlieren. Kein Wort zu einer Menschenseele!"

Dreißig Stunden später war Monsieur Guibourg bei der Prinzessin. Madames erste Worte waren:

„Wo ist Herr Marschall von Bourmont?"

Niemand wusste es, Monsieur Guibourg ebenso wenig wie die anderen. Der Marschall war nicht in Nantes, und man kannte weder die Route, die er genommen hatte, noch den Rückzugsort, an dem er sich versteckt hielt. Ohne Monsieur de Bourmont, die Seele des Unternehmens, konnte nichts getan werden. Er war der einzige, der durch den Einfluss seines Namens die Vendée aufrütteln und kraft seines Amtes als Marschall von Frankreich den Gehorsam von Offizieren aller Ränge einfordern konnte. Madame hatte seit dem Tag ihrer Trennung kein Wort mehr von Monsieur de Bourmont gehört.

„Kommen Sie", sagte sie fröhlich zu Monsieur Guibourg, „lassen Sie sich nicht durch kleine Hindernisse entmutigen, wir lassen uns durch Rückschläge nicht entmutigen. Aber was ist zu tun?"

"Da Madame darauf beharrt, ihre Boote zu verbrennen", antwortete M. Guibourg, "und da sie sich entschlossen hat, in die Vendée zu kommen, wo sie erwartet wird, rate ich ihr, dieses Schloss so schnell und heimlich wie möglich zu verlassen. Die wichtigsten Führer der beiden Loire-Ufer können innerhalb von 48 Stunden um Madame versammelt werden; Madame kann ihnen ihre Absichten mitteilen und mit Hilfe ihrer Ratschläge eine Entscheidung treffen."

„Sehr gut!", sagte die Herzogin. „Sie werden morgen aufbrechen, und ich werde übermorgen aufbrechen. Sobald ich dort ankomme, werde ich mich mit den Führern beraten, die Sie informiert haben."

Aber am nächsten Tag rief Madame Monsieur Guibourg zu sich.

"Ich habe meine Meinung geändert", sagte sie, "und beabsichtige nicht, irgendjemanden zu konsultieren; die Mehrheit wird für eine Vertagung sein, und alle Aufstände in der Vendée müssen, wie man mir sagte, in den ersten vierzehn Tagen im Mai stattfinden, der Zeit, in der die Bauern durch die Landarbeit in gewissem Maße frei haben; wir sind also spät dran. Außerdem sagten mir alle Häuptlinge, sie seien in ihrem Interesse, auf deren Vertrauen ich mich verlassen habe, bereit zu handeln; sie zu fragen, ob sie es sind, hieße, an ihrem Wort zu zweifeln. Ich werde daher ganz Frankreich meine Absichten bekannt geben. Hier ist der an Herrn de Coislin gerichtete Brief: -

> „Meine Freunde können beruhigt sein: *Ich bin in Frankreich* und *werde bald in der Vendée sein* . Von dort werden meine genauen Befehle an Sie gehen. Sie werden sie vor dem 25. dieses Monats erhalten. Bereiten Sie sich also vor. Das war nur ein Fehler und ein Irrtum im Süden. Ich bin mit ihren Absichten zufrieden. Sie werden ihre Versprechen halten. Meine treue Provinz im Westen wird ihre Versprechen niemals enttäuschen. – In Kürze wird ganz Frankreich aufgefordert sein, seine alte Würde und sein altes Glück wiederzuerlangen.
> MCR
>
> "15. *Mai* 1832"

Diesem Brief war eine Notiz beigefügt, die die *Noms de guerre enthielt* , unter denen sich die Verschwörer verstecken und korrespondieren sollten:

„Guibourg – *Pascal*, der Maréchal – *Laurent*, Madame- *Mathurine*, Maquille – *Bertrand*, Terrien – *Cœur de Lion*, Clouët – *Saint-Amand*, Charles – *Antoine*, Cadoudal – *Bras-de-Fer*, Cathelineau – *Le Jeune* oder *Achille*, Charette- *Gaspard*, Hébert – *Doineville*, d'Autichamp – *Marchand*, de Coislin – *Louis Renaud.* "

Am selben Tag ließ Madame la Duchesse de Berry einige hundert Exemplare der folgenden Proklamation verteilen, die auf einer tragbaren Handpresse gedruckt wurden.

„ Proklamation von Madame la duchesse de Berry, régente de France

"Vendéens, Bretonen und alle Bewohner der treuen Provinzen des Westens! Nachdem ich im Süden gelandet bin, habe ich keine Angst, inmitten von Gefahren durch Frankreich zu reisen, um ein heiliges Versprechen zu erfüllen, zu meinen tapferen Freunden zu kommen und ihre Gefahren und ihre Mühen zu teilen. Endlich bin ich unter dieser Nation der Helden! *Machen Sie eine Öffnung für das Glück Frankreichs!* Ich stelle mich an Ihre Spitze, sicher des Sieges, wenn ich mit Männern wie Ihnen zusammen bin. Henri V. appelliert an Sie; seine Mutter, Regentin von Frankreich, widmet sich Ihrem Glück. Eines Tages wird Henri V. Ihr Waffenbruder sein, wenn der Feind unser treues Land bedroht. Lassen Sie uns unseren alten und unseren neuen Schrei wiederholen: ' *Vive le roi! V ... Henri V.!'*
MARIE-CAROLINE

„KÖNIGLICHE DRUCKEREI
HEINRICH V."

Mit dieser Proklamation im Gepäck trat Madame am 16. Mai 1832 ihre Reise wieder an. Sie wurde von Herrn und Frau de Dampierre, Herrn de Ménars und Herrn de Lorge begleitet, der wieder seine Verkleidung als Dienstbotenlivree angenommen hatte. Die Pferde von Herrn de Dampierre trieben Madame bis zur ersten Poststation, wo sie frische Pferde nahm und ihre Reise über Saintes, Saint-Jean-d'Angely, Niort, Fontenay, Luçon, Bourbon und Montaigu fortsetzte.

Die Herzogin von Berry reiste am helllichten Tag und in einer offenen Kutsche durch das Land, das sie vor vier Jahren zu Pferd durchquert hatte, von Schloss zu Schloss, umgeben von den Menschen, die sich während ihrer Reise versammelten. Es war ein Wunder, dass Monsieur de Ménars, Landbesitzer, der als Wähler und Kandidat an alle Wähler gewöhnt war und ehemaliger Präsident des großen Kollegiums von Bourbon, nicht auf Schritt und Tritt erkannt wurde. Zweifellos wurden beide durch ihre Unvorsichtigkeit geschützt. Es stimmt, dass Madame eine braune Perücke trug; aber sie hatte ihre eigenen blonden Wimpern mit der braunen Perücke behalten. Ihre Reisegefährten bemerkten dies sofort und machten sie darauf aufmerksam: Eine solche Diskrepanz müsse so schnell wie möglich behoben werden. Madame befeuchtete eine Ecke ihres Taschentuchs mit Speichel, rieb damit an Herrn de Ménars' Stiefeln und erhielt dank der Schuhcreme ein passendes Schwarz, mit dem sie die Farbe ihrer Augenbrauen mit der ihrer Perücke harmonisieren konnte. In Montaigu, wo sie Pferde ablösten, musste Herr de Lorge, als Diener verkleidet, um sein Kostüm nicht zu verleugnen, mit den Dienern essen und beim Anspannen der Pferde helfen.

M. de Lorge meisterte seine Rolle, als ob er in einem Laientheater gespielt hätte.

Am 17. Mai stiegen Madame und M. de Ménars mittags am Schloss von M. de N * * * aus; die beiden Reisenden tauschten sofort die Kleidung mit dem Hausherrn und der Hausherrin, die sofort an ihrer Stelle in die Kutsche stiegen und die Reise mit M. und Madame de D * * * fortsetzten. Der Postillon, den die Diener in der Küche betrunken gemacht hatten, während die Herren oben die Kleider austauschten, bemerkte nichts, war halb betrunken und bestieg sein Pferd und machte sich auf den Weg nach Nantes, ohne zu ahnen, dass seine Passagiere ausgetauscht worden waren oder vielmehr, dass sie sich selbst ausgetauscht hatten. Die Herzogin hatte für ihre Freunde ein Treffen in einem Haus vereinbart, das etwa eine Meile vom Schloss entfernt lag und M. G * * * gehörte. Gegen fünf Uhr nachmittags nahm sie den Arm von M. O * * * und erreichte mit ihm dieses Haus zu Fuß, wo sie bald wieder auf MM. de Ménars und Charette stießen. Sie waren in Blusen gekleidet und trugen genagelte Schuhe. Madame brach in dieser Nacht auf, um ein Versteck zu erreichen, das man ihr in der Gemeinde Montbert zugeteilt hatte; sie wurde von MM de Ménars, Charette und la R * * * e begleitet. Vier oder fünf Bauern begleiteten die Reisenden; sie fragten Madame, ob sie einen Umweg machen oder den Maine durch die Furt überqueren wolle. Da Madame sich auf einen Schlag an jede Art von Gefahr gewöhnen wollte, zog sie Gefahren der Langsamkeit vor. Sie berieten sich einen Moment lang darüber, wo sie den Fluss überqueren sollten, und beschlossen, ihn in der Nähe von Romainville über eine Art Pfahlbrücke zu überqueren, die eine mittelmäßig gute Furt bot. Ein Bauer, der die Gegend kannte, ging an die Spitze der Kolonne und lotete den Weg mit einem Stock aus, den er in der rechten Hand hielt, während er mit der linken die Herzogin hinter sich herzog. Als der Bauer und Madame zwei Drittel des Flusses überquert hatten, fühlten sie, wie der Haufen, auf den sie sich wagen wollten, unter ihren Füßen zerbröckelte. Sie stolperten beide und fielen ins Wasser. Madame stürzte kopfüber und verschwand, völlig untergetaucht. M. Charette sprang sofort herbei, packte sie an der Ferse und zog sie aus dem Fluss, aber sie war fünf oder sechs Sekunden unter Wasser gewesen und hatte das Bewusstsein verloren. Madames Gefährten ließen sie nicht weiter gehen; sie brachten sie zurück zu dem Haus, das sie verlassen hatte. Sie zog sich von Kopf bis Fuß um und beschloss, den längeren Weg zu nehmen und hinter einem Bauern zu reiten. Wegen dieses Umwegs erreichte sie das Dorf Montbert erst am 18. Mai. Sie aß zu Abend und schlief in dem Haus, das für sie vorbereitet worden war. Aber das Haus war ärmlich eingerichtet. Die Gefährten der Prinzessin wollten ihr die Entbehrungen nicht zumuten, die diese Armut ihr auferlegte; man erzählte ihr von einem berühmten Lebensmittelhändler aus Nantes namens Colin, der ausgezeichnete Konserven in Dosen für weite Reisen verkaufte. Madame war einverstanden, sich diesem Genuss hinzugeben. Sie mussten einen intelligenten und verschwiegenen Mann finden, der ihre Einkäufe erledigte, und schlug Madame den Küster der Gemeinde vor. Madame unterhielt sich ein wenig mit dem Mann, der ihr gefiel, und wurde mit der Provision betraut. Sie hatten sich auf seine Umsicht verlassen: er war zu umsichtig. Nachdem seine Einkäufe getätigt waren, sagte er dem Lebensmittelhändler, er solle, um Verdacht zu zerstreuen, die Kisten nach Pont-Rousseau schicken, wo er auf sie warten würde. Während er nun sein Pferd mit den Kisten belud, kam ein Patriot vorbei. Patrioten haben im Allgemeinen bei jeder Gelegenheit die Augen weit offen; aber in diesem Fall hatte er aus Nantes seine Augen besonders weit offen. Unser Mann sah die Blechdosen, hielt sie für Pulverdosen und stellte sich vor, sie seien für die Chouans bestimmt. Während der Küster seine restlichen Kisten einlud, ergriff der Patriot die Initiative und warnte die Gendarmerie von Souniers. Sie verhafteten den Kirchenmann auf seiner Durchreise und brachten ihn nach Nantes zurück. Die Kisten wurden geöffnet und statt Munition fanden sie Gemüse; aber obwohl Gemüse sehr harmlos erscheinen mag, hat es für misstrauische Gemüter eine gewisse Bedeutung. Als der Küster nach dem Stand der Personen befragt wurde, die ihn mit diesem gastronomischen Auftrag betraut hatten, antwortete er, es seien ihm unbekannte Personen und sie warteten auf der Heide von Génusson. Er hatte einen Punkt gegenüber dem Ort angegeben, an dem sich die Herzogin von Berry tatsächlich aufhielt. Einige Gendarmen gingen zur Heide von Génusson, die, wie wir mit Sicherheit annehmen können, verlassen war. Der Küster wurde ins Gefängnis von Nantes gebracht. Ein Bauer hatte ihn inmitten der Gendarmen gesehen und war geflohen, um die Herzogin zu warnen. Um sicherer zu sein, verließ Madame ihr Versteck, da sie den Küster zu wenig kannte, um zu beurteilen, wie weit seine Hingabe gehen würde, und suchte Zuflucht in einem Stall. Dort verbrachte sie die Nacht und den Tag des 19. mit den Ochsen des Bauern. Eines dieser Tiere fand Gefallen an ihr und kam mehrmals, um ihr ins Gesicht zu hauchen.

„Ich möchte", sagte sie und lachte am nächsten Tag über ihre Situation, „so schnell wie möglich gemalt werden, *Tête-à-Tête* mit dem fetten Ochsen, der so nett herkam, um mir ins Gesicht zu *pusten* ."

Ein anderer Ochse hatte seine Zuneigung Monsieur de Ménars zugewandt und die Nacht damit verbracht, ihm das Gesicht zu lecken. Monsieur de Ménars war jedoch so müde, dass er die Liebkosungen des Tieres empfing, ohne aufzuwachen.

Inmitten eines schrecklichen Sturms und heftigen Regens verließ Madame am 20. Mai um 1 Uhr morgens den Bauernhof, um nach L———e zu gehen, einem bewohnten Landhaus, das der Familie de la R———e gehörte und in der Gemeinde Saint-Philibert lag. Die Straßen waren furchterregend, und ein tiefer Sumpf kreuzte den Weg; sie konnten den schlammigen Sumpf nur durchqueren, indem sie den Weg Schritt für Schritt ausloteten. M. Charette hatte Madame der Obhut seines jungen Kameraden de la R———e anvertraut, zu dessen Haus sie unterwegs waren; um den gefährlichen Durchgang zu überqueren, wollte der junge Mann sich also auf seine eigenen Mittel verlassen; er nahm Madame auf seine Schultern und sagte, als er seinen ersten Schritt in den Sumpf wagte:

„Madam, es ist möglich, dass ich in einem Torfmoor versinke und verschwinde. Aber sobald Sie sehen, dass ich im Begriff bin zu verschwinden, werfen Sie sich mit einer so schnellen und kräftigen Bewegung wie möglich auf die Seite. Die gefährlichen Stellen sind normalerweise nicht groß. Ich werde verloren sein, aber Sie werden gerettet werden!"

Zweimal wäre dies beinahe passiert, zweimal fühlte Madame, wie Monsieur de la R. bis zur Hüfte einsank; aber jedes Mal gelang es ihm glücklicherweise, sich aus der misslichen Lage zu befreien. Madame kam bei Tagesanbruch an, und obwohl sie müde war, machte sie sich am Abend, nachdem sie zu Mittag gegessen und etwas geschlafen hatte, auf den Weg, um einige Leute vom Lande zu empfangen und sich über die beiden unfürstlichen Todesarten lustig zu machen, denen sie beinahe erlegen wäre. Diese neue Etappe führte sie zu einer Schwester von Monsieur de la R. Ihre Gastgeberin hatte den Besuch nicht im Geringsten erwartet und war nicht gerade erfreut, sie zu empfangen.

In der Nacht des 21. brach die Duchesse wieder auf; sie musste die M...-Gemeinde Leyé erreichen. Sie blieb dort bis Montag, den 31., also zehn Tage. Das Haus war unbequem und kein sicherer Rückzugsort; ständig zogen Kolonnen an der Tür vorbei, und es war offensichtlich, dass Verdacht geweckt wurde. Aber dennoch wurde der Treffpunkt mit Herrn de Bourmont, Herrn Berryer und Herrn R... vereinbart. Sie mussten kommen. Der Brief der Duchesse an die Royalisten war an seinem Bestimmungsort angekommen; nur hatte Madame vergessen, den Schlüssel der Chiffrenotiz anzugeben, die ihn begleitete. Herr Berryer machte sich daran, ihn zu finden, und fand ihn. Es war der Satz *Le gouvernement provisoire,* ersetzt durch die vierundzwanzig Buchstaben des Alphabets.

Madames Brief hatte bei den müßigen Royalisten, die in den zentralen Lichtstrahlen von Paris lebten, für große Aufregung gesorgt; sie kannten die öffentliche Meinung besser als die Royalisten von Maine, der Vendée und der Loire-Inférieure; obwohl die Regierung von König Louis-Philippe zwar immer unpopulärer wurde, war dies doch ein Grund abzuwarten und nicht, die Dinge zu überstürzen; und niemand war blind genug, sich von Madames Versuch irgendetwas zu erhoffen, sich diesbezüglich etwas einzubilden.

Dementsprechend trafen sich die Pariser Royalisten am Abend des 19., um zu erörtern, wie man Madame am besten über die wahre Lage in Frankreich informieren könnte. Es war ein ernstes und beinahe deprimierendes Treffen; man sah die Gefahr als unmittelbar an und einigte sich daher darauf, dass einer der Hauptführer zur Prinzessin nach La Vendée reisen sollte. Die drei Anführer waren die Herren von Chateaubriand, Hyde de Neuville und Berryer. Die Herren von Chateaubriand und Hyde de Neuville waren Gegenstand einer Überwachung, die nur schwer zu durchschauen war; man würde erraten, wohin sie gingen, bevor sie Orléans erreichten, und sie würden verhaftet oder verfolgt werden. Herr Berryer bot an, den Auftrag auszuführen. Ein Gerichtsverfahren rief ihn Anfang Juni zu den Assisen nach Vannes. Eine von Herrn de Chateaubriand verfasste Notiz, die die Meinung der Versammlung, wenn nicht der Mehrheit, so doch der Mehrheit, zusammenfasste, wurde ihm übergeben. Der Rest blieb seiner Hingabe und seiner Beredsamkeit überlassen. Seine Aufgabe war es, Madame dazu zu bewegen, die Vendée zu verlassen. Er verließ Paris am Morgen des 20. Mai und erreichte Nantes am 22. Wir dürfen dem berühmten Redner auf seiner malerischen Reise durch Nebenstraßen, mitten durch Dickicht und Hecken folgen; wir stehen für die Genauigkeit der Einzelheiten ein, die uns 1833 von M. Berryer selbst mitgeteilt wurden.

KAPITEL IV

Unterredung zwischen den Herren Berryer und de Bourmont – Die Führer des Boten – Die bewegliche Kolonne – Herr Charles – Madames Versteck – Madame weigert sich, die Vendée zu verlassen – Sie ruft ihre Anhänger zu den Waffen – Tod von General Lamarque – Die Abgeordneten der Opposition treffen sich im Haus von Laffitte – Sie beschließen, eine Erklärung an die Nation zu veröffentlichen – Die Herren Odilon Barrot und de Cormenin werden beauftragt, diesen Bericht zu verfassen – Einhundertdreiunddreißig Abgeordnete unterzeichnen ihn

---

Kaum war Herr Berryer in Nantes angekommen, erfuhr er, dass Herr de Bourmont schon seit ein paar Tagen dort war. Er suchte ihn sofort auf. Herr de Bourmont hatte den Befehl vom 15. Mai erhalten, der den für den 24. angesetzten Waffengang betraf, aber er stimmte mit Herrn Berryer überein, nach allem, was er während seines kurzen Aufenthalts in Nantes gesehen und gehört hatte, dass dieser Aufstand, den er als *bedauernswertes Geplänkel betrachtete, keine Hoffnung mehr aufkommen ließ.* Er war so sehr seiner eigenen Meinung, dass er es auf sich genommen hatte, den Häuptlingen der Vendée *beinahe* einen Gegenbefehl zu schicken, in der Hoffnung, dass es ihm gelingen würde, Madame dazu zu bewegen, ihre Pläne aufzugeben, wenn er sie sähe. Der Gegenbefehl wurde von Herrn Guibourg an Herrn de Coislin *père weitergeleitet,* der seinerseits die Betroffenen informieren sollte. Dies ist der Brief von Herrn Guibourg und die Kopie des Befehls von Herrn de Bourmont –

> „MONSIEUR LE MARQUIS, ich habe die Ehre, Ihnen eine Kopie des Befehls zu übersenden, den ich Ihnen im Namen von M. le Maréchal überreichen soll:
>
> „Verschieben Sie die Ausführung der für den 24. Mai erhaltenen Befehle um einige Tage und lassen Sie nichts Sichtbares erkennen, bis Sie neue Nachrichten haben, sondern setzen Sie Ihre Vorbereitungen fort.
>
> „DER MARSCHALL, GRABE VON BOURMONT
>
> „„22. *Mai, Mittag*““

M. de Bourmont billigte also den Grund, warum M. Berryer zu Madame ging, und alles war noch am selben Tag für seine Abreise vorbereitet. Um zwei Uhr nachmittags stieg M. Berryer in eine kleine gemietete Kutsche und fragte dabei den Vertrauten, den die Herzogin in Nantes hatte, welchen Weg er nehmen sollte und wo Madame wohnte, woraufhin der Mann mit dem Finger auf einen Bauern zeigte, der am Ende der Straße auf einem Apfelschimmel herumlungerte , und nur sagte: „Sehen Sie diesen Mann? Sie brauchen ihm nur zu folgen."

Tatsächlich hatte der Mann auf dem grauen Pferd M. Berryers Kutsche kaum losfahren sehen, als er sein Pferd in Trab versetzte, so dass der Erstere ihm folgen konnte, ohne ihn aus den Augen zu verlieren. Auf diese Weise überquerten sie die Brücken und betraten das Land. Der Bauer drehte nicht einmal den Kopf und schien sich so wenig um die Kutsche zu kümmern, deren Führer er war, dass es Momente gab, in denen M. Berryer sich durch irgendeine Täuschung betrogen fühlte. Was den Kutscher anging, der nicht sein Vertrauen genoss, konnte er auf die Frage: „Wohin fahren wir, Herr?" keine anderen Anweisungen geben als: „Folgen Sie diesem Mann." Der Kutscher befolgte diese Anweisung strikt und kümmerte sich fortan nicht mehr um den Führer, als der Führer sich um ihn kümmerte.

Nach einer für M. Berryer nicht ohne Unruhe verlaufenden Reise von zweieinhalb Stunden erreichten sie ein kleines Dörfchen. Der Mann auf dem grauen Pferd hielt vor dem Gasthof an: M. Berryer tat dasselbe; einer stieg vom Pferd, der andere aus der Kutsche, um den Weg zu Fuß fortzusetzen. M. Berryer sagte seinem Kutscher, er solle bis 6 Uhr abends des nächsten Tages warten, und dann folgte er seinem seltsamen Führer. Nachdem er hundert Meter gegangen war, betrat er ein Haus, und da M. Berryer während der Reise auf ihn aufgeholt hatte, betrat der erstere es fast zur gleichen Zeit. Der Mann öffnete die Tür der Küche, in der die Hausherrin allein war, und sagte, auf M. Berryer zeigend, der hinter ihm ging, nur die Worte:

„Hier ist ein Gentleman, den man führen muss."

„Er soll geführt werden", antwortete die Hausherrin.

Kaum hatte sie diese Worte ausgesprochen, als der Führer die Tür öffnete und ging, ohne M. Berryer Zeit zu geben, ihm zu danken, ein Wort zu wechseln oder ihn zu bezahlen. Die Hausherrin winkte dem Reisenden, sich zu setzen, und widmete sich, ohne ein einziges Wort an ihn zu richten, weiterhin ihren Haushaltsangelegenheiten, als ob kein Fremder anwesend wäre.

Nach dem streng höflichen Empfang von M. Berryer verging eine dreiviertel Stunde Schweigen, das erst durch die Ankunft des Hausherrn unterbrochen wurde. Er verbeugte sich vor dem Fremden, ohne Überraschung oder Neugier zu zeigen; nur sah er seine Frau an, die von ihrem Platz aus, ohne ihre Tätigkeit zu unterbrechen, dieselben Worte wiederholte, die der Führer gesagt hatte: „Hier ist ein Herr, den man führen muss."

Daraufhin warf der Hausherr seinem Gast einen jener unruhigen, scharfen, schnellen Blicke zu, die den Bauern der Vendée so eigen sind; dann nahm sein Gesicht wieder den Ausdruck der Gutmütigkeit und Einfachheit an, der ihm eigen war. Er ging mit dem Hut in der Hand auf Monsieur Berryer zu.

„Monsieur möchte in unser Land reisen?", sagte er zu ihm.

„Ja, ich möchte weiter gehen."

„Monsieur hat doch sicher seine Papiere?"

"Ja."

"In Ordnung?"

"Perfekt."

„Und in seinem eigenen Namen, nehme ich an?"

„In meinem eigenen Namen."

„Wenn Monsieur sie mir zeigt, werde ich ihm sagen, ob er in unserem Land unbeschwert reisen kann."

"Hier sind sie."

Der Bauer nahm sie und ließ seinen Blick darüber gleiten. Kaum hatte er den Namen M. Berryer bemerkt, als er sie wieder zusammenfaltete und sagte:

„Oh, das ist in Ordnung! Monsieur kann mit diesen Papieren überall hingehen."

„Wollen Sie es auf sich nehmen, mir einen Führer zur Verfügung zu stellen?"

„Jawohl, Monsieur."

"Ich möchte so schnell wie möglich eins."

„Ich werde gehen und die Pferde satteln."

Bei diesen Worten verließ der Hausherr das Haus und kam zehn Minuten später wieder herein.

"Die Pferde sind bereit."

„Und der Führer?"

„Er wartet auf Monsieur."

Und tatsächlich fand Herr Berryer einen Bauernjungen an der Tür, der bereits aufgestiegen war und ein Pferd an der Hand hielt; kaum hatte er seinen Fuß in die Steigbügel gesetzt, als sein neuer Führer ebenso leise losritt wie sein Vorgänger. Nach zwei Stunden Ritt, während denen kein Wort zwischen Herrn Berryer und seinem Führer gewechselt wurde, erreichten sie gegen Einbruch der Nacht die Tür eines der Bauernhöfe, die den Namen eines Schlosses tragen. Es war halb neun Uhr abends; Herr Berryer und sein Führer stiegen von ihren Pferden und gingen beide hinein. Der Bauernjunge wandte sich an einen Diener und sagte zu ihm:

„Dieser Herr möchte mit Monsieur sprechen."

Der Herr schlief; er hatte die Nacht zuvor bei einem Rendezvous verbracht und den Tag zu Pferd; er war zu müde, um aufzustehen; einer seiner Verwandten war an seiner Stelle gekommen. Er hieß Monsieur Berryer willkommen, und sobald er dessen Namen und den Zweck seiner Reise erfahren hatte, gab er den Befehl zur Abreise. Er selbst übernahm die Rolle des Führers für den Reisenden, und zehn Minuten später ritten beide zu Pferd los: Eine Viertelstunde später ertönte hundert Meter vor ihnen ein Schrei; Monsieur Berryer zitterte und fragte, was das sei.

„Es ist unser Kundschafter", antwortete der Häuptling der Vendée. „Er fragt auf seine Weise, ob der Weg frei ist. Hören Sie, und Sie werden die Antwort hören." Bei diesen Worten streckte er seine Hand aus und legte sie auf Monsieur Berryers Arm, um ihn zu zwingen, sein Pferd anzuhalten. Dann erklang ein zweiter Schrei, der aus größerer Entfernung kam; er schien das Echo des ersten zu sein, so ähnlich war er.

„Wir können weiter, die Straße ist frei", antwortete der Häuptling und gab seinem Pferd die Sporen.

„Dann geht uns ein Kundschafter voraus?"

„Ja, wir haben einen Mann zweihundert Meter vor uns und einen anderen im gleichen Abstand hinter uns."

„Aber wer sind die Leute, die antworten?"

„Die Bauern, deren Häuschen an der Straße liegen. Passen Sie auf, wenn Sie an einem von ihnen vorbeigehen, und Sie werden sehen, wie sich ein kleines Dachfenster öffnet und der Kopf eines Mannes herausrutscht, einen Augenblick reglos bleibt, als wäre er ein Stein, und erst verschwindet, wenn wir außer Sichtweite sind. Wären wir Soldaten aus einem benachbarten Kantonnement, würde der Mann, der uns nur ansieht, wenn wir vorbeigehen, sofort durch eine Hintertür herauskommen; wenn sich dann in der Gegend eine Versammlung bildet, würde er sie sofort vor der Annäherung der Kolonne warnen, die glaubt, sie im Begriff zu überfallen."

In diesem Moment unterbrach sich der Häuptling der Vendéen.

„Hör zu", flüsterte er und stoppte sein Pferd.

„Was ist los?", fragte M. Berryer. „Ich habe nur den üblichen Schrei unseres Kundschafters gehört."

„Ja, aber es gab keine Antwort auf den Ruf. Es sind Soldaten in der Nähe."

Bei diesen Worten ließ er sein Pferd in Trab gehen, und M. Berryer tat dasselbe; fast im selben Augenblick holte der Mann, der die Nachhut bildete, sie im Galopp ein. Sie fanden ihren Führer regungslos und unentschlossen an der Gabelung der beiden Straßen. Der Weg gabelte sich ab, und da niemand von beiden Seiten auf seinen Ruf geantwortet hatte, wusste er nicht, welchen der Fußwege er nehmen sollte; beide würden die Reisenden an ihr Ziel führen. Nach einer Minute der Beratung in leisen Tönen zwischen dem Häuptling und dem Führer verschwand letzterer aus dem Blickfeld in die dunkle Gasse nach rechts; fünf Minuten später begannen M. Berryer und der Häuptling im Schritt den gleichen Weg entlang zu gehen und ließen ihren vierten Begleiter regungslos an der Stelle zurück, an der sie aufgebrochen waren, und fünf Minuten später folgte auch er ihnen. Dreihundert Meter weiter stellten M. Berryer und der Häuptling fest, dass ihr Späher angehalten hatte; er gab ihnen ein Zeichen, Ruhe zu gebieten, und sagte flüsternd: „Eine Patrouille!" Sie konnten tatsächlich die regelmäßigen Schritte einer marschierenden Truppe hören; es war eine Kolonne, die ihre nächtliche Runde drehte. Das Geräusch kam ihnen bald näher, und sie sahen gegen den Himmel die Umrisse der Bajonette der Soldaten, die, um dem Wasser auszuweichen, das sich in den tiefen Pfaden sammelte, keinem der beiden Wege gefolgt waren, deren Gabelung den Führer kurz zögern ließ, sondern den Abhang hinaufstiegen und zwischen den beiden Hecken auf dem Boden gingen, der die beiden versunkenen Fußpfade überblickte, von denen er umgeben war. Hätte auch nur eines der vier Pferde wiehert, wäre die kleine Truppe gefangen genommen worden; aber sie schienen die Position ihrer Herren zu verstehen und schwiegen wie diese, und so gingen die Soldaten weiter, ohne zu ahnen, wen sie dicht passiert hatten. Als das Geräusch ihrer Schritte in der Ferne verhallte, setzten die Reisenden ihren Marsch fort. Um halb elf bogen sie von der Straße ab und betraten einen Wald. Die kleine Gruppe stieg ab und überließ die Pferde der Obhut der beiden Bauern, während M. Berryer und der Häuptling allein weiterzogen. Sie waren nicht weit von dem Bauernhaus entfernt, in dem Madame wohnte; aber da sie durch eine Hintertür hineinwollten, mussten sie einen Umweg machen und durch Sümpfe gehen, wo sie fast bis zu den Knien einsanken; endlich tauchte die dunkle kleine Masse von Gebäuden auf, die den von Bäumen umgebenen Bauernhof bildeten, und bald erreichten sie die Tür. Der Häuptling klopfte auf eine besondere Weise. Schritte näherten sich, und eine Stimme fragte: „Wer ist da?" Der Häuptling antwortete mit dem vereinbarten Wort, und die Tür wurde geöffnet. Eine alte Frau übte die Aufgabe der Concierge aus; aber sie wurde zur größeren Sicherheit von einem großen, kräftigen Kerl begleitet, der mit einem Stock bewaffnet war, der in Händen wie den seinen ebenso furchterregend gewesen wäre wie jede andere Waffe.

„Wir wollen M. Charles", sagte der Chef.

„Er schläft", antwortete die alte Frau. „Aber er hat uns gesagt, wir sollen ihm Bescheid sagen, wenn jemand kommt. Geh in die Küche, ich wecke ihn."

„Sagen Sie ihm, es sei Monsieur Berryer, der aus Paris gekommen sei", fügte dieser hinzu.

Die alte Frau ließ sie in der Küche zurück und ging weg. Die Reisenden traten dicht an den riesigen Kamin heran, in dem noch ein paar Glutreste des Tagesfeuers lagen. Ein Ende eines Balkens war in den Kamin eingelassen, während das andere Ende in einer Art Klaue festgehalten wurde, die durch einen Riss entstanden war – es war eines jener Stücke brennbaren Tannenholzes, die in den Cottages der Vendée anstelle einer Lampe oder Kerze verwendet werden. Nach zehn Minuten kam die alte Frau herein und sagte M. Berryer, dass M. Charles bereit sei, ihn zu empfangen, und dass sie gekommen sei, um ihn zu ihm zu führen. Daraufhin folgte er ihr und stieg hinter ihr eine elende Treppe hinauf, die außerhalb des Hauses lag und an der Wand entlanggeführt zu sein schien, bis er ein kleines Zimmer im ersten Stock erreichte, das einzige, das in dem elenden Bauernhaus überhaupt bewohnbar war. Dieses Zimmer wurde von der Herzogin von Berry bewohnt. Die alte Frau öffnete die Tür, blieb draußen und schloss sie hinter M. Berryer. Seine Aufmerksamkeit war zunächst ganz von Madame in Anspruch genommen. Sie lag auf einem armseligen, grob geschnitzten, wurmstichigen Holzbett, das in sehr feine Leinenlaken gehüllt und mit einem schottischen Schal aus rotem und grünem Plaid bedeckt war. Sie trug eine jener Musselin-Nachtmützen, die die Frauen vom Lande trugen, mit Schößchen, die über ihre Schultern fielen. Die Wände waren kahl; ein jämmerlicher weißgetünchter Kamin wärmte das Zimmer, das an Möbeln nur einen mit Papieren bedeckten Tisch enthielt, auf dem zwei Paar Pistolen ruhten. In einer Ecke des Zimmers stand ein Stuhl, auf dem das komplette Gewand eines jungen Bauern und eine schwarze Perücke hingen.

Wir haben gesagt, dass das Ziel des Gesprächs zwischen M. Berryer und der Herzogin darin bestand, letztere zu überreden, Frankreich zu verlassen. Da wir jedoch die Einzelheiten dieses Gesprächs über allgemeine Interessen nicht wiedergeben können, ohne private Interessen zu kompromittieren, werden wir darüber schweigen. Da wir unsere Leser gut mit den Menschen und Dingen dieser Zeit vertraut gemacht haben, werden sie sich leicht selbst darüber informieren. Erst um drei Uhr morgens gab Madame den Argumenten nach, die M. Berryer ihr auf eigene Verantwortung vorgetragen hatte. Obwohl die Herzogin selbst sah, dass ein bewaffneter Aufstand nur geringe Erfolgschancen hatte, gab sie nicht ohne Weinen und Verzweiflung nach.

"Also gut, es ist beschlossen", sagte sie, "ich werde Frankreich verlassen; aber ich werde nicht wieder dorthin zurückkehren, seien Sie vorsichtig, denn ich möchte nicht mit Ausländern zurückkehren; sie warten nur auf eine Gelegenheit, wie Sie wissen, und der Moment wird kommen: Sie werden kommen und nach meinem Sohn fragen – nicht, dass sie sich um ihn viel mehr Sorgen machen würden als um Ludwig XVIII. im Jahre 1813, aber es wird ihnen ein Mittel sein, einen Anteil an Paris zu haben. Also gut, sie werden meinen Sohn nicht haben! Um nichts in der Welt werden sie ihn haben; ich werde ihn lieber in die Berge Kalabriens entführen! Hören Sie, Monsieur Berryer, wenn es notwendig ist, den Thron Frankreichs durch die Abtretung einer Provinz, einer Stadt, einer Festung oder eines Häuschens wie dem, in dem ich mich befinde, zu kaufen, gebe ich Ihnen mein Wort als Regentin und als Mutter, er wird niemals König sein."

Schließlich fasste Madame einen Entschluss. M. Berryer verabschiedete sich um vier Uhr morgens von ihr und nahm ihr Versprechen mit, sich mittags wieder mit ihm in dem zweiten Haus zu treffen, in dem er abgestiegen war, das vier Landmeilen von dem Ort entfernt lag, wo er seinen Kutscher zurückgelassen hatte. Wenn die Duchesse dort ankam, sollte sie in das kleine gemietete Gefährt steigen und in Begleitung von M. Berryer nach Nantes zurückkehren, dort mit ihrem Scheinpass die Kutsche nehmen und, quer durch Frankreich reisend, das Land über den Mont Cenis verlassen. M. Berryer hielt an dem vereinbarten Ort und wartete dort von Mittag bis sechs Uhr auf Madame. Erst dann erhielt er eine Nachricht von ihr; die Duchesse hatte ihren Entschluss geändert. Sie schrieb ihm, sie habe zu viele Interessen mit ihren verknüpft, zu viele Leben in ihr eigenes Schicksal gezogen, um den Folgen ihrer Reise nach Frankreich allein zu entgehen und sie anderen aufzuerlegen; Deshalb habe sie beschlossen, bis zum Ende das Schicksal derer zu teilen, die sie belastet habe. Lediglich der ursprünglich für den 24. Mai angesetzte Tag für die Waffen wurde auf die Nacht vom 3. auf den 4. Juni verschoben.

Monsieur Berryer kehrte bestürzt nach Nantes zurück. Am 25. erhielt Monsieur de Bourmont einen Brief von der Herzogin, der bestätigte, was sie Monsieur Berryer geschrieben hatte. Er lautete wie folgt:

> „Da ich fest entschlossen bin, die westlichen Provinzen nicht zu verlassen und mich auf die Treue langjähriger Truppen zu verlassen, vertraue ich auf Sie, mein guter Freund, dass Sie alle notwendigen Maßnahmen ergreifen, um in der Nacht vom 3. auf den 4. Juni zu den Waffen zu greifen. Ich rufe alle mutigen Menschen zu Hilfe; Gott wird

uns helfen, unser Land zu retten! Keine Gefahr, keine Anstrengung wird mich entmutigen; ich werde bei der ersten Kundgebung erscheinen.

„MARIE-CAROLINE, *Regentin von Frankreich*

"VENDÉE, 25. *Mai* 1832"

Unmittelbar nach Erhalt dieses Briefes schrieb Herr de Bourmont eine Notiz an Herrn de Coislin mit folgendem Inhalt:

„Da Madame den mutigen Entschluss gefasst hat, das Land nicht im Stich zu lassen, und alle um sich schart, die Frankreich vor dem drohenden Unglück bewahren wollen, teilen Sie allen mit, dass sie sich am Sonntag, dem 3. Juni, bereithalten und in der folgenden Nacht gemäß den von uns erteilten Anweisungen gemeinsam vorgehen sollen. Stellen Sie sicher, dass Ihre Befehle an alle und an alle Stellen übermittelt werden.

"Maréchal, Graf von Bourmont"

So war es also in der Vendée, als die Nachricht vom Tod General Lamarques durch Paris ging. Der Tod Casimir Périers folgte nur wenige Tage später: Die beiden starken Athleten wurden bei ihren Kämpfen auf der Tribüne brutal erwürgt, was sie beide anscheinend das Leben gekostet hat. Aber der Soldat überlebte die Tribüne um wenige Tage. Der Eindruck, den diese beiden Todesfälle machten, war sehr unterschiedlich: nichts war vergleichbar mit der Unbeliebtheit des einen und der Popularität des anderen. Dieser Tod fiel mit der berühmten Affäre des compte *rendu zusammen.* Wir leben so schnell, und die schwerwiegendsten Ereignisse gehen so schnell vorüber, dass das Vergessen so schnell kommt wie der Einbruch der Nacht. Kein junger Mann von dreißig Jahren weiß heute noch genau, was die Affäre des *compte rendu* war, von der wir sagen, dass sie so schwerwiegender Natur war.

Nachdem Herr Laffitte die Macht niedergelegt hatte, kehrte er in die Opposition zurück; das war ganz einfach, denn um eine leichte Reaktion herbeizuführen, hatte Louis-Philippe seinen Premierminister und seinen alten Freund verbannt. Herr Laffittes Opposition war vom Standpunkt einer aufgeklärten Politik aus die konservativste, die man sich vorstellen konnte. Wenn etwas die Dauer der von vornherein verurteilten Herrschaft verlängern konnte, dann war es der Plan, den er seinen Glaubensbrüdern auf der Linken vorlegte: Diese Theorie, deren Hohepriester Herr Laffitte und deren Apostel Herr Odilon Barrot war, bestand darin, mit Hilfe einer parlamentarischen Mehrheit die Macht zurückzuerlangen, die Einbringung politischer Milde triumphieren zu lassen und die Monarchie *endgültig* – das Wort stammt von Louis Blanc – zum Wächter der Freiheit zu machen; ein engstirniger, aber ehrlicher Traum, der, gezwungen, zwischen Reaktion und Aufstand zu schwanken, niemals Wirklichkeit werden konnte.

Die radikalen Abgeordneten wiederum waren in zwei repräsentative Meinungsrichtungen gespalten: Die fortschrittlichste wurde von Garnier-Pagès angeführt, die andere von M. Maugnin. Ihr Ziel war die Erneuerung einer Art Liga nach dem Vorbild der Guise-Brüder, mit dem Ziel, die Bourbonenmonarchie im Jahre 1836 oder 1837 unbewusst in die gleiche Form zu bringen wie die Valois-Monarchie von 1585 oder 1586.

Zusammenfassend lässt sich sagen, dass mit Ausnahme derjenigen, die man seither als *Zentrierer* , Ventrus und *Satisfaits bezeichnet hat,* also jener Art von wiederkäuenden Wesen, die immer auf den Trog des Budgets und die Folter der Zivilliste blicken, alle unzufrieden waren. Alle Unzufriedenen, die sich eine Veränderung wünschten, sei es des Systems oder der Personen, aber solche Veränderungen nur auf verfassungsmäßigem Wege erreichen wollten, versammelten sich im Mai bei Herrn Laffitte, um einen letzten, allerhöchsten Versuch zu unternehmen. Reine Republikaner, die im Gegensatz dazu nur aufrührerische Methoden zuließen und in ihrer Stärke und Freiheit getrennt marschierten und auf ihren Waffen schliefen, nahmen an diesem Treffen, dessen Führer die Herren Laffitte, Odilon Barrot, Cormenin, Charles Comte, Mauguin, Lamarque, Garnier-Pagès und La Fayette waren, überhaupt nicht teil. Die letzten drei segelten ziemlich nah an den Grenzen der verfassungsmäßigen und republikanischen Opposition vorbei, zwar nicht so nah, dass sie zu unserem Lager, dem des militanten Republikanismus, gehörten, aber nah genug, um sich davon mitreißen zu lassen. Die Versammlung bei Laffitte bestand aus über vierzig Abgeordneten. Herr Laffitte sprach und fasste die Situation mit der dreifachen Klarheit des Redners, des Finanziers und des Ehrenmannes zusammen und schlug eine Ansprache an den König vor. Es war die alte Methode, die immer zurückgewiesen wurde, aber immer wieder auf die Anklage zurückkam, unter dem Namen *parlamentarischer Proteste* in der Zeit der absoluten Monarchie und unter dem Titel einer *Ansprache* in der Zeit der konstitutionellen Monarchie.

Garnier-Pagès, ein gerechter, scharfsinniger Charakter, hatte nur zwei Worte zu sagen, um den Vorschlag siegreich zu bekämpfen. Konnte sich nicht jemand der Illusion hingeben, das Königshaus würde einwilligen, seine Schuld einzugestehen, seine Fehler einzugestehen und gegenüber der Nation ehrenhafte Wiedergutmachung zu leisten? Nein, die Monarchie und die Nation befanden sich in einem völligen Zustand des Bruchs. Man musste an die Nation appellieren, was die Fehler der Monarchie betraf. Garnier-Pagès ging so weit, diese Fehler als Hochverrat zu bezeichnen, und dies ließ gewissen Abgeordneten der Opposition einen Schauer über den Rücken laufen. Das Ergebnis der Versammlung war, dass die Opposition ihre Beschwerden in Form eines Berichts der Nation vorlegte. Es wurde eine Kommission ernannt, bestehend aus den Herren La Fayette, Laffitte, Cormenin, Odilon Barrot, Charles Comte und Mauguin. Die Herren de Cormenin und Odilon Barrot erhielten die Aufgabe, jeder für sich einen Bericht zu verfassen; Sie würden schließlich entscheiden, ob sie einen der beiden Berichte auswählen oder beide vernichten würden. Die Arbeit jedes der beiden Herausgeber trug die Zeichen seiner eigenen individuellen Merkmale: Herr de Cormenin erinnerte zu sehr an den kühnen Pamphletisten, der sich selbst als *Timon, der Menschenfeind, bezeichnete.* Herr Odilon Barrot hingegen schien die Zukunft Frankreichs zu ausschließlich mit der monarchischen Regierungsform zu verknüpfen. Keiner der beiden Pläne wurde angenommen. Es wurde beschlossen, die beiden Berichte von Herrn de Cormenin und Barrot zu einem einzigen zu vereinen oder vielmehr das Manifest gemeinsam zu verfassen, und es ähnelte stark einer Kriegserklärung. Beide reisten morgens nach Saint-Cloud ab und kehrten abends mit dem Manifest zurück. Es war in der Handschrift von Herrn de Cormenin verfasst; aber es war leicht zu erkennen, dass Odilon Barrot viel an der Abfassung gearbeitet hatte. Wie groß jedoch auch der Anteil von Herrn Barrot an dieser Arbeit war, der Bericht nahm, wenn nicht gerade den Charakter einer Drohung, so doch zumindest den einer strengen und feierlichen Warnung an. Es erschien am 28. Mai 1832. 133 Abgeordnete hatten es unterzeichnet. Es machte einen tiefen Eindruck, und der Tod von General Lamarque, einem der Hauptunterzeichner des Manifests, warf einen dunklen und fast mysteriösen Schatten auf die Situation, so wie die Hand des Todes gewisse schicksalsträchtige Tage zu überschatten scheint.

KAPITEL V

***

Am 1. Juni um halb zwölf abends hatte General Lamarque seinen letzten Atemzug getan. Sein Tod war ein großes Ereignis. Damals benutzte die Republikanische Partei Napoleons Namen als Waffe. Nun, General Lamarque – eine Sache, die heute viel schwieriger zu definieren wäre als damals, als die Menschen viel mehr nach Instinkt als nach Bildung urteilten – General Lamarque war damals ein Anhänger des Kaiserreichs und auch der Freiheit, ein Soldat Napoleons und ein Freund von La Fayette. Man wird sich erinnern, dass Napoleon ihn in Saint-Helena zum Maréchal de France ernannt hatte. Weder die Bourbonen des älteren Zweigs noch die des jüngeren Zweigs hatten genügend Intelligenz besessen, um die Ernennung zu bestätigen; aber in den Augen Frankreichs war es tatsächlich einer ihrer Maréchals, der gerade gestorben war. Außerdem hatte sein Tod aufgrund der Umstände, unter denen er geschah, und der besonderen Vorkommnisse, die ihn begleiteten, wirklich etwas Großartiges an sich. Es wurden zahlreiche Aussprüche im Stil von Cato und Leonidas zitiert, die General Lamarque auf seinem Sterbebett gesagt hatte. Er starb heldenhaft und bedauerte dennoch sein Leben. Der Gedanke, der sein ganzes Herz durchströmte, war: „Ich habe nicht genug für Frankreich getan!"

Die Krankheit, an der der General starb, schien die Ärzte zu täuschen. Manchmal schien der Kranke auf dem besten Weg der Genesung zu sein, und das Gesundheitsbulletin verkündete seinen Freunden die gute Nachricht. Manchmal warf eine tödliche Krise den Kranken weiter zurück, als die Besserung ihn gebracht hatte. Er selbst ließ sich durch diese vorübergehenden Besserungen nie täuschen. Seine Freunde, die Doktoren Lisfranc und Broussais, pflegten ihn mit der Hingabe der Wissenschaft und der Freundschaft.

„Meine Freunde", sagte der General ausnahmslos zu ihnen, „ich bin dankbar für Ihre Fürsorge; es berührt mich, aber Sie werden die Krankheit nicht besiegen! Sie haben Hoffnung und Sie wollen, dass ich Hoffnung habe; vergebens, ich habe das Gefühl, ich werde ihr erliegen."

Dann, eine Minute später, fügte er seufzend hinzu:

"Ach! Es tut mir leid zu sterben! Ich hätte Frankreich gern noch länger gedient... Und außerdem bin ich besonders enttäuscht, dass ich mich nicht mit Wellington messen kann, der sich seinen Ruf durch die Niederlage bei Waterloo erworben hat. Ich habe ihn studiert, ich kannte seine Taktik und bin ganz sicher, dass ich ihn geschlagen hätte!"

Laffitte besuchte ihn so oft, wie es sein arbeitsreiches Leben erlaubte. Bei seinem letzten Besuch war Frankreich allein das Hauptgesprächsthema.

„Oh, mein Freund, mein Freund!", sagte der Invalide, als er sich von ihm verabschiedete. „Behalte deine Kräfte für Frankreich, nur Frankreich ist groß! Wir sind alle klein ... Aber", fügte er hinzu, von einem nie endenden Gedanken niedergedrückt, „ich gehe immer noch voller Bedauern, dass ich mein Land nicht für die schändlichen Verträge von 1814 und 1815 rächen konnte."

Es war General Lamarque, der den erhabenen Satz aussprach, der einem Redner entgegengeschleudert wurde, der sich des Friedens rühmte, der mit der Rückkehr der Bourbonen eingetreten war:

„Der Frieden von 1815 ist kein Frieden, er ist ein Stillstand im Schlamm!" General Exelmans, der andere alte Kriegskamerad, der ihn um zwanzig Jahre überlebte und bei einem Sturz vom Pferd starb, kam ebenfalls, um ihn zu besuchen und zu versuchen, die Hoffnung wiederherzustellen, die, wie wir gesagt haben, im Herzen des Invaliden schon lange zuvor gestorben war.

„Was macht das schon", rief er mit einer Art Ungeduld, „was macht das schon, dass ich sterbe, vorausgesetzt, mein Land lebt?"

In einem Augenblick der Entmutigung, als er das Grab vor sich offen sah, das viel Patriotismus verschlungen hatte, ließ er sich das Ehrenschwert bringen, das ihm von den Offizieren der Hundert Tage gegeben worden war, deren Sache er mit viel Eifer und großem Erfolg vertreten hatte. Dann setzte er sich im Bett auf, zog das Schwert aus der Scheide, betrachtete es lange, legte es quer über seine Knie und führte es schließlich an seine Lippen, wobei er sagte:

„Meine lieben Offiziere der Hundert Tage! Sie haben es mir gegeben, damit ich es benutze, und ich habe es nicht benutzt!"

Einmal, von Kummer überwältigt, wetterte er in Gegenwart von Dr. Lisfranc gegen die wirkungslose Kunst, die wir Medizin nennen. Plötzlich, als er merkte, vor wem er sprach, sagte er:

„Ich verfluche die Medizin, aber ich segne die Ärzte, die mit dem wenigen Wissen, das ihnen die Wissenschaft an die Hand gibt, viel erreichen. Umarme mich, Lisfranc, und vergiss nicht, dass ich dich sehr geliebt habe!"

Seine letzten Augenblicke waren, wie wir sehen, eines Soldaten würdig; er hatte gegen den Tod gekämpft wie Leonidas gegen Xerxes; sein Bett war das Schlachtfeld gewesen. Eine Stunde vor seinem Tod, in der Qual, die seine Leiden durch sein Zittern und Zittern verrieten, öffnete er seine Augen, die sechsunddreißig Stunden lang geschlossen gewesen waren, und sprach dreimal die beiden Worte: „Ehre! Vaterland!" – die beiden Worte, die in das Kreuz der Ehrenlegion eingraviert sind. Er hauchte eine Stunde, nachdem er den Schrei ausgestoßen hatte, der der Schrei seines ganzen Lebens gewesen war, seinen letzten Atemzug.

Es heißt, ein sterbender Mensch erreiche Größe; das stimmt, sowohl moralisch als auch physisch. General Lamarque wuchs in den Augen aller enorm an Größe.

Sie erinnerten sich an den neunzehnjährigen Freiwilligen, den jungen Kapitän der berühmten Höllenkolonne, der dem Konvent einen Streifen der Flagge brachte, den er dem Feind abgenommen hatte, und der in dieser großen und furchtbaren Versammlung eine Abstimmung erreichte, in der Kapitän Lamarque für große Verdienste um sein Land erklärt wurde. Wie glänzend war sein Militärleben in den dreißig Jahren gewesen, die seitdem vergangen waren!

Sie erinnerten sich an Caprée, Kalabrien, Tirol und Wagram, wo er die österreichische Armee dreimal besiegte; sie erinnerten sich an seine täglichen Kämpfe in Catalonne gegen Wellington, der ihn nie besiegte und den er zu besiegen hoffte, und priesen sie. Auch sein politisches Leben als Mitglied der Tribune war nichtsdestotrotz hervorragend; seine Anwesenheit bei allen Kämpfen in der Kammer; seine Stimme, die er immer für die Ehre und Verteidigung Frankreichs erhob; seine Bitten für die Freiheit, wenn sie bedroht war; seine Alarmrufe jedes Mal, wenn er sah, dass die Revolution gefährdet war; so krank und schwach er auch war, bis er zu Bett ging, so schwieg er doch nie und gab nie nach, wenn eine Frage der nationalen Ehre aufkam.

Als General Foy starb, hinterließ er uns zumindest Lamarque, so wie Miltiades Themistokles hinterließ. Als General Lamarque starb, hinterließ er das Erbe eines Stammes von Kriegern, die Generäle für das Schlachtfeld und Tribunen für die Kammer hervorgebracht haben. Trotz seines Rechts auf öffentliche Anerkennung zollte die Regierung von Louis-Philippe, die General Lamarque nur als Feind betrachtete und sich über den Fall eines

Feindes freute, seiner Beerdigung nur die Ehrerbietung, die der politischen und militärischen Stellung eines Generals gebührt; alle Bestattungsvorkehrungen wurden der frommen Sorgfalt und Verantwortung seiner Freunde und Familie überlassen.

Ich wurde von der Familie zum Verwalter ernannt und hatte die Aufgabe, dafür zu sorgen, dass die Artillerie ihren richtigen Platz hinter dem Leichenwagen einnahm. Diese Ehre war in gewisser Weise ein Andenken, das die Toten den Lebenden vermachten. Wie General Foy und General La Fayette war auch General Lamarque sehr freundlich zu mir gewesen, was allerdings mehr der Erinnerung an meinen Vater als meiner persönlichen Tapferkeit geschuldet war. Als er jedoch gegen Ende des Jahres 1830 erfuhr, dass ich aus der Vendée zurückgekehrt war, wohin mich General La Fayette geschickt hatte, bat er mich, ihn zu besuchen. Wir sprachen lange über die Vendée, wie er sie 1815 gekannt hatte, als er auf Mission einer neuen Regierung ging; ich erzählte ihm alles, was ich darüber dachte, nämlich dass es eines Tages zu einem Aufstand kommen würde. Jedes meiner Worte entsprach einer seiner eigenen Voraussagen. Ich zeichnete ihm meine Reise mit Stecknadeln mit schwarzen Köpfen nach und zeigte die wahrscheinlichen Orte, an denen es Versammlungen geben würde. Am nächsten Tag brach er nach Nantes auf. Doch man ließ ihn sein Ziel nicht erreichen; in Angers wurde er durch einen Rückrufbefehl aufgehalten.

Wir sind der Ansicht, dass diese Maßnahme das Ergebnis jener knausrigen Pläne war, die das Ministerium von Casimir Périer als umfassende politische Vision bezeichnete, und ich glaube, ich liege nicht falsch, wenn ich auf ihn dieselbe Erklärung anwende, die ich ohne zu zögern auch auf Louis-Philippe anwandte, nach dem Gespräch, das ich nach unserer Rückkehr aus der Vendée die Ehre hatte, mit ihm zu führen.

Die Revolution von 1830 war so plötzlich gekommen, dass wir Republikaner einen Augenblick lang dachten, sie sei vorüber; der Knall ihrer Waffen und ihre Rufe nach Freiheit waren durch ganz Belgien, Italien und Polen geschallt; drei Nationen erhoben sich und riefen: „Frankreich, komm uns zu Hilfe!" Auf einen solchen Appell hört Frankreich immer, und General La Fayette antwortete im Namen Frankreichs. Darüber hinaus war in unseren Städten und auf dem Land die lebhafteste und populärste Sympathie für Revolutionen ausgebrochen, die nach unseren eigenen Vorstellungen durchgeführt wurden; es gab partielle und entfernte Ausbrüche jenes großen Vulkans, dessen Krater in Paris liegt und der zeitweise erloschen scheint wie der Ätna, aber, so trügerisch wie der Ätna, immer brennt! Rufe von „ *Vivent l'Italie, la Belgique et la Pologne!* " erfüllten unsere Straßen und drangen überall durch die Fenster und Türen der königlichen und ministeriellen Paläste. Es waren kaum drei Monate seit der Revolution vergangen; damals glühte alles noch im Glanz der Drei-Tage-Sonne, die große Stimme des Volkes wurde noch gehört, und die Regierung brauchte nur durch General La Fayette zu versprechen, wie wir oben gesagt haben, dass die Nationen Belgien, Italien und Polen vor dem Untergang bewahrt würden. Und wir hörten, wie sich die Freudenschreie dieser ausländischen Patrioten in weniger als vier Monaten in Schmerzensschreie verwandelten. Aber was konnten wir anderes erwarten? Sie sollten Italien helfen, indem sie einen der alten Generäle schickten, der ihnen gezeigt hätte, wie man eine neue Armee aufstellt, und Polen, indem sie die Pläne des Zaren durchkreuzten, indem sie – eine leichte Aufgabe für uns – auf der einen Seite die Türkei und auf der anderen Seite Persien aufhetzten. So gefangen in einem Feuerdreieck sollten wir Russland dem Kampf überlassen und die wirksamste Hilfe unserer Anwesenheit und unserer Waffen zwischen unseren beiden Nachbarvölkern aufteilen. Das Volk würde mit seinem echten und tiefen Instinkt, ohne sich über die Ursachen im Klaren zu sein, die drei wahrscheinlichen Folgen spüren und die Proklamation des ministeriellen Systems der Nichteinmischung sowie das königliche Versprechen, dass die polnische Nationalität nicht untergehen dürfe, mit Freudenschreien entgegennehmen.

So fortschrittlich die Minister des Königreichs von Louis-Philippe auch waren, sie mussten entweder in den Krieg ziehen oder ihm abschwören: Indem sie Krieg führten, würden sie Ärger mit den Königen bekommen; indem sie ihm abschworen, würden sie Ärger mit dem Volk bekommen. Es blieb nur ein Weg: dem Land zu beweisen, dass es zu viel mit seinen eigenen Angelegenheiten zu tun hatte, als dass es sich in die Angelegenheiten anderer einmischen konnte; das wäre, als würde man Frankreich ein inneres Fieber bescheren, wie wir bereits gesagt haben; indem es mit seinen eigenen Leiden beschäftigt wäre, würde es mehr Mitgefühl für die anderer haben. Ein kleiner Bürgerkrieg in der Vendée würde seine Aussichten wunderbar verbessern. Es war daher notwendig, alle starken Männer, die die Bewegungen von Anfang an kompromittieren könnten, und alle klugen Männer, die die wahre Ursache dieser Bewegungen erraten könnten, weit aus diesem Land hinauszuschicken, in dem sie experimentieren wollten.

Lamarque war ein starker und weitsichtiger Mann, und so ließ man ihm keine Zeit, am Schauplatz des Bürgerkriegs einzutreffen. Diesen Umständen verdankte ich die Ehre, mit General Lamarque in Kontakt zu kommen und von der Familie nicht vergessen zu werden, als ich dem Bezwinger von Caprée die letzte Ehre erwies. Ich ging zu meinen Freunden Bastide und Godefroy Cavaignac, um ihnen von meiner Verabredung zu erzählen, und fragte sie, ob sie für den nächsten Tag schon etwas geplant hätten. Für denselben Abend hatten sie eine Zusammenkunft bei Étienne Arago, der, wie ich bereits sagte, Leutnant der 12. Artillerielegion war und im Falle eines erfolgreichen Aufstandes von einer Geheimorganisation zum Bürgermeister des ersten Arrondissements bestimmt worden war; der Sohn des bekannten

Rechtsanwalts Bernard (aus Rennes) war sein Partner. Arago wohnte in Bernards Haus an der Ecke des Place und der Rue des Pyramides. Bei dieser Zusammenkunft wurde nichts geregelt; Es wurde kein Plan ausgearbeitet oder festgelegt: Jeder war auf sich selbst gestellt und musste den Umständen entsprechend handeln. Trotzdem erschien die für den Trauerzug befehligte Artillerieabteilung bewaffnet im Trauerhaus und versorgte sich mit Patronen.

Am 5. Juni, dem Tag der Beerdigung, ging ich um acht Uhr morgens zum Haus des Generals im Faubourg Saint-Honoré. In meiner Eigenschaft als Verwalter hatte ich kein Gewehr und folglich auch keine Patronen. Um acht Uhr standen bereits über dreitausend Menschen vor dem Haus. Ich sah eine Gruppe junger Leute, die eine Art Munitionswagen mit Seilen vorbereiteten. Ich ging zu ihnen und fragte sie, womit sie beschäftigt seien. „Sie ordneten die Seile", antworteten sie, „um den Leichenwagen zu ziehen." Gleichzeitig teilten sie mir mit, dass General Lamarques Leichnam in seinem Schlafzimmer aufgebahrt liege und dass Leute am Ehrenbett vorbeigingen. Ich ging hin, stellte mich in die Reihe und ging als nächster vorbei. Der General in voller Uniform lag auf seinem Bett, die behandschuhte Hand auf dem blanken Schwert; er hatte ein schönes Haupt, und seine Würde wurde durch die Majestät des Todes noch erhöht. Die Vorbeigehenden taten dies schweigend und ehrfürchtig, bückten sich am Fußende des Bettes und besprenkelten die Leiche mit einem Lorbeerzweig mit Weihwasser. Ich ging wie die anderen vorbei und begab mich wieder auf die Straße. Ich war von den Auswirkungen der Cholera äußerst geschwächt, hatte allen Appetit verloren und aß kaum noch eine Unze Brot am Tag. Der Tag versprach ermüdend zu werden: Also ging ich zu meinem Freund Hiraux, dessen Café, wie wir wissen, an der Ecke Rue Royale und Saint-Honoré lag, und wartete auf die Abreisezeit, wobei ich versuchte, eine Tasse Schokolade zu trinken. Um elf rief mich Trommelwirbel auf meinen Posten. Sie hatten gerade den schwarz verhüllten Sarg unter dem großen Tor hindurchgebracht. Alle verschiedenen Elemente, die zu einem Trauerzug gehören, zogen die Rue und den Faubourg Saint Honoré entlang – Nationalgarden, Arbeiter, Artilleristen, Studenten, alte Soldaten, Flüchtlinge aus allen Ländern, Bürger aus allen Städten; und ihre Wellen rollten wie ein Zwillingssee über den Place de la Madeleine und den Place Louis XV. Beim Trommelwirbel löste sich die ganze Menge auf und jeder sammelte sich um seinen eigenen Anführer, seine Fahne und sein Banner. Viele hatten nur Lorbeer- oder Eichenzweige als Banner und Fahnen. All dies geschah vor den Augen der vier Schwadronen Karabinerschützen, die den Place Louis XV besetzten. Das 12. leichte Infanterieregiment wartete am anderen Ende von Paris, genau auf dem Place de la Bastille. Die Stadtgarde hingegen war in Abständen entlang der Route postiert, die von der Polizeipräfektur zum Panthéon führte. Ein Detachement derselben Garde schützte den Jardin des Plantes. Eine Schwadron Dragoner deckte mit einem Bataillon des 3. leichten Regiments den Place de Grève. Schließlich stand ein Detachement Soldaten desselben Trupps in der Célestins-Kaserne bereit, auf ihre Pferde zu steigen. Die verbleibenden Truppen wurden in ihren jeweiligen Kasernen eingesperrt und es wurde angeordnet, dass bei Bedarf Regimenter aus Rueil, Saint-Denis und Courbevoie geschickt werden sollten.

Am Morgen dieses schrecklichen Tages befanden sich in Paris fast 18.000 Mann Linien- und leichte Infanterie, 4.400 Kavalleristen, 2.000 Infanterie- und Kavalleristen der Garde Municipale. Insgesamt fast 80.000 Mann. Man hatte uns von dieser Truppenverstärkung erzählt – denn wir hatten sogar im Kriegsministerium Freunde –, eine Verstärkung, die zweifellos auf die Umstände zurückzuführen war, in denen sie sich befanden; sie hatten hinzugefügt, dass die Regierung nur auf einen Vorwand wartete, um ihre Stärke zu zeigen; das bedeutete, dass sie einen Aufstand nicht fürchtete, sondern wünschte. Aber in dem jungen politischen Kopf, der die Republikanische Partei bildete, war so viel Eifer, dass, sobald das Streichholz den Feuerstein berührte, der Funke aufblitzte, der das Pulvermagazin entzünden sollte, eben jenes Pulvermagazin, das uns alle in die Luft jagen sollte. Wir waren mit allen Anführern der Geheimgesellschaften auf dem Place Louis XV versammelt. Nur eine dieser Gesellschaften, die Société Gauloise, war für den Kampf. Am Vortag hatte sich die *Société des Amis du peuple* auf dem Boulevard Bonne-Nouvelle getroffen und wie wir beschlossen, nicht zu schießen, sondern darauf zu antworten, wenn die Soldaten es täten. Wie man sehen wird, genügte ein einziger Schuss, um ein allgemeines Blutbad herbeizuführen.

Zu diesem Zustand kam noch die drückende Hitze, die Atmosphäre war elektrisch aufgeladen und riesige schwarze Wolken zogen über Paris, als ob der Himmel in Trauer wäre und mit seinem Donnergrollen an der Trauerzeremonie teilnehmen wollte. Es ist heute, nach so langer Zeit, 22 Jahre später, ganz unmöglich, eine Vorstellung davon zu geben, in welcher Aufregung die Menge gewesen war, als sie von ihren Anführern den Befehl erhielt, den jedem Korps, jeder Körperschaft, jeder Gesellschaft und jeder Nation zugewiesenen Platz im Trauerzug einzunehmen. Es war kein Trauerzug, es war ein Zusammenschluss um eine Bahre. Um halb zwölf fuhr die Staatskutsche, gezogen von dreißig jungen Männern, bei strömendem Regen vor. Die Ecken des Sarges wurden von General La Fayette gehalten – der einen Arbeiter mit dem Juliorden an seiner Seite hatte, auf dessen Arm sich der General von Zeit zu Zeit stützte, wenn das Pflaster zu rutschig wurde – und von den Herren Laffitte, Isay und Châtelain vom *Courrier français* ; von Maréchal Clausel und General Pelet; und schließlich von M. Mauguin und einem Studenten der École Polytechnique. Hinter der Bahre ging M. de Laborde, der Kammerherr, voran von zwei Saaldienern, begleitet von MM. Cabet und Laboissière, den Verwaltern des Trauerzuges, und gefolgt von

einer Anzahl von Abgeordneten und Generälen. Die wichtigsten
Abgeordneten waren:

MM. der Marschall Gérard, Tardieu, Chevandier, Vatout, von Corcelles,
Allier, Taillandier, von Las Cases fils, Nicod, Odilon Barrot, la Fayette
(Georges), von Béranger, Larabit, von Cormenin, von Bryas, Degouve-
Denuncques, Charles Comte , General Subervie, Oberst Lamy, Graf
Lariboissière, Charles Dupin, Viennet, Sapey, Lherbette, Paturel, Bavoux,
Baude, Marmier, Jouffroy, Duchaffaut, Pourrat, Pèdre-Lacaze, Bérard,
François Arago, de Girardin, Gauthier d „Hauteserve, General Tiburce
Sébastiani, Garnier-Pagès, Leyraud, Cordier, Vigier.

Die wichtigsten Generäle waren:

MM. Mathieu Dumas, Emmanuel Rey, Lawoestine, Hulot, Berkem,
Saldanha, Reminski, Seraski.

Von diesen dreien war einer Portugiese und die beiden anderen Polen. Mit
ihnen waren die Marschalle des Camps Rewbell, Schmitz, Mayot und Sourd.

Nach den Abgeordneten und Generälen kamen die Verbannten aller Länder,
jede Gruppe trug ihre eigene Nationalfahne. Zwei Bataillone bildeten die
Begleittruppe und marschierten in Staffelung auf jeder Seite. Dann – genau
wie der fließende Fluss nach einem Sturm mitten auf seinen Kais über die
Ufer tritt – rollten fast sechshundert Artilleristen mit geladenen Gewehren
und Patronen in ihren Patronenkästen und Taschen heran; dann
zehntausend Nationalgardisten ohne Gewehre, aber mit Säbeln bewaffnet;
dann Gruppen von Arbeitern, vermischt mit Mitgliedern von
Geheimgesellschaften; dann dreißig-, vielleicht vierzig- oder fünfzigtausend
Bürger! Alle diese zogen im Regen vorbei. Der Zug bog an der Madeleine ab
und ging den Boulevard entlang, auf beiden Seiten voll mit Frauen und
Männern, die einen bunten Teppich bildeten, an dem die Bürger an ihren
Türen oder Fenstern, Männer, Frauen und Kinder, teilnahmen wie an einem
Wandteppichmuster. Nicht ein einziges der üblichen Geräusche, die Männer
bei großen Versammlungen machen, kam aus dieser Menge. Nur von Zeit
zu Zeit wurde ein Signal gegeben, und mit unglaublicher Geschlossenheit
wurde der Ruf von hunderttausend Stimmen ausgestoßen, während Flaggen,
Banner, Wimpel, Lorbeerzweige und Eichenzweige geschwenkt wurden –

„ Ehre sei General Lamarque! ...“

Dann schwiegen alle Lippen, und die Eichen- und Lorbeerzweige, Wimpel,
Banner und Fahnen zeigten keine Bewegung mehr als vor einem kurzen,
heißen Sturm. Alles war so still und fast so still wie der Tod. Aber in der Luft
schwebte etwas Unsichtbares, das leise flüsterte: „Unglück!“ Alle Augen
waren auf uns Artilleristen gerichtet. Sie wussten genau, dass, wenn etwas
hervorbrach, es aus den Reihen der Männer in dieser strengen Uniform

kommen würde, die Seite an Seite marschierten, mit düsteren Blicken und geballten Zähnen, die wie ungeduldige Pferde ihre Federbüsche schüttelten und die roten Bänder an ihren Tschakos schüttelten. Ich konnte diese Anordnungen besser beurteilen, da ich auf Anweisung der Familie nicht in den Reihen, sondern neben der Artillerie marschierte. Von Zeit zu Zeit brachen Männer des Volkes, die ich nicht kannte, durch die Hecke und schüttelten meine linke Hand – ich hielt meinen Säbel in der rechten – und sagten zu mir:

„Die Artillerie braucht sich keine Sorgen zu machen, wir sind da!"

Es dauerte fast eine Dreiviertelstunde, bis wir die Rue de la Paix erreichten. Dort wurde plötzlich eine Bewegung in Gang gesetzt, die zunächst niemand verstand. Sie stand nicht im Programm. Die Spitze des Zuges wurde unter unverständlichem Geschrei in Richtung Place Vendôme gezerrt. Ich lief hin, um mich zu erkundigen: Dank meiner Uniform und der gewissen Popularität, die sie mir bereits erworben hatte, und vor allem dank des dreifarbigen Schals mit Goldfransen, den ich am linken Arm trug, machten alle Platz für mich. So erreichte ich mit größerer Leichtigkeit als erwartet die Spitze der Kolonne, die sich bereits in die Rue de la Paix bewegte. Und das war geschehen.

Am Ende der Rue de la Paix hatte sich ein Mann, der als Agent verkleidet war, aber leicht als Angehöriger einer höheren Klasse zu erkennen war, von den Boulevards losgerissen und wechselte ein paar Worte mit den jungen Leuten, die den Leichenwagen begleiteten. Bald darauf erklang ein Schrei:

„Ja, ja, Soldaten Napoleons, um die Kolonne herum! ... Zur Kolonne! Zur Kolonne!"

Und ohne die Generäle, Abgeordneten oder Polizisten zu konsultieren, ob in Uniform oder ohne, ließ ein einstimmiger Impuls den Katafalk von der geraden Linie abweichen und ihn in die Rue de la Paix treiben. Dies war die erste Episode dieser Reise an diesem Tag. Ich rannte und nahm meinen Platz wieder ein.

„Was ist los?", fragten sie mich.

"Der Leichenwagen wird um die Kolonne herumgeführt."

„Wird der Posten Waffen präsentieren?", fragte eine Stimme.

„ *Pardeu!* " sagte eine andere Stimme, „wenn sie nicht von sich aus die Waffen präsentieren, werden sie mit Gewalt dazu gezwungen."

„Ehre dem General Lamarque!", riefen hunderttausend Stimmen.

Dann kehrte wieder Stille ein wie zuvor: Die Spitze des Zuges erreichte den Place Vendôme. Plötzlich durchfuhr ein heftiges Zittern die Menge: Diese Schlange mit ihren tausend Windungen zitterte bei der geringsten Erschütterung vom Kopf bis zum Schwanz. Als der Zug den Place Vendôme erreichte, blieb die Wache der Stabsoffiziere im Wachhaus eingeschlossen. Nur die Wache ging vor der Tür auf und ab. Ein Schrei ertönte:

„Ehre sei General Lamarque! Ehre sei General Lamarque!"

Zur gleichen Zeit stürmte eine aufgebrachte Menge auf das Wachhaus des Stabsoffiziers zu. Der Kommandant versuchte nicht einmal, Widerstand zu leisten; nach kurzem Verhandeln befahl er seinen Soldaten, sich zu entfernen, ins Feld zu gehen und die Waffen zu präsentieren. Diese erste Episode bereitete den Kampf vor, indem sie zeigte, dass selbst die lauwarmsten Geister zu einem Ausbruch bereit waren. Dieser erfolgreiche Ausgang wurde als Sieg angesehen. Es ist außerdem wahrscheinlich, dass der Chef des Wachhauses keinerlei Befehle erhalten hatte.

Der Zug um die Kolonne hatte nichts mit dem Programm zu tun; der Offizier gab nach, nicht aus Angst, sondern aus Sympathie, die sein Soldatenherz zweifellos für die sterblichen Überreste des großen Generals und des berühmten Mitglieds der Tribune empfand. Er handelte klug, denn sonst hätte es zu einem schrecklichen Zusammenstoß gekommen; und da der Zug so nah an den Tuilerien war, wer weiß, was passiert wäre? Der Zug kehrte in die Rue de la Paix zurück und nahm seinen düsteren und stillen Marsch entlang der Boulevards wieder auf. Er erreichte den Club in der Rue de Choiseul, heute der *Cercle des Arts* ; der Balkon war mit Clubmitgliedern gefüllt. Nur einer hatte seinen Hut auf dem Kopf; es war Herzog Fitz-James. Ich ahnte, was passieren würde, und ich gestehe, ich zitterte. Ich kannte Herzog Fitz-James sehr gut, und er seinerseits erwiderte meine Freundschaft herzlich. Ich wusste, dass er, wenn man ihn dazu zwingen würde, lieber in Stücke gerissen werden würde, als seinen Hut abzunehmen. Ich war daher sehr darauf bedacht, dass er es von sich aus anheben würde. Genau in diesem Moment, ob durch Zufall oder durch eine vorher vereinbarte Provokation, erklang der eindringliche Satz „Honneur au général Lamarque!", gefolgt von dem Schrei „Nehmen Sie Ihren Hut ab! Nehmen Sie Ihre Hüte ab!" Gleichzeitig zerbrach ein Steinhagel die Fenster des Hauses. Der Herzog war gezwungen, sich zurückzuziehen. Drei Tage später bat ich ihn um eine Erklärung für diese Tapferkeitsdemonstration, da sie überhaupt nicht mit seinen höflichen Manieren harmonierte.

„Das kann ich Ihnen nicht beantworten", sagte der Herzog. „Die Lösung des Rätsels wird Sie aus der Vendée erreichen."

Tatsächlich fand man unter den Papieren von Madame la Duchesse de Berry einen Brief des edlen Herzogs, in dem er die Erklärung dafür gab, warum er den Hut aufbehalten hatte: Es war ein Signal, auf das niemand reagierte, oder vielmehr, auf das nur diejenigen antworteten, die es nicht verstehen konnten. Dieser Vorfall unterbrach die Prozession für fast zehn Minuten; die Nationalgarde erschien auf der Terrasse und behauptete, was man für eine Beleidigung durch den Ex-Peer von Frankreich gehalten hatte, sei nur eine Verirrung gewesen; und der Katafalk nahm seinen Weg durch die Menge wieder auf, wie ein schwer beladenes Schiff, das im Gegenwind steht, sich mühsam durch die Wellen des Meeres pflügt. Von diesem Augenblick an verschwanden alle Zweifel in meinem Kopf, und ich war überzeugt, dass die Reise nicht ohne den Einsatz von Feuerwaffen zu bewältigen sein würde. Auch die sechshundert Artilleristen mit ihren bleichen Gesichtern und finsteren Brauen waren davon überzeugt. Indes ereignete sich auf dem Weg vom Club Choiseul zum Porte Saint-Martin kein weiterer Zwischenfall. Nachdem wir die Gymnase passiert hatten, hatte der Regen aufgehört zu fallen; aber unaufhörlich grollte der Donner, der sich mit dem Trommelwirbel vermischte. Die Anwesenheit der Polizei, die in Abständen entlang der Seiten des Zuges postiert war, setzte der Verärgerung in den Gemütern der Leute den letzten Schliff. Ihr aggressives Auftreten erweckte das Gefühl, dass sie da waren, um einen Streit anzuzetteln; oder, viel wahrscheinlicher, dass sie, statt Streit zu entschärfen, ihn mit aller Macht anheizen wollten. Gegenüber dem Theater bemerkte eine Frau gegenüber einem Mann aus dem Volk, der eine Fahne trug, dass der Gaulois-Hahn ein schlechtes Symbol der Demokratie sei. Der Träger der Standarte, der höchstwahrscheinlich diese Meinung teilte, drehte die Fahne um, zerbrach den Gaulois-Hahn mit den Füßen und steckte an seine Stelle einen Weidenzweig, den Baum der Trauer und Freund des Grabes. Ein Polizist sah diese Vertauschung und die Umstände, unter denen sie vorgenommen wurde; er sprang vor und riss dem Mann, der sie trug, die Standarte aus der Hand; dieser wehrte sich, und der Polizist zog sein Schwert und schlug ihm in die Kehle. Beim Anblick des Blutes erklang aus allen Mündern ein Wutschrei; zwanzig Schwerter, Säbel und Dolche kamen aus ihren Scheiden. Der Polizist, der erkannte, dass ich ein Steward war, sprang an meine Seite und schrie: „Rettet mich!" Ich stieß ihn in die Reihen der Artilleristen; einige wollten ihn beschützen, andere wollten ihn in Stücke reißen; fünf Minuten lang stand er bleich wie eine Leiche zwischen Leben und Tod. Das großzügigere Gefühl siegte und er war gerettet. Im selben Moment richteten sich alle Blicke in dieselbe Richtung. Ein anderer Polizist beschimpfte einen erfahrenen Hauptmann, der sein Schwert zog und ihn angriff. Der Polizist seinerseits zog sein Schwert aus der Scheide und verteidigte sich wütend. Als er den Bürgersteig erreichte, vergrub er sich außer Sichtweite in der dichten Menge, wo man seine Flucht an den Verwünschungen erkennen konnte, die auf seinem Weg durch die Menge erschallten. Der junge Mann, der vom ersten Polizisten verwundet worden war, hatte seinen Weg fortsetzen können, auf die Arme zweier Freunde gestützt. Nur hatte er seinen Kragen abgelegt, und das Blut aus seiner klaffenden Wunde floss auf sein Hemd und seinen Mantel hinunter. Sein Juli-Orden (ich erinnere mich, dass es ein Juli-Band war) war so rot geworden wie das Band der Ehrenlegion. Von diesem Moment an war allen klar, dass eine blutige Schlägerei bevorstand. Tatsächlich schien alles auf den Einsatz von Waffen hinzudeuten; das Rollen der Trommeln, der Lärm der Tamtams, das Flattern der Flaggen aller Länder, der ständige Kampf zwischen Freiheit und Sklaverei, die Rufe „Honneur au général Lamarque!", die immer häufiger wurden und jedes Mal einen deutlich bedrohlicheren Charakter annahmen, die Erde unter ihnen und der Himmel über ihnen und alles, was die Luft zerriss, vereinten sich, um die Gemüter der Menschen in eine gefährliche Erregung zu versetzen.

„Wohin führen sie uns?", rief eine entsetzte Stimme aus der Mitte einer Gruppe von Studenten.

„AN DIE REPUBLIK!", antwortete eine starke, klangvolle Stimme, „ *und wir laden Sie ein, heute Nacht mit uns in den Tuilerien zu leiden!"*

Diese Einladung, die in einem anderen Sinne an die Einladung des Leonidas und an die der Thermopylen erinnerte, wurde mit einem Freudenschrei aufgenommen. Ich sah unbewaffnete Männer die Pfähle herausreißen, die als Stützen für die jungen Bäume dienten, die gerade auf dem Boulevard anstelle der alten Bäume gepflanzt worden waren, die am 28. Juli 1830 umgestürzt worden waren. Andere zerbrachen die Bäume selbst, um daraus Keulen zu machen.

Das 12. Light-Regiment hatte sich, wie gesagt, auf dem Place de la Bastille in einer Linie aufgestellt. Einen Augenblick lang glaubte man, der Kampf würde dort beginnen, doch plötzlich trat ein Offizier aus der vordersten Linie hervor, ging auf Étienne Arago zu, sprach einen Augenblick mit ihm und sagte zu ihm:

„Ich bin Republikaner, ich habe Pistolen in der Tasche; Sie können sich auf uns verlassen."

Mehrere Artilleristen, die wie ich diese Worte gehört hatten, riefen: „ *Vive la ligne!* " Der von uns ausgestoßene Schrei wurde mit Begeisterung aufgenommen: Sie wussten, dass wir einen solchen Schrei nicht ohne Grund ausstoßen würden. Die Linie antwortete mit einem Ruf, der fast ebenso einstimmig war wie: „ *Honneur au général Lamarque!* " Diese Worte, „Die Linie ist auf unserer Seite", von Reihe zu Reihe wiederholt, liefen wie Blitze durch die gesamte Länge des Zuges. Gleichzeitig hörte man laute Rufe: „ *L'École Polytechnique! ... vive l'École! vive la République!* " Diese wurden durch den Anblick von etwa sechzig Studenten ausgelöst, die in unordentlicher Kleidung und ohne Kopfbedeckung herumliefen, einige mit Schwertern in der Hand. Sie waren in ihre Quartiere gebracht worden und waren ausgebrochen, wobei sie General Tholosé umgeworfen hatten, der versucht hatte, sie am Herauskommen zu hindern; Sie waren gekommen, um ihren populären Namen und ihre noch vom Pulver des Juli geschwärzte Uniform in den Aufstand zu werfen. Die Artillerie empfing sie mit offenen Armen; sie wussten, dass sie, so gering ihre Zahl auch war, eine mächtige Unterstützung darstellten. Ihre Ankunft machte so viel Eindruck, dass die Kapelle, die dem Leichenwagen vorausging, bei ihrem Anblick spontan die *Marseillaise spielte*. Man kann sich nicht vorstellen, mit welcher Begeisterung die Menge diese elektrisierende Melodie aufnahm, die über ein Jahr lang verboten war. Fünfzigtausend Stimmen wiederholten im Chor: „*Bürger, zu den Waffen!*" Zu diesem Gesang überquerte der Trauerzug den Place de la Bastille und den Boulevard Bourdon, wobei er zwischen dem Saint-Martin-Kanal und den öffentlichen Getreidespeichern hindurchging. Am Eingang zur Brücke von Austerlitz wurde eine Plattform errichtet; von dort aus sollten die Abschiedsreden gehalten werden. Nachdem diese verkündet worden waren, setzte der Leichnam von General Lamarque seine Reise in Richtung des Départements Landes fort, wo er beigesetzt werden sollte, während der Trauerzug nach Paris zurückkehrte.

Es war nach drei Uhr nachmittags; ich hatte seit der vergangenen Nacht nichts mehr gegessen, außer der Tasse Schokolade von meinem Freund Hiraux. Ich war buchstäblich am Umfallen vor Erschöpfung. Die Reden versprachen, lang und natürlich langweilig zu werden; also schlug ich zwei oder drei Artilleristen vor, zum Abendessen ins *Gros Marronniers zu kommen*, und sie nahmen an.

„Wird etwas passieren?", fragte ich Bastide, bevor ich losging.

„Ich glaube nicht", sagte er und blickte sich um, „aber täuschen Sie sich nicht, der 29. Juli liegt in der Luft."

„Ich werde jedenfalls nicht weit weggehen", sagte ich und ging.

„Gehst du weg?", sagte Étienne Arago zu mir.

„Ich bin in einer Viertelstunde zurück."

„Beeil dich, wenn du dabei sein willst!"

„Wie soll ich das tun, ich habe weder Gewehr noch Patronen?"

„Sie müssen es so machen wie ich und die Pistolen in die Taschen stecken."

Er zeigte mir den Kolben einer Pistole, der aus seiner Tasche ragte.

„ *Diable!* ", rief ich aus. „Wenn ich glauben würde, dass etwas passieren könnte, würde ich auf das Abendessen verzichten!"

„Oh, machen Sie sich keine Sorgen. Wenn etwas da ist, reicht es lange genug, damit Sie vor dem Nachtisch zurückkommen können."

Das war wahrscheinlich, also gingen wir ohne Skrupel los. Ich war so schwach, dass ich mich auf den Arm meiner beiden Begleiter stützen musste, und ich wäre beinahe ohnmächtig geworden, bevor ich das Restaurant betrat. Sie gaben mir Eiswasser zu trinken, und ich kam wieder zu mir. Alles war drunter und drüber, und wir hatten große Schwierigkeiten, bedient zu werden. Wir waren gerade in eine riesige Fischpastete vertieft, das Hauptgericht, das immer bei einem Abendessen *à la Râpée serviert wird*, als wir eine Salve hörten, die aber so eigenartig klang, dass wir nicht daran zweifelten, dass es sich um den Schuss über dem Leichenwagen zu Ehren der berühmten Toten handelte.

„Zur Erinnerung an General Lamarque!", sagte ich und hob mein Glas.

Meine beiden Begleiter gaben mir Bescheid. Dann hörten wir vier oder fünf einzelne Schüsse.

„Oh! Oh!", rief ich aus, „das ist eine ganz andere Geschichte! Diese Schüsse klingen nach Sport."

Ich lief weiter zum Kai und kletterte auf ein Geländer. Man konnte nichts erkennen, außer dass um die Pont d'Austerlitz ein großer Tumult herrschte.

„Zahlt schnell und kommt vorbei und seht, was das für eine Musik ist", sagte ich zu meinen beiden Begleitern.

Wir warfen 10 Francs auf den Tisch. Als das Feuer jedoch lauter wurde, verlangten wir kein Wechselgeld, sondern rannten zur Barriere. Der Schusslärm hatte mir meine Kraft zurückgegeben. Als wir die Barriere erreichten, stellten wir fest, dass sie von Männern in Blusen bewacht wurde, die, als sie uns bemerkten, riefen: „ *Vivent les artilleurs!* " Wir rannten auf sie zu.

„Was ist passiert?", fragten wir.

„Nur, dass sie auf das Volk schießen und die Artillerie das Feuer erwidert hat; père Louis-Philippe liegt in den letzten Zügen und die Republik ist ausgerufen. *Es lebe die Republik!*"

Wir sahen uns an. Der Triumph schien uns zu vollständig für die kurze Zeit, in der er stattgefunden hatte. Aber das war nun einmal, was tatsächlich passiert war, und das Stadium, in dem die Dinge sich befanden. Ich sagte, als wir gingen, würden sie gerade mit den Reden beginnen. Banner aller Nationen waren auf die Bühne getragen worden – Polen, Italiener, Spanier und Portugiesen schwenkten ihre Standarten in allen Farben über dem Katafalk, und unter ihnen wehte zum ersten Mal die Flagge der Deutschen Union, schwarz und rot und gold.

General La Fayette hatte mit einigen erhabenen, ruhigen und heiteren Worten begonnen, die dem großen alten Mann entsprachen, der sie ausgesprochen hatte; dann kamen Mauguin, weniger zurückhaltend; Clausel, militärischer; und schließlich der portugiesische General Saldanha. Während die Redner sprachen, gingen die jungen Männer von Gruppe zu Gruppe und verbreiteten Nachrichten wie: „Sie kämpfen am Hôtel de Ville!" oder: „Ein General hat sich gerade gegen Louis-Philippe ausgesprochen." Andere: „Die Truppen haben rebelliert!" oder: „Sie marschieren auf die Tuilerien!" Niemand nahm solche Gerüchte ernstlich, und doch erwärmten und bewegten sie die Gemüter und Herzen der Menschen. Nachdem unsere Batterie den Boulevard passiert hatte, nahm sie ihre Position in der Nähe der Plattform ein. Dort versammelten sich Étienne Arago, Guinard, Savary, die durch Zeichen mit Bastide und Thomas korrespondierten, die sich auf dem Boulevard Bourdon befanden. Mitten in der Rede von General Saldanha schien die Aufmerksamkeit plötzlich abgelenkt; Schreie, Aufruhr und Gerüchte zogen alle Blicke auf die Boulevards. Ein schwarz gekleideter Mann, groß, dünn und bleich wie ein Geist, mit dunklem Schnurrbart, hielt in der Hand eine rote, mit schwarzen Fransen gesäumte Fahne und schwenkte auf einem Pferd, das er nur mit Mühe durch die Menge lenken konnte, seine blutfarbene Fahne, auf der in schwarzen Buchstaben geschrieben stand:

"FREIHEIT ODER TOD!"

Woher kam der Mann? Dies wurde weder bei der Verhandlung noch bei der Urteilsverkündung bekannt gegeben. Man wusste nur, dass er Jean-Baptiste Peyron hieß und aus den Basses-Alpes stammte. Er wurde zu EINEM MONAT Gefängnis verurteilt. Keiner von uns kannte ihn. War er, wie er selbst sagte, von einem an Wahnsinn grenzenden Enthusiasmus getrieben? War er ein aufrührerischer Agent? Das Geheimnis wurde nie gelüftet. Aber woher er auch kam und was auch immer seine Motive waren, sein Erscheinen wurde mit einhelliger Missbilligung aufgenommen. General Exelmans schrie mit einer Stimme, die jede andere übertönte:

„Nicht die rote Fahne! Die Fahne des Terrors; wir wollen nur die Trikolore, die für Ruhm und Freiheit steht."

Dann stürzten sich zwei Männer auf General Exelmans und versuchten, ihn zum Kanal zu ziehen. Es wurde nie bekannt, wer sie waren. Er schüttelte sie ab und kam zum Grafen von Flahaut.

„Was ist zu tun?", fragte General Exelmans.

„Laufen Sie zu den Tuilerien und warnen Sie den König vor den Vorgängen."

Sie eilten beide zu den Tuilerien. In diesem Moment spannten zwei junge Männer General La Fayettes Kutsche aus und führten sie zum Rathaus. Gleichzeitig, und als ob der Impuls mit dem Erscheinen des Mannes mit der roten Fahne verbunden gewesen wäre, kam eine Kolonne Dragoner aus der Célestins-Kaserne. M. Gisquet hatte den Befehl gegeben, der eigentlich von General Pajol, dem Kommandeur der Ersten Militärdivision, hätte kommen sollen. Das Erscheinen der Dragoner, das jedoch zunächst nichts Feindseliges bedeutete, da ihre Pistolen in den Halftern steckten und ihre Gewehre an den Sattelbögen hingen, verursachte dennoch eine gewisse Aufregung entlang des Boulevard Bourdon. Étienne Arago bemerkte die Wirkung und beugte sich zu Guinards Ohr.

„Ich denke, es ist Zeit anzufangen", sagte er.

„Fangen Sie an!", antwortete Guinard lakonisch.

Arago ließ sich das nicht zweimal sagen; er eilte auf die Bühne. Ein Student war General Saldanha gefolgt; Arago nahm seinen Platz ein und rief:

„Wir haben genug von solchen Reden! Es bedarf nur weniger Worte, und sie lauten: *Vive la République!* Mit diesem Ruf begann General Lamarque seine militärische Karriere, diesem Ruf sollten wir seinen Überresten folgen. *Vive la République!* Folgt mir, diejenigen, die mit mir einer Meinung sind!"

Kein einziges Wort der Ansprache ging verloren; kaum merkte man, dass ein Artillerieleutnant sprechen wollte, verharrte alles im Schweigen. Außerdem war der Name Arago, der sehr populär war, im Flüsterton unter dem gewaltigen Ruf „ *Vive la République!" die Runde gemacht worden.*

Bei den letzten Worten seiner Rede ergriff Arago eine der Fahnen von der Plattform und eilte mit der Fahne in der Hand und Guinard und Savary an seiner Seite zu unserer Batterie. Doch in dem Tumult, der auf die Rede folgte, hatte die Menge die Reihen der Artilleristen so durchbrochen, dass die drei Anführer, denen nur etwa dreißig Mann folgten, aus dem Blickfeld ihrer anderen Gefährten verschwunden waren. In diesem Moment waren auf dem Boulevard Bourdon einige Schüsse zu hören.

Verfolgen wir das Schicksal von Arago, Guinard und Savary; wir werden gleich zum anderen Teil des Kampfes zurückkehren.

KAPITEL VI

Die Artilleristen – Carrel und *le National* – Barrikaden am
Boulevard Bourdon und in der Rue de Ménilmontant – Der
Wagen von General La Fayette – Ein schlechter Schuss
meiner Freunde – Verzweiflung von Harel – Die Pistolen
in *Richard* – Die Frauen sind gegen uns – Ich verteile Waffen
an die Aufständischen – Uniformwechsel – Das Treffen bei
Laffitte – Verlauf des Aufstands – M. Thiers – Barrikade
Saint-Merry – Jeanne – Rossignol – Barrikade der Passage
du Saumon – Morgen des 6. Juni

Die Gruppe der Artilleristen, die die drei Anführer, die wir gerade erwähnt
haben, anführte, marschierte im Laufschritt am rechten Kanalufer entlang
und rief dabei „ *Vive la République!* ". Einige flohen vor ihnen, andere
sammelten sich; es entstand ein furchtbarer Tumult. Auf dem Place de la
Bastille schlossen sie sich wieder dem 12. Light an; nach den Worten des
Offiziers waren sie sich dessen sicher. Also ließen die Soldaten die Artillerie
vorbeiziehen. Der Major salutierte und nickte zustimmend. Auf dem
Boulevard Saint-Antoine schloss sich ein Kürassier, dessen Namen ich
vergessen habe, den Artilleristen an. Es gab am 5. Juni einen Kürassier, so
wie es am 15. Mai einen Feuerwehrmann gab. Als der Kürassier das
Wachhaus des Boulevards an der Ecke der Rue de Ménilmontant erreichte,
stürmte er mit dem Schwert in der Hand in die Wache; die Leute folgten ihm.
Im Nu war das Wachhaus eingenommen und die Soldaten entwaffnet. Sie
gingen weiter den Boulevard entlang, während sie „ *Vive la République!* "-Rufe
hörten, die fast überall mit Jubel aufgenommen wurden. Am Ende der Rue
de Lancry trafen sie Carrel zu Pferd. Er kam wie ein General, um sich selbst
ein Bild von der Lage zu machen.

„Haben Sie ein Regiment bei sich?", fragte er.

„Wir haben sie alle bei uns!", wurde ihm gesagt.

"Das ist zu viel, ich will nur eins", sagte er lachend und setzte im Galopp
seinen Weg entlang der Bastille-Straße fort. Die Artilleristen nahmen die Rue
Bourbon-Villeneuve. Als sie sie sahen, rannte die Bankwache los, um ihre
Gewehre zu holen, aber zum großen Erstaunen der Aufständischen
präsentierten sie ihre Waffen. Sie konnten jedoch nicht auf diese Weise durch
ganz Paris ziehen; sie waren nur wenige Meter vom Vaudeville entfernt, wo
sie die Fahne deponierten; sie aßen rasch ein paar Bissen und machten sich
auf den Weg zum *National* in der Rue du Croissant. Die Republikaner

strömten dorthin und inmitten von ihnen Männer, die Zwischenmeinungen vertraten, wie zum Beispiel Hippolyte Royer-Collard. Inzwischen traf Carrel ein, und seine Meinung wurde ungeduldig erwartet.

"Ich habe kein großes Vertrauen in die Barrikade", sagte er. "Das ist uns 1830 durch einen Zufall gelungen. Wer anderer Meinung ist als ich, kann die Pflastersteine verschieben. Ich werde sie nicht dazu überreden und es auch nicht missbilligen. Aber um *den National zu retten* und zu verhindern, dass sie ihn als Zeitung kompromittieren, werde ich bis morgen eine Leibwache in der Nähe haben. Glauben Sie mir, es erfordert mehr Mut, meinen Freunden zu sagen, was ich sage, als mit ihnen das zu versuchen, was sie vorhaben."

Während Carrel diese Worte aussprach, kam Thomas vom Boulevard Bourdon herbei.

„Hier gibt es für uns nichts zu tun", sagte Thomas. „Lass uns gehen!"

Im selben Augenblick verließen die Enthusiasten das Büro der *Nationalversammlung* und begaben sich zu einer gemeinsamen Beratung zu Ambert in die Rue Godot-de-Mauroy.

Wir wollen nun erzählen, was auf dem Boulevard Bourdon geschehen war, von wo Thomas gekommen war. Wie wir bereits sagten, waren die Dragoner aus der Célestins-Kaserne gekommen und hatten nach raschem Vorrücken zweihundert Meter vor der Brücke angehalten. Die Menge stand ihnen voller Angst gegenüber. In diesem Moment kam die Kutsche von General La Fayette aus der von jungen Männern gezogenen Menge hervor. Diejenigen, die davor marschierten, riefen: „Platz für La Fayette!" Die Dragoner öffneten ihre Reihen, um den General, die Jugendlichen und die Kutsche passieren zu lassen. Kaum war der General vorbei, als mehrere Schüsse fielen. Wer diese Schüsse abgefeuert hatte? Unmöglich zu sagen, wir wussten es selbst nicht. Es ist die ewige Frage, die die Geschichte immer wieder stellt, ohne dass die Wahrheit jemals eine Antwort geben kann; es war das Rätsel des 10. August, des 5. Juni und des 24. Februar. Sofort wurden die Dragoner mit Steinen niedergeschlagen; Kinder rutschten sogar unter den Körpern der Pferde hindurch und zerrissen die Tiere unter den Männern. Das Verhalten der Dragoner und ihres Kommandanten, Monsieur Dessolier, war bewundernswert; sie hielten allem stand, ohne anzugreifen oder zu schießen. Der Angriff sollte von einer anderen Seite kommen. Ein Unteroffizier wurde im Galopp losgeschickt, um dem Oberst, der in den Célestins zurückgeblieben war, davon zu berichten. Der Unteroffizier meldete sich, und der Oberst beschloss, seine Männer nicht nur durch ein Ablenkungsmanöver zu befreien, sondern, noch besser, die Aufständischen zwischen zwei Feuerstürmen zu erwischen. Er kam an der Spitze einer zweiten Abteilung, die mit Trompetern an der Spitze vom Place de l'Arsénal ausrückte. Aber sie war kaum hundert Meter weit gekommen, als eine

Musketensalve losbrach und zwei Dragoner fielen. Dann galoppierten die Dragoner los und stürmten, um sich für den versuchten Salvenangriff zu rächen, die Menge entlang des Boulevard Bourdon. Eine zweite Salve ging los und Kommandant Cholet fiel tot um. Dann ertönte der Ruf „Zu den Waffen!" Bastide und Thomas befanden sich am anderen Ende des Boulevard Bourdon. Sie hatten den Angriff nicht begonnen, sondern wurden im Gegenteil angegriffen. Sie beschlossen, keinen Meter zurückzuweichen. Innerhalb weniger Minuten wurde eine Barrikade errichtet. Sie wurde von drei Hauptführern verteidigt: Bastide, Thomas und Séchan. Ein Dutzend Studenten der École Polytechnique, zwanzig Artilleristen und ebenso viele weitere aus der Bevölkerung scharten sich um sie.

Als ob seine große Gestalt nicht doppelt so gefährlich wäre wie die des anderen, stieg Thomas auf die Barrikade; Séchan packte ihn von hinten, legte seine Arme um ihn und zwang ihn herunterzukommen. Sie blieben unbeweglich in ihrer Position. Das Feuer kam gleichzeitig aus dem Arsenal, aus dem Pavillon de Sully und aus den öffentlichen Kornspeichern. Dem Oberst der Dragoner war sein Pferd unter den Füßen gefallen; der Leutnant war tödlich verwundet. Eine Kugel hatte gerade Hauptmann Briqueville getroffen. Den Dragonern wurde der Befehl zum Rückzug gegeben, und sie zogen sich über die Rue de la Cerisaie und Petit-Musc zurück. Die Barrikade war geräumt; es war sinnlos, den Kampf am Stadtrand von Paris fortzusetzen; man musste mittendrin Feuer legen. Thomas, Bastide und Séchan rannten den Boulevard Contrescarpe entlang und kehrten nach Paris zurück, wobei sie riefen: „Zu den Waffen!" Thomas rannte los, um sich mit dem *National zu beraten.* Bastide, Séchan, Dussart und Pescheux d'Herbinville errichteten eine Barrikade vor dem Eingang zur Rue de Ménilmontant, wo Bastide und Thomas wohnten und einen Schuppen voller Brennholz hatten. Inzwischen hatten die Studenten, die Schüler der École und die Bevölkerung den Leichenwagen in Beschlag genommen. Rufe „Zum Panthéon" waren zu hören.

„Ja! Ja! Zum Panthéon", wiederholten alle Stimmen.

Der Leichenwagen stand vor dem Panthéon. Die städtische Kavallerie versperrte den Weg. Sie wurde angegriffen und leistete Widerstand, wurde aber zur Barrière d'Enfer zurückgedrängt. Zwei Schwadronen Karabinerschützen kamen ihr zu Hilfe, und dank dieser Verstärkung behielt sie die Kontrolle über den Konvoi. Die Aufständischen zerstreuten sich im Faubourg Saint-Germain und riefen: „Zu den Waffen!"

Paris stand von der Barrière d'Enfer bis zur Rue de Ménilmontant in Flammen. Inzwischen hörten die jungen Männer, die La Fayettes Pferde herausgeholt hatten und seinen Wagen zogen, das Schießen und die Rufe „Aux Armes!" und das von allen Seiten immer lauter werdende Gewehrfeuer.

Sie waren es leid, untätig zu bleiben. Die Person auf dem Rücksitz beugte sich nach vorn zu der Person auf dem gegenüberliegenden Sitz.

„Eine Idee!", sagte er.

"Was ist es?"

„Und was, wenn wir General La Fayette in den Fluss werfen und behaupten, Louis-Philippe hätte ihn ertränkt? ..."

Die Jugendlichen begannen zu lachen – zum Glück war es nur ein Scherz. Am Abend erzählte mir der edle Alte bei Laffitte die Anekdote.

„Ah! Ah!" sagte er, „es war schließlich doch keine schlechte Idee, und ich weiß nicht, ob ich den Mut gehabt hätte, mich dagegen zu wehren, wenn sie versucht hätten, sie in die Tat umzusetzen."

In diesem Zustand war Paris also angelangt, als wir an der Barrière de Bercy ankamen und die Bevölkerung, die Wache hielt, uns mitteilte, dass Louis-Philippe in den letzten Zügen liege und die Republik ausgerufen worden sei. In rasender Eile gingen wir den Boulevard Contrescarpe entlang. Am Place de la Bastille trafen wir auf die 12. Ampel, die uns passieren ließ. Die Boulevards waren fast menschenleer. Als wir die Rue de Ménilmontant erreichten, sah ich eine Barrikade; sie wurde von einem einzigen Artilleristen bewacht. Ich ging auf ihn zu und erkannte Séchan mit einem Gewehr auf der Schulter – dasselbe Gewehr, von dem ich bereits im Zusammenhang mit der berühmten Nacht im Louvre gesprochen habe. Ich blieb stehen; ich wusste nichts Genaues, also fragte ich ihn nach Neuigkeiten und bat ihn, mir zu erklären, warum er allein sei. Die anderen waren ausgehungert und aßen hastig in Bastides Holzschuppen eine Mahlzeit. Sie mussten beim ersten Schuss davonlaufen. Von Séchan erfuhr ich, was auf dem Boulevard Bourdon vorgefallen war, und setzte meinen Weg fort. Meine beiden Weggefährten eilten die Rue de Bondy hinunter; ich folgte dem Boulevard. Er wurde am oberen Ende der Straße und des Faubourg Saint-Martin von einem Abschnitt der Linie gekreuzt; die Männer waren in drei Reihen aufgestellt. Ich fragte mich, wie ich allein in meiner feindlichen Uniform durch diese dreifache Linie kommen sollte, als ich in den Reihen einen alten Batteriekameraden entdeckte. Gewiss, ich hätte damals wegen einer Meinungsverschiedenheit beinahe ein Duell mit ihm ausgefochten. Er trug eine runde Jacke, einen Polizeihelm und ein Paar geknöpfte Kniehosen, die Charivaris genannt werden. Er hatte eine doppelläufige Waffe in der Hand und war der Truppe als Amateur beigetreten. Als ich ihn erkannte, dachte ich, ich könnte mich beruhigt zurücklehnen und ging weiter vorwärts, wobei ich mit der Hand Zeichen gab. Er senkte seine Waffe. Ich dachte, er hätte mich erkannt und würde scherzen oder mir Angst machen wollen, also ging ich weiter. Plötzlich verschwand er in einer Wolke aus Feuer und Rauch und eine Kugel pfiff mir in die Ohren. Ich sah, dass die Sache ernst war. Ich war beim Café de la Porte-Saint-Martin. Ich wollte in den Theatergang rennen, aber er war geschlossen. Mit einem Tritt stieß ich die Theatertür auf. Die vierte oder fünfte Vorstellung von *La Tour de Nesle* stand auf dem Programm. Ich rannte zu den Immobiliengeschäften. Auf der Bühne begegnete ich Harel. Er raufte sich die Haare, als er sah, dass sein erfolgreicher Lauf unterbrochen wurde. Als er merkte, dass ich mich von ihm abwandte, sagte er: „Wohin gehst du?"

„Zu den Immobilienmärkten."

„Was willst du da?"

„Haben Sie so etwas wie ein Gewehr?"

„ *Pardieu!* Ich habe hundert. Du weißt ganz genau, wir haben gerade gespielt ... das heißt, leider nicht ich, sondern Crosmer ... *Napoléon à Schönbrünn.* "

„Also gut, ich will ein Gewehr."

"Wozu?"

„Um einem meiner Freunde eine Kugel zurückzugeben, die er gerade auf mich abgefeuert hat. Nur hoffe ich, geschickter zu sein als er."

„Oh, mein Freund!", rief Harel, „Sie werden dafür sorgen, dass das Theater niederbrennt!" Und er stellte sich vor die Tür, die zu den Immobiliengeschäften führte.

„Verzeihen Sie, mein Freund", sagte ich zu ihm, „ich werde die Gewehre hergeben, denn sie gehören Ihnen. Aber geben Sie mir die Pistolen, die ich bei *Richards zweiter Vorstellung geschenkt habe* . Sie sind nicht nur wertvoll, sondern auch ein Geschenk."

„Versteckt die Pistolen!", rief Harel dem Mann zu, der für die Besitztümer verantwortlich war.

Sie versteckten sie so gut, dass ich sie nie wieder sah. Wütend ging ich in den zweiten Stock. Durch die kleinen Fenster des Theaters, die einen langen Platz bildeten, konnte ich alles sehen, was auf dem Boulevard geschah. Die Soldaten waren noch auf ihrem Posten, und mein Freund – der Mann mit der doppelläufigen Waffe, dem Polizeihelm und dem Charivari – war noch bei ihnen. Ich war wütend, dass ich nicht einmal die kleinste Erbsenpistole hatte. Während ich durch diese Öffnung schaute, die so eng war, dass ich sehen konnte, ohne gesehen zu werden, fand gegenüber dem Theater ein Akt von großer Bedeutung statt. Ein Dragoner stürmte mit vollem Lauf heran und brachte einen Befehl. Ein Kind war mit einem Stein in der Hand hinter einem Baum auf dem Boulevard versteckt. Gerade als der Dragoner vorbeikam, schleuderte das Kind den Stein und er traf den Helm des

Soldaten. Der Dragoner zögerte, hielt aber nicht an, um das Kind zu verfolgen, und rannte in vollem Galopp davon. Doch eine Frau – wahrscheinlich die Mutter des Kindes – schlich sich hinter ihm hervor, packte ihn am Kragen und verpasste ihm eine ordentliche Tracht Prügel. Ich senkte den Kopf.

„Die Frauen sind diesmal nicht bei uns", sagte ich. „Wir sind verloren!"

In diesem Augenblick hörte ich Harel mit kläglicher Stimme nach mir rufen. Ich ging hinunter. Durch die Tür, die ich aufgebrochen hatte, um ins Theater zu gelangen, waren zwanzig Männer hereingekommen und verlangten Waffen. Auch sie hatten an *Napoleon von Schönbrünn gedacht.* Harel sah bereits, dass sein Theater von oben bis unten geplündert wurde, und rief mich zu Hilfe, wobei er sich auf meinen bereits bekannten Namen und auf meine Uniform als Artillerist verließ. Ich ging und stellte mich der Menge entgegen, die stehen blieb, als sie mich erblickte.

„Freunde", sagte ich zu ihnen, „Sie sind ehrliche Männer."

Einer von ihnen hat mich erkannt.

„Halt", sagte er, „hier ist Herr Dumas, der Kommissar der Artillerie."

„Ganz genau, du siehst also, wir können uns verstehen." „Ja, da du ja auf unserer Seite bist."

„Dann hör mir zu, ich flehe dich an."

"Wir werden."

„Sie wollen doch nicht einen Mann ruinieren, der Ihre eigene Meinung vertritt, einen Exilanten des Jahres 1815, einen Präfekten des Kaiserreichs?"

„Wir? Wir wollen nur Waffen."

„Also gut, M. Harel, der Verwalter, war während der Hundert Tage Präfekt und wurde 1815 von den Bourbonen verbannt."

„Dann *Vive M. Harel!* ... Er soll uns seine Gewehre geben und sich an unsere Spitze stellen."

„Ein Theaterdirektor ist nicht Herr seiner eigenen Meinung; er ist von der Regierung abhängig."

„Wenn er uns seine Gewehre nimmt, werden wir nichts weiter von ihm verlangen."

„Hab Geduld, dann werden wir sie bekommen! Aber ich werde sie dir geben."

"Bravo!"

"Wie viele von euch sind da?"

„Ungefähr zwanzig.“

„Harel, lass zwanzig Gewehre bringen, mein Freund.“ Dann wandte ich mich den guten Kerlen zu und sagte:

„Sie müssen sich darüber im Klaren sein, dass ich, M. Alexandre Dumas, es bin, der Ihnen diese Waffen leiht. Diejenigen, die getötet werden, werde ich nicht belästigen, aber diejenigen, die überleben, sollen ihre Waffen zurückbringen. Ist das vereinbart?“

„Auf unser Ehrenwort!“

"Hier sind zwanzig Gewehre."

"Danke!"

„Das ist noch nicht alles; Sie müssen an die Türen schreiben: *Keine Waffen mehr übrig!*“

"Wer hat Kreide?"

„Ich werde den Oberschreiner rufen. Darnault, ein Stück Kreide!“

"Hier ist es."

„Geht und schreibt!“, sagte ich zu meinen Männern.

Und einer von ihnen ging mit dem Gewehr in der Hand in Sichtweite der Linienabteilung hin, schrieb an die drei Türen des Theaters: „ *Keine Waffen mehr übrig* “ und unterschrieb.

Dann schüttelten mir die zwanzig Männer die Hand und gingen weg, wobei sie „ *Vive la République!* “ riefen und ihre Gewehre schwenkten.

„Jetzt“, sagte ich zu Darnault, „verbarrikadieren Sie die Tür.“

„Auf mein Wort“, sagte Harel, „das Theater gehört von diesem Augenblick an Ihnen, mein lieber Freund, und Sie können darin tun, was Sie wollen. Sie haben es gerettet!“

„Lass uns zu Georges gehen und ihr sagen, dass sie und das Theater gerettet sind.“

Wir gingen nach oben. Georges war fast tot vor Schreck. Als sie mich als Artillerist verkleidet hereinkommen sah, rief sie laut: „Gehst du in diesem Kostüm aus?“

"Natürlich!"

„Aber Sie werden getötet, bevor Sie den Faubourg Poissonnière erreichen."

„Nun, das ist durchaus möglich … und wenn mein Freund G. de B. nicht so schlecht gezielt hätte, wäre es bereits passiert."

„Harel, leih ihm ein paar Kleider."

„Ach ja, warum nicht, Tom?"

„Nun, dann schicken Sie wenigstens nach einigen von den Ihren; ich werde Sie nicht in dieser elenden Uniform hinausgehen lassen."

"Na ja, wir werden sehen!"

Harel hat Darnault angerufen.

„Darnault, ist einer Ihrer Männer hier?"

„Ja, das glaube ich", sagte Darnault. „Da ist Guérin."

„Schicken Sie ihn los, um ein paar Kleider bei Dumas zu holen."

„Geben Sie mir eine Nachricht", sagte Darnault zu mir.

„Leih mir deinen Bleistift."

Ich schrieb ein paar Bleistiftstriche auf einen Zettel, und er rannte los. Eine Viertelstunde später kehrte Guérin wohlbehalten zurück. Die Straße war übrigens vollkommen geräumt. Ich zog rasch meine Alltagskleidung an, übergab meine Uniform Darnault – ich wollte sie Georges nicht anvertrauen, der sie bestimmt hätte verbrennen lassen – und erreichte das Haus von Herrn Laffitte über den Faubourg Saint-Martin, die Passage de l'Industrie, die Rue d'Enghien und die Rue Bergère. Ich kam erst um sieben Uhr abends dort an. La Fayette kam über den Boulevard dorthin. Hier erzählte er mir die Anekdote über den Fluss. Wir gingen zusammen in Laffittes Haus, das ich seit dem Monat Juli 1830 nicht mehr betreten hatte. Die Nachrichten, die aus allen Teilen von Páris dieses Zentrum erreicht hatten, von Widerstand, fast von Aufruhr, lauteten wie folgt:

Auf dem rechten Ufer waren sie Herr über das Arsenal, die Wache von La Galiote, die Wache von Château-d'Eau und das Rathaus des 8. Arrondissements; die Republikaner kontrollierten das Marais, die Waffenfabrik am Popin Court war im Sturm erobert worden, und man hatte ihnen zwölfhundert Gewehre übergeben; sie waren bis zum Place des Victories vorgedrungen und bereiteten den Angriff auf die Bank und das Hôtel des Postes vor. Aber der Aufstand konzentrierte sich in der Rue Saint-Martin und den angrenzenden Straßen, und das ganze Viertel war damit beschäftigt, sich in eine uneinnehmbare Festung zu verwandeln. Die Truppe, noch immer sehr beunruhigt durch die Ereignisse von 1830, wusste nicht, auf wessen Seite sie sich stellen sollte; sollte sie auf der Seite der Regierung stehen oder sich dem Volk zuwenden? – 1830 sprach für den letzteren Weg.

Die Nationalgarde war durch das Erscheinen des Mannes mit der roten Fahne in große Bestürzung versetzt worden. Sie sah in dem Aufstand vom 5. Juni und den Rufen „ *Vive la République!* " nichts anderes als eine Rückkehr zum Terror; sie sammelte sich eher zur Verteidigung als zum Angriff, und es hieß, ein ganzes Bataillon, das sich auf der Pont Notre-Dame versammelt hatte, habe acht Aufständischen den Weg freigemacht. Die Regierung, die wusste, dass die Truppen nichts anderes tun würden als in Abstimmung mit der Garde Nationale, hatte die Kontrolle über alle Streitkräfte in der Hauptstadt in den Händen von Maréchal Lobau konzentriert. In diesem Moment, als all diese Neuigkeiten die Runde machten, betraten wir M. Laffittes Salon. Der Anblick von General La Fayette löste einen Aufschrei aus, und die Leute standen auf und gingen auf ihn zu.

„Nun, General", riefen sie von allen Seiten, „was haben Sie getan?"

„Meine Herren", sagte er, „tapfere junge Burschen kamen zu mir nach Hause und appellierten an meinen Patriotismus."

„Was hast du ihnen gesagt?"

„Ich antwortete: ‚Je mehr Löcher die Flagge hat, desto herrlicher ist sie! Finden Sie einen Platz für mich, wo ich einen Stuhl hinstellen kann, und ich werde mich darauf setzen und mich dort umbringen lassen.'"

Die bei Laffitte versammelten Abgeordneten sahen einander an.

„Nun, Messieurs", sagte Laffitte zu ihnen mit jenem süßen Lächeln, das ihn selbst in Zeiten größter Gefahr nie verließ, „was sagen Sie dazu?"

„Was hat Marschall Clausel gesagt?", fragte eine Stimme.

„Das kann ich Ihnen sagen", antwortete Savary, der gerade hereingekommen war und die Frage gehört hatte. „Ich komme gerade von ihm."

"Ah!"

„Ich drängte ihn, sich uns anzuschließen, und er antwortete: ‚Ich werde mich Ihnen anschließen, wenn Sie sich eines Regiments sicher sind.' ‚Eh, Monsieur!', sagte ich zu ihm, ‚wenn wir ein Regiment hätten, bräuchten wir Sie nicht!' Daraufhin verließ ich ihn."

„Meine Herren", sagte Laffitte, „wenn wir uns in den Aufstand stürzen wollen, dürfen wir keine Zeit verlieren. Wir müssen sofort die Absetzung des Königs verkünden und eine provisorische Regierung einsetzen, damit Paris morgen aufwacht und an allen Wänden eine Proklamation findet."

„Werden Sie es unterschreiben, General?", fuhr Laffitte fort und wandte sich an La Fayette.

„Ja", antwortete La Fayette einfach.

„Das werde ich auch", sagte Laffitte, „wir brauchen noch einen Dritten." Der General und der Bankier sahen sich um, niemand bot etwas an.

„Ach, wenn Arago nur hier wäre!", sagte Laffitte.

„Sie wissen, dass Sie auf ihn zählen können", wagte ich zu fragen. „Er wird Sie nicht abweisen. Ich habe gerade seinen Bruder verlassen, der sich mitten im Aufstand befindet."

„Wir können unseren eigenen Kopf riskieren", sagte Laffitte, „aber nicht den unserer Freunde."

„Wurde das nicht 1830 für den Grafen von Choiseul gemacht?"

„Ja, aber die Lage ist ernster als im Jahre 1830."

„Es ist dasselbe", wagte ich zu sagen.

„Entschuldigen Sie! 1830 hatten wir den Herzog von Orléans bei uns."

"Hinter uns!"

„Dennoch war er da, und der Beweis dafür ist, dass er heute König ist."

„Wenn er der König ist, wird sich General La Fayette daran erinnern, dass es nicht unsere Schuld war."

Ja, die jungen Köpfe waren klug! Ich sah, dass in dieser Hinsicht nichts unternommen werden würde und dass die Nacht mit Diskussionen verbracht werden würde. Ich ging hinaus: das war umso leichter zu bewerkstelligen, da ich eine Person von geringer Bedeutung war und wahrscheinlich niemand meine Abwesenheit bemerkte. Ich hatte vor, entweder zum *National* oder nach Ambert zu gehen; aber als ich wieder auf dem Boulevard war, erfuhr ich, dass sie in der Rue du Croissant kämpften. Ich hatte keine Waffen. Außerdem konnte ich kaum stehen, denn ich war vom Fieber hingerissen. Ich nahm eine Droschke und fuhr nach Hause. Ich wurde ohnmächtig, als ich die Treppe hinaufging, und sie fanden mich bewusstlos auf halber Höhe zwischen dem ersten und zweiten Treppenabsatz. Während ich auf meiner Treppe entdeckt, ausgezogen und ins Bett gebracht wurde, nahm der Aufstand seinen Lauf.

Verfolgen wir die Szene hinter den Kulissen der Barrikade in der Rue Saint-Merry. Wir hatten Séchan allein an der Barrikade in der Rue de Ménilmontant zurückgelassen. Sobald seine Kameraden ihr Mahl beendet hatten, gesellten sie sich zu ihm. Um neun Uhr abends waren sie noch nicht gestört worden. Die vorgeschobensten Stellungen der Truppen reichten nicht über die Rue de Cléry hinaus. Im Hauptquartier, wo sich eine gewisse Anzahl von Generälen und Ministern versammelt hatte, herrschte große Aufregung. Maréchal Soult war aufgrund seines Alters und seiner Erfahrung der natürliche Vorsitzende dieser Versammlung. Aber er war vielleicht der Unentschlossenste von allen. Er erinnerte sich an den 29. Juli 1830 und die Anathemas, die mit dem Namen des Herzogs von Raguse verbunden waren. Ein General schlug vor, den Truppen den Befehl zum Rückzug zu geben, sie auf dem Champ de Mars aufzustellen und von dort mit dem Schwert in der Hand nach Paris zurückzukehren. Dieser seltsame strategische Gedanke hätte angenommen werden können, aber der Polizeipräfekt, M. Gisquet, widersetzte sich ihm mit aller Macht. Man wird sich erinnern, dass der Zusammenstoß auf einen Befehl hin begonnen hatte, den er den Dragonern gegeben hatte, und während der drei Tage, die der Kampf dauerte, kämpfte er ernsthafter und machte mutigere extreme Vorschläge als der mutigste der Generäle. Die Diskussion ging so lange, bis sie zum Handeln gezwungen waren; die Gefahr nahm furchtbare Ausmaße an: Die Aufständischen hatten nacheinander die Stellungen an der Bastille, la Lingerier, Blancs-Manteaux und dem Marché Saint-Martin eingenommen und die Stadtgarde unter großen Verlusten zurückgeschlagen. Um acht Uhr abends traf die Nachricht im Hauptquartier ein, dass soeben eine Barrikade bei der kleinen Brücke von l'Hôtel-Dieu errichtet worden war; dass die Stadtgarde, zum Rückzug gezwungen, ihnen den Quai aux Fleurs übergeben hatte; dass sie die Polizeipräfektur vollständig umzingelt hatten. Als nächstes erließen sie den Befehl, die Truppen in die Stadt zurückzurufen; Ein Bataillon des 12. Light verließ Saint-Denis zur selben Zeit, als das 14. von Courbevoie heraufkam. Die Batterie der École militaire war zum Carrousel beordert worden. Ein Bataillon des 3. Light und eine Abteilung der 6. Legion räumten den Boulevard de la Madeleine; am Saint-Martin-Tor waren gegenüber dem Theater zwei Schwadronen Karabiner postiert, und General Schramm hatte seine Position mit vier Kompanien auf dem Gipfel des Ambigu eingenommen. Erst um 18 Uhr und nach wiederholten Angriffen gelang es den Dragonern, die Place des Victoires zu erobern, und in Anwesenheit von Monsieur de Lemet und durch eine doppelte Hecke der Nationalgarde brachen die Läufer auf. Gegen Viertel nach neun Uhr abends kommandierte Étienne Arago in der Uniform eines Artillerieleutnants eine Nachtpatrouille von zwanzig Männern, voll bewaffnet, unter denen sich Bernard (de Rennes) fils, Thomas und Ambert befanden; sie vereinigte ihre Kräfte mit Bastide, Dussart, Pescheux d'Herbinville und Séchan. Die Barrikade, hinter der ich Séchan allein mit seinem Gewehr gesehen hatte, zählte damals fast vierzig Verteidiger. Sie verbrachten die Nacht damit, Befestigungen zu errichten. M. Thiers war etwa zur selben Stunde im Hauptquartier eingetroffen. Er hatte das Feuer in der Nähe gesehen; zufällig speiste er an diesem Tag mit Mignet und Haubersaert auf dem *Rocher de Cancale* ; sie waren für einen Moment von den Aufständischen umzingelt worden, die sich in der Umgebung des Klosters Saint-Merry konzentrierten, und hatten nicht die leiseste Ahnung, dass drei der leidenschaftlichsten Anhänger Louis-Philippes sich in ihrer Nähe befanden. Herr Thiers hatte in seiner *Histoire de la Révolution* so viele Schlachten erzählt, dass er selbst so etwas wie ein General war. Als er am Place du Carrousel ankam, stellte er seinen Stab aus den Herren Béranger, Kératry, Madier de Montjau und Voisin de Gartempe zusammen, die sich dort aufhielten, und verteilte Patronen, während er den Abgeordneten, die dazu geneigt waren, zu ihm zu kommen, mitteilte, wo er war. Nur neun folgten der Einladung. [1] Sie wussten, dass der König kommen würde, und warteten mit großer Ungeduld auf ihn. Sie würden an seinem Gesichtsausdruck erkennen, was er tun würde. Der König kam ruhig und sogar lächelnd an. Wie wir bereits gesagt haben, war er in Bezug auf die Art und Weise, wie er den Thron bestieg, keineswegs kühn, aber er hatte großen Mut.

Erst dann wurde die Verteidigung organisiert. Der Aufstand hatte seinen eigentlichen Platz im Herzen von Paris. Die Rue Saint-Martin war von zwei Barrikaden besetzt, eine im Norden am Ende der Rue Maubuée, die andere im Süden, stark befestigt, fast uneinnehmbar, am Ende der Rue Saint-Merry. In dem Raum zwischen diesen beiden Barrikaden hatten die Aufständischen ein Haus ausgewählt, das sowohl als Festung als auch als Hauptquartier und Krankenstation diente. Es war Nummer 30. Die Position war von einem fast so klugen Strategen wie M. Thiers ausgewählt worden. Sie lag auf der Rue Aubry-le-Boucher, daher fielen Leute, die durch diese Straße kamen, unter vierfaches Feuer; wenn sie von hinten angriffen, hatten sie es mit den Männern auf den Barrikaden zu tun. Ein Mann namens Jeanne, der die Juli-Auszeichnung trug und durch seinen Mut im Konflikt und seine Standhaftigkeit vor den Richtern doppelte Berühmtheit erlangt hatte, kommandierte diesen gefährlichen Posten. Zwei oder drei alte Soldaten bastelten Kugeln aus Blei, das sie aus den Gossen gerissen hatten; Kinder rissen die Plakate von den Wänden und brachten sie herbei, um daraus Bündel zu machen. Wir werden gleich die Geschichte eines der Kinder in ihrer Einfachheit veröffentlichen.

Plötzlich kam jemand und sagte den Republikanern, von denen die Hälfte unbewaffnet war, dass sich im Hof genau dieses Hauses, Nr. 30, eine Waffenschmiede befand. Das waren wirklich wunderbare Neuigkeiten. Die Werkstatt war geöffnet, und ohne Unordnung oder Verwirrung wurden alle Gewehre, die sie enthielt, verteilt und das gesamte Pulver in gleichmäßigen Mengen verteilt. Die Verteilung war gerade abgeschlossen, als mehrere Schüsse zu hören waren und der Ruf „Zu den Waffen!" erklang.

Folgendes ist passiert:

Eine Kolonne der Nationalgarde, die in der Rue Saint-Martin Aufklärung leistete, war eingetroffen, um der Barrikade zu helfen.

„*Qui vive* ?" rief die Wache.

„Freunde!", antwortete der Kommandant der Kolonne schnell.

"Sind Sie Republikaner?"

„Ja, und wir sind gekommen, um Ihnen zu helfen."

„ *Vive la République!* ", riefen die Verteidiger der Barrikade im Chor.

Einer meiner Freunde, Rossignol, konnte der Freude nicht widerstehen, als Erster seinen Glaubensbrüdern die Hand zu schütteln. Er sprang über die Barrikade und ging auf die Nationalgarde zu, während er rief: „Gern geschehen!" Aber im selben Augenblick erklang aus den Reihen der Nationalgarde ein Schrei:

„Ah! Räuber! Endlich haben wir euch."

„Feuer, Freunde!", rief Rossignol, „es sind Philippisten." Und aus dem Inneren der Barrikade wurde eine Salve abgefeuert, die fünf Männer der Nationalgarde tötete.

Es war das Gegenstück zu: „A moi d'Auvergne! c'est l'ennemi." Nur hatte Rossignol mehr Glück als der Chevalier d'Assas und konnte durch einen Kugelhagel hindurch unversehrt die Barrikade wieder betreten. [2]

Nach einem schrecklichen Kampf und nachdem die Nationalgarde dreimal zum Angriff zurückgekehrt war, wurde sie zurückgeschlagen. Alte Männer, die aufgehört hatten, ihre Kugeln zu werfen, und Kinder, die aufgehört hatten, ihre Patronen zu packen, um zu den Waffen zu greifen, legten ihre Gewehre nieder und nahmen ihre Arbeit wieder auf. Ein zwölfjähriger Junge war durch den ersten Schuss am Kopf verletzt worden; Jeanne konnte ihn weder in seiner Eigenschaft als Anführer noch als Freund dazu bewegen, die Barrikade zu verlassen.

Die Nationalgarde zog sich zurück und ließ ihre Toten und Verwundeten zurück. Doch sobald das Schlachtfeld geräumt war, räumten Jeanne und seine Männer die Barrikade und nahmen die Verwundeten mit, die sie zu ihren Krankenwagen trugen. Ein Medizinstudent, der zu den Aufständischen gehörte, versorgte ihre Wunden, wobei ihm zwei Frauen halfen. Etwa hundert Meter von der Barrikade der Rue Saint-Merry entfernt wurde in der Passage du Saumon eine Barrikade errichtet, deren Wachposten die ganze Rue Montmartre entlang verteilt waren. Um acht Uhr abends gab Maréchal

Lobau den Befehl, sie einzunehmen, koste es, was es wolle. Er wollte die Rue Montmartre bis zum Tagesanbruch des nächsten Tages säubern. Sie kämpften die ganze Nacht lang. Diejenigen, die die Barrikade bewachten, schworen über den Leichen der gefallenen Kameraden diesen Eid:

„Wir werden entweder als Sieger hervorgehen oder tot davongetragen werden!"

Das Erdgeschoss oder *Zwischengeschoss* eines Cafés, das nicht mehr existiert, wurde als Krankenwagen genutzt, während aus den Fenstern des ersten und zweiten Stocks von Zeit zu Zeit von Unbekannten geworfene Patronen auf ein ausgebreitetes Laken regneten. Es gab nur zwanzig Verteidiger der Barrikade. Als die Soldaten nach einem neun Stunden dauernden Kampf die Barrikade endlich räumten, fanden sie acht Tote auf dem Bürgersteig liegen, sieben Verwundete und Behinderte auf Betten im Erdgeschoss des Cafés und einen Schüler der École Polytechnique sterbend auf dem Billardtisch. Den vier anderen Aufständischen war die Flucht gelungen.

Am Morgen des 6. war der Aufstand zurückgegangen und konzentrierte sich auf zwei Viertel: auf den Place de la Bastille und am Eingang zum Faubourg Saint-Antoine sowie in den Rues Saint-Martin, Saint-Merry, Aubry-le-Boucher, Planche-Mibray und Arcis. Die Regierung konzentrierte alle ihre Kräfte darauf, diese letzten Stellungen einzunehmen. Vom nächsten Tag an war der Place de la Concorde mit Artillerie besetzt; zwei Bataillone eilten aus Saint-Cloud herbei, und drei Kavallerieregimenter marschierten aus Versailles mit ihren Kanonen in Paris ein. Die Barrikade in der Rue de Ménilmontant hielt bis zum Tagesanbruch stand; da sie aber von allen Seiten zu exponiert war, konnte sie nicht länger standhalten; ihre Wachleute suchten bei Bastide und Thomas Zuflucht und entkamen durch ein kleines Fenster, das auf eine kleine Straße hinausging.

Um vier Uhr morgens hieß es, alles sei wieder ruhig. Nach einer fiebrigen Nacht stand ich auf, um die Neuigkeiten zu erfahren. Da ich aber nicht laufen konnte, nahm ich eine Kutsche. Ich fuhr zur Rue des Pyramides. Ich hoffte, Arago dort zu treffen und die Neuigkeiten von ihm zu erfahren. Aber weder er noch Bernard, fils (aus Rennes) waren zurückgekehrt. M. Bernard (aus Rennes) und seine bezaubernden Töchter (die ich, glaube ich, seit jenem Tag nicht mehr gesehen habe) waren sehr besorgt. Während ich dort war, verkündete ein kräftiges Klingeln mit Sicherheit eine gute oder schlechte Nachricht. Sie rannten zur Tür und stießen einen Freudenschrei aus. Der Vater hatte seinen Sohn wieder und die Schwestern sahen ihren Bruder wieder. Ich verließ die vornehme Familie, die ihr verlorenes Kind streichelte, und ging nach oben in Aragos Zimmer. Er hatte seine Artillerieuniform abgelegt.

„Hinter welcher Barrikade waren Sie die ganze Nacht?", fragte er mich, als er sah, dass ich totenbleich war.

„In meinem Bett, leider… Und du?"

Er erzählte die Geschichte der Barrikade in der Rue de Ménilmontant.

„Ist das alles, was Sie wissen?", fragte ich.

„Was glauben Sie, weiß ich noch? Ich habe mein Gewehr liegen gelassen, … aber kommen Sie mit mir zum *National* , dort werden wir Neuigkeiten erfahren."

Wir gingen hinunter und trafen auf der Treppe Charles Teste, der zu Bernard (de Rennes) ging.

„Ah! Da bist du ja, Deserteur", sagte er zu Arago.

„Wie ein Deserteur?", rief dieser. „Ich komme gerade aus dem Kampf."

„Genau das meine ich. Aber es gibt verschiedene Arten zu desertieren. Sie waren Bürgermeister *und* Ihr Platz war nicht hinter einer Barrikade, sondern in Ihrem eigenen Büro. Wenn man das Oberhaupt ist, darf man sich nicht zum Zweig machen.

… *Parbleu!* Ich hätte auch gern mein Gewehr genommen, das wäre nicht sehr schlimm gewesen, aber ich sagte mir: ‚Bleib stehen, Charles! Du bist der Kopf, und du darfst nicht auch noch die Rolle eines Arms übernehmen!'"

Für diejenigen, die Charles Teste kannten, fassten diese Worte den Mann selbst in einem Wort zusammen: Pflicht. Wir erreichten das *National* ; es war sehr schwierig, in die Büros zu gelangen, da sie sehr überfüllt waren. Dort erfuhren wir von der Auflösung der Barrikade in Saumon, aber gleichzeitig erfuhren wir auch, dass die in der Rue Saint-Merry immer noch standhielt. Latouche betrat in diesem Moment in großer Bestürzung die Barrikade.

„Es ist alles vorbei!", sagte er.

„Was, ganz vorbei?"

„Ja, ganz genau."

„Bist du von dort gekommen?"

„Nein, aber ich habe gerade jemanden getroffen, der das hat."

„Gut!", sagte Arago, „es gibt noch Hoffnung … Wer kommt mit mir?"

Ich wollte unbedingt gehen, konnte aber kaum laufen; ein prächtiger junger Mann, ein Freund von uns, Howelt, der die Juli-Auszeichnung trug und dem ich noch immer von Zeit zu Zeit begegne, trat vor.

„Gehen Sie zu Laffitte", sagte Arago zu mir, „und sagen Sie François, falls er dort ist, dass ich losgegangen bin, um die Neuigkeiten zu erfahren."

Ich ging zu Laffitte. Die ganze Versammlung war in einem furchtbaren Zustand der Verwirrung. Man schlug vor, eine Abordnung zu Louis-Philippe zu schicken, um gegen den Aufstand vom Vortag zu protestieren. Man muss jedoch sagen, dass der Vorschlag mit Entsetzen und Verachtung zurückgewiesen wurde. Ich erinnere mich an ein Zitat von Bryas, das in seiner Empörung überragend war. Sein Sohn, ein Schüler der École Polytechnique, war unter den Aufständischen. Auch La Fayette weigerte sich, einen Schritt auf den König zuzugehen.

„Warum diese Abneigung?", rief eine Stimme. „ *Ist der Herzog von Orléans nicht der beste Republikaner?* "

„Ah! Da sich die Gelegenheit bietet, den mir fälschlicherweise zugeschriebenen Vorschlag abzulehnen", rief der edle alte Mann aus, „ablehne ich ihn ab."

Schließlich ernannten sie drei Vertreter, nicht um im Namen des Aufstandes Entschuldigungen auszusprechen, sondern um die Gnade des Königs zugunsten derer zu erflehen, die noch festgehalten wurden. Diese drei Vertreter waren François Arago, Maréchal Clausel und Laffitte. Clausel lehnte ab und Odilon Barrot wurde ersetzt. Wir anderen jungen Männer hatten es nicht geschafft, in den Sitzungssaal zu gelangen, aber ich hatte Savary im Hof getroffen – Savary, ein Mitglied des Instituts, den großen Geometer, Physiker, Astronomen und Wissenschaftler mit Vermögen, dessen sein Land durch den Tod beraubt wurde, bevor er ein halbes normales Leben gelebt hatte!

Wir waren uns in unseren Ansichten sehr einig, und da unsere Republik nicht von allen geteilt wurde, stürzten wir uns sofort aufeinander, um unsere Ideen für eine Utopie auszudiskutieren. So hatten wir uns kennengelernt und waren beschäftigt, während wir dort zusammen warteten. Arago kam als Erster heraus, und wir liefen zu ihm. Louis Blanc, der in seiner Hauptgeschichte *Histoire de Dix Ans* kein einziges Detail dieser großen Periode unbemerkt gelassen hat, erwähnt unser Treffen folgendermaßen:

„Als M. Arago herauskam, traf er im Hof Savary und Alexandre Dumas, einen Gelehrten und einen Dichter, die beide sehr aufgeregt waren. Sie hatten kaum erfahren, was bei M. Laffitte vorgefallen war, als sie in eine leidenschaftliche und bittere Rede ausbrachen und sagten, Paris habe nur auf ein Signal gewartet, um sich zum Aufstand zu erheben, und die

Abgeordneten, die so bereitwillig die Bemühungen des Volkes ablehnten, seien ihrem Land gegenüber schwer schuldig.

„Aber ist jetzt nicht alles zu Ende?", fragte François Arago.

„„Nein', sagte ein Mann aus dem Volk, der unserem Gespräch zuhörte, ,sie warten auf die Sturmglocke von der Kirche Saint-Merry, *denn so lange man das Röcheln eines Kranken hört, ist er am Leben.* '

„Der Ausdruck hat mich beeindruckt, und wie man sehen wird, habe ich ihn nicht vergessen."

[1] Louis Blanc, *Histoire de Dix Ans.*

[2] Noël Parfait, *Episoden des 5. und 6. Juni* 1832.

KAPITEL VII

Innerhalb der Barrikade Saint-Merry, nach dem Bericht
eines Pariser Kindes – General Tiburce Sébastiani – Louis-
Philippe während des Aufstands – M. Guizot – MM.
François Arago, Laffitte und Odilon Barrot in den Tuilerien
– Das letzte Argument der Könige – Étienne Arago und
Howelt – Denunziation gegen mich – M. Binets Bericht

Während die Herren Laffitte, François Arago und Odilon Barrot auf dem
Weg zum König waren, wollten wir sehen, was hinter der Barrikade von
Saint-Merry vor sich ging.

Einer jener Glücksfälle, die uns manchmal widerfahren, ermöglicht es uns,
den Leser hinter die Kulissen zu führen. Ein vierzehnjähriger Junge, der
dabei war und inzwischen ein sehr angesehener Mann geworden ist, schickte
mir drei Jahre nach dem Ende des Aufstands die folgenden Einzelheiten, die
er eigenhändig geschrieben hatte und die ich in ihrer ganzen natürlichen
Einfachheit wiedergeben werde. Nach neunzehn Jahren stellte ich fest, dass
das Papier zerknittert und die Tinte vergilbt war, die Geschichte jedoch
genau und getreu wiedergab.

"DIE BARRIKADE SAINT-MERRY

„Am Morgen des 5. Juni 1832 schickte mich mein Vater auf einen Botengang
über den Boulevard du Temple. Es war der Tag der Beerdigung des
berühmten Generals Lamarque, und auf dem Place de la Bastille und auf den
Boulevards drängten sich große Menschenmengen. Als echtes Kind von
Paris, das ich bin und alles wissen will, blieb ich bei jeder Menschenmenge
stehen: Sie sprachen hitzig über Politik; einige waren so aufgebracht, dass sie
die kleinen Bäume umbrachen, die man anstelle derer gepflanzt hatte, die
1830 abgesägt worden waren, um die Barrikaden zu bauen. Wir wissen wohl,
sagten sie, dass sie gegen Gewehre und Kanonen nicht viel ausrichten
können, aber gegen Spione und Polizisten sind sie erstklassig. Mir blieb
nichts anderes übrig, als zu schwänzen. Anstatt also sofort nach Hause
zurückzukehren, erreichte ich, getrieben von meiner unersättlichen Neugier,
bald die Porte Saint-Martin; dann erblickte ich in der Ferne General
Lamarques Prozession. Der Leichenwagen kam langsam näher und hielt von
Zeit zu Zeit an. Ich war überrascht, so wenige Truppen bei einem Trauerzug
eines Generals zu sehen; es waren höchstens gerade genug Soldaten da, um
während des Marsches einigermaßen Ordnung zu wahren. In meinem Alter
beurteilt man die Pracht eines Trauerzuges nach der Zahl der Truppen, die
ihn begleiten, und da ich einige Wochen zuvor bei Casimir Périers

prächtigem Trauerzug lange und breite Kolonnen von Soldaten gesehen hatte, die auf beiden Seiten des Wagens marschierten, war ich zunächst erstaunt, dass sie einem General nicht die gleichen militärischen Ehren erwiesen wie einem Bankier.

"Es waren keine Soldaten da, aber eine riesige Menschenmenge strömte über die Boulevards und drängte und drängte sich, um an den Leichenwagen heranzukommen. Leute wurden daran gehängt und zogen den Katafalk, wobei sie von Zeit zu Zeit riefen: 'Ehre sei General Lamarque!' Dieser Schrei durchfuhr mich jedes Mal, wenn ich ihn hörte. Sie stritten sich darum, die Seile in die Hände zu bekommen: jeder wollte die Ehre haben, die kostbare Last zu ziehen; damals hörte ich zum ersten Mal, wie sich die Männer gegenseitig als *Bürger bezeichneten*. Jedes Gesicht war von einer undefinierbaren elektrischen Begeisterung geprägt, die sich auf die ganze Menge übertrug; ein starkes Gefühl, das weder Trauer noch Nachdenklichkeit war, erhellte jedes Gesicht. Ich war damals erst vierzehn und fühlte die Begeisterung bis ins Innerste meines Herzens und eine Emotion, die unmöglich in Worte zu fassen ist.

„'Pah!', sagte ich, ‚mein Vater wird mich schelten, aber das ist egal! Ich muss das Seil ziehen. Eines Tages, wenn ich Kinder habe, werde ich ihnen erzählen: ‚Auch ich habe geholfen, General Lamarques Leichenwagen zu ziehen!' So wie mein Großvater uns immer sagt: ‚Auch ich gehörte zur Föderation!'"

„Kaum hatte ich das Seil ergriffen – und das geschah nicht in Eile, das kann ich Ihnen sagen –, als sie in einer Reihe standen! Und ich erkannte, dass die Zahl der Soldaten mehr oder weniger nichts mit der Sache zu tun hatte, sondern dass es mehr wert war, General seines Landes zu sein als Minister von Louis-Philippe. Nach hundert Metern musste ich meinen Platz an andere abgeben: Sie hätten mich, glaube ich, getötet, um mir das Seil abzunehmen, also ließ ich los und stellte mich vor eine der Hecken, die die Menschen entlang des Boulevards bildeten; aber ich wurde von der anschwellenden Menge heftig gegen das Pferd eines Dragoners gestoßen und mir wäre beinahe eine meiner großen Zehen gebrochen worden. Es tat entsetzlich weh, aber, auf mein Wort, es schien, als könnte mir die Begeisterung den Mut geben, den Schmerz zu ertragen, wenn nicht sogar ihn vergessen lassen, denn hüpfend folgte ich dem Zug bis zum Place d'Austerlitz. Die riesigen Menschenmengen, die sich dort versammelten, wurden immer bedrohlich. Ein Mann mit langem Bart hielt eine Ansprache an die Bürger; er hielt eine rote Fahne und trug eine Phrygische Mütze. Sie besprachen die Vorbereitungen für einen Kampf. Ich hörte mir das alles an, ohne viel von dem zu verstehen, was es bedeutete. Plötzlich stürmte eine Schwadron Kavallerie mit voller Kraft in einem schrecklichen Angriff auf die Menschen zu: mehrere Schüsse wurden gleichzeitig abgefeuert. Obwohl ich, wie gesagt, am Fuß verwundet war, blieb ich nicht, um der Letzte auf dem Platz zu sein. Als ich wegrannte, erkannte ich einen Freund von mir namens Auguste.

„Wo gehst du hin?", fragte ich ihn.

‚„Mit den Republikanern, natürlich!', antwortete er.

"'Was zu tun?'

‚„Um alle Wachhäuser an den Sperren anzugreifen. Kommst du mit?'

‚„Jawohl!' Und ich ging. Einige Wachen leisteten Widerstand, aber fast alle ergaben sich, ohne zu schießen. Zu meinem Entsetzen hatte ich keine Waffen. Glücklicherweise feuerte während des Angriffs auf eine der Stellungen ein junger Mann, gut gekleidet und mit feinen Manieren, eine Pistole ab; sie war überladen: das Kolbenende ging in eine Richtung und die Mündung in eine andere, und der junge Mann fiel nach hinten. Ich sprang auf die Mündung, hob sie auf und steckte sie in meine Tasche, in der Absicht, sie heimlich zu spannen.

„Gut! Die Republikaner haben Artillerie", sagte Auguste.

„Inzwischen rappelte sich der junge Mann mit der Pistole auf; er war an der Hand verletzt und blutete in Strömen.

„Wo ist ein Stück Lumpen?', sagte er. ,Wer hat ein Stück Leinen?'

„Ein Junge in einer Bluse zerriss sein Hemd und gab dem verletzten Mann Streifen davon, der ihn küsste.

‚„Wie komisch das ist!', sagte ich zu Auguste. ,Ich habe noch nie bei einem Theaterstück geweint und doch weine ich jetzt.'

„In weniger als drei Stunden waren alle Wachhäuser auf dem Place de la Bastille eingenommen und entwaffnet. In diesem Moment dachte ich ernsthaft daran, zu meinem Vater zurückzukehren, aber zwei Artilleristen der Nationalgarde fragten mich, ob ich ihnen einen Gefallen tun würde. Ich stimmte natürlich zu. Sie sagten mir, ich solle zum oberen Ende des Faubourg Saint-Jacques gehen und ihrer Mutter, Madame Aumain, sagen, dass es ihren Söhnen gut gehe; dass sie wahrscheinlich etwas später nach Hause zurückkehren würden, sie sich aber in der Zwischenzeit keine Sorgen machen dürfe. Ich ging mit Auguste, da ich es als heilige Pflicht ansah, einer Mutter Nachrichten über ihre Kinder zu überbringen, und vergaß, dass meine eigene Mutter genauso beunruhigt sein könnte wie die Mutter, zu der ich ging. Ich sollte auch hinzufügen, dass ich aus Angst vor dem Zorn meines Vaters den Zeitpunkt meiner Rückkehr so lange wie möglich hinauszögerte. Wir fanden Madame Aumain unter der angegebenen Adresse. Die Dame fragte uns eifrig, wie lange es her sei, dass wir ihre Söhne zurückgelassen hätten, und wo wir sie zurückgelassen hätten; dann stellte sie uns eine Menge Fragen über die Ereignisse des Tages. Sie schien das größte Interesse am Erfolg der Republikaner zu haben. Ein ziemlich großes Mädchen von exquisiter Schönheit, wahrscheinlich die Schwester der beiden Artilleristen, war da, hörte zu und stellte Fragen. Auguste und ich waren erfreut über die Bedeutung, die unser Auftrag uns zusprach, und prahlten wie echte Kinder von Paris. Als die Damen alles erfahren hatten, was sie wissen wollten – und sie brauchten dafür über eine Stunde –, drängten sie uns, umgehend zu unseren jeweiligen Eltern zurückzukehren. Trotz unserer Angst, bei unserer Rückkehr streng gescholten zu werden, beschlossen wir, ihrem Rat zu folgen und verließen Madame Aumain, entschlossen, nicht weiterzugehen. Leider war der Verkehr angehalten. Als wir die Brücken erreichten, war es sinnlos! Es war unmöglich, darüberzugehen. Dann zogen wir uns mit anderen Personen unter einen Eingang zurück, der ebenfalls angehalten wurde. Aber der Concierge schickte uns um elf Uhr hinaus. Da wir den Fluss nicht überqueren konnten und Angst hatten, von den Patrouillen aufgegriffen zu werden, kehrten wir zu Madame Aumain zurück, die uns wie eine Mutter ihre eigenen Kinder empfing, und wir improvisierten ein Bett im Esszimmer. Am nächsten Tag weckte uns Madame Aumain um vier Uhr morgens und sagte uns, wir sollten schnell nach Hause gehen, um unsere Mütter nicht länger in Angst zu lassen. Es war leicht zu sagen: „Geht nach Hause!“, aber um vom Faubourg Saint-Jacques zum Faubourg Saint-Antoine zurückzukehren, musste man am Hôtel de Ville vorbei. Mehr als zweitausend Mann waren auf dem Place de Grève stationiert; es gab keine Möglichkeit, durchzukommen, und wir blieben zwei oder drei Stunden stehen, um den Soldaten beim Kommen und Gehen zuzusehen. Jeden Moment trafen große Abteilungen ein und folgten einander entlang der Kais. Gegen sieben rannte ein erschrockener Offizier herbei und rief: „Zu den Waffen!“[2] Dann stürmten alle Neugierigen in Richtung der Rue des Arcis. Wir liefen wie alle anderen los, um zu sehen, was in diesem Viertel vor sich ging. Eine starke Barrikade stützte sich auf der einen Seite gegen die Ecke der Rue Aubry-le-Boucher und auf der anderen gegen die Rue Saint-Martin Nr. 30. Sie konnten deutlich erkennen, dass Auguste und ich keine Feinde waren, also erlaubten uns die Republikaner, die Barrikade zu passieren. In einiger Entfernung von der ersten befand sich eine zweite am Ende der Rue Maubuée. In dem dazwischenliegenden Raum standen sechzig bewaffnete Männer. Alte Männer und Kinder bastelten Patronen. Frauen verteilten Flusen. Über jeder Barrikade wehte eine rote Fahne. Ein Bürger hielt sie in seiner linken Hand hoch, während er in seiner rechten ein Schwert schwang. Einer der beiden Männer rief den Soldaten zu:

„Kommt, ihr Faulenzer! Wir warten auf euch.“

„In diesem Moment erschien eine Abteilung Soldaten in der Rue des Arcis. Ein junges Mädchen, dessen Liebhaber zu den Aufständischen gehörte und das von einem Fenster aus zusah, sah sie vor allen anderen und rief: ‚Zu den Waffen!' Auf den Ruf ‚Zu den Waffen!' Nachdem das Mädchen dies ausgesprochen hatte, nahmen die Republikaner ihre Plätze ein und bereiteten sich darauf vor, die Soldaten zurückzuschlagen. Die Fahnenträger blieben regungslos auf ihren Barrikaden, bereit, das Feuer auszuhalten. Sie warteten nicht lange, und ein Fahnenträger fiel tot um. Der Platz war nicht lange frei; ein anderer sprang auf die Barrikade, stellte die Fahne wieder auf und fiel zehn Minuten später ebenfalls. Aber es schien, als hätten sie sich darauf geeinigt, dafür zu sorgen, dass die rote Fahne stehen blieb, denn ein dritter Republikaner nahm den Platz des zweiten ein, und wieder wehte die Fahne. Der dritte wurde wie die beiden anderen getötet. Ein vierter nahm seinen Platz ein und fiel neben den drei anderen. Dann ein fünfter. Der sechste war ein Arbeiter, ein Anstreicher; er schien durch einen Zauber geschützt zu sein; über eine Stunde lang schwenkte er die Fahne und rief: „ *Vive la République!* " Endlich, nach einer Stunde, stieg er langsam ab und lehnte sich neben die Tür des Hauses mit der Nummer 30, an der Auguste und ich standen. Dann fiel er schwer und hob einen seufzte: er hatte nichts gesagt, aber er war tief ins Herz getroffen worden. Sein Bruder, der ihn fallen sah, ließ sein Gewehr für einen Augenblick fallen, um nach ihm zu sehen; aber als er sah, dass er fast tot war und sicher war, dass seine Bemühungen nutzlos sein würden, küsste er ihn wiederholt, nahm sein Gewehr wieder auf, kletterte auf die Barrikade und zielte langsam, wobei er jedes Mal, wenn er schoss, rief: „ *Vive la République!* " Jedes Mal wiederholten die sechzig Männer, die die Barrikade verteidigten, denselben Schrei, und der Schrei der sechzig Männer, umgeben von 20.000 Soldaten, brachte den Thron von Louis-Philippe zum Wanken. Schließlich mussten sowohl die Soldaten als auch die Nationalgarde am Stadtrand nach dreistündigem Kampf den Rückzug antreten. In der Zwischenzeit kletterten Auguste und ich, die wir nicht kämpfen konnten, auf das Geländer des Ladens eines Weinhändlers und schrien aus voller Kehle: „ *À bas Louis-Philippe!*" „Der Waffenstillstand hielt nicht lange: Nach einer Stunde griffen Soldaten und Nationalgardisten wieder an. Dann begann der Kampf erneut. Inzwischen kehrten Auguste und ich zu unserer Tür zurück, und manchmal machten wir Fussel, manchmal warfen wir Kugeln. Oft steckte ich meinen Kopf aus der Gasse, um zu sehen, was los war, wenn das Feuer am heftigsten war: dann zog mich Auguste mit aller Kraft zurück.

„„Komm, schau her. Willst du getötet werden?', rief er.

„Dann schaute er seinerseits hinaus, und ich war an der Reihe, ihn festzuhalten. Einmal, als ich ihn grober zurückgezogen hatte, als es erlaubt war, wurde er wütend, und während die Leute draußen mit Gewehren kämpften, kämpften wir mit unseren Fäusten. Wir hatten beide recht: Der

Tod kam schnell, und das Pfeifen der Kugeln war so ununterbrochen, dass es wie das Geräusch des Windes durch eine schlecht schließende Tür klang. Von morgens bis drei Uhr nachmittags hatte noch niemand etwas gegessen. Um drei Uhr wurde aus dem Haus gegenüber unserem Versteck eine Verteilung von Schwarzbrot angekündigt. Dann rannten wir über die Straße, um unsere Rationen im Kugelhagel zu holen. Wir wollten gerade so schnell wie möglich in unsere Brote beißen, als wir plötzlich den Schrei hörten: ‚Wir sind verloren!‘ Dann sahen wir, dass, während die Verteidiger der Barrikade diese noch immer besetzt hielten, ein Dutzend Leute, die ebenso neugierig waren wie wir, in das Haus stürmten, um Verstecke zu suchen. Auguste und ich, die wir schon dort waren, gingen voran und stiegen die Stufen vier auf einmal hinauf, bis wir bald den Dachboden erreichten. Es gab einen Ausgang aus dem Dachboden durch ein schmales Dachfenster, und ein Mann saß rittlings auf dem Dach und hielt denjenigen, die auf die andere Seite wollten und keine Angst hatten, diesen Luftweg zu versuchen, mit einem starken Arm zu. Auguste und ich zögerten keinen Moment; von Dach zu Dach gelangten wir zu einem Fenster und befanden uns in den Dachkammern eines anderen Hauses. Die Bewohner des Dachbodens halfen uns hinein, zum großen Kummer des Wirts, der auf der Treppe schrie: „Hau ab, ihr Schurken! Ihr werdet mein Haus niederbrennen!" Aber wie Sie sich vorstellen können, nahm niemand Notiz vom Wirt. Alle richteten sich ein, so gut sie konnten. Noch schlimmer wurde es, als er sah, wie zwei oder drei Kämpfer, schwarz vom Pulver, mit Gewehren in der Hand ankamen.

„Werft wenigstens eure Waffen weg!", rief er und raufte sich die Haare.

„Unsere Gewehre wegwerfen?", antworteten die Kämpfer.

'Niemals!'

„Aber was willst du tun?"

„Um uns bis zum Tod zu verteidigen."

„Und da sie keine Kugeln mehr hatten, aber noch etwas Pulver, rissen sie die Stangen aus den Vorhängen und steckten sie in die Mündungen ihrer Gewehre.

"Wir, die wir keine Waffen hatten und die der Kampf nicht zu solch heroischer Begeisterung geführt hatte, gingen in die Keller, die voller Verpackungskisten und Gemüse waren, und versteckten uns, so gut wir konnten. Ein Dutzend Leute folgten uns und versteckten sich ebenfalls, so gut sie konnten. Auf der Kellertreppe stellten sich mehrere Republikaner auf, bereit, sich bis zum Äußersten zu verteidigen. In diesem Moment hörten wir das Dröhnen der Kanonen, das das Haus bis in seine Grundfesten erschütterte. Die Pflastersteine der Barrikade zersplitterten und prallten auf das Pflaster zurück. Erst jetzt wurde mir das Ausmaß der Gefahr bewusst, in der wir uns befanden. Mein erster Gedanke war, dass das Haus einstürzen und wir unter seinen Trümmern begraben werden würden. Dann sank ich auf die Knie und sprach weinend alle Gebete, an die ich mich erinnern konnte. Ich bat meinen Vater und meine Mutter um Vergebung, weil ich ihnen nicht gehorcht und sie in Schwierigkeiten gelassen hatte; ich rief inbrünstig Gott an und schlug mir mit mit aller Kraft. Auguste zeigte weniger Verzweiflung und wartete mit mehr Mut auf den Tod als ich. Von Zeit zu Zeit drückten wir uns fest in die Arme. Während einer dieser Umarmungen bemerkte er, dass ich noch den Lauf der Pistole in der Tasche hatte, und er ließ mich ihn in eine Ecke des Hofes werfen. Mehrere Stimmen schrien: „Erschießt ihn, wenn er nicht spricht!" Es war der Concierge, der auf diese Weise bedroht wurde, weil er sich weigerte, zu sagen, wo wir uns versteckten. Fünf Minuten später wurde die Kellertür gewaltsam aufgebrochen, und drei oder vier Soldaten sprangen die Treppe hinauf. Einige Schüsse explodierten, die den Keller seltsam erleuchteten und ihn mit Rauch füllten. Dann, während andere Stimmen „Licht!" riefen, stürmten dreißig bis vierzig Soldaten in den Keller. Von diesem Moment an sah ich nichts mehr; ich hörte nur Schmerzensschreie, ein Klirren von Stahl, und ich fühlte, wie mich eine Hand am Hals packte und heftig schüttelte. Dann hob mich die Hand zwei Fuß über den Boden und schleuderte mich gegen die Wand. Ich fiel ohnmächtig auf die Kellertreppe. Doch aus der Tiefe meiner Bewusstlosigkeit, aus der ich mich nicht befreien konnte, spürte ich, wie die Leute, die die Kellertreppe hinauf- und hinuntergingen, über meinen Körper hinweggingen. Endlich gelang es mir, mich durch eine heftige Willensanstrengung aufzuraffen. Ich erhob mich zunächst auf ein Knie mit gesenktem Kopf, als sei er so schwer, dass ich ihn nicht halten konnte; dann kam ich endlich mit Hilfe der Mauer auf die Beine. In diesem Moment erblickte mich ein Offizier und sprang auf mich los, trat und schlug mich: „Was!", rief er, „gibt es hier überhaupt Straßenkinder?" Gleichzeitig versetzte mir ein Soldat einen Schlag mit dem Kolben seines Gewehrs. Dadurch wurde ich gegen die Wand geschleudert, und instinktiv hob ich die Hände, sonst wäre mein Schädel gebrochen worden. Auguste, der mir folgte, hatte mehr Glück; während sie mich zerfleischten, rutschte er schnell die Treppe hinauf und entging einem Teil der Misshandlungen, die diejenigen erlitten, die man im Keller fand. Schließlich zwangen sie mich mit harten Handschellen in den Hof, und wie alle anderen Gefangenen wurde ich unter dem Kutschentor von Nr. 5 in Sichtweite gehalten. Unsere Wache bestand aus einem Sergeant und zwei Soldaten. Ich hatte so lange geweint und war so schlecht behandelt worden, dass ich kaum auf den Beinen stehen konnte; nach ein paar Minuten fühlte ich, dass ich wieder ohnmächtig werden würde. Ich streckte die Arme aus und rief um Hilfe. Der Sergeant sprang vor und fing mich auf. Während ich ohnmächtig wurde, hörte ich nicht deutlich, was der gute Mann sagte; ich schloss jedoch daraus, dass er Mitleid mit mir hatte und mich in die Obhut des Soldaten übergab.

„Das brachte mich in wenigen Minuten wieder zur Besinnung und ich öffnete meine Augen wieder. Dann erzählte ich ihm, wie ich hierher gekommen war und welche Umstände Auguste und mich hierher gebracht hatten. Meine Geschichte trug den Stempel einer solchen Wahrhaftigkeit, dass er gerührt war und versprach, uns nichts anzutun. Wir blieben über eine halbe Stunde unter dieser Tür, und während dieser Zeit war ich Zeuge aller Grausamkeiten, die während eines Bürgerkriegs begangen werden konnten. Die siegreichen Soldaten, verärgert über ihre Verluste, wollten Blut vergießen als Entschädigung für vergossenes Blut. Sie schossen auf jeden, ohne sich darum zu kümmern, ob es Republikaner oder harmlose Bürger waren; von Zeit zu Zeit war ein dumpfer Knall zu hören: wir versuchten nicht einmal, die Ursache des Lärms zu ermitteln. Es waren die Verwundeten, die aus den Fenstern geworfen wurden, und beim Fallen rutschten sie die Dächer hinunter und fielen auf das Pflaster. Sie brachten einen Republikaner, der mit Waffen in der Hand gepackt war, gegenüber der Tür und zerschmetterten ihn mit Schlägen aus dem Kolben ihrer Gewehre und spießten ihn auf. mit Bajonettstößen.

„Ihr Elenden!", rief er, „respektiert die Besiegten und Gefangenen, oder gebt mir irgendeine Waffe und lasst mich mich verteidigen."

„Sie ließen ihn los, warfen ihn mit ihren Gewehrkolben um und erschossen ihn aus kürzester Distanz.

„Oh, Monsieur, ich schwöre, wenn ein vierzehnjähriges Kind so etwas sieht, betet es sein Leben lang zu Gott, dass es so etwas nie wieder sehen möge.

„In Nr. 30, im dritten Stock, packten einige Soldaten einen Verwundeten an Beinen und Armen und drohten, ihn aus dem Fenster zu werfen. Sein Körper war bereits halb in der Luft und sollte auf das Pflaster geschleudert werden, als andere Soldaten weiter unten, die auf die Dächer und durch die Fenster schossen, über diese Aktion entsetzt waren und drohten, auf ihre Kameraden zu schießen. Der Mann wurde nicht niedergeworfen. Aber war er trotzdem gerettet? Ich habe keine Ahnung. Bald erhielt der Sergeant, mit dem ich mich angefreundet hatte, den Befehl, uns zum Wachhaus des Innocents zu bringen. Wir gingen durch die Rue Aubry-le-Boucher und an der Vorderseite der Märkte vorbei. Da es zu dieser Zeit regnete, standen viele Soldaten unter den Arkaden; als wir vorbeikamen, beschimpften sie uns und riefen ihren Kameraden zu:

„„Schlagt die Rüpel nieder! Tötet sie!'

„Ich ließ den guten und freundlichen Sergeant nicht aus den Augen, und während eine Menge neugieriger Zuschauer uns beim Vorbeigehen zusah und die Menge eine Art Block bildete, gab er mir ein Zeichen. Ich schlüpfte zwischen die beiden Soldaten, Auguste folgte mir. Die Menge machte uns Platz und schloss sich uns an; die Soldaten stießen einen lauten Fluch aus, als wären sie wütend, obwohl sie in Wirklichkeit im Innersten entzückt waren. Unser Sergeant schien jedem seiner Männer etwas von seiner eigenen Herzensgüte mitgegeben zu haben.

„Ich rannte ohne anzuhalten nach Hause und fiel wie eine Bombe mitten in meine Familie. Meine Mutter fiel in Ohnmacht, mein Vater stand sprachlos da. Man hatte ihnen gesagt, ich sei über die Pont d'Austerlitz in die Seine geschleudert worden. Sie dachten, ich sei am Tag zuvor gestorben. Ich war sehr krank. Mein Vater schickte mich ins Bett und ich bekam fast eine Gehirnentzündung. Man sagte mir, Monsieur Dumas, diese Geschichte werde Sie interessieren, und ich schicke sie Ihnen.

„Ach! Du, dessen Stimme mächtig ist, sag deutlich und sag oft –

„' ALLES ALS BÜRGERKRIEG! '“

Was das arme Kind sagte, ist nur zu wahr: An jenem verhängnisvollen 6. Juni wurden sowohl von den Truppen als auch von der Nationalgarde schreckliche Racheakte verübt. Es ist eine Freude, hier den Namen von General Tiburce Sébastiani zu erwähnen, dessen unendliche Freundlichkeit uns vergessen ließ (und was noch schlimmer ist als zu vergessen), wie uns sein ältester Bruder bei unserer Ankunft in Paris empfangen hatte.

General Tiburce Sébastiani konnte wie kein anderer den blutigen Schleier lüften, den wir über diese Gräueltaten werfen; denn er war eine Vorsehung für die Verwundeten, die sie langsam umbrachten, und für die Gefangenen, die sie erschießen wollten. Da ich nicht stehen konnte, hatte ich mich, glaube ich, auf einen Stuhl im Café de *Paris gesetzt* und wartete dort auf Neuigkeiten, als plötzlich Rufe der Nationalgarde „ *Vive le roi!* “ erklangen und der König zu Pferd erschien, begleitet vom Innen-, Kriegs- und Handelsminister. Im Club in der Rue de Choiseul blieb er stehen und streckte einer Gruppe bewaffneter Nationalgardisten die Hand entgegen; selbst diejenigen, die ihn sechzehn Jahre später stürzen sollten, stießen Schreie wilder Freude über die Ehre aus, die er ihnen erwies. Dann setzte er seinen Weg fort. Als ich ihn ruhig und lächelnd vorbeigehen sah, ohne sich um die Gefahr zu kümmern, der er ausgesetzt war, überkam mich eine Art moralischer Schwindel, und ich fragte mich, ob der Mann, der unter diesem Beifall salutierte, nicht wahrhaftig ein auserwählter Mann war und ob man das Recht hatte, einer Macht einen Schlag zu versetzen, auf deren Seite Gott selbst zu stehen schien, indem er sich für ihn aussprach. Und bei jedem neuen Attentat auf ihn, dem er heil und gesund entkam, stellte ich mir dieselbe Frage, und jedes

Mal siegte meine Überzeugung über die Zweifel, und ich sagte: „Nein, es kann nicht so bleiben, wie es ist!" Die Spuren dieser Überzeugung werden in all meinen Werken zu finden sein – im Nachwort zu „ *Gale et France*", in meinem Brief aus Reichenau an den Herzog von Orléans, bei meinem Besuch auf Arenenberg, in meinen Artikeln über den Tod des Herzogs von Orléans.

Dieser Ausritt schien die Reihe der Attentatsversuche auf Louis-Philippe zu eröffnen; denn der Anschlag auf das Cabriolet von Herrn Berthier de Sauvigny auf dem Place du Carrousel kann nicht ernsthaft als Anschlag auf den König angesehen werden. Auf dem Kai, unweit des Place de Grève, lag eine junge Frau mit dem Gewehr ihres verwundeten Mannes an ihrer Wange; aber die Waffe war zu schwer und ihre Hand zu schwach: Das Gewicht des Gewehrs ließ ihre Hand sinken, und der Schuss ging nicht los. Der König kehrte gegen zwei Uhr zurück. Herr Guizot erwartete ihn in seinem Kabinett. Der Staatsmann und der König blieben eine Stunde lang zusammen. Niemand weiß, was während dieses *Tête-à-Tête beschlossen wurde* ; aber wir können sicher sein, dass Herr Guizot, dem Charakter nach, den wir von ihm kennen, nicht für versöhnliche Maßnahmen war. Als Herr Guizot durch eine Tür ging, brachte eine offene Kutsche die Herren François Arago, Laffitte und Odilon Barrot. Die folgenden Einzelheiten habe ich unserem berühmten Gelehrten selbst erzählt. Er erinnerte mich daran, als er sich am 26. oder 27. Februar 1848 auf dem Weg zur Bastille an meinen Arm lehnte. Er war damals Mitglied der provisorischen Regierung, die für kurze Zeit über das Königreich von Louis-Philippe herrschte.

Eine offene Kutsche, wie wir sagten, mit den Herren Arago, Laffitte und Odilon Barrot, fuhr in den Tuilerienhof ein. Kaum war sie um die Ecke des Torbogens gebogen, als ein Fremder die Pferde anhielt und aufgeregt zum Fenster rannte. „Nicht einsteigen", sagte er.

„Warum nicht?", fragte Odilon Barrot.

„Guizot geht."

„Also gut, was dann?"

„Guizot ist Ihr persönlicher Feind und gibt möglicherweise in diesem Moment den Befehl, Sie zu verhaften, wie im Fall von Cabet und Armand Carrel."

Die drei Kommissare dankten dem Unbekannten, aber da sie keine Gefahr glaubten – oder zumindest keine unmittelbare –, setzten sie ihren Weg fort, stiegen aus dem Wagen und ließen sich beim König melden. Der König befahl ihnen bald, hineinzugehen. In dem Moment, als er gerade durch die Tür ging, drehte sich Herr Laffitte zu seinen beiden Kollegen um und flüsterte ihnen zu:

„Seien wir auf der Hut, meine Herren! Er wird versuchen, uns zum Lachen zu bringen."

Es war ein seltsamer Zeitpunkt, wenn man sich vor einem solchen Streitthema fürchtete. Aber Maffitte prahlte damit, dass er den König besser kenne als jeder andere. Das war eine berechtigte Annahme für den Mann, der ihm seine Popularität verschafft und den Wald von Breteuil verkauft hatte.

Tatsächlich empfing der König die drei Abgeordneten mit ruhigem, fast lächelndem Gesicht. Er forderte sie auf, sich zu setzen, was darauf hindeutete, dass die Audienz lange dauern würde, oder jedenfalls so lange, wie die Herren es wünschten. Louis Blanc, der von allen drei Schauspielern dieser Szene informiert wurde, hat sie ausführlich erzählt. Ich werde ihr daher nichts hinzufügen, sondern sie in Dialogform bringen, was sie vielleicht lebendiger macht.

Die Lage war ernst: Aufstand in Lyon, Aufstand in Grenoble, Aufstand in der Vendée, überall Aufstände oder Revolutionen. Aber es blieb die Frage, was die Ursachen dieser blutigen Unruhen und schrecklichen Zusammenstöße waren. Nach Ansicht der drei Abgeordneten waren es die Reaktionen auf die Tag für Tag immer weitere Abkehr vom Juliprogramm. Der König sagte, es sei der Geist des Jakobinismus, der unter dem Konvent, dem Direktorium und dem Kaiserreich nicht richtig ausgelöscht worden sei, der die Tage des Terrors wieder aufleben lassen wolle. Er nannte als Beispiel das Erscheinen des Mannes mit der roten Fahne, den die Republikaner in die Rue de Jerusalem zurückschickten, von wo er angeblich gekommen war.

Ein auf solchen Zeilen basierendes Gespräch zwischen einem Anwalt und einem König drohte lange zu dauern. Ein unheilvolles Geräusch, das unter der Herrschaft von Louis-Philippe mehr als einmal in den Straßen von Paris zu hören war, machte sich nun bemerkbar und unterbrach das Gespräch, wie ein Sensenhieb eine Schlange in zwei Hälften schneidet.

„Sire, höre ich falsch?", fragte Laffitte zitternd. „Ist das eine Kanone?"

„Ja, ... sie sind weiter vorgerückt", sagte der König, „um das Kloster Saint-Merry ohne allzu große Verluste an Menschenleben einzunehmen."

„Sire", fuhr Laffitte fort, „Sie sind gegenüber den Legitimisten weniger streng als gegenüber den Republikanern." „Inwiefern?"

„Eure Majestät gehen mit ihnen merkwürdig um!"

„Hören Sie, Monsieur Laffitte", sagte der König, „ich erinnere mich immer an das Sprichwort von Kersaint: ‚Karl I. wurde enthauptet und sein Sohn bestieg den Thron; Jakob II. wurde nur verbannt und sein Geschlecht starb auf dem Kontinent aus.'"

„Sire", sagte Arago, „wir hatten jedoch gehofft, dass dieses System der Reaktion und der Verfolgung mit dem Tod von Casimir Périer ein Ende hätte."

„Also", antwortete der König lachend, „schreiben sie dieses System einem Minister zu?"

„Nein, aber wir hofften zumindest, dass es sein Werk war."

„Sie irren sich, Monsieur", sagte der König stirnrunzelnd. „Das System ist meins. Monsieur Casimir Périer war nur ein Instrument in meinen Händen, stark und doch biegsam wie Stahl. Mein Wille war immer, ist jetzt und wird immer unerschütterlich sein. Nur einmal gab er nach, wie Sie sehr wohl wissen", fügte der König hinzu. „Wie Monsieur de Salvandy sagte: ‚Bei meinem Fest im Palais Royal marschierten wir über einen Vulkan – die Revolution, die ihre Prinzipien in allen Nationen Europas verbreitet hat – aber nicht jede Nation hat einen Orléans auf dem Thron, der sie unterdrücken könnte.'"

Das Programm war ganz anders spezifiziert als das des Stadthauses. Dann erhob sich M. Arago –

„Sire", sagte er, „nachdem Sie solche Meinungsäußerungen gehört haben, können Sie nie wieder auf meine Mitarbeit zählen."

„Was meinen Sie damit, Monsieur Arago?"

„Ich werde niemals, in keiner Funktion, einem König dienen, der dem Fortschritt die Hände bindet; denn meiner Meinung nach ist Fortschritt nur ein anderer Name für eine gut geführte Revolution."

„Weder mehr noch weniger, Sire", sagte Odilon Barrot.

Doch der König berührte sein Knie und sagte:

„Monsieur Barrot, bedenken Sie, dass ich Ihren Rücktritt nicht angenommen habe."

Tatsächlich wurde Monsieur Barrot am 24. Februar 1848 um sieben Uhr morgens zum Minister ernannt. Allerdings war er es am Mittag nicht mehr! Die Revolution, die der König niedergeschlagen zu haben vorgab, riss ihn fort, wie ein Hurrikan ein totes Blatt davonträgt.

Die drei Abgeordneten erhoben sich. Da nichts getan werden konnte, gab es auch nichts zu sagen. Auf ihrem Rückweg zum Hôtel Laffitte wurden sie von

Kanonenschüssen begleitet. Wir haben das Ende der schrecklichen Szene erzählt, oder vielmehr ein vierzehnjähriges Kind, ein Augenzeuge. Einer unserer Freunde, Étienne Arago, war bei den Republikanern, während sein Bruder beim König war. Wir sahen ihn mit Howelt aufbrechen; in derselben Nacht, da er dachte, ich sei krank, schrieb er mir Folgendes:

> „MEIN LIEBER DUMAS, – für heute ist alles vorbei. Die Männer im Cloître Saint-Merry fielen, aber wie es sich gehörte, wie Helden. Kurz gesagt, das haben wir mit eigenen Augen gesehen: Wir gingen, wie Sie wissen, mit Howelt los; wir gingen die Boulevards entlang und die Rue du Petit-Carreau hinunter. Nachdem wir die Feuerzone durchquert hatten, die die angrenzenden Straßen erfasste, sahen wir am Ende der Rue Aubry-le-Boucher, wo die Rue Saint-Martin Nr. 30 sichtbar ist, dass ein Vorrücken möglich war. Wir waren gerade zwischen zwei Angriffen angekommen. Wir nutzten die Gelegenheit, um bis zur Barrikade vorzudringen; sie war gerade verlassen worden. Alles konzentrierte sich auf Nr. 30, sowohl Angriff als auch Verteidigung. Wir gingen zu einem Kräuterhändler und sahen hinter den Kräutersträußen, die in seinem Fenster hingen, die Einnahme von Nr. 30. Die Artillerie kam. Können Sie sich meinen Zustand nicht vorstellen? Ich zitterte, dass mein Bruder Victor, ein Hauptmann in Vincennes, war unter den Artilleristen. Wenn ich Sie treffe, werde ich Ihnen erzählen, was wir gesehen haben. Endlich! ... Wir verließen die Straße erst um halb sieben. Ich kehrte zum Vaudeville zurück, wo ich Savary begegnete; er hatte Sie, erzählte er mir, bei Laffitte getroffen, und dort hatten Sie beide mit meinem Bruder François gesprochen.

> „Ich erhielt eine Nachricht von Germain Sarrut, der mich warnte, dass ein Haftbefehl gegen mich erlassen worden sei. – Mit freundlichen Grüßen,
> „ÉTIENNE ARAGO"

Ich war meinerseits nicht allzu entspannt. Ich war in Artillerieuniform auf dem Boulevard von allen gesehen und erkannt worden; ich hatte an der Porte-Saint-Martin Waffen verteilt; schließlich wusste ich, dass im Dezember des Vorjahres ein denunziatorischer Brief gegen mich an den König gerichtet worden war. Es war ein seltsames Dokument! Es wurde 1848 in Louis-Philippes Papieren entdeckt und fiel in die Hände eines der unbekannten Freunde, von denen ich oft spreche und für deren Freundschaft ich dankbar

bin. Dieser Freund schickte es mir. Es ist ein Bericht vom 2. Dezember 1831
mit der Nummer 1034. Ich werde ihn genau abschreiben, obwohl ich darin
wirklich nur eine sekundäre und episodische Rolle einnehme. Es wird
beweisen, dass das, was ich über meine Ansichten sage, die immer dieselben
sind, nicht übertrieben ist. Außerdem glaube ich, dass der Moment nicht sehr
günstig gewählt ist, um damit zu prahlen, ein Republikaner zu sein. Es ist ein
authentischer Bericht und trägt die Unterschrift von M. Binet. Ich muss wohl
kaum erwähnen, dass ich nicht die Ehre hatte, diesen Herrn zu kennen. (
Siehe Anhang.)

Buch V

KAPITEL I

Le Fils de l'Émigré – Ich erfahre die Nachricht von meinem vorzeitigen Tod – Mir wird aus Vorsicht und aus gesundheitlichen Gründen zu einer Reise geraten – Ich wähle die Schweiz – Gosselins literarische Meinung über dieses Land – Erste Auswirkungen der Luftveränderung – Von Châlon nach Lyon mit einem niedrigen Zug – Die Besteigung des Cerdon – Ankunft in Genf

---

Am Morgen des 7. Juni kam Harel zu mir nach Hause. „Kommen Sie", sagte er, „lieber Freund, Sie dürfen keine Zeit verlieren. Der Frieden ist wiederhergestellt; wie es nach allen großen Umwälzungen der Fall ist, wird es eine Reaktion zugunsten der Theater geben. Die Menschen müssen die Cholera und die Unruhen vergessen; die Cholera ist eines natürlichen Todes gestorben; der Aufstand ist niedergeschlagen; das beweist, dass Louis-Philippe stärker ist als Broussais. Wo sind Sie in *Le Fils de l'Émigré* gelandet?"

„Mein lieber Freund, drei Akte sind getan."

„Erledigt...ausgeschrieben?"

„Erledigt und ausgeschrieben! Aber ich erkläre Ihnen, dass ich im Augenblick nicht in der Lage bin, es noch einmal in Angriff zu nehmen. Ich bin erschöpft, vom Fieber zerfressen und habe allen Appetit verloren!"

„Beenden Sie *Le Fils de l'Émigré* und gehen Sie dann auf Reisen ... Sie werden in diesem Sommer Unsummen Geld verdienen; Sie können sich also gut ein wenig ausruhen!"

„Hast du Geld, das du mir geben kannst?"

"Wie viel willst du?"

„Ungefähr tausend Francs ... vielleicht zwei ... und die Vollmacht, ebenso viel von Ihnen zu verlangen."

„Gib mir meine beiden letzten Akte und ich gebe dir das Geld und einen Wechsel."

„Du weißt, dass ich es für abscheulich halte."

"Was?"

„ *Die Söhne des Emigranten.* "

„Pah! Dasselbe haben Sie uns über *La Tour de Nesle erzählt* … Georges ist vom Prolog entzückt, und Provost auch."

„Gut, wenn du gehst, sag Anicet, dass er mich besuchen kommt … Ich werde versuchen, mein Bestes zu geben."

Anicet kam innerhalb einer Viertelstunde zu mir. Er ist ein gewissenhafter Arbeiter und ein unermüdlicher Jäger von Dingen; niemand könnte seinen Teil bei einer Zusammenarbeit großzügiger beitragen. Ich habe bereits gesagt, dass er mir den Plan von *Térésa* fast vollständig vorlegte. Ich gab ihm die Idee von *Angèle* ; und gleichzeitig war er es, der nicht *Müllers Medizin* , sondern *Müllers Krankheit von der Poitrine entdeckte,* nämlich die tief melancholische Seite des Werks. Die Idee von *Le Fils de l'Émigré* stammte von ihm; die Ausführung – insbesondere in den drei ersten Akten – war ganz meine. Die beiden letzten Akte führten wir am 7. und 8. Juni gemeinsam auf.

Am 9. Juni las ich in einer legitimistischen Zeitung, dass ich in der Affäre im Kloster Saint-Merry bewaffnet festgenommen, in der Nacht vor ein Kriegsgericht gestellt und um drei Uhr morgens erschossen worden sei. Man bedauerte den vorzeitigen Tod eines jungen Autors mit so hoffnungsvollen Aussichten! Die Nachricht war so wahr; die Einzelheiten meiner Hinrichtung, die ich übrigens mit größtem Mut ertragen hatte, waren so umständlich; die Informationen stammten aus einer so zuverlässigen Quelle, dass ich im Moment meine Zweifel hatte und mich wie am Schnürchen fühlte. Zum ersten Mal sagte die Zeitung etwas Nettes über mich; aber dann glaubte der Herausgeber, ich sei tot. Ich schickte ihm meine Karte und schrieb darauf: „ *Mit Dank für alle meine Schuld.* "

Als mein Bote hinausging, kam ein anderer herein und brachte einen Brief von Charles Nodier. Er war folgendermaßen formuliert:

> „MEIN LIEBER ALEXANDRE, ich habe gerade in der
> Zeitung gelesen, dass Sie am 6. Juni um drei Uhr morgens
> erschossen wurden. Seien Sie so freundlich und sagen Sie
> mir, ob es Sie daran hindert, morgen zum Abendessen im
> Arsenal zu kommen, mit Dauzats, Taylor, Bixio und
> eigentlich unseren üblichen Freunden. – Ihr sehr guter
> Freund
> CHARLES NODIER, der sich über die Gelegenheit
> freuen wird, Sie nach Neuigkeiten aus der anderen Welt zu
> fragen."

Ich antwortete meinem geliebten Charles, dass ich gerade die gleichen Nachrichten in der gleichen Zeitung gelesen hätte; dass ich selbst nicht sicher wäre, ob ich noch am Leben wäre; dass ich aber, ob mit oder ohne Körper, am nächsten Tag zur genannten Stunde bei ihm sein würde. Da ich jedoch in den letzten sechs Wochen nicht viel gegessen hatte, fügte ich hinzu, dass es sich eher um meinen Schatten als um meinen Körper handeln würde; ich war nicht tot, aber eindeutig sehr krank! Außerdem war ich von einem Adjutanten des Königs gewarnt worden, dass die Möglichkeit meiner Verhaftung ernsthaft diskutiert worden sei; man riet mir, ein oder zwei Monate im Ausland zu verbringen und dann nach Paris zurückzukehren, und bei meiner Rückkehr würde nichts mehr gesagt werden. Mein Arzt gab mir in Sachen Hygiene die gleichen Ratschläge wie der Adjutant Seiner Majestät in Sachen Politik. Ich hatte schon immer den großen Wunsch gehabt, die Schweiz zu besuchen. Es ist ein großartiges Land, das Rückgrat Europas, die Quelle dreier großer Flüsse, die im Norden, Osten und Süden unseres Kontinents fließen. Außerdem ist es eine Republik, und so klein sie auch war, war ich überhaupt nicht traurig, eine Republik zu sehen. Außerdem hatte ich das Gefühl, dass sich meine Reisen für mich lohnen würden.

Ich suchte Gosselin auf und bot ihm an, ein paar Bände über die Schweiz zu schreiben. Gosselin schüttelte den Kopf: Seiner Meinung nach war die Schweiz ein ausgelutschtes Land, über das es nichts mehr zu schreiben gab; jeder war dort gewesen. Vergeblich sagte ich ihm, wenn jeder dort gewesen wäre, würde jeder hingehen, und vorausgesetzt, dass diejenigen, die dort gewesen waren, mein Buch nicht lesen würden, ich auf jeden Fall von denen gelesen werden würde, die hingingen; aber es gelang mir nicht, ihn zu überzeugen. Ich beschloss daher, die zwei oder drei Monate, die ich in der Schweiz verbringen sollte, als Zeitverschwendung zu betrachten. Ich schickte Harel die letzten beiden Akte der *Fils de l'Émigré* ; er gab mir die versprochenen 3000 Francs, und ich erhielt einen Wechsel, um weitere 2000 Francs von ihm zu erhalten. Endlich, mit einem ordentlichen Pass ausgestattet, brach ich in der Nacht des 21. Juli auf. [1]

Wie man leicht verstehen wird, habe ich nicht die Absicht, hier meine *Reiseeindrücke noch einmal zu beginnen*: Ich werde in meinen Memoiren nur das erzählen, was in meiner ersten Erzählung keinen Platz gefunden hat; viel wird es nicht sein, denn Offenheit ist eine meiner Eigenschaften: Sie hat mir viele Feinde eingebracht, aber ich danke Gott nicht weniger dafür, dass er mir diese Tugend gegeben hat. Der Leser kann es sich also bequem machen: Ich werde ihn so schnell wie möglich auf den Weg führen, auf dem ich in meinen *Reiseeindrücken* bei jedem Schritt anhalten musste.

Am Tag nach meiner Abreise aus Paris kam ich in Auxerre an. Der Luftwechsel begann sich auf meine Gesundheit auszuwirken. In Auxerre, als ich an dem Tisch saß, wo das Diligence-Dinner serviert wurde, bekam ich wieder ein wenig Appetit. Eine riesige Schüssel Flusskrebse vertrieb alle meine Zweifel! Ich aß, also würde es nicht lange dauern, bis es mir besser ging. Ich schlief in Auxerre, in dem Wunsch, der guten Fee, die wir Schlaf nennen, Zeit zu geben, ihr Werk zu vollenden. Die Alten nannten den Schlaf den Bruder des Todes, aber so genau sie in ihren Definitionen auch waren, meiner Meinung nach sind sie dem Schlaf gegenüber undankbar: Er gibt die Kraft zurück, ist die Quelle, aus der die Jugend ihre Energie bezieht und die Gesundheit ihren Schatz verbirgt. Ach, guter, sanfter Schlaf der Jugend! Wie gut fühlt man, dass man das Leben ist! Verliere die Liebe, verliere das Glück, sogar die Hoffnung, wenn nur der Schlaf kommt: Für den Augenblick wird er dir alles zurückgeben, was du verloren hast. *Für den Augenblick* , sage ich: in der Tat; Aber gerade durch den Kummer, den Sie gleich nach dem Öffnen der Augen wieder aufgreifen, verstehen Sie, wie süß und kraftvoll der Schlaf ist!

Wir machten erneut Halt in Châlon. Ein Freund, der dort war, schlug mir vor, dass wir statt der städtischen Kuriositäten, der großen, katakombenartigen Keller, eine Laune der Natur und eine von der Zeit geschaffene Ruine besuchen sollten: das Reaux-Chignon und das Château de la Roche-Pot. Ich habe das eine beschrieben und vom anderen erzählt; alles ist in meinen *Reiseeindrücken zu finden*. Die Dürre hatte den Betrieb der Dampfschiffe für einige Zeit unterbrochen; als wir jedoch nach Châlon zurückkehrten, erfuhren wir, dass ein Boot mit nur 18 Zoll Tiefgang die Reise antreten wollte. Wir schifften uns am nächsten Tag gegen Mittag ein und erreichten tatsächlich Mâcon, aber es war unmöglich, weiter zu fahren: 18 Zoll Tiefgang der Saône zu erwarten, war zu viel. Plätze in den Kutschen waren für die letzten drei Tage reserviert. Ich war damals sehr einfältig. Leider muss ich sagen, dass ich diese alberne Eigenschaft beibehalten habe. Als die Bootsleute meine missliche Lage sahen, schlugen sie vor, mich in sechs Stunden nach Lyon zu rudern, da der Wind günstig war. Ich gab ihnen acht Stunden; sie meinten, dass eine solche zusätzliche Zeit nicht nötig sei und ich zu großzügig gewesen sei. Also einigten wir uns auf den Fahrpreis und sie brachten mich zu einem großen Boot, in dem ein Dutzend Unschuldige wie ich zusammengepfercht waren. Unter ihnen waren drei oder vier, die ein doppeltes Recht auf diesen Anspruch hatten — einige arme Babys von fünf oder sechs Monaten, begleitet von ihren Kindermädchen. Ich verzog das Gesicht, als ich die Gesellschaft sah, in die ich gebracht wurde; aber bah! Sechs Stunden sind schnell vergangen! Es war ein Uhr nachmittags, um sieben sollten wir in Lyon sein. Aber statt um eins loszufahren, fuhren wir erst um drei ab. Unsere Bootsleute fanden es zu bequem, wie wir übereinander saßen, und sie rechneten wahrscheinlich damit, eine zweite Reihe quer über uns zu bauen. Glücklicherweise gelang ihnen das nicht. Nach zwei Stunden fruchtlosen Wartens machten sie endlich los. Der Wind hielt ungefähr eine Stunde lang, was er uns beim Aufbruch versprochen hatte, und in dieser Stunde legten wir eine oder anderthalb Meilen zurück. Dann ließ der Wind nach. Ich hatte gedacht, dass unsere Bootsleute sich bei Bedarf an die Ruder machen würden; aber nein! Wir fuhren die Saône mit derselben

Geschwindigkeit hinab wie ein ertrunkener Hund, der zwanzig Schritte von uns entfernt schwamm! Am nächsten Tag erkannten wir um drei Uhr nachmittags, genau zur selben Zeit wie unser ertrunkener Hund, der uns treu Gesellschaft leistete, die Île Barbe. Fünfzig Minuten später erreichten wir Lyon. Meine Gesundheit muss schon viel stärker gewesen sein, um die Nacht zu überstehen, die ich gerade auf der Saône verbracht hatte. Wir blieben drei Tage in Lyon und am dritten Tag nahmen wir um drei Uhr nachmittags die Kutsche nach Genf. Um sechs Uhr morgens öffnete der Schaffner die Kutschentür und sagte: „Wenn die Herren ein Stück des Weges zu Fuß zurücklegen möchten, haben sie Zeit." Es war eine Einladung unserer Pferde, die feststellten, dass die Kutsche schwer genug war, um die Steigung von Cerdon ohne uns hinaufzuziehen. Dieser Anstieg beginnt mit den ersten Abhängen der Alpen; er führt zum Fort de l'Écluse, das quer über der Straße steht und unter dessen Bogen die Pässe geprüft werden. Nach drei Stunden Fußmarsch, als ich von Saint-Genis kam, drehte sich der Schaffner, den ich gebeten hatte, mir den genauen Zeitpunkt meiner Ankunft in der Schweiz mitzuteilen, zu mir um und sagte:

„Monsieur, Sie sind nicht mehr in Frankreich."

"Wie weit sind wir von Genf?"

"Anderthalb Stunden zu Fuß."

„Dann lass mich aussteigen und ich werde den Rest des Weges zu Fuß gehen."

Der Schaffner kam meiner Bitte nach und nach anderthalb Stunden Fußmarsch betrat ich das Geburtshaus von Jean-Jacques Rousseau und Pradier.

---

[1] Siehe Anhang.

KAPITEL II

Tolle Erklärungen zum Bärensteak – Jacotot – Ein übel klingendes Epitheton – Ein aufrührerischer Filzhut – Die Karabinerschützen, die zu schlau waren – Ich streite mit König Charles-Albert über den Dent du Chat – Fürsten und Männer mit Verstand

Ich kehrte 1842 nach Florenz zurück, um an einer sehr traurigen und bedrückenden Zeremonie teilzunehmen; ich kehrte zurück, um der Beerdigung des Herzogs von Orléans beizuwohnen.

Es ist eine der einzigartigen Eigenschaften meines Lebens, alle Prinzen gekannt zu haben und ihnen mit den denkbar republikanischsten Ideen die tiefste Zuneigung meines Herzens entgegengebracht zu haben. Wer hat mich nun in Florenz über den Tod des Herzogs von Orléans informiert? Prinz Jérôme-Napoléon. Ich hatte gerade in Quarto – einem bezaubernden Landhaus vier Meilen von Florenz entfernt – mit dem Vater des ehemaligen Königs von Westfalen zu Abend gegessen, als er mich beiseite nahm und sagte: „Mein lieber Dumas, ich werde Ihnen Neuigkeiten mitteilen, die Ihnen großen Kummer bereiten werden."

Ich sah ihn besorgt an.

„Monseigneur", sagte ich zu ihm, „ich habe heute Morgen Nachricht von meinen beiden Kindern erhalten. Es geht ihnen gut. Abgesehen von Unfällen, die ihnen zustoßen könnten, bin ich auf alles vorbereitet."

„Nun, der Herzog von Orléans ist tot!"

Ich gestehe, das traf mich wie ein Blitz. Ich stieß einen Schrei aus, brach in Tränen aus und warf mich in die Arme des Prinzen.

„Oh, Monseigneur", sagte ich zu ihm, „ich habe mich nur um zwei Prinzen gekümmert, um ihn und um Sie. Um ihn mehr als um Sie, das gebe ich offen zu; jetzt muss ich mich nur noch um Sie kümmern."

War es nicht seltsam, einen Mann in den Armen eines Bonaparte um einen Herzog von Orléans weinen zu sehen? Ich reiste noch am selben Abend nach Livorno ab und ging am nächsten Tag in Genua an Bord des Dampfers. Die See war rau und ich landete völlig erschöpft in der Stadt der Paläste. Am *Tisch traf ich* einen Freund, der aus Neapel gekommen war und noch müder war als ich. Er bot mir an, mit mir in der Postkutsche zurückzukehren, aber unter der Bedingung, dass wir den Simplon überquerten, den er noch nie gesehen hatte. Ich nahm an. Wir mieteten eine Art Kutsche und fuhren los. Als wir den Simplon überquert und das Wallis verlassen hatten, hielten wir vor der

Tür des Gasthofs *Poste* in Martigny. Der Wirt kam höflich mit dem Hut in der Hand und lud uns im Vorbeigehen zu einem Essen in seinem Haus ein. Wir dankten ihm und sagten, wir hätten in Sion gegessen, also zog er sich ebenso höflich zurück, wie er gekommen war. „Was für ein entzückender Gastwirt!“, sagte mein Freund zu mir.

"Das denkst du?"

"Warum ja."

„Wenn ich ihm meinen Namen sagen würde, wäre ich wahrscheinlich gezwungen, ihm eine Tracht Prügel zu verpassen, während wir auf unsere Pferdestaffel warten.“

"Warum?"

„Weil er, statt aus dem Scherz, den ich ihm gespielt hatte, Kapital zu schlagen, die Dummheit hatte, sich darüber zu ärgern und mir meinen Tod zu wünschen.“

"Du?"

„Oh ja, ich!“

„Pah!“

„Erinnern Sie ihn einfach daran und sagen Sie ihm, dass wir eine Weile bleiben werden, wenn er uns vielleicht ein Beefsteak aus Bärenfleisch geben kann.“

„Hallo! Monsieur! ... *Monsieur, der Oberkellner!* “, rief mein Freund, bevor ich Zeit hatte, ihn zu unterbrechen. Der *Maître de l'Hôtel* drehte sich um.

„Mein Begleiter hier sagt, er würde mit Ihnen zu Abend essen, wenn Sie zufällig ein Steak aus Bärenfleisch essen.“

Ich habe in meinem Leben viele Gesichter der Erregung gesehen; infolge schrecklicher Nachrichten, unerwarteter Unfälle, schwerer Verletzungen ... aber ich habe nie ein besorgteres Gesicht gesehen als das des unglücklichen *Postmeisters* von Martigny.

„Ach!“ rief er und fasste sich mit beiden Händen ans Haar, „schon wieder! Immer der gleiche Scherz! ... Kann denn kein Reisender vorbeikommen, ohne den gleichen Scherz zu machen?“

„Ja!“, fuhr mein Begleiter fort, „ich habe darüber in M. Alexandre Dumas‘ *Impressions de Voyage gelesen* ...“

„Die *Reiseeindrücke* von Monsieur Alexandre Dumas!“, kreischte der elende Gastwirt. „Gibt es noch Leute, die das lesen?“

„Warum sollten sie es nicht lesen?", wagte ich zu fragen.

"Weil es ein grauenhaftes Buch ist, voller Lügen; es sind Leute auf dem Scheiterhaufen verbrannt worden, die es nicht so sehr verdient haben wie dieser Mann... Oh! Monsieur Alexandre Dumas!", fuhr der unglückliche Suppenverkäufer fort, und seine Wut schwankte in Verzweiflung. "Wenn ich ihn nur eines Tages privat erreichen könnte! Aber ich werde nach Paris gehen müssen, um mich an ihm zu rächen. Er wird nicht noch einmal durch die Schweiz reisen, er traut sich nicht! Er weiß, dass ich darauf warte, ihn zu erwürgen: das habe ich ihm gesagt. Also gut; wenn Sie ihn sehen, wenn Sie ihn kennen, erzählen Sie es ihm noch einmal von mir, erzählen Sie es ihm jedes Mal, wenn Sie ihn treffen, erzählen Sie es ihm immer und immer wieder."

Er ging wie ein Verrückter, wie ein Wütender und Verzweifelter in sein Haus.

„Was ist mit Ihrem Herrn los?", fragte ich den Postillon ...

„Ah! Man sagt, er sei von einer Art Wahnsinn angesteckt worden, den ihm ein Herr aus Paris eingeflößt habe, als er hier vorbeikam."

„Und er will den Herrn aus Paris töten?" „Ja, er will ihn töten."

„Ganz klar."

"Ohne Gnade."

„Angenommen, der Herr aus Paris würde plötzlich zu ihm sagen: ‚Hier bin ich!' Was würde er tun?"

„Oh, er würde zweifelsohne tot umfallen."

„Gut, Postillon. Wenn Sie zurückkommen, sagen Sie Ihrem Herrn, dass M. Alexandre Dumas vorbeigekommen ist und dass er ihm ein langes Leben und allen Wohlstand wünscht. Und jetzt brechen Sie auf!"

„Ah! Das ist ein guter Witz!", sagte der Postillon und galoppierte los. „Ah! Ja, ich werde es ihm erzählen! Er wird es erfahren und sich die Haare raufen, weil er dich nicht erkannt hat ... Komm! Grise, komm, geh auf!"

Meine Begleitung war sehr aufmerksam.

„Na und", fragte ich ihn, „einen Penny für Ihre Gedanken?"

„Ich versuche, den Grund für den Hass dieses Mannes gegen Sie herauszufinden."

„Du verstehst es nicht?"

"NEIN."

„Erinnern Sie sich an das Bärensteak in meinen *Impressions de Voyage* ?"

„Natürlich! Es ist das Erste, was ich darin lese."

„Nun, im Haus dieses guten Kerls ereignete sich 1832 der Vorfall, als M. Alexandre Dumas ein Bärensteak aß."

"Also?"

„Viele andere wie Sie haben vom Bärensteak gelesen. Und so sagte eines schönen Tages ein Reisender, der neugieriger oder weniger appetitvoll war als andere, als er die Speisekarte ansah:

„‚Haben Sie einen Bären?'

„Wie bitte?", antwortete der Gastgeber.

„‚Ich habe gefragt, ob Sie einen Bären haben.'

„Nein, Monsieur, keine."

„Und für den Moment war der Vorfall erledigt. Dann, einen, zwei Tage oder eine Woche später, stellt ein zweiter Reisender seinen Bergstock in die Ecke hinter der Tür, wirft seinen Hut auf einen Stuhl, schüttelt den Staub von seinen Schuhen und sagt zum *Maître de l'hôtel* :

„‚Ah! Ich bin doch sicher in Martigny?'

„Jawohl, Monsieur."

„‚Im *Hôtel de la Poste* ?'

„Dies ist das *Hôtel de la Poste.* "

„‚Hier kann man dann Bären essen.'

"'Ich verstehe nicht.'

„‚Ich sage, hier kann man Bär schmecken.'

„Der *Maître de l'Hôtel* sah den Reisenden erstaunt an.

„Warum hier mehr als anderswo?", fragte er.

„‚Weil M. Dumas es hier hatte.'

„‚Herr Dumas?'

„Ja, Monsieur Alexandre Dumas … Kennen Sie Monsieur Alexandre Dumas nicht?"

"'NEIN.'

„Der Autor von *Heinrich III.*, von *Antonius* und von *La Tour de Nesle* ?"

„„Ich habe nicht das Vergnügen, ihn zu kennen.'

„Ah! Er sagt in seinen *Impressions de Voyage,* dass er in Ihrem Gasthof Bär gegessen hat ... aber da Sie im Moment keins im Haus haben, wollen wir uns nicht darum kümmern: Wir werden es ein anderes Mal essen. Kommen Sie, was haben Sie?"

„Monsieur kann selbst wählen, hier ist das Menü!"

„Oh! Ich habe keine Lust! Gib mir, was du willst: Da du keinen Bären hast, ist es mir egal, was es ist."

„Und mit angewiderter Miene, da er das Ganze sehr armselig fand, aß der zweite Reisende das Abendessen, das man ihm servierte.

„Am nächsten Tag, oder übermorgen, oder in der darauffolgenden Woche kam ein Reisender herein, der, ohne etwas zu sagen, seinen Rucksack abstellte, sich an den ersten Tisch setzte, an den er kam, und mit einem Messer gegen ein Glas schlug und rief: „„Garçon!'

„Der Kellner kam.

„„Was kann ich für Sie tun, Monsieur?'

„„Ein Bärensteak.'

"'Ah ah!'

„„Beeilen Sie sich und lassen Sie es nicht gar werden!'

„„Der Kellner rührte sich keinen Moment.

„„Na, verstehst du mich denn nicht, Esel?'

„„Nur zu gut.'

„„Also gut, dann bestelle mein Steak.'

„Aber Monsieur scheint ein besonderes Steak zu wollen."

„„Ein Steak aus Bärenfleisch.'

„„Ja... wir haben es nicht.'

„„Was, du hast keine?'

"'NEIN.'

„„Geh und hol deinen Herrn.'

„„Aber, Monsieur, mein Herr ...'

„„Geh und hol deinen Herrn!'

„Aber, Monsieur."

„‚Ich sage dir: Geh und hol deinen Herrn!‘

„Der Reisende erhob sich mit solcher Herrlichkeit, dass der Kellner sah, dass es für ihn nur eines zu tun gab – zu gehorchen. Er verschwand und sagte:

„‚Ich werde ihn abholen. Ich werde gehen.‘

„‚Sie wollten mich sprechen, Monsieur‘, sagte der *Maître de l'Hôtel* nach fünf Minuten.

„‚Ah! Das ist alles in Ordnung!‘

„‚Wenn ich nur gewusst hätte, dass Monsieur ausdrücklich mit mir sprechen wollte …"

„‚Ich wollte Sie sehen, weil Ihr Kellner so ein Idiot ist!‘

„‚Das ist möglich, Monsieur."

„‚Ein unverschämter Kerl.‘

„‚Hat er die Unverschämtheit besessen, Monsieur zu vernachlässigen?‘

„‚Er ist ein Idiot und wird Ihr Unternehmen ruinieren."

„‚Oh! Oh! Das wird ernst... Wenn Monsieur mir sagen würde, worüber er sich zu beschweren hat.‘

„‚Also, ich frage ihn nach einem Bärensteak, und er tut so, als verstünde er es nicht.‘

„‚Ah! ah! es ist ...‘

„‚Hast du es ertragen oder hast du es nicht?‘

„‚Monsieur, gestatten Sie mir ...‘

„‚Hast du es ertragen?‘

„‚Wirklich, Monsieur ...‘

„‚Bär oder Tod. Hast du Bär?‘

„‚Wirklich, Monsieur, nein.‘

„‚Das hätten Sie dann gleich zugeben sollen‘, sagte der Reisende und packte seinen Rucksack wieder voll.‘

„‚Was ist los, Monsieur?‘

„'Ich gehe.'

'"Warum gehst du?'

„"Weil ich gehe.‘

'"Aber warum?'

„"Weil ich nur in Ihre Garküche gekommen bin, um Bär zu probieren. Da ich festgestellt habe, dass Sie keins haben, werde ich woanders danach suchen.‘

„Dennoch, Monsieur ...‘

„"Kommen Sie *weiter!*‘ Und der Reisende ging hinaus und sagte: ‚Es scheint, Sie erweisen Monsieur Alexandre Dumas besondere Gunst; aber ich glaube auch, dass ein Reisender in Sachen Burgunderweine viel mehr Aufmerksamkeit verdient als ein Literat.‘

„Der Wirt steht sprachlos da.

"Nun, mein lieber Freund, wissen Sie, dass die gesegneten *Impressions de Voyage* weithin gelesen, gedruckt und nachgedruckt wurden: Es verging kein Tag, an dem nicht irgendein exzentrischer Reisender nach einem Bärensteak fragte. Franzosen und Engländer scheinen zum *Hôtel de la Poste gegangen* zu sein, um den unglücklichen Gastwirt in den Wahnsinn zu treiben. Nie war Pipelet, als er sich weigerte, Cabrion, Cabrions Freunden und Bekannten sein Haar zu geben, unglücklicher, gequälter oder verzweifelter als der unglückliche, gequälte und verzweifelte *maître de poste* von Martigny. Ein französischer Gastwirt hätte den Stier bei den Hörnern gepackt und sein Schild geändert; statt der Worte *Hôtel de la Poste* hätte er *Hôtel du Bifteck d'Ours geschrieben.* Er hätte alle Bären in den umliegenden Bergen aufgekauft; und wenn sie knapp wurden, hätte er Rindfleisch, Wildschwein, Pferd, alles Mögliche geliefert, solange es mit irgendeiner unbekannten Soße gewürzt war. Er hätte seine Vermögen in drei Jahren und zog sich am Ende zurück, nachdem er Aktien im Wert von 100.000 Francs gekauft hatte, und er hätte meinen Namen gesegnet. Der jetzige Mann machte sein Vermögen genauso, aber langsamer und durch so unaufhörliche Wutanfälle, dass er seine Gesundheit ruinierte – und meinen Namen verfluchte.

„Was hat dir das geschadet?“

„Es ist immer unangenehm, verflucht zu werden, mein Freund.“

„Aber was ist denn letztlich an Ihrer Geschichte mit dem Bärensteak wahr?“

"Einige und keine?"

„Was meinst du mit einige und keine?“

„Drei Tage vor meiner Ankunft war ein Mann auf der Jagd nach einem Bären und hatte ihn tödlich verwundet; doch bevor der Bär starb, hatte er den Mann getötet und einen Teil seines Kopfes verschlungen. In meiner Eigenschaft als dramatischer Dichter habe ich die Sache in Szene gesetzt, das ist alles. Mir widerfuhr dasselbe wie Werner im Gasthof zu Schwartzbach mit seinem Drama Vingt *Quatre Février.*"

„Was ist mit Werner passiert?"

„Ach, auf mein Wort, mein lieber Freund, Sie sollten meine *Impressions de Voyage kaufen* und den ersten Band aufschlagen, dann werden Sie es wissen."

Daraufhin setzten wir unseren Weg fort.

Das, liebe Leser, ist die reine Wahrheit, die hier zum ersten Mal enthüllt wurde, über das Bärensteak, das vor zwanzig Jahren in der Welt für so viel Aufsehen sorgte. Na ja! Ich hatte nie Glück mit meinen Glücksfällen, die mir Ruhm einbrachten.

Eine meiner Kreationen, die in Europa beinahe ebenso berühmt war wie das Bärensteak, war Jacotot; nicht der Erfinder der berühmten Methode der Rechtschreibung, sondern ein Jacotot von mir, der Jacotot aus meinen „ *Impressions de Voyage*".

„Ah! Ja, ja, der Kellner im Café in Aix. Ganz genau, liebe Leser; Sie sehen ja, wie berühmt Jacotot ist, seit Sie sich an seinen Namen erinnern."

„Wer erinnert sich nicht an den Namen Jacotot!"

"Ich kann also offen sagen, dass ich Jacotots Vermögen gemacht habe, denn er ist reich und hat sich zur Ruhe gesetzt. Jacotot besitzt ein Stadthaus in Aix und ein Landhaus am See von Bourget. Und doch verabscheut mich Jacotot, verabscheut und verflucht mich, genau wie der Wirt des Gasthofs in Martigny! Der Grund für diese Undankbarkeit? Ich habe seine *Eigenliebe verletzt* , und zwar auch, weil ich ihn in mein Buch aufgenommen habe. Die Zahl der Feinde, die mir mein dramatisches Talent eingebracht hat, ist unzählig! Jeder Mensch, der nicht wie ich von einer Leidenschaft für das Pittoreske überwältigt wird, jeder Schriftsteller, der sich beim Schreiben nicht gezwungen fühlt zu malen, der Gelegenheit hatte, Jacotot zum ersten Mal auf die Bühne zu bringen, hätte einfach gesagt: ‚Jacotot kommt'.' Er hätte es nicht für nötig gehalten, zu sagen, ob Jacotot schön oder hässlich, gut gekleidet oder krank, jung oder alt war. Aber mir schien , *Jacotot kommt herein* ' nicht ausreichend, und ich hatte das Unglück, sagen zu müssen: ‚Jacotot kam herein; *er war nichts weiter als ein Kaffeehauskellner.*' Dies war das erste verletzende Epitheton für Jacotot, der zwar ein Kaffeehauskellner war, aber zweifellos für einen Anwaltsgehilfen gehalten werden wollte. Ich fuhr fort:

‚Er blieb vor uns stehen, ein stereotypes Lächeln *auf seinem fetten, dummen Gesicht,* das man gesehen haben muss, um es zu schätzen.'"

Das war es, was mich an Jacotot wirklich faszinierte: das Porträt, das ich von ihm zeichnete. All das Gute, das ich über ihn sagen konnte und das ihn unsterblich gemacht hat, konnte den unglücklichen Beinamen, den ich seinem Gesicht gab, nicht aus seinem Gedächtnis löschen.

Im Jahr der Gnade 1854, fast ein Vierteljahrhundert nach der Veröffentlichung der unglücklichen und vielen Anfälligkeiten ausgesetzten *Impressions de Voyage* , gab es auf dem Weg nach Aix einen Reisenden, der Jacotot kennenlernen wollte: Er ging ins Café und tat, was ich getan hatte. Er rief Jacotot: Der *Maître du Café* kam zu ihm.

„Monsieur", sagte er, „die Person, nach der Sie fragen, hat ein Vermögen gemacht und sich zur Ruhe gesetzt."

„Ach, *der Teufel!* ", sagte der Reisende. „Ich wollte ihn sehen."

„Oh! Du kannst ihn sehen."

"Wo?"

"Bei ihm zuhause."

„Oh! Aber ihn zu stören, indem ich ihm lediglich sage, dass ich den Wunsch habe, ihn zu sehen, ist vielleicht doch ein wenig zu neugierig."

„Eh! Bleib aber, du kannst ihn sehen, ohne ihn zu stören."

"Wie?"

„Das ist er, dort drüben, an seiner Tür lehnend, mit den Händen in den Taschen und seinem Körper in der Sonne."

"Danke."

Der Reisende stand auf, ging auf die andere Seite des Platzes und kam zwei- oder dreimal an Jacotot vorbei. Jacotot erkannte, dass der Reisende ihn suchte, und da er ein großartiger Kerl war, wenn seine *Eigenliebe* nicht übermäßig erregt war, lächelte er den Reisenden an. Das Lächeln machte dem Reisenden Mut.

„Sie sind M. Jacotot, glaube ich?", fragte er ihn.

„Ja, Monsieur, zu Ihren Diensten."

„Sie sind also im Ruhestand?"

„Wie Sie sehen, ist das zwei Jahre her! ... Ich bin jetzt ein Bürger, ein guter Bürger", und er schlug sich mit beiden Handflächen auf den Bauch.

„Ich gratuliere Ihnen, Monsieur Jacotot.“

„Du bist wirklich gut.“

„Ich kenne jemanden, dem Ihr Glück nicht geschadet hat.“

„Wer, Monsieur?“

„Alexandre Dumas, der Autor von *Impressions de Voyage.*“

Jacotots Gesicht verzog sich.

„Alexandre Dumas“, wiederholte er.

"Ja."

„Ist es, weil er gesagt hat, ich hätte ein dummes Gesicht?“, rief Jacotot und schlug die Tür heftig zu, als er sein Haus betrat.

Der Reisende hatte Jacotot seinen Abschiedsbesuch abgestattet, denn von diesem Augenblick an wandte er sich in die andere Richtung, wenn Jacotot ihn von der einen Seite erblickte.

Im selben Land habe ich einen dritten Feind, der viel ernster ist als die beiden anderen und aus einem Grund von fast ebenso geringer Bedeutung, und es ist Seine Majestät Charles-Albert, König von Sardinien. Während meines Aufenthalts in Aix machte ich zwei Ausflüge: einen nach Chambéry und den anderen zum Dent du Chat. Beide wurden bemerkenswert: der eine durch einen Akt großer Unvorsichtigkeit, der andere durch einen schweren Unfall; Unvorsichtigkeit und Unfall wären wahrscheinlich unbemerkt geblieben, wenn ich nicht in jenen verhängnisvollen *Impressions de Voyage darauf hingewiesen hätte.* Die Unvorsichtigkeit bestand darin, in die Hauptstadt Savoyens mit grauen Hüten zu gehen, wie meine Gefährten und ich es taten. Sie werden fragen, liebe Leser, welche Unvorsichtigkeit es war, graue Hüte statt schwarzer Filzhüte zu tragen. 1833 hätte es keine gegeben, aber 1832 war es sehr unklug; und hier ist ein Auszug aus einigen Zeilen aus meinen *Impressions de Voyage —*

> "Um 16 Uhr desselben Tages erreichten wir Chambéry. Von den öffentlichen Denkmälern der Hauptstadt Savoyens will ich nichts sagen; ich konnte keines von ihnen betreten, weil ich einen grauen Hut trug. Es scheint, dass eine Depesche aus den Tuilerien die strengsten Maßnahmen gegen die aufrührerische Stimmung herbeigeführt hatte und dass der König von Sardinien nicht wegen einer so sinnlosen Angelegenheit einem Krieg gegen seinen geliebten Bruder Louis-Philippe d'Orléans

ausgesetzt sein wollte. Als ich darauf beharrte und energisch gegen die Ungerechtigkeit eines solchen Vorgehens deklamierte, sagten mir die königlichen Carabiniers, die am Palasttor Wache hielten, scherzhaft, dass es in Chambéry ein Gebäude gäbe, in das sie mich bringen dürften, wenn ich unbedingt darauf beharrte, nämlich das Gefängnis. Da der König von Frankreich seinerseits wahrscheinlich nicht wegen einer so unwichtigen Persönlichkeit wie seinem ehemaligen Bibliothekar einem Krieg gegen seinen geliebten Bruder Charles-Albert ausgesetzt sein wollte, antwortete ich meinen Gesprächspartnern, dass sie zweifellos sehr charmant seien, denn Savoyer und sehr witzig für Karabinerschützen, aber ich würde nicht länger darauf bestehen.‟

Savoyen ist ein merkwürdiges Land: Jacotot war wütend, weil ich etwas Beleidigendes über ihn sagte; die Karabinerschützen waren wütend, weil ich ihnen ein Kompliment machte. So viel zur Unvorsichtigkeit. Kommen wir nun zum Unfall.

Nach dem Abendessen schlugen ein Dutzend Badegäste, fröhliche Gefährten, von denen vier leider schon tot sind, vor, um einander nicht zu verlassen, den Sonnenaufgang vom Gipfel des Dent du Chat aus zu sehen. Es ist ein spitzer Berggipfel, der seinen Namen seiner Form verdankt, und sein kahler, grünloser Kegel blickt auf Aix herab. Der Vorschlag wurde angenommen; sie zogen ihre Stiefel an, kleideten sich für die Reise an und machten sich auf den Weg. Ich tat dasselbe wie die anderen, obwohl ich nicht viel Lust auf Aufstiege habe; ich leide unter Schwindelgefühlen, und hoch oben zu sein, selbst wenn keine Gefahr besteht, ist für mich schmerzhafter als eine wirkliche Gefahr, die sich in ganz anderer Form zeigen kann. Wie im Fall von Chambéry gestatten Sie mir, einige Passagen aus meinen *Reiseeindrücken zu zitieren* ; es wird den Leser davon befreien, noch einmal dorthin zurückzukehren:

"Wir begannen um halb eins mitten in der Nacht mit dem Aufstieg; es war ein seltsamer Anblick, dieser Marsch im Fackelschein. Um zwei hatten wir drei Viertel unseres Weges geschafft, aber der verbleibende Teil war so gefährlich und schwierig, dass unsere Führer uns anhalten ließen, um auf die ersten Strahlen der Morgendämmerung zu warten. Als diese erschien, setzten wir unseren Weg fort, der bald so steil wurde, dass unsere Brüste fast den Abhang berührten, auf dem wir in einer Reihe gingen. Jeder zeigte seine Geschicklichkeit und Kraft, indem er sich mit den Händen an der Heide und den kleinen Sträuchern und mit den Füßen an der Rauheit des Felsens und den Unebenheiten im Boden festhielt. Wir hörten die Steine, die wir lösten, den Abhang des Berges hinunterrollen, der so steil war wie ein Dach; und dann folgten wir ihnen mit unseren Augen, bis wir sahen, wie sie in den See mit seiner blauen Decke fielen, der eine Viertelmeile unter uns ausgebreitet lag. Unsere Führer selbst konnten uns nicht helfen, da sie damit beschäftigt waren, den besten Weg zu finden; aber von Zeit zu Zeit rieten sie uns, nicht zurückzublicken, aus Angst, ohnmächtig oder schwindlig zu werden: und Ihre in kurzem, prägnantem Ton vorgetragenen Ermahnungen zeigten uns, dass die Gefahr sehr real war.

„Plötzlich stieß einer unserer Kameraden, der ihnen unmittelbar folgte, einen Schrei aus, der uns eine Gänsehaut machte. Er hatte versucht, seinen Fuß auf einen Stein zu stellen, der bereits durch das Gewicht derer, die vor ihm gegangen waren, erschüttert war. Der Stein brach weg, und die Äste, an denen er sich ebenfalls festgeklammert hatte, waren nicht stark genug, um das Gewicht seines Körpers allein zu tragen, und zerbrachen zwischen seinen Händen.

„,Haltet ihn fest!', riefen die Führer.

„Aber das war leichter gesagt als getan. Jeder von uns hatte bereits große Mühe, sich aufrecht zu halten. So ging er an uns vorbei, ohne dass ihn einer von uns aufhalten konnte; wir dachten, er sei verloren, und mit dem Schweiß des Schreckens auf der Stirn sahen wir ihm atemlos nach, bis er dicht bei Montaigu war, dem letzten von uns allen, und er eine Hand ausstreckte und ihn an den Haaren packte. Einen Moment lang war es fraglich, ob nicht beide stürzen würden; es war ein kurzer, aber schrecklicher Moment, und ich stehe dafür ein, dass keiner von denen, die dabei waren, die Länge des zweiten Augenblicks vergessen wird, während wir die beiden Männer über einen zweitausend Fuß tiefen Abgrund schwanken sahen, ohne zu wissen, ob sie hinabstürzen oder es ihnen gelingen würden, wieder Halt zu finden.

„Schließlich erreichten wir ein kleines Tannenwäldchen, das den Weg zwar nicht weniger steil machte, ihn aber angenehmer machte, da die Bäume uns die Möglichkeit boten, uns an ihren Ästen festzuhalten oder uns an ihren

Stämmen anzulehnen. Die gegenüberliegende Grenze des kleinen Waldes berührte fast den Fuß des nackten Felsens, dessen Form dem Berg seinen Namen gegeben hat; unregelmäßig in den Stein gegrabene Löcher boten uns eine Art Treppe, die zum Gipfel führte.

„Nur zwei von uns versuchten diesen letzten Aufstieg. Nicht, dass die Reise schwieriger gewesen wäre als die, die wir gerade bewältigt hatten, aber sie versprach uns keine bessere Aussicht, und die Aussicht, die vor uns lag, entschädigte uns bei weitem nicht für unsere Erschöpfung und Verletzungen. Wir ließen sie also auf ihren Kirchturm klettern und setzten uns hin, um Steine und Dornen aus uns herauszuziehen. Inzwischen erreichten die Bergsteiger den Gipfel des Berges und als Beweis dafür, dass sie ihn erobert hatten, entzündeten sie ein Feuer und rauchten ihre Zigarren darum herum.

"Sie kamen nach einer Viertelstunde herunter und löschten sorgfältig das Feuer, das sie angezündet hatten, obwohl sie neugierig waren, ob der Rauch unten bemerkt worden war. Wir aßen eine kleine Mahlzeit, dann fragten uns unsere Führer, ob wir auf demselben Weg zurückkehren oder einen anderen und längeren, aber viel einfacheren nehmen wollten. Wir entschieden uns einstimmig für letzteren. Um drei Uhr waren wir in Aix, und in der Mitte des Platzes hatten die Herren das stolze Vergnügen, noch immer den Rauch ihres Leuchtfeuers zu sehen. Ich fragte sie, ob ich, nachdem ich so viel Vergnügen gehabt hatte, zu Bett gehen dürfte. Da wahrscheinlich jeder das Bedürfnis verspürte, dasselbe zu tun, sagten sie mir, es gäbe keine Einwände. Ich glaube, ich hätte sechsunddreißig Stunden am Stück geschlafen, wenn ich nicht von einem lauten Lärm geweckt worden wäre. Ich öffnete die Augen, es war dunkel; ich ging zum Fenster und sah die ganze Stadt Aix in Aufruhr. Die Bevölkerung, darunter Kinder und alte Leute, war auf den öffentlichen Platz gekommen, wie sie es früher während der Nacht getan hatten. Aufstände in Rom. Alle redeten durcheinander, griffen nach Gläsern und sahen so in die Luft, dass ihnen das Rückgrat brach; ich dachte, es müsse eine Mondfinsternis geben. Ich zog mich schnell an, um meinen Teil des Phänomens zu sehen, und ging mit meinem Fernglas bewaffnet hinunter. Die ganze Atmosphäre war von einem roten Widerschein gefärbt, der Himmel schien in Flammen zu stehen; der Dent du Chat stand in Flammen! Das Feuer dauerte drei Tage. Am vierten Tag brachten sie unseren Rauchern eine Rechnung über 37.500 Francs. Die Raucher fanden die Summe für ein Dutzend Arpents Holz etwas zu hoch, da es aufgrund der Lage unmöglich war, daran zu kommen. Daher schrieben sie an unseren Botschafter in Turin, um zu versuchen, die Rechnung etwas zu kürzen. Er muss es sehr gut geschafft haben, denn die Rechnung, die ihnen nach einer Woche zur Zahlung zurückgeschickt wurde, wurde auf 780 Francs reduziert.

„Dank meines grauen Hutes, der die Empfindlichkeit der Carabiniers von Chambéry geweckt hatte, und meiner Teilnahme an der Exkursion und dem Abschuss der Dent du Chat waren mir die Staaten von König Charles-Albert sechs Jahre lang verschlossen."

Ich habe an passender Stelle erzählt, wie ich 1835 schmählich aus Genua vertrieben wurde und wie ich 1838 triumphierend dorthin zurückkehrte. Darf ich mir hier einen kleinen Exkurs zum Thema Fürsten und Schiffskapitäne erlauben?

Mir ist aufgefallen, dass im Allgemeinen keiner von beiden Männer mit Intellekt mag. Wenn sich tatsächlich ein Mann mit kultiviertem Geist nach zehn Minuten an der Tafel eines Prinzen befindet, ohne dass er völlig stumm ist, dann ist der Mann mit Geist der wahre Prinz, an den sich die Leute wenden, er ist es, den man zum Sprechen bringt, er ist es, dem sie zuhören. Der Prinz von Geburt wird vollständig vernichtet – er existiert nicht mehr als solcher und unterscheidet sich nur noch auf zwei Arten von anderen Gästen: Während andere Gäste reden, schweigt er; während sie lachen, schmollt er. Sie werden in einem solchen Fall sagen, dass der kultivierte Mann, wenn er wirklich klug ist, schweigen wird, damit der Prinz seine Fürstenschaft behaupten kann. Aber dann wird der kluge Mann kein kluger Mann mehr sein – er wird ein Höfling sein. Zahlreiche kluge Männer sind wegen ihrer Fähigkeiten in Ungnade gefallen. Nennen Sie mir ein Beispiel eines Narren, der wegen seiner Torheit in Ungnade gefallen ist. Mit Schiffskapitänen ist es dasselbe wie mit Prinzen.

Wenn ein kluger Mann an Bord ist und das Wetter schön ist, ist der Kapitän nirgendwo. Die Leute drängen sich um den Mann mit dem Intellekt, während der Kapitän allein auf dem Achterdeck umhergeht. Es stimmt, dass der Kapitän bei einem Sturm wieder Kapitän wird, aber nur so lange, wie der Sturm anhält. Sie sagen mir, es gebe Prinzen, die Intellekt haben. Natürlich! Ich habe einige gekannt und kenne sie noch immer; aber ihr Stand zwingt sie, ihn zu verbergen. Es war unmöglich, einen charmanteren, feineren oder anmutigeren Geist zu haben als den des Herzogs von Orléans; und doch konnte ihn niemand besser verbergen als er. Eines Tages, als er eine jener entzückenden Schlagabtausche gemacht hatte, von denen seine Unterhaltungen überschwänglich waren, wenn er mit Künstlern zu tun hatte, fragte ich ihn:

„ *Mon Dieu,* Monseigneur, wie kommt es, dass Sie, einer der geistreichsten Menschen, die ich kenne, so wenig den Ruf eines geistreichen Menschen haben?"

Er begann zu lachen.

„Wie köstlich du bist!", sagte er. „Glaubst du, ich erlaube es mir, vor jedem meinen Witz zu zeigen?"

„Aber, Monseigneur, Sie zeigen es mir, und zwar von Ihrer allerbesten Seite."

"Parbleu! Denn ich weiß, dass Sie ebenso witzig sind. Sie sind immer so witzig wie ich, wenn nicht sogar witziger; aber gegenüber Schwachköpfen, mein lieber Monsieur Dumas! ... Ich habe genug damit zu tun, dass sie mir verzeihen, dass ich ein Prinz bin, ohne dass ich ihnen dadurch, dass ich ein witziger Mann bin, noch mehr zu verzeihen geben muss ... Es ist also abgemacht, dass Sie, wenn Sie mir nicht so sehr eine Freude machen, als mir einen Dienst erweisen wollen, sagen müssen, dass ich ein Schwachkopf bin!"

Armer, lieber Prinz!

KAPITEL III

22. Juli 1832

———

Am Tag nach dem großen Brand betrat einer unserer Badegäste, der aus Chambéry zurückgekehrt war, den Raum, in dem wir uns trafen, und sagte:

„Meine Herren, haben Sie die Neuigkeiten gehört?"

"NEIN."

„Der Herzog von Reichstadt ist tot."

Der Herzog von Reichstadt war tatsächlich am 22. Juli um acht Minuten nach fünf Uhr morgens gestorben, dem Jahrestag, an dem ihn der Kaiser per Patent zum Herzog von Reichstadt ernannt hatte und an dem er vom Tod seines Vaters, Kaiser Napoleon, erfahren hatte. Seine letzten Worte waren gewesen:

„ Ich gehe unter! Mutter! Mutter! "

So kam es, dass das Kind des Jahres 1811 in einer fremden Sprache der Welt Lebewohl sagte!

Unsere Nachforschungen über den jungen Prinzen, diese bleiche historische Gestalt, die von Tag zu Tag verblasste, während die Phantomgestalt seines Vaters immer größer wurde, ermöglichen es uns, einige Einzelheiten über sein kurzes Leben und seinen traurigen Tod preiszugeben, die vielleicht nicht bekannt sind.

Victor Hugo, der Mann, an den man sich immer wenden muss, wenn es darum geht, den Riesen Napoleon zu messen, schrieb die poetische Geschichte des jungen Prinzen in wenigen Strophen. Wir dürfen sie zitieren. Zu sagen, dass wir den verbannten Dichter lieben, tröstet unser Herz; zu sagen, dass wir ihn bewundern, lindert unser Bedauern. Das Grab ist taub, aber vielleicht ist uns das Exil sogar noch lieber. Unsere Stimme ist eine, die unsere Freunde im Grab und im Exil hören werden. Gestern der Herzog von Orléans, heute Hugo.

"Mil huit cent onze!—o ô où d'une peuples sans nom à sécurité, sécurités sous un nuage nuage.Was ist der Himmel, das ist ja!Was ist der Zittern unter den hundertjährigen Staaten.Und wenn man den Louvre betrachtet, umgeben von Tonnen, wie ein Berg Sinai!

Courbes wie ein Pferd, das seinen Meister kommen ließ.Sie lösen sich zwischen ihnen auf: ,Einer der Großen wird naiv sein; Das riesige Reich wird ein Erbe sein.Was ist das, was der Seigneur diesem Mann hier

, größer als Cäsar, größer als Rom,
angetan hat, in seiner Art der menschlichen Gattung?'

Wie die Parlamentarier, die Nackten sind strahlend und tief. Er tritt ein und er wird sich in die Welt begeben. Der vorherbestimmte Mensch! Und die Leute sind nicht rein, was sie sagen; denn seine beiden Arme sind auf der Erde gegenwärtig. Ein neues Kind!

Das Kind war der König von Rom – der, der gerade gestorben war. Als sein Vater ihn auf dem Balkon der Tuilerien zeigte, so wie Ludwig XIV. Ludwig XIV. vom Balkon von Saint-Germain zeigte, war er der Erbe der mächtigsten Krone, die es gab; zu dieser Zeit zog der Kaiser die Hälfte der christlichen Bevölkerung in seinen Bann; seine Befehle erstreckten sich über einen Raum, der neunzehn Breitengrade umfasste, und wurden befolgt; und achtzig Millionen Menschen riefen in acht verschiedenen Sprachen „ *Vive Napoleon!*"

.

Doch kehren wir zum Dichter zurück:

"O umgekehrt, das sind Lektionen! Wenn das Kind dieses Mannes
Aber erhob sich, um die Krone Roms zu erobern; Wenn er sich eines
Namens bemächtigte, der

ihn bewahrte; Wenn er sich gut umsah, war seine königliche Fassade zitternd. Die Leute staunten, als sie alle zusammenkamen, seien sie groß und seien sie klein! Wenn sein Vater ihn erhob, wurden ihm die Schlachten gut gelingen; Wenn er sich von lebenden Murailles erlösen ließ, war der Neugeborene stolz auf seinem Kopf; Wenn dieser große Arbeiter es als Grund empfand. Aber mit ein paar Schlägen war die Welt kaum zu schlagen. Nach dem Lied, das er singt, ist es wieder auferstehen;

Wenn alles von den Hauptpaternellen vorbereitet wurde, Um das bescheidene Kind mit ewigen Glanz zu verwöhnen. Wenn es seines Lebens versicherte, das Relais; Wenn dieser erbliche Meister einen Tag verbrachte, Um es einzureißen, gut vor der Erde. Der Marmorfuß des Palastes; Wenn es

seines Herzens wegen aufgestellt war, von Frankreich weg. Eine Vase erinnert mich immer an den Wein der Hoffnung ... Bevor es von diesem goldenen Gift vergossen wurde, Bevor es ihn berührte,
überlebte ein Kerl, der das Kind in die Knie zwang
und ihn ertrug . alles klar!

Die Geschichte des armen Kindes kann nur aus widersprüchlichen Beweisen zusammengesetzt werden. Wir wollen uns einen Brief von Monsieur de

Montbel leihen, der von der Ungeduld berichtet, mit der man in der Kaiserstadt Wien auf die Bekanntgabe seiner Geburt wartete:

WIEN, 26. *März*

„Es wäre schwierig, der Ungeduld gerecht zu werden, mit der man hier die Nachricht von der Auslieferung Ihrer Majestät, der Kaiserin der Franzosen, erwartete. Am Sonntag, dem 24., um zehn Uhr morgens, hatte die Ungewissheit ein Ende: Das Telegramm, das die freudige Nachricht verkündete, wurde vier Tage und eine Stunde nach diesem Ereignis von Major Robelleau, dem ersten Adjutanten von General Desbureaux, dem Kommandanten der Fünften Militärdivision, an den französischen Botschafter übermittelt. Die Nachricht davon verbreitete sich schnell im Ausland und löste allgemeine Freude aus.

"Herr von Tettenborn, Adjutant des Fürsten von Schwarzenberg, verließ Paris bei Tag und traf vierzehn Stunden nach Chevalier Robelleau ein, um die frohe Nachricht zu bestätigen. Schließlich traf am Morgen des 25. ein Kurier des französischen Kabinetts ein, der den offiziellen Brief überbrachte, mit dem Kaiser Napoleon die Geburt seines erlauchten Schwiegervaters bekannt gab. Die Zufriedenheit Seiner Majestät war außerordentlich groß und wurde vom gesamten Hof geteilt. Da der französische Botschafter zu Hause unpässlich war, ging der erste Sekretär der Botschaft in den Palast, wurde in das Kabinett des Kaisers geführt und hatte die Ehre, Seiner Majestät, seinem Herrn, dem Kaiser, den Brief zu überreichen. Am selben Sonntag schickte der Kaiser einen Kammerherrn zum französischen Botschafter, um ihm zu gratulieren. *Der Botschafter nahm die Glückwünsche von Herrn Graf von Metternich* und dem gesamten diplomatischen Korps gleichermaßen entgegen.

„Morgen wird es am Hof anlässlich der Geburt des Königs von Rom einen großen Salon geben. Alle sagen, es wird eine sehr glänzende Veranstaltung."

Vielleicht ist es interessant, die Glückwünsche des Herrn Grafen von Metternich an den Botschafter in Frankreich vom 25. März 1811 mit den Informationen zu vergleichen, die derselbe Graf von Metternich am 31. Oktober 1815 an Herrn Baron von Sturmer, Kommissar Seiner Kaiserlichen und Apostolischen Majestät auf der Insel St. Helena, übermittelte:

„Da die alliierten Mächte übereingekommen waren, die genauesten Maßnahmen zu ergreifen, um jedes Unterfangen von Seiten Napoleon Bonapartes unmöglich zu machen, wurde zwischen ihnen beschlossen, dass er auf die Insel St. Helena gebracht und dort der Obhut der britischen Regierung anvertraut werden soll; dass die Gerichte Österreichs, Russlands und Preußens ihre Agenten dorthin schicken sollen, um seine Anwesenheit sicherzustellen, ohne ihnen jedoch die Verantwortung zu übertragen, ihn zu bewachen; und dass Seine Allerchristlichste Majestät ebenfalls aufgefordert werden soll, einen französischen Agenten an den Ort zu schicken, an dem Napoleon Bonaparte festgehalten wird.

„Aufgrund dieses Beschlusses, der durch eine besondere Vereinbarung zwischen den Gerichten Österreichs und Russlands sowie Großbritanniens und Preußens vom 2. August 1815 in Paris genehmigt wurde, hat sich Seine Majestät der Kaiser, unser erlauchtiger Herr, herabgelassen, Sie als seinen Vertreter mit Wohnsitz auf St. Helena zu ernennen.

„Da die Bewachung von Napoleon Bonaparte speziell der britischen Regierung anvertraut ist, obliegt Ihnen diesbezüglich keine Verantwortung. Sie können sich jedoch in Abstimmung mit dem Gouverneur mit allen Mitteln und auf jede Art und Weise seiner Anwesenheit vergewissern, die Sie wünschen. Sie müssen sich mit eigenen Augen von seiner Existenz überzeugen und einen offiziellen Bericht erstellen, der von Ihnen und Ihren Kollegen unterzeichnet und vom Gouverneur gegengezeichnet werden muss. Von jedem der Agenten wird erwartet, dass er seinem Gericht jeden Monat eine Kopie dieses Berichts mit seinen Unterschriften und einer Gegenzeichnung durch den Gouverneur vorlegt.

„Sie werden mit größter Sorgfalt jede Art von Kommunikation mit Napoleon Bonaparte und den Personen seines Gefolges vermeiden. Sie werden alle Annäherungsversuche, die sie bei Ihnen unternehmen könnten, entschieden zurückweisen. Und falls sie direkte Annäherungsversuche zulassen, werden Sie dies unverzüglich dem Gouverneur melden.

„Obwohl Sie in keiner Weise für die Bewachung Bonapartes oder der Personen, die sein Gefolge bilden, verantwortlich sind, werden Sie den Gouverneur unverzüglich warnen, wenn Ihnen bekannt wird, dass sie Mittel anwenden, um der Außenwelt zu entgehen oder die Kommunikation aufrechtzuerhalten.

"Ihre Aufgaben beschränken sich auf die in diesen Anweisungen angegebenen. Sie werden sich mit aller gewissenhaften Sorgfalt aller Einzelhandlungen enthalten, denn es ist unsere feste Absicht, dass Sie im Einvernehmen mit Ihren Kollegen und stets im Einvernehmen mit ihnen und dem Gouverneur handeln. Sie werden jede sich bietende Gelegenheit nutzen, um Ihre Berichte direkt an uns zu übermitteln."
"METTERNICH"

"PARIS, 31. *Oktober* 1815"

Soviel zum politischen Aspekt: nun wollen wir uns dem Poetischen zuwenden –

"Ja, der Adler, eine Nacht, stürzte sich auf ewige Wölfe, ein großer Schlag versetzte ihm einen Schlag auf die beiden Äste; seine Rutsche saß in der Luft auf einem glühenden Stuhl; alles auf seiner Seite schmolz vor Freude; einer nach dem anderen teilte sich den Weg: England stürzte sich auf den Adler und Österreich auf den Adler.

Sie werden das behalten, was dem großen historischen Wesen zu eigen war. Sechs Jahre lang, auf wen, hinter Afrika, unter den Widrigkeiten der klugen Könige – Oh! Niemand wurde verbannt! Oh! Die Verbannung war unmöglich! – Diese große Gestalt saß in ihrem Käfig, gefesselt und gezähmt mit Zähnen.

Also, wenn dieses Kind nicht auf die Erde zielt! Aber Löwenherzen sind die wahren Herzen des Vaters; Er zielt auf seinen Sohn, das ist vergebens! Zwei Männer halten ihn in seinem Käfig fest: Das Porträt eines Kindes und die Karte der Welt, Alles ist ein Genie und alles ist ein Herz!

Die Nacht, wenn sein Blick in der Nische verloren geht, Was in diesem brennenden Kopf zurückbleibt, Was in der tiefen Vergangenheit vergraben ist, Während seine Geier platzierte Wächter sind, Für eine gute Nacht und einen guten Tag, wenn seine Gedanken kommen, In Anbetracht der Vergangenheit der Schatten auf seiner Vorderseite.

Das ist nie passiert, Herr, dieser Papagei. Was Sie glauben, wird mit dem
Degen nicht geschrieben stehen, Arcole, Austerlitz, Montmirail. Nicht die
Erscheinung der alten Pyramiden,
nicht der Pascha von Kairo und seine numidischen Pferde,
die Ihren Arm opfern.

Das Geräusch von Bombe und Waffe war nicht zu hören. Was immer man
unter seinen Füßen spürt, ist, dass die Schlacht vorbei ist. In schwarze
Ketten zerlegt. Wenn er über diese Meere stolpert, geraten die im
Nahkampf hängenden Vorhänge in Wallung. Als wären es die
Bataillonsmatten.

Es gab nichts in Madrid, dem Kreml und dem Leuchtturm. Diana rief
morgens ihr Geschrei aus. Die Biwaks tummeln sich in feurigen Sternen.
Die Haardrachen, die Spitzgrenadiere. Und die roten Lanzen wirbeln in
Spitzmäulern herum. Wie Blumen um den Finger gewickelt.

Nein, das, was mich beschäftigt, ist das blonde und rosa Ombré-Bart. Von
einem schönen Kind, das den halb geschlossenen Kopf trägt. Liebevoll wie
im Orient. Solange es seine bezaubernde Nahrung liebt, Von einem
Milchshake über seinen Rest. Agace lässt seine Wangen kreisen!

Also, der Vater legt die Kissen auf seinen Stuhl. Sein Herz voller Blut
flackerte vor Freude. Es quälte die verlorene Liebe ... So sei es

, armes Kind, heute ist der Kopf eiskalt. Nur wer sich in Gedanken
verwirren kann: Du bist der Einzige, der die Welt verloren hat!

***

Alle zwei sind gestorben! Herr, Ihr Recht ist furchtbar! Sie haben mit dem
unbesiegbaren Meister begonnen, mit dem triumphierenden Mann. Dann
wird Ihnen das Bein schließlich vollendet. Alles, was Ihnen bleibt, ist, das
Bein zu füllen. Du, Vater und Kind!

Gloire, Jeunesse, Orgueil, gut, dass das Grab sich rührt! Der Mensch wird
einiges hinter die Tür lassen;
Aber der Tod sagte: „Nein!"
Jedes Element kehrt zurück, wo alles wieder herabsteigen muss! Die Luft
spiegelt den Rauch und die Erde den Zenit; das Auge spiegelt den Namen
wider."

Ich ziehe die Poesie entschieden der Politik vor. Stimmen Sie mir nicht zu, lieber Leser? Wie lebte und starb nun das arme verbannte Kind, das aus seinem Nest fiel? Das werden wir in den folgenden Kapiteln erzählen.

KAPITEL IV

Edikt zur Enttaufe des Königs von Rom – Anekdoten aus der Kindheit des Herzogs von Reichstadt – Brief von Sir Hudson Lowe, in dem er den Tod Napoleons bekannt gibt

In Schönbrünn, im selben Palast, in dem der Kaiser 1805 nach Austerlitz und 1809 nach Wagram lebte, wurden Marie-Louis und ihr Sohn von der österreichischen Kaiserfamilie empfangen. So wie Englands erste Sorge darin bestand, Napoleon seinen Kaisertitel zu entziehen, so bestand die erste Sorge Franz II. darin, seinem Enkel den Namen Napoleon zu nehmen.

Am 22. Juli 1818 erließ der Kaiser von Österreich folgendes Edikt:

„Wir, Franz II., von Gottes Gnaden Kaiser von Österreich, König von Jerusalem, Ungarn, Böhmen, der Lombardei und Venedig, von Dalmatien, Kroatien, Esklavonien, Gallien, Lodomerien und Illyrien, Erzherzog von Österreich, Herzog von Lothringen, von Salzburg, der Steiermark, Kärnten, Krain, Hoch- und Niederschlesien, Großfürst von Siebenbürgen, Markgraf von Mähren, Graf und Fürst von Habsburg und Tirol usw. usw., möchten, dass bekannt wird, dass – Da wir feststellen, dass wir infolge des Beschlusses des Wiener Kongresses und der Verhandlungen, die seitdem in Paris mit unseren wichtigsten Verbündeten stattgefunden haben, in der Angelegenheit der Festlegung des Titels, des Ranges und der persönlichen Beziehungen von Prinz François Joseph-Charles, Sohn unserer geliebten Tochter Marie-Louise, Erzherzogin von Österreich, Herzogin von Parma, von Plaisance und von Guastalla, dementsprechend Folgendes verfügt haben: –

"1. Wir verleihen Prinz François-Joseph-Charles, dem Sohn unserer geliebten Tochter, der Erzherzogin Marie-Louise, den Titel eines Herzogs von Reichstadt und ordnen zugleich an, dass in Zukunft alle unsere Autoritäten und alle Privatpersonen ihm bei mündlichen oder schriftlichen Ansprachen zu Beginn der Rede oder in der Überschrift eines Briefes den Titel Durchlauchtiger Herzog und im Text den Titel Durchlauchtige Hoheit geben.

"2. Wir gestatten ihm, ein besonderes Wappen zu haben und zu verwenden: nämlich rotes Wappen mit goldenem

Balken, zwei Löwen, die mit dem Rücken nach rechts
gehen, einer in der Spitze, der andere in der Spitze; ein Oval
auf einem herzoglichen Mantel und mit einer herzoglichen
Krone versehen; als Stütze zwei schwarz bewaffnete,
gefleckte und mit Gold gekrönte Greife, die Banner halten,
auf denen das herzogliche Wappen wiederholt wird.

3. Prinz François Joseph-Charles, Herzog von Reichstadt,
wird am Hof und im gesamten Gebiet unseres Reiches den
Rang unmittelbar nach den Prinzen unserer Familie und
den Erzherzögen von Österreich einnehmen.

„Zwei identische Kopien der vorliegenden Erklärung und
Verordnung, von uns unterzeichnet, wurden versandt, um
jeden zu informieren, der sich an sie halten muss. Eine
Kopie wurde in unseren privaten Familienarchiven bei
Hof und Staat hinterlegt. Ausgestellt in unserer Hauptstadt
und Residenz Wien am 22. Juli des Jahres 1818, dem 27.
Jahr unserer Herrschaft.
FRANÇOIS"

Wie man sieht, war es unmöglich, diesen armen Eindringling, für den sich
die Familie schämte, besser zu verbergen. Seine Herkunft als Franzose oder
sein Name Napoleon wurden nicht mehr erwähnt, als wenn Frankreich nie
existiert hätte oder als wenn es nie ein Kaiserreich gegeben hätte. Er wird
keinen Familiennamen mehr haben: Er wird den Namen eines Herzogtums
tragen; er wird nicht den von *Majestät* oder *Sire tragen* ; er wird
Durchlauchtigste Hoheit heißen. Vom französischen Adler, dem Adler, der
1804 von den Pyramiden nach Wien flog, der 1814 von Kirchturm zu
Kirchturm bis zu den Türmen von Notre-Dame flog, gibt es keine weitere
Frage als vom Namen der Nationalität; der Herzog von Reichstadt wird *zwei
goldene Löwen tragen, die* wie ein Graf des Heiligen Kaiserreichs auf roten
Fahnen fliegen – nicht einmal den Stern von Bonaparte, nicht einmal die
Bienen der Insel Elba. Er wird bei Hofe den Rang nach den Prinzen der
kaiserlichen Familie einnehmen. So ist er nicht einmal ein Prinz der
kaiserlichen Familie aus eigenem Recht durch seine Mutter! – Schweigen
über seinen Vater! Er hat keinen Vater und hatte nie einen; außerdem nennt
sich der Vater, den er hätte haben können, einfach *General Bonaparte oder wird
von Sir Hudson Lowe so genannt.* Freilich hat der arme Enterbte eine Zukunft in
der Liebe seines Großvaters, der ihn anbetet; wenn er sich gut benimmt, wird
er Oberst in einem österreichischen oder ungarischen Regiment! Es gab auch
die Zukunft von Marcellus und die, die die Vorsehung aus tiefem Mitleid für
ihn bereithält! Und doch erinnerte sich das arme Kind; und das war sein
Martyrium. Eines Tages – er war kaum sechs Jahre alt – trat er an den Kaiser
heran, lehnte sich an seine Knie und sagte:

„Lieber Großvater, stimmt es nicht, dass ich Pagen hatte, als ich in Paris war?"

„Ja", antwortete der Kaiser, „das glaube ich."

„Stimmt es nicht auch, dass sie mich den König von Rom nannten?"

„Ja. Man nannte Sie König von Rom."

„Also, Großpapa, was bedeutet es, König von Rom zu sein?"

„Es hat keinen Sinn, es dir zu erklären, denn du bist es nicht mehr."

„Aber warum bin ich das nicht?"

„Mein Kind", antwortete der Kaiser, „wenn du erwachsen bist, wird es leicht sein, dich in diesem Punkt zu unterrichten. Für den Moment möchte ich dir nur sagen, dass ich zusätzlich zu meinem Titel als Kaiser von Österreich auch den des Königs von Jerusalem trage, ohne irgendeine Macht über die Stadt zu haben. Also gut, du bist König von Rom, so wie ich König von Jerusalem bin."

Ein anderes Mal spielte der junge Prinz mit Bleisoldaten, unter denen sich auch eine große Zahl irregulärer Kosaken befand. Ein Maler, M. Hummel, der gerade sein Porträt malte, kam zu ihm.

„Haben Sie schon einmal Kosaken gesehen, Monseigneur?", fragte er.

„Ja, sicher, ich habe sie gesehen", antwortete das Kind. „Es waren Kosaken, die uns eskortierten, als wir Frankreich verließen."

Als das Porträt des Prinzen fertig war, fragte der Maler seinen Lehrer Monsieur Dietrichstein: „In welcher Reihenfolge soll ich Seine Hoheit, Monsieur le Comte, schmücken?"

„Mit dem St.-Stephans-Orden, den ihm Seine Majestät der Kaiser von Österreich im Kindesalter überreichte."

„Aber, Monsieur le Comte", sagte das Kind, „ich habe noch viele andere!"

„Ja, Monseigneur, aber Sie tragen sie nicht mehr."

"Warum?"

"Weil sie abgeschafft wurden."

Armes Kind! Nicht die Orden waren abgeschafft worden, sondern sein Vermögen war gesunken.

In diesem Alter war der Herzog von Reichstadt ein wunderschöner Mann mit großen blauen Augen, einem Teint wie Rosenblätter und langem, blondem, lockigem Haar, das ihm bis auf die Schultern fiel. Alle seine Bewegungen waren voller Anmut und Schönheit; er sprach Französisch mit dem den Parisern eigenen Akzent. Er musste Deutsch lernen, und das war eine große Aufgabe und ein täglicher und stündlicher Kampf und eine große Schwierigkeit.

„Wenn ich Deutsch spreche", sagte er, „bin ich kein Franzose mehr."

Der Herzog von Reichstadt musste sich jedoch damit abfinden, die Sprache von Herrn von Metternich zu lernen, und diese Sprache verwendete er ständig, als er sie mit den Prinzen der kaiserlichen Familie lernte.

Eines Tages traf ein Kurier von Monsieur de Rothschild in Wien ein und brachte großartige Neuigkeiten mit, Neuigkeiten, die früher durch Kometen und Erdbeben verkündet worden wären: Napoleon war im Mai 1821 gestorben! Die Nachricht erreichte Wien am 22. Juli – dem Tag, an dem der Herzog von Reichstadt drei Jahre zuvor seinen Namen verloren hatte; dem Tag, an dem er elf Jahre später sein Leben verlieren sollte.

Der Graf von Dietrichstein war abwesend, und der Kaiser beauftragte Monsieur Foresti, dem jungen Herzog, der gerade seinen zehnten Geburtstag gefeiert hatte, die verhängnisvolle Nachricht zu überbringen. Monsieur Foresti verehrte den Prinzen; er war seit 1815 mit ihm zusammen. Er teilte ihm die Nachricht mit allerlei Umschweifen mit, doch gleich bei den ersten Worten, die er aussprach, sagte der Prinz:

„Mein Vater ist tot, oder nicht?"

„Monseigneur ..."

"Er ist tot?"

"In der Tat, ja!"

„Wie kann man wollen, dass er ... dort drüben lebt!", rief das Kind und brach in Tränen aus.

Entgegen der kaiserlichen Etikette trug er ein Jahr lang Trauer. Er bestand darauf, als man ihn dazu bringen wollte, die Trauer abzulegen. Sie wandten sich an den Kaiser, der antwortete:

„Überlassen Sie es dem Herzen des Kindes."

Wenn Sie wissen möchten, auf welche Weise die Neuigkeit dem Wiener Hof offiziell bekannt gegeben wurde, lesen Sie den Originalbrief von Sir Hudson Lowe an Baron Sturmer:

"Saint-Helena, 27. *Mai* 1821

„MONSIEUR LE BARON, – Er ist nicht mehr! Eine Krankheit, die nach der in seiner Familie vorherrschenden Meinung erblich war, hat ihn am 5. dieses Monats ins Grab gebracht: Tumor und Krebs des Magens in der Nähe des Pylorus. Als sie mit Zustimmung der Personen seines Gefolges den Körper öffneten, entdeckten sie ein Geschwür in der Nähe des Pylorus, das ein Verkleben mit der Leber verursachte; und als sie den Magen öffneten, konnten sie den Verlauf der Krankheit verfolgen. Das Innere des Magens war fast vollständig eine *Masse von Krebserkrankungen oder von scirrhösen Teilen, die den Krebs vorantrieben.* Sein Vater starb im Alter von 36 Jahren an derselben Krankheit; sie hätte ihn zu der vom Schicksal bestimmten Stunde auf dem französischen Thron niederstrecken sollen, *je nach seiner eigenen Denkweise zu diesem Thema.* Er wurde erst am 17. März an sein Zimmer gefesselt; aber seit letztem November war eine Veränderung an ihm erkennbar, eine ungewöhnliche Blässe und eine eigenartige Art zu gehen. Er machte jedoch zweimal am Tag Sport, normalerweise in einem kleinen Wagen; aber seine Blässe und Schwäche schienen immer anzudauern.

„Er erhielt den Rat englischer Ärzte, aber er bekam bis zum 1. April, dem Monat vor seinem Tod, keinen Besuch von ihnen. Professor Antomarchi hatte ihn vor diesem Zeitraum behandelt und dies bis zu seinem Tod fortgesetzt. Er war es auch, der den Leichnam in Anwesenheit fast aller Ärzte der Insel öffnete. Dr. Arnott vom 20. Regiment, ein sehr kluger und erfahrener Mann, wurde am 1. April zu ihm gerufen und behandelte ihn bis zuletzt. Er hat ihm seine Dankbarkeit bekundet, indem er ihm eine goldene Schnupftabakdose vermachte, die letzte, die er benutzte, und in die er mit seiner eigenen Hand den Buchstaben N eingraviert hat. Er hat ihm auch eine Geldsumme (fünfhundert Pfund) hinterlassen.

„Comte Montholon ist der Hauptverwahrer seines letzten Willens; Comte Bertrand kam nur an zweiter Stelle.

„Er hatte Graf Bertrand dringend gedrängt, sein Möglichstes zu tun, um mit mir Frieden zu schließen, und dabei stets sein Ehrgefühl zu wahren. Davon erfuhr ich nicht einmal etwas. Er machte mir Avancen, und da ich (soweit man das von sich selbst beurteilen kann) nicht nachtragend bin, wies ich sie nicht zurück.

„Es waren jedoch von Anfang an eher die Ansprüche des Großmarschalls und sein verletzter Stolz als die des Kaisers, die dafür sorgten, dass die Dinge hier schief liefen. Aus den erhaltenen Informationen geht hervor, dass der Kaiser dies gegen Ende zu erkennen begann.

„Seinem Testament ist ein Nachtrag beigefügt, wonach alle hier zu veräußernden Vermögenswerte den Grafen Bertrand und Montholon sowie Marchand überlassen werden. Montholon ist der Hauptvollstrecker. Sie wussten nichts von dem Testament, oder sie sagten, sie wüssten nichts davon.

"Angesichts der Zeit, die Sie hier verbracht haben, bin ich zu der Annahme veranlasst, dass diese wenigen Einzelheiten für Sie besonders interessant sein werden, und ich werde keine Ausreden dafür finden, Sie damit zu belästigen. Richten Sie Madame la baronne de Sturmer meine und die besten Grüße von Lady Lowe aus, und glauben Sie mir immer, Ihr treuer und gehorsamer Diener, "H. LOWE, MP"

PS . – Bonaparte hatte selbst die Ursache seiner Krankheit erraten. Einige Zeit vor seinem Tod wünschte er , dass sein Körper geöffnet werde, um – wie er Bertrand und Montholon erzählte – herauszufinden, ob es eine Möglichkeit gab, seinen Sohn von der Krankheit zu retten.

„Entschuldigen Sie mein Gekritzel.
„HL"

Fällt Ihnen auf, dass der Name des Toten in diesem Brief nirgends vorkommt? Erst im Nachtrag stammt er aus der Feder des Todesboten.

Lag es nicht daran, dass der Kerkermeister sich schämte, den Namen seines Gefangenen auszusprechen, und der Henker Reue empfand, als er den Namen des Leidenden aussprach? Als Napoleon tot war, richtete die ganze Welt ihre Aufmerksamkeit, die zwischen Schönbrünn und St. Helena aufgeteilt war, einzig und allein auf Schönbrünn.

KAPITEL V

Fürst Metternich wird beauftragt, dem Herzog von Reichstadt die Geschichte Napoleons beizubringen – Der politische Plan des Herzogs – Der Dichter Barthélemy in Wien – Seine Gespräche mit Graf Dietrichstein – Stellungnahme des Herzogs von Reichstadt zum Gedicht „ *Napoléon en Égypte* "

"Fürst Metternich", sagt Herr von Montbel, "wurde ausdrücklich beauftragt, dem Herzog von Reichstadt die *genaue und vollständige* Geschichte Napoleons beizubringen." Welch eine Ironie! Den Mann, der die Anweisungen von Herrn von Stürmer, dem Vertreter Österreichs auf St. Helena, unterzeichnet hatte, damit zu beauftragen, dem Sohn die *genaue und vollständige* Geschichte des Vaters beizubringen, dessen Namen der Sohn nicht mehr trug, dessen Titel und Wappen er nicht mehr trug!

Armer Gefangener! Hätten sie dir diese Qualen nur noch dadurch zufügen können, dass sie zu dir sagten: „Dein Sohn kennt dich nur aus der Wertschätzung und den Erzählungen des Herrn von Metternich!"

„Ich wünsche", sagte Kaiser Franz zum Premierminister, „dass der Herzog das Andenken seines Vaters ehrt, sich an seinen großen Eigenschaften ein Beispiel nimmt und seine Fehler kennenlernt, um sie zu vermeiden und sich vor ihrem verhängnisvollen Einfluss warnen zu lassen. Sprechen Sie mit dem Prinzen über seinen Vater, wie Sie möchten, dass die Leute mit Ihrem eigenen Sohn über Sie sprechen. Verheimlichen Sie ihm deshalb nicht die Wahrheit, sondern lehren Sie ihn, ich wiederhole, sein Andenken zu ehren."

„Von nun an", sagt Monsieur de Montbel mit einer Arglosigkeit, die wohl eher Sarkasmus als Doppelzüngigkeit sein könnte, „leitete Monsieur de Metternich den Herzog von Reichstadt in seinen höheren historischen Studien. Indem er ihm einwandfreie Dokumente vorlegte, gewöhnte er ihn daran, die Redlichkeit von Fraktionen und die Gerechtigkeit des Parteigeistes zu erkennen; er versuchte, seinen Geist zu Gewohnheiten der gesunden Kritik zu erziehen, seine Vernunft zu erleuchten, indem er ihn lehrte, Handlungen und Ereignisse sowohl nach ihren Ursachen als auch nach ihren Ergebnissen zu beurteilen. Der Herzog von Reichstadt nahm diese fortgeschrittene Ausbildung mit großer Begeisterung an: Die Gerechtigkeit und Scharfsinnigkeit seines Geistes ließen ihn ihre Bedeutung voll und ganz erkennen. In dem Maße, wie er Werke über die Geschichte unserer Tage las, *konsultierte er den Fürsten Metternich bei all seinen Zweifeln;* er liebte es, seine Erfahrung und seine anerkannte Klugheit bei vielen großen Ereignissen, an denen er aktiv beteiligt gewesen war, in Frage zu stellen. Von dieser Zeit an zeigte der junge Herzog eine gewohnte Begierde, in der Nähe von Monsieur de Metternich zu sein."

Das ganze Leben des armen Kindes sollte fortan in den wenigen Zeilen zusammengefasst sein, die wir gerade zitiert haben.

Als er einmal den Kaiser und den Prinzen traf, ging er auf sie zu und sagte:

„Das Hauptziel meines Lebens sollte sein, dass ich des Ruhmes meines Vaters nicht unwürdig werde. Ich werde dieses edle Ziel erreichen, soweit es in meiner Macht steht. Eines Tages wird es mir gelingen, mir eine seiner großen Eigenschaften zu eigen zu machen, indem ich die Klippen vermeide, denen er dadurch ausgesetzt war. Ich werde den Pflichten, die sein Andenken mir auferlegt, nicht gerecht werden, wenn ich zum Spielzeug von Fraktionen und zum Werkzeug von Intrigen werde. Der Sohn Napoleons kann niemals in die verachtenswerte Rolle eines Abenteurers herabsteigen!"

Von dem Augenblick an, als der Herzog von Reichstadt eine solche Vernunft zeigte, hatten Herr von Metternich und der Kaiser von Österreich nichts mehr zu befürchten.

Ungefähr zu dieser Zeit, als die politische Erziehung des jungen Prinzen durch Herrn von Metternich abgeschlossen war, veröffentlichten Méry und Barthélemy am 10. November 1828 ihr Gedicht „ *Napoléon en Égypte*". Der enorme Erfolg des Gedichts ist bekannt. Von da an keimte in ihren Herzen und Köpfen eine fromme Idee auf; einer von ihnen wollte nach Wien gehen und dem jungen Herzog das epische Gedicht anbieten, dessen Held sein Vater ist. Barthélemy ging. Wir lassen ihn seine Pilgerreise beschreiben und werden später die Wirkung schildern, die seine Anwesenheit in Wien hervorrief.

> „Da der Zweck meiner Reise darin bestand, mich dem Herzog von Reichstadt vorzustellen und ihm unser Gedicht anzubieten, können Sie sich vorstellen, dass ich keine Möglichkeit ausließ, dies zu erreichen. Unter den zahlreichen Personen, die ein gewisses Interesse an der Angelegenheit bekundeten, waren einige völlig einflusslos, andere fürchteten sich aus irgendeinem Grund, sich in eine Angelegenheit dieser Art einzumischen. So sah ich mich gezwungen, mein eigener Berater und Beschützer zu sein. Ich dachte, dass es besser wäre, das Ziel meiner Reise in Wien anzugehen, anstatt Umwege zu nehmen, die ernsthafte Verdächtigungen hinsichtlich meiner friedlichen Absichten auf sich gezogen hätten. Dementsprechend stellte ich mich dem Grafen von Czernin vor, dem

Oberhofmeister des Kaisers, ein Amt, das meines Erachtens dem des Großkämmerers entspricht. Der ehrwürdige alte Mann empfing mich mit einer Freundlichkeit und Gefälligkeit, die mich sehr berührte; und als ich ihm den Zweck meines Besuchs vorschlug, schien er überhaupt nicht überrascht darüber zu sein: Er sagte mir nur, ich solle mich an Graf Dietrichstein wenden, der speziell für die Erziehung des jungen Prinzen verantwortlich war, und er wollte sogar, dass ich mich unter seiner Schirmherrschaft vorstelle. Ich verlor keinen Augenblick, als ich den Grafen von Czernin verließ, sondern stellte mich sofort Herrn Dietrichstein vor. Es bereitete mir echte Freude, in der Gesellschaft eines der liebenswürdigsten und gebildetsten Herren des Wiener Hofes zu sein. Zu dem Amt des ersten Lehrers des Herzogs von Reichstadt fügte er das Amt des Direktors der Bibliothek hinzu, und angesichts dieses letzteren Titels konnte ich kühn meinen Status als Literat vorbringen. Er sagte mir tatsächlich, dass ihm unsere Namen und Werke bekannt seien; dass er sich sogar die Mühe gemacht habe, alle bis dahin veröffentlichten Broschüren nach Frankreich zu schicken, und dass er ungeduldig auf unser letztes Gedicht warte. Da ich mich für jede Gelegenheit mit einem Exemplar bewaffnet hatte, beeilte ich mich, ihm eines anzubieten und sogar! eine Widmung an ihn hineinzuschreiben und zu unterschreiben, die ihm sehr zu gefallen schien. Durch diesen Empfang ermutigt, hielt ich es für einen günstigen Moment, ein entscheidendes Angebot zu machen.

„,Monsieur le Comte', sagte ich zu ihm, ‚da Sie mir gegenüber so große Freundlichkeit gezeigt haben, wage ich es, Sie zu bitten, mir bei der Angelegenheit zu helfen, die mich nach Wien geführt hat. Ich bin mit dem einzigen Ziel gekommen, dieses Buch dem Herzog von Reichstadt zu überreichen; niemand kann mich bei meinem Vorhaben besser unterstützen als sein Oberlehrer. Ich hoffe, dass Sie meiner Bitte tatsächlich nachkommen werden.'

„Bei den ersten Worten dieser demütigen, mündlichen Bitte nahm das Gesicht des Grafen nicht so sehr einen Ausdruck des Missfallens als vielmehr des Unbehagens und der Befangenheit an; er schien liebenswürdig genug zu sein, um mir die Forderung zu ermutigen, und ohne Zweifel wäre er lieber nicht in die Notwendigkeit geraten, mir zu antworten. Nach einigen Minuten Schweigen sagte er zu mir:

„‚Ist es wirklich wahr, dass Sie nach Wien gekommen sind, um den jungen Prinzen zu sehen? ... Wer kann Sie zu einem solchen Vorgehen ermutigt haben? Ist es möglich, dass Sie mit einem Erfolg Ihrer Reise gerechnet haben? Man muss in Frankreich doch falsche, ja lächerliche Vorstellungen von dem haben, was hier vor sich geht? Wissen Sie nicht, dass die Politik Frankreichs und die Österreichs gleichermaßen dagegen sind und dass dem Prinzen kein Fremder, insbesondere kein Franzose, vorgestellt werden kann? Was Sie verlangen, ist daher völlig unmöglich. Es tut mir aufrichtig leid, dass Sie eine so lange und beschwerliche Reise ohne Aussicht auf Erfolg auf sich genommen haben‘ usw. usw.

„Ich antwortete, ich hätte von niemandem den Auftrag, nach Österreich zu kommen; es sei meine eigene Tat gewesen und ich hätte mich ohne äußeren Druck zu der Reise entschlossen; in Frankreich halte man es im Allgemeinen nicht für schwierig, dem Herzog von Reichstadt vorgestellt zu werden, und man habe ihnen sogar versichert, er empfange die Franzosen mit ganz besonderer Freundlichkeit; außerdem schienen mir die Vorsichtsmaßnahmen, die Ausländer fernhielten, auf mich als bloßen Literaten oder unauffälligen Bürger, der nie eine politische Rolle oder ein politisches Amt bekleidet habe, nicht anwendbar zu sein.

„‚Ich sehe‘, fügte ich hinzu, ‚dass Ihnen mein Eifer übertrieben erscheinen mag; bedenken Sie jedoch, dass wir gerade ein Gedicht über Napoleon veröffentlicht haben. Ist es dann merkwürdig, dass wir es seinem Sohn überreichen möchten? Glauben Sie, ein Literat habe ein verborgenes Ziel? Sie müssen sich nur selbst vom Gegenteil überzeugen. Ich verlange kein Gespräch mit dem Prinzen ohne Zeugen: Es soll vor Ihnen stattfinden, vor zehn Personen, wenn Sie wollen, und wenn mir ein einziges Wort entwischt, das das misstrauischste politische Gefühl erschrecken kann, bin ich damit einverstanden, meine Tage in einem österreichischen Gefängnis zu beenden.‘

Der Lehrer antwortete, dass alle in Frankreich verbreiteten Gerüchte über die dem Herzog von Reichstadt vorgestellten Personen völlig falsch seien. Er sei davon überzeugt, dass der Zweck meiner Reise rein literarischer Natur sei und nichts mit politischen Gedanken zu tun habe. Trotzdem sei es ihm unmöglich, über seine Befehle hinauszugehen. Die strengste Bewachung verhindere derartige Unterredungen. Die getroffenen Maßnahmen seien nicht das Ergebnis einer momentanen Laune, sondern eines ständigen Systems, das von beiden Höfen angewandt werde. Dies gelte nicht nur für mich, sondern für alle, die versuchten, sich dem Prinzen zu nähern, und ich wäre im Unrecht, wenn ich mich deswegen besonders verletzt fühlen würde.

„Tatsächlich", fügte er hinzu, „sollen diese rigorosen Maßnahmen mit der Angst vor einem Anschlag auf seine Person gerechtfertigt sein."

„Aber", sagte ich zu ihm, „ein derartiger Versuch muss immer im Namen des Herzogs von Reichstadt befürchtet werden, denn der Herzog ist nicht von Wachen umgeben. Ein entschlossener Mann könnte sich jederzeit Zugang zu ihm verschaffen, und eine Sekunde würde genügen, um ein Verbrechen zu begehen! Ihre Wachsamkeit ist daher in dieser Hinsicht fehlerhaft. Nun fürchten Sie vielleicht, dass ihm eine zu freie Unterhaltung mit Ausländern Geheimnisse verraten oder ihm gefährliche Hoffnungen einflößen könnte; aber, Monsieur le Comte, ist es Ihnen mit all Ihrer Macht möglich, zu verhindern, dass ihm ein Brief, eine Petition, eine Warnung offen oder heimlich übermittelt wird, sei es während eines Spaziergangs, im Theater oder an irgendeinem anderen Ort? Wenn ich mich zum Beispiel, anstatt mich offen an Sie zu wenden, ihm in den Weg gestellt hätte; wenn ich kühn auf ihn zugegangen wäre und ihm in Ihrer Gegenwart ein Exemplar von *Napoléon en Égypte überreicht hätte* ... Sie können sehr gut sehen, wie ich alle Ihre Vorsichtsmaßnahmen zunichte gemacht hätte, und ich hätte „Ich habe mein Ziel erreicht, obwohl ich gestehe, dass dies mit Gewalt geschehen wäre; aber es ist nichtsdestotrotz wahr, dass der Prinz mein Exemplar erhalten und gelesen hätte oder zumindest den Titel gekannt hätte."

„Herr Dietrichstein gab mir eine Antwort, die mich vor Erstaunen erstarren ließ:

„‚Hören Sie, Monsieur; stellen Sie sicher, dass der Prinz nur
hört, sieht oder liest, was wir ihn lesen, sehen oder hören
lassen wollen. Wenn er einen Brief, einen Umschlag oder
ein Buch erhielte, das unserer Aufmerksamkeit entgangen
wäre, und es zu ihm gelangte, ohne durch unsere Hände
gegangen zu sein, dann glauben Sie mir, seine erste Sorge
wäre, es uns zu übergeben, bevor er es öffnet; er würde sich
nicht entschließen, es anzusehen, bis wir erklärt hätten, dass
er dies ohne Bedenken tun könne.‘

„‚Nach alledem, Monsieur le Comte, scheint es mir, dass der
Sohn Napoleons weit davon entfernt ist, so frei zu sein, wie
man es in Frankreich von ihm erwartet!‘

„Antwort: ‚Der Prinz ist kein Gefangener ... aber er
befindet sich in einer ganz besonderen Lage. Bitte
bedrängen Sie mich nicht weiter mit Ihren Fragen: Ich kann
Sie nicht völlig zufriedenstellen: Geben Sie den Plan auf, der
Sie hierher gebracht hat. Ich wiederhole, es ist absolut
unmöglich.‘

„‚Also gut, Sie nehmen mir alle Hoffnung! Ich kann mich
nach Ihrer Entscheidung sicherlich an niemand anderen
wenden, und ich halte es für sinnlos, meine Bitten zu
erneuern; aber jedenfalls können Sie ihm dieses Exemplar
im Namen des Autors nicht verweigern. Er hat zweifellos
eine Bibliothek, und das Buch ist nicht gefährlich genug, um
es auf den Index zu setzen.‘

„Herr Dietrichstein schüttelte unentschlossen den Kopf.
Ich sah, dass es ihm weh tat, mich an einem Tag mit zwei
Absagen zu überhäufen. Da ich ihn nicht zu allzu deutlichen
Aussagen zwingen wollte, verabschiedete ich mich von ihm
und bat ihn, das Gedicht zu lesen, um sich davon zu
überzeugen, dass es nichts Aufrührerisches enthielt. In der
Hoffnung, dass er, wenn er überzeugt wäre, meiner zweiten
Bitte nachkommen würde.

„Etwa vierzehn Tage später ging ich wieder zum Schulleiter
und nahm meine früheren Aufdringlichkeiten wieder auf.
Er war erstaunt über meine Hartnäckigkeit.

"'Ich verstehe dich wirklich nicht!' Er sagte zu mir: „Sie
legen zu viel Wert darauf, den Prinzen zu sehen. Seien Sie
zufrieden damit, dass er glücklich ist und keine Ambitionen
hat. Seine Karriere ist vorgezeichnet: Er wird sich nie in die

Nähe von Frankreich begeben; *er wird nicht einmal daran denken.* Erzählen Sie das alles Ihren Landsleuten; bringen Sie sie, wenn möglich, vom rechten Wege ab. Ich bitte Sie nicht, das, was ich Ihnen erzählt habe, geheim zu halten; ganz im Gegenteil: Ich bitte Sie, es nach Ihrer Rückkehr nach Frankreich bekannt zu geben und sogar darüber zu schreiben, wenn Sie möchten. Was die Platzierung Ihres Exemplars betrifft, so verlassen Sie sich nicht darauf. Ihr Buch ist als Poesie außerordentlich schön; aber es ist gefährlich für den Sohn Napoleons. Ihr Stil ist voller Fantasie und lebhafter Beschreibungen; diese Eigenschaften und die Farbe, die Sie der Geschichte geben, könnten in seinem jungen Kopf Begeisterung erregen und die Keime des Ehrgeizes beleben, und da diese Eigenschaften kein Ergebnis hervorbringen könnten, würden sie nur dazu dienen, ihn von seiner tatsächlichen Position abzuschrecken. Er weiß alles, was er über Geschichte wissen sollte – das heißt, Daten und Namen. Sie müssen danach dafür sorgen, dass Ihr Buch kann nicht für ihn geeignet sein.'

„Ich beharrte noch eine Zeitlang darauf, sah aber bald, dass der Oberlehrer mir nur aus Höflichkeit zuhörte. Ich wollte mich nicht mit nutzlosen Gebeten erschöpfen, und deshalb betrachtete ich den Besuch, von meiner unschuldigen Schimäre befreit, als eine Abschiedsaudienz und dachte nur an die Rückkehr nach Frankreich.

„Bis zu meiner Abreise besuchte ich weiterhin die Personen, die mir so viel Interesse entgegengebracht hatten. Bei einer dieser friedlichen Zusammenkünfte wiederholten sie mir eine Andeutung des Herzogs von Reichstadt, die mich besonders beeindruckte. Ich hatte sie aus zuverlässiger Quelle, und wenn ich nicht befürchten müsste, das Vermögen dieser Person zu schädigen, würde ich sie hier erwähnen; wir wollen uns jedoch mit der Aussage begnügen, dass sie den Prinzen täglich im vertraulichen Umgang sah. In letzter Zeit schien der seltsame junge Mann von einer einzigen tief verwurzelten Idee absorbiert zu sein; er war während seines Unterrichts völlig abgelenkt. Plötzlich schlug er sich ungeduldig an die Stirn und ließ diese Worte heraus:

„‚Aber was wollen sie dann mit mir machen? Glauben sie, ich hätte einen Kopf wie mein Vater? ...'

„Man muss daher davon ausgehen, dass der lebende Schutzwall, der ihn umgab, geräumt worden war; dass man ihm einen Brief oder einen indiskreten Umschlag zugeworfen hatte und dass er ausnahmsweise einmal die ihm auferlegten Anweisungen missachtet hatte, nämlich nichts ohne die Zustimmung seiner Lehrer zu lesen."

Da der Dichter den Herzog von Reichstadt nicht privat treffen konnte, hatte er zumindest nicht vor, Wien zu verlassen, ohne ihn in der Öffentlichkeit gesehen zu haben. Eines Tages erfuhr er, dass der Prinz am Abend ins Theater gehen würde; er nahm einen Sitzplatz ein und setzte sich gegenüber der Hofloge.

Seine Zeilen werden besser als meine Prosa beschreiben, welche Wirkung dieser Auftritt auf ihn hatte:

"Bleib in einem Logbuch, wo keine Flammen oder Brillen sind.
Kommen Sie, um Cäsar und seine Familie zu begraben. Von den Prinzen, den Erzherzogs, dem unaufhaltsamen Hof. Wie ein Adler oder ein Adler. Lies es an ihren Fronten, in ihrer düsteren Haltung. Die Langeweile eines Vergnügens, das man der Gewohnheit anvertraut. Ein Glanz aus Trauerflammen, der von der Decke herabsteigt. Lass es sein, dass es in tiefer Stille trist ist. Nur, ganz still, in der Ecke des Zimmers. Erschallt etwas vom kaiserlichen Lärm. Also, ein leichtes Geräusch hüllt meinen Geist ein. Im Nachbarlogbuch, einer Tür. sie sieht aus, und in der Tiefe dieses dunklen Winkels, es ist ganz so, als ob eine blasse Figur herauskäme ... Sie steht in diesem Rahmen in der Umgebung eines schwarzen Hintergrunds, sie ist unbeweglich und die Aura ist schwer zu sehen. Ein Bild von Rembrandt, beladen mit dunklen Farben, wo sich die Blässe der Stühle von den Schatten löst. Ich fühle in mir ein seltsames Frösteln; auf meinem Kopf schimmert die Farbe eines Sohnes; das feste Auge, das rechte Auge und der offene Kopf, ich sehe nicht mehr als einen Punkt in dem verlassenen Raum: Schauspieler, Leute, Kaiser, alles scheint so habe es eilig zu gehen;
Und, während es still ist, habe ich geschrieben: „Das ist er!"
Das war's mit ihm! Immer wieder wird die Figur isoliert. Ein Lichtstoß löst sich und lässt die Versammlung schnell hinter sich. Er sprüht in leuchtenden Farben vor Feuer und Flammen und wirft ein reflektierendes Paar auf eine Stahllamelle, die von der Sonne bewegt wird. Dann, als würde er eine unfreiwillige Geste tadeln, gibt er seine strenge Gewohnheit an seine Eigenschaften weiter und lässt sie ruhen. Inständig, meine kuriosen Grüße. Zeichnen, um das mysteriöse Leben zu genießen: Sehen Sie, wie schnell sich der Blick in die Gedanken verlagert, Diese weiße Farbe von Louise und ihre glänzende Größe. Diese Locken, diese nervösen Bewegungen, Diese glatte und große Vorderseite, das goldene blonde Haar; Ja, dieser

Körper, dieser Kopf, wo die Traurigkeit bemalt ist, Sie haben gehört, dass die Form das Doppelte ankündigt! Ich sage es nie ... ich kann nicht ohne Schmerzen sein. Betrachten Sie dieses strahlend blasse Gesicht. In dem Glauben, dass das Leben des Todes eine Mischung ist! Sehen Sie sich diese Farbe an seltsam?Der zerstörerische Keim unter der aufkeimenden Kruste,Hat diese heranwachsende Frucht ihre Blüte verloren?Tu mir leid, ärgere dich über einen heilsamen Geruch,Ich will nicht, dass ich dieses Mysterium erhelle.Der schwarze Rat des Weges, den sich die Leute verteidigen,Es ist ein tiefes Verborgenes, wo nichts herabsteigt:Es ist ein unsichtbares Depot in jedem Reich,Ein Mysterium, ein Geheimnis, das nicht ans Licht kommt;Dies ist dieses Staatsgeheimnis, das hinter dem Kruzifix liegt,Die Könige, die ihren Kindern erlöschen!Hast du einen auslöschbaren Zweifel wiederholt?Hör zu ... oder wahrscheinlich nicht, dass die Person es nicht hört! Es ist wahr, dass du vor Gericht stehst, ein unheilvoller Fresser. „Die moderne Heuschrecke wird ihre Lektion lernen." „Diese schreckliche Blässe, ein finsterer Charakter." „Sie kündigt das erbliche Übel an. Und heute könnte es so sein, eine Mordmethode. Der politische Krebs ist in seinem Innern verschwunden! Aber nicht!" mein Herz, vergeblich auf verstörtem Boden, Ich schöpfe aus Angst vor einer teuflischen Idee; Ich mag es, die Nachtforschung zu verfolgen, Die Erinnerungen an Träume oder vage Langeweile. Als junge Pflanze für einen kleinen Tiger. Was die Erde befällt, ist die Sehnsucht nach fremdem Boden, Die

Lende des Vaters ist müde und nichts ist mehr

als Blumen ohne Duft und Knöpfe ohne Früchte, Ohne Zweifel, der Waisenjunge, den der große Sturm in seinem Festtagsgewölbe in den Norden treibt, Heute mit schmerzverzerrten Augen in den Westen geworfen, Die Augen in den Westen geworfen. Brustgurte!..."

Der Dichter hatte während seiner Reise so viel gesammelt, wie er konnte: Er hatte das arme kaiserliche Kind von weitem gesehen, ganz hinten in einer Kiste! Er reiste ab und prophezeite, wie wir sehen, einen vorzeitigen und frühen Tod.

Glaubt man Monsieur de Montbel, so wurde „ *Napoléon en Égypte*" *nach Barthélemys Abreise* von der kaiserlichen Familie im Beisein des Herzogs von Reichstadt gelesen, der der Lesung mit tiefster Gleichgültigkeit zuhörte und sich mit der Bemerkung begnügte, man habe richtig gehandelt, indem man dem Autor eines derartigen Werks den Zugang zu ihm verwehrte.

War er wirklich so gleichgültig, so betrügerisch und undankbar?

KAPITEL VI

Reise des Herzogs von Reichstadt – M. le Chevalier de Prokesch – Fragen zu den Erinnerungen, die *Napoleon in Ägypten hinterlassen hat* – Der Ehrgeiz des Herzogs von Reichstadt – Die Comtesse Camerata – Der Prinz wird zum Oberstleutnant ernannt – Bei einer Parade wird er heiser – Er wird krank – Bericht über seinen Gesundheitszustand von Dr. Malfatti

Im Juni 1830 verließ der Kaiser von Österreich Wien, wie er es jedes Jahr gewohnt war, um einige seiner Provinzen zu besuchen; dieses Jahr war die Steiermark an der Reihe, mit der Reise des Kaisers geehrt zu werden. Seine Majestät nahm Marie-Louise und ihren Sohn mit, und sie kamen in Graz an. Dort trafen sie Oberstleutnant Prokesch von Osten, der gerade Griechenland, Kleinasien, das Heilige Land, Ägypten und Nubien bereist hatte. Er war ein angesehener Mann, sowohl von Geburt als auch von persönlichen Eigenschaften; er hatte mehrere militärische Abhandlungen veröffentlicht, unter anderem eine über den Feldzug von 1812 und eine über den von 1815. Der Kaiser lud ihn zum Abendessen ein, und er wurde an den Tisch neben dem Herzog von Reichstadt gesetzt. Der Prinz sprach ihn zuerst an.

„Ich kenne Sie schon lange", sagte er zu ihm, „und ich interessiere mich sehr für Sie."

„Wie habe ich es geschafft, ein solches Interesse Ihrerseits zu verdienen, Monseigneur?", fragte der Chevalier de Prokesch.

„Ich habe Ihr Werk über die Schlacht von Waterloo gelesen und studiert und war so begeistert davon, dass ich es ins Französische und Italienische übersetzt habe."

Nach dem Abendessen stellte der Prinz dem Reisenden zahlreiche Fragen über den Osten, seinen tatsächlichen Zustand und den Charakter seiner Bewohner.

„Welche Erinnerungen haben sie an meinen Vater in Ägypten?", fragte er.

„Sie erinnern sich an ihn als an einen Meteor, der blendend durch ihr Land zog."

„Sie sprechen, Monsieur", antwortete der Herzog, „von Männern mit überlegenen Ideen wie Mohammed Ali und Ibrahim Pascha. Ich aber spreche vom Volk, den Türken, Arabern und Fellachen. Ich frage Sie, was all diese

Leute von General Bonaparte halten? Hegen sie nicht einen tiefen Groll, nachdem sie die schlimmen Auswirkungen des Wachses ertragen mussten?"

„Ja, zweifellos. Anfangs herrschte Feindseligkeit, aber später wich sie anderen Gefühlen, und jetzt bleibt nur noch eine große Bewunderung für das Andenken Ihres berühmten Vaters. Der Hass zwischen den Türken und den Arabern ist so groß, dass die heutigen Übel die Erinnerung an die Übel, die sie in einer anderen Zeit erleiden mussten, völlig ausgelöscht haben."

„Ich kenne diese Erklärung", sagte der Herzog, „aber die Masse beurteilt einen großen Mann im Allgemeinen danach, wie sie ein schönes Bild betrachtet, ohne erklären zu können, worin sein Wert besteht. Der Eindruck, den er in ihrer Erinnerung hinterlässt, muss also flüchtig sein. Nur überlegene Geister können große Männer wertschätzen und die Erinnerung an sie bewahren."

„In diesem Fall irren Sie sich, Monseigneur: Das Volk ist seiner Religion treu. Große Männer sind Götter, die keine anderen Gottheiten zulassen oder die über sie diskutieren, bevor sie sie zulassen. Das Volk urteilt nach seinen Gefühlen und nicht nach seiner geistigen Einschätzung; und es betet die Unsterblichen aus Begeisterung an."

Der Herzog von Reichstadt sprach oft von den Feldherren der Antike und zog dabei Cäsar Alexander und Hannibal Cäsar vor. Im Folgenden finden Sie die Lobrede, die er laut dem Chevalier de Prokesch auf den Bezwinger der Trebia, Trasimena und Cannes hielt.

"Er ist das größte militärische Genie der Antike, der klügste Mann in Sachen Strategie seiner Zeit. Von wem wurde ihm vorgeworfen? Von akademischen Pedanten und Bibliotheksstrategen, dass er nicht wusste, wie er aus seinem Erfolg Nutzen ziehen sollte. Aber stellen Sie sich den Unterschied vor zwischen Hannibal, dem Oberhaupt eines Reiches, das frei über seine Ressourcen verfügte, und dem einfachen General einer eifersüchtigen Republik? Eines Senats, der aus Neidern bestand, und aus engstirnigen Geistern, die durch schändliche Intrigen die Mittel ablehnten, den Triumph seiner Waffen zu sichern? Hannibal hat das Verdienst, Scipio für seine Siege ausgebildet zu haben. Und eines der größten Phänomene der Antike ist, dass dieser General durch sein Genie eine Nation von Ladenbesitzern so lange als kriegerisches Volk erfolgreich machte."

Wir werden diese Ideen nicht kritisieren, sondern nur sagen, dass sie im klassischen Stil ein wenig gestelzt sind. Hat der Sohn des Mannes, dessen inkohärenter Stil mit Riesenschritten oder löwengleichen Sprüngen schritt und immer in Bilder ausbrach, so gesprochen? M. de Montbel und M. le

Chevalier de Prokesch werden antworten. Und dann wird der Stil der Zeilen, die wir gerade gelesen haben, erklären, was folgt.

„Sie haben ein edles Ziel vor Augen, Monseigneur", sagte Monsieur de Prokesch zu dem jungen Herzog. „Österreich ist Ihre Wahlheimat geworden … (Armes Kind, er erinnerte sich an die Kosaken, weil sie ihn aus Frankreich geholt hatten!). Österreich ist Ihre Wahlheimat geworden, und mit Ihren Talenten können Sie sich darauf vorbereiten, ihm in Zukunft große Dienste zu erweisen!"

"Ich empfinde es wie Sie, Monsieur", antwortete der Herzog von Reichstadt. "Meine Ideen dürfen sich nicht dadurch erniedrigen, dass sie Frankreich beunruhigen; ich möchte kein Abenteurer sein, ich möchte nicht unbedingt als Instrument und Gespött liberaler Ansichten dienen. Es wäre ein hinreichend edler Ehrgeiz für mich, eines Tages zu versuchen, in die Fußstapfen von Prinz Eugène de Savoie zu treten. Aber wie soll ich mich auf eine so große Rolle vorbereiten? Wie soll ich eine solche Höhe erreichen? Ich möchte um mich herum Männer finden, deren Talente und Erfahrungen es mir, wenn möglich, erleichtern, diese ehrenvolle Karriere zu ermöglichen."

Ist das überhaupt der Stil, den Sie vom Sohn des Mannes der Proklamationen von Marengo, der Pyramiden und von Austerlitz erwartet hätten? Wenn wir von Reichstadt über M. de Montbel etwas übernehmen, handelt es sich allerdings um eine Übersetzung aus dem Carlismus, und wenn er von M. de Prokesch etwas übernimmt, handelt es sich um eine Übersetzung aus dem Österreichischen.

Die Julirevolution kam und machte sich in der ganzen Welt bemerkbar. Diesmal richteten sich die Augen einer ganzen Partei auf Napoleon II., und seltsamerweise war es Monsieur de Talleyrand, der sich in Wien zum Sprachrohr dieser Partei machte! Selbstverständlich wurden alle Vorschläge zurückgewiesen. Dann versuchte eine Frau von unerschütterlichem Mut, aus der Familie Napoleon, sowohl im Geist als auch im Gesicht, im Geist des jungen Prinzen etwas von dem zu wecken, was Odysseus von Achilles fordern wollte, der unter den Töchtern Deidamias verloren war. Diese Frau war die Comtesse Camerata, die Tochter von Elisa Bacciochi. Sie kam eines Tages in Wien an und logierte im Hôtel du Cygne in der Rue de Carinthia. — Es war etwa Anfang November 1830. Eines Nachts, als er in das Haus von Monsieur d'Obenaus zurückkehrte, fand sein Lehrer, der Herzog von Reichstadt, eine junge Frau, in ein schottisches Plaid gehüllt, auf dem Treppenabsatz auf ihn wartend. Als sie den Herzog erblickte, ging sie rasch auf ihn zu, nahm seine Hand, drückte sie und führte sie dann mit einem Ausdruck lebhaftester Zärtlichkeit an ihre Lippen. Der Prinz blieb erstaunt stehen.

„Madam", fragte Monsieur d'Obenaus, der den Herzog von Reichstadt begleitete, „was tun Sie und was wollen Sie?"

„Wer soll mich daran hindern, dem Sohn meines Herrschers die Hand zu küssen?"

Dann verschwand sie. Einige Tage später fand der Herzog auf seinem Tisch einen Brief mit einer unbekannten Handschrift und öffnete ihn.

Es war auf den 17. November datiert und enthielt die folgenden Zeilen:—

> „Prinz, ich schreibe Ihnen zum dritten Mal. Sagen Sie mir, ob Sie meine Briefe erhalten haben und ob Sie als österreichischer Erzherzog oder als französischer Prinz auftreten wollen. Im ersten Fall geben Sie meine Briefe heraus: Indem Sie mich vernichten, erlangen Sie eine höhere Stellung, und dieser Akt der Hingabe wird Ihnen zu Ruhm gereichen. Wenn Sie aber im Gegenteil meinen Rat befolgen, wenn Sie den Mann spielen, werden Sie sehen, wie Hindernisse vor einem ruhigen und starken Willen weichen. Sie werden tausend Mittel finden, mit mir zu sprechen, die ich allein nicht bewältigen kann. Sie können nur auf sich selbst hoffen: Lassen Sie nicht einmal den Gedanken aufkommen, Vertrauen in jemand anderen zu setzen! Sie wissen, dass meine Bitte abgelehnt würde, wenn ich Sie vor hundert Zeugen sehen wollte; Sie wissen, dass Sie für alles Französische und für Ihre Familie tot sind. Im Namen der schrecklichen Folterungen, zu denen der König von Europa Ihren Vater verurteilt hat; wenn Sie an die Qual der Verbannung denken, durch die sie ihn das Verbrechen büßen ließen, ihnen gegenüber zu großzügig gewesen zu sein, denken Sie daran, dass Sie sein Sohn, dass seine sterbenden Blicke auf deinem Gesicht ruhten; vertiefe dich in diese Schrecken und erlege ihnen die Strafe auf, dich auf dem Thron Frankreichs sitzen zu sehen! Nutze diese Chance, Prinz! ... Ich habe vielleicht zu viel gesagt: Mein Schicksal liegt in deinen Händen, und ich kann dir sagen, dass, wenn du meine Briefe benutzt, um mich zu vernichten, der Gedanke an deine Feigheit mir mehr Leid zufügen wird als alles, was sie mich ertragen lassen könnten! Der Mann, der dir diesen Brief überreicht, ist auch beauftragt, dir deine Antwort zu überbringen. Wenn du ehrenhaft bist, wirst du mir eine nicht

verweigern.
„NAPOLEONE CAMERATA"

Dieser Brief erschreckte den jungen Prinzen zutiefst: Es war ein direkter, klarer und eindeutiger Appell. „Sind Sie ein österreichischer Erzherzog oder ein französischer Prinz?" Das war die Frage. Der Herzog schüttete dem Chevalier de Prokesch sein Herz aus und erzählte ihm von diesem Vorfall und der Unruhe, die er ihm bereitete.

„Sie wissen sehr wohl", sagte er zu ihm, „dass ich mich nicht von Personen von so erhabenem Charakter leiten und meine Zukunft sichern lassen werde; aber ich befinde mich in einer wahrhaft peinlichen Lage. Es ist meine Einstellung gegenüber dem Kaiser (wenn der Herzog von Reichstadt vom *Kaiser spricht*, meint er immer Kaiser Franz II.) und auch die Würde meiner Stellung, dass ich weder meine Sorgen noch meine Taten verbergen sollte; es würde ihm als ein Unrecht erscheinen, über diesen Umstand zu schweigen. Andererseits möchte ich der Gräfin nicht schaden; es mangelt ihr an Klugheit, aber sie hat ein Recht auf meine Rücksichtnahme … Außerdem ist sie eine Frau. Doch meine erste Pflicht gilt dem Kaiser. Könnten Sie nicht für mich zum Grafen von Dietrichstein gehen und ihm anvertrauen, was geschehen ist, und ihn bitten, die Angelegenheit so zu regeln, dass die Gräfin Camerata keiner Verfolgung oder Unannehmlichkeit ausgesetzt wird und nicht gezwungen wird, Wien zu verlassen?"

Nachdem der Chevalier de Prokesch die Angelegenheit sorgfältig geprüft hatte, billigte er den Entschluss des Prinzen und übernahm bereitwillig die Mission, die Seine Hoheit ihm anvertraut hatte. Am nächsten Tag erhielt er eine Nachricht mit folgendem Inhalt:

> „Seit ich Sie gesehen habe, habe ich einen neuen Brief von
> der Comtesse Camerata erhalten. Es war d'Obenaus'
> Kammerdiener, der den ersten auf meinen Tisch legte, den
> ich Ihrer Obhut anvertraute – schicken Sie ihn mir zurück;
> es ist zweckmäßig und notwendig für mich, mit Obenaus
> darüber zu sprechen. Ich werde die Dinge so einrichten,
> dass jeglicher Unfug und Skandal vermieden wird; aber ich
> werde nicht antworten. Lassen Sie es darüber keine
> weiteren Fragen geben. Ich hoffe, Sie um sechs Uhr zu
> sehen, um unsere Lektüre fortzusetzen.
> FRANÇOIS DE REICHSTADT"

Obwohl die Comtesse Camerata keine Antwort erhalten hatte, fühlte sie sich dennoch nicht geschlagen. Auf die Gefahr hin, was ihr passieren könnte, blieb sie noch drei Wochen in Wien und stellte sich dem Prinzen überall in den Weg: im Theater, im Prater und in Schönbrünn. Aber der Herzog von Reichstadt ließ nicht erkennen, dass er sie kannte! Dieses Schweigen satt, ging sie schließlich nach Prag. Das Verhalten des Prinzen wurde belohnt: Im selben Monat ernannte ihn der Kaiser – natürlich Kaiser Franz II. – zum Oberstleutnant; aber als ob das Schicksal ihm klarmachen wollte, dass er entweder Cäsar sein müsse oder nichts – *Aut Cäsar aut nihil* –, wurde seine Stimme bei den ersten Befehlsworten, die er auszusprechen versuchte, heiser und er war gezwungen, seinen Dienst zu beenden. Der Heiserkeit folgte ein häufiger Husten. Der Prinz erkrankte an der Krankheit, die seinen Tod verursachen sollte.

Hören wir, was sein eigener Arzt dazu sagte – Dr. Malfatti:

> „Ich wurde im Mai 1830 vom Herzog von Reichstadt als sein regulärer Arzt berufen. Ich trat die Nachfolge dreier Männer von hohem Ansehen an: des berühmten Frank und der Ärzte Goëlis und Standenheimer. Herr von Herbeck hatte die Stelle des ordentlichen Chirurgen des Prinzen inne. Diese Ärzte hatten kein Tagebuch über die Gesundheit des jungen Herzogs hinterlassen. Herr Graf von Dietrichstein war so freundlich, diesen Mangel auszugleichen, indem er mich über viele Einzelheiten informierte, die ich unbedingt wissen musste.

> „Der Prinz aß sehr wenig und hatte keinen Appetit; sein Magen schien zu schwach, um die Nahrung zu vertragen, die sein außergewöhnlich schnelles und geradezu beängstigendes Wachstum erforderte: Im Alter von siebzehn Jahren hatte er eine Größe von 1,60 m erreicht! Er litt von Zeit zu Zeit an leichten Halsbeschwerden; er litt an ständigem Husten und täglichem Schleimabgang. Dr. Standenheimer hatte bereits große Besorgnis über die Anfälligkeit des Prinzen für eine Schwindsucht der Luftröhre geäußert. Ich notierte mir die Rezepte, die gegen diese beunruhigenden Symptome eingesetzt worden waren.

> „Bei meinen ersten Nachforschungen ließ ich mich von meiner persönlichen Kenntnis einer krankhaften Erbanlage in der Familie Napoleon leiten und stellte fest, dass eine Hauterkrankung (*Herpes farinaceum*) vorliegt. Ich konnte die Anwendung von kalten Bädern und Schwimmen nicht gutheißen, wogegen sich auch der Chirurg, Herr de Herbeck, ausgesprochen hatte, wahrscheinlich nur, weil er von der schwachen Konstitution der Brust des Prinzen erfahren hatte. Um auf das Hautsystem einzuwirken, verwendete ich Salzbäder und Selterswasser, das mit Milch vermischt war. Der Prinz sollte im folgenden Herbst zur

Armee gehen; darauf basierten all seine Hoffnungen und Wünsche: Er hatte den vielfach erbetenen Urlaub erhalten. Wie Sie sich vorstellen können, empfahl ich mich nicht seiner Gunst, als ich mich entschieden gegen diesen Wechsel des Lebensstils aussprach. Ich teilte seinen erlauchten Eltern meine Gründe in einem Memorandum mit, das ich ihnen am 15. Juli 1830 schrieb. Ich erklärte, dass sein übermäßiges Wachstum, das in keinem Verhältnis zur Entwicklung der verschiedenen Organe und Da er allgemein zu Schwäche, insbesondere der Brust, neige, könne jede weitere Erkrankung jetzt oder in der Zukunft äußerst gefährlich werden, und es sei deshalb zwingend erforderlich, den Prinzen vor allen möglichen Witterungseinflüssen und Stimmanstrengungen zu schützen, denen er im Kriegsdienst ständig ausgesetzt sei.

„Mein Memorandum wurde vom Kaiser wohlwollend aufgenommen und der Eintritt in den Militärdienst wurde um sechs Monate verschoben. Durch gewissenhafte Pflege und künstliche Methoden zur Eindämmung der Krankheit ließen die besorgniserregenden Symptome sichtlich nach. Der Winter verging glücklich, aber er wuchs immer noch weiter.

„Im Frühjahr 1831 begann der Prinz seine militärische Laufbahn. Von diesem Moment an ignorierte er alle meine Ratschläge; ich war nur noch Zuschauer einer unkontrollierten Begeisterung und einer ungezügelten Aufregung über seine neuen Pflichten. Von nun an hörte er nur noch auf seine Leidenschaft, die seinen schwachen Körper zu Entbehrungen und Strapazen führte, die seine Kräfte völlig überstiegen. Er betrachtete es als Schande und Feigheit, sich unter Waffen zu beschweren. Außerdem hatte ich in seinen Augen das schwere Vergehen begangen, seine militärische Laufbahn zu verzögern: Er schien zu befürchten, dass meine beruflichen Beobachtungen sie noch verhindern könnten. Obwohl er mich im gesellschaftlichen Umgang mit äußerster Freundlichkeit behandelte, sagte er mir als Arzt kein einziges Wort der Wahrheit. Es war mir unmöglich, ihn dazu zu bringen, weiterhin die Meerwasserbäder und Mineralwässer zu benutzen, die ihm im vergangenen Jahr sehr wertvoll gewesen waren. Er sagte, er habe keine Zeit. Mehrmals überraschte ich ihn in der Kaserne in einem Zustand

extremer Erschöpfung. Eines Tages fand ich ihn besonders
erschöpft und ausgelaugt auf einem Sofa liegen. Da er also
nicht leugnen konnte, in welchem schmerzlichen Zustand
er sich befand, sagte er zu mir:

„‚Ich bin verärgert über meinen elenden Körper, der mit
meiner geistigen Energie nicht mithalten kann!‘

„Es ist in der Tat eine Qual", antwortete ich, „dass Eure
Hoheit nicht die Macht hat, Euren Körper zu verändern,
wie Ihr Eure Pferde verändert, wenn sie müde sind. Aber
ich bitte Euch, Monseigneur, Euch vor Augen zu halten,
dass Ihr einen eisernen Geist in einem kristallenen Körper
habt und dass der Missbrauch Eures Willens nur
verheerende Folgen für Euch haben kann."

„Sein Leben war damals tatsächlich wie ein verzehrendes
Feuer. Er schlief kaum vier Stunden, obwohl er natürlich
viel Schlaf brauchte; er aß kaum etwas; sein Leben war ganz
auf taktische Manöver und alle Arten militärischer Übungen
ausgerichtet. Er machte keine Ruhe, seine zunehmende
Größe hielt ihn nicht auf; er wurde allmählich dünner und
sein Teint wurde bläulich. Auf alle meine Fragen antwortete
er immer:

„Mir geht es vollkommen gut!"

„Im August erkrankte er an einem heftigen Fieberschock,
und ich konnte ihn nur dazu bewegen, einen Tag lang Bett
und Zimmer zu meiden. Wir berieten mit General Graf
Hartmann über die Notwendigkeit, einem Regime ein Ende
zu setzen, das für seine gebrechliche Existenz sehr
gefährlich war. Sie werden sich an die schlimme Zeit der
Cholera-Epidemie in Wien erinnern, an die Unglücksfälle,
die auf den ersten Ausbruch dieser Geißel folgten, an das
großzügige Verhalten der Wiener, an die klugen
Vorsichtsmaßnahmen der Autoritäten, an die Hilfe und das
Beispiel des Kaisers und der Mitglieder der kaiserlichen
Familie, die unempfindlich gegenüber der Angst waren, die
die Krankheit bei ihrem Auftreten auslöste. Der Herzog
von Reichstadt wollte sich nicht von seinen Soldaten
trennen oder ihre Kasernen verlassen; der Kaiser konnte
diese Einstellung, die mit den Pflichten eines Fürsten nur
vereinbar war, nur zu schätzen wissen; aber wir hatten eine
heilige und dringende Pflicht auf unserer Seite, diesen
jungen Mann aus einer Lage zu retten, die offensichtlich zu

seinem Untergang führte. Ich machte ihn auf die drohenden Gefahren aufmerksam, die er durch eine rasche Änderung seines Lebensstils und absolute Ruhe abwenden könnte; in einer so kritischen Lage wie der seinen wäre der geringste Anfall der vorherrschenden Krankheit tödlich. Graf Hartmann verpflichtete sich, diesen Bericht dem Kaiser vorzulegen, der mir befahl, ihn am Ende der Militärparade, die er am nächsten Tag in Schmolz bei Wien abhalten sollte, in Anwesenheit des Herzogs von Reichstadt mündlich zu wiederholen. Ich ging pünktlich zur verabredeten Stunde zu dem Feld, auf dem die Manöver stattfanden, wo der Kaiser, der die Menschen vor ihrer Angst vor Ansteckung bewahren wollte, sich unter seine Truppen und Untertanen mischte. Als die Parade vorüber war, ging ich zu Seiner Majestät und wiederholte meinen Bericht. Der Kaiser wandte sich dann an den jungen Prinzen:

„‚Sie haben gehört, was Dr. Malfatti sagt. Sie werden sofort nach Schönbrünn gehen.‘

„Der Herzog verneigte sich respektvoll als Zeichen seines Gehorsams, doch als er wieder aufstand, warf er mir einen empörten Blick zu.

„‚Sie sind es also, der mich verhaften ließ?‘, sagte er wütend und ging rasch davon.“

Dennoch war er verpflichtet, den Befehlen des Kaisers Folge zu leisten, und das war es, was Dr. Malfatti wünschte.

KAPITEL VII

Der Aufenthalt des Herzogs von Reichstadt in Schönbrünn war für seine
Gesundheit von Vorteil. Der Prinz ritt täglich zu den großen Manövern,
allerdings in Begleitung des Generalkommandanten. Auf diese Weise wollte
der Kaiser seinen Enkel davor bewahren, seine Stimme zu benutzen und
seine Lunge zu ermüden. Nur einmal, als der Kaiser bei der Parade anwesend
war, drängte der Herzog darauf, das Kommando über sein Bataillon
übernehmen zu dürfen, und erhielt die Erlaubnis dazu.

Die Jagdsaison kam und der Kaiser äußerte den Wunsch, dass sein Enkel
nicht den Strapazen langer Jagden und der Härte der kalten Herbsttage
ausgesetzt werden sollte; doch der Herzog von Reichstadt bestand darauf
und folgte den Hunden. Als er wieder zurückkehrte, ohne bei der
„Abschiedsfeier" dabei gewesen zu sein, traten die alten Symptome wieder
auf. Diese waren ein reizender Husten, hauptsächlich aus der Luftröhre und
den Bronchien, Schwäche, die zu ständigem Schlafbedürfnis führte, und
Dyskrasie des gesamten Hautsystems. Von da an riet Dr. Malfatti dem
Prinzen, alle Anstrengungen jeglicher Art und vor allem die der Stimmorgane
zu vermeiden. Dieser Ratschlag bedeutete, dass der Prinz seine militärischen
Gewohnheiten vollständig aufgeben musste; daher verbarg er seine Leiden
so gut wie möglich und hatte zumindest genug Willensstärke, um sie nicht zu
zeigen, wenn er nicht verhindern konnte, krank zu werden. Mehrmals
drängte der Herzog den Kaiser, ihn seinen Militärdienst wieder aufnehmen
zu lassen, aber der Kaiser widersetzte sich immer. Gegen Ende des Jahres
starben drei bedeutende Männer in Wien: Graf von Giulay, Baron von
Frémont und Baron von Siegenthal. Der junge Prinz, der einige Tage lang
vorgetäuscht hatte, es gehe ihm viel besser, bat den Kaiser um Erlaubnis,
dem Trauerzug von Baron von Frémont mit den Truppen folgen zu dürfen.
Der Kaiser gab nach, und diese Herablassung führte zu erneutem
Unwohlsein. Schließlich erschien der Prinz mit seinen Truppen zum letzten
Mal – es war bei der Trauerfeier für General von Siegenthal – auf dem Place
Joseph. Es war sehr kalt; mitten in den Befehlen, die er seinem Bataillon gab,
verlor er seine Stimme. Als er nach Hause zurückkehrte, fühlte er sich so
krank, dass er den Arzt rufen ließ, und gestand, dass er an diesem Morgen in
hohem Fieber ausgegangen sei. Es stellte sich heraus, dass es sich um
rheumatisches, galliges und katarrhalisches Fieber handelte, das bald akute

Formen annahm; Am siebten Tag erreichte es seinen Höhepunkt, danach ging es von einem subkontinuierlichen Fieber zu einem intermittierenden alltäglichen Fieber über. Dr. Malfatti verfügte, dass der Prinz, sobald die Jahreszeit es erlaube, in die Ischler Thermen gehen solle. Endlich gelang es ihnen erneut, das Fieber zu stoppen, doch neue unvorsichtige Maßnahmen ließen die Krankheit wieder aufleben.

„Es schien", sagte der Arzt verzweifelt, „als ob dieser unglückliche junge Mann von einer tödlichen Besessenheit besessen wäre, die ihn zum Selbstmord trieb!"

Der Frühling war für den Kranken noch schlimmer als der Winter; er ließ sich nicht davon abhalten, auszugehen. Zwei- oder dreimal kam es zu Regenschauern, und er bekam Schüttelfrost, der zu Fieber und Leberversagen führte.

Im April beschleunigte sich sein Puls, er bekam Schüttelfrost und magerte sichtlich immer mehr ab. Die Ärzte Raiman und Vichrer, die den an Gicht erkrankten Dr. Malfatti ersetzen sollten, waren erschrocken und verordneten gemeinsam mit dem Hausarzt des Prinzen Suppenbäder. Die Abmagerung aufgrund der geschwächten Verdauung zwang sie zu dieser Methode, die darin bestand, den Kranken durch Absorption zu ernähren. Wieder zeigten sich Anzeichen einer Besserung und nach einiger Zeit ging es dem Herzog so gut, dass der Kaiser ihm auf Anraten der Ärzte erlaubte, zu Pferd und in der Kutsche die frische Luft zu genießen, allerdings nur unter der Bedingung, dass diese Übungen nur in Maßen durchgeführt würden. Er gehorchte diesen Anweisungen einige Tage lang; dann, nachdem er bei kaltem und feuchtem Wetter immer wieder hinausgegangen war, wurde er von der belebenden Luft dazu verleitet, sein Pferd im Galopp laufen zu lassen, anstatt nach Hause zurückzukehren. In derselben Nacht, als er eigentlich zu Bett gehen und sich warmhalten sollte, fuhr er in einer offenen Kutsche zum Prater. Der Prater liegt auf einer Donauinsel und ist sehr feucht; das hinderte den Prinzen jedoch nicht daran, bis nach Sonnenuntergang dort zu bleiben. Diese Unvorsichtigkeit führte bei seiner Rückkehr zu einer solchen Schwäche, dass er, als ein Rad seiner Kutsche brach und er auf die Straße sprang, nicht mehr genug Kraft hatte, sich aufrecht zu halten, und auf die Knie fiel. Am nächsten Tag setzte eine Lungenentzündung ein und der Prinz wurde auf dem linken Ohr taub. Die Situation war so ernst, dass Dr. Malfatti darum bat, die Ärzte Vivenot, Vichrer und Turcken zur Konsultation hinzuzuziehen. Er wurde vom Kaiser beauftragt, ihnen zu sagen, dass sie, ohne sich um politische Erwägungen zu kümmern, die bis dahin die Reise des Herzogs von Reichstadt nach Österreich verhindert hatten, ihm eine Reise in jedes Land anordnen könnten, das sie für geeignet hielten, seine Gesundheit wiederherzustellen, mit Ausnahme von Frankreich. Sie verordneten eine Reise nach Italien und einen Aufenthalt in Neapel. Der Invalide konnte nicht glauben, dass ihm ein solcher Gefallen erwiesen wurde, und schickte Dr. Malfatti zu Monsieur de Metternich, um sich aus dem Mund des Ministers zu vergewissern, dass seine Reise nicht untersagt würde.

„Sagen Sie dem Prinzen", antwortete Herr von Metternich, „dass er mit Ausnahme Frankreichs, dessen Tore zu öffnen nicht von mir abhängt, in jedes Land gehen kann, das ihm beliebt, da dem Kaiser die Wiederherstellung der Gesundheit seines Enkels wichtiger ist als alle anderen Erwägungen."

Der Kranke hatte Grund zur Furcht: Bald wurde er so schwach, dass eine Reise für ihn nicht mehr in Frage kam. Man informierte Erzherzogin Marie-Louise über den Zustand ihres Sohnes und teilte ihm mit, dass der Moment gekommen sei, die Wegzehrung zu empfangen.

Die Etikette des Wiener Hofes verlangte, dass die Prinzen der kaiserlichen Familie in Anwesenheit des gesamten Hofes an dieser traurigen Zeremonie teilnehmen sollten. Niemand wagte es, mit dem Herzog darüber zu sprechen, nicht einmal Michel Wagner, der Hofkaplan, der in seiner Jugend sein religiöser Lehrer gewesen war, so streng war dies am Wiener Hof. Eine Frau übernahm es, den Kranken zu warnen und die Nachricht in eine Form zu bringen, die einen Teil der schrecklichen Wahrheit vor dem Prinzen verbergen sollte. Diese Frau war Erzherzogin Sophie.

Sie sagte dem Prinzen, dass sie, da sie ihm bald etwas mitteilen wolle, dies an seinem Krankenbett tun wolle, in der Hoffnung, dass ihre Gebete um seine Genesung während des geheimnisvollen Akts der Eucharistie wirksamer sein könnten. Außerdem bat sie den Kranken, das Abendmahl gleichzeitig mit ihr zu empfangen, damit ihre Gebete gemeinsam zum Himmel aufsteigen könnten.

Der Herzog von Reichstadt trat bei.

Man kann sich vorstellen, wie tief die Meditation und wie traurig die Zeremonie war. Der Prinz betete für die sichere Geburt der Erzherzogin Sophie, die kurz vor der Entbindung stand; sie betete für die Genesung des Herzogs von Reichstadt, der dem Tode nahe war! Der Kranke, der sich zu diesem Zeitpunkt in Wien befand, wollte nach Schönbrünn verlegt werden, und da die Rückkehr des Frühlings die Luft erwärmt hatte, unterstützte der Arzt den Wunsch des Prinzen. Die Verlegung erfolgte ohne ernste Unfälle, und der Prinz schien sich danach sogar ein wenig besser zu fühlen. Unglücklicherweise wollte er eines Tages, trotz aller Bitten, die man vorbringen konnte, um ihn davon abzuhalten, in einer offenen Kutsche nach Laxenburg fahren, das zwei Meilen von Schönbrünn entfernt liegt. Er blieb eine Stunde draußen, wurde von den Offizieren respektvoll begrüßt, redete viel und kam durch einen heftigen Sturm zurück. In der Nacht nach diesem Tag voller Unvorsichtigkeiten befiel ihn ein Fieberanfall, der von brennendem Durst begleitet wurde; hartnäckiger Husten löste Auswurf aus, beinahe Erbrechen von Blut, und zum ersten Mal klagte der Prinz über stechende Schmerzen in der Seite.

Es fand eine erneute Konsultation statt und die Ärzte betrachteten den Zustand des Kranken als hoffnungslos.

Die Erzherzogin Marie-Louise traf ein. Sie war durch Triest gereist, um den Kaiser zu besuchen, der sich zu dieser Zeit dort aufhielt; sie war dort selbst krank geworden und hatte fünfzehn lange Tage bleiben müssen. Immer noch krank, überwand ihre Angst jedoch ihre Schwäche. Sie setzte ihre Reise fort und kam am Abend des 24. Juni an. Der Prinz wollte zu seiner Mutter, aber beim ersten Versuch, sich fortzubewegen, merkte er, dass seine Kräfte nicht ausreichten. Trotzdem wirkte die Freude, seine Mutter wiederzusehen, positiv auf ihn; die Krankheit hatte sich in den letzten drei Wochen spürbar gebessert, jedenfalls war das Übel zum Stillstand gekommen; das Fieber ließ nach, die Nächte vergingen ohne große Schweißausbrüche, und der Prinz konnte sich ohne Schmerzen auf beide Seiten legen. Aber der listige und trügerische Verlauf von Lungenkrankheiten ist wohlbekannt; sie befallen gewöhnlich junge und kräftige Menschen, die nicht sterben wollen; die Krankheit scheint manchmal, wie der Kranke selbst, Ruhe zu brauchen und erschöpft aufzuhören; aber fast immer wird dieser Moment der Unterbrechung von dem verzweifelten Bergmann ausgenutzt, um eine neue Grube zu graben, und die unterirdische Arbeit wird plötzlich durch neue Symptome entlarvt, die zeigen, dass die Krankheit während der vorgetäuschten Unterbrechung grausame Fortschritte gemacht hat. Die Hitze war sehr groß geworden und das Fieber verdoppelte seine Anstrengungen; der Husten wurde hartnäckiger als je zuvor; es kam zu einer zweiten Blutung, und der Prinz erbrach große Mengen Blut.

Die Bevölkerung Wiens nahm lebhaftes Interesse am Schicksal dieses unglücklichen Jungen; sie hielten jeden auf der Straße an, von dem sie wussten, dass er zu seinem Haushalt gehörte; aus allen Teilen der Welt trafen Briefe mit Hinweisen auf Heilmittel ein. Diese unschuldigen Empiriker zeigten zumindest besorgtes Mitgefühl, obwohl ihnen wissenschaftliche Kenntnisse fehlten.

In der Nacht des 27. Juni brach ein schreckliches Gewitter aus; eines jener Gewitter, von denen der Stolz der Könige glaubte, sie seien von der Hand des Herrn ihretwegen losgetreten worden; der Blitz schlug in einen der Adler auf Schloss Schönbrunn ein. Von da an stimmte die Meinung des Volkes mit der der Ärzte überein und sie gaben die Hoffnung auf. Da der Blitz einen Adler getroffen hatte, würde der Sohn Napoleons sterben. Der Prinz ging nicht mehr hinaus; erst als der fast ununterbrochene Kampf um Atem ihn glauben ließ, dass er an der frischen Luft etwas Erleichterung finden würde, trug man ihn auf den Balkon hinaus. Bald war es ihm unmöglich, sein Bett zu verlassen; bei der geringsten Bewegung seines Körpers wurde er ohnmächtig. Dann begann er von seinem nahenden Tod zu sprechen und den Widerwillen zu zeigen, den er immer gegen ein Leben empfunden hatte, das sich mit einem weiten Horizont eröffnet hatte, während das Schicksal ihn gezwungen hatte, in einem engen Kreis zu vegetieren. War es wirklicher Ekel vor dem Leben oder war es der Wunsch, die Menschen um ihn herum zu trösten? Erst am 21. Juli gestand er, dass er schrecklich leide, und murmelte mehrmals: „Oh mein Gott! Mein Gott! Wann werde ich sterben?"

Seine Mutter kam herein, als ihm einer dieser Schreie entfuhr, und er unterdrückte sofort den Ausdruck des Schmerzes, der sich auf seinem Gesicht ausgebreitet hatte, empfing sie mit einem Lächeln und antwortete auf ihre Fragen nach seinem Befinden, dass es ihm gut gehe, und schmiedete mit ihr Pläne für die Reise nach Norditalien. Am Abend verkündete Dr. Malfatti, er befürchte, dass in der Nacht eine tödliche Krise eintreten werde; Baron de Moll wachte in einem Nachbarzimmer, ohne dass der Prinz es wusste, da er nie jemandem erlaubt hatte, bei ihm aufzubleiben. Gegen ein Uhr morgens schien er zu dösen; aber um halb vier richtete er sich plötzlich auf, und nach heftigem und vergeblichem Ringen um Atem rief er aus:

„ Mutter! Mutter! Ich gehe unter! "

Bei diesem Schrei traten der Baron de Moll und der Kammerdiener ein, nahmen ihn in die Arme und versuchten ihn zu beruhigen; doch er kämpfte mit dem Tod.

„ Murmel! Murmel! " wiederholte er.

Dann fiel er zurück. Er war noch nicht gestorben, aber er befand sich in jenem Dämmerzustand, der Leben und Tod trennt. Sie beeilten sich, es der Erzherzogin Marie-Louise und dem Erzherzog François zu sagen, in deren Armen der Herzog von Reichstadt den Wunsch geäußert hatte, zu sterben. Alle Prinzen kamen eilig; Marie-Louise hatte nicht die Kraft, aufzustehen oder ihn zu erreichen; sie fiel auf die Knie und kroch die wenigen Schritte zwischen sich und ihrem Sohn. Der Kranke konnte nicht mehr sprechen; aber seine fast geschlossenen Augen konnten noch auf seiner Mutter ruhen, und er zeigte ihr durch einen Blick, dass er sie erkannte. Es schlug fünf Uhr morgens; er glaubte die Schwingungen des Pendels zu hören und die Schläge zu zählen. Die Ewigkeit hatte gerade auf der Bronze für ihn erklingen lassen! Er stieß bald einen Laut des Abschieds aus; der anwesende Priester zeigte ihm, wie sich der Himmel vor ihm öffnete, und um acht Minuten nach fünf stieß er ohne Zuckungen oder Kämpfe, ohne auch nur einen Schmerz, seinen letzten Seufzer aus. Er hatte einundzwanzig Jahre, vier Monate und zwei Tage gelebt. Sein Leben war im Dunkeln geblieben; sein Tod löste in

Frankreich weniger große Empfindungen aus als erwartet. Für die Franzosen und in den Augen der Franzosen war der Prinz ein Österreicher.

Unsere Nation ist eine stolze. Nicht einmal um den Preis ihres Throns hätte sie zugelassen, dass Kaiser Maximilian ihn, selbst wenn er Gottes Sohn gewesen wäre, seinem ältesten Sohn überließ. Es gefiel ihr überhaupt nicht, dass ein solcher Fürst kein Bedauern zeigte, und sie zog den Mann vor, der, um ihn zurückzuerobern, fast wahnsinnige Anstrengungen unternahm, demjenigen, der sich ruhig und ergeben den Beschlüssen der Vorsehung unterwarf.

Durch eine seltsame Laune des Schicksals starb der Herzog von Reichstadt, wie wir bereits erwähnt haben, in demselben Bett, in dem Napoleon als Eroberer zweimal geschlafen hatte: das erste Mal nach Austerlitz, das zweite Mal nach Wagram! Vater und Sohn hatten ihren letzten Schlaf darin verbracht, im Abstand von elf Jahren, und nun schliefen sie an der Brust ihrer gemeinsamen Mutter – nur dass zwischen ihren beiden toten Körpern der Ozean floss.

Unsere Leser sind vielleicht neugierig, wie die französische Presse nach 22 Jahren dieses Ereignis aufnahm, das etwas Verhängnisvolles und zugleich Vorhersehbares in sich trug und zu einem Zeitpunkt geschah, als ein neuer König versuchte, eine neue Dynastie auf dem Boden Frankreichs zu gründen, eines Landes, das sich schon immer gegen Dynastien aufgelehnt hatte. Die Nachricht wurde in Paris erst am 1. August bekannt. Wir werden eine Zeitung aufschlagen, die wir zu einem anderen Zweck bestellt hatten, und dort den Artikel lesen, den wir unseren Lesern gleich vorlegen werden. Die Zeitung heißt Constitutionnel ; wir wissen nicht, von wem der Artikel geschrieben wurde, aber er scheint gut zu sein.

"PARIS, 1. *August*

„Der Sohn Napoleons ist tot. Diese lange erwartete Nachricht hat in Paris eine traurige, aber ruhige Stimmung hervorgerufen. Ein so dunkles Ende eines Lebens, das ein glänzendes Schicksal versprach, ein blasser, letzter Strahl unermesslichen Ruhms, wie der, der gerade erloschen ist, bietet einen melancholischen Anlass zur Meditation! Das Volk wird tief und ernsthaft trauern, denn gerade im Volk haben die Erinnerungen an den kaiserlichen Ruhm bleibende Spuren hinterlassen.

"Die Einzelheiten der letzten Augenblicke von Napoleons Sohn sind uns noch immer unbekannt; sein Tod war von Geheimnissen umgeben, ebenso wie sein Leben. Wir sind jedoch überzeugt, dass er dem Herannahen des Todes mit einer seines Vaters würdigen Stärke entgegensah. Als er erkannte, dass die verhängnisvolle Stunde gekommen war, veräußerte er die wenigen ihm verbliebenen weltlichen Güter, in Übereinstimmung mit den zuvor vom Kaiser der Franzosen geäußerten Wünschen, zugunsten des jungen Louis-Napoleon, des Sohns des ehemaligen Königs von Holland, der in den Reihen der letzten Verteidiger der italienischen Freiheit kämpfte. Wir haben erfahren, dass ein Brief, den der berühmte Sterbende schrieb, um seinen Cousin über das Vermächtnis zu informieren, Hinweise auf die Leiden enthält, die sein Leben vergifteten und zweifellos verkürzten.

"Es muss wirklich ein bitteres Erlebnis gewesen sein! Tom, weg von der Wiege, weg von seinem Land und seiner Familie, um in einem luxuriösen Gefängnis eingesperrt zu werden; ohne Führung in einem Alter, in dem sein Geist viel Führung brauchte; unterworfen einer tyrannischen Etikette; ein Fremder inmitten eines Hofes, der ihn mit zweifelhafter Loyalität bedrängte; wem konnte er sich anvertrauen, wenn nicht den wachsamen Dienern, die beauftragt waren, ihn zu täuschen, vielleicht zu korrumpieren? Von wem konnte er Informationen über das erhalten, was er am meisten wissen wollte - über sein Schicksal, seine Zukunft, seine Pflichten? Seine Lehrer, so wird uns versichert, ließen ihn lange Zeit in Unkenntnis der Geschichte seines Vaters! Wenn man den wenigen Freunden Glauben schenken darf, die er kennenlernen durfte, war der junge Napoleon von der Natur mit einem aufrechten Geist und einem großzügigen Herzen ausgestattet; unfruchtbare Gaben, die seine Einsamkeit nur noch erdrückender und den Tod zu einem willkommenen Segen machten! Sein Leben endete günstig für die Ehre des Namens, den er trug: Er wird diesen großen Namen nicht durch eine lange Zeit der Untätigkeit; er wird es nicht im Dienste der Politik, der Gerichte oder der Parteiintrigen entehrt haben; er wird nicht die lächerliche und abscheuliche Rolle eines Prätendenten gespielt haben, und die Geschichte wird ihm nicht vorwerfen müssen, eine Geißel für sein Land gewesen zu sein.

„Der junge Napoleon war in den Händen Österreichs sowohl ein Objekt des Schreckens für Österreich als auch ein Schreckgespenst für das Frankreich der Restauration.

Allein sein Name, ausgesprochen von M. de Metternich, hätte Ludwig XVIII. und Karl X. erzittern lassen und genügt, um jeden Versuch abzuwehren, der der österreichischen Politik zuwiderlief; und doch hätte die Klugheit sie nie die Bedrohung erkennen lassen, die in einem solchen Namen steckte. Eine solche Bedrohung wäre vielleicht auch nach der Revolution von 1830 nicht ohne Wirkung auf die Staatsmänner geblieben, die unsere Politik kontrollierten, obwohl sie jetzt nicht ernster gewesen wäre als zu jeder anderen Zeit.

„Österreich ist somit von seinen Ängsten befreit und des Mittels, mit dem es uns den Weg versperren konnte, beraubt.

"Napoleon II. hatte zumindest in Frankreich eine Reihe von Anhängern, wenn auch nicht gerade eine Partei. Es ist ein Erbe, um das die Fraktionen untereinander und mit der Regierung streiten werden, ein Erbe, das denen verbleiben wird, die am besten wissen, wie man die Volksmassen für die wahren Interessen des Landes sensibilisiert."

Der Rest der Zeitung enthielt ein Manifest der englischen Presse, telegrafische Depeschen über Don Pedros Expedition und eine Analyse von *Mademoiselle de Liron* – einem Roman von M.E.J. Deléchuze.

VI. BUCH

KAPITEL I

Luzern – Der Löwe vom 10. August – Die Hühner des
Herrn von Chateaubriand – Reichenau – Ein Bild von
Conder – Brief an den Herzog von Orléans – Ein
Spaziergang im Park von Arenenberg

Ich habe bereits gesagt, dass ich nicht die Absicht habe, meinen Bericht über
meine Wanderungen durch die Schweiz noch einmal zu beginnen. Ich
möchte meinen Leser jedoch um Erlaubnis bitten, ihm drei kleine Auszüge
aus meinen *Reiseeindrücken vorzulegen,* die für den Verlauf dieser Memoiren
unverzichtbar sind. Sie wurden 1834 veröffentlicht und betreffen
Monseigneur de Chateaubriand, Monseigneur le duc d'Orléans und Ihre
Majestät Königin Hortense; sie enthalten meine eigenen, unabhängigen
Ansichten und werden hin und wieder ein seltsames Licht auf die Zukunft
des Dichters werfen. Wenn ein Staatsmann das geschrieben hätte, was ich
gleich zitieren werde, wäre er als Prophet angesehen worden.

Folgen wir der Reihenfolge meiner Besuche in Luzern, Reichenau und
Arenenberg und beginnen wir mit Monsieur de Chateaubriand.

Alle Herren, alle Ehren.

"Herrn von Chateaubriands Hühner

„Die erste Nachricht, die ich bei meiner Ankunft im *Hôtel
du Cheval blanc erfuhr* , war, dass Monsieur de Chateaubriand
in Luzern lebte. Man wird sich erinnern, dass unser großer
Dichter, der seine Feder der Verteidigung der gefallenen
Dynastie gewidmet hatte, nach der Julirevolution freiwillig
ins Exil ging und erst nach Paris zurückkehrte, als er durch
die Verhaftung der Herzogin von Berry dorthin
zurückgerufen wurde. Er lebte im Hôtel de l'Aigle. Ich zog
mich bald an, um ihm einen Besuch abzustatten. Ich kannte
ihn nicht persönlich: In Paris hatte ich mich nicht getraut,
mich vorzustellen, aber außerhalb Frankreichs, in Luzern,
wo er isoliert war, dachte ich, es könnte ihm eine Freude
sein, einen Landsmann zu sehen. Ich stellte mich daher
mutig im Hôtel de l'Aigle vor. Ich fragte den Hotelkellner
nach Monsieur de Chateaubriand. Er antwortete, er sei
gerade ausgegangen, um seine Hühner zu füttern. Ich ließ
ihn das wiederholen, da ich dachte, ich hätte ihn gehört.
falsch; aber er gab mir beim zweiten Mal dieselbe Antwort.

Ich hinterließ meinen Namen und bat gleichzeitig um die Gunst, am nächsten Tag empfangen zu werden.

"Am nächsten Morgen überreichte man mir einen Brief von Monsieur de Chateaubriand, den er am Vorabend abgeschickt hatte: eine Einladung zum Frühstück um zehn Uhr; es war inzwischen neun, ich hatte also keine Zeit zu verlieren. Ich sprang aus dem Bett und zog mich an. Ich hatte mir schon sehr lange gewünscht, Monsieur de Chateaubriand zu sehen; meine Bewunderung für ihn war die Religion meiner Kindheit; er war der Mann, dessen Genie als erster die ausgetretenen Pfade verlassen hatte, um unserer jungen Literatur den Weg zu weisen, dem sie seitdem folgte; er allein hatte mehr Hass erregt als alle Cenacula zusammen; er war der Fels, gegen den die eifersüchtigen Wellen, die immer noch gegen uns wüteten, fünfzig Jahre lang vergeblich geschlagen hatten; er war die Feile, an der die Zähne angebracht wurden, die versucht hatten, uns zu beißen.

„Als ich also die erste Stufe der Treppe betrat, versagte mir fast das Herz. Völlig ahnungslos fühlte ich, dass mich diese enorme Überlegenheit zumindest erdrücken würde; denn damals fehlte der Vergleichspunkt, um unsere jeweiligen Höhen zu messen, und ich hatte nicht genug Einfallsreichtum, um wie Stromboli zum Monte Rosa zu sagen: ‚Ich bin nur ein Hügel, aber ich beherberge einen Vulkan!‘" Als ich den Treppenabsatz erreichte, blieb ich stehen ... Ich glaube, ich hätte weniger gezögert, an die Tür eines Konklaves zu klopfen. Vielleicht dachte Monsieur de Chateaubriand in diesem Moment, ich ließe ihn aus Höflichkeit warten, während ich aus Ehrfurcht nicht hineinzugehen wagte. Schließlich hörte ich den Kellner die Treppe heraufkommen; ich konnte nicht länger vor der Tür bleiben, also klopfte ich. Monsieur de Chateaubriand selbst kam und öffnete; er muss sich eine seltsame Meinung über meine Manieren gebildet haben, wenn er meine Verlegenheit nicht auf ihre wahre Ursache zurückführte. Ich stotterte wie ein Bauerntölpel; ich wusste nicht, ob ich vor oder hinter ihm hineingehen sollte. Ich glaube, wenn Monsieur Parseval mich nach meinem Namen gefragt hätte, hätte ich nicht gewusst, was ich antworten sollte, wie Monsieur Parseval vor Napoleon. Aber er tat noch mehr: Er streckte mir die Hand entgegen.

„Während des Frühstücks unterhielten wir uns. Er ging nacheinander auf alle politischen Fragen ein, die damals diskutiert wurden, von der Tribüne bis zum Club, mit der Klarheit eines Genies, das den Dingen auf den Grund geht, und wie ein Mann, der Prinzipien und Interessen richtig einschätzt und sich über nichts Illusionen macht. Ich war überzeugt, dass Herr de Chateaubriand die Partei, der er angehörte, von nun an als verloren ansah und glaubte, dass die ganze Zukunft in einem sozialistischen Republikanismus ruhte, und dass er seiner Sache mehr treu blieb, weil er sie für unglücklich hielt, als weil er sie für gut hielt. So ist es mit allen großen Seelen: Sie müssen sich einer Sache widmen; wenn es nicht den Frauen ist, dann den Königen; wenn nicht den Königen, dann Gott. Ich konnte es mir nicht verkneifen, Herrn de Chateaubriand gegenüber zu bemerken, dass seine Theorien, obwohl sie der Form nach royalistisch waren, im Grunde republikanisch waren.

„,Überrascht Sie das?‘, sagte er lächelnd. ‚Mich überrascht es noch mehr! Ich bin ungewollt vorwärtsgekommen, wie ein Stein, der von der Strömung mitgerollt wird; und jetzt, siehe da! Ich stelle fest, dass ich Ihnen näher bin als Sie mir! ... Haben Sie den Löwen von Luzern gesehen?‘

"'Noch nicht.'

„,Gut, dann wollen wir es uns ansehen... Es ist das wichtigste Denkmal der Stadt. Wissen Sie, zu welchem Anlass es errichtet wurde?‘

„,Zur Erinnerung an den 10. August.‘

"'Das war es.'

„Ist es eine schöne Sache?“

„,Es ist noch besser: Es ist eine wunderschöne Idee!‘

„Es gibt nur einen Nachteil: Das für die Monarchie vergossene Blut wurde von einer Republik erkauft, und die toten Schweizergardisten waren nichts weiter als die Bezahlung eines Wechsels.“

„,Das ist nicht weniger bemerkenswert in einer Zeit, in der es viele Menschen gab, die gegen ihre Gesetzesentwürfe protestierten.‘

„Wie man sehen wird, waren wir in diesem Punkt unterschiedlicher Auffassung. Das ist das Unglück von Meinungen, die sich in zwei entgegengesetzte Prinzipien aufspalten. Immer wenn die Notwendigkeit sie zusammenführt, verstehen sie sich zwar in der Theorie, aber in der Realität trennen sie sich.

„Wir erreichten das Denkmal, das in einiger Entfernung von der Stadt im Garten von General Pfyffer steht. Es ist ein senkrecht in den Fels gehauener Felsen, dessen Sockel von einem runden Teich umspült wird. In den Felsen ist eine 44 Fuß lange und 48 Fuß hohe Grotte gehauen, und in diese Grotte hat ein junger Bildhauer aus Konstanz namens Ahrorth nach einem Gipsmodell von Thorwaldsen einen kolossalen Löwen gemeißelt. Von einem Speer durchbohrt, mit dem abgebrochenen Fragment in der Wunde, liegt der Löwe im Sterben und bedeckt mit seinem Körper den mit Lilien verzierten Schild, den er nicht länger verteidigen kann. Über der Grotte stehen die Worte , *Helvetiorum fidei ac virtuti*' und unter dieser Inschrift die Namen der Offiziere und Soldaten, die am 10. August umkamen. Die Offiziere waren 26 und die Soldaten 760. Dieses Denkmal erlangte außerdem durch die gerade stattgefundene neue Revolution und die erneuerte Treue der Schweizer ein größeres Interesse. Dennoch war es eine seltsame Sache! Der behinderte Soldat, der den Löwen bewacht, sprach viel mit uns über den 10. August, verlor aber kein Wort über den 29. Juli. Die jüngere der beiden Katastrophen war die, die er bereits vergessen hatte. Es ist ganz einfach: 1830 hatte er nur einen König vertrieben, 1792 hatte er die Könige vertrieben. Ich wies Monsieur de Chateaubriand auf die Namen der Männer hin, die ihrer Unterschrift alle Ehre gemacht hatten, und fragte ihn, welche Namen auf den Grabsteinen der Könige eingraviert würden, um diese volkstümlichen Namen auszugleichen, wenn in Frankreich ein ähnliches Denkmal errichtet würde.

„Nicht eins!', antwortete er.

'"Meinst Du das wirklich?'

„Perfekt; die Toten lassen sich nicht umbringen.'

„Die Geschichte der Julirevolution besteht ganz und gar aus diesen Worten: ,Der Adel ist der wahre Schutzschild der Loyalität; solange er ihn am Arm trägt, hat er ausländische

Kriege zurückgedrängt und Bürgerkriege erstickt; aber von dem Tag an, an dem er ihn im Zorn unvorsichtigerweise bricht, ist er wehrlos. Ludwig XI. hatte die großen Vasallen erschlagen, Ludwig XIII. die Großseigneure und Ludwig XIV. die Aristokraten, so dass, als Karl X. die d'Armagnacs, die Montmorencys und die Lauzuns zu Hilfe rief, seine Stimme nur Schatten und Phantome heraufbeschwor.'

„‚Nun', sagte Monsieur de Chateaubriand, ‚wenn Sie alles gesehen haben, was Sie sehen wollten, wollen wir meine Hühner füttern.'

„Das erinnert mich übrigens an etwas. Als ich gestern in Ihrem Hotel vorbeischaute, sagte mir der Kellner, Sie seien auf dem Lande tätig. Geht Ihr Rentenplan so weit, dass Sie Bauer werden?"

„‚Warum nicht? Ein Mann, dessen Leben wie meines war, getrieben von Launen, Poesie, Revolutionen und Exil in allen vier Himmelsrichtungen, wird, glaube ich, glücklich sein, wenn er – wenn nicht ein Chalet in den Bergen (ich mag die Alpen nicht) – eine Wiese in der Normandie oder einen Bauernhof in der Bretagne besitzt. Ich bin entschieden der Meinung, dass dies die Berufung für mein Alter ist.'

„‚Erlauben Sie mir, das zu bezweifeln... Sie erinnern sich an Karl V. in Saint-Just. Sie sind keiner der Kaiser, die abdanken, oder einer der Könige, die man entthront: Sie sind einer jener Fürsten, die unter einem Baldachin sterben und wie Karl der Große begraben werden, mit den Füßen auf einem Schild, dem Schwert an seiner Seite, einer Krone auf dem Haupt und einem Zepter in der Hand.'

„‚Pass auf! Ich bin schon so lange nicht mehr geschmeichelt worden und kann mich durchaus davon mitreißen lassen. Komm, wir gehen und geben den Hühnern ihr Futter.'

„Auf meine Ehre, ich hätte vor diesem Mann auf die Knie fallen können, so einfach und doch zugleich so groß war er. Wir fuhren über die Brücke von la Cour, die einen Arm des Sees überquert; nach der Brücke von Rappersweil ist sie die längste überdachte Brücke der Schweiz. Etwa zwei Drittel des Weges blieben wir stehen, in einiger Entfernung von einer mit Schilf bedeckten Stelle. Herr von Chateaubriand zog ein Stück Brot aus seiner Tasche, das er nach dem

Frühstück dort hineingelegt hatte, und begann, es im See zu zerbröseln. Bald kamen ein Dutzend Wasservögel aus einer Art Insel, die das Schilf bildete, und begannen hastig um das Mahl zu kämpfen, das ihnen von der Hand zubereitet worden war, die den *Geist des Christentums, die Märtyrer* und *den letzten Abencerrages geschrieben hatte.* Lange Zeit beobachtete ich, ohne etwas zu sagen, das sonderbare Schauspiel dieses Mannes, der über die Brücke gebeugt stand, die Lippen zu einem Lächeln gekrümmt, aber mit traurigen, ernsten Augen. Allmählich wurde seine Beschäftigung mechanisch, sein Gesicht nahm einen Ausdruck tiefer Trauer an. Melancholisch zogen seine Gedanken über seine breite Stirn wie Wolken über einen Himmel; darunter waren Erinnerungen an Land, Familie und zärtliche Freundschaften, düsterer als sonst. Ich vermutete, dass er sich diesen Moment freigehalten hatte, um über Frankreich nachzudenken, und ich respektierte seine Meditation, solange sie dauerte. Am Ende machte er eine Bewegung und stieß einen Seufzer aus. Ich ging näher, und er erinnerte sich, dass ich da war, und streckte seine Hand aus.

„‚Aber wenn Sie Paris so sehr bedauern‘, sagte ich zu ihm, ‚warum gehen Sie dann nicht dorthin zurück? Nichts vertreibt Sie von dort, und alles ruft Sie zurück.‘

„‚Was soll ich tun?‘, antwortete er. ‚Ich war in Cauterets, als die Julirevolution stattfand. Ich kehrte nach Paris zurück: Ich sah einen Thron im Blut und einen anderen im Schlamm, Anwälte, die eine Charta aufsetzten, und einen König, der Lumpenträgern die Hand schüttelte ... Es war zu Tode traurig, besonders wenn man, wie in meinem Fall, von den großen Traditionen der Monarchie erfüllt ist. Ich habe all dem den Rücken gekehrt.‘

„‚Nach einigen Worten, die Sie heute Morgen fallen ließen, glaube ich, dass Sie die Volkssouveränität anerkennen?‘

‚Ja, es besteht kein Zweifel, dass es von Zeit zu Zeit gut ist, das Königtum an seiner Quelle, nämlich durch die Wahl, zu mäßigen. Doch dieses Mal haben sie einen Ast vom Baum abgeschlagen, ein Glied in der Kette: Sie hätten Heinrich V. wählen sollen und nicht Louis-Philippe.‘‘

„‚Sie wünschen dem armen Kind nur einen traurigen Wunsch‘, antwortete ich. ‚Könige mit dem Namen Heinrich haben in Frankreich kein Glück: Heinrich I. wurde vergiftet, Heinrich II. wurde bei einem Turnier getötet, Heinrich III. und IV. wurden ermordet.'

„,Gut, aber es ist auf jeden Fall besser, durch Gift zu sterben als in der Verbannung; es ist schneller vorbei und man leidet weniger!'

„,Aber werden Sie nicht nach Frankreich zurückkehren?'

„,Wenn die Herzogin von Berry, nachdem sie den Wahnsinn begangen hat, in die Vendée zurückzukehren, die Dummheit begeht, sich dort gefangen nehmen zu lassen, werde ich nach Paris zurückkehren, um sie vor ihren Richtern zu verteidigen, sofern mein Rat sie nicht daran gehindert hat, dort zu erscheinen."

"'Wenn nicht?'

„Wenn nicht", fuhr Monsieur de Chateaubriand fort und zerbröselte ein zweites Stück Brot, „werde ich weiterhin meine Vögel füttern."

Zwei Stunden nach diesem Gespräch verließ ich Luzern in einem von zwei Ruderern geruderten Boot. Einige Zeit darauf befand ich mich in Graubünden, nicht weit von dem Städtchen Reichenau, dessen Name in meiner Erinnerung eine merkwürdige Erinnerung weckte.

Während meiner Amtszeit in den Ämtern des Herzogs von Orléans war ich lange Zeit damit beauftragt, Eintrittskarten an Personen zu verteilen, die die Gemächer des Palais-Royal besichtigen oder im Park von Monceaux spazieren gehen wollten. Sie konnten die Räume samstags besichtigen und donnerstags und sonntags im Park spazieren gehen. An den Tagen, an denen die Gemächer besichtigt wurden, blieben der Herzog und die Herzogin und Madame Adélaïde und der Rest der fürstlichen Familie in einem oder zwei Zimmern, wo sie von zehn Uhr morgens bis vier Uhr abends zurückgezogen lebten, und doch kam es oft vor, dass ein neugieriger Besucher, während der Diener woanders beschäftigt war, den Schlüssel umdrehte, die Tür einen Spalt öffnete, den Kopf herausstreckte und in das herzogliche Refugium stürzte. Das erste, was die Leute sich vor allem anderen ansahen, war die Gemäldegalerie – nicht dass alle Bilder gut gewesen wären, ganz im Gegenteil! Aber es gab einige, über die damals geredet wurde; das waren die Schlachtenbilder von Horace Vernet, vier Meisterwerke, wunderbare Werke, auf die ich bereits hingewiesen habe – die Schlachten von *Montmirail, Hanau, Jemmapes* und *Valmy. In der Schlacht von Montmirail* gab es einen Punkt, der besonders die Aufmerksamkeit auf sich zog: Im Hintergrund, unter einem Wäldchen, im Nebel verborgen, trabte ein Reiter auf einem weißen Pferd. Pferd und Reiter waren zusammen nur vier Zoll breit und zwei Zoll hoch, und doch hatte dieser kleine weiß-graue Fleck ausgereicht, um das Bild aus dem Salon von 1821 auszuschließen. Der mikroskopisch kleine Kavalier war, wie wir sagten, als wir uns speziell mit Horace Vernet beschäftigten, niemand anderes als Kaiser Napoleon.

Als sie sich diese vier Schlachtenbilder, derentwegen sie eigens ins Palais-Royal gekommen waren, gut angesehen hatten, sagte der Lakai: „Messieurs et mesdames, würden Sie bitte hierher kommen?" Sie folgten ihm, und er führte die Neugierigen zu einem kleinen Genregemälde, das einen hübschen jungen Mann in blauem Mantel und Lederhosen darstellte, der die Augen zum Himmel hob und einem Dutzend Kinder, die ihn umringten, das Wort *Frankreich zeigte*, das auf einem Erdball geschrieben war. Dieser schöne junge Mann war der verbannte Herzog von Orléans, der am Reichenau College Geographie- und Mathematikunterricht gab.

Ich sah das kleine Bild von Couder noch einmal; ich war, wie gesagt, ein paar Meilen von Reichenau entfernt, und beschloss, das Zimmer zu besichtigen, in dem der tatsächliche König von Frankreich eines der ehrenhaftesten Jahre seines Lebens verbracht und 5 Francs pro Tag verdient hatte. Ich habe oft gehört, dass er trotz seiner sechzehn Millionen aus der Zivilliste und seines Château des Tuileries, vielleicht sogar deswegen, manchmal murmelte: „O Reichenau! Reichenau!..."

Ich legte also diese paar Meilen zurück – zwei oder drei folgten dem Ufer des Rheins, der hier schieferfarben ist, in Deutschland aber blau – und erreichte Reichenau. Am selben Tag schrieb ich dem Herzog von Orléans den folgenden Brief, den Sie in seiner Gesamtheit in meinen *Reiseeindrücken finden* :

> „MONSEIGNEUR, – Das Datum dieses Briefes und der Ort, von dem er abgeschickt wurde, werden leicht erklären, welchen Gefühlen ich nachgebe, wenn ich mich an Eure Hoheit wende. Ich spreche nicht zum königlichen Erbprinzen der Krone von Frankreich, zu Seiner Majestät König Louis-Philippe, der jetzt regiert, sondern zum Herzog von Chartres, Schüler von Heinrich IV., des Herzogs von Orléans, Lehrer in Reichenau. Ich schreibe Eurer Hoheit aus demselben Zimmer, in dem Ihr verbannter Vater Arithmetik und Geographie unterrichtete; oder vielmehr aus demselben Zimmer, da die Postzeit knapp ist, sende ich Eurer Hoheit die Seite, die ich gerade aus meinem Album gerissen habe."

"REICHENAU

"Das kleine Bündner Dorf ist in keiner Weise bemerkenswert, abgesehen von der seltsamen Geschichte, die mit seinem Namen verbunden ist. Gegen Ende des letzten Jahrhunderts hatte Bürgermeister Tscharner aus Chur in Reichenau eine Schule gegründet. Sie suchten im Kanton nach einem Lehrer für Französisch, als sich ein junger Mann bei M. Boul, dem Direktor der Einrichtung, vorstellte und ein Empfehlungsschreiben mitbrachte, das von Bailie Aloys Toost aus Zizers unterzeichnet war. Der junge Mann war Franzose, sprach seine Muttersprache, Englisch und Deutsch, und konnte neben diesen drei Sprachen auch Mathematik, Physik und Geographie unterrichten. Der Fund war zu wunderbar und zu selten, als dass der Direktor des Kollegs ihn hätte gehen lassen; außerdem war der junge Mann in seinen Ansprüchen bescheiden. M. Boul vereinbarte mit ihm eine jährliche Vergütung von 1400 Francs, so dass der neue Professor sofort eingesetzt wurde und sein Amt antrat. Dieser junge Professor war Louis-Philippe d'Orléans, Herzog von Chartres, der heutige König von Frankreich.

„Ich gebe zu, dass ich mit einer Mischung aus Ergriffenheit und Stolz an genau diesem Ort, in dem Raum in der Mitte des Korridors mit seiner Flügeltür, seinen blumenbemalten Seitentüren, seinen Eckkaminen, seinen von vergoldeten Arabesken umgebenen Bildern von Ludwig XV. und seiner dekorierten Decke, mit großer Ergriffenheit über die seltsamen Wechselfälle einer königlichen Persönlichkeit informiert war, die nicht um das Brot der Verbannung betteln wollte, sondern es sich mit seiner Arbeit erkaufte.

„Ein einziger Lehrer, ein Kollege des Herzogs von Orléans, und ein einziger Schüler, einer seiner Schüler, lebten noch im Jahre 1832, als ich Reichenau besuchte. Der Lehrer war der Romanschriftsteller Zschokke, und der Schüler war Bürgermeister Tscharner, der Sohn des Mannes, der die Schule gegründet hatte. Der ehrenwerte Amtmann Aloys Toost starb 1827 und wurde in Zizers, seinem Heimatdorf, begraben. Von dem Kollegium, in dem ein zukünftiger König von Frankreich unterrichtet hatte, ist heute nichts mehr übrig als das von uns beschriebene Schulzimmer und die an den Korridor angrenzende Kapelle mit ihrem Lesepult und dem Altar, über dem ein in Fresko gemaltes

Kruzifix steht. Die übrigen Gebäude wurden in eine Art Villa umgewandelt, die dem Oberst Pastalluzzi gehörte, und dieses Denkmal, das für jeden Franzosen so ehrenvoll ist, dass es zu unseren Nationaldenkmälern gezählt werden sollte, droht mit der Generation der aussterbenden alten Männer zu verschwinden, wenn nicht ein Mann mit künstlerischem Gefühl lebte, der edel und groß ist, der nicht, wie wir wissen, hoffe, lass alles vergessen werden, was für ihn und für Frankreich ehrenhaft ist. Dieser Mann sind Sie, Monseigneur Ferdinand d'Orléans, der, nachdem er unser Schulkamerad war, auch unser König sein wird; Sie, der Sie von dem Thron, den Sie eines Tages besteigen werden, eine Hand auf die alte Monarchie und die andere auf die junge Republik legen werden; Sie werden die Galerien erben, die Bilder der Schlachten von *Taülebourg, Fleurus, Bouvines* und von *Aboukir,* von *Agincourt* und von *Marengo* enthalten; Sie, der Sie nicht wissen, dass die Lilien von Ludwig XIV. die Lanzenspitzen von Chlodwig sind; Sie, der Sie so gut wissen, dass alle Herrlichkeiten eines Landes herrlich sind, egal wann sie geboren wurden oder welche Sonne sie erblühen ließ; Sie, der Sie mit Ihrem königlichen Filetstück tausend Jahre Erinnerungen zusammenbinden und die konsularische Würde der Liktoren annehmen können, die vor Ihnen marschieren werden!

„So wird es Ihnen, Monseigneur, eine Freude sein, sich an den kleinen einsamen Hafen zu erinnern, an den Reisenden, der vom Meer des Exils geschlagen wurde, an den Seemann, der vom Wind der Ächtung getrieben wurde, wo Ihr Vater einen edlen Schutz gegen den Sturm fand; es wird Ihrer würdig sein, Monseigneur, anzuordnen, dass das gastfreundliche Dach wieder für die Gastfreundschaft errichtet wird und an derselben Stelle, wo das alte Gebäude in Trümmer fiel, ein neues errichtet wird, dazu bestimmt, jeden Sohn des Exils aufzunehmen, der mit dem Stab des Exils in der Hand kommt, um an seine Türen zu klopfen, wie Ihr Vater kam, ungeachtet seiner Meinung und seines Landes; ob er nun vom Zorn der Völker bedroht oder vom Hass der Könige verfolgt wird; denn, Monseigneur, die Zukunft, obwohl heiter und blau für Frankreich, das seine revolutionäre Arbeit vollbracht hat, ist voller Stürme für den Rest der Welt! Wir haben die Samen der Freiheit auf unseren Streifzügen durch Europa so weit verbreitet gesät, dass sie überall wie Mais aufgehen; so gut, dass es nur noch nötig ist ein Sonnenstrahl, um die fernsten Ernten reifen zu lassen ... Werfen Sie Ihren Blick zurück auf die Vergangenheit, Monseigneur, und konzentrieren Sie ihn dann auf die Gegenwart. Haben Sie jemals mehr Thronerschütterungen gespürt oder mehr entthronte Reisende auf den Landstraßen getroffen? Sie sehen in der Tat, dass es eines Tages notwendig sein wird, eine Anstalt zu gründen, und sei es nur für die Söhne von Königen, deren Väter nicht wie die Ihren Lehrer in Reichenau sein können!

Ich möchte von Reichenau über Arenenberg zurückkehren. Der Vergleich eines französischen Mathematiklehrers mit einer verbannten holländischen Königin beglückt die Phantasie der Dichter. Außerdem hatte ich als Kind viel Schlechtes über Napoleon und viel Gutes über Joséphine gehört! Was sah ich nun in Königin Hortense anderes als Joséphines Fall noch einmal? Ich bestand also darauf, Königin Hortense zu sehen, und jeder noch so lange Umweg war nichts im Vergleich zu diesem Wunsch. Da ich jedoch nicht möchte, dass diese Zeilen als verspätete Schmeichelei aufgefasst werden – ich bestehe darauf, dass man mich für unfähig hält, irgendjemandem außer Verbannten oder Toten zu schmeicheln –, werde ich hier schreiben, was ich 1832 über Königin Hortense schrieb. Ich kopiere die folgende Passage aus meinen *Reiseeindrücken*:

> „Da das Schloss Arenenberg nur eine Meile von Konstanz entfernt ist, überkam mich das große Verlangen, dieser gefallenen Majestät zu Füßen zu huldigen und zu sehen, was von einer Königin in einer Frau übrig blieb, der das Schicksal die Krone vom Haupt, das Zepter aus der Hand und das Gewand von den Schultern gerissen hatte; und zwar von jener Königin, die die anmutige Tochter von Joséphine Beauharnais, der Schwester von Eugène, und der Diamant in Napoleons Krone war.

> "Ich hatte in meiner Jugend so viel von ihr als schöner und guter Fee gehört, äußerst gnädig und barmherzig, von den Töchtern, denen sie eine Mitgift gegeben hatte, den Müttern, deren Kinder sie freikaufte, und den Gefangenen, für die sie Begnadigung erwirkte, dass ich sie verehrte. Dazu kam die Erinnerung an die Romanzen, die meine Schwester über die Königin sang, die sich durch mein Gedächtnis so in mein Herz eingeprägt hatten, dass ich selbst jetzt, obwohl es zwanzig Jahre her ist, dass ich diese Zeilen und die Musik gehört habe, beide wiederholen könnte, ohne ein Wort zu

vergessen, und ich könnte die Musik aufschreiben, ohne eine Note zu transponieren. Diese Romanzen über eine Königin werden von einer Königin gesungen; eine Kombination, die man nur in Tausendundeiner *Nacht sehen kann* und die mir wie eine freudige Überraschung im Gedächtnis geblieben ist." [1]

Ich hatte kein Empfehlungsschreiben an die Comtesse de Saint-Leu, hoffte aber, dass ihr mein Name nicht völlig unbekannt war; ich hatte damals bereits *Henri III., Christine, Antony, Richard Darlington, Charles III.* und *La Tour de Nesle geschrieben.*

Als ich Arenenberg erreichte, war es noch zu früh am Morgen, um mich bei der Königin vorzustellen. Ich hinterließ meine Karte bei Madame Parquin, der Vorleserin der Comtesse de Saint-Leu und Schwester des berühmten Rechtsanwalts gleichen Namens, und nutzte einen gerade aufgekommenen schönen Sturm für eine Segeltour auf dem See. Bei meiner Rückkehr erwartete mich im Hotel eine Einladung zum Abendessen; außerdem hatte mich ein Brief aus Frankreich dort gefunden, eine Klugheit, die der Schweizer Post eine große Leistung bescherte: Er enthielt die handschriftliche Ode von Victor Hugo auf den Tod des Königs von Rom. Ich ging zu Fuß zur Residenz der Königin und las den Brief unterwegs.

Alle Einzelheiten der großzügigen Gastfreundschaft, die ich drei Tage lang von der Königin empfangen durfte, sind in meinen *Reiseeindrücken nachzulesen.* Ich möchte hier lediglich ein Gespräch wiedergeben, das ein seltsames Glaubensbekenntnis zur Gegenwart offenbarte – wenn man bedenkt, dass die *Gegenwart* damals dem September 1832 entsprach – und eine merkwürdige Vorhersage der Zukunft.

"Ein Spaziergang im Park von Arenenberg

„Die Königin und ich gingen etwa hundert Schritte schweigend. Ich war der Erste, der sie unterbrach.

„Ich glaube, Sie haben mir etwas zu sagen, Madame la Comtesse?", fragte ich.

„,Stimmt', sagte sie und sah mich an. „Ich wollte mit Ihnen über Paris sprechen. Was gab es Neues, als Sie von dort abreisten?'

„,Viel Blutvergießen auf den Straßen, viele Verletzte in den Krankenhäusern, zu wenige Gefängnisse und zu viele Gefangene.'

„„Sie haben den 5. und 6. Juni gesehen?'

"'Ja, Madame.'

„„Entschuldigen Sie, ich werde vielleicht neugierig, aber aufgrund einiger Worte, die Sie gestern gesagt haben, glaube ich, dass Sie ein Republikaner sind.'

"Ich lächelte.

„Sie irren sich nicht, Madame; und doch werde ich, bevor ich die Qualifikation akzeptiere, die Sie mir geben, Sie um Erlaubnis bitten, Ihnen meine Grundsätze darzulegen, da die Zeitungen, die die Partei repräsentieren, der ich angehöre und mit der ich sympathisiere (wenn auch nicht mit allen ihren Methoden), diesem Wort Bedeutung und Farbe verliehen haben. Für jede andere Frau wäre ein solches Bekenntnis absurd; aber Sie, Madame la Comtesse, müssen als Königin so viele ernste Reden gehört haben und als Frau so viele leichtfertige, dass ich nicht zögern werde, Ihnen zu sagen, an welchem Punkt ich mich dem republikanischen Sozialismus anschließe und wo ich vom revolutionären Republikanismus abweiche."

„„Sie sind sich also untereinander nicht einig?'

„Wir haben dieselben Hoffnungen, Madame, aber die Mittel, mit denen jeder von uns handeln möchte, sind unterschiedlich. Einige sprechen davon, Köpfe abzuhacken und Besitz aufzuteilen; diese sind unwissend und verrückt... Sie werden überrascht sein, dass ich keinen stärkeren Begriff verwende, um sie zu bezeichnen... es ist unnötig: sie haben weder Angst noch müssen sie gefürchtet werden; sie glauben, sie seien weit voraus und sind völlig hinter der Zeit zurück; sie stammen aus dem Jahr 1793 und wir sind im Jahr 1832. Louis-Philippes Regierung tut so, als hätte sie große Angst vor ihnen und wäre sehr verärgert, wenn es sie nicht gäbe; denn ihre Theorien sind der Köcher, aus dem sie ihre Waffen beziehen. Dies sind keine Republikaner, sie glauben an ein *Commonwealth*. Andere vergessen, dass Frankreich die älteste Schwester unter den Nationen ist, die sich nicht daran erinnern, dass ihre Vergangenheit reich an Traditionen ist, und suchen in den Verfassungen der Schweiz, Englands und Amerikas nach derjenigen, die am besten auf unser Land anwendbar ist. Sie sind Träumer und Utopisten: eingehüllt in In ihren Kabinettstheorien erkennen sie bei ihren imaginären Anwendungen nicht, dass die Verfassung eines Volkes nur eine begrenzte Zeit bestehen kann; dass sie nur aus seiner geographischen Lage entsteht, dass sie aus seiner Nationalität entspringt und dass sie mit seinen Bräuchen im Einklang steht. Das Ergebnis ist, dass, da keine zwei Völker unter dem Himmel dieselbe geographische Lage haben oder identische nationale Merkmale und Bräuche haben, eine Verfassung umso individueller ist, je perfekter sie ist, und dass sie folglich umso weniger auf einen anderen Ort anwendbar ist als den, an dem sie entstanden ist. Diese Leute sind keine Republikaner mehr, sondern *Republikanisten*. Es gibt andere, die denken, dass eine Meinung nur einen hellblauen Seidenmantel, eine Weste mit großen Revers und eine wallende Krawatte und einen spitzen Hut bedeutet: Sie sind die Parodisten und die Schreihälse. Sie stiften Aufstände an, achten aber darauf, sich davon fernzuhalten; sie errichten Barrikaden und lassen andere hinter sich töten; sie kompromittieren ihre Freunde und verstecken sich gründlich, als wären sie selbst die Kompromittierten. Das sind keine Republikaner, sie sind *Republiquetten*! Aber es gibt andere, Madame, für die die Ehre Frankreichs heilig ist und nicht angetastet werden darf; für die ein Versprechen eine heilige Verpflichtung ist, die weder vom König noch vom Volk gebrochen werden darf; für die eine edle und große Brüderschaft besteht, die sich auf jedes Land erstreckt, das leidet, jede Nation, die aufwacht; diese haben in Belgien, Italien und Polen ihr Blut vergossen und sind zurückgekehrt, um im Kloster Saint-Merry getötet oder gefangen genommen zu werden: Sie, Madame, sind Puritaner und Märtyrer. Es wird ein Tag kommen, an dem nicht nur die Gefangenen aus den Gefängnissen entlassen werden, sondern auch die Leichen der Toten gesucht werden, um Grabsteine über ihnen zu errichten. Das einzige Unrecht, dessen man sie beschuldigen kann, ist, dass sie ihrer Zeit voraus waren und dreißig Jahre zu früh geboren wurden. Dies, Madame, sind die wahren Republikaner.'

„,Das brauche ich Sie nicht zu fragen', sagte die Königin zu mir, ,Sie gehören zu dieser Gruppe.'

„,Ach, gnädige Frau', antwortete ich, ,ich kann mich dieser Ehre nicht ganz rühmen... Gewiss, meine ganze Sympathie gilt ihnen; aber anstatt mich von meinen Gefühlen mitreißen zu lassen, habe ich an meine Vernunft appelliert; ich möchte für die Politik tun, was Faust für die Wissenschaft getan hat: hinabsteigen und den Boden berühren. Ich war ein Jahr lang in die Tiefen der Vergangenheit versunken; ich betrat sie mit instinktiver Meinung, ich verließ sie aus begründeter Überzeugung. Ich sah, dass die Revolution von 1830 uns zwar einen Schritt vorwärts gebracht hatte, dass sie uns aber lediglich von der aristokratischen Monarchie zur bürgerlichen Monarchie geführt hatte, und diese bürgerliche Monarchie war eine Ära, die erschöpft sein musste, bevor sie zur Volksherrschaft gelangen konnte. Von nun an, gnädige Frau, habe ich, ohne etwas zu tun, um mich der Regierung, von der ich mich getrennt hatte, näher zu bringen, aufgehört, ihr Feind zu sein; ich sehe ihr ruhig zu, wie sie ihre Zeit verbringt, und ich werde wahrscheinlich ihr Ende erleben; ich begrüße, was sie Gutes bewirkt hat. tut, protestiere ich gegen das Übel; aber gleichzeitig ohne Begeisterung oder Hass. Ich akzeptiere es nicht und lehne es auch nicht ab: Ich unterwerfe mich; ich betrachte dies nicht als Glück, sondern glaube, dass es eine Notwendigkeit ist.'

„Aber wenn ich Ihnen zuhöre, wird sich daran nichts ändern."

„„Nein, Madame ... zumindest nicht für viele Jahre.'

„„Nehmen wir jedoch an, der Herzog von Reichstadt wäre nicht gestorben und hätte einen Versuch unternommen.'

„„Ich glaube, er wäre gescheitert.'

„„Stimmt, ich vergaß, dass Ihnen Napoleon mit Ihren republikanischen Ansichten wie ein Tyrann erscheinen muss.'

„„Verzeihen Sie, Madame, ich sehe das von einem anderen Standpunkt aus. Meiner Meinung nach war Napoleon einer jener Männer, die seit Anbeginn der Zeit auserwählt waren und von Gott eine göttliche Mission erhalten haben. Man beurteilt solche Männer nicht nach ihrer Willenskraft, die sie so handeln ließ, wie sie es taten, sondern nach dem Grad der göttlichen Weisheit, die sie inspiriert hat; nicht nach der Arbeit, die sie geleistet haben, sondern nach dem Ergebnis, das sie hervorgebracht hat. Wenn diese Mission erfüllt ist, ruft Gott sie zurück, und sie glauben, sie sterben, aber in Wirklichkeit gehen sie hin, um Rechenschaft abzulegen.'

„Und was war Ihrer Meinung nach die Mission des Kaisers?'

„Eines der Freiheit.'

„Wissen Sie, dass ganz andere als ich von Ihnen einen Beweis für Ihre Aussage verlangen werden?'

„Auch dir werde ich es geben.'

„Fahren Sie fort! Sie haben keine Ahnung, wie sehr mich das alles interessiert!"

„Als Napoleon oder vielmehr Bonaparte vor unseren Vätern erschien, Madame, ging Frankreich gerade aus einer Revolution hervor, nicht aus einer Republik. In einem seiner Anfälle von politischem Fieber war es anderen Nationen so weit voraus, dass es das Gleichgewicht der Welt gestört hatte. Es brauchte einen Alexander, um mit diesem Bucephalus fertig zu werden, einen Androkles mit diesem Löwen! Der 13. Vendémiaire brachte sie von Angesicht zu Angesicht zusammen: und die Revolution war besiegt. Die Könige, die in der Kanone der Rue Saint-Honoré einen Bruder hätten erkennen sollen, dachten, sie hätten in dem Diktator des 18. Brumaire einen Feind; sie hielten ihn, der bereits das Oberhaupt einer Monarchie war, für den Konsul einer Republik, und, verrückt wie sie waren, führten sie, anstatt ihn in einem allgemeinen Frieden gefangen zu halten, einen europäischen Krieg gegen ihn. Dann scharte Napoleon die ganze Jugend, den Mut und den Intellekt Frankreichs um sich und verbreitete sie über die ganze Welt. Ein Reaktionär, soweit es uns betraf, war er, wo immer er unter anderen Nationen auftauchte, im Vormarsch und streute die Saat der Revolution in alle Welt: Italien, Preußen, Spanien, Portugal, Polen, Belgien, Russland selbst riefen abwechselnd ihre Söhne zur heiligen Ernte; und er, wie ein müder Arbeiter nach der Arbeit, verschränkte die Arme und sah ihnen von der Spitze seines Felsens auf St. Helena aus zu, wie sie die Ernte einbrachten. Dann hatte er eine Offenbarung seiner göttlichen Mission, und eine Prophezeiung über ein zukünftiges republikanisches Europa fiel ihm über die Lippen.'

„‚Glauben Sie also, dass der Herzog von Reichstadt das Werk seines Vaters fortgeführt hätte, wenn er nicht gestorben wäre?‘

„Meiner Meinung nach, Madame, haben Männer wie Napoleon weder Väter noch Söhne: Sie werden wie Meteore in der Dämmerung der Morgendämmerung geboren und erleuchten den Himmel von einem Horizont zum anderen, wenn sie ihn durchqueren, bevor sie in der Dämmerung der Nacht verloren gehen.“

„‚Was Sie sagen, ist für diejenigen in seiner Familie, die noch ein wenig Hoffnung haben, kein Trost.‘

„‚Es ist, wie ich sage, Madame; denn wir haben ihm nur unter der Bedingung einen Platz in unserem Himmel gegeben, dass er keinen Erben auf der Erde hinterlässt.‘

„‚Aber er vermachte sein Schwert seinem Sohn.‘

„‚Das Geschenk war verhängnisvoll, Madame, und Gott hat das Vermächtnis zunichte gemacht.‘

„‚Sie machen mir Angst, denn sein Sohn hat es mir wiederum vermacht.‘

„‚Das wird für einen einfachen Beamten der Schweizerischen Eidgenossenschaft schwer zu ertragen sein!‘

„‚Ja, du hast recht, denn das Schwert ist ein Zepter.‘

„‚Passen Sie auf, dass Sie nicht vom rechten Wege abkommen, Madame! Ich fürchte tatsächlich, dass Sie nur in der trügerischen und berauschenden Atmosphäre leben, die die Verbannten mit sich tragen; die Zeiten, die für den Rest der Welt weitergehen, scheinen für die Geächteten stillzustehen: Sie sehen die Menschen und Dinge noch immer so, wie sie sie zurückgelassen haben. Doch die Gesichter der Menschen verändern sich und mit ihnen das Aussehen der Dinge; die Generation, die Napoleon bei seiner Rückkehr von der Insel Elba sterben sah, stirbt täglich aus, Madame, und dieser wundersame Marsch ist bereits mehr als eine Erinnerung: Er ist eine historische Tatsache.‘

„Sie halten es also für aussichtslos, dass die Familie Napoleon nach Frankreich zurückkehrt?“

„Wenn ich König wäre, würde ich es morgen widerrufen.“

„Das habe ich nicht gemeint.“

„'Ansonsten besteht nur eine sehr geringe Chance.'

„'Welchen Rat würden Sie einem Mitglied dieser Familie geben, das von der Wiederauferstehung des Ruhms und der Macht der Napoleons träumt?'

„'Ich würde ihm raten aufzuwachen.'

„'Wenn er trotz dieses ersten Ratschlags (der meiner Meinung nach der beste ist) darauf beharrte und Sie um einen zweiten Ratschlag bat?“

„Dann, Madame, würde ich ihm raten, die Aufhebung seiner Verbannung zu erwirken, ein Grundstück in Frankreich zu kaufen und die große Popularität seines Namens zu nutzen, um sich zum Abgeordneten wählen zu lassen, zu versuchen, durch sein Talent die Mehrheit der Kammer auf seine Seite zu ziehen, und diese einzusetzen, um Louis-Philippe abzusetzen und an seiner Stelle zum König gewählt zu werden.“

„Sie glauben“, sagte die Comtesse de Saint-Leu mit einem melancholischen Lächeln, „dass alle anderen Methoden scheitern würden?“

„'Davon bin ich überzeugt.'

„Die Gräfin seufzte. In diesem Moment läutete die Frühstücksglocke und wir machten uns nachdenklich und schweigend auf den Weg zurück zum Schloss. Die Gräfin sprach auf dem Rückweg kein einziges Wort mit mir, aber als wir die Tür erreichten, blieb sie stehen, sah mich mit einem undefinierbaren Ausdruck der Angst an und sagte:

„'Oh! Ich wünschte, mein Sohn wäre hier und hätte hören können, was Sie gesagt haben!'“

---

[1] Man darf nicht vergessen, dass diese Zeilen unter Louis-Philippe geschrieben wurden, zu der Zeit, als die Bonapartes exiliert waren.

KAPITEL II

Nachrichten aus Frankreich – Erste Aufführung von *Le Fils de l'Émigré* – Was *Le Constitutionnel* davon hielt – Wirkung des Stücks auf die Pariser Bevölkerung im Allgemeinen und auf M. Véron im Besonderen – Tod von Walter Scott – *Périnet Leclerc – Sic vos non vobis*

Wie gesagt, blieb ich drei Tage auf dem Arenenberg. [1] Ich hatte dort französische Zeitungen gefunden, die ich seit meiner Abreise aus Aix vermisst hatte, und ich postete mich in die Nachrichten aus Frankreich. M. Jay hatte M. de Montesquieu an der Akademie ersetzt. Getreu ihrer Tradition hatte die Akademie, die die Wahl zwischen M. Jay, einem mittelmäßigen politischen Schriftsteller, und M. Thiers, einem hervorragenden Historiker hatte, M. Jay gewählt. Das Institut hatte so ziemlich dasselbe getan: M. Lethière, dieser liebe gute Freund meines Vaters, Autor von *Brutus condamnant ses fils*, war gestorben, und die Herren Paul Delaroche, Schnetz und Blondel wurden auf die Listen gesetzt, um ihn zu ersetzen. Sie hätten, liebe Leser, auf Schnetz oder auf Delaroche gewettet, nicht wahr? Nun, Sie hätten verloren: Die Herren Schnetz und Delaroche hatten jeweils drei Stimmen und M. Blondel hatte achtzehn.

Robert le Diable aufgetreten . Als Schülerin von Nourrit hatte sie einen großartigen Erfolg gehabt. Die arme Cornélie! Ihr Erfolg sollte ebenso kurz wie großartig sein: Zwei Jahre nach ihrem Debüt nahm ihr ein Unfall die Stimme!

Dann folgten politische Prozesse, einer nach dem anderen: Das Schwurgericht an der Seine hatte zwei Todesurteile verhängt, eines gegen einen Mann namens Cuny und das andere gegen einen Mann namens Lepage. Diese beiden Urteile hatten die Pariser Öffentlichkeit zutiefst erschüttert: Seit dem Tod Ludwigs XVIII. war sie an Todesstrafen für politische Vergehen nicht mehr gewöhnt. Dann folgte das weniger schwere Urteil gegen die Saint-Simonisten; dann die Sache mit dem Mann mit der roten Fahne. Ich habe versucht, die Wirkung zu schildern, die das Erscheinen dieses Mannes bei der Beerdigung von General Lamarque machte. Er wurde zu *einem Monat Gefängnis verurteilt* ! Generalstaatsanwalt Delapalme, der die Anklage zur großen Überraschung aller beinahe aufgegeben hätte, konnte sich nur dadurch befreien, dass er argumentierte, der Angeklagte sei verrückt. Die Republikaner interpretierten die Sache anders; sie betrachteten den Mann mit der roten Fahne als einen Agenten, der einen Aufstand provozieren wollte: daher die Nachsicht der öffentlichen Regierung. Die letzte Nachricht, die ich las, war für andere weniger interessant, löste aber bei mir ein Gefühl der Reue aus: Die nächste Aufführung von *Le Fils de l'Émigré* war an der Porte-Saint-Martin angekündigt. Ich versäumte es daher nicht, in jedem Gasthaus, in dem ich einkehrte, zu fragen: „Haben Sie eine französische Zeitung?" Als ich in Königsfelden ankam, dem Ort, wo Kaiser Albert von seinem Neffen Jean de Souabe ermordet wurde, erneuerte ich die Frage. „Ja, Monsieur", antwortete mein Gastgeber, „ich habe *Le Constitutionnel.* "

Man wird sich erinnern, dass *Le Constitutionnel mein alter Feind war. Es hatte mir wegen Heinrich III. den Krieg erklärt* , und ich hatte auf die Kanonenschläge *Antonius' geantwortet.* Ich war es, der die berühmte Ankündigung der Einstellung der Subskriptionen erfunden hatte. Ich hätte also keine Nachricht von meinem leiblichen Sohn durch einen böseren Kanal erhalten können. Da ich sie aber in Anicets Hände gelegt hatte, ohne mich in irgendeiner Weise zu melden, und es eine *unabdingbare Voraussetzung war,* dass mein Name nicht genannt wurde, dachte ich, die Nachricht würde indirekt erfolgen.

Ich öffnete also mit ziemlich ruhiger Hand *Le Constitutionnel* . Zu meiner großen Überraschung las ich am Anfang des Artikels:

„THÉÂTRE DE LA PORTE-SAINT-MARTIN,
Le Fils de l'Émigré,
Drama von MM. ANICET BOURGEOIS und ALEXANDRE DUMAS
...“

Mir war sofort klar, dass das Stück von dem Moment an, als mein Name auftauchte, ein Misserfolg war. Ich habe mich nicht geirrt. Wenn Sie jedoch wissen möchten, wie *Le Constitutionnel* mit der Aufführung umgeht, lesen Sie die folgenden Zeilen, die Ihnen eine Vorstellung davon vermitteln, mit welcher Eleganz die Kritik in das Tagebuch von MM. Jay und Étienne eingefügt wurde. Es stimmt, der Artikel war nicht unterschrieben. Da ich meine Erfolge mit einer Naivität verbuche, die manchmal als Eitelkeit angesehen wird, tut es mir außerdem nicht leid, einen völligen Misserfolg zu verbuchen. Ich habe in meinem Leben zwei solcher Aufführungen erlebt: *Le Fils de l'Émigré* an der Porte-Saint-Martin und *Le Laird de Dumbicky* am Odéon; aber da ich bei letzterem dabei war, werde ich selbst einen Bericht darüber abgeben, wenn der passende Moment kommt. Ich werde höflicher zu mir selbst sein als der anonyme Kritiker im *Constitutionnel* ; aber ich werde mir keine weiteren Mühe damit machen; meine Leser können in diesem Punkt vollkommen beruhigt sein.

Also nahm ich all meine philosophischen Fähigkeiten zur Hilfe und las:

„THÉÂTRE DE LA PORTE-SAINT-MARTIN
Le Fils de l'Émigré,
Drama von MM. ANICET BOURGEOIS und ALEXANDRE DUMAS"

„Der Graf Édouard de Bray, ein französischer Emigrant, flüchtet in die Schweiz; dort hat er Dienst in der österreichischen Armee geleistet, die von dort aus versucht, in Frankreich einzufallen. Der Graf hat seine Verbündeten schlecht gewählt: Mit ihnen geschlagen (da unsere tapferen Armeen ihre Feinde tatsächlich vernichtend schlagen), macht er sich auf die Beine und findet Unterschlupf in einer Waffenschmiede in Brientz. Der Waffenschmied Grégoire Humbert, ein Mann von Ehre und Menschlichkeit, nimmt den Flüchtling auf, den er vor der Verfolgung durch die Republikaner retten will. Humbert ist umso eifriger und ergebener, weil er den Grafen Édouard kannte: Der Graf ist mehrere Monate in Brientz und lässt Grégoire Humbert sogar nach einer Orgie unter dem Tisch zurück, da Humberts Tugend und Nüchternheit an diesem Tag etwas auf Abwege geraten waren. Der würdige Waffenschmied hat diesen denkwürdigen Ausflug in die Trunkenheit nicht vergessen; so hilft er dem Grafen Édouard, aus dem Fenster zu entkommen, während die französischen Soldaten Gewehre hämmern an seine Tür.

„Man könnte meinen, Graf Edouard de Bray hätte, wenn er gerettet worden wäre, die lebhafteste Dankbarkeit für den tapferen Mann empfunden, der ihn vor dem Tod durch Erschießen oder Aufhängen bewahrt hatte. Ach, nichts dergleichen! Unser wahres, unser großes Drama, so heißt es, ist nicht so kindisch, dass es uns an solche natürlichen und bürgerlichen Gefühle gewöhnt; es muss natürlich etwas ganz anderes haben – etwas Abscheuliches, Unwürdiges und Lächerliches eben!

„Dies ist, was der Comte de Bray in Übereinstimmung mit den dreifachen Anforderungen des großen Dramas tut. Kaum außer Gefahr, schreibt er an Grégoire Humbert: ‚Sie halten sich für einen glücklichen Vater und Ehemann; Sie täuschen sich, Humbert. Während der Nacht der Orgie, die ich mit Ihnen verbrachte, wartete Ihre Frau in ihrem Bett auf Sie: Ich schlüpfte in Ihre Stelle; der Sohn, den sie Ihnen schenken soll, ist nicht Ihrer.'

„Wenn Sie nach einer Erklärung für die Niedertracht des Grafen von Bray fragen, werden Sie erfahren, dass er dem Volk unversöhnlichen Hass geschworen hat und dass er beginnt, diesen Hass gegen seinen Wohltäter auszuleben. Aus solchen Themen wagen Schriftsteller heutzutage, Theaterstücke zu machen, und Dramen sollen die Menschen bewegen und interessieren!

"Der Brief des Grafen versetzt Humbert in Verzweiflung; er nimmt einen Dolch und will seine Frau töten... In diesem Moment zeigt die Kulisse der Bühne die Szene einer Entbindung, die auf die Dolchszene folgt: 'Ich habe die Ehre, Ihnen die Geburt des Sohnes des Emigranten anzukündigen.' Der Priester segnet das Neugeborene; Mutter und Kind sind wohlauf. Dieses Schauspiel entwaffnet Humbert, der seinen Dolch einsteckt; aber er muss jemanden töten, also will er statt Madame Humbert und ihrem zweifelhaften Sprössling Édouard töten. Leider kommt er zu spät, Édouard ist weit weg. Der Waffenmeister gibt seine Rache deswegen nicht auf; er wird mit seiner Frau einen zweiten Sohn zeugen, einen Sohn, der ihm gehören soll, um den Vater des ersten Sohnes zu töten, dessen Verantwortung er sich aufbürden muss: ' *Is pater est quem nuptiæ demonstrant.'* Humbert verstand Rache so gut wie nur irgendjemand; ein Kind mit Madame Humbert zu zeugen, nur um sich zu rächen, ist die höchste Form von Klugheit. Diese schönen Dinge, die ich Ihnen gerade vorgetragen habe, bilden das, was man heute einen *Prolog nennt* ; früher hieß es einfach erster Akt.

"Zwanzig Jahre vergehen. Humbert starb ruiniert, als er Édouard verfolgte, den er nie treffen konnte; zwanzig Jahre lang hatte er bei seiner Suche kein Glück gehabt! Ansonsten war sein Racheplan perfekt gelungen: Der zweite Sohn wurde geboren, wuchs auf, und an Stelle des toten Humbert lehrt Pietro, sein treuer Diener, den Sohn, ein Schwert zu handhaben, bereit für den Moment, in dem Graf Édouard angetroffen wird und er ihn töten wird. Da ist eine Familie von Waffenschmieden für Sie, und sie könnten den alten griechischen Familien, deren Wut unsere tragischen Autoren uns seit einiger Zeit vor Augen führen, in Sachen Rache Punkte liefern. Humbert und sein treuer Pietro hatten Édouard nicht gefunden. Ich, der nichts mit ihm zu tun hatte, fand ihn in Paris, wo er den edlen Beruf des

Spions ausübte: als Graf und Geheimagent der Oberpolizei. Das Drama bewahrt und erhält für uns etwas Interessantes und Erhabenes. Neben seinen Vergnügungen als Spion pflegt Édouard weiterhin seine Hass gegen das Volk: Er hat ein junges Mädchen verführt, mit dem er seit zwei Jahren zusammenlebt; *außerdem* hat er einen jungen Mann namens Georges Burns von seiner Handwerksarbeit weggebracht und ihn zu seinem Sekretär gemacht; sein Ziel ist es, Georges zu korrumpieren, so wie er Thérèse korrumpiert hat, aus Hass gegen das Volk. Wir hätten diesen Wahnsinn nicht glauben können, wenn wir ihn nicht gesehen und gehört hätten. Aber wir sind noch nicht am Ende, es gibt noch eine andere Geschichte.

„Dieser Georges Burns ist niemand anderes als der Sohn von Édouard und Madame Humbert. Georges änderte seinen Namen, nachdem sein vermeintlicher Vater bankrott gestorben war. Georges ist stolz und möchte den Namen seines vermeintlichen Vaters erst wieder annehmen, wenn er alle seine Schulden beglichen hat. Édouard, der den Schlüssel zu diesem Rätsel nicht kennt, betrachtet den jungen Mann lediglich als Georges Burns. Von diesem Punkt an geraten wir in ein unglaubliches Chaos aus Schande und Absurditäten; wir sind zunächst versucht, über die grobe Kombination aus Stil, Zusammenhanglosigkeit der Szenen und Durcheinander von Personen zu lachen und es für eine Parodie zu halten. Ich dachte ehrlich gesagt, es sei als Parodie gedacht.

„Diese beiden klugen Leute, sagte ich, wollen sich über die Monstrositäten lustig machen, die unsere Theater entwürdigen, und durch eine gute Satire das gute Gefühl, den guten Geschmack und die gute Sprache rächen ... Da Karikatur und Satire die Absurditäten oder Laster derjenigen übertreiben, die sie treffen wollen, haben unsere Satiriker in ihrer Parodie Grobheit auf Grobheit, Berg auf Berg, Verbrechen auf Verbrechen, Schmutz auf Schmutz aufgehäuft, um unseren zügellosen Dramatikern noch mehr Schande zu bereiten. Aber man hat mir versichert, dass *Le Fils de l'Émigré* ernsthaft als großes Drama geschrieben wurde.

„Da ich dann nicht mehr lachen kann, bleibt mir nichts anderes übrig als Langeweile und Ekel – eine Langeweile und ein Ekel, mit denen ich meine Leser nicht bedrücken möchte, indem ich sie Schritt für Schritt durch diese Höhle der Sklaverei, des Mordes und der Prostitution schleife: Ich könnte sie genauso gut einladen, einen Tag in Poissy, bei den Madelonnettes, in der Conciergerie, auf dem Place de Grève oder im Privatkabinett von M. Vidocq mit den Schergen des Henkers zu verbringen; denn sonst gibt es nichts in diesem unwürdigen Stück. Graf Édouard de Bray, von dem Sie wissen, dass er ein Spion ist, begeht einen unverzeihlichen Fehler und bricht in Häuser ein.

„Thérèse, das junge Mädchen, das er entführt hat, wird sehr schnell zur Prostituierten und wechselt mit erstaunlicher Leichtigkeit die Männer. Georges Burns, oder besser gesagt Georges Humbert, stiehlt seiner Mutter 30.000 Francs, die zur Begleichung der Schulden ihres Mannes bestimmt waren, und ermordet Thérèse, mit der er zusammengelebt hatte, nachdem Graf Édouard mit ihr fertig war.

"Um diese schönen Darbietungen zu krönen, gibt es eine Verurteilung zu den Galeeren und ein Todesurteil. Édouard wird wegen Urkundenfälschung auf die Galeeren geschickt; er wird wegen Mordes auf dem Schafott verbrannt. Im Gefängnis, zwischen Brandmarkung und Guillotine, erkennen sich Vater und Sohn wieder, und Georges erfährt das Geheimnis seiner Geburt. Man sollte meinen, die Autoren würden hier innehalten und ein wenig Mitleid mit uns haben. Arme Leute! Wer glaubt, dass die Leute euch mehr respektieren werden als die allgemeine Meinung und alles, was bisher in guter und gesunder Literatur respektiert wurde? Nein, Sie haben noch nicht genug von diesem abscheulichen Schauspiel: Sie müssen den Galeerensklaven in Ketten sehen, den Verurteilten mit auf den Rücken gefesselten Händen und rasiertem Kopf, der zu ... marschiert. Hier erhob sich das Publikum geschlossen und wollte nichts mehr sehen oder hören; es wurde krank vor Ekel; die Frauen erhoben sich oder wandten ihre Augen ab, um den Anblick des Kopfes zu verbergen, der abgeschnitten werden sollte; sie johlten, sie schrien diese schändlichen Taten nieder, und Gerechtigkeit war geschehen. Kritik an solchen Stücken ist unmöglich; man lässt sie so schnell hinter sich, wie man einen abstoßenden Gegenstand beiseite schiebt. Wohin sind wir gekommen, wenn ein talentierter Mann seinen Namen unter dieses Drama setzt wie unter einen Wegweiser? Es ist wahr, dass der Autor diesmal seine Strafe in der Beleidigung selbst gefunden hat; sein Talent scheint völlig tot zu sein."

Le Constitutionnel ermordet , genau an derselben Stelle, an der Kaiser Albert von seinem Neffen ermordet worden war. Leider bezweifle ich, dass dieses Attentat für die Zukunft so wertvoll war wie die schöne Szene, die man im fünften Akt von Schillers *Wilhelm Tell lesen kann*, die sich zwischen dem Mörder Gesslers und dem Mörder des Kaisers abspielt.

Anfang Oktober kehrte ich nach Paris zurück. Alle Zeitungen hatten sich das Beispiel von *Le Constitutionnel zum Vorbild* genommen; sie hatten mich mit Händen und Füßen angegriffen, sie hatten mich vollständig getötet; sie ließen keinen einzigen Fetzen Fleisch an meinen Knochen. Ich traf Véron, der mir einen Vortrag über meine Unmoral hielt, den ich nie vergessen werde. Er hatte mich um etwas für *La Revue de Paris gebeten,* deren Herausgeber er war; aber nach *Le Fils de l'Émigré* hatte er keinen Platz mehr für meinen Namen in der Gesellschaft anständiger Leute. Ich traf auch mehrere Theaterdirektoren, die während meiner Abwesenheit kurzsichtig geworden waren und mich nicht erkannten. Ich habe solche Stürze in meinem Leben zwei- oder dreimal erlebt – abgesehen von den anderen, die noch auf mich warteten –, aber ich habe sie immer überwunden, Gott sei Dank! Und ich hoffe, dass Gott mir dieselbe Gnade erweisen wird, wenn es noch einmal passiert. Mein privates Motto ist „*J'ayme qui m'ayme*", und ich könnte ohne weiteres hinzufügen: „*Je ne hais pas qui me hait*"; aber unser Familienmotto ist „ *Deus dédit , Deus dabit*" („Gott hat gegeben, Gott wird geben").

So gab ich das Theater eine Zeitlang auf. Außerdem hatte ich mein Buch über *Gallien und Frankreich begonnen* und wollte es beenden. Die Ausführung dieses Buches war eine einzigartige Sache. Ich wollte selbst lernen, um andere zu unterrichten; aber ich hatte einen großen Vorteil: Als ich so durch Zufall durch die Geschichte ging, erging es mir wie einem Menschen, der seinen Weg nicht kennt und sich in einem Wald verirrt; er verirrt sich zwar, das ist wahr, aber er entdeckt unbekannte Dinge, Abgründe, in die noch kein Mensch hinabgestiegen ist, Höhen, die noch niemand erklommen hat.

Gaule et France ist ein Geschichtsbuch voller Fehler; es endet jedoch mit der seltsamsten Prophezeiung, die jemals sechzehn Jahre im Voraus gedruckt wurde. Wir werden zu gegebener Zeit und an gegebenem Ort sehen, was es war.

Gegen Ende September hörten wir in Frankreich vom Tod Walter Scotts. Dieser Tod machte einen gewissen Eindruck auf mich; nicht dass ich die Ehre gehabt hätte, den Autor von *Ivanhoe* und *Waverley zu kennen,* aber die Lektüre von Walter Scott, wie man sich erinnern wird, hatte großen Einfluss auf mein frühes literarisches Leben. Ich begann damit, Pigault-Lebrun Walter Scott vorzuziehen und Voltaire Shakespeare, eine zweifache Ketzerei, von der mich mein geliebter Lassagne erlöst hatte – Lassagne, der, seit ich Ihnen von ihm erzählt habe, dorthin gegangen ist, wo die Hälfte meiner Freunde hingegangen ist –, und nachdem ich, wie ich sage, Pigault-Lebrun Walter Scott vorgezogen hatte, war ich zu vernünftigeren Ansichten gekommen und hatte nicht nur alle Romanzen des schottischen Autors gelesen, sondern auch versucht, aus seinen Werken zwei Stücke zu machen: das erste, wie wir wissen, mit Frédéric Soulié, das zweite allein. Keines von beiden wurde aufgeführt und keines war für die Bühne geeignet.

Walter Scotts Qualitäten sind keineswegs dramatisch; bewundernswert als Maler von Sitten, Kostümen und Charakteren, ist Walter Scott völlig unfähig, die Leidenschaften zu malen. Mit Sitten und Charakteren kann man Komödien zusammenbrauen, aber um Dramen zu machen, muss Leidenschaft vorhanden sein. Scotts einzige leidenschaftliche Romanze ist *Kenilworth Castle* ; es ist also die einzige, die ein wirklich gelungenes Drama lieferte, und doch waren drei Viertel des Erfolgs dem *Ende zu verdanken*, das auf die Bühne gebracht wurde und dem Publikum das schreckliche Schauspiel von Amy Robsarts Sturz in den Abgrund brutal vor die Augen warf. Aber meine Arbeit über Scott war nicht nutzlos gewesen, obwohl sie fruchtlos geblieben war; man versteht die Struktur eines Menschen nur, wenn man Leichen seziert; so versteht man das Genie eines Autors nur, wenn man es analysiert. Die Analyse von Walter Scott hatte mich den Roman aus einem anderen Blickwinkel als dem unseres Landes verstehen lassen. Eine ähnliche Treue zu Sitten, Kostümen und Charakteren, mit lebendigeren Dialogen und natürlicheren Leidenschaften, schien mir das zu sein, was wir brauchten. Das war meine Überzeugung, aber ich war noch weit davon entfernt zu ahnen, dass ich versuchen würde, für Frankreich das zu tun, was Scott für Schottland getan hatte. Ich hatte gerade meine historischen Szenen veröffentlicht, *Le Chevalier de Bois-Bourdon, Isabel le Bavière* und *Périnet Leclerc,* und wie wir sehen werden, war das Ding ziemlich schlecht gelungen oder nur ein sehr dürftiger Erfolg. So ein Glück hat man manchmal.

Ich veröffentlichte meine *Scènes historiques* in *La Revue des Deux Mondes* ; daher las sie niemand. In meiner Abwesenheit kamen Anicet Bourgeois und Lockroy auf die Idee, diese Szenen zusammenzufügen und ein Drama unter dem Titel *Périnet Leclerc zu verfassen.* Es war in der Tat eine Ehre, die sie diesen unauffällig in einer Rezension verstreuten historischen Fetzen erwiesen. Das Stück war ein großer Erfolg. Obwohl ich mindestens ebenso viel davon gemacht hatte wie von *Le Fils de l'Émigré,* achteten sie sehr darauf, meinen Namen nicht zu erwähnen. *Le Constitutionnel,* das mir in meinem ersten Werk den Schleier des Inkognito vom Gesicht gerissen hatte, verwischte ihn diesmal mit aller Kraft und lobte das Drama in den höchsten Tönen. Hören Sie: M. Lesur hatte in seinem *Annuaire über Le Fils de l'Émigré* gesagt :

„Dieses Stück erinnert an den betrunkenen Sklaven, den die Lakedémonier ihren Kindern zu zeigen pflegten, um ihnen den Ekel vor der Trunkenheit zu nehmen, und es sollte das Publikum, wenn so etwas möglich ist, zu reineren und vernünftigeren Idealen in der dramatischen Literatur führen. Das Ziel der Autoren war es, die Korruption des Adels mit der Tugend des Volkes zu vergleichen, und ausgehend von dieser Ansicht, die heutzutage keinen Wert mehr hat, gibt es kein Laster, keine Unmoral oder Niedertracht, die sie nicht in der Person ihres Emigranten, des Marquis de Bray, und seines würdigen Sohnes angehäuft hätten; *es ist eine Masse von Verworfenheiten, eine Abfolge von Szenen, die so falsch wie unwürdig sind, dass es uns anwidern würde, sie aufzuzählen.* Das Publikum hat M. Dumas' *La Tour de Nesle zugelassen,* aber diesmal war es nicht so gefällig: Es hat gejohlt, empörend gejohlt, *eine monströse Inszenierung, die alle Teile des Theaters, Parkett, Logen und Galerien, vor Ekel erbrechen und die Augen vor Entsetzen abwenden ließ.* Es ist Es ist zu hoffen, dass diese strenge und verdiente Lektion den Autor von *Henri III.,* von *Christine* und von *Antony* und *Richard Darlington dazu bewegen wird,* sein Talent nicht erneut zu prostituieren, indem er sich an solche Werke wagt."

Wie man sehen wird, nimmt der Artikel kein Blatt vor den Mund (und unter uns, lieber Leser, sei gesagt, dass er, ohne Anicets Ohren zu erreichen, eine abscheuliche Sache zu sein schien!). Beachten Sie jedoch genau, dass sich Herr Lesur an mich wendet, an mich, der ich nicht namentlich genannt wurde und dessen Name nicht auf den Rechnungen stand; er hatte sorgfältig darauf geachtet, mich nach einem Misserfolg bloßzustellen, aber ebenso sorgfältig darauf, mich zu verbergen, als es um einen Erfolg ging.

Hier ist der Beweis:—

„THÉÂTRE DE LA PORTE-SAINT-MARTIN (3. September 1832)

„Uraufführung von *Périnet Leclerc,* einem Prosa-Drama in fünf Akten von MM. ANICET BOURGEOIS und LOCKROY.

"Schöne Szenen, Lärm, Aufregung und prächtige Dekorationen und vor allem eine Situation von höchstem Interesse im fünften Akt haben dieses Drama zu einem vollen Erfolg gemacht. *Es zeugt von literarischen und historischen Studien, die bei modernen Dramatikern sehr selten sind, und hat im*

Allgemeinen den großen Vorteil gegenüber den meisten Stücken dieses Theaters, insbesondere LE FILS DE L' ÉMIGRÉ, *dass es den Zuschauer nicht ständig durch ein Durcheinander von Verbrechen und Bildern von Ausschweifungen abstößt, von denen eines schrecklicher ist als das andere."*

Erwischt, Monsieur Dumas! Aber es gibt noch etwas Schlimmeres. Einige Zeit, nachdem ich meine *Scènes historiques* in zwei Bänden zusammengefasst hatte, wurde eine Zeitung darauf aufmerksam und beschuldigte mich, die Hauptszenen meines fiktiven historischen Buches wörtlich aus dem schönen Drama von Herrn Anicet Bourgeois und Lockroy kopiert zu haben!

Ach, mein lieber Freund, sind Sie einfach unwissend oder schreiben Sie in böser Absicht? Sie möchten lieber nicht antworten? Dann fragen wir Herrn Lireux.

---

[1] Siehe Anhang.

KAPITEL III

Die Herzogin von Berry kehrt als Bäuerin verkleidet nach
Nantes zurück – Der Korb mit Äpfeln – Das Haus
Duguigny – Madame in ihrem Versteck – Simon Deutz –
Seine Vorgeschichte – Seine Mission – Er schließt einen
Vertrag mit den Herren Thiers und Montalivet – Er bricht
in die Vendée auf

Inzwischen erfuhr man in Paris von der Verhaftung der Herzogin von Berry
in Nantes. Es hätte weniger Nachrichten bedurft, um die öffentliche
Empörung abzuwenden, die sich gegen mich wegen des unglücklichen *Fils
de l'Émigré erhoben hatte.* Wir ließen Madame la Duchesse de Berry bei
Monsieur Berryer in einem ärmlichen Häuschen in der Vendée zurück, wo
sie unter dem Namen Monsieur Charles lebte. Wir sahen, wie sie den Bitten
des berühmten Rechtsanwalts nachgab und versprach, Frankreich zu
verlassen. Sie sollte sich am selben Tag mittags an einem bestimmten Ort
wieder mit Monsieur Berryer treffen, mit ihm nach Nantes zurückkehren,
Frankreich mit der Kutsche durchqueren – dank des Passes, den er ihr
mitgebracht hatte – und über den Mont Cenis nach Italien zurückkehren.
Monsieur Berryer hatte eine Stunde am vereinbarten Treffpunkt gewartet, als
er eine Depesche von Madame erhielt, die ihm mitteilte, dass zu viele
Interessen mit den ihren verknüpft seien, als dass sie diese aufgeben könne.
Sie blieb daher in der Vendée; nur wurde der für den 24. Mai angesetzte
Waffengang auf den 3. oder 4. Juni verschoben. Man wird uns nicht
verdächtigen, die Geschichte des Bürgerkriegs von 1832 erzählen zu wollen.
Der Zweck dieser Memoiren ist nicht, offizielle Angelegenheiten
wiederzugeben, sondern Einzelheiten, die wir aufgrund gewisser Vorteile
unserer Stellung oder Freundschaft erfahren konnten.

Wer hat nun die Herzogin von Berry gefangen genommen? General
Dermoncourt, mein alter Freund. Wer war sein Sekretär? Derselbe Rusconi,
der seit einundzwanzig Jahren mein Sekretär ist und der aus den Händen von
Monsieur de Ménars den berühmten historischen Hut erhielt, den Madame
la Duchesse de Berry vorübergehend nicht mehr trug.

Wir nehmen unsere Erzählung in dem Augenblick wieder auf, als Madame,
von allen Seiten getrieben durch die Ereignisse in Maisdon, in der Caraterie,
in Chêne, in der Pénissière und in Riaillé, beschloss, nach Nantes
zurückzukehren. Dieser Plan, der zunächst tollkühn schien, bot jedoch die
meiste Sicherheit. In Nantes würde die Herzogin von Berry eine sichere
Unterkunft finden; sie musste also nur einen Weg finden, unentdeckt dorthin
zu gelangen. Sie zerschlug den Knoten selbst, indem sie ankündigte, sie

würde zu Fuß, als Bäuerin verkleidet und nur von Mademoiselle Eulalie de Kersabiec gefolgt, nach Nantes zurückkehren. Sie hatten kaum drei Meilen zu laufen. Monsieur de Ménars und Monsieur de Bourmont brachen nach ihnen auf und betraten Nantes unverkleidet, obwohl sie sehr bekannt waren; sie überquerten die Loire in einem Boot gegenüber der Au des Mauves [1] . Nach einem Viertelstundenmarsch schmerzten die riesigen Schuhe und Baumwollstrümpfe, die die Herzogin nicht gewohnt war, an ihren Füßen. Sie versuchte jedoch weiterzugehen, da sie aber der Meinung war, dass sie ihre Reise nicht fortsetzen könne, wenn sie ihr Schuhwerk behielt, setzte sie sich an den Rand eines Grabens, zog Schuhe und Strümpfe aus, stopfte sie in ihre großen Taschen und begann barfuß zu gehen. Als sie jedoch bald an den vorbeigehenden Bäuerinnen merkte, dass ihre feine Haut und die aristokratische Weiße ihrer Beine sie verraten könnten, ging sie zu einem der niedrigen Hügel am Straßenrand, bräunte ihre Beine mit etwas von der dunkel gefärbten Erde und setzte ihre Reise fort. Sie hatte noch gute zwei Meilen vor sich. Für ihre Begleiter muss dieser Anblick der Frau, die zwei Jahre zuvor Königinmutter in den Tuilerien gewesen war und Chambord und Bagatelle besaß, in ihren sechsspännigen Kutschen hinausfuhr, eskortiert von in Gold und Silber glitzernden Leibwächtern; die zu den von ihr angeordneten Spektakeln ging, voran von Läufern, die Fackeln schüttelten; die den Saal allein mit ihrer Anwesenheit erfüllte, und als sie ins Schloss zurückkehrte und ihre prächtigen Gemächer wieder bezog, über doppelt dicke Perser- und türkische Teppiche lief, aus Angst, der Parkettboden könnte ihre kindlichen Füße verletzen; – heute suchte dieselbe Frau, noch immer besudelt vom Pulver der Schlachtfelder, umgeben von Gefahren, geächtet, ohne Eskorte oder Höflinge außer einem jungen Mädchen, eine Zuflucht, die ihr vielleicht die Türen verschließen würde, gekleidet in die Kleidung einer Bäuerin, barfuß auf dem scharfen Sand und den eckigen Kieselsteinen der Straße. Es war eine merkwürdige Sache, dass zu dieser Zeit die Könige fast aller Länder barfuß auf ihren Straßen liefen!

Die Reise wurde jedoch unternommen, und als sie sich Nantes näherten, verschwanden alle Ängste. Die Herzogin war in ihr Kostüm gekleidet, und die Bauern, an denen sie vorbeigekommen war, hatten nicht bemerkt, dass die kleine Bäuerin, die langsam an ihnen vorbeilief, alles andere als das war, was ihre Kleidung vermuten ließ: Es war in der Tat viel, den forschenden Instinkt der Landbevölkerung getäuscht zu haben, die in dieser Hinsicht keine Rivalen, möglicherweise keine Gleichen hat, es sei denn, es sind Soldaten.

Endlich kamen sie in Sichtweite von Nantes: und Madame zog ihre Schuhe und Strümpfe wieder an, bevor sie die Stadt betrat. Als sie die Brücke von Pyrmile überquerte, geriet sie mitten in eine Abteilung Soldaten, die gerade ihren Dienst beendete und unter dem Kommando eines Offiziers stand, den sie ganz genau kannte, da sie ihn früher im Château Dienst verrichten gesehen hatte. Sie erinnerte die Herren von Ménars und Bourmont an diesen Zufall, als sie einige Stunden nach ihr ankamen.

„Ich glaube, der Offizier, der das Kommando über das Kommando auf der Brücke hat, hat mich erkannt. Er hat mich scharf angesehen", sagte sie. „Wenn das so ist und mir glückliche Tage bevorstehen, wird ihm ein glückliches Schicksal bevorstehen und er wird belohnt werden."

Gegenüber dem Bouffai fühlte die Herzogin, wie man sie an der Schulter berührte. Sie zitterte und drehte sich um. Die Person, die sich soeben diese Freiheit genommen hatte, war eine würdige alte Frau, die ihren Korb mit Äpfeln auf den Boden gestellt hatte und ihn nicht allein wieder auf den Kopf stellen konnte.

„Meine Kinder", sagte sie zur Herzogin und zu Mile de Kersabiec, „helft mir, meinen Korb hochzuheben, und ich werde jedem von euch einen Apfel geben."

Madame ergriff bald einen Griff und gab ihrer Begleiterin ein Zeichen, auch den anderen zu ergreifen. Der Korb balancierte auf dem Kopf der guten Frau und sie ging weg, ohne die versprochene Belohnung zu geben. Aber die Herzogin hielt sie am Arm zurück.

„Nun, Mutter, wo ist mein Apfel?", fragte sie. Der Apfelverkäufer gab ihr einen, und Madame aß ihn mit einem Appetit, der durch einen drei Meilen langen Spaziergang geschärft worden war, als sie den Kopf hob und ihr Blick auf ein Schild fiel, auf dem in großen Buchstaben diese drei Worte standen:

„Belagerungsstaat"

Es war die Regierungsmitteilung, die vier der Departements der Vendée aus dem Geltungsbereich des allgemeinen Rechts verbannte. Die Herzogin ging zum Gesetzentwurf und las ihn ruhig durch, trotz der Bitten von Mlle. de Kersabiec, die sie drängte, das Haus zu finden, in dem sie empfangen werden sollte; aber Madame bemerkte, dass es eine zu interessante Angelegenheit für sie sei, um sich nicht damit vertraut zu machen. Schließlich setzte sie ihre Reise fort und erreichte wenige Minuten später das Haus, in dem sie erwartet wurde, und zog dort ihre schmutzigen Kleidungsstücke aus, die als Andenken an das Ereignis aufbewahrt wurden. Bald verließ sie diesen ersten Zufluchtsort, um zu den Damen Duguigny in der Rue Haute-du-Château Nr. 3 zu gehen.

Die Lage des Hauses der Duguignys war angenehm, es blickte auf die Gärten des Schlosses und darüber hinaus auf die Loire und die angrenzenden Wiesen. Sie hatten ihr ein Zimmer vorbereitet, in dem sich ein Geheimnis verbarg. Das Zimmer war nicht mehr als ein Dachgeschoss im dritten Stock, das Geheimnis war ein Winkel neben dem Kamin in einer Ecke: Man gelangte dorthin über die Rückseite des Kamins und öffnete es mit einer Feder. Es wurde seit den ersten Vendée-Kriegen genutzt, um Priester und andere Gesetzlose zu retten. M. de Ménars lebte mit der Herzogin in diesem Haus. Man hätte gedacht, dass sie sich nach vielen Reisen und Strapazen, als sie einen ruhigen, sicheren Rückzugsort gefunden hatte, etwas ausruhen und zu ihrer Lieblingsbeschäftigung, der Wandteppich- und Blumenmalerei, zurückkehren könnte, Talenten, in denen sie brillierte; aber nach den Plänen, die sie in die Tat umzusetzen erwogen hatte und die ihr in gewissem Maße einen männlicheren Geschmack verliehen hatten, gefielen ihr diese vergeblichen Beschäftigungen nicht mehr und genügten diesem aktiven Geist nicht.

Sie nahm einen Briefwechsel mit den Legitimisten in Frankreich und im Ausland wieder auf, den sie eine Zeit lang eingestellt hatte. Der Hauptzweck dieses Briefwechsels bestand darin, ihnen mitzuteilen, dass sich ihr Sohn im Falle eines Invasionskrieges gegen Frankreich, der damals zu drohen schien, niemals in die Reihen der Ausländer begeben solle. Außerdem sollte sie sie bitten, ihre Bemühungen, falls nötig, mit denen aller anderen Franzosen zu vereinen, um sie zurückzuschlagen. Die in dem Geheimzimmer gefundenen Papiere zeugten von dem Ziel und der Größenordnung der Arbeit, die sie sich vorgenommen hatte. Sie hatte über neunhundert Briefe geschrieben; mit Ausnahme einiger weniger von Monsieur de Ménars waren sie fast alle von ihr selbst geschrieben. Für ihre Korrespondenz mit den verschiedenen Parteien in Frankreich verfügte sie über vierundzwanzig verschiedene Chiffren; das Chiffrieren war ihr mit bemerkenswerter Leichtigkeit gelungen.

Eine der Ablenkungen, die sie sich mit Hilfe von M. Ménars verschaffte, bestand darin, die gesamte graue Tapete, die heute die Dekoration des Dachbodens bildet, aufzukleben. Während des Aufenthalts der Herzogin in Nantes wütete die Cholera und täglich sah sie von ihren Fenstern aus, wie Soldaten oder Einwohner zum Friedhof gebracht wurden. Eines Nachts bekam sie Koliken und musste sich übergeben, was bei den Menschen in ihrer Umgebung große Angst auslöste. Sie selbst war alarmiert.

„Wie geht es meinen Füßen und Händen?", fragte sie. „Wenn sie kalt werden, reibe sie, lege glühend heiße Ziegel darauf und schicke nach einem Arzt und einem Priester." Sie versicherten ihr, dass sie die Dienste beider in Anspruch nehmen könne, aber sie würde sie nicht rufen lassen, bis die beunruhigenderen Symptome einsetzten. Doch die Krankheit hörte auf und der Kranken ging es besser.

Madame nahm ihre Mahlzeiten im zweiten Stock ein: An ihren Tisch wurden Herr de Ménars und Mademoiselle Stylite de Kersabiec – die sich zu ihr gesellt hatten –, die beiden Damen Duguigny und schließlich Herr Guibourg eingelassen, der nach seiner Flucht aus dem Gefängnis von Nantes ebenfalls im selben Haus Zuflucht gefunden hatte, allerdings nur drei Wochen vor der Verhaftung der Herzogin. Sehr oft wurden die Mahlzeiten durch Fehlalarme unterbrochen, die durch Truppenabteilungen ausgelöst wurden, die in die Stadt kamen oder sie verließen; dann gab eine Glocke, die vom Erdgeschoss aus mit dem Zimmer verband, das Signal zum Rückzug.

So verbrachte die Herzogin fünf Monate. Aber die Hektik, mit der die Chouans gejagt wurden, ließ ihnen keine Chance, sich zu sammeln; auch waren die Seele und das Haupt des Krieges nicht mehr bei ihnen. Das 56. Regiment, das etwa Ende Juni eintraf, ermöglichte es den Militärbehörden, eine noch energischere Verfolgung und eine noch strengere Überwachung zu organisieren; die Quartiere wurden verstärkt, bewegliche Kolonnen durchpflügten das Land in jeder Hinsicht; schließlich schwand für die Anhänger Heinrichs V. bald jede Hoffnung, einen ernsthaften Krieg wieder zu entfachen.

Inzwischen war das Gerücht in Umlauf gekommen, die Herzogin sei in Nantes versteckt. General Dermoncourt war von der Wahrheit überzeugt und hatte den höheren Behörden praktisch handfeste Beweise für die Anwesenheit von Madame in der Stadt geliefert. Da jedoch nur wenige Personen, die ihr völlig ergeben waren, vom Rückzugsort der Flüchtigen wussten, hatten die zivilen und militärischen Behörden, egal wie viel Glauben sie der Warnung des Generals schenkten, kaum eine Chance, sie zu entdecken. Außerdem war die Herzogin von ihren Freunden äußerst wachsam geworden, die es für notwendig hielten, sie im Stadtzentrum völlig zu isolieren, um zu verhindern, dass die Polizeiagenten an sie herankamen. So war sie für alle unerreichbar, außer für Monsieur de Bourmont, der sein Privileg ebenso umsichtig wie zurückhaltend ausübte. Ungefähr zu dieser Zeit kam der Jude Deutz in die Stadt.

Hyacinthe-Simon Deutz wurde im Januar 1802 in Koblenz geboren. Mit 18 Jahren ging er als Drucker zu M. Didot. Kurze Zeit später konvertierte sein Schwager M. Drack zum Katholizismus. Deutz war wütend über die Konversion und bedrohte ihn so heftig, dass Drack die Polizei warnte. Zwei oder drei Jahre später ließ sein judaistischer Fanatismus in dieser Hinsicht jedoch nach. Er selbst zeigte den Wunsch, den katholischen Glauben anzunehmen, und bat durch seinen Schwager um eine Audienz beim Erzbischof von Paris. Dieser Prälat, der glaubte, seine Konversion würde in Rom schneller und wirksamer erfolgen, riet ihm, dorthin zu gehen. Deutz unternahm diese Reise tatsächlich Anfang 1828. M. de Quélen empfahl ihn auf das Drängendste Kardinal Capellari (später Gregor XIV.), dem damaligen Präfekten der Propaganda. Papst Leo XIX. übergab ihn der Obhut von Pater Orioli vom Collège des Cordeliers, um ihn in der katholischen Religion zu unterrichten. Eine Zeitlang und bei mehreren Gelegenheiten schien Deutz seinen Entschluss geändert zu haben. Er schrieb 1828: „Ich habe mehrere stürmische Tage erlebt; ich war sogar kurz davor, ungetauft nach Paris zurückzukehren; es war der Tod des Judentums in mir; aber Gott sei Dank sind meine Augen vollständig geöffnet und in Kürze werde ich das Glück haben, Christ zu werden." Schließlich wurde er für taufwürdig befunden; sein Taufpate war Baron Mortier, erster Sekretär der Botschaft, und seine Taufpatin eine italienische Prinzessin. Indem er Gott täuschte, lernte er, wie man Menschen betrügt. Kurze Zeit später wurde er dem Papst vorgestellt, der ihn mit größter Freundlichkeit empfing. Seit seiner Ankunft in Rom wurde ihm aus den Mitteln der Propaganda eine Rente von 25 Piastern (125 Francs) pro Monat gewährt. Sein Schwager Drack, den Baron Mortier der Herzogin von Berry vorgestellt hatte, war von ihr zum Bibliothekar des Herzogs von Bordeaux ernannt worden. Damals ließ der Papst Deutz als Kostgänger im Kloster Saints-Apôtres unterbringen, und er fuhr fort, öffentlich dieselbe Hingabe an die Religion vorzutäuschen. Dennoch hatten diejenigen, die mit ihm in engem Kontakt standen, sehr schnell erraten, aus welchen eigennützigen Motiven er seinen Glauben abgeschworen hatte. Die meisten seiner früheren Gönner, die erkannten, dass er sie zum Narren hielt, wandten sich allmählich von ihm ab; bald war der einzige Unterstützer, der ihm noch blieb, Kardinal Capellari, der ihn zwar nur gelegentlich sah, aber immer noch dasselbe Interesse an ihm zeigte.

Im Jahr 1830 erhielt Deutz unter dem Vorwand, nicht von Almosen leben zu wollen, von Pius VIII., dem damaligen Papst, 300 Piaster, mit denen er sich aufmachte, um, wie er sagte, in New York eine Buchhandlung zu eröffnen. Nachdem er von dem Geld gelebt hatte, das er mit seinen Büchern verdiente, kehrte er nach Europa zurück und kam im Herbst 1831 in London an. Er wurde den in England ansässigen Jesuiten empfohlen und stellte sich Abbé Delaporte vor, dem Almosenpfleger der Kapelle der Emigranten und französischen Legitimisten, der ihn mit dem Marquis Eugène de Montmorency in Verbindung brachte, der damals in London lebte. Deutz fiel durch seine außerordentliche Beharrlichkeit beim Besuch der Gottesdienste in der Kapelle auf, betete inbrünstig und kommunizierte häufig; so erlangte er die freundliche Aufmerksamkeit von Monsieur de Montmorency, einem sehr religiösen Mann, der ihn an seinen Tisch und sogar zu einer Art vertraulicher Unterhaltung einlud.

Etwa zu dieser Zeit bereitete sich Madame de Bourmont mit ihren Töchtern darauf vor, zu ihrem Mann nach Italien zurückzukehren. Monsieur de Bourmont empfahl ihr Deutz als einen weisen und zuverlässigen Mann, der ihr auf ihrer Reise nützlich sein könnte; außerdem war er mit Leib und Seele der legitimistischen Sache und der Religion ergeben. Deutz begleitete Madame de Bourmont die Reise und benahm sich so gut, dass sie ihn bei ihrer Ankunft ihrerseits der Herzogin von Berry wärmstens empfahl. Als die Prinzessin nach Rom reiste, sprach auch der Papst zu ihr von Deutz als einem zuverlässigen Mann, der imstande sei, die wichtigsten und heikelsten Missionen intelligent auszuführen. Er teilte ihr mit, dass sie sich bei Bedarf voller Vertrauen auf ihn verlassen könne. Eine solche Gelegenheit ließ nicht lange auf sich warten. Gerade als die Herzogin sich darauf vorbereitete, nach Frankreich zu reisen, traf Deutz in Massa ein und bot Madame seine Dienste an; er kam aus Rom und reiste nach Portugal, um verschiedene Missionen zu erfüllen, die ihm der Heilige Vater anvertraut hatte, unter anderem die, auf seiner Reise nach Genua ein Dutzend Jesuiten zu Don Miguel mitzunehmen, der sie gebeten hatte, um ein Kolleg zu gründen. Madame empfing ihn freundlich, und da sie wusste, dass er Spanien durchqueren würde, um nach Portugal zu gelangen, nahm sie sein Angebot mit Freude und Bereitwilligkeit an, sagte ihm, sie würde seine Freundlichkeit und seine Hingabe ausnutzen, und gab ihm von Zeit zu Zeit ihre Befehle. Sie war damals so sehr von Deutz' zarter Sensibilität beeindruckt, er hatte ein solches Interesse in ihr geweckt, dass sie eines Tages zu einem der Franzosen in ihrer Umgebung sagte:

„Ich glaube, der arme Deutz braucht Geld. Ich habe im Moment keines, und er ist so empfindlich, dass ich es nicht wage, ihm dieses Juwel zu verkaufen, das, glaube ich, 6000 Francs wert ist. Verkaufen Sie es bitte für mich und geben Sie ihm das Geld, ohne ihm zu sagen, was ich tun muss, um es zu beschaffen."

So brach er zu seiner Mission auf und kam über Katalonien und Madrid. In dieser Stadt erhielt er dank des Empfehlungsschreibens eines bevollmächtigten Ministers der italienischen Staaten, zu dem ihn der Papst geschickt hatte, eine Empfehlung an einen der Prinzen der spanischen Königsfamilie, von dem er Geld erpressen konnte, obwohl er sowohl vom Heiligen Vater als auch von der Herzogin von Berry reichlich damit versorgt worden war. Dieser kleine Betrug, mit dem er prahlte, als er aus Portugal nach Madrid zurückkehrte, beweist, dass Deutz bereits verräterisch war und dass ihm jedes Mittel recht schien, das seinen Durst nach Gold stillte. Da er unter der Schirmherrschaft des römischen Hofes reiste, hielt er sich meist in Klöstern auf, wo er gut aufgenommen wurde und sich durch seinen glühenden Eifer für den katholischen Glauben auszeichnete. Bei seiner Ankunft in Portugal konnte er, obwohl er mit Briefen des Papstes gut ausgestattet war, nur nach großen Schwierigkeiten und einem mehrmonatigen Aufenthalt eine Audienz bei Don Miguel erhalten. Ich glaube, es geschah im Zusammenhang mit einem Darlehen, das Don Miguel zu dieser Zeit in Paris aufnehmen wollte. Ein Bankier dieser Hauptstadt, der von diesem Projekt wusste und einen Gewinn für die Herzogin daraus ziehen wollte, schrieb im August an Deutz, der sich damals in Portugal aufhielt, oder ließ schreiben, dass er das Darlehen gern übernehmen würde, unter der Bedingung, dass Don Miguel einen Abzug von zehn Prozent zugunsten der Herzogin von Berry gestatte. Da er wisse, dass Don Miguel der Sache und den Interessen der Prinzessin ergeben sei, würde er ihn das Geschäft verhandeln lassen, in der Hoffnung, dass er alle ihm einfallenden Mittel einsetzen würde, um es erfolgreich zum Abschluss zu bringen. Aber es scheint, dass Deutz mit diesem Unterfangen keinen Erfolg hatte. Ungefähr im September 1832 kehrte er von Portugal nach Madrid zurück und hatte mehrere Unterredungen mit den französischen Legitimisten, deren Vertrauen in den Schurken durch das Beispiel der Herzogin bestärkt wurde. Er beging jedoch in Portugal verschiedene Indiskretionen, die Zweifel hätten wecken können, aber die Gewissheit, dass Madame seine Treue bewiesen hatte, zerstreute alle Bedenken. Bei seiner Abreise nach Frankreich wurde er mit wichtigen Depeschen betraut, deren Inhalt sowohl die Verfasser als auch die Adressaten ernsthaft kompromittiert hätte. Einer der französischen Legitimisten, der sich damals in Madrid aufhielt, hatte seine Absicht erklärt, ihn als Kurier zu begleiten, und Deutz sagte ihm, es sei für den Botschaftssekretär in Madrid nicht sicher, mit einem Franzosen zu reisen. Dieser Umstand erregte zunächst keinen Verdacht; Doch ein Teil der Deutz anvertrauten Briefe, vor allem jene, die er in Bordeaux zurücklassen sollte, um von dort aus sicherer an die Herzogin und andere Personen adressiert zu werden, erreichten nie ihren Empfänger. Man geht später davon aus, dass er sie nach seiner Rückkehr nach Frankreich der Pariser Polizei übergab und dass der angebliche Sekretär der Botschaft niemand anderes als ein Agent war, der ihn begleitete und ihm zweifellos als Vermittler diente, um die Informationen, die er von dem Schurken erhalten hatte, an die Polizei weiterzuleiten.

Es scheint, dass sie zu diesem Zeitpunkt nicht viel Energie in die Entdeckung des Verstecks von Madame gesteckt hatten, weil sie hofften, dass die abenteuerlustige Prinzessin, wenn sie die Nutzlosigkeit ihrer Bemühungen und die Erschöpfung all ihrer Mittel erkennt, beschließen würde, französischen Boden zu verlassen und so die Regierung von einer großen Schwierigkeit zu befreien. Als sie jedoch sahen, dass sie darauf beharrte, in einem Land zu bleiben, in dem sich noch immer die Unruhen abspielten und ihre Anwesenheit gefährlich war, machten sie sich ernsthaft daran, Mittel und Wege zu finden, um sie um jeden Preis zu ergreifen.

Die Polizei, die über ein schlagkräftiges Geschick verfügte, glaubte, sie könne Deutz und die von ihm mitgeführte Korrespondenz dazu benutzen, die Herzogin in eine Falle zu locken und sie so den Regierungsagenten in die Hände zu legen. Folglich machte sie diesem Verräter Avancen; er war bei Hofe vorgestellt worden; er hatte gesehen, wie Abtrünnige berühmt wurden;

er war sich seiner Stärke und der Mittel und Macht bewusst, die ihm zur Verfügung standen; er wusste, dass in den Salons der Minister Niedertracht und Staatsinteressen zusammentrafen; er wollte also nur mit der Regierung verhandeln. Er verschaffte sich daher eine Audienz bei Monsieur de Montalivet, und im Kabinett seiner Exzellenz wurde der Preis für einen schändlichen Verrat festgesetzt.

Was während dieses Gesprächs vor sich ging, welche Versprechungen gemacht und welche Angebote angenommen wurden, bleibt ein Geheimnis zwischen dem Minister und Deutz; denn ich nehme an, dass die Vorsehung sich nicht in diese Angelegenheiten einmischt, da sie Erfolg haben. Dennoch zögerten sie, von dem Instrument Gebrauch zu machen, als sie es gefunden hatten, und die Verlegenheit im Schloss war groß. Die verhaftete Herzogin von Berry würde sich vor einem Schwurgericht verantworten müssen, das sie sehr leicht zum Tode verurteilen konnte; der König hatte zwar sein Recht auf Begnadigung; aber es gibt Momente, in denen dieses Recht ebenso schwer auszuüben ist wie das Recht auf Tod. Andererseits war es nicht ohne Unannehmlichkeiten, die Herzogin in Ruhe zu lassen; die Kammer war dumm genug, des Bürgerkriegs wie aller anderen Dinge überdrüssig zu werden und ein Ende zu fordern; kurz gesagt, Monsieur de Montalivet war durch seinen Verräter äußerst verlegen, wusste nicht, was er tun sollte, und war fast verzweifelt, weil er so schlau gewesen war.

Etwa zu dieser Zeit kam es zu Ministerwechseln; M. de Montalivet wechselte auf die Zivilliste und M. Thiers ins Innenministerium. Der junge Minister sah in diesem Stellenwechsel eine Möglichkeit, seinen Judas loszuwerden, indem er ihn woanders hinschickte, um seine dreißig Silberlinge zu verlangen; aber Deutz machte Schwierigkeiten; er hatte das Geschäft mit dem Grafen begonnen und wollte es mit ihm abschließen; er kannte M. de Montalivet und M. Thiers nicht. Schließlich überredete ihn M. de Montalivet nach langem Verhandeln, ihn in seiner Kutsche zu M. Thiers zu begleiten. M. Thiers hatte zu viel Takt und Finesse, um die Gelegenheit nicht zu nutzen, um seine Ernennung weniger unpopulär zu machen, und er war zu schlau, um nicht durch einen großen *Coup zu versuchen* , sich Vergebung zu verschaffen. Die Gefangennahme der Herzogin von Berry würde die Kammer auf seine Seite ziehen, und die Kammer meinte es ziemlich genau mit der Nation. M. Thiers würde von da an ein Nationalheld werden.

Deutz brach in Begleitung des Polizeiinspektors Joly in Richtung Vendée auf und kam dort unter dem Namen Hyacinthe de Gonzaque an.

———

[1] Ausführlichere Informationen finden Sie in „ *La Vendée et Madame* ", einem von mir auf Grundlage von Dermoncourts Notizen verfassten Bericht.

KAPITEL IV

M. Maurice Duval wird zum Präfekten der Loire-Inférieure
ernannt – Die Nantais schenken ihm ein Charivari – Deutz'
hartnäckige Versuche, Madame zu sehen – Er erhält eine
erste und dann eine zweite Audienz – Belagerung des
Hauses Duguigny – Das Versteck – Die Durchsuchungen
durch die Polizei – Entdeckung der Herzogin

Einige Tage nach Deutz' Ankunft in Nantes wurde Maurice Duval, zweifellos
um mit ihm zu kooperieren, zum Präfekten der Loire-Inférieure ernannt.
Diese unpopuläre Ernennung, die herzlose Entlassung von Monsieur de
Saint-Aignan und die Art und Weise, wie er die Nachricht seiner Ablösung
aufnahm, hoben die Stimmung der Nanteser; außerdem eilte Monsieur
Maurice Duvals Ruf in Grenoble ihm voraus; allein einer dieser Gründe hätte
ausgereicht, um ihn ein gewöhnliches Charivari zu kosten; alle diese Gründe
zusammen waren ihm das wert, was man unter Mehrheitsregierungen den
König der Charivaris nennen könnte.

Am 19. Oktober verbreitete sich in Nantes die Nachricht von der Entlassung
von Monsieur de Saint-Aignan und der Ernennung von Monsieur Maurice
Duval, der noch am selben Tag hätte eintreffen sollen, aber erst am nächsten
Tag, dem 20., eintraf. Bald kam es zu den feindseligsten Demonstrationen.
Wer Instrumente für ein Tumult besaß, wie Bratpfannen, Rasseln, Pfeifen,
Sprachrohre, die man meilenweit hören konnte, usw. usf., griff instinktiv
danach; wer keine hatte, lief los, um sie sich von seinen Freunden zu leihen;
und wer weder Instrumente noch Freunde hatte, bediente sich der
merkwürdigsten Mittel, um an dem großen Volkskonzert teilzunehmen, das
gerade vorbereitet wurde; einige zogen durch die Stadt auf der Suche nach
Glocken und banden sie sogar von den Kühen los, die ihnen der Zufall in
den Weg führte; andere schnappten sich kleine Glocken aus dem
Schmiedebetrieb und bauten mit einem Stock, den zwei Männer an jedem
Ende trugen, eine wandelnde Sturmglocke auf. Es wurde eine allgemeine
Aushebung von Kuhhörnern durchgeführt und mehr als sechshundert
Personen mit diesem Instrument ausgestattet, das, wie jeder weiß, keiner
Vorbereitung bedarf. Ein Pfeifenhändler, der ohne dieses Ereignis seine
Waren nie losgeworden wäre, ließ sich auf dem Platz nieder und verkaufte
alles, was er an seinem Stand hatte!

Zwischen vier und fünf Uhr versammelte sich eine Gruppe von Musikern.
Um dem Präfekten mehr Ehre zu erweisen, beschlossen sie, ihm
vorauszugehen. Sie schlugen daher den Weg entlang ein, auf dem die
Majestät ankommen musste. Die Behörden, die die allgemeine Begeisterung

bemerkt hatten und Angst hatten, sie im Keim zu ersticken, begnügten sich damit, einen Stabsoffizier zu Maurice Duval zu schicken, um ihn vor dem für ihn vorbereiteten Empfang zu warnen. Maurice Duval nutzte die Warnung, schickte seine Kutsche allein los und betrat die Stadt inkognito. So zahlte er seinen ungelegenen Besuchern für einen Moment seine gerechte Strafe. Dennoch sprach sich bald das Gerücht herum, der Präfekt sei im *Hôtel de France* an der Place de la Comédie eingetroffen. Die Charivariseurs stürmten auf den Platz, aber dieser war zu klein, um sie alle aufzunehmen: Nur die Truppe der Musiker drängte sich wie eine dieser riesigen Tarantelspinnen auf den Platz und streckte ihre Beine in alle anliegenden Straßen aus; es war ein Lärm, der einem Tauben den Schädel hätte spalten können! Personen, deren Wort man vertrauen konnte und die zwei Meilen von der Stadt entfernt wohnten, haben später bei ihrer Ehre erklärt, dass sie den Aufruhr gehört hatten; das ist nicht überraschend: Es waren wahrscheinlich zehntausend Musiker, fünftausend mehr als Nero hatte, die, wie wir wissen, viel Aufhebens um seine Musik machten. Als das Konzert seinen Höhepunkt erreichte, drängte sich ein Mann zu Fuß durch die Massen und versuchte vergeblich, in das *Hôtel de France zu gelangen,* dessen Türen verschlossen waren; er war gezwungen, sich unter die Charivariseure zu mischen und mit ihnen in den Chor einzustimmen: es war M. Maurice Duval. Am nächsten Tag nahm er die Präfektur in Besitz. Die Nachricht von seiner Einsetzung versicherte den Musikern zumindest, dass ihre Mühen nicht vergeblich gewesen waren, für das Ziel, für das sie bestimmt waren. Infolgedessen versammelte sich das Orchester gegen fünf Uhr auf dem Place de la Préfecture; es war größer und lauter als in der Nacht zuvor! aber da unser französischer Charakter bald alles satt hat, sogar ein Charivari, fehlte am dritten Tag ein großer Teil der Musiker beim Aufruf. Die Mächte glaubten dann, sie könnten der Serenade ein Ende bereiten. Zwischen sechs und sieben Uhr abends marschierten Schwadronen der Gendarmerie und Linieninfanterie auf den Platz und nahmen die umliegenden Straßen in Besitz. Die Künstler dachten mit Recht, es sei Zeit, aufzuhören, und zogen sich vor den Truppen zurück, wobei sie während ihres Rückzugs weiterhin Lärm machten, der ganz den Anschein eines Sieges hatte. Am nächsten Tag war vollkommene Ruhe wiederhergestellt, und M. Duval hielt eine Rede, in der er behauptete, er sei falsch eingeschätzt worden, und sagte unter anderem, dass seine Werke von seinem Patriotismus zeugten. Da nun das Werk, auf das er am meisten zählte, um die Leute zu bekehren, die Gefangennahme der Herzogin war, begann er Maßnahmen zu ersinnen, um ihre Flucht zu verhindern. Dies führt uns natürlich zu Deutz.

Wir haben gesagt, welche Wachsamkeit Madame umgab; sie selbst hatte sogar beschlossen, für ihre Freunde unsichtbar zu werden, wenn es nicht unbedingt notwendig war, sie zu empfangen: dieser Umstand hätte die verräterischen Pläne beinahe zum Scheitern gebracht. Deutz wusste sehr wohl, dass die Herzogin in Nantes war, aber die ganze Stadt war ebenso gut darüber informiert. Das Haus, in dem sie lebte, war das Wichtigste, was man wissen musste, und das wusste Deutz nicht. Es gelang ihm, ihr seine Ankunft mitzuteilen; aber die Herzogin, die zunächst befürchtete, dass dies eine Falle der Polizei sei oder dass sich ein anderer Mann als Deutz unter seinem Namen vorstellen könnte, weigerte sich, ihn zu empfangen, zumindest bis er seine Depeschen einem Dritten anvertraut hatte. Deutz schickte eine Antwort, dass er ein paar Tage in Paimbeuf verbringen würde, und nahm sich nach seiner Rückkehr vor, sich die Ehre zu erweisen, in der Hoffnung, mehr Glück zu haben, Madame erneut um die Audienz zu bitten, um die er sie gebeten hatte. Er verließ Nantes tatsächlich mit seinem Begleiter, Monsieur Joly, der ihm als Polizist oder Wachmann zur Seite stand. Beide gingen nach Paimbeuf, der eine als Kapitalist, der Land kaufen wollte, der andere als Landvermesser. Die Reise dauerte über eine Woche oder zehn Tage. Nach seiner Rückkehr erneuerte Deutz seine Bemühungen, jedoch ohne größeren Erfolg; er beschloss dann, der Herzogin die wichtigen Depeschen zu schicken, die er ihr übergeben sollte. Als Madame die Papiere erhielt, war sie von seiner Identität vollkommen überzeugt und zögerte nicht länger, ihn zu empfangen. Dort wurde Deutz am Mittwoch, dem 28. Oktober, um sieben Uhr abends zum Haus der Damen Duguigny geführt, wo er vorgestellt wurde, ohne dass er die Straße oder den Ort des Gesprächs kannte. Nach anderthalb Stunden des Gesprächs verabschiedete er sich von der Herzogin, überzeugt, dass sie das Haus zur selben Zeit verlassen hatte wie er und dass sie ihn im Haus einiger ergebener Personen und nicht in ihrem eigenen empfangen hatte. Er konnte daher weder genügend genaue Angaben zum Aufenthaltsort machen, noch mit genügender Sicherheit schwören, wo man den Flüchtling mit Sicherheit finden würde, um einen Verhaftungsversuch zu riskieren, der möglicherweise nur zur Folge hätte, dass die Herzogin misstrauisch wurde.

Deutz bat um ein zweites Gespräch und gab vor, er sei in Anwesenheit der Prinzessin so aufgeregt gewesen, dass er vergessen habe, ihr Dinge von höchster Wichtigkeit mitzuteilen. Die Herzogin und ihre Umgebung waren der Meinung, sie sollten ihn kein zweites Mal empfangen; nicht aus Misstrauen ihm gegenüber, sondern aus Angst, er könne als Fremder in Nantes von der Polizei beobachtet und verfolgt werden. Sie antworteten daher, sie würden die Depeschen, die er für die Herzogin habe, anfordern, aber sie weigere sich, ihn persönlich zu empfangen. Eine so entschieden ausgedrückte Ablehnung versetzte alle Agenten der höheren und niedrigeren Polizei in Alarmbereitschaft. Sie entdeckten eine Nonne, die Madames volles Vertrauen hatte und verdiente; Deutz täuschte die gute Schwester unter dem Deckmantel der Frömmigkeit mühelos und überzeugte sie, er habe der Herzogin wirklich äußerst wichtige Dinge mitzuteilen, die er während seines ersten Gesprächs mit ihr vor lauter Aufregung vergessen habe. Die

Schwester, überzeugt, dass die geforderte Audienz Madame sehr am Herzen liegen müsse, beeilte sich, sie zu bitten, ihn zu sehen. Unterdessen lobten sich Deutz und seine Gefährten für ihre glückliche Idee, Frömmigkeit und Vertrauen zu Komplizen ihres Verrats zu machen. Die gute Nonne kehrte triumphierend zurück und brachte das Versprechen einer Audienz am 6. November mit. Dieser Auftrag, der in bester Absicht gemacht wurde, soll sie seitdem viele Tränen gekostet haben!

Deutz beeilte sich, die Polizei zu benachrichtigen. Nichts hätte der Herzogin leichter fallen können, als Nantes zu verlassen: Mehr als hundertfünfzig ihrer Anhänger, die seit der Waffenruhe wohlbekannt und ernsthaft kompromittiert waren , hatten Frankreich verlassen, und nicht ein einziger war verhaftet worden. Die Herzogin wusste das sehr gut. Sie sagte oft: „Ich kann gehen, wann ich will!" Ihre Freunde drängten sie, Frankreich zu verlassen, wo ihre Anwesenheit ihrer Sache nicht mehr dienlich sein konnte; um sie dazu zu bewegen, erklärten sie ihr, dass die Führer ihrer Partei, die ihretwegen am meisten in Schwierigkeiten steckten, täglich bloßgestellt würden, weil sie durch ihre Versprechen und ihr Ehrgefühl an ihr Schicksal gebunden waren und ihr Land nicht verlassen würden, solange sie selbst in Frankreich blieb und Gefahren ausgesetzt war. Ein sicheres Mittel wurde von M. Guibourg vorgeschlagen; ein Schiff wurde gefunden und ausgerüstet; schließlich willigte die Herzogin ein zu fliehen; Sie sollte M. de Ménars und Petit-Paul (Mademoiselle Eulalie de Kersabiec) mitnehmen. Diese Entscheidung wurde am 4. November getroffen und als Abreisetag wurde der 14. festgelegt.

Am 6. November um vier Uhr nachmittags wurde Deutz zur Herzogin gebracht, doch kluge Agenten beobachteten sein ganzes Vorgehen und verfolgten seine Spur. Kaum hatte er das Haus Duguigny betreten, als er den Ort wiedererkannte; es war daher wahrscheinlich, dass die Herzogin hier lebte. Als Deutz bei der Prinzessin vorgelassen wurde, erzählte er ihr mit viel Geschick und in bewegender Stimme eine von ihm erfundene Geschichte über wichtige Angelegenheiten, die er über ihren lieben Henri und die gute Louise vergessen hatte; er sprach voller Begeisterung von seiner großen Bewunderung für Madames Mut und von seiner Hingabe für ihre edle Sache. Er wurde in dem Ausdruck seiner Gefühle durch die Ankunft eines Briefes unterbrochen, den die Herzogin Monsieur de Ménars gegeben hatte. Er war mit weißer Tinte geschrieben; Monsieur de Ménars befeuchtete ihn mit etwas aufbereitetem Wasser, wodurch die Schrift lesbar wurde, und überreichte ihn dann der Herzogin, die ihn Deutz vorlas. Der Schreiber empfahl Madame, keine Vorsichtsmaßnahmen zu vernachlässigen; und sagten, sie wüssten, dass sie von einer Person verraten würde, zu der sie vollstes Vertrauen hatte. Dann wandte sich Madame an Deutz und sagte:

„Hören Sie, Deutz? Man sagt mir, ich werde von jemandem verraten, zu dem ich vollstes Vertrauen habe. Werden Sie das sein?"

„Oh, Madame", antwortete Deutz mit jener Gelassenheit, die großen Verrätern eigen ist, „Eure Königliche Hoheit kann sich eine solche Niedertracht meinerseits nicht vorstellen! Ich habe viele unmissverständliche Beweise meiner Treue gegeben! Aber man kann natürlich nicht zu viele Vorsichtsmaßnahmen treffen."

Die Herzogin entließ Deutz nach einer Stunde Gespräch und überschüttete ihn mit Vertrauensbeweisen und Freundlichkeiten. Er eilte bald zum Haus des Präfekten. Als er am Speisezimmer vorbeiging, hatte er durch die halb geöffnete Tür geblickt und sieben gedeckte Plätze am Tisch gezählt. Er wusste, dass die Demoiselles Duguigny allein in dem Haus lebten: Es war daher offensichtlich, dass die Herzogin dort zu Abend essen wollte. Deutz erzählte Monsieur Maurice Duval, was er gesehen hatte, und drängte ihn, sich zu beeilen, damit sie mitten beim Abendessen eintreffen könnten, da er nicht sicher war, ob die Herzogin im Haus weilte.

Der Präfekt, der seit dem Morgen Maßnahmen mit den Militärbehörden geplant hatte, denen der Belagerungszustand die Regierungsgewalt verlieh, begab sich schnell zum Grafen d'Erlon, nachdem er Deutz zuvor der Obhut eines Polizisten anvertraut hatte, der ihn nicht verlassen durfte, während sie sich von der Wahrheit seiner Aussage überzeugten. General Dermoncourt wurde sofort vom Grafen d'Erlon informiert, und zehn Minuten später wurden alle militärischen Vorbereitungen getroffen und Befehle an den Kommandanten der Stadt, Oberst Simon Lorrière, weitergegeben.

Aus zwei Gründen war ein ziemlich großes Truppenkontingent erforderlich: Erstens, weil es zu einem Aufstand in der Bevölkerung kommen könnte; zweitens, weil sie einen ganzen Häuserblock umzingeln mussten. Folglich waren fast zwölfhundert Mann zu Fuß unterwegs. Sie hatten seit dem Morgen den Befehl, sich bereitzuhalten. Die beiden Bataillone wurden in drei Kolonnen aufgeteilt, die von General Dermoncourt kommandiert wurden, der vom Grafen d'Erlon und dem Präfekten begleitet wurde, die die Operationen leiteten. Die erste Kolonne, angeführt vom Kommandanten des Forts, ging den Cours hinunter und ließ eine Wache nach der anderen entlang der Mauern des Bischofsgartens und der angrenzenden Häuser zurück, ging an den Schlossgräben entlang und erreichte die Vorderseite des Hauses Duguigny, wo sie sich aufstellte. Die zweite und dritte Kolonne, mit General Dermoncourt an der Spitze, überquerten den Place Saint-Pierre und teilten sich dort: Die eine Kolonne, an deren Spitze der General blieb, ging die Hauptstraße hinunter, bog in die Rue des Ursulines ab und traf in der Rue Basse-du-Château wieder auf die Kolonne von M. Simon Lorrière; die andere Kolonne ging, nachdem der General sie verlassen hatte, geradewegs die Rue Haute-du-Château hinunter und schloss sich unter der Führung von Oberst Lafeuille vom 56. Regiment und Kommandant Vairés den ersten beiden an und vereinigte sich mit ihnen gegenüber dem Haus Duguigny. Damit war die Einkesselung abgeschlossen.

Es war etwa sechs Uhr abends und eine wunderschöne Nacht. Durch die Fenster des Appartements, in dem sich die Herzogin befand, konnte sie auf einen ruhigen Himmel und den aufgehenden Mond blicken und die massiven, reglosen und stillen Türme des alten Schlosses sehen, die sich wie eine dunkle Silhouette klar gegen das Licht abzeichneten. Es gibt Momente, in denen die Natur so sanft und freundlich erscheint, dass man unmöglich glauben kann, dass inmitten dieser Ruhe eine drohende Gefahr lauert! Die Ängste, die durch den Brief geweckt worden waren, den die Herzogin aus Paris erhalten hatte, verschwanden vor dieser Szene, als Monsieur Guibourg plötzlich näher an das Fenster trat und Bajonette blitzen sah, als die Kolonne unter der Führung von Oberst Simon Lorrière auf das Haus zukam. Augenblicklich warf er sich nach hinten und rief: „Retten Sie sich, Madame, retten Sie sich!" Madame eilte sofort zur Treppe und alle folgten ihr. Das Versteck war ausprobiert worden; man wusste, dass es nur eine bestimmte Anzahl und eine bestimmte Größe aufnehmen konnte, und dieser Befehl wurde angenommen. Es konnte zur Not vier Personen während eines normalen Besuchs aufnehmen. Als sie es erreichten und die Kamintür öffneten, trat Herr von Menars ein, gefolgt von Herrn Guibourg. Zurück blieb Mademoiselle Stylite de Kersabiec, die nicht vor Madame hineingehen wollte. Die Herzogin sagte lachend zu ihr:

„Nach den Regeln einer guten Strategie, Stylite, sollte der Kommandant bei einem Rückzug bis zuletzt im Einsatz bleiben."

Dann ging Mademoiselle Stylite hinein und die Herzogin folgte ihr.

Die Soldaten öffneten die Haustür, als die des Verstecks geschlossen war; sie drangen in das *Reservat ein,* vorangegangen von Polizeiinspektoren aus Paris und Nantes, die mit Pistolen in der Hand marschierten: Einer von ihnen, der im Gebrauch dieser Waffe unerfahren war, schoss und verletzte sich an der Hand. Die Bande breitete sich im Haus aus. Die Aufgabe des Generals war es, es zu umstellen, und er hatte es getan; die Aufgabe der Polizei war es, es zu durchsuchen, und er ließ sie das tun. M. Joly erkannte das Innere anhand der Einzelheiten, die Deutz ihm gegeben hatte, genau wieder. Er fand den Tisch, an dem noch nicht besetzt worden war, mit seinen sieben Gedecken, obwohl die beiden Demoiselles Duguigny, Madame Charette und Mademoiselle Céleste de Kersabiec anscheinend die einzigen Bewohner des Zimmers waren. Er begann damit, die Gemüter dieser Damen zu beruhigen, und ging wie ein an das Haus gewöhnter Mann die Treppe hinauf, ging direkt auf den Dachboden, erkannte ihn und sagte mit einer Stimme, die laut genug war, dass die Herzogin es hören konnte:

"Dies ist der Audienzsaal."

Von diesem Augenblick an zweifelte Madame nicht mehr daran, dass der Verrat, von dem der Brief aus Paris sprach, aus Deutz kam. [1] Der Brief lag offen auf dem Tisch; M. Joly nahm ihn in Besitz und erlangte so den Beweis, dass Madame im Haus war; er brauchte sie nur zu finden. In jedem Zimmer waren Wachen postiert, während Soldaten alle Ausgänge versperrten. Die Leute sammelten sich in einer Menge und bildeten einen zweiten Kreis um die Soldaten. Die ganze Stadt war auf die Plätze und Straßen gekommen, aber man zeigte kein einziges royalistisches Zeichen, nur ernste Neugier; jeder spürte die Bedeutung des bevorstehenden Ereignisses.

Im Inneren des Hauses wurde mit der Suche begonnen, Möbel wurden geöffnet, wenn man die Schlüssel fand, und aufgebrochen, wenn sie fehlten. Pioniere und Maurer untersuchten Böden und Wände mit heftigen Äxten und Hämmern. Architekten, die in alle Räume geführt wurden, erklärten, es sei unmöglich, nach einem Vergleich der Innen- mit der Außenkonstruktion ein Versteck zu finden oder es gar zu entdecken, wenn ihnen dies gelänge; in einem der Räume fanden sie verschiedene Gegenstände wie Drucke, Schmuck und Silber, die den Damen Duguigny gehörten, was zu diesem Zeitpunkt noch mehr Sicherheit darüber gab, dass die Prinzessin in dem Haus wohnte. Als die Architekten den Dachboden erreichten, erklärten sie, sei es aus Unwissenheit oder aus Großzügigkeit ihrerseits, hier könne es weniger als an jedem anderen Ort ein geheimes Versteck geben. Sie gingen dann zu den Nachbarhäusern weiter, wo die Suche fortgesetzt wurde; nach einem Augenblick hörte die Herzogin Hammerschläge, die auf die Wand des Zimmers neben ihrem Versteck geschlagen wurden; Sie wurden mit solcher Wucht getroffen, dass sich Putzstücke lösten und auf die Gefangenen fielen, und einen Moment lang hatten sie Angst, die ganze Mauer würde auf sie herabstürzen. Madame hörte auch die Beschimpfungen und Flüche der müden Soldaten, die wütend waren über die Erfolglosigkeit ihrer Suche.

„Wir werden in Stücke gehauen", sagte sie, „das wird unser Ende sein, meine armen Kinder!"

Dann wandte sie sich an ihre Gefährten und sagte:

„Meinetwegen bist du in dieser schrecklichen Situation!"

Während diese Dinge oben vor sich gingen, hatten die Damen Duguigny große Nerven bewiesen und sich, obwohl sie von den Soldaten beobachtet wurden, zu Tisch gesetzt und Madame Charette und Mademoiselle Céleste de Kersabiec eingeladen, dasselbe zu tun. Zwei andere Frauen wurden von der Polizei noch genauer überwacht: die Zofe Charlotte Moreau, die Deutz als sehr den Interessen der Herzogin ergeben bezeichnet hatte, und die Köchin Marie Bossy. Letztere wurde ins Schloss und von dort in die Kaserne der Gendarmerie gebracht, wo man, als man sah, dass sie allen Drohungen widerstand, Bestechungsversuche unternahm: Man bot ihr nach und nach immer größere Summen an, aber sie beharrte darauf, dass sie nicht wisse, wo die Herzogin von Berry sei. Baronin Charette wurde zunächst mit einer der Damen von Kersabiec verwechselt und nach dem Abendessen mit ihrer vermeintlichen Schwester zu deren Haus gebracht, das dreißig oder vierzig Meter weiter oben in derselben Straße liegt.

Nun, nach fruchtlosen Suchen die halbe Nacht hindurch ließen sie in ihren Bemühungen nach; sie dachten, die Herzogin sei entkommen, und zwei oder drei andere nutzlose Versuche, an anderen Orten zu entkommen, schienen auf dieselbe Schlussfolgerung zu deuten. Der Präfekt gab daher das Signal zum Rückzug und ließ aus Vorsicht eine ausreichende Anzahl Männer zurück, um alle Räume des Hauses zu besetzen, während sich Polizeiagenten im Erdgeschoss niederließen; die Umzingelung des Hauses wurde fortgesetzt, und die Nationalgarde kam, um die Hälfte der Linientruppen abzulösen, während sie sich ein wenig ausruhten. Diese Verteilung der Wachen ließ zwei Gendarmen auf dem Dachboden zurück, wo sich das Versteck befand; die Versteckten waren daher gezwungen, bewegungslos zu bleiben, ermüdend, da die Position für vier Personen, die in einem Raum zusammengepfercht waren, der dreieinhalb Fuß lang und achtzehn Zoll breit an einem Ende und acht bis zehn Zoll am anderen war, ermüdend war. Die Männer erlebten noch eine weitere Unannehmlichkeit, da der Raum im höchsten Teil enger war, so dass sie kaum Platz hatten, um aufrecht zu stehen, selbst wenn sie ihre Köpfe zwischen die Dachsparren steckten; außerdem war es eine feuchte Nacht, und der Nebel drang durch die Schieferplatten auf die Gefangenen; aber niemand wagte, sich zu beschweren, da die Prinzessin es auch nicht tat. Die Kälte war so beißend, dass die Gendarmen, die im Raum waren, es nicht ertragen konnten; einer von ihnen ging die Treppe hinunter und kam mit einigen Torfklumpen zurück, und zehn Minuten später loderte ein prächtiges Feuer im Kamin vor der Tür, hinter der sich die Herzogin versteckte. Dieses Feuer, das nur zum Wohle von zwei Personen angezündet worden war, kam bald sechsen zugute; und so durchgefroren wie sie waren, gratulierten sich die Gefangenen zunächst selbst; aber die Behaglichkeit, die das Feuer brachte, verwandelte sich bald in unerträgliches Unbehagen: Die Tür und die Wand des Kamins erwärmten sich und übertrugen eine immer stärkere Hitze auf den kleinen Rückzugsort; bald war die Wand so heiß, dass sie es nicht mehr ertragen konnten, sie zu berühren, und die Tür wurde gleichzeitig glühend heiß; außerdem begann, obwohl es noch nicht dämmerte, die Arbeit der Sucher von neuem; Eisenstangen und Holzbretter schlugen mit doppelter Wucht auf die Mauer des Verstecks ein, bis sie bebte; den Gefangenen kam es vor, als würden sie das Haus Duguigny und die Nachbarhäuser niederreißen. Die Herzogin hatte dann keine andere Hoffnung mehr; wenn sie den Flammen standhielt, würde sie unter den Trümmern zermalmt werden. Dennoch verließen sie ihr Mut und ihre Fröhlichkeit nie, und mehrere Male, wie sie später erzählt hat, konnte sie sich das Lachen über die freie, soldatische Unterhaltung der beiden Wachgendarmen nicht verkneifen; einer von ihnen machte eine mehr als leichte Anspielung auf die Wirkung von Feldbetten; die Herzogin merkte sich diese Anspielung im Gedächtnis, und wir werden sehen, mit welchem Ergebnis. Aber die Unterhaltung zog sich bald in die Länge; einer der Gendarmen schlief, trotz des furchtbaren Lärms, den sie in den Nachbarhäusern in seiner Nähe machten; denn zum zwanzigsten Mal konzentrierte sich die Suche auf ihr Versteck. Sein Begleiter, der sich für den Moment aufgewärmt hatte, hatte aufgehört, sich um das Feuer zu kümmern, und Tür und Wand wurden wieder kalt. Ménars hatte es geschafft, mehrere Schieferplatten vom Dach zu lösen, und die Außenluft hatte die Atmosphäre im Inneren erfrischt. Alle Ängste richteten sich auf die Zerstörer; sie hämmerten mit heftigen Schlägen auf die Wand neben den Gefangenen und auf einen Schrank in der Nähe des Kamins; bei jedem Schlag löste sich der Putz und zerfiel in Staub hinein; schließlich dachten sie, sie seien verloren, aber der Arbeiter verließ den Teil des Hauses, den sie aus dem Instinkt der Zerstörer sehr genau untersucht hatten. Die Gefangenen atmeten wieder auf und die Herzogin dachte, sie sei gerettet. Aber diese Hoffnung währte nicht lange.

Als der Wache haltende Gendarm sah, dass der Lärm endgültig aufgehört hatte, und die Stille ausnutzen wollte, schüttelte er seinen Kameraden, damit dieser auch einmal schlafen konnte. Dem anderen war im Schlaf kalt geworden und erwachte durchgefroren. Kaum hatte er die Augen geöffnet, machte er sich schon daran, sich wieder aufzuwärmen: Er zündete das Feuer erneut an, und da der Torf nicht schnell genug verglühte, benutzte er ein großes Bündel *Quotidienne* -Zeitungen, die man unter den Tisch im Zimmer geworfen hatte, um das Feuer anzufachen, das wieder im Kamin funkelte. Das von den Zeitungen erzeugte Feuer gab dichten Rauch und eine lebhaftere Hitze ab als der Torf beim ersten Mal. Dadurch entstand nun eine sehr reale Gefahr für die Gefangenen. Der Rauch drang durch die Risse in der Kaminwand, die durch die Hämmer erschüttert worden war, und die Tür, die noch nicht kalt war, war bald glühend heiß wie eine Schmiede. Die Luft im Versteck wurde immer weniger zum Atmen geeignet; die Insassen mussten den Mund an die Ritzen zwischen den Schieferplatten halten, um die frische Luft im Inneren einzuatmen. Die Herzogin litt am meisten, denn da sie als letzte hineingegangen war, musste sie sich an die Tür lehnen. Jeder ihrer Gefährten bot ihr wiederholt an, mit ihr zu tauschen, aber sie wollte nicht einwilligen. Inzwischen kam zur Erstickungsgefahr eine neue hinzu, nämlich die, bei lebendigem Leib verbrannt zu werden. Die Tür war, wie gesagt, glühend heiß, und der Saum der Kleider der Damen drohte Feuer zu fangen. Schon zwei- oder dreimal hatte das Feuer das Kleid der Herzogin erfasst, und sie hatte es mit ihren Händen ausgelöscht und sich verbrannt, so dass sie noch lange danach die Brandmale trug. Mit jeder Minute wurde die Luft im Inneren dünner, und die Außenluft, die durch die Löcher in der Decke kam, war zu gering, um sie zu erfrischen. Die Gefangenen erstickten immer mehr. Zehn Minuten länger in diesem Feuer zu bleiben, bedeutete, das Leben der Herzogin zu gefährden. Jeder von ihnen bat sie, hinauszugehen, aber sie allein wollte nicht. Große Tränen des Zorns rollten aus ihren Augen und wurden von der heißen Luft auf ihren Augenlidern getrocknet. Das Feuer verbrannte erneut ihr Kleid und wieder löschte sie es. Aber die Bewegung, die sie beim Aufstehen machte, hob den Riegel der Tür und sie öffnete sich ein wenig. Mlle de Kersabiec streckte sofort ihre Hand aus, um sie wieder an ihren Platz zu ziehen und verbrannte sich dabei sehr schwer. Die Bewegung der Tür hatte die davor liegenden Rasenstücke weggerollt und die Aufmerksamkeit des Gendarmen erregt, der seine Langeweile mit der Lektüre der *Quotidienne vertrieb* und der dachte, er hätte sein pyrotechnisches Gebäude mit großer Festigkeit errichtet. Das Geräusch, das Mlle. Bei Kersabiecs Bemühungen kam ihm eine seltsame Idee: Er stellte sich vor, dass Ratten im Kamin waren, und da er dachte, die Hitze würde sie zwingen, herauszukommen, weckte er seinen Kameraden, und beide machten sich bereit, sie mit ihren Säbeln zu verfolgen. Während dieser ganzen Zeit verstärkten Hitze und Rauch die Qualen der Gefangenen immer mehr. Die Tür bewegte sich und einer der Gendarmen fragte: „Wer ist da?" Mlle. Stylite antwortete:

„Wir werden uns ergeben. Wir werden die Tür öffnen und das Feuer wegnehmen."

Die beiden Männer sprangen zum Feuer, das sie sofort zur Seite traten. Die Herzogin kam zuerst heraus; sie musste ihre Füße und Hände auf das brennende Feuer legen; ihre Gefährten folgten ihr. Es war halb zehn Uhr morgens, und sechzehn Stunden lang waren sie ohne Nahrung in dem Versteck eingeschlossen.

---

[1] Unter den Männern in Paris, von denen König Louis-Philippe glaubte, dass sie ihm am ergebensten waren, und die ihn über alle Vorgänge in den Tuilerien und in der Regierung auf dem Laufenden hielten, befanden sich Freunde der Herzogin. Es wäre in der Tat sehr interessant, die Namen derjenigen zu nennen, die Madame diese Warnung geschickt hatten, wenn ihre Nennung nicht eine Denunziation meinerseits darstellen würde.

KAPITEL V

Die ersten Augenblicke nach der Verhaftung – Die 13.000
Francs der Madame – Was ein Gendarm gewinnen kann,
wenn er auf einem Feldbett schläft und darüber
philosophiert – Die Herzogin im Château de Nantes – Sie
wird nach Blaye versetzt – Judas

Madame fragte zunächst nach Dermoncourt. Einer der Gendarmen ging die Treppe hinunter, um den General zu holen. Er kam rasch zur Herzogin, begleitet von Monsieur Baudot, dem Stellvertreter des königlichen Anwalts in Nantes, sowie mehreren dort anwesenden Offizieren.

Als der General eintrat, hatte die Prinzessin ihr Versteck verlassen und befand sich in dem Zimmer, in dem sie Deutz gesehen hatte, das M. Joly das *Audienzzimmer genannt hatte*. Sie war hinter einer Art Schrank versteckt, um nicht von den neugierigen Personen angestarrt zu werden, die absichtlich herkamen, um sie anzusehen. Kaum hatte Mlle de Kersabiec die Worte „Der General!" ausgesprochen, als Madame herauskam und so schnell auf Dermoncourt zustürzte, dass sie ihm beinahe in die Arme fiel.

„General", sagte sie ernst, „ich unterwerfe mich Ihnen und vertraue Ihrem Ehrgefühl."

„Madam", antwortete er, „Eure Hoheit steht unter dem Schutz der Ehre Frankreichs."

Er führte sie zu einem Stuhl. Ihr Gesicht war blass, ihr Kopf kahl, ihr Haar war so kurz wie das eines Mannes. Sie trug ein *neapolitanisches* Kleid, einfach gemacht und braun, mit Löchern, die unten eingebrannt waren. Ihre Füße steckten in kleinen Pantoffeln. Als sie sich setzte, sagte sie zu Dermoncourt und drückte ihm heftig den Arm:

„General, ich habe mir nichts vorzuwerfen; ich habe die Pflicht einer Mutter erfüllt, das Erbe ihres Sohnes zurückzuerobern."

Ihre Stimme war kurz angebunden und nachdrücklich. Kaum hatte sie sich gesetzt, sah sie sich nach den anderen Gefangenen um, und als sie Monsieur Guibourg nicht sah, ließ sie ihn rufen. Dann wandte sie sich an Dermoncourt und sagte:

„General, ich möchte im Unglück nicht von meinen Gefährten getrennt werden."

Der General versprach es im Namen des Grafen d'Erlon und hoffte, dass der Oberbefehlshaber sein Versprechen einhalten würde.

Madame schien sehr aufgeregt und war, obwohl blass, so aufgeregt, als hätte sie Fieber. Der General brachte ihr ein Glas Wasser, mit dem sie ihre Lippen befeuchtete; die Kühle beruhigte sie ein wenig. Dermoncourt schlug ihr vor, noch ein Glas zu trinken: Sie nahm sein Angebot an, aber es war nicht leicht, in diesem Haus ein zweites Glas zu bekommen, da alles auf den Kopf gestellt war. Schließlich brachten sie eins, aber die Herzogin hätte es ohne Zucker trinken müssen, wenn Dermoncourt nicht M. de Ménars in einer Ecke entdeckt hätte. Glücklicherweise fiel ihm ein, dass er ein geeigneter Mann war, Zucker mit sich herumzutragen. Er fragte ihn, so sicher war er, dass er welchen haben würde, und tatsächlich fand M. de Ménars, nachdem er in seinen Taschen herumgetastet hatte, zwei Klumpen, die er dem General anbot. Die Herzogin ließ sie im Wasser schmelzen und rührte sie mit einem Brieföffner um, denn es hätte zu viel Zeit gekostet, einen Löffel zu finden, und es war völlig sinnlos, daran zu denken, dies zu versuchen. Nachdem die Prinzessin getrunken hatte, bat sie Dermoncourt, sich neben sie zu setzen.

Inzwischen waren Rusconi und der Adjutant des Generals zu Graf d'Erlon und Monsieur Maurice Duval gegangen, um ihnen zu berichten, was geschehen war. Monsieur Maurice Duval traf als Erster ein. Er betrat den Raum mit dem Hut auf dem Kopf, als ob es dort keine weibliche Gefangene gäbe, die aufgrund ihres Ranges und ihrer Schicksalsschläge mehr Respekt verdient hätte, als man ihm je entgegengebracht hatte. Er ging auf die Herzogin zu, sah sie an, während er ritterlich die Hand an seinen Hut legte und ihn kaum vom Kopf hob, sagte er:

"Ah! Ja, das ist sie tatsächlich!"

Dann ging er hinaus, um seine Befehle zu geben.

„Wer ist dieser Mann?“, fragte die Prinzessin den General.

Ihre Frage war ganz natürlich, denn der Präfekt erschien ohne die Erkennungszeichen seiner hohen Verwaltungsposition auf der Bildfläche.

„Errät Madame es nicht?“, antwortete Dermoncourt.

Die Prinzessin sah den General mit einem leichten Lächeln an.

„Kann es der Präfekt sein?“, sagte sie.

„Madame hätte es nicht besser erraten können, wenn sie seinen Führerschein gesehen hätte.“

„Hat der Mann während der Restauration gedient?“

„Nein, Madame.“

„Ich bin im Interesse der Restauration wirklich froh, das zu hören."

In diesem Moment kam M. Maurice Duval zurück und fragte nach den Papieren der Herzogin. Madame sagte ihm, er solle sie im Versteck suchen; sie seien in einer weißen Mappe, die dort zurückgelassen worden sei. Der Präfekt holte sie und brachte sie der Herzogin.

„Herr Präfekt", fügte sie würdevoll hinzu, „die in dieser Mappe enthaltenen Sachen sind von geringer Bedeutung, aber ich möchte sie Ihnen persönlich übergeben, damit ich Ihnen sagen kann, wohin sie bestimmt sind." Daraufhin öffnete sie die Mappe.

„Sehen Sie", sagte sie, „das ist meine Korrespondenz … Das hier", fügte sie hinzu und zeichnete eine kleine gemalte Figur nach, „ist ein *Saint-Clément*, dem ich besonders zugetan bin, und jetzt mehr denn je."

„Weiß Madame, wie viel Geld sie hat?"

„In dem Versteck müssen sich etwa 30.000 Francs befinden, Monsieur, von denen 12.000 Personen aus meinem Gefolge gehören."

Als der Präfekt den Betrag überprüfen wollte, brachte ihm einer der beiden Gendarmen einen Beutel mit fast 13.000 Francs in Gold, davon die Hälfte in spanischem Geld, den er in der Verwirrung vorsorglich beiseite gelegt hatte.

„Wie ist die Tasche in Ihre Hände gekommen?", fragte der Präfekt den Gendarmen.

„Madame hat es mir gegeben und gesagt, es sei für mich."

„Was? Madame hat es Ihnen gegeben und gesagt, es sei für Sie?"

"Ja."

„Wie kam sie dazu, dir so ein Geschenk zu machen?"

„Sie fragte, welcher der beiden Gendarmen von Mitternacht bis vier Uhr morgens auf dem Feldbett geschlafen hatte. Ich sagte, ich sei es. Dann wandte sie sich an meinen Begleiter und fragte, ob das so sei. Er antwortete, ja. Dann hielt sie mir die Tasche hin und sagte, ich solle sie nehmen."

„Es war ein Witz", sagte der Präfekt.

„Das glaube ich auch", sagte der arme Gendarm und warf einen letzten Blick auf den Goldhaufen. „Sie sehen also, ich habe es Ihnen gebracht."

Der Präfekt addierte die 13.000 Francs zu den restlichen 17.000 und brachte alles zur Präfektur.

Als ich ein Jahr später *La Vendée et Madame schrieb* und die Herzogin von Berry erfuhr, dass ihrem Schützling die 13.000 Francs weggenommen worden waren, schrieb sie dem General, um ihn darüber zu informieren, dass sie mit derselben Post an die Regierung schreiben und sie auffordern würde, die 13.000 Francs ihrem rechtmäßigen Eigentümer auszuhändigen. Der Gendarm befand sich zu diesem Zeitpunkt in Limoges. Sie schickten ihm die 13.000 Francs, schlossen ihn jedoch aus der Armee aus.

Kaum war der Besuch wegen des Geldes und der Papiere vorüber, als der Graf von Erlon eintraf und Madame gegenüber all jene Höflichkeit eines Mannes von Welt an den Tag legte, die der Präfekt für unnötig gehalten hatte. Die Herzogin neigte sich dem General zu:

„Du hast versprochen, mich nicht zu verlassen", sagte sie flüsternd zu ihm.

„Ich werde Eurer Hoheit gegenüber mein Wort halten", antwortete der General.

Dann stand die Herzogin rasch auf, ging zum Grafen von Erlon und sagte:

„Monsieur le Comte, ich habe mich General Dermoncourt ergeben. Ich bitte Sie, ihm zu gestatten, bei mir zu bleiben. Ich habe ihn auch gebeten, mich nicht von meinen unglücklichen Gefährten trennen zu lassen, und das hat er mir auch versprochen. Werden Sie seine Versprechen einhalten?"

„Der General hat mir nichts versprochen, was ich nicht auch einhalten würde, Madame. Und Sie werden von mir nichts verlangen, was in meiner Macht steht und was ich Ihnen nicht mit aller Eile zugeben werde."

Die Herzogin war durch diese Worte beruhigt, und als sie sah, dass Graf d'Erlon in gedämpfter Stimme mit dem General sprach, zog sie sich von ihnen zurück und sprach diskret mit Herrn de Ménars und Mlle de Kersabiec. Graf d'Erlon bemerkte dann gegenüber dem General, dass Herr de Ménars und Mlle de Kersabiec bei der Herzogin von Berry bleiben könnten; er sei jedoch davon überzeugt, dass die Justizbehörden Herrn Guibourg auffordern würden, ihn in die Position zu versetzen, die er vor seiner Flucht innegehabt hatte, da ein Strafprozess gegen ihn anhängig sei. Er meinte, die Herzogin müsse so schnell wie möglich ins Schloss gebracht werden; er habe sogar alle notwendigen Anweisungen für diese Versetzung gegeben, bevor er zur Herzogin kam. Dermoncourt kehrte dann zu Madame zurück und fragte sie, ob es ihr besser gehe.

„Besser? Warum fragst du mich das?"

„Denn wenn Madame laufen kann oder keine Angst vor dem Autofahren hat, müssen wir das Haus dringend sofort verlassen."

„Das Haus verlassen? Wohin sollen wir gehen?", fragte sie und sah den General scharf an. „Wohin bringen Sie mich?"

„Zum Schloss, Madame."

„Oh ja! Und von dort nach Blaye, ohne Zweifel!"

Fräulein von Kersabiec ging zum General und sagte:

„General, Ihre Königliche Hoheit kann nicht zu Fuß gehen, das ist nicht geeignet."

„Mademoiselle", erwiderte Dermoncourt, „erlauben Sie mir, anderer Meinung zu sein. Wenn es Beleidigungen zu erleiden gibt – was ich bezweifle –, wird eine Kutsche Madame vor solchen Beleidigungen nicht schützen; aber ich stehe dafür ein, dass mein Arm zumindest ein sicherer Schutzschild gegen alles dergleichen sein wird."

Dann wandte er sich an die Herzogin:

„Glauben Sie mir, Madame, lassen Sie uns zu Fuß gehen. Da die Strecke kurz ist, brauchen Sie nur einen Hut aufzusetzen und einen Umhang um die Schultern zu werfen, und alles wird gut."

Dann eilte Rusconi die Treppe hinunter und brachte drei Hüte herauf, die wahrscheinlich den Damen Duguigny gehörten. Unter ihnen war ein schwarzer. Dermoncourt schlug vor, dass die Herzogin diesen tragen sollte.

„Ja", sagte sie, „unter den Umständen wäre es angemessener."

Dann nahm sie den Arm des Generals und sagte zu ihren Gefährten:

„Kommt, Freunde, lasst uns gehen!"

Als sie den Dachboden durchquerte, warf sie einen letzten Blick darauf und auf die Tür im Kamin, die noch immer offen stand.

„Oh, General", sagte sie lachend, „wenn Sie nicht gegen mich Krieg geführt hätten, wie man es gegen St. Laurence getan hat – was übrigens der militärischen Großzügigkeit unwürdig ist –, hätten Sie mich jetzt nicht am Arm."

Als sie das Haus verließen, führte Monsieur Guibourg den Zug mit einem Richter und einem anderen öffentlichen Beamten an; dann kam Mademoiselle de Kersabiec mit dem Präfekten und dem Grafen d'Erlon; General Dermoncourt folgte ihnen unmittelbar mit der Herzogin und Monsieur de Ménars, und hinter ihnen kamen mehrere Stabsoffiziere. Als sie die Straße erreichten, schlug der Präfekt vor, dass der Oberst der Nationalgarde der Herzogin den Arm anbieten sollte. Sie willigte sehr gnädig ein. Die Linientruppen und Nationalgardisten bildeten einen Schutzwall vom Haus der Demoiselles Duguigny bis zum Schloss, und dahinter drängte sich, soweit der Platz es erlaubte, die Bevölkerung in zehnmal dichteren Reihen als die Soldaten. Unter den Männern, die der Herzogin nachsahen, waren einige, deren Augen vor Hass aus alten Erinnerungen glühten; So drang gedämpftes Gemurmel über die Straße und bald erfüllte sogar Geschrei die Luft, doch General Dermoncourt blieb stehen, blickte mit seinen dunklen Augen umher und knurrte die Worte, statt sie auszusprechen:

„Kommen Sie, wo bleibt der Respekt, der Gefangenen gebührt, insbesondere wenn es Frauen sind?"

Sie schwiegen. Trotzdem war es gut, dass zwischen dem Haus der Damen Duguigny und dem Schloss nur sechzig Meter lagen, und tatsächlich wäre diese Entfernung ohne die respektvolle Aufmerksamkeit, mit der die Generäle die Herzogin umringt hatten, zu lang gewesen. Ihre Ehrerbietung zwang die Menge zum Schweigen, die vom Bürgerkrieg gebeutelt war, der seit sechs Monaten in der Umgebung von Nantes tobte, den Handel ruinierte und seine Einwohner niedermähte. Endlich war das Schloss erreicht, die Zugbrücke überquert und das Tor hinter der Prozession geschlossen. Madame hatte während der Reise kein Anzeichen von Angst gezeigt, außer dass sie den Arm des Generals fester drückte. Nachdem sie den Schlosshof durchquert hatten, gingen sie die Treppe hinauf, aber die Herzogin war von all den Emotionen, die sie gerade durchgemacht hatte, so schwach, dass Dermoncourt fühlte, wie sie sich vorbeugte und seinen Arm mit ihrem ganzen Gewicht drückte. Endlich erreichte sie das für sie vorgesehene Zimmer, das ihr der Oberst der Artillerie, der Gouverneur des Schlosses, eilig anbot. Dort fühlte sie sich besser und sagte dem General, sie könne etwas essen. Tatsächlich hatte sie, nachdem sie gerade beim Tisch aufgeweckt worden war, seit fast dreißig Stunden nichts gegessen. Da keine Anweisungen für das Frühstück gegeben worden waren und es zu lange gedauert hätte, bis es zubereitet worden wäre, schlug der Oberst Madame ein Glas Frontignan und ein paar Kekse vor, die sie annahm. Aber Madame aß damals sehr wenig, da sie in den letzten zwei oder drei Wochen regelmäßig an Tertiärfieber erkrankt war. Das Frühstück war erst nach einer Dreiviertelstunde fertig; als es angekündigt wurde, bot General Dermoncourt der Herzogin seinen Arm, um sie ins Esszimmer zu führen. Als sie am Tisch saß, wandte sie sich lächelnd ihrem Kavalier zu.

„General", sagte sie, „wenn ich nicht befürchten müsste, man würde sagen, ich versuche, Sie zu betrügen, würde ich Ihnen vorschlagen, an meinem Mahl teilzuhaben."

„Und ich, Madame", antwortete der General, „würde es gerne annehmen, wenn ich es wagen würde, denn ich habe seit gestern Morgen um elf nichts mehr bekommen."

„Oh, oh, General", sagte die Herzogin lachend, „dann sind wir quitt."

Während sie bei Tisch saßen, kam der Präfekt herein. Auch er war ebenso hungrig wie Madame und Dermoncourt, aber die Herzogin hütete sich, M. Maurice Duval einzuladen, sich zu ihr zu setzen. Der Präfekt ging bald direkt zu einem Büfett, wo sie gerade die Rebhühner gebracht hatten, die vom Tisch der Herzogin abgeräumt worden waren, rief nach Messer und Gabel und begann zu essen, wobei er der Prinzessin den Rücken zuwandte. Madame sah ihn an, dann wandte sie ihre Augen dem General zu –

„General", sagte sie, „wissen Sie, was ich an meiner gegenwärtigen Situation am meisten bereue?"

„Nein, Madame."

„Zwei Sheriffs, um diesen Herrn zur Rechenschaft zu ziehen."

Nach dem Frühstück kehrte die Herzogin in den Salon zurück. Dort bat General Dermoncourt sie um Erlaubnis, sie verlassen zu dürfen. General d'Erlon hielt eine Parade der Nationalgarde und der Linientruppen ab, an der er teilnehmen musste.

„Wann werde ich dich wiedersehen?", fragte die Prinzessin.

„Sobald die Parade vorüber ist, Madame", antwortete der General, „und ich nehme an, das wird nicht lange dauern."

Dermoncourt hatte kaum dreißig Meter aus dem Bâteau herausgekommen, als ihn ein Trompeter der Gendarmerie außer Atem einholte und sagte, die Herzogin verlange sofort nach ihm. Er fügte hinzu, sie scheine wütend auf den General zu sein. Als er nach dem Grund für diese Wut gefragt wurde, antwortete der Soldat, dass er nach einigen Worten, die Madame an Mlle. de Kersabiec gerichtet hatte, dies darauf zurückführte, dass M. de Ménars in ein anderes Gebäude geschickt worden war, anstatt in ihrem Vorzimmer untergebracht zu werden. Da der General befürchtete, dass sie M. de Ménars nicht mit dem von ihm verlangten Respekt behandelt hatten, kehrte er sofort zurück und ging zu ihm. Er fand ihn so krank vor, dass er sich auf sein Bett geworfen hatte und nicht die Kraft hatte, sich auszuziehen. Der General bot an, sein Diener zu sein, aber da es in seinem Zimmer weder Tische noch Stühle gab und er nicht stehen konnte, war dies keine leichte Aufgabe; der General rief daher einen Gendarmen zu Hilfe, und gemeinsam gelang es ihnen, M. de Ménars ins Bett zu bringen. Als er im Bett lag, teilte ihm der General mit, dass die Herzogin ihn zurückrufen ließ und dass er wegen seiner Trennung von ihr zweifellos eine Szene mit Madame haben würde. M. de Ménars beauftragte Dermoncourt dann, Madame über seinen Zustand zu beruhigen und ihr zu sagen, dass er nur eine vorübergehende Schwäche verspüre und mit seinem Quartier sehr zufrieden sei. Der General begab sich sofort zur Herzogin, die, als sie ihn sah, eher auf ihn zusprang als auf ihn zuzugehen.

„Ah, Monsieur“, rief sie mit vor Zorn bebender Stimme, „so haben Sie also begonnen – so halten Sie Ihre Versprechen – das verheißt Gutes für die Zukunft. Es ist wirklich schrecklich!“

„Was ist los, Madame?“, fragte der General.

„Sie haben mir versprochen, dass ich von keinem meiner Gefährten getrennt werde, und gleich zu Beginn haben Sie Ménars in einem anderen Teil des Gebäudes untergebracht als meinem.“

„Madame irrt sich“, antwortete Dermoncourt. „Herr de Ménars befindet sich zwar in einem anderen Teil des Schlosses, aber der Turm, in dem Madame wohnt, führt zu seinen Gemächern.“

„Ja, man muss nur die Treppe runter und über eine andere Treppe wieder hoch.“

„Madame irrt sich wieder“, antwortete der General. „Sie erreichen Herrn de Ménars, indem Sie in den ersten Stock hinuntergehen und an den Wohnungen vorbei.“

„Wenn das so ist, dann gehen wir, Monsieur, und besuchen sofort den armen Ménars“, sagte die Herzogin.

Daraufhin nahm sie den Arm des Generals und zog ihn zur Tür.

„Hat Madame vergessen, dass sie eine Gefangene ist?“, fragte er sie.

„Ach, das stimmt“, murmelte die Herzogin. „Ich dachte, ich wäre noch immer in einem Schloss, und ich bin im Gefängnis. Wenigstens, General, hoffe ich, dass es mir nicht verboten wird, jemanden hinzuschicken und zu fragen, wie es ihm geht.“

„Ich wollte Ihnen selbst Neuigkeiten überbringen“, sagte der General. „Ich komme von ihm.“

„Na, wie geht es ihm?“

Der General erzählte der Herzogin dann, wie viel Aufmerksamkeit er Monsieur de Ménars gewidmet hatte. Sie verstand, dass diese Aufmerksamkeit eher ihr als Monsieur de Ménars galt und sie sehr berührte.

„General“, sagte sie in einem Tonfall, der zeigte, dass ihr Ärger verflogen war, „ich danke Ihnen für all Ihre Freundlichkeit gegenüber Ménars; aber er verdient sie wirklich, denn er gehört nicht zu meinem Gefolge.“

Da es zu spät war, um an der Parade teilzunehmen, blieb der General bei Madame, die den Wunsch äußerte, ihrem Bruder, dem König von Neapel, und ihrer Schwester, der Königin von Spanien, zu schreiben.

„Ich muss sie nur über mein Unglück informieren", sagte sie. „Ich fürchte, sie werden sich wegen meiner Gesundheit Sorgen machen und wegen der Entfernung, die uns voneinander trennt, könnten falsche Gerüchte an sie gelangen. Übrigens", fügte sie hinzu, „was halten Sie vom politischen Verhalten meiner Schwester, der Königin von Spanien?"

„Aber Madame", antwortete Dermoncourt, „ich glaube, sie ist auf dem richtigen Weg."

„Umso besser, General", fuhr sie seufzend fort, „vorausgesetzt, sie erreicht am Ende das Gute! Ludwig XVI. begann, wie er begann."

Dann fiel der Herzogin auf, dass Dermoncourt einen schwarzen Schal trug, in den er manchmal seinen Arm steckte.

„Wie geht es Ihrem Arm, General?", fragte sie.

„Also gut, aber woher wusste Madame davon?"

„Ah! Ich habe es in Nantes gehört. Man sagte mir, eines meiner Pferde hätte Sie abgeworfen. Ich sagte: ‚Oh! Das war eine gute Tat des Pferdes', denn ich muss gestehen, dass mir der Unfall nicht leid tat: Sie haben uns großen Schaden zugefügt! Ich hoffe jedoch, dass es nicht sehr schlimm war."

„Sehen Sie, Madame", antwortete Dermoncourt, „Ihr Wunsch wurde im Voraus erfüllt. Ich bin fast geheilt."

„Sagen Sie mir, General", fragte die Herzogin, „darf ich die Zeitungen sehen?"

„Ich sehe keine Einwände. Kann mir Madame sagen, welche sie gerne hätte?"

„Also zuerst *das Echo*, dann *La Quotidienne* und zuletzt *Le Constitutionnel.*"

„ Für Sie *Le Constitutionnel*, Madame?"

"Warum nicht?"

„Werden Sie bereit sein, Ihrer Politik abzuschwören, wie Heinrich IV. seiner Religion abschwörte, und zu sagen: ‚Paris verdient tatsächlich eine *Charta*?'"

„Glauben Sie, dass die Lektüre des ehrwürdigen *Constitutionnel* mich bekehren kann?"

„Sicher! Es ist ein Papier voller Argumente und voller Überzeugungskraft! …"

„Macht nichts, ich wage es: *Le Courrier français würde mir auch gefallen.* "

„ *Le Courrier!* Aber Madame vergisst, dass er ultraliberal geworden ist."

„Hören Sie, General: Ich mag alles, was breit und loyal ist; ich will auch *l'Ami de la Charte.*"

„Komm schon, das ist Jacobin!"

„Ich will es aus einem anderen Grund, General", sagte sie in melancholischem Ton zu Dermoncourt. „Er nennt mich immer kurz angebunden Caroline, und so wurde ich auch als junges Mädchen genannt. Jetzt bereue ich den Namen, den ich als Mädchen trug, denn der meiner Ehefrau hat mir kein Glück gebracht."

Es herrschte einen Moment Stille, dann fragte die Herzogin Dermoncourt, ob er sie vor den Ereignissen im Juli gekannt habe.

„Nein, Madame", antwortete er.

„Aber sind Sie denn nie nach Paris gekommen?"

„Verzeihen Sie, Madame", antwortete Dermoncourt, „ich war während der Restauration zweimal dort."

„Was, General, Sie sind zweimal nach Paris gekommen und haben mich nie gesehen?"

„Aus gutem Grund", antwortete Dernoncourt.

„Sag mir, was es war."

„Als ich Madame aus einer Richtung kommen sah, bin ich so schnell wie möglich in eine andere geflohen."

„Das war nicht sehr galant von Ihnen, Monsieur. Warum haben Sie sich so verhalten?"

„Warum, Madame? Ich bitte Sie, meine Offenheit zu verzeihen, die, wie ich zugeben muss, etwas *unverblümt ist* ; aber es lag daran, dass mir die Restauration nicht gefiel. Man kann sich nach alledem vorstellen, Madame, dass ich, wenn ich das Glück hatte, etwas zu tun, das Ihnen Freude bereitete, dies jedenfalls ohne Hintergedanken getan habe, und umso mehr, als Eure Hoheit nicht in der Lage ist, mir eine Belohnung anzubieten."

Die Herzogin lächelte. Dann wandte sie sich an Mademoiselle de Kersabiec und sagte:

„Ist er nicht ein guter Kerl, Stylite?"

„Ja, Madame, es ist schade, dass er nicht auf unserer Seite ist." Woraufhin Dermoncourt schnell antwortete:

„Alles, was Madame in Bezug auf Respekt, Aufmerksamkeit, Rücksicht und Fürsorge in der übermächtigen Lage, in der sie sich befindet, zu verlangen hat, werde sie von mir erhalten. Alle Dienste, die sie verlangen kann und die ich ihr gewähren kann, werde ich ihr gewähren. Aber nichts auf der Welt kann mich meine Pflicht vergessen lassen."

Dann wandte er sich an Fräulein de Kersabiec:

„Sie haben gehört, was ich sage, Mlle. Stylite", sagte er. „Ich hoffe, dass Sie, solange ich die Ehre habe, bei Madame zu sein, so freundlich sein werden, nie wieder auf dieses Thema zurückzukommen."

„Hören Sie ihn, Stylite", sagte Madame, „reden wir über etwas anderes."

Dann sagte sie mit anderer Tonlage:

„Haben Sie meinen Sohn gesehen, General?"

„Diese Ehre wurde mir nie zuteil."

„Ah! Er ist ein guter Junge, sehr flink, sehr unbekümmert, aber durch und durch Franzose, wie ich."

„Du liebst ihn sehr?"

„So sehr eine Mutter ihren Sohn lieben kann."

„Nun, erlauben Sie mir, Madame, Ihnen zu sagen, dass ich nicht verstehe, wie sie, da in der Vendée alles zu Ende ist – da nach den Schlachten von Chêne und La Pénissière alle Hoffnung verloren war – nicht daran denken konnte, an die Seite ihres so geliebten Sohnes zurückzukehren: Wir haben sie jedoch geschlagen." „General, ich glaube, Sie waren es, der meine Korrespondenz beschlagnahmt hat?"

"Ja, Madame."

„Hast du meine Briefe gelesen?"

"Ich habe diese Indiskretion begangen."

„Nun, Sie müssen also gesehen haben, dass ich, als ich mich an die Spitze meiner tapferen Vendéens stellte, beschloss, mich allen Konsequenzen des Aufstandes zu unterwerfen ... Warum? Für mich erhoben sie sich und riskierten ihren Kopf, und ich hätte sie im Stich lassen sollen? ... Nein, General, ihr Schicksal wird meines sein, und ich habe mein Versprechen ihnen gegenüber gehalten. Aber ich wäre schon lange vorher Ihr Gefangener gewesen; ich hätte allem ein Ende gesetzt, indem ich mich gestellt hätte, wenn mich nicht eine einzige Furcht verfolgt hätte."

„Und zwar?"

"Ich war mir durchaus bewusst, dass Spanien, Preußen und Russland mich gleich nach meiner Gefangennahme fordern würden. Die französische Regierung ihrerseits würde mich natürlich gerne vor Gericht stellen, aber da die Heilige Allianz mir nicht erlauben würde, vor einem Schwurgericht zu erscheinen - denn es geht um die Würde aller gekrönten Häupter Europas -, ist es von diesem Interessenkonflikt nur ein Schritt zur Abkühlung und von der Abkühlung zum Krieg. Und wie ich Ihnen bereits gesagt habe, möchte ich nicht die Entschuldigung für einen Invasionskrieg sein. *Alles für Frankreich und durch Frankreich* war das Motto, das ich angenommen habe und von dem ich nicht abweichen möchte. Außerdem, wer könnte mich davon überzeugen, dass Frankreich, wenn es angegriffen würde, nicht geteilt würde? Ich möchte, dass es ganz bleibt!"

Dermoncourt lächelte.

„Warum lachst du?", sagte sie zu ihm.

Er verbeugte sich, ohne zu antworten.

„Komm, ich möchte wissen, warum du lachst?"

„Ich lache über die Ängste Eurer Hoheit vor einem Krieg im Ausland …"

„Und auch wegen meiner kleinen Angst vor einem Bürgerkrieg?"

„Ich bitte Madame, anzumerken, dass sie meinen Gedanken und nicht meinen Satz vervollständigt."

„Oh! Das kann mir nicht schaden, General; denn seit ich nach Frankreich gekommen bin, habe ich mich in der Gemütsverfassung der Leute geirrt; ich dachte, Frankreich würde sich erheben; die Armee würde auf meine Seite übergehen; *umso mehr, als ich mehr von meinen Feinden als von meinen Freunden aufgefordert wurde, nach Frankreich zurückzukehren.* Dann träumte ich auch von einer Art Rückkehr von der Insel Elba. Nach den Schlachten von Maisdon, von la Caraterie, von Chêne, von la Pénissière und von Riaillé gab ich allen meinen Vendée-Bewohnern ausdrücklich den Befehl, nach Hause zurückzukehren; denn ich bin vor allem Franzose, General, und um das zu beweisen, kann ich mir in diesem Augenblick, da ich mich wieder unter diesen hervorragenden französischen Gesichtern befinde, nicht vorstellen, im Gefängnis zu sein. Meine ganze Angst ist, dass ich woanders hingeschickt werde; sie werden mich bestimmt nicht hier lassen; ich bin zu nahe am Zentrum des Aufstands. Sie haben zwar davon gesprochen, mich nach Saumur zu versetzen; aber das ist immer noch eine aufrührerische Stadt. Tatsächlich, General, sie sind in einer peinlicheren Lage als ich selbst!"

Als sie die letzten Worte gesprochen hatte, stand sie auf und ging mit den Händen auf dem Rücken wie ein Mann umher. Nach einer Sekunde hielt sie inne und fuhr fort:

„Wenn ich im Gefängnis bin, hoffe ich zumindest, dass ich nicht in Einzelhaft bin und dass M. Guibourg mit mir zu Abend essen kann?“

„Ich sehe keine Einwände, Madame, zumal ich glaube, dass es das letzte Mal ist, dass ihm diese Ehre zuteil wird.“

Ob sie diese Worte nun nicht hörte oder ihnen keine Beachtung schenkte, die Herzogin antwortete Dermoncourt nicht; und da es Nacht war und die Essenszeit nahte, bat er die Prinzessin um Erlaubnis, sich zurückziehen zu dürfen, und ließ sich gleichzeitig seine Befehle für den nächsten Tag geben. Am nächsten Tag um zehn Uhr kam der Artillerieoberst, der das Schloss kommandierte, in Dermoncourts Gemächer, um einen neuen Wutausbruch der Herzogin anzukündigen. Sie hatte fast ebenso viel Grund dazu wie am Vortag. Monsieur Guibourg war – wie der Graf von Erlon die Herzogin gewarnt hatte – während der Nacht wieder ins Gefängnis gesteckt worden; als die Herzogin fragte, warum er nicht zum Frühstück gekommen sei, erzählten sie ihr die Neuigkeit, auf die sie ein Satz vorbereitet hätte, den Dermoncourt am Vortag fallen gelassen hatte, wenn sie ihm zugehört hätte. Die Herzogin hatte gegen den Verrat gewettert und den General einen *Jesuiten genannt*. Diese Beleidigung kam Madame so seltsam vor, dass Dermoncourt noch immer darüber lachte, als er zu ihr kam. Sie empfing ihn mit der gleichen Gereiztheit wie am Vortag und fast mit den gleichen Worten.

„Ah! So läuft es also, Monsieur? Das hätte ich nie geglaubt; Sie haben mich schändlich getäuscht!“

Der General täuschte wie zuvor Erstaunen vor und fragte sie, was los sei.

„Guibourg wurde in der Nacht verschleppt und ins Gefängnis gebracht, trotz Ihres Versprechens, dass ich *im Unglück nicht von meinen Gefährten getrennt werden sollte.*“

„Ich möchte alle Wünsche von Madame erfüllen, aber weder ich noch der Graf von Erlon können verhindern, dass Monsieur Guibourg vor Gericht gestellt wird. Er wurde vor seiner Verhaftung vorgeladen: Das Schwurgericht in Loir-et-Cher hatte die Vorladung erhalten, und Monsieur Guibourg sollte nach Blois überstellt werden, um dort vor Gericht gestellt zu werden. Keine juristische Macht konnte ihn davon abbringen. Was Monsieur de Kersabiec und Monsieur de Ménars betrifft, die nicht vor Gericht stehen, so verbleiben sie bei Eurer Königlichen Hoheit; Sie sehen also, Madame, dass der Graf von Erlon und ich unser Versprechen Ihnen gegenüber eingehalten haben.“

„Aber warum wurde ich überhaupt nicht gewarnt?“

„Auch hier, Madame, habe ich mir nichts vorzuwerfen, denn als ich Herrn Guibourg gestern erlaubte, bei Ihnen zu speisen, fügte ich die Worte hinzu: , *Umso mehr, als es wahrscheinlich die letzte Mahlzeit sein wird, die er die Ehre hat, mit Madame einzunehmen.* ""

„Das habe ich noch nie gehört."

„Aber der General hat es gesagt, Madame", unterbrach Mlle. de Kersabiec sanft.

„Aber warum nicht, genauer erklären?"

„Weil", antwortete Dermoncourt, „Madame im Laufe des Tages so viele Schocks erlitten hatte, dass ich ihr auf jeden Fall eine gute Nacht wünschen wollte, und ich wusste, dass sie nicht schlafen würde, wenn man ihr gesagt hätte, dass man Monsieur Guibourg im Schlaf ins Gefängnis überstellen würde."

„Warum hast du nichts gesagt, Stylit, nachdem du die Worte des Generals gehört hast?"

„Aus demselben Grund wie der General, Madame." Die Herzogin beruhigte sich und schien sogar erfreut über das Taktgefühl zu sein, das Dermoncourt unter diesen Umständen an den Tag gelegt hatte. Als er ihr gegenüber bemerkte, dass er bemerkt hatte, dass sie immer noch dasselbe Kleid wie am Tag zuvor trug, in dem sich die Löcher befanden, die von den Brandwunden verursacht worden waren, und dieselben Strümpfe, antwortete sie:

„Die wenigen Sachen, die ich habe, sind im Hause der Demoiselles Duguigny. Außerdem, mein lieber General, habe ich mich in dem Leben, das ich seit sechs Monaten führe, kaum um meine Garderobe gekümmert, deshalb habe ich nichts. Wären Sie so freundlich, zu den Damen zu gehen und mir das mitzubringen, was dort ist?"

„Ich stehe zu Madames Befehlen."

Die Herzogin schrieb eine Notiz und übergab sie dem General. Einer der zufällig anwesenden Anwälte des Vizekönigs, der das Zimmer, in dem die Prinzessin gewohnt hatte, sowie den Raum, in dem sich das Versteck befand, versiegelt hatte, wurde vom General beauftragt, dorthin zu gehen und die in der Notiz erwähnten Gegenstände zurückzubringen.

„Wir begaben uns daher", sagt Dermoncourt, „zum Haus Duguigny, wo wir, wie uns die Herzogin erzählt hatte, nur sehr wenige Dinge fanden. Unter den in der Notiz erwähnten Artikeln hätte sich eine Schachtel voller Bonbons befinden sollen; wir fanden die Schachtel, aber sie war leer. Als ich von meinem Botengang bei der Herzogin zurückkam, berichtete ich ihr davon und wies darauf hin, dass ich die Schachtel tatsächlich gefunden hatte, die Bonbons jedoch verschwunden waren."

„Oh!", sagte Madame, „die Bonbons? Das ist nicht verwunderlich, sie wurden gegessen."

„Welche Sorte bevorzugt Madame? Ich werde das Privileg haben, sie für sie zu besorgen."

„Wenn die Bonbons aufgegessen sind, nehme ich das Angebot an. Am liebsten mag ich Schokoladenstangen mit Konfekt obendrauf."

„Dann wird Madame es mir erlauben?"

"Sicherlich."

Der General rief seinen Sekretär Rusconi und übermittelte ihm die Wünsche der Herzogin. Eine halbe Stunde später bekam Madame einen Korb voller Bonbons. Das Abendessen wurde für halb sieben angekündigt und Dermoncourt verabschiedete sich von der Herzogin.

„Auf Wiedersehen bis morgen, General", sagte sie mit ganz kindlicher Fröhlichkeit, „und vergessen Sie auf keinen Fall, noch mehr Bonbons mitzubringen."

Der General ging. Um neun Uhr machte sich Graf d'Erlon die Mühe, persönlich zu Dermoncourts Haus zu gehen und ihm zu sagen, dass man mit Sicherheit davon ausgehe, dass sich Monsieur de Bourmont in La Chaslière befinde.

„Wenn das so ist, General", antwortete Dermoncourt, „werde ich fünfzig Pferde mitnehmen, und morgen früh wird Herr de Bourmont hier sein."

Er brach um elf Uhr auf. Um Mitternacht weckten sie die Herzogin, Mlle. Stylite de Kersabiec und M. de Ménars; sie stiegen in eine Kutsche, die sie zum Graben fuhr, wo ein Dampfer auf sie wartete, in dem sich MM. Polo, stellvertretender Bürgermeister von Nantes, Robineau de Bourgon, Oberst der Nationalgarde, Rocher, Artilleriefahnenträger desselben Korps, Chousserie, Oberst der Gendarmerie, Ferdinand Petit-Pierre, Adjutant des Forts von Nantes, und Joly, Kommissar der Pariser Polizei, befanden, der die Herzogin nach Blaye führen sollte. Madame wurde auf ihrem Weg zum Dampfer von Comte d'Erlon, M. Ferdinand Favre, Bürgermeister von Nantes, und M. Maurice Duval, Präfekt, begleitet. Als sie aus der Kutsche stieg, sah sie sich nach Dermoncourt um, und als sie ihn nicht sah, fragte sie, wo er sei. Man sagte ihr, er sei in militärischen Angelegenheiten unterwegs.

„Hmpf! Siehst du", sagte sie, „noch ein hübscher Trick!"

Der Divisionskommandeur, der Präfekt und der Bürgermeister von Nantes sollten die Herzogin bis Saint-Nazaire begleiten und sie erst verlassen, nachdem sie an Bord der Brigg *La Capricieuse gegangen war*. Als sie an Bord ging, fragte Madame, ob Monsieur Guibourg ihr folgen würde; der Präfekt antwortete, das sei unmöglich. Daraufhin bat sie ihn um Feder und Tinte und schrieb folgende Notiz:

> „Ich habe für meinen alten Gefangenen gebetet und sie werden darüber schreiben. So Gott uns helfe, werden wir uns wiedersehen. Grüße an alle unsere Freunde. Gott beschütze sie! Habt Mut und vertraut auf ihn. Die *heilige Anna* ist die Schutzpatronin von uns *Bretonen.*"

Diese Nachricht wurde Herrn Ferdinand Favre anvertraut, der sie gewissenhaft an ihren Bestimmungsort schickte. Das Boot legte um vier Uhr ab und glitt lautlos an der schlafenden Stadt vorbei. Um acht Uhr waren sie an Bord *der La Capricieuse.*

Madame blieb zwei Tage lang auf der Reede vor Anker, da der Wind ungünstig war. Am 11. um sieben Uhr morgens setzte *La Capricieuse* schließlich ihre Segel und verschwand, vom Dampfer geschleppt, der sie erst drei Meilen weit auf See verließ, majestätisch in der Ferne: Vier Stunden später war sie hinter der Landzunge von Pornic verschwunden.

Dermoncourt wiederum kehrte am 9. um 8 Uhr morgens nach Nantes zurück und war, wie man sich gut vorstellen kann, niemanden im Château de la Chaslière angetroffen.

Inzwischen hielt sich Monsieur de Bourmont ruhig auf dem Lande in der Nähe von Condé (Maine-et-Loire) auf, wohin er am Tag der Abreise der Herzogin nach Blaye gereist war. Er hatte Nantes um 18 Uhr verlassen, ohne zu ahnen, dass die vorgesetzten Polizeibehörden die Unhöflichkeit begehen würden, ihn daran zu hindern, seine Ländereien zu besuchen und seine Angelegenheiten in Ordnung zu bringen. Von dort kehrte er über Angers nach Lyon zurück, wo er in einem legitimistischen Haushalt sehr herzlich aufgenommen wurde, der ihm einen so sicheren Rückzugsort bot, dass er beschloss, seinen Aufenthalt dort zu verlängern. Die Damen des Hauses waren sehr ergeben und sehr neugierig, da man ihnen gesagt hatte, er sei einer der Führer der legitimistischen Partei, aber sie wussten nicht, dass er Monsieur de Bourmont war. Sie waren sehr verwirrt, als sie herausfanden, wer diese zurückhaltende und vorsichtige Person sein könnte, und erschöpften sich in Vermutungen. Ob nun die Kleidung von Monsieur de Bourmont sie darauf hinweist oder ob ihre Fantasie mit ihnen durchgeht, sie redeten sich schließlich ein, er sei ein Geistlicher. Und um ihm einen netten Gefallen zu tun, stellten sie, ohne dass er es wusste, in einem der Räume des Hauses einen Altar auf, der so gut sie konnten geschmückt war, und besorgten die nötigen Gefäße und Zierrat. Am nächsten Morgen kamen sie und erzählten ihm mit einer Genugtuung, die sie auch von ihm erwarteten, dass alles für ihn vorbereitet sei, um im Haus die Messe zu lesen.

Herr de Bourmont hörte sich diesen Vorschlag mit großer Ernsthaftigkeit an, den er später wieder gutmachte. Da er jedoch nicht den Irrtum der Damen zerstören wollte, die so sehr für sein Inkognito eintraten, entschuldigte er sich bei ihnen mit der Bemerkung, er habe auf Reisen die Angewohnheit, morgens eine Tafel Schokolade einzunehmen, und habe seine tägliche Portion bereits eingenommen; er könne sich daher nicht vor den Altar stellen. Die guten Damen waren überzeugt und ihre Verehrung für einen Mann, der solche Gewissenhaftigkeit an den Tag legte, wuchs. Herr de Bourmont dachte jedoch, dass der Altar vorbereitet war, dass sie es sehr seltsam finden würden, wenn er ihn nicht benutzte, und dass er neuen Zudringlichkeiten ausgesetzt wäre; also ließ er den Hausherrn rufen und verkündete, dass er sofort abreisen würde. Sein Gastgeber war über diese schnelle Entschlossenheit erstaunt; aber Herr de Bourmont beruhigte ihn mit den Worten:

„Ihre Damen wollten, dass ich heute Morgen die Messe lese. Wenn ich bleibe, lassen sie mich vielleicht am Nachmittag die Vesper singen. Aus diesem Grund gehe ich.“

Er bestieg sofort die Kutsche, nicht um ins Ausland zu fahren, sondern um ein paar Tage in Paris zu bleiben. Schließlich reiste er nach Genf ab, und während er sicher von Lyon nach Paris und von Paris nach Genf reiste, suchte die Polizei in der Vendée nach ihm: ob aus Dummheit oder mit Absicht, sie suchten überall, nur nicht dort, wo er war. In der von Deutz veröffentlichten Broschüre prahlt er, dass M. de Bourmont auf seinen Rat hin, den er M. Maurice Duval gegeben hatte, nicht belästigt wurde. Er hatte Madame verkauft, aber M. de Bourmont bewahrt! ... Aber Deutz wurde schrecklich bestraft: Hugo legte ihm folgende Verse auf: *A l'homme qui a livré une femme!*

„Der Mann, der eine Frau liest,

oh, ehre! Das ist nicht nur diese Frau. Heilig für alle, schwaches Herz, aber große Liebe. Aber das ist er, das ist sein Name in der Zukunft. Das sind die weißen Haare seines Vaters, die verboten sind. Das ist die öffentliche Haut, die man im Gesicht sieht. Solange es seiner schändlichen Idee zugeschrieben wird. Das ist Ehre, das ist das Gefühl, das Mitleid, die Bürde. So, das ist es, was man verkauft! Das ist es!

Die Unreinheiten, die man verkauft, sind meine. Bleiben Sie lange vor

einem,
mehr. infâmeWien holt sie an einem Tag des Verderbens zurück,Der
Boden des Sacks ist voll von Gold, das sich über dich übergeben muss!

Das ist nicht einmal ein Juif! Das ist ein imposanter Schmerz,Ein
Abtrünniger, die Schande und die Widerlegung der Welt,Ein verdammter
Abtrünniger, ein schräger Fremder,Der uns weniger Freude bereitet,Als er
ständig aus Rache und Zivilkriegen herauskam,Es ist kein Bandit, der in
unseren Städten ausgelöscht wurde,Keine versteckte Gewalt, keine Blässe
in den Gefängnissen,Der in Frankreich vor lauter Verrat Mord ahnt. Lass

dich deshalb nicht im Arm entmutigen, o erbärmlich!Das Verbot ist immer
ehrwürdig;Warum sollte man nicht zulassen, dass seine Frau, die wir sind,
zur Welt kommt;Warum sollte ein Königskind den Diener nicht
verlassen?Sie hat es nicht geschafft, hinter einer anderen Schande zu
verkaufen.Und weil sie nicht reiner ist, ist sie nur eine Frau?

Rettet in den Schatten, wo alle Flechtenmonster sind! „Werft euch, seit
Jahren in Quarantäne, in unsere Trümmer! Rettet in diesen Mantel! und was
auf deinem Kopf klebt, An einem Tag des Unglücks oder an einem Tag des
Festes, Hör nicht auf, dich im Sonnenschein zu reparieren! Wenn ein
Rauch aus den Lüftungsschlitzen austritt, Infizieren Sie sich und lassen Sie
nicht zu, dass jemand den Weg verfehlt, Du lebst in der Gefahr von Rivage
nach Rivage.

Eh! also, wer wird dir den Gefallen tun, dich zu verführen? Also, wirst du
nicht die Ehre, den wahren Schatz verkaufen? Bewahre alle in dein Spiel
verwickelten Locken auf ... Wer entschuldigt sich für das Verbrechen und
den Fluch auf dem Boden?

Ohne dass ein Freund sich in den Schatten seines Kopfes geworfen hätte.
Gehen Sie, andere saftige Irrwege, gehen Sie mit dem Gold, das Sie gesehen
haben. Lassen Sie Ihre Hände vor Ihnen verschließen! Alles Gute dieser
Welt in parfümierten Trauben. Hängen Sie auf Ihrem Weg, denn die
Reichen liegen hier unten. Hören Sie auf die Ehre, die Sie nie vergessen
werden!

Ich hasse es, zu spielen, verdammt! und ohne Bezug
zu Marche! und sobald du es gesehen hast: „Das ist es, was ich meine! ...“
Marche! und welche Mahnungen sie nur ihrem Kumpel geben! ... Gehen Sie
ohne jede Macht, Ihren Namen zu erraten! Denn der öffentliche Ärger ist
das Schattenreich der Unterwelt. Von Jahr zu Jahr gekreuzt und ohne
Unterlass zurückgewiesen; und Sie werden für die perversen Verräter

bestraft. Wie das Blatt vor den grünen Schafen jeden Tag!

Und wenn der Tod eines Tages kommt,—diese tiefe Verwüstung,Die sich immer auf die Sünden der Welt konzentriert,—Du bist gestorben, voller Macht und voller Schrecken,Dieses Leben geht in die Wirklichkeit über,Die Wirklichkeit ist düster, ewig, unbeweglich!Wenn in einem einzigen und schwächeren Augenblick,Du steigst vergeblich auf deine große Liebe;Wenn der Tod kommt, liegst du auf der goldenen Brust.Sehe, brüsk, deine Haut ist knusprig und leer,Wie ein Kind, das ein Mann ohne Pein sieht;Alors, in diesem Moment wird alles verraten herabsteigen,Eine Rolle im Maul und eine andere Farbe des Gesangs.Du begräbst, verlierst am tödlichen Grab.Was Dante Alighieri mit dem Oeuvre seiner Träume erlebt hat!Du begräbst, verflucht, verbannt!Also, dass dein Tod keinen unerträglichen Boden hinterlässt,Und dass dein Herz mich in die Umgebung dieser Herzen irrt,Und so werden die Erniedrigteren unter den Schändlicheren sein!Und wenn sie es versäumen, sich in die Umgebung dieser Herzen zu begeben.Diese Vier schreiben die Geschichte nicht in verborgene Namen,Was der Mensch fürchtet, aber hier, von Alter zu Alter.Jedes Volk, in im Vorbeigehen riss er das Gesicht. Alle sind die Dunkleren als die Berühmtesten. Wer auf ihrer Brust einen üblen Ruf hat, wird ihn verfluchen. Judas, der Sohn Gottes verkauft. Leclerc, der seine Stadt verkauft. Die Gruppe ist voller Respekt, undankbarer und gemeiner Freundschaft. Alle sind mit Freuden auf ihrem Weg. Und Louvel, empört, wehrt sich gegen dich!"

Der Fluch des Dichters verfolgte den Schuldigen. Dank der enormen Summe, die er erhalten hatte – was er immer abgestritten hat, indem er sagte, er habe seine Wohltäterin verraten, um einem patriotischen Gefühl zu folgen, das ihn dazu trieb, sein Land vom Bürgerkrieg zu befreien –, dank dieser enormen Summe, sagen wir, fand er eine Frau … eine Frau, die bereit war, sich mit einem solchen Mann zu paaren! Aber das war nicht alles; er musste auch eine Bürgermeisterstelle finden. Deutz bewarb sich nacheinander um die zwölf Bürgermeisterämter von Paris; jetzt, da er nicht die sechs Monate dort gewohnt hatte, die das Gesetz vorschrieb, waren sie für ihn geschlossen und er war froh, eine Entschuldigung zu haben, ihm zu verbieten, ihren Fuß auf die Schwelle zu setzen. Dann verließ er die Stadtgrenze und stellte sich Herrn de Frémicourt vor, dem Bürgermeister von La Villette. Durch welche List hatte er die Religion dieses Beamten entdeckt? Durch welche Fälschung fälschte Deutz eine Aufenthaltsbescheinigung für über sechs Monate im Haus von Herrn Pierre Delacour, Nr. 41, Rue de Flandre? Von welchem Anteil seines schändlichen Goldes musste er sich trennen, um diese Urkunde zu bekommen? Wir wissen es nicht. Wir wissen nur, dass er in La Villette von Monsieur de Frémicourt getraut wurde. Sehen wir uns nun an, was geschah. Zwei Jahre später kandidierten Monsieur de Frémicourt und

Monsieur Gisquet beide als Abgeordnete für das Arrondissement Saint-Denis. Monsieur Gisquet, der Regierungskandidat, bat Monsieur de Frémicourt, ihm das Arrondissement Saint-Denis zu überlassen, wo ihm seine Wahl sicher war, und Kandidat für Cambrai zu werden, wo Monsieur de Frémicourts Wahl ebenso sicher war wie seine in Saint-Denis. Monsieur de Frémicourt gab den Bitten des Polizeipräfekten nach und kandidierte für Cambrai gegen Monsieur Taillandier. Er war kurz davor, seinen Gegner zu besiegen, als Monsieur Taillandier erfuhr, dass er der Monsieur de Frémicourt war, der Deutz geheiratet hatte. M. Taillandier brach sofort nach La Villette auf, holte die Zivilurkunde ab, die die Tatsache der Heirat von Deutz bekannt gab, stellte sich vor M. Pierre Delacour, erhielt von ihm und den Mietern des Hauses Nr. 41 in der Rue de Flandre eine Bescheinigung, aus der hervorging, dass Deutz nie in diesem Haus gelebt hatte, und, gestärkt durch die Urkunde und die Bescheinigung, stürzte er seinen Gegner, der, obwohl er nichts von dem Betrug gewusst hatte, auf die einzige Anschuldigung hin ausgebuht wurde: „M. de Frémicourt ist der Bürgermeister, der Deutz geheiratet hat!" Wir sehen, dass in Frankreich noch einige großzügige Gefühle vorhanden waren. Was wurde nun aus Deutz? Starb er in Armut, wie einige sagen? Ging er in die Vereinigten Staaten, wie andere sagen? Wir wissen nicht, was wir sagen sollen. Alle Biographen lassen Deutz nach seinem Verbrechen in Ruhe, als ob man einen solchen Judas Gott überlassen müsste, damit man mit ihm verfahren muss! Gott bewahre alle ehrlichen Menschen davor, mit ihm in Kontakt zu kommen, wenn er noch lebt! und wenn er tot ist, über sein Grab hinwegzugehen!

BUCH VII

KAPITEL I

Le Roi s'amuse – Kritik und Zensur

Während die Polizei von Herrn Thiers Madame la duchesse de Berry in Nantes verhaftete, stoppte die Zensur das Drama *Le Roi s'amuse* in Paris. Die Aufführung hatte am 22. November stattgefunden. Ich kann keinen Bericht darüber geben, da ich nicht zugegen war; eine leichte Kühle hatte sich in mein Verhältnis zu Hugo eingeschlichen; gemeinsame Freunde hätten uns beinahe in Konflikt gebracht. Am Tag nach der Aufführung wurde das Stück grausam verboten, und der Autor musste gegen diese Entscheidung vor dem Tribunal de Commerce Berufung einlegen. Unter anderen Umständen hätten die oppositionellen Zeitungen Partei für Victor Hugo ergriffen; sie hätten gegen diese Unterdrückung und Tyrannei aufgeschrien. Aber nicht hier! Ihr Hass gegen die romantische Schule war so groß, dass sie miteinander wetteiferten, nicht so sehr darum, der Regierung Recht zu geben, sondern darum, wer den Autor am meisten im Unrecht lassen sollte.

Hören Sie, was die Kritik über das Werk eines der bedeutendsten Dichter aller Zeiten sagte. Wir werden es in seinen eigenen Worten befolgen und fair behandeln. Wir wissen nicht, wer den Artikel geschrieben hat, den wir in unseren Händen halten: Er ist nicht unterschrieben; er ist nur ein Beispiel dessen, was damals getan wurde, seitdem getan wurde und wahrscheinlich immer in der Kritik getan werden wird. Ein beschämendes Beispiel! Aber lassen Sie uns selbst urteilen.

„THÉÂTRE-FRANÇAIS

„Der König amüsiert sich."

Ein poetisches Drama in fünf Akten von M. VICTOR HUGO.

„Nach *Hernani* und insbesondere nach *Marion Delorme versuchte die Kritik, Herrn Victor Hugo zwei Teile gesunder Wahrheiten* zuzuhören, die höflich ausgedrückt wurden, wie es sich für einen Mann mit großem und echtem Talent gehört; die erste ist, dass die *Bemühungen von Herrn Victor Hugo absolute Impotenz offenbarten und Unfruchtbarkeit der Konzeption;* zweitens, dass M. Victor Hugo ein verderbliches System annahm, das ihn, statt zur Originalität zu führen, ins *Triviale* und *Absurde trieb. ...“*

Höflicher kann man sicherlich nicht sein. Die natürliche Konsequenz dieses Ratschlags hätte sein müssen, dass Hugo zu seinen Oden und Romanzen zurückkehrte. Glücklicherweise glaubte M. Hugo, er sei ebenso stark wie diejenigen, die ihm diese *heilsamen Wahrheiten erzählten,* und er machte trotz aller Kritik weiter. Dieser verhängnisvollen Sturheit des Dichters verdanken wir *Lucrèce Borgia*, *Marie Tudor*, *Ruy Blas*, *Angelo* und *Les Burgraves*.

> "Herr Hugo hat diese Wahrheiten nicht beachtet: Er hat beharrlich Dramen geschrieben und, weit davon entfernt, sein System zu ändern, hat er es auf monströse Weise überschritten. In seinen ersten Dramen bewahrte er sich trotz seiner Exzentrizitäten noch ein gewisses Prinzip der Wahrheit und Schönheit, ein gewisses Gefühl für Moral und Anstand. In *Le Roi s'amuse* entledigt er sich von allem und trampelt die Geschichte, das Recht, die Moral, die Würde der Kunst und die Zartheit mit Füßen. Es gibt Fortschritte ..."

Immer noch unter dem Deckmantel der gleichen Tugend der Höflichkeit folgen wir dem Kritiker –

> "Erstens ist das Thema des Dramas nicht historisch, obwohl historische Personen darin vorkommen. Das werden wir übergehen, denn es ist, wie die Zeit vergeht, eine Kavaliersdelikt. Aber zumindest sollte ein gewissenhafter Autor, der seinen historischen Personen in einem fiktiven *Fall* oder vielmehr einer fiktiven *Handlung eine Rolle zuweist*, diese so anwenden, dass er sie nicht verleumdet; die realistische Schule ist mutiger und kennt weniger Skrupel. Sie werden sehen, wie M. Hugo König François I., den Hof dieses Prinzen und den Dichter Clément Marot auf der Bühne der Comédie-Française behandelt..."

Ach, Herr Kritiker, es steht Ihnen gut, schlecht behandelte Dichter zu verteidigen! Sie, der Sie Herrn Hugo so gut behandelt haben! Es ist wahr, dass Herr Hugo in Ihren Augen kein Dichter vom gleichen Kaliber wie Clément Marot ist. Drehen Sie Ihre Brille um, Herr Kritiker, und messen Sie sich am Autor der *Odes et Ballades Orientales*, *Feuilles d'automne*, *Notre-Dame de Paris*, *Hernani* und *Marion Delorme*, selbst wenn Sie sich dafür auf die Zehenspitzen stellen oder, wenn nötig, auf einen Stuhl klettern müssen.

> „Im ersten Akt befinden wir uns am Hof von Franz I.: Man hört ferne Musik, es findet ein Ball statt. Vor einigen Jahren war ein Ball noch etwas ganz Besonderes! In jedem Stück gibt es einen ...“

Wo auf der Welt finden Sie einen solchen bei *Henri III.*, Herr Kritiker? Oder bei *Christine* oder *Richard Darlington* oder bei *La Tour de Nesle*? ... Wo können Sie einen Ball bei *Hernani* oder bei *Marion Delorme* entdecken? Es gibt zwar eine

Art musikalische Unterhaltung bei *Hernani*, eine Art Ball bei *Antony*, aber Sie sehen, es wurde nicht übertrieben.

> "Bald werden sie unentbehrlich sein", fuhr der Kritiker fort. "Franz I. sucht also nach Unterhaltung und versucht, sich auf jede erdenkliche Weise zu amüsieren. Die Höflinge reden, lachen und versuchen, ihn zu unterhalten. Es sind viele von ihnen: Monsieur de Cossé, Monsieur de Simiane, Monsieur de Montmorency, Clément Marot und eine Schar hochgeborener Leute, und in ihrer Mitte der König und Triboulet, der Hofnarr des Königs, in Gold gekleidet, mit einem Narrenschmuck in der Hand. Madame de Cossé lässt ihren Handschuh fallen; der König hebt ihn auf. Die Herren lachen und tratschen über die *Frau von Cossé*. Der König ist in sie verliebt; Triboulet rät ihm, sich des Mannes zu entledigen: das heißt, ihn hängen zu lassen; der König ist amüsiert und die Höflinge auch. Danach ist nichts mehr über die *Frau von Cossé zu hören*, und wir sehen sie nie wieder. Das ist wirklich schade, denn sie ist hübsch.

„Die Handlung beginnt noch nicht, aber die Gespräche gehen weiter. Triboulet erzählt dem König viel Schlechtes über Gelehrte und Dichter, und wir hören François I. später sagen, dass *es nicht angebracht sei, selbst einen Dichter aus dem Haus zu schicken*. Die Höflinge ihrerseits sprechen über die Geliebte von Triboulet. Einer von ihnen antwortet:

„Ich war ein Gentleman,
ich liebe dich, wenn du einen Apfelfisch isst!"

Hier irrt sich der Kritiker, und ich wundere mich darüber, denn sein Irrtum nützt ihm nichts. Die vom Kritiker zitierten Zeilen stammen nicht von einem Edelmann, und sie sind auch nicht an Cossé oder seine Frau gerichtet. Der Mann, der sie ausspricht, ist der König, und das Volk, das ihm so wenig bedeutet, sind die Gelehrten.

"TRIBOULET.
Die Frauen, Sire, ach! Gott! ... das ist der Himmel, das ist die Erde, das ist alles! Aber Sie haben die Frauen, Sie haben die Frauen! Bleiben Sie ruhig, Sie träumen von den Gelehrten. Der König. Ich

war ein Gentleman, ich habe mich sehr über einen Fisch aus einer Birne gefreut!"

"In diesem Augenblick erscheint der Graf von Saint-Vallier auf der Bühne; er beginnt, dem König, der ihm das Leben geschenkt hat, tödliche Vorwürfe zu machen, *weil er sich verschworen hat* (es sollte heißen, *weil er es getan hat* , und nicht , *weil er es getan hat,* aber Kritiker sehen nicht so genau hin), um seine Tochter Diane de Poitiers zu verführen. Es fällt auf, dass M. Victor Hugo eine besondere Vorliebe für alte Männer hat und sie in all seine Dramen einbaut. Aber die Sprache, die er Saint-Vallier in den Mund legt, ist edel und fein. Die Zeilen wurden also einstimmig beklatscht, aber die Tirade ist lang..."

Dies war die Gelegenheit, Herr Kritiker, da Sie die Zeilen zitiert haben, die Sie für lächerlich hielten, zumindest einige zu zitieren, die Sie für schön hielten. Gewiss hätte ein solches Zitat die Harmonie des sarkastischen Tons Ihrer Kritik zerstört. Aber wir werden sie an Ihrer Stelle zitieren. Hören Sie aufmerksam auf die Sprache des Mannes, der diese Zeilen schreibt, dem in gutem Glauben geraten wird, nicht mehr für das Theater zu schreiben, weil er impotent, steril, trivial und absurd ist.

"SAINT-VALLIER**

Eine weitere Beleidigung! – Hören Sie, Sir, mich an. Wie Sie wollen, wenn Sie König sind! Sie müssen eines Tages mit den Füßen in Grève gehen. Also müssen Sie mit Gnade und in einer Träumerei gehen. Und ich werde Ihnen nichts vormachen, ohne zu wirken. Dieser König hat mit einer Gnade gelebt, die er getan hat. Oder Sie haben meinen Sohn in meinem Herzen gefunden. Ja, Sir, ohne Respekt für eine alte Rasse. Für das Lied von Poitiers, seit tausend Jahren edel! So lange, bis Grève wieder auferstanden ist. Je gepriesen in meinem Herzen, Gott des Siegers. Was hast du in meinen Lebenstagen und in Tagen des Ruhms erlebt? Du, François de Valois, der Abend desselben Tages. Ohne Scham, ohne Mitleid, ohne Scham, ohne Liebe. In deinem Bett, Grab der Tugend der Frauen. Du hast dich gefroren, unter deinen Schandflecken. Terni, flehte, wurde besänftigt, entehrt, beschattet. Diane von Poitiers, Gräfin von Brézé! ... Was! Wenn ich den Arrest erwarte, der mich verdammt hat? Du hast also im Louvre gekämpft, das ist meine keusche Diane! Und er, dieser heilige König, Ritter von Bayard,Der junge Mann hat auch die Freuden des alten Mannes genossen,An manchen Tagen mehr hat Gott nur das Buch geschrieben,Mein Vater unter seinen Füßen, du gehst mit ihm spazieren;Und dieses furchtbare Ding hat mich furchtbar gedeutet!Morgens hat er sich in Grève-Kleidung gebrannt,Vor dem Ende des Tages muss es sein, ich bin unglücklich!Oder die Lüge des Mädchens, oder der Ärger des Vaters!O Gott, der uns gefällt, wenn du oben bist,Wenn deine Grüße kommen, auch bei diesem Ärger,Sie wird traurig, traurig und verrucht, und blutig und traurig,Der Königlicher Luxus in sanftem Gewand? ... Sire! um das zu tun, haben Sie etwas Böses getan. Was Sie von einem alten Mann gehört haben, ist ein Pflaster für Schrecken. Es war gut: dieser alte Mann kann anständig sein. Das Verdienst liegt in den Händen der Vertrauten. Aber für den alten Mann haben Sie dem Kind einen Preis gegeben. Was

Ihnen mit einem triumphierenden Fuß in die Hose gegangen ist, ist die
arme Frau mit den Armen, die sich schnell aus dem Staub machen lässt.
Das ist eine Entscheidung, die Sie treffen müssen, und Sie werden kein
Konto eröffnen! Ihnen wurde Ihr Recht auf einen Großvater verwehrt:
Der Vater gehörte Ihnen, aber das Mädchen hat nichts dagegen.
Ach! dir muss Gnade gewährt werden! ah! du nennst die Auserwählte Une
grès! und ich bin ein Undankbarer, nehme ich an! Herr, statt mein Mädchen
zu missbrauchen, ganz bestimmt. Was haben Sie nicht mit meinem Schatz
zu tun? Ich hörte Sie rufen: „Ich werde mich ärgern ... Gnade!" Oh! Gnade
für mein Mädchen und Gnade für meine Rasse! Oh! Werde ich sein? das
Grab und keine Beleidigung! Kein Kopfschütteln, nur eine Stimme davor!
Oh! Monseigneur, König, wenn auch Sie benennen, Erzählen Sie Ihnen
von einem Christen, einem Grafen, einem Edelmann. Also, weniger
enthauptet, antworten Sie, Monseigneur. Wenn ihm statt des Kopfes die
Ehre fehlt?'Ich sage das, Sir, und nachts in der Kirche. In meinem
verborgenen Blut schwimmt mein grauer Bart, meine Diane im reinen
Herzen, mein Mädchen vor der heiligen Fassade. Geehrt, ich danke
meinem geehrten Vater! ... Sir, ich werde mein Mädchen nicht
zurückfordern: Wenn es nichts Ehrenvolleres gibt, gibt es nichts
Familiengründeres. Wenn Sie es lieben, nicht aus gefühlloser Liebe, Ich
kann den vergangenen Sohn nicht zurückholen. Pass auf! – Nur ich bin mit
dir im Kopf. Ich werde dich auch bei jedem Fest belästigen. Und sobald ein
Vater, ein Bruder oder eine Freundin da ist – Der Herr ist da – wir rächen
uns an dir. Bei all deinen Festen werde ich dich zurückholen, sage ich: „Es
wird dir schlecht gehen, es wird dir schlecht gehen, Sir!" Und du wirst mich
hören und deine Stirn wird sich drehen. Ich werde wiedererkennen, was,
wenn ich fertig bin, passiert ist. Du wirst es versuchen, um meine Rache zu
erzwingen, bis sie kommt. Ich werde es versuchen, in den Keller gehen;
nicht! „Sie werden nicht aufhören zu reden. Aus Angst, dass dies nicht
mein Gespenst ist, das hier,
(Sieh auf deinen Kopf.)
Sie werden nicht mit diesem Kopf an die Spitze sprechen!"

Man kann sich vorstellen, warum der Kritiker die Zeilen, die wir dem Leser
gerade vorgetragen haben, nicht zitiert: Was würde aus seiner Prosa neben
solchen Versen werden? Nach diesem großartigen Ausbruch von Saint-
Vallier ruft der König wütend aus:

„Auf diesen Punkt der Kühnheit und des Verstehens müssen wir achten!
...

(AM de Pienne.)
Herzog, arretieren Sie, Monsieur!

TRIBOULETT.
Das Glück ist vergeben, Sire.

SAINT-VALLIER, *Levant-le-Bras.*
Soyez maudits tous deux!
(Auf den König.)
Sire, das ist nicht gut: Auf dem Löwen wird Ihnen der Tod Ihres Hundes
widerfahren!
(Ein Triboulet.)
Wer bist du, der bediene sich der Sprache der Viper, Was ist mit dem
Schmerz eines Vaters passiert, Wer bist du?
(Zum König.)
Mir steht das Leben durch dich zu. Wie eine Majestät durch eine Majestät.
Du bist König, mein Vater, und das Alter ist der Thron. Wir haben alle
beide vor einem Thron. Was soll ich tun? Grüße, ihr Unverschämten, „Ihr
habt goldene Lilienblumen und ich habe weißes Haar. König, wenn ein
Frevel euch beleidigt, dann rächt ihr euch; – es ist Gott, der sich an den
Anderen rächt!"

Der Kritiker fährt fort:

"Der Graf von Saint-Vallier beendet seine Ansprache und geht hinaus, den
König und Triboulet verfluchend. Der König lacht, Triboulet scheint wie
vom Donner gerührt. *Dieser Aufruhr unerbaulicher Gespräche, der Saal und die
Figur des Grafen von Saint-Vallier* haben in keiner Weise etwas mit der
Handlung des Stücks zu tun, und *der gesamte erste Akt beschäftigt sich damit, uns
mitzuteilen, dass Triboulet eine Geliebte hat und dass die Herren des Hofes sie ihm
wegnehmen wollen. ...*"

Sagen Sie, Herr Kritiker, dass Sie *persönlich keinen Zusammenhang zwischen dem
Ball und Herrn de Saint-Vallier und der Handlung sehen,* aber unterlassen Sie es,
zu sagen, dass sie in keiner Weise miteinander in Verbindung stehen. Sie sind
blind und taub, Herr Kritiker; aber zum Glück werden wir unsere Ohren
nicht verschließen und unsere Augen nicht ausstechen, nur um so zu sein
wie Sie. Bleiben Sie, Sie werden sehen, warum Herr de Saint-Vallier nichts
mit der Handlung zu tun hat. Der Autor nimmt sich die Mühe, es Ihnen
selbst zu sagen:

> "Es scheint, dass Kritiker so tun, als seien ihre
> Moralvorstellungen durch *Le Roi s'amuse empört.* Das Stück
> widerte die Sittsamkeit der Gendarmen an; die Brigade
> Léotaud war anwesend [1] und hielt es für obszön;
> Moralbeamte verbargen ihre Gesichter und M. Vidocq
> errötete; dementsprechend wurde der Befehl, den die
> Zensur der Polizei erteilte, einige Tage lang in unserer Mitte
> mit diesen knappen Worten herausgestammelt:
>
> „„DAS STÜCK IST UNMORALISCH.""

Hallo, meine Herren! Ruhe in diesem Punkt. Aber erklären wir uns doch, nicht der Polizei gegenüber, mit der ich als ehrlicher Mann solche Dinge nicht diskutieren möchte, sondern den wenigen anständigen und gewissenhaften Personen, die sich vom Hörensagen oder nach der Vorstellung dazu verleiten ließen, diese Meinung zu teilen, für die vielleicht allein der Name des schuldigen Dichters eine ausreichende Widerlegung gewesen wäre. Das Drama ist jetzt gedruckt, und wenn Sie nicht bei der Vorstellung waren, lesen Sie es; wenn Sie dort waren, lesen Sie es trotzdem. Bedenken Sie, dass diese Aufführung weniger eine Aufführung als vielmehr eine Schlacht ist, eine Art Schlacht von Montlhéry (entschuldigen Sie diesen etwas ehrgeizigen Vergleich), die laut Mathieu sowohl die Pariser als auch die Burgunder gewonnen haben sollen . Das Stück ist unmoralisch. Glauben Sie das? Ist es im Grunde so? Die Grundlage des Stücks ist folgende:

> „Triboulet ist deformiert, krank, der Hofnarr, eine dreifache Erbärmlichkeit, die ihn böse gesinnt macht. Er hasst den König, weil er König ist, die Herren, weil sie Herren sind, und die Menschen, weil sie nicht alle Höcker auf dem Rücken haben; sein einziger Trost ist es, die Herren unaufhörlich gegen den König aufzuhetzen, die Schwächsten gegen die Stärksten zu brechen. Er verdirbt, korrumpiert und erniedrigt den König, treibt ihn zur Tyrannei, Unwissenheit und zum Laster. Er bringt ihn mit allen Adelsfamilien in Konflikt, indem er ihm unaufhörlich eine Frau zum Verführen, eine Schwester zum Entführen, eine Tochter zum Entehren zeigt.

> "Der König ist wie eine allmächtige Marionette in den Händen Triboulets. Er tötet Menschenleben, während der Clown seine Scherze treibt: Eines Tages, bei einem Fest, gerade als Triboulet den König drängt, die Frau von Monsieur de Cossé zu entführen, findet Monsieur de Saint-Vallier seinen Weg zum König und wirft ihm offen die Schande über Diane de Poitiers vor. Der Vater, dessen Tochter der König entführt hat, wird von Triboulet verspottet und beleidigt. Er hebt den Arm und verflucht Triboulet. *Und daraus entspringt die ganze Schikane.* Das eigentliche Thema des Dramas ist Monsieur de Saint-Valliers' Verfluchung."

Warum sagten Sie dann, Herr Kritiker, dass „ *das unerbauliche Durcheinander der Gespräche, der Saal und die Persönlichkeit von Saint-Vallier* in keiner Weise mit der Handlung in Verbindung stehen". Sie scheinen mir den Autor nicht zu verstehen. Aber lassen Sie uns sehen, was der Autor sagt; wir werden sehen, was Sie später gesagt haben. Wir versprechen Ihnen, seine Prosa nicht mit

Ihrer zu vergleichen. Hören Sie, was Victor Hugo selbst sagt. Wir sind beim zweiten Akt –

> „Wer ist von diesem Fluch betroffen? Triboulet, des Königs Narr? Nein, Triboulet als Mann, als Vater mit Herz, der eine Tochter hat. Alles liegt in der Tatsache, dass Triboulet eine Tochter hat: sie ist alles, was er auf der Welt hat. Er verbirgt sie vor allen Augen in einem verlassenen Viertel und einem einsamen Haus. Je mehr er die Seuche des Lasters und der Ausschweifung in der Stadt verbreitet, desto stärker hält er seine Tochter eingemauert und isoliert. Er erzieht sein Kind in Unschuld, Glauben und Bescheidenheit. Seine größte Angst ist, dass ihr etwas zustößt; denn so böse er auch ist, er weiß, wie viel Leid das mit sich bringt. Nun, der Fluch des alten Mannes trifft Triboulet durch das Einzige, was er auf der Welt liebt – seine Tochter. Derselbe König, den Triboulet zur Entführung drängt, verführt seine Tochter. Der Narr wird von der Vorsehung genau auf dieselbe Weise getroffen wie Monsieur de Saint-Vallier, und als seine Tochter verführt und verloren wird, legt er einen eine Falle für den König, um sie zu rächen: aber es ist seine Tochter, die hineinfällt. So hat Triboulet zwei Schüler, den König und seine Tochter; den König unterrichtet er im Laster, seine Tochter hat er zur Tugend erzogen. Der eine zerstört den anderen. Er beabsichtigt, Madame de Cossé für den König zu entführen, aber es ist seine Tochter, die er entführt. Er beabsichtigt, den König zu ermorden, um seine Tochter zu rächen, ermordet sie aber stattdessen. Die Züchtigung endet nicht auf halbem Weg; der Fluch von Dianes Vater erfüllt sich an Blanches Vater. Zweifellos ist es nicht unsere Aufgabe zu entscheiden, ob die Empfängnis dramatisch ist oder nicht; aber sie ist sicherlich eine moralische."

Nun, lieber Leser, was ist Ihre Meinung?

„Wieso? Genau wie Victor Hugo. Aber warum sieht und versteht der Kritiker es dann so falsch? Ist er blind und taub?"

Oh, lieber Leser, das wäre ein zu großes Glück für Sie und uns! Nein, Sie kennen das Sprichwort: „Niemand ist so blind wie der, der nicht sehen will, und niemand ist so taub wie der, der nicht hören will."

Was der Autor über den Fluch von Saint-Vallier sagt, ist so wahr, dass der zweite Akt mit diesen Worten von Triboulet beginnt:

„Dieser alte Mann ist übel zugerichtet!"

Aber wie gesagt, der Kritiker erkennt das nicht. Er setzt seine Analyse fort:

> "Im zweiten Akt wandert Triboulet die Nacht über in der Nähe eines bescheidenen Hauses neben dem Hôtel de Cossé umher. Ein Mann mit abscheulichem Gesichtsausdruck kommt und bietet ihm seine Dienste an. Sein Beruf ist das Töten; seine Rechnungen sind nicht teuer und er arbeitet zu Hause und in der Stadt. Triboulet antwortet, dass er ihn im Moment nicht brauche. Saltabadil (der Name des Banditen) geht weg und Triboulet betritt das Haus. Dann hält er einen langen Monolog, in dem er all das Leid zum Ausdruck bringt, das ihm sein Beruf als Hofnarr des Königs zufügt. Hier bricht M. Hugo erneut in eine beredte und brillante Tirade in schönen Zeilen aus ..."

Warum zitieren Sie sie nicht, Herr Kritiker? Ja, aber die schönen Verse würden ihm die Lippen versengen. [2]

> „Triboulet betritt das Haus seiner Tochter und bringt ihr seine ganze elterliche Zuneigung zum Ausdruck", fährt der Kritiker fort. „Auch hier", fügt er hinzu, „sind einige wunderschöne Verse ..."

Und er übergeht sie; aber sind schöne Zeilen so alltäglich, dass Sie sie derart verachten? Können Sie sie schreiben? Oder können es Ihre Frau oder Ihre Freunde? Können Herr Planche oder Herr Janin oder Herr Lireux im gleichen Stil komponieren wie dieser?

"BLANCHE.
... Mein kleiner Vater, sprich mit mir von meiner Mutter!

TRIBOULET. Oh! Ich werde nie einen leidenschaftlichen Gedanken verspüren: Ich werde nichts finden, was ich sonst gefunden habe – Und wenn du nicht bist, sage ich: ‚Ich habe geträumt!' – Eine Frau im Gegenteil zu vielen Frauen. Wer in dieser Welt die Dinge nicht sieht, der sieht nur, krank, arm und verabscheut, Ich liebe mein Elend und meine Not! Sie ist tot, wichtig im Grab mit ihr. Das engelhafte Geheimnis ihrer treuen Liebe. Von ihrer vergangenen Liebe. auf mich wie ein Licht; Der Himmel ist in meinen Armen verborgen! Was die Erde mir immer lieb ist, sei es, dass sie mir in den Sinn kommt, also bleib ruhig, bis ich mich in meinem Kopf ausruhe! . . . .

BLANCHE. Mein Vater ...

TRIBOULET,
an sein Mädchen.

Hat er ein Herz, das mir antwortet? Oh! Ich liebe alles, was auf der Welt ist!
– Sag mir Bescheid. Sprechen wir darüber.
Dis, möge dein Vater dir helfen? Und wenn wir uns treffen
, werden wir zusammen sein und uns nur zwischen uns ausruhen, deshalb
zwingen wir uns zu sprechen. von anderen gewählt?Mein Mädchen, nur
zum Glück darf der Himmel es mir erlauben! Von anderen sind es Eltern,
Brüder, Freunde, eine Frau, ein Mann, Vasallen, ein Gefolge. Von Treue
und Verbündeten, vielen Kindern, die sagen: „Ich bin nicht allein!" Einer
ist reich; – eh gut, Nur du bist mein Schatz, und nur du bist mein Gut!
Einer ist mein Schatz; ich vermisse dich, ich vermisse dich! Anderen
gehören die Jugend und die Liebe einer Frau; Sie haben Gold, Glanz,
Anmut und Gesundheit; Sie sind schön. ich, ruf dich an, ich bin nicht deine
Schönheit! Liebes Kind! – meine Stadt, mein Land, meine Familie, meine
Frau, meine Mutter und meine Schwester und mein Mädchen. Mein Glück,
mein Reichtum und meine Kultur und mein Herz. Mein Universum, das
bist du, immer du, also bist du es! An allen anderen Orten ist mein Armer
gefroren. – Oh! wenn ich verloren bin! ... Nein, das ist ein Gedanke. Ich
kann einen Augenblick lang nicht mithalten! So tue ich das auf einmal. – Ihr
Blick ist charmant! Ja, das ist alles Ihre Mutter! – Sie ist so schön. Du hast
das Haupt wie sie vor ihr gesehen. Wie um es zu glauben, denn es liegt im
reinen Herzen. Eine ganz unschuldige Vorderseite und ganz blaue Augen.
Du strahlst für mich eine brennende Engelsflamme aus. Durch ihren
schönen Körper geht mein Herz, mein Herz geht mir entgegen. Sogar die
Augen sind weg, das ist gut, das höre ich. Der Tag hat mich von dir
getrieben! Ich werde mich freuen, Aveugle, und das Bild wird tief im
Dunkeln verschwinden, denn ich werde auf der Welt keine andere Sonne
mehr sehen!"

Nun, Herr Kritiker, soll ich Ihnen etwas erzählen? Wenn eine Fee, wie in den
hübschen Kindergeschichten, die Sie nicht gelesen haben, denn Sie waren nie
ein Kind, mit einem goldenen Zauberstab in der Hand zu mir käme und
sagte: „Was wünschen, begehren und sehnen Sie sich? Fragen Sie, ich diene
der Jugend, dem Glück und dem Ehrgeiz; mit einem Wort können Sie Ihr
Leben um 25 Jahre verlängern oder Millionär oder Prinz werden!", würde ich
zu ihr sagen: „Oh, gute, schöne Fee, ich möchte solche Zeilen wie die oben
genannten verfassen können."

Doch nun wollen wir dem Kritiker durch den dritten Akt folgen. Er erzählt,
wie Blanche in den Louvre gebracht wird; wie der König in der Frau, die er
für Triboulets Geliebte hält, die Blanche erkennt, in die er verliebt ist, und
wie Blanche im König den Gaucher Mahiet erkennt, den sie liebt; wie
Blanche, die nicht weiß, wohin sie fliehen soll, eine offene Tür sieht, durch

sie hindurchfliegt und sich im Privatgemach des Königs wiederfindet; wie der König dann hinter ihr eintritt und die Tür schließt; woraufhin die Lords lachend hereinströmen, gefolgt von dem verzweifelten Triboulet. Doch lassen wir den Kritiker zu Wort kommen:

> „Triboulet kommt und sieht sie alle an. Die Königin will zum König, und sie haben gerade nach ihm geschickt. ‚Er ist noch nicht aufgestanden. – Aber er war gerade eben noch hier. – Er ist auf der Jagd. – Aber seine Jäger sind nicht draußen.‘

> – „Was sagst du, verstehst du?"
> Dass der König keine Menschen sehen wird.

> TRIBOULET.Sie ist hier!‘

> „Triboulet will sich in das Zimmer des Königs drängen, aber die Höflinge stoßen ihn zurück. Er fleht sie an. Sie lachen ihn aus und Triboulet überschüttet sie mit Beleidigungen und Flüchen. ‚Ihr seid keine Adligen‘, sagt er zu ihnen.

> „In der menschlichen Umgebung werden
> Ihre Mütter zu Laquais prostituiert!"

> *„ Und das lassen sich die Herren gefallen! "*

Ja, sie ertragen es, Herr Kritiker, und ich werde Ihnen sagen, warum. Alle Lords, die sich zu Entführungen bereit erklärt haben und durchaus bereit sind, Hand anzulegen, glauben, sie hätten Triboulets Geliebte entführt, und erfahren plötzlich, dass sie seine Tochter entführt haben. Sie sagen nicht, dass Ihnen das entfallen ist: Es ist in wunderschönen Versen erzählt, und niemand kann so tun, als würde er Ligiers Stimme nicht hören.

„M. DE PIENNE, *riant.*
Triboulet a perdu saîtresse! – GentilleOu laye, qu'il la cherche ailleurs.

TRIBOULETT.
Ich sehe mein Mädchen ...

ZU   UNS.
Sein Mädchen!

TRIBOULET, *Croisant der BHs.*
Das ist mein Mädchen! – Ja, das ist noch nicht alles! Ah! bleib ruhig! Sie werden überrascht sein: Was ist dieses Fell, Vater, und was ist es mit einem Mädchen? Wollen sie nicht auch noch die Löwen und Herren ihrer Familie zeigen?

Kann ich nicht auch meine haben? Guten Tag, Sir.
Wenn es Ihnen gefällt, ist es charmant. fertig! . . . .

Sie ist es!
(Die Höflinge gehen zur Tür des Königs.)

MAROT.
Seine Wut geht um.

TRIBOULET, *widerstrebend mit Verzweiflung.*
Kurtisanen! Kurtisanen! Dämonen! Verdammte Rasse! Das ist also wahr,
wenn ich mein Mädchen schnappe, diese Banditen! Eine Frau mit ihren
Augen, das ist nicht wahr, ich bin es! Wenn der König, glücklicherweise, ein
König der Ausschweifungen ist ,Die Damen der Herren, sonst sind sie
nicht ungeschickt,Die Diener sind stark.—Die Ehre einer Jungfrau für
sie,Das ist ein unnützer Luxus, eine unermessliche Schätze.Eine Frau ist ein
Meister, der Bericht erstattet, eine ferme: „Der König zahlt nicht jedes Mal
Geld." Ist das nicht wahr, meine Herren? – In der Praxis: „Sie werden alle
verlieren, wenn das nicht der Fall ist." schon geschehen. Für einen Namen,
für einen Titel oder für alle anderen Schwindler.
(Ein M. von Brian.)
Du, deine Frau, Brion!
(Ein Herr von Gardes.)
Toi, ta soeur!
(Auf dem jungen Pagen von Pardaillan.) „
Was ist das für eine Mutter?"

Der Kritiker ist überrascht, dass alle Lords schweigen. Uns überrascht das
nicht, vor allem nicht, wenn sie selbst Kinder haben.

Ist die Verzweiflung eines Vaters angesichts der Zerstörung seiner Tochter
nicht so schrecklich, ernst und schicksalhaft, dass sie augenblickliches
Schweigen auslöst? Der Autor des Werkes, ein Vater, schrieb diese großartige
Zeile:

„Und die Löwenherzen sind die wahren Väterherzen",

dachte ich mir. Liegt er falsch? So viel zu seiner Ehre. Wenn Sie Recht haben,
ist das umso mehr zu Ihrer Schande!

Aber wenn das so ist, sagen Sie, dann hätte er uns auf eine Schönheit statt
auf einen Fehler hinweisen sollen. Oh, er warnt Sie laut genug. Hören Sie
noch einmal zu –

„Eine Seite *hat eine Weinflasche mit Glas besprüht und sie hat sich in
der Luft aufgerieben:*

Wenn Bourdon nach Marsaille kommt,
sagt er zu seinen Leuten: ‚Wahrhaftig! Der Kapitän …'

TRIBOULET *kommt zurück.*
Ich sage nicht, wer der Herr ist, Vicomte d'Aubusson, ich spüle meine
Glasscheibe mit meinem Lied aus!"

Sie sehen, dass unter all diesen Höflingen nur einer höhnisch lästert, und
zwar ein fünfzehnjähriger Junge, der nichts von Vaterschaft weiß. Oh, sagen
Sie, das ist wahr genug; aber es ist zu kompliziert, wir haben den Kern
verfehlt. Solche Dinge, meine Herren, sind mit dem äußeren Auge nicht
sichtbar, man fühlt sie; das Herz hat Augen, um sie zu sehen.

Dann fügen Sie hinzu, dass Sie keine Kinder haben. Es stimmt, Eunuchen
und Kritiker sterben normalerweise ohne Nachkommen.

Wir waren bei den Worten angelangt, Herr Kritiker –

> „Und die Herren ließen sich das gefallen, *und als Triboulet es*
> *ihnen befahl, gingen sie fort.* TRIBOULET BLEIBT ALLEIN,
> und bald stürzt seine Tochter zerzaust und außer sich
> heraus heraus und fliegt ihm in die Arme."

Ah, Sie sehen klarer, als Sie sagen, Herr Kritiker, denn hier liegen Sie! Nein,
so ist es überhaupt nicht.

"TRIBOULET.
Ach Gott! Du wirst nie vergessen, was du siehst oder was du siehst! Es ist
also ein großes Vergnügen, einen armen Vater zu sehen. Er reißt den
Poitrin und reißt ihn von vorne auf. Die Haare, die sich in zwei Nächten
paaren, werden weiß!

> *(Die Tür zum Zimmer des Königs ist geöffnet; Blanche ist irgendwie*
> *verloren, verblasst, in Unordnung geraten; sie wird mit einem*
> *schrecklichen Schrei in die Arme ihres Vaters gestorben sein.)*

BLANCHE.
Mein Vater, ah! …

TRIBOULET, *der Sergeant in seinen BHs.*
Mein Kind! ah! das ist sie! ah! mein Mädchen! Ah! meine Herren!
(Erstickt von Blut und schreit nach draußen.)
Seht, das ist meine ganze Familie, mein Engel! – Sie ist weniger als einer in
meinem Haus! – Meine Damen und Herren, das ist nichts, was ich gut
gefunden habe. Daseinsberechtigung? …
(Eine Blanche.)
Aber warum nicht, tu?

BLANCHE.
Unglücklicherweise für uns! Der Liebe ...

TRIBOULETT.
Was hast du gesagt?

BLANCHE.
Passt auf alle diese Männer auf!Schläfst du nur auf dich allein gestellt!

TRIBOULET,
wandert zum Tor des Königs.
Oh! die Schande! – Auch sie!

BLANCHE.
Nur, nur mit dir!

TRIBOULET, *für die Herren.*
Kommen Sie hier vorbei! Und wenn König François es nicht gut meint,
kommen Sie hier vorbei ...
(Ein Herr von Vermandois.)
Sie sind in Ihrer Gewalt, Kommen Sie nicht herein. – das bin ich!
(Die Herren sortieren.) "

Sie sehen ganz genau, Herr Kritiker, dass Triboulet nicht allein ist, als seine
Tochter kommt und sich in seine Arme wirft, *und dass die Herren nicht deshalb
ausgehen,* weil der Narr des Königs sie hinausgeschickt hat, sondern weil sie
wissen, wie sie sich vor Blanches Vater zu benehmen haben. Statt falsch zu
sein, wie Sie meinen, ist die Szene im Gegenteil so tiefgreifend, dass Sie es
nicht wagten, ihr bis in ihre tiefsten Wunden zu folgen; dies war ein
unbekannter Abgrund für Ihr Verständnis. Oh! Herr Kritiker, um Ihr
Handwerk auszuüben, müssen Sie fast so groß sein wie der Schriftsteller, den
Sie kritisieren. Kann ein Liliputaner einen Gulliver analysieren?

„In diesem Augenblick", fährt der Kritiker fort, „beginnt der Graf von Saint-
Vallier, der zur Bastille geführt wird, seine Verwünschungen gegen Franz I.
von neuem und sagt:

„Pfui, von deinem König der abgebrochenen Verbrechen,
Meine Verwünschung wird nicht gefunden, Ich bin unten, nicht oben, von
den Stimmen, die mir antworten. Keiner ist im Himmel, kein Mann ist auf
der Welt.
Je es möge ihm nicht mehr gelingen. – Möge es dem König gut gehen.

TRIBOULET, *relevant für den Kopf.*
Graf! du, du, du, trompetest! – Quelqu'un, du, rächtest dich!"'

Sehen Sie, Herr Kritiker, Sie liegen falsch. Monsieur de Saint-Vallier
dient tatsächlich einem Zweck.

„Der dritte Akt ist abstoßend unmoralisch!", fährt der Kritiker fort. „Dieselben widerlichen Dinge erwarten uns im vierten Akt. Wir sehen das Haus des Räubers Saltabadil, eine Art Kneipe. Der König kommt mitten in der Nacht dorthin; Er setzt sich zu Tisch und ruft nach einem Getränk: Sie bringen es ihm."

Wir lassen den Autor auf die in so schöner Sprache geäußerte Anschuldigung antworten. Wenn das Werk in seiner Konstruktion moralisch ist, kann es dann in seiner Ausführung unmoralisch sein? Die so gestellte Frage scheint sich unserer Ansicht nach von selbst zu beantworten. Aber sehen wir weiter. Wahrscheinlich gibt es im ersten oder zweiten Akt nichts Unmoralisches. Ist es die Situation im dritten Akt, die Sie schockiert? Lesen Sie den dritten Akt und sagen Sie uns, ob der Eindruck, den er aller Wahrscheinlichkeit nach hinterlässt, nicht der einer tiefen Reinheit, Tugend und Rechtschaffenheit ist?

„Ist es der vierte Akt? Aber seit wann ist es einem König verboten, einem Wirt auf der Bühne den Hof zu machen? Das ist weder in der Geschichte noch im Theater etwas Neues: Die Geschichte erlaubt es uns, Ihnen François I. betrunken in den Zwingern der Rue du Pelican zu zeigen. Einen König in die Tiefe zu führen, ist auch nichts Neues: Das griechische Theater – das klassische – hat es getan; Shakespeare, der dem romantischen Theater angehört, hat es getan. Also gut, der Autor dieses Dramas hat es nicht getan. Er weiß alles, was über das Haus Saltabadil geschrieben wurde; aber warum so tun, als hätte er etwas gesagt, was er nicht gesagt hat? Warum ihn zwingen, eine Grenze zu überschreiten, die völlig daneben liegt, die er nicht überschritten hat? Die so geschmähte Zigeunerin Maguelonne ist sicherlich nicht dreister als alle Lisettes und Martons des Theaters der alten Schule. Saltabadils Kneipe ist eine Herberge, eine Taverne, die Taverne de la *Pomme de Pin,* ein verdächtiges Gasthaus und ein Ort der Halsabschneiderei vielleicht! aber kein Bordell; es ist ein düsterer, schrecklicher, furchtbarer, furchtbarer Ort, wenn Sie so wollen, aber es ist kein obszöner. Es bleiben noch Einzelheiten zum Stil. Lesen Sie! Der Autor akzeptiert als Richter der strengen Strenge seines Stils dieselben Personen, die von Julias Amme und Ophelias Vater, von Beaumarchais und Regnard, von der *École des femmes* und *Amphitryon,* von Dandin und Sganarelle und von der großen Szene in *Tartufe schockiert sind.* Tartufe wurde zu seiner Zeit auch der Unmoral beschuldigt. Nur musste der Autor in diesem Fall, wenn es notwendig war, offen zu sein, dies auf eigenes Risiko und Gefahr tun, aber immer mit Ernsthaftigkeit und Zurückhaltung; er wollte, dass seine Kunst keusch, aber nicht prüde sei."

Kehren wir zur Kritik zurück. [3]

"Saltabadil soll die Leiche um Mitternacht abgeben. Der König ist halb betrunken in seinem Haus, wehrlos und am Boden, und es ist Viertel vor zwölf. Maguelonne bittet ihren Bruder, einen so gutaussehenden jungen Kerl zu verschonen. Der Räuber lehnt ab, denn er ist ein ehrlicher Räuber und betreibt sein Gewerbe gewissenhaft; nur wünscht er, dass jemand anders erscheint, damit er ihn töten und an Stelle des anderen ausliefern kann. Blanche ist zurückgekehrt und hört alles; sie wurde vom König verführt; sie liebt ihn nicht, denn er verkehrt mit den verkommensten Frauen. Aber Blanche wird für ihn sterben! *Das ist eine Hingabe seitens eines jungen Mädchens, die niemand außer M. Victor Hugo für möglich gehalten hätte. ...*"

Warum? Wollen Sie damit sagen, dass Victor Hugo der einzige ist, der ein großes Herz hat, um eine solche Hingabe zu verstehen? Dann scheint es mir, dass sich die Schuld einzig und allein in Lob verwandelt.

„Blanche klopft an die Tür, geht hinein … und der Vorhang fällt. Warum zeigt uns M. Hugo nicht das Attentat? Was ist ein weiterer Schrecken? Im fünften Akt kommt Triboulet vor die Kneipe. Es ist eine stürmische Nacht; es schlägt Mitternacht. Der Räuber öffnet dann seine Tür und schleift einen Sack über den Boden, in dem sich eine Leiche befindet. Er erhält den Rest der zwanzig Kronen und schließt seine Tür. Triboulet stellt seinen Fuß auf die Leiche und sagt:

„Ceci, das ist ein Trottel!" und siehe da, das ist ein König!'

Dann tobt er über dem Körper und verflucht ihn, stolziert umher und schwärmt von Ruhm, Revolutionen und Kronen, kehrt zum Körper zurück und richtet diese außergewöhnlichen Zeilen an ihn:

Meinst du das? meinst du? meinst du? ich meine, du …""

Es wäre in der Tat sehr außergewöhnlich, wenn es so wäre, aber leider gibt es keine solche Linie. Dies ist die wahre Linie, oder vielmehr dies sind die Linien –

"Je te hais, *m'entends-tu* ? c'est moi, roi gentilhomme;
Moi, ce fou, ce bouffon; moi, cette moitié d'homme, Cet animal douteux à
qui tu disais: 'Chien!'C'est que, wenn die Rache in uns ist, wird es dir gut
gehen,Dans le cœur le mort, il n'est la rien qui dome,Le grandiflorum, le
chétif grandit, le vil se transforme, L'esclave tirs alors saine du fourreau.
,Und der böse Tiger und der böse Bock!'"

Sie werden mir zustimmen, dass dies weit genug von der vom Kritiker
erfundenen Zeile entfernt ist:

„Das meinst du? Das meinst du? Das meinst du? Das meinst du?"

> „Schließlich", fährt unser Aristarch fort, „nach einem
> endlosen Monolog" (sicherlich endlos, wenn Sie alle Zeilen
> so verstanden haben, wie Sie den zitierten verstanden
> haben, der Ihnen aber, wären Sie ein Dichter, Herr Kritiker,
> kurz erscheinen würde!), [4] „schleppt Triboulet die Leiche
> zu sich und will sie in die Seine werfen, als ein Kavalier aus
> der Taverne kommt und am Kai verschwindet. Triboulet
> hat den König erkannt; dann reißt er den Sack auf und
> erkennt im Licht einer Fackel seine Tochter! Er ruft um
> Hilfe, und Fackeln werden gebracht! Blanche atmet noch;
> sie holen einen Arzt, aber sie stirbt sofort, als er eintrifft,
> und Triboulet fällt im selben Augenblick tot um.

> "Das ist dieses monströse Stück, in dem die Geschichte
> vernachlässigt, die Sitten der Zeit missverstanden, die
> Charaktere von Franz I. und Clément Marot entehrt und
> geschmäht werden, in dem *kaum* schöne Zeilen
> hervorstechen, um die Leere der Konzeption, das Fehlen
> klugen Verhaltens und den absoluten Mangel an Interesse
> auszugleichen: kurz gesagt, das Schreckliche, das
> Unwürdige und das Unmoralische werden in einem
> chaotischen Durcheinander miteinander vermischt."

Nun, Herr Kritiker, sind Sie zufrieden? Werden Sie auf Kosten des genialen
Mannes gerächt? Haben Sie seine Dramen ausreichend mit Füßen getreten,
wie Triboulet auf die Leiche des Menschen trat, den er für seinen Feind hielt?
Nein! Sie beginnen Ihren Monolog erneut. Ach! Er kommt Ihnen kurz vor,
nicht wahr? Denn er ist ein Monolog des Hasses. [5] Fahren Sie also fort! Der
Hass der Kleinen auf die Großen ist nicht grundlos, und zu allen Zeiten, wie
Triboulet uns in Bezug auf den König zeigt und wie Sie in Bezug auf das
Drama zeigen, sehnt sich dieser Hass immer danach, zu töten.

stürmischen Bewunderer verursacht , die bei jedem Zischen, das erhoben wurde, schrien: ‚Nieder mit den Idioten! Werft die Bestien raus!' Es war eine große, gut gedrillte Kohorte von Freunden, die vor der vorgesehenen Stunde ins Theater geschickt wurde, und sie applaudierten übermäßig allem, was das Publikum wirklich abstoßend fand. Trotzdem und trotz dieser außergewöhnlichen *Claque* war das Zischen so stark, dass der Name von M. Victor Hugo inmitten des Tumults herausgeschleudert wurde. Trotz dieses überraschenden Misserfolgs wurde für Donnerstag eine zweite Vorstellung angekündigt. Verglichen damit ist *Hernani* ein echtes Meisterwerk ..." (Ach! Herr Kritiker, wenn wir nur die Zeit hätten, wie gerne würden wir lesen, was Sie über *Hernani gesagt haben* !) „und Boileaus Epigramm gegen Corneille könnte auf M. Victor Hugo angewendet werden.

„„Nach *Agésilas,*
heile! Aber nach *Attila,*
holà!'"

Glauben Sie nicht, dass diese vier Zeilen Boileaus gegen den Autor des *Cid,* des *Cinna* und des *Polyeucte* zu den unwürdigen Dingen gehörten, die er geschrieben hat? Aber Boileau beschränkte sich wenigstens darauf, die Stücke des alten Corneille als schwach zu denunzieren: er denunzierte sie nicht bei der Polizei als unmoralisch. Dann beendet der Kritiker seinen Artikel mit großer Genugtuung mit diesen Worten:

> „Wir haben heute Abend erfahren, dass der Minister für öffentliche Arbeiten den Befehl gegeben hat, die Aufführung des Stücks zu stoppen."

Verfolgen wir nun das Drama unseres Freundes Victor Hugo vor dem Tribunal de Commerce, so wie wir es auf der Bühne des Théâtre-Richelieu verfolgt haben, lassen wir nur den Autor selbst sprechen. Die Prosa von Herrn Victor Hugo ist viel besser als meine, daher werden meine Leser keinen Grund zur Klage haben.

> „Die Aufführung dieses Dramas im Theater war Anlass für einen beispiellosen Ministerakt. Am Tag nach der Uraufführung erhielt der Autor von Herrn Jouslin de la Salle, dem Bühnenmanager des Théâtre-Français, die folgende Notiz, deren Originalkopie er sorgfältig aufbewahrt:
>
> „Es ist halb elf und ich habe gerade den *Befehl erhalten* , die Aufführung von *Le Roi s'amuse zu unterbrechen.* M. Taylor hat mir den Befehl im Namen der Regierung geschickt.
>
> „23. *November.*'

„Der erste Impuls des Autors war, daran zu zweifeln. Das Gesetz war willkürlich bis zur Unglaubwürdigkeit. Tatsächlich heißt es in der sogenannten *Charte-Vérité* : ‚Die Franzosen haben das Recht zu *veröffentlichen* … ‘ Beachten Sie, dass der Text nicht nur das *Recht des Druckens,* sondern ganz klar das *Recht des Veröffentlichens erwähnt.* Nun ist das Theater nur ein weiteres Mittel der Veröffentlichung, wie die Presse, wie die Skulptur oder die Lithographie. Die Freiheit des Theaters ist daher in der Charta implizit mit jeder anderen Form der Gedankenfreiheit verbunden. Das Gesetz fügt grundsätzlich hinzu: ‚Die Zensur kann nie wieder eingeführt werden.‘ Nun, der Text spricht nicht von der *Zensur von Zeitungen oder Büchern,* er spricht *von Zensur* im Allgemeinen, von jeglicher Zensur, der Zensur der Theater ebenso wie der von Schriften. Das Theater kann daher fortan nicht mehr gesetzlich zensiert werden.

„Außerdem heißt es in der Charta: ‚Die Beschlagnahme ist abgeschafft.‘ Die Unterdrückung eines Theaterstücks nach der Aufführung ist nicht nur ein ungeheuerlicher Akt der Zensur und Willkür, es ist Beschlagnahme durch und durch, es ist der gewaltsame Raub des Eigentums, das dem Theater und dem Autor gehört.

"Um alles klar und deutlich zu machen, um die vier oder fünf großen Sonderprinzipien, die die Französische Revolution in Bronze auf ihre Granitsockel gegossen hat, unversehrt zu erhalten, damit sie nicht heimlich das allgemeine Recht der Franzosen mit vierzigtausend alten, beschädigten Waffen angreifen können, die Rost und Nichtgebrauch im Arsenal unserer Gesetze zerfressen haben, hebt die Charta in einem letzten Artikel ausdrücklich alles auf, was in früheren Gesetzen ihrem Wortlaut und ihrem Geist zuwider lief. Dies ist ausdrücklich. Die ministerielle Unterdrückung eines Theaterstücks greift dessen Freiheit durch die Zensur und sein Urheberrecht durch die Beschlagnahme an. Unser gesamtes öffentliches Rechtsempfinden empört sich gegen eine solche Vorgehensweise. Der Autor, der nicht an eine solche Unverschämtheit und Torheit glauben konnte, eilte zum Theater. Dort wurde die Tatsache in jeder Hinsicht bestätigt. Die Regierung hatte den betreffenden *Orden tatsächlich* kraft ihres göttlichen Regierungsrechts benachrichtigt. Sie hatte keine Gründe vorzubringen. Sie hatte ihm sein Stück weggenommen, ihm sein Recht entzogen und sein Eigentum beschlagnahmt. Dem Dichter blieb nur noch eines übrig: ihn in die Bastille zu werfen.

„Wir wiederholen: In der Zeit, in der wir leben, wenn solch ein Akt geschieht, der einem den Weg versperrt und einen grob anfasst, ist das erste Gefühl eines tiefen Erstaunens. Tausend Fragen kommen einem in den Sinn: Wo ist Gerechtigkeit, wo ist Recht? Können solche Dinge wirklich passieren? Gab es tatsächlich so etwas wie die Julirevolution? Es ist offensichtlich, dass wir nicht mehr in Paris sind! In welcher Pachalik leben wir?

"Die Comédie-Française, verblüfft und von Bestürzung ergriffen, wollte einige Vorstöße bei der Regierung versuchen, die Rücknahme dieser seltsamen Entscheidung zu erreichen, aber ihre Bemühungen waren vergebens. Der Divan, ... ich meine der Ministerrat, hatte sich im Laufe des Tages getroffen. Am 23. war es ein Befehl der Regierung — derselbe am 24.. Am 23. wurde das Stück nur ausgesetzt; am 24. war es definitiv verboten. Dem Theater wurde sogar befohlen, die vier schrecklichen Worte ‚ Le Roi s'amuse‘ zu streichen. *Das unglückliche Théâtre-Français wurde außerdem angewiesen, sich nicht zu beschweren oder ein Wort zu sagen. Es mag schön, loyal und edel sein, sich solch einem asiatischen Despotismus zu widersetzen; aber die Theater wagen es nicht, dies zu tun. Die Angst* vor dem Entzug ihrer Privilegien macht sie zu Leibeigenen und Sklaven, die der Besteuerung und Zwangsarbeit unterliegen und der Willkür der Regierung ausgeliefert sind. Eunuchen und Stumme.

„Ein Autor sollte ein Fremder in diesen theatralischen Vorgängen sein und bleiben. Er, ein Dichter, ist von keiner Regierung abhängig. Seine Pflicht als freier Schriftsteller verbietet ihm, die Bitten und Bitten zu äußern, die er äußern würde, wenn er nur seine eigenen Interessen im Auge hätte. Aber eine Macht um Gnade zu bitten, heißt, diese Macht anzuerkennen. Freiheit und Eigentum sind keine Angelegenheiten, die man im Vorzimmer regeln kann. Ein Recht bittet nicht wie ein Gefallen. Um einen Gefallen muss er die Regierung anflehen; aber um ein Recht appelliert er an das Land. Er muss sich also an das Land wenden, um Wiedergutmachung zu erhalten. Es gibt zwei Wege, Gerechtigkeit zu erlangen: die öffentliche Meinung und die Gerichte. Er hat beide gewählt. Der Fall ist in den Augen der öffentlichen Meinung bereits entschieden und gewonnen. Hier muss der Autor allen nachdenklichen und unabhängigen Personen, die mit Literatur und Kunst zu tun haben, herzlich danken, die ihm bei dieser Gelegenheit viele Beweise der Sympathie und Herzlichkeit zeigten. Er rechnete im Voraus mit ihrer Unterstützung. Er weiß, dass er, wenn es darum geht, für die Freiheit des Geistes und des Denkens zu kämpfen, nicht allein gehen wird. bekämpfen.

"Nehmen wir nebenbei an, dass die herrschende Macht in sehr kleinlicher Berechnung stolz darauf war, bei dieser Gelegenheit die literarischen Leidenschaften, die seit langem um den Autor tobten, als ihre Helfer zu haben. Der literarische Hass, so nahm der Autor an, sei sogar noch hartnäckiger als die politischen Feindseligkeiten, da erstere ihre Wurzeln in der *Eigenliebe und* letztere einfach in Prinzipien haben. Die Regierung irrt sich. Ihre brutale Tat hat rechtschaffene Menschen in allen Lagern angewidert. Um den Autor versammelten sich sogar diejenigen, die ihn noch vor kurzer Zeit am heftigsten angegriffen hatten, um Willkür und Ungerechtigkeit entgegenzutreten. Wenn zufällig ein paar eingefleischte Hasser weitermachten, haben sie seitdem die momentane Unterstützung bereut, die sie der Regierung gewährten. Jeder ehrenhafte und loyale Mann unter den Feinden des Autors streckte ihm die Hand entgegen, obwohl er bereit war, den literarischen Kampf wieder aufzunehmen, sobald der politische Kampf zu Ende ist. In Frankreich ist der Verfolger der einzige Feind, wer auch immer verfolgt wird.

„Nachdem wir nun festgestellt haben, dass die Handlung der Regierung verabscheuungswürdig, ungerechtfertigt und nicht rechtmäßig ist, wollen wir uns einen Moment Zeit nehmen, sie als wesentliche Tatsache zu erörtern und herauszufinden, aus welchen Elementen sie sich zusammenzusetzen scheint. Zu diesem Zweck stellt sich als erstes die Frage, die jeder stellen wird: Was kann das Motiv für eine solche Maßnahme sein?

"Wenn wir uns geruhen, auch nur einen Augenblick lang die lächerliche Fiktion zu akzeptieren, dass es in diesem Fall die Sorge um die öffentliche Moral ist, die unsere Herrscher bewegt, und dass sie, schockiert durch den Zustand der Freiheit, in den bestimmte Theater in den letzten sechs Jahren geraten sind, schließlich, zu extremen Maßnahmen getrieben, ein Beispiel gegen alle Gesetze und Rechte an einem Werk und einem Autor geben wollten, so wäre die Wahl des Werks, das muss man zugeben, einzigartig, aber die Wahl des Autors wäre nicht weniger seltsam. Tatsächlich, wer ist der Mann, den diese kurzsichtige Macht so seltsam angreift? Ein Autor, der so gestellt ist, dass, obwohl sein Talent von allen bestritten werden mag, sein Charakter von niemandem in Frage gestellt wird. Er ist ein Mann von erklärter, bewährter und etablierter Persönlichkeit, eine seltene und wertvolle Sache in diesen Tagen. Ein Dichter, der als erster angewidert war von der Freiheit, der die Theater nachgaben; der vor achtzehn Monaten, als das Gerücht aufkam, dass die Inquisition der Theater illegal wieder eingeführt werden würde, ging persönlich mit mehreren anderen Dramatikern hin, um die Regierung zu warnen, dass sie sich vor einer solchen Maßnahme hüten sollte; und der dort öffentlich zu einem repressiven Gesetz drängte, um die Exzesse abseits der Bühne zu regeln, während er gleichzeitig in so strengen Worten gegen die Zensur protestierte, dass die Regierung sie ganz sicher nicht vergessen wird. Er ist ein der Kunst ergebener Künstler, der nie mit unwürdigen Mitteln nach Erfolg gesucht hat, der sein ganzes Leben lang daran gewöhnt war, dem Publikum direkt ins Gesicht zu sehen; ein aufrichtiger und gemäßigter Mann, der bereits mehr als einen Kampf für die Freiheit und gegen den Despotismus gekämpft hat; der 1829, im letzten Jahr der Restauration, alles ablehnte, was ihm die Regierung damals als Entschädigung für das über *Marion Delorme verhängte Interdikt anbot,* und der mehr als ein Jahr später, 1830, nach der Julirevolution, sich trotz der Vorteile für seine materiellen Interessen weigerte, die Aufführung derselben *Marion Delorme zuzulassen* , weil dies zu einem Angriff und einer Beleidigung des gefallenen Königs hätte werden können, der das Stück verboten hatte; eine sehr einfache Verhaltensweise, die zweifellos jeder Ehrenmann unter ähnlichen Umständen befolgt hätte, die ihn aber vielleicht von nun an vor jeder Kritik geschützt hätte und über die er selbst 1831 Folgendes schrieb: „Erfolge, die er durch das Aufspüren von Skandalen und durch politische Anspielungen erzielte, gefielen ihm kaum." Er gibt zu, dass „solcher Erfolg wenig wert und von kurzer Dauer ist. Gerade wenn es keine öffentliche Zensur gibt, sollten

Autoren einander ehrlich und gewissenhaft kritisieren. Auf
diese Weise werden sie die Würde der Kunst erhöhen:
Wenn die Menschen völlige Freiheit haben, ist es
wünschenswert, sich innerhalb angemessener Grenzen zu
halten."

"Jetzt, da die angebliche Unmoral des Dramas zunichte
gemacht wurde, jetzt, da die ganze Zurschaustellung böser
und schändlicher Argumente vor unseren Füßen liegt, ist es
an der Zeit, das wahre Motiv der Maßnahme aufzuzeigen,
das Motiv hinter den Kulissen des Gerichts und die Motive,
die sie nicht angeben, weil sie es nicht wagen, sie
untereinander zuzugeben, und sie deshalb sorgfältig unter
einem Vorwand verborgen haben. Dieses Motiv ist bereits
in der Öffentlichkeit durchgesickert und die Öffentlichkeit
hat es richtig erraten. Wir werden nicht mehr darüber sagen.
Es ist wahrscheinlich von Nutzen für unsere Sache, wenn
wir unseren Gegnern ein Beispiel an Höflichkeit und
Mäßigung geben. Es ist gut, wenn die Regierung von einem
Privatmann, von dem, der verfolgt wird, der Körperschaft,
die ihn verfolgt, eine Lektion in Würde und Weisheit erteilt
wird. Obwohl wir nicht zu denen gehören, die glauben, ihre
eigenen Wunden zu heilen, indem sie die Wunden anderer
vergiften, ist es nur zu wahr, dass es im dritten Akt dieses
Stücks eine Zeile gibt, in der die unpassende Klugheit
einiger Vertrauter des Palastes eine Anspielung entdeckte
(ich frage Sie selbst, wo ist das eine Anspielung?), an die
weder das Publikum noch der Autor bis dahin gedacht
hatten, die aber, wenn sie auf diese Weise verkündet wird,
zur grausamsten und tödlichsten Beleidigung wird. Es ist
nur zu wahr, dass diese Zeile ausreichte, um den Befehl zu
veranlassen, die Theaterzettel des Théâtre-Français
abzuhängen, damit die Neugier des Publikums nicht wieder
mit dem Anblick dieser kleinen aufrührerischen Phrase *„ Le
Roi s'amuse" konfrontiert würde*. Wir werden die Zeile, die für
einen Stier ein rotes Tuch ist, nicht zitieren; außerdem
werden wir nicht darauf hinweisen, es sei denn, wir werden
zum Äußersten getrieben und die Leute sind unvorsichtig
genug, uns dazu zu bringen, uns aus Selbstverteidigung
darauf zu berufen. Wir werden keine alten historischen
Skandale wieder aufleben lassen. Wir werden einer
erhabenen Persönlichkeit so weit wie möglich die Folgen

der Gedankenlosigkeit ihrer Höflinge ersparen. Es ist möglich, im Krieg sogar gegenüber einem König großzügig zu sein. Das beabsichtigen wir. Die Machthaber sollten nur bedenken, wie unbequem es ist, einen Bären zum Freund zu haben, der mit dem Pflaster der Zensur die unmerklichen Anspielungen zermalmt, die ihnen in den Sinn kommen. Wir sind uns nicht einmal sicher, ob wir nicht ein gewisses Mitgefühl für das Ministerium selbst empfinden. Um die Wahrheit zu sagen, die ganze Sache flößt uns großes Mitleid ein. Die Juliregierung ist neu geboren, sie ist erst dreißig Monate alt und noch in der Kindheit, mit den kindlichen Leidenschaften der Kindheit. Lohnt es sich wirklich, so viel männlichen Zorn gegen sie zu verschwenden? Wenn sie erwachsen ist, werden wir es sehen.

"Um die Frage einen Augenblick lang vom individuellen Standpunkt aus zu betrachten, fügt die zensierte Beschlagnahmung dem Autor dieses Dramas vielleicht mehr Schaden zu als jedem anderen. Tatsächlich hat es in den vierzehn Jahren, die er schreibt, kein einziges seiner Werke gegeben, das nicht die unglückliche Ehre gehabt hätte, bei seinem Erscheinen als Schlachtfeld ausgewählt worden zu sein und nach einer mehr oder weniger langen Zeit im Staub und Rauch und dem Getümmel einer Schlacht verschwunden zu sein. Wenn er also ein Stück für das Theater produziert, ist für ihn eine Reihe von Aufführungen das Wichtigste von allem, da er nach der Premiere kein ruhiges Publikum erwarten kann. Wenn es am ersten Tag passiert, dass seine Stimme im Aufruhr ertrinkt, dass seine Idee nicht verstanden wird, können die folgenden Tage die erste korrigieren. *Hernani* hatte dreiundfünfzig Aufführungen, *Marion Delorme* hatte einundsechzig; *Le Roi s'amuse* hatte dank ministerieller Gewalt nur eine. Die Ungerechtigkeit, die dem Autor angetan wurde, ist zweifellos groß. Wer kann ihn unversehrt an den Punkt zurückbringen, an dem er aufgehört hat, das dritte Experiment, so wichtig für ihn? Wer kann ihm sagen, was nach der Uraufführung geschehen wäre? Wer kann ihm das Publikum von morgen zurückgeben, ein Publikum, das normalerweise unparteiisch und ohne Freunde oder Feinde ist, das Publikum, das den Dichter lehrt und das der Dichter unterweist?

„Wir befinden uns in einer merkwürdigen Phase des politischen Übergangs. Einer jener Momente allgemeiner Ermattung, in denen alle Arten despotischer Akte in der Gesellschaft möglich sind, selbst die fortschrittlichsten Ideen der Emanzipation und Freiheit. Frankreich machte im Juli 1830 rasche Fortschritte; es leistete damals drei gute Tage; es schuf drei große Oasen auf dem Gebiet der Zivilisation und des Fortschritts. Jetzt sind viele bedrängt, viele sind außer Atem, viele fordern einen Halt. Sie wollen die energischen Geister zurückhalten, die nicht müde sind, sondern trotzdem weitermachen; sie wollen auf die Nachzügler warten, die stehen geblieben sind, und ihnen Zeit geben, aufzuholen. Daher eine seltsame Angst vor allem, was sich bewegt und spricht und denkt. Es ist eine seltsame Situation, die leicht zu definieren ist. Es sind alle Elemente, die sich vor Ideen fürchten; der Interessenbund, der mit der Bewegung der Theorien kollidiert, beginnt und hat Angst vor Systemen: der Kaufmann, der verkaufen will; die Straße, die sich vor dem Kontor fürchtet; der bewaffnete Laden in der Defensive.

„Unserer Meinung nach nutzt die Regierung diese Ruhelosigkeit, diese Angst vor neuen Revolutionen auf unfaire Weise aus. Sie ist zu einer kleinen Tyrannei geworden. Sie tut sich selbst und uns gegenüber Unrecht. Wenn sie glaubt, dass die Menschen jetzt der Freiheit der Ideen gleichgültig gegenüberstehen, irrt sie sich; es ist nur Trägheit. Eines Tages wird sie eine strenge Rechenschaft über all die illegalen Handlungen verlangen, die sich seit einiger Zeit angehäuft haben. Was für einen Tanz hat sie uns vorgeführt! Vor zwei Jahren fürchtete man um die Ordnung; jetzt zittert man um die Freiheit! Fragen des freien Denkens, des Intellekts und der Kunst werden von den Wesiren des Königs der Barrikaden gebieterisch niedergemäht. Es ist zutiefst traurig zu sehen, wie die Revolution vom Juli geendet hat, *mulier formosa supernè*.

"Wenn man nur die geringe Bedeutung des Werks des Autors bedenkt, um das es hier geht, ist die ministerielle Maßnahme, die es zu Fall gebracht hat, zweifellos keine große Sache. Es ist nur ein kleiner bösartiger literarischer *Staatsstreich* , dessen einziges Verdienst darin besteht, die Reihe willkürlicher Akte, zu denen er gehört, nicht zu verderben. Aber wenn wir höher blicken, sehen wir, dass diese Angelegenheit nicht nur ein Drama und einen Dichter betrifft, sondern dass, wie wir anfangs sagten, sowohl Freiheit als auch Eigentumsrechte in der Frage auf dem Spiel stehen. Große und ernste Interessen stehen darin, und obwohl der Autor gezwungen ist, diese wichtige Angelegenheit durch eine einfache Handelsklage beim Théâtre-Français zu regeln, da er die Regierung nicht direkt angreifen kann und sich hinter den Grundsätzen der Nicht-Empfänger staatlicher Ratschläge verbarrikadiert, hofft er, dass seine Sache in den Augen aller als eine große angesehen wird, wenn er sie vor das Konsulargericht bringt, mit der Freiheit in seiner rechten Hand und dem Eigentum in seiner linken. Er wird selbst von die Notwendigkeit der Unabhängigkeit seiner Kunst. Er wird sein Recht entschlossen, mit Ernsthaftigkeit und Einfachheit vertreten, ohne persönliche Feindseligkeit und doch gleichzeitig furchtlos. Er rechnet mit der Zustimmung aller, mit der freien und herzlichen Unterstützung der Presse, mit der Gerechtigkeit der Meinung und mit der Billigkeit der Gerichte. Er hat keinen Zweifel daran, dass er erfolgreich sein wird. Der Belagerungszustand wird in literarischen Bezirken wie in politischen ausgerufen.

„Wenn das geschehen ist und er seine Freiheit als Dichter und Bürger unversehrt, unverletzlich und heilig gesichert hat, wird er friedlich zu seinem Lebenswerk zurückkehren, von dem er gewaltsam weggerissen wurde und das er nie hätte verlassen wollen. Er hat seine Pflicht zu erfüllen, das weiß er, und nichts wird ihn davon abbringen. Für den Augenblick ist die politische Rolle zu ihm gekommen: er hat sie nicht gesucht, aber er nimmt sie an. Sicherlich wird die Macht, die uns angreift, nicht viel gewonnen haben, wenn sie uns Künstler zwingt, unsere gewissenhafte, ruhige, ehrliche, ernsthafte Aufgabe aufzugeben, unsere heilige Aufgabe, eine Aufgabe, die der Vergangenheit und der Zukunft angehört, um uns empört und wütend unter das respektlose und spöttische Publikum zu mischen, das seit fünfzehn Jahren den verschiedenen armen Teufeln politischer Stümper zusieht, wie sie johlend und pfeifend vorbeigehen, und glaubt, sie würden ein soziales Gebäude errichten, weil sie täglich, unter großer Mühe, schwitzend und keuchend, Haufen von Rechtsplänen aus dem Land schleppen. von den Tuilerien zum Palais-Bourbon und vom Palais-Bourbon zum Luxembourg!

30. *November* 1832."

Am 19. Dezember 1832 kam die Angelegenheit vor das Tribunal de Commerce. Die gesamte Künstlerwelt von Paris versammelte sich in der Salle de la Bourse und war überrascht, sich in so guter Gesellschaft zu befinden. Nachdem sein Anwalt gesprochen hatte, erhob sich Victor Hugo und hielt folgende Rede:

"Meine Herren, nach dem beredten Redner [6] , der mir so großzügig die mächtige Unterstützung seiner Rede leiht, hätte ich nichts zu sagen, wenn ich es nicht für meine Pflicht hielte, die gewagte, schuldhafte Tat, die durch meine Person unsere öffentlichen Rechte verletzt hat, nicht ohne feierlichen und ernsthaften Protest durchgehen zu lassen. Dies ist keine gewöhnliche Sache, meine Herren. Manchen Leuten scheint es auf den ersten Blick nur eine einfache Handelsklage zu sein, ein Anspruch auf Entschädigung für die Nichterfüllung eines privaten Vertrags — mit einem Wort, einfach die Klage eines Autors gegen ein Theater. Nein, meine Herren, es ist mehr als das, es ist die Klage eines Bürgers gegen eine Regierung. Die Grundlage dieser Angelegenheit ist ein *per Verordnung verbotenes Theaterstück* ; nun, ein per Verordnung verbotenes Theaterstück ist Zensur und die Charta hat die Zensur abgeschafft; ein per Verordnung verbotenes Theaterstück ist Beschlagnahme. Ihr Urteil, wenn es für mich günstig ausfällt — und ich glaube, ich tue Ihnen Unrecht, wenn ich das bezweifle — wird darin bestehen, die Schuld offenkundig, wenn auch indirekt, der Zensur zuzuschieben und Beschlagnahme.

„Sie sehen, meine Herren, wie sich der Horizont dieser Sache erweitert und hebt. Ich plädiere hier für etwas Höheres als mein eigenes Interesse, ich plädiere für meine Rechte im Allgemeinen, für mein Recht zu denken und zu besitzen, das heißt, für das gemeinsame Recht, das allen zusteht. Meine Sache ist eine allgemeine Sache, so wie Ihre absolute Billigkeit ist. Die kleinen Einzelheiten des Falles werden angesichts der so gestellten Frage aus den Augen verloren. Ich bin nicht einfach ein Schriftsteller, und Sie sind nicht nur Konsularrichter. Ihr Gewissen steht meinem gegenüber. Vor diesem Tribunal vertreten Sie eine große Idee, und ich, vor Gericht, stehe für eine andere. Ihr Sitz ist die Gerechtigkeit; meiner ist die Freiheit. Jetzt müssen Gerechtigkeit und Freiheit Gehör finden. Freiheit ist Recht, und Gerechtigkeit ist frei.

"Dies ist nicht das erste Mal, dass M. Odilon Barrot Ihnen, meine Herren, gesagt hat, dass das Handelsgericht angerufen wurde, um die willkürlichen Handlungen der Autoritäten zu verurteilen, ohne seine Zuständigkeit zu verlassen. Das erste Gericht, das die Verordnungen vom 25. Juli 1830 für illegal erklärte, ist von niemandem vergessen worden, es war das Handelsgericht . Sie, meine Herren, werden diesem denkwürdigen Präzedenzfall folgen, und obwohl die Frage viel kleiner ist, werden Sie heute das Recht verteidigen, wie Sie es damals verteidigt haben; Sie werden, so hoffe ich, mit Sympathie zuhören, was ich Ihnen zu sagen habe; Sie werden die Regierung durch Ihr Urteil warnen, dass sie auf einem schlechten Weg ist und es falsch ist, Kunst und Denken zu erniedrigen; Sie werden mir meine Rechte und mein Eigentum zurückgeben; Sie werden der Polizei und der Zensur ein Brandmal an die Stirn setzen, die nachts kamen, um mir meine Freiheit und mein Eigentum zu stehlen, indem sie die Charta brachen.

„Was ich hier sage, sage ich ohne Zorn, die Wiedergutmachung, die ich von Ihnen verlange, verlange ich mit der gebotenen Ernsthaftigkeit und Mäßigung. Gott bewahre mich davor, die Schönheit und Rechtschaffenheit meiner Sache durch gewalttätige Worte zu zerstören! Wer das Recht auf seiner Seite hat, hat Stärke, und die Starken verachten Gewalt.

„Ja, meine Herren, ich habe das Recht. Die bewundernswerte Argumentation von M. Odilon Barrot hat Ihnen siegreich bewiesen, dass das Ministergesetz, das *Le Roi s'amuse verboten hat,* willkürlich, illegal und verfassungswidrig ist. Es ist vergeblich, wenn sie versuchen, ein Gesetz aus der Zeit des Terrors wiederzubeleben, indem sie die Zensur der Autorität zuschreiben, ein Gesetz, das den Theatern in klaren Worten befiehlt, die Tragödien von *Brutus* und *Wilhelm Tell* dreimal pro Woche zu spielen, nur republikanische Stücke zu geben und die Aufführung aller Werke zu unterbinden, die, ich zitiere Wort für Wort, dazu neigen, , *das öffentliche Bewusstsein zu verderben und den schändlichen Aberglauben an das Königtum zu wecken* '. Meine Herren, wagen es die tatsächlichen Anhänger des neuen Königtums, sich tatsächlich auf ein solches Gesetz zu berufen und es gegen *Le Roi s'amuse einzusetzen* ? Ist es nicht offensichtlich sowohl in seinem Wortlaut als auch in seinem

Geist aufgehoben? Es wurde für den Terror geschaffen und starb mit dem Terror. Ist es nicht dasselbe mit allen gebieterischen Dekrete, durch die Beamte nicht nur das Recht haben, Theaterstücke zu tadeln, sondern auch die Macht, einen Autor nach eigenem Ermessen und ohne Gerichtsverfahren ins Gefängnis zu schicken? Gibt es so etwas heute noch? Wurde diese ganze unregelmäßige und willkürliche Gesetzgebung nicht feierlich durch die Charta von 1830 abgeschafft? Wir berufen uns auf den feierlichen Eid vom 9. August. Das Frankreich des Juli hatte weder mit konventioneller noch mit imperialer Despotie gerechnet. Die Charta von 1830 ließ sich weder 1807 noch 1893 zum Schweigen bringen.

„Die Freiheit des Denkens in all seinen verschiedenen Ausdrucksformen, im Theater wie in der Presse, auf der Kanzel wie auf der Tribüne, darin, meine Herren, liegt eines der Grundprinzipien unserer öffentlichen Rechte. Zweifellos braucht jede dieser Ausdrucksformen ein organisches Gesetz im Einklang mit dem Grundgesetz, ein Gesetz des guten Glaubens, das repressiv, aber nicht präventiv ist, das, während es jeder Karriere Freiheit lässt, die Lizenz unter strenge Strafgesetze stellt. Insbesondere das Theater als öffentlicher Ort, das möchten wir unbedingt erklären, weiß sich nicht vor der gesetzlichen Überwachung der Stadtbehörde zu schützen. Nun, meine Herren, dieses Gesetz, das wahrscheinlich leichter zu machen ist als gemeinhin angenommen, und das jeder von uns dramatischen Dichtern wahrscheinlich mehr als einmal in seinem eigenen Kopf konstruiert hat, fehlt und wird nicht geschaffen. Unsere Minister, die Jahr für Jahr siebzig bis achtzig Gesetze pro Sitzung erlassen, haben es nicht für angemessen gehalten, ein solches zu erlassen. Ein Gesetz für Theater schien nicht dringend erforderlich. Nicht dringend, wenn es um die Freiheit des Denkens, den Fortschritt der Zivilisation, die öffentliche Moral, den Ruf geht der Familien, die Ruhe von Paris, also die Ruhe Frankreichs, und tatsächlich die Ruhe Europas selbst!

„Ein Gesetz, das die Freiheit der Theater betrifft, hätte seit 1830 im Geiste der neuen Charta verkündet werden müssen, aber es fehlt immer noch, ich wiederhole, durch das Verschulden der Regierung. Frühere Gesetze sind offensichtlich nicht mehr gültig, und alle Spitzfindigkeiten, mit denen sie ihre Ruinen verputzen, werden sie nicht wieder aufbauen. Zwischen einem Gesetz, das nicht mehr existiert, und einem, das noch benötigt wird, haben die Behörden also nicht das Recht, ein Theaterstück zu stoppen. Ich werde mich nicht mit dem aufhalten, was M. Odilon Barrot so hervorragend demonstriert hat.

"Hier erhebt sich ein Einwand von untergeordneter Bedeutung, den ich jedoch diskutieren werde. Gewiss, ein solches Gesetz ist notwendig, werden die Leute sagen, aber sollte die Autorität in Ermangelung einer Gesetzgebung völlig schutzlos sein? Könnte nicht plötzlich eines jener berüchtigten Stücke auf der Bühne erscheinen - offensichtlich mit der Absicht, Geld und Skandal zu machen -, wo alles, was in der Religion und Moral und im Herzen des Menschen heilig ist, unverschämt verspottet und lächerlich gemacht wird; wo alles, was den Frieden des Familienlebens und der Staatsbürgerschaft ausmacht, in Frage gestellt wird; wo sogar lebende Personen auf der Bühne unter dem Gejohle der Menge an den Pranger gestellt werden? Ist die Regierung nicht aus staatlichen Gründen verpflichtet, das Theater für solch monströse Werke zu schließen, trotz des Schweigens des Gesetzes? Ich weiß nicht, meine Herren, ob derartige Werke überhaupt aufgeführt wurden, und ich möchte es weder wissen noch glauben, und ich werde hier in keiner Weise die Aufgabe übernehmen, sie anzuprangern; aber selbst in einem solchen Fall erkläre ich, während ich die verursachten Skandal und da ich weiß, dass andere dem Staat raten würden, Werke dieser Art sofort einzustellen und sofort von den Kammern eine Entschädigungsrechnung zu verlangen, würde ich die Strenge des Grundsatzes nicht lockern. Ich würde der Regierung sagen: Sehen Sie sich die Folgen Ihrer Nachlässigkeit an, ein so dringend benötigtes Gesetz wie ein Gesetz zur Einschränkung der Theaterfreiheit zu schaffen! Sie haben dies falsch gemacht, machen Sie es wieder gut und bitten Sie die Kammern umgehend um eine Strafgesetzgebung, und verfolgen Sie in der Zwischenzeit das schuldige Drama mit dem Pressekodex, der, bis spezielle Gesetze erlassen werden, meiner Meinung nach alle öffentlichen Moden bestimmen wird. Ich sage meiner Meinung nach, denn dies ist nur meine persönliche Ansicht. Mein berühmter Verteidiger würde, wie ich weiß, den Theatern nur mit größeren

Einschränkungen Freiheit gewähren, als ich sollte; ich spreche hier nicht mit der Meinung eines Anwalts, sondern mit dem einfachen gesunden Menschenverstand des Bürgers; wenn ich falsch liege, sollen meine Worte nicht meinem Verteidiger, sondern ausschließlich mir selbst angelastet werden. Ich wiederhole es, meine Herren, ich würde die Strenge des Grundsatzes nicht lockern; Ich würde den herrschenden Autoritäten nicht einmal in Fällen die Macht zugestehen, die Freiheit zu beschlagnahmen, in denen dies scheinbar legitim wäre, aus Angst, dass eines Tages die Macht kommen könnte, sie in allen Fällen zu beschlagnahmen. Ich glaube, dass die Unterdrückung von Skandalen durch Schiedsgerichtsverfahren bedeutet, zwei Skandale anstelle von einem zu schaffen, und ich sage mit der Stimme eines beredten und ernsthaften Mannes, der heute angesichts der Art und Weise, wie seine Schüler seine Lehren anwenden, schaudern muss: „ *Il n'y a pas de droit au-dessus du droit* " („Es gibt kein Recht über dem Recht").

„Nun, meine Herren, wenn ein solcher Machtmissbrauch, selbst wenn er auf ein zügelloses, unverschämtes oder verleumderisches Werk angewendet wird, unentschuldbar gewesen wäre, wie viel mehr gilt das, wenn er sich auf ein Werk reiner Kunst bezieht, wenn er unter allen in den letzten zwei Jahren produzierten Stücken eine ernsthafte Komposition auswählt, die streng in ihrer Moral ist? Und genau das hat die linke Macht, die uns regiert, getan, als sie *Le Roi s'amuse stoppte*. M. Odilon Barrot hat Ihnen bewiesen, dass sie ohne Gerechtigkeit gehandelt hat; ich werde beweisen, dass sie ohne Grund gehandelt hat.

„Die Motive, die diejenigen, die mit der Polizei in Verbindung stehen, seit einigen Tagen im Ausland flüstern, um das Verbot dieses Stücks zu erklären, sind dreierlei Art: Es gibt den moralischen Grund, den politischen Grund und – wir müssen die Worte aussprechen, auch wenn sie lächerlich klingen – den literarischen Grund. Virgil berichtet, dass der Donner, den Vulkan für Jupiter machte, aus mehreren Zutaten bestand. Der kleine ministerielle Donner, der mein Stück getroffen hat, das die Zensur für die Polizei geschmiedet hatte, besteht aus drei schlechten Gründen, die zusammengerollt, vermischt und vereint wurden, *très imbris torti radios*.

„Zuallererst gibt es, oder vielmehr gab es, den moralischen Grund. Ja, meine Herren, ich schwöre es, denn es scheint unglaublich, die Polizei hat zuerst behauptet, *Le Roi s'amuse* sei, ich zitiere den eigentlichen Ausdruck, ‚ein *unmoralisches Stück‘. Ich habe die Polizei in diesem Punkt bereits zum Schweigen gebracht. Als ich Le Roi s'amuse* veröffentlichte , erklärte ich offen, nicht zum Nutzen der Polizei, sondern für jene ehrenwerten Männer, die mich lesen wollten, dass das Drama zutiefst und streng moralisch sei. Niemand hat mir nicht geglaubt und niemand wird es tun, das ist meine tiefe Überzeugung als ehrlicher Mann. Alle Vorsichtsmaßnahmen, die die Polizei eine Zeit lang gegen die Moralität dieses Werks treffen konnte, sind zu dem Zeitpunkt verschwunden, an dem ich jetzt spreche. Viertausend Exemplare des Buches, die an die Öffentlichkeit ausgegeben wurden, haben diesen Prozess auf ihre Weise vertreten, und diese viertausend Anwälte haben ihre Sache gewonnen. Auch in einer solchen Angelegenheit ist eine Bejahung ausreichend; ich werde mich daher nicht auf eine überflüssige Diskussion einlassen. Nur um der Zukunft wie der Vergangenheit willen möchte ich Ich möchte, dass die Polizei ein für alle Mal erfährt, dass ich keine unmoralischen Werke schreibe. Dies sei als endgültig betrachtet, denn ich werde nicht mehr darauf zurückkommen.

„Nach dem moralischen Argument kommt das politische. Da ich dieselben Ideen nur mit anderen Worten ausdrücken kann, gestatten Sie mir, meine Herren, Ihnen eine Seite aus dem Vorwort zu zitieren, das ich zu dem Drama geschrieben habe ...“ (Wir haben unseren Lesern selbst diese Seite des Vorworts vorgelegt.) [7]

„Nach moralischen und politischen Gründen kommen die literarischen. Eine Regierung, die ein Theaterstück aus literarischen Gründen stoppt, ist eine seltsame Sache, aber sie ist nicht unbegründet. Sie erinnern sich – wenn es Ihnen zufällig die Mühe wert war, sich daran zu erinnern –, dass im Jahr 1829, zu der Zeit, als die ersten *romantischen Werke* auf der Bühne erschienen, etwa zu der Zeit, als die Comédie-Française *Marion Delorme empfing,* König Karl X. wurde eine von sieben Personen unterzeichnete Petition vorgelegt, in der gefordert wurde, dass das Théâtre-Français vom König geschlossen werden solle, und zwar nur für die

Werke der sogenannten *Neuen Schule*. Karl nahm die Petition lachend auf und antwortete geistreich, dass er in literarischen Fragen wie wir alle nur *seinen Platz* im *Parkett des Theaters habe* . Die Petition brach unter dem Spott zusammen. Nun, meine Herren, heute sind viele der Unterzeichner dieser Petition Abgeordnete, einflussreiche Abgeordnete, die der Mehrheit angehören, an der Regierungsgewalt teilhaben und für den Haushalt stimmen. Was sie 1829 schüchtern beantragten, können sie, so allmächtig sie auch sind, 1832 in die Tat umsetzen.

"Ein öffentliches Gerücht besagt, dass sie es waren, die am Tag nach der ersten Aufführung den Minister in der Abgeordnetenkammer ansprachen und ihm unter den denkbar moralischsten und politischsten Vorwänden das Versprechen abnahmen, *Le Roi s'amuse* einzustellen. Der Minister, ein naiver, unschuldiger und aufrichtiger Mann, nahm die Herausforderung tapfer an; er konnte unter all diesen Hüllen die direkte und persönliche Feindseligkeit nicht erkennen; er glaubte, er vollziehe ein politisches Verbot. Es tut mir leid für ihn, sie ließen ihn ein literarisches Verbot vollstrecken. Mehr will ich zu diesem Punkt nicht sagen... Es flößt mir unendlich weniger Zorn als Mitleid ein; es ist seltsam, das ist alles. Die Regierung unterstützt die Akademie im Jahr 1832! Aristoteles wird wieder zum Staatsgesetz! Eine unmerkliche literarische Revolution findet am Rande und mittendrin unserer großen politischen Revolutionen statt! Die Abgeordneten, die Charles X. absetzten, arbeiten in einer winzigen Ecke daran, Boileau wieder einzusetzen! Wie verabscheuungswürdig!...

„Meine Herren, ich fasse zusammen. Indem sie mein Stück unterbindet, hat die Regierung einerseits keinen Gesetzesartikel, aus dem sie sich zitieren könnte, und andererseits keinen einzigen stichhaltigen Grund, den sie anführen könnte. Diese Maßnahme hat zwei Aspekte, die beide gleichermaßen schlecht sind: Als Gesetz ist sie willkürlich, als Argumentation ist sie absurd. Was kann also die Macht, die weder Vernunft noch Gesetz auf ihrer Seite hat, als ihre Motive anführen? Ihre Laune, ihre Einbildung, ihr Verlangen – das heißt, nichts!

„Sie werden diesem Wunsch, dieser Laune, dieser Einbildung gerecht werden, meine Herren. Ihr Urteil, indem Sie mir den Fall übergeben, wird das Land über diese

Angelegenheit informieren – die im Vergleich zur Bedeutung der Verordnung vom Juli nur gering ist –, welche *höhere Gewalt* es in Frankreich außer der des Gesetzes gibt und dass diesem Prozess ein illegaler Befehl zugrunde liegt, den die Regierung zu Unrecht erlassen hat und dem das Theater zu Unrecht Folge geleistet hat; Ihr Urteil wird die Mächte lehren, dass ihre Freunde sie in diesem Fall offen tadeln; dass die Rechte jedes Bürgers von allen Regierungen respektiert werden müssen, dass das Theater, sofern die Bedingungen der Ordnung und der allgemeinen Sicherheit erfüllt sind, wie andere Ausdrucksmittel des öffentlichen Denkens respektiert werden sollte und dass keines der Schlupflöcher, durch die die geistige Freiheit entzogen werden kann, ohne Gefahr geschlossen werden kann, sei es die Presse, die Tribüne oder das Theater. Ich wende mich an Sie mit tiefem Glauben an die Würdigkeit meiner Sache. Ich werde mich bei ähnlichen Gelegenheiten nie davor fürchten, mit einem Ministerium Mann gegen Mann anzutreten; die Gerichtshöfe sind die natürlichen Richter in ehrenhaften Duellen zwischen reinem Recht und Willkür, in Duellen, die weniger ungleich sind, als die Leute denken; denn wenn auf der einen Seite eine ganze Regierung steht und auf der anderen nur ein einfacher Bürger, dann ist dieser einfache Bürger in der Tat stark, wenn er eine illegale Handlung vor Ihr Gericht bringen kann, beschämt darüber, derart der Öffentlichkeit und öffentlicher Geißelung preisgegeben zu sein und ihr, wie ich es tue, mit vier Artikeln aus der Charta gegenüberzutreten!

"Ich verhehle jedoch nicht, dass die heutige Zeit nicht wie die letzten Jahre der Restauration ist, als der Widerstand gegen die Übergriffe der Regierung so viel Beifall fand und so populär war. Die Ideen der Stabilität und der Autorität sind momentan beliebter als die des Fortschritts und der Freiheit. Das ist eine natürliche Reaktion nach jener rauhen Wiederbelebung all unserer Freiheiten im Eiltempo, die als Revolution von 1830 bezeichnet wurde. Aber diese Reaktion wird nicht lange anhalten. Unsere Minister werden eines Tages überrascht sein über das unerbittliche Gedächtnis, mit dem sich selbst die Männer, die dann ihre Mehrheit bilden, an all die Missstände erinnern werden, die sie heute so schnell vergessen zu haben scheinen; außerdem wird es keine Rolle spielen, ob dieser Tag bald oder spät kommt: in dieser Hinsicht erwarte ich weder Beifall noch fürchte ich Beschimpfungen; ich bin nur den strengen Ermahnungen meines Rechts und meiner Pflicht gefolgt.

„Ich muss hier sagen, dass ich gute Gründe habe zu glauben, dass die Regierung diese flüchtige Erstarrung der Öffentlichkeit ausnutzen wird, um die Zensur formell wieder einzuführen, und meine Angelegenheit ist nur ein Vorspiel, eine Vorbereitung, ein Schritt zu einer Ausschaltung aller Theaterfreiheit aus allgemeinen Gesetzen. Indem die Regierung kein repressives Gesetz erlassen hat und der Lizenz auf der Bühne in den letzten zwei Jahren absichtlich freien Lauf gelassen hat, glaubt sie, in der Meinung ehrbarer Menschen, die von dieser Lizenz angewidert sein könnten, ein Vorurteil zugunsten der Theaterzensur geschaffen zu haben. Meiner Meinung nach ist sie falsch, und die Zensur wird in Frankreich nie etwas anderes sein als ein unpopuläres und illegales Verfahren. Was mich selbst betrifft, erkläre ich, dass ich mich einem solchen Akt der Autorität niemals ohne Protest unterwerfen werde, egal ob die Zensur der Theater durch ein illegales Dekret oder ein verfassungswidriges Gesetz wiedereingeführt wurde; und ich erhebe hier und jetzt feierlich einen solchen Protest sowohl für die Gegenwart als auch für die Zukunft.

"Beachten Sie außerdem, wie wenig Größe, Offenheit und Mut die Regierung in der Reihe der seit einiger Zeit aufeinander folgenden Willkürakte an den Tag gelegt hat. Sie hat das schöne, wenn auch unvollendete Gebäude, das die Julirevolution errichtet hatte, langsam, unterirdisch, heimlich, indirekt und auf gewundene Weise untergraben. Sie hat uns immer dann hinterrücks hintergangen, wenn wir es am wenigsten erwarteten. Sie wagte es nicht, mein Stück vor der Aufführung zu tadeln; sie stoppte es am nächsten Tag. Sie greift unsere lebenswichtigsten Freiheiten an; sie nörgelt an unseren besten Bemühungen herum; sie gründet ihren Despotismus auf einen Haufen alter, wurmstichiger und aufgehobener Gesetze; sie lauert darauf, uns unsere Rechte in jenem Knechtswald kaiserlicher Dekrete zu rauben, durch den die Freiheit nie ohne Beraubung hindurchgeht ...

"Ich sage, es ist Sache der Rechtschaffenheit der Gerichte, diesem Lauf Einhalt zu gebieten, der für sie ebenso gefährlich ist wie für uns. Ich sage, dass es der herrschenden

Macht besonders an Größe und Mut mangelt, wenn man bedenkt, wie hinterhältig sie diese riskante Operation durchgeführt hat, die jede Regierung in seltsamer Blindheit der Reihe nach versucht und die darin besteht, mehr oder weniger schnell die Verfassung durch Willkür und die Freiheit durch Despotismus zu ersetzen. [8] ... Wenn es nur noch einige Zeit so weitergeht, wenn die vorgeschlagenen Gesetze angenommen werden, wird die Beschlagnahme all unserer Rechte vollständig sein. Heute nehmen sie mir meine Freiheit als Dichter durch Zensur: morgen werden sie mir meine Freiheit als Bürger durch einen Gendarmen nehmen; heute verbannen sie mich aus dem Theater: morgen werden sie mich aus dem Land verbannen; heute verschließen sie mir den Mund: morgen werden sie mich deportieren; heute herrscht Belagerungszustand in der Literatur: morgen wird er in der Staatsbürgerschaft herrschen; in Freiheiten, Garantien, Chartas, öffentliche Rechte, mit einem Wort: Vernichtung!

"Wenn die Regierung nicht im eigenen Interesse besser beraten ist, vor dem Abgrund haltzumachen, solange noch Zeit ist, werden wir in Kürze den ganzen Despotismus von 1807 ohne seinen Ruhm haben: Wir werden das Kaiserreich ohne den Kaiser haben. Ich habe nur noch ein Wort zu sagen, meine Herren, und ich wünsche, dass Sie es im Hinterkopf behalten, während Sie entscheiden. In diesem Jahrhundert hat es nur einen großen Mann gegeben, Napoleon, und nur eine große Sache, die Freiheit! Der große Mann ist nicht mehr unter uns, versuchen wir, das Große zu haben. V. HUGO."

Es versteht sich von selbst, dass sich das Gericht für unzuständig erklärte, den Fall zu behandeln, und dem Dichter wurde keinerlei Gerechtigkeit widerfahren.

---

[1] Der Agent Léotaud, der M. de Chateaubriand im Jahr 1832 verhaftete.

[2] Siehe Anhang.

[3] Siehe Anhang.

[4] Siehe Anhang.

[5] *Ebenda.*

[6] M. Odilon Barrot.

[7] Siehe Anhang.

[8] Siehe Anhang.

KAPITEL II

Le Corsaire – Der Herzog von Orléans als Karikaturist – Der *Tribune*- Prozess – Das von der Jury eingeführte Vereinigungsrecht – Statistik der politischen Urteile während der Restauration – *Le Pré-aux-Clercs*

Kehren wir zu den politischen Prozessen zurück, die Ende des Jahres 1832 eine Rolle spielten. Natürlich wurde zu dieser Zeit ein politischer Prozess mehr geschätzt als ein literarischer, und die Leute waren viel sicherer, freigesprochen zu werden, wenn sie gegen die Regierung konspiriert hatten, als wenn sie gegen die Akademie konspiriert hatten. Der Prozess gegen die Zeitung *Le Corsaire* folgte dem gegen *Le Roi s'amuse*, oder, wie ich glaube, ging ihm sogar voraus. *Le Corsaire* war damals republikanisch; er hatte einen Bericht über den 5. und 6. Juni nach unserem Standpunkt gegeben. Es ist eine seltsame Sache: Jede Zeitung, die die Revolution in der Politik unterstützte, unterstützte den *Status quo* in der Literatur. Ich werde kurz meinen Streit mit Carrel schildern. So hatte sich der *Corsaire* ausgedrückt. Wir zitieren nur die Passage, die vom Staatsanwalt angefochten wurde:

"... Die Nationalgarde der Vororte war eingetroffen, und im eigentlichen Hof der Tuilerien wurden Patronen und Brandy verteilt. Auf einmal hörte man das Dröhnen von Schüssen auf dem Quai de la Mégisserie, in der Rue Saint-Martin, beim Kloster Saint-Méry und in der Rue Montmartre und Saint-Honoré. Bald mischte sich Kanonendonner darunter, und während dieser Zeit begab sich eine beträchtliche Zahl von Soldaten in verschiedene Viertel der Stadt; die Trommeln trommelten die Einladung an die Bürger, aber die große Masse hörte ahnungslos zu und lehnte den Bürgerkrieg ab. Ein Teil der Stadt war verbarrikadiert. Eine königliche Parade hatte stattgefunden. Der König der Franzosen und sein Sohn, der Herzog von Nemours, begleitet von Monsieur de Montalivet mit dem Schwert in der Hand und Monsieur d'Argout, ausgestattet mit der Krücke, die er seit seiner letzten Krankheit nicht abgelegt hatte, wie es die Ministerzeitungen grotesk ausdrückten, waren durch die Boulevards und kehrte über die Kais zurück. Mehr als 1500 Kavalleristen eskortierten den König. Inzwischen wurde im Quartier Saint-Martin Blut vergossen. Die Nationalgarde des Viertels zeigte eine Aufregung, deren Ursache nur schwer zu verstehen war; das

Feuer hörte nicht auf; mehr als 40.000 Mann waren im Einsatz..."

Dieser Artikel wurde wegen Anstiftung zum Aufruhr angeklagt. Wie man sieht, war er der Juliregierung gegenüber nicht gerade freundlich gesinnt, und die Frage hätte unserer Meinung nach ganz anders gestellt werden müssen. Hatte die angegriffene Regierung das Recht, sich zu verteidigen? Ohne Zweifel. Hatte sie das Recht, im Hof der Tuilerien Branntwein und Patronen zu verteilen? Sicherlich! Hatten wir nicht tatsächlich gesehen, wie M. de Rumigny am 31. Juli und 1. August, am Morgen der Parade von Rambouillet, im Palais-Royal Pulver, Schrot und Wein verteilte? Ja; aber damals war die Aktion sympathisch und wurde gebilligt, während sich heute eine enorme Opposition gegen Louis-Philippe organisierte und alle seine Aktionen angeprangert wurden, sogar die der legitimen Verteidigung ... Sie griffen den König an, sie griffen die Prinzen an, sie griffen die Minister an: Das war alles gut gemacht und gut aufgenommen worden.

Philippon, der geistreiche Herausgeber des *Journal four rire, hatte die Idee, Louis-Philippe in der Gestalt eines Furchters* darzustellen : alle Wände von Paris waren mit dieser grotesken Gestalt bedeckt. Er gab die Zeitschrift *La Caricature heraus,* zu der Decamps einige seiner frühen Zeichnungen beisteuerte, und *La Caricature* war ein enormer Erfolg. Jeder, sogar der Duc d'Orléans, war daran beteiligt. Wir wissen, dass der Prinz geschickt und originell zeichnen konnte und dass er auch stichelte. Ich besitze noch Zeichnungen und Stiche von ihm. Er war ein Schüler von Fielding und zeichnete Tiere mit großem Geschick. Eines Tages kam ihm eine Idee für eine Karikatur in den Kopf, inspiriert von den täglichen Witzen, die die Kammer über seinen Vater machte: Sie sollte den König als Gulliver und die Abgeordneten als Liliputaner darstellen. Der König lag der Länge nach schlafend da, gefesselt und geknebelt, während die ganze Liliputanerbevölkerung um ihn herum war und seine erzwungene Bewegungslosigkeit ausnutzte, um ihn zu betasten und zu untersuchen. Aus der ersten Idee ergaben sich eine Menge Episoden, eine komischer als die andere. Der Bankier Jacques Lefebvre rollte mit derselben Kraftanstrengung, mit der ein Stellmacher ein Rad rollt, ein Fünffrankenstück auf die Statue von König Louis-Philippe zu. M. Humann, der damalige Finanzminister – soweit ich mich erinnere – und folglich die Aufsicht über die Verbrauchsteuern innehatte, steckte bis zu den Knien in dem von Sganarelle so geschätzten Pulver und schüttelte sich vor Schreck den Kopf ab. M. Ganneron, der sein Vermögen mit Talg gemacht hatte, trat mit einer Kerze in der Hand auf die Brücke zu, die Gullivers halboffene Hosen bildeten, weniger mutig als der Graf Max Edmond von den *Burggrafen* und unsicher, ob er sich in die Dunkelheit der Höhle wagen sollte. Herr Thiers und Herr Guizot, die bereits um die Macht stritten, hatten beide ein Seil von den Uhren der Weste des Königs gespannt und gingen mit einer

Waage in der Hand auf die beiden königlichen Uhren zu, die die Aufschriften *Ministère de l'intérieur* und *Ministère des affaires Étrangères trugen* ; auf Herrn Thiers' Waage standen die Aufschriften *Libéralisme* und auf Herrn Guizot *Réaction*. Herr Mold und Herr Dupin spielten auf einer Wippe. All diese Liliputaner waren so lebensecht wie möglich. Vom König brauchen wir nicht zu reden, er war 20 bis 25 Zentimeter groß und ein perfektes Porträt. Aber das ist der merkwürdigste Teil der Geschichte.

Der Herzog von Orléans hatte seine Steine aus dem lithografischen Büro von Motte, dem Schwiegervater unseres lieben Freundes Achille Devéria, bezogen. Sie vergaßen zu erwähnen, dass diese Lithografie, da sie nicht für die Öffentlichkeit bestimmt war, nicht beim Innenministerium hinterlegt werden musste: Der Chefarbeiter erledigte die Sache mit aller Gewissenhaftigkeit und schickte einen Probeabzug an das Innenministerium; er war mit FO, der üblichen Unterschrift des Herzogs, für Ferdinand von Orléans unterzeichnet. Es muss wohl kaum erwähnt werden, dass die Veröffentlichung des Drucks nicht nur verboten war, sondern auch zum König gebracht wurde.

Der König erkannte die Unterschrift seines Sohnes! Wir können die väterliche Standpauke verstehen, die Seine Königliche Hoheit erfuhr. Es wurde eine ehrenvolle Wiedergutmachung geleistet: Der Lithograf strich den Kopf durch und setzte anstelle des Kopfes des Staatsoberhaupts den ersten Kopf ein, der ihm in den Sinn kam.

1834 schenkte mir der Herzog von Orléans zwei Exemplare dieser Karikatur, eines *vor dem Auskratzen des Kopfes* und eines *danach* . Ich war dumm genug, mir beide Exemplare wegnehmen zu lassen. Wenn der Herzog von Orléans noch lebte, brauchte ich ihn nur um weitere zu bitten, und ich wusste damals noch nicht, welchen Preis sie wert waren. Dieser Exkurs soll eine Vorstellung von der Art der Opposition vermitteln, die damals erhoben wurde.

Le Corsaire wurde also wegen Anstiftung zum Aufruhr angeklagt. Die Geschworenen zogen sich der Form halber zur Beratung zurück, kamen aber bald wieder heraus und erklärten den Geschäftsführer des *Corsaire* für nicht schuldig. Der Prozess gegen *La Tribune* folgte dem gegen den *Corsaire*. M. Bascans wurde freigesprochen, ebenso wie M. Viennot. Dann kam die Angelegenheit des *Vereinigungsrechts*. Neunzehn Mitglieder der Gesellschaft der Volksfreunde wurden vor die Geschworenen des zweiten Gerichts geladen. Sie wurden angeklagt, Leiter und Verwalter einer politischen Versammlung von über zwanzig Personen gewesen zu sein. Dies war eine ganz andere Angelegenheit als die beiden vorhergehenden Freisprüche! Nach einer dreiviertelstündigen Beratung verlas M. Fenet, der Vorsitzende der Geschworenen, diese Erklärung:

„ *Zur ersten Frage:* ‚Gab es an festgelegten Tagen eine Vereinsversammlung, um über Politik zu diskutieren?‘ – ‚Ja‘

„ *Zur zweiten Frage* : ‚Fanden diese Versammlungen ohne Genehmigung der Regierung statt?‘ – ‚Ja.‘

[Nach diesen beiden Behauptungen glaubten natürlich alle, dass die Angeklagten mit Sicherheit schuldig gesprochen würden.]

„*Zur dritten Frage* : ‚Sind die Angeklagten schuldig?‘ – ‚Nein.‘“

Das ganze Gericht brach in Beifall aus. Damit war das *Vereinigungsrecht* durch die Geschworenen eingeführt. Die Leute hatten die politischen Urteile langsam satt. Gerade waren Statistiken mit einer Liste der während der Restauration Verurteilten veröffentlicht worden : Die Bourbonen des älteren Zweigs hatten in fünfzehn Jahren *118 Köpfe* abgeschlagen und 14 *widerspenstige Personen verurteilt*; siebzehn wurden zu Zwangsarbeit mit Zuchthaus verurteilt, neunzehn zu Zwangsarbeit, zweiundsiebzig zu Deportation, achtzehn zu Gefängnis, fünfunddreißig zu zeitweiliger Verbannung. Die Gesamtzahl der Urteile, ob schwer oder leicht, von der Todesstrafe bis zur Bewährung, belief sich also auf zweitausendvierhundertsechsundsechzig! Inmitten *all* dieser Ereignisse schuf Hérold am 12. Dezember ein Meisterwerk: *Le Pré-aux-Clercs*.

Die Kunst ist ein König, der lächelnd durch Revolutionen geht und auf alle Umwälzungen, die er überlebt, mit Verachtung herabblickt.

KAPITEL III

Victor Jacquemont

Als sich dieses blutige Jahr 1832 seinem Ende näherte, in dem allein die Cholera der französischen Bevölkerung 95.000 Tote gekostet hatte, betrauerten die Behörden von Bombay den Tod von Victor Jacquemont, einem jungen Gelehrten von höchster Qualität. Als Gelehrter verabscheute Victor Jacquemont Männer mit Phantasie; besonders hasste er uns Dramatiker. Er hatte Frankreich 1828 vor der großen literarischen Bewegung verlassen, die darauf folgte, und beurteilte sie nur nach den Leitartikeln in den Zeitungen.

"Das ist alles geschmacklos!", sagte er in einem seiner Briefe, den mir ein *Freund* mit der üblichen Begierde zeigte, mit der Freunde einem solche Sachen unter die Nase schieben. "Indem wir die Griechen und Römer und den Adel unserer alten Theater beiseite ließen, waren wir mit ihren Nachfolgern nicht glücklich."

Er nannte uns *Messieurs de l'horrible*. Armer Jacquemont! Ich kannte ihn kaum; ich sah ihn einmal bei General La Fayette, der ihn wie einen Sohn behandelte. Der berühmte alte Mann hatte einen sicheren Instinkt für Freundschaft: Alle, die später groß wurden, wurden durch seine Freundschaft oder seinen Schutz geehrt.

Der Tod Jacquemonts hinterließ in Frankreich kaum Eindruck, bei seinen Landsleuten war er völlig unbekannt. sein Ruf rührte von der posthumen Veröffentlichung seiner Werke her, insbesondere von seiner privaten Korrespondenz, die jeder kultivierte Mensch gelesen hat. Ich sage kultivierter Mensch, denn es gibt keine eingefleischteren Talentjäger als Ihren kultivierten Mann. Nun steckt hinter Jacquemonts Korrespondenz echter Witz, obwohl sie trockener und skeptischer Natur ist. Was den Glauben betrifft, so ist das eine ganz andere Sache; er zweifelte offensichtlich an allem, sogar an Gott. In seinen letzten Briefen an seine Familie äußert er kein Wort der Hoffnung auf ein anderes Leben; die Unsterblichkeit der Seele ist für Jacquemont nicht einmal so sehr wie ein Traum. Der Brief, in dem er seinem Bruder und durch seinen Bruder der ganzen Familie Lebewohl sagt, ist voller Verzweiflung. Ich will nicht sagen, dass er keine Resignation enthält, aber er liest sich wie das Werk einer unbekümmerten Person. Jacquemont spricht darin von sich selbst, wie er von einem flüchtigen Bekannten sprechen würde. Setzen Sie den Brief in die dritte Person; der Sterbende soll *er* durch *ich ersetzen,* und Sie Lassen Sie sich von einer gleichgültigen Person den Tod eines Fremden amtlich mitteilen. Sehen Sie nach, ob der Brief von einem

Mann stammt, der viertausend Meilen von seinem Land entfernt im Sterben liegt:

"BOMBAY, UNTERKUNFT DER INVALID OFFIZIERE,

1. *Dezember* 1832

„LIEBER PORPHYRE, ich bin vor 32 Tagen krank hierhergekommen und liege seit 31 Tagen im Bett. In den giftigen Wäldern der Insel Salsette, der brennenden Sonne während der ungesundesten Jahreszeit ausgesetzt, habe ich mir die Keime der Krankheit eingefangen, deren Anfälle ich seit meiner Reise nach Adschmir oft gespürt habe, deren wahre Natur ich jedoch vor mir selbst verborgen hatte. Es ist eine Leberentzündung. Die pestartigen Ausdünstungen haben mich erledigt. Sobald meine Krankheit begann, habe ich mein Testament gemacht und meine Angelegenheiten in Ordnung gebracht. Meine Interessen sind der ehrenvollen und freundlichen Obhut von Mr. James Nicol, einem englischen Kaufmann hier, und M. Cordier in Kalkutta anvertraut. Mr. Nicol war mein Gastgeber bei meiner Ankunft in Bombay. Kein alter Freund hätte mich liebevoller pflegen können. Dennoch verließ ich nach ein paar Tagen, als ich noch transportfähig war, sein Haus, das sich im Fort befindet, um ein bequemes und geräumiges Zimmer im Invalidenviertel zu beziehen Offiziere, in einer äußerst luftigen und gesunden Lage an der Küste, hundert Meter von meinem Arzt, Dr. MacLennan, dem klügsten in Bombay, entfernt, dessen bewundernswerte Fürsorge ihn seit langem zu meinem sehr lieben Freund gemacht hat.

„Der grausamste Gedanke, lieber Porphyre, wenn wir in einem fernen Land sterben, ist für diejenigen, die uns lieben, die Vorstellung der Einsamkeit und Verlassenheit, in der wir die letzten Stunden unseres Lebens verbringen könnten. Nun, mein lieber Freund, Sie können Trost in der Versicherung finden, die ich Ihnen geben kann, dass ich seit meiner Ankunft hier nicht aufgehört habe, von den liebevollsten und rührendsten Aufmerksamkeiten einer Reihe guter und freundlicher Männer überwältigt zu werden. Sie kommen ständig vorbei, besuchen mich, gehen auf meine kranken Launen ein und verhindern jede meiner Launen. Mehr als jeder andere sind es Mr. Nicol, Mr. John Box, ein Mitglied der Regierung, ein alter Oberst der

Ingenieurswissenschaften, Mr. Goodfellow, ein sehr freundlicher junger Offizier, Major Mountain, und noch andere, die ich nicht erwähnt habe. Der ausgezeichnete MacLennan riskierte beinahe seine eigene Gesundheit für mich; mehrere Tage lang während einer Krise, die wahrscheinlich tödlich enden würde, kam er zweimal pro Nacht. Ich habe absolutes Vertrauen in seine Fähigkeiten. Anfangs litt ich sehr, aber seit langer Zeit bin ich in einen Zustand der Schwäche versetzt, in dem ich fast keine Schmerzen mehr habe. Das Schlimmste ist, dass ich seit einunddreißig Tagen nicht mehr als eine Stunde geschlafen habe. Aber diese schlaflosen Nächte sind sehr ruhig und kommen mir nicht verzweifelt lang vor.

„Glücklicherweise nähert sich die Krankheit ihrem Ende; sie ist vielleicht nicht tödlich, obwohl sie es höchstwahrscheinlich sein wird. Der oder die Abszesse, die sich seit dem ersten Ausbruch in der Leber gebildet haben und die bis vor kurzem versprachen, sich durch Absorption aufzulösen, scheinen sich vergrößert zu haben und werden sich in Kürze äußerlich öffnen. Alles, was ich wünsche, ist, schnell aus dem elenden Zustand herauszukommen, in dem ich mich seit einem Monat befinde, ganz gleich, auf welche Weise. Mein Verstand ist vollkommen klar, wie Sie sehen können; er war nur selten und vorübergehend während mehrerer heftiger Schmerzanfälle zu Beginn meiner Krankheit getrübt. Ich habe im Allgemeinen mit dem Schlimmsten gerechnet und war daher nie ungewöhnlich deprimiert. Mein Ende, sollte es kommen, sieht süß und friedlich aus. Wenn Sie hier mit unserem Vater und Frédéric auf meinem Bett säßen, wäre ich untröstlich und würde dem Tod nicht mit solcher Gelassenheit und Ergebenheit entgegensehen. Seien Sie getröstet und trösten Sie unseren Vater; trösten Sie einander, meine Lieben. Aber ich bin erschöpft von dieser Anstrengung zu schreiben. Ich muss mich von Ihnen verabschieden! Lebe wohl ... Oh! Wie sehr liebt Ihr armer Victor Sie! Lebe wohl zum letzten Mal! Ich kann nur mit Bleistift schreiben, wenn ich auf dem Rücken liege. Aus Angst, dass die Buchstaben verwischt werden, wird der ausgezeichnete Herr Nicol diesen Brief mit Tinte abschreiben, damit ich sicher sein kann, dass Sie meine letzten Gedanken lesen werden.

"VICTOR JACQUEMONT

„Ich konnte unterschreiben, was der bewundernswerte Herr Nicol so freundlich war, zu kopieren. Lebt noch einmal wohl, meine Lieben!"

Nur ein einziger Satz aus dem Herzen des Mannes: „Lebe wohl! Oh! Wie dein armer Victor dich liebt!" Das erklärt vollkommen, warum eine Literatur voller Gefühle diesem kalten, gelehrten intellektuellen Temperament zuwider gewesen sein muss.

Glücklicherweise verpflichteten sich zwei Männer, der Familie, die durch den unerwarteten Verlust in ihrer Ferne zutiefst betrübt war, den traurigen Trost zu schicken, den der Sterbende ihnen nicht zu geben gedacht hatte. Ein Sterbender, der weiß, dass er geliebt wird, sollte diejenigen, die er zurücklässt, so gut er kann trösten; er sollte Mitleid mit denen haben, die er zum Weinen bringt: Herzen werden geheilt, indem sie erweicht werden, nicht indem sie zu Stein werden. Der Mann, der viel allein geweint hat, kann die Wahrheit dessen, was ich hier sage, schätzen.

Dies ist Mr. James Nicols Brief an Jacquemonts Bruder. Denken Sie daran, Mr. James Nicol ist Engländer, und dennoch ist der Brief auf Französisch geschrieben, einer anderen Sprache als seiner eigenen. Aber es gibt eine universelle Sprache für das Herz.

"BOMBAY, 17. *Dezember* 1832

„MEIN LIEBER HERR, obwohl ich Ihnen fremd bin, hat mir das Schicksal die Aufgabe zugewiesen, Ihnen ein Ereignis mitzuteilen, mit dem Sie nicht gerechnet haben. Mit tiefstem Bedauern bin ich gezwungen, Ihnen den letzten Brief Ihres Bruders Victor zu übermitteln und Ihnen den einzigen Trost zu übermitteln, der Ihnen bleibt, nämlich Ihnen von seinem friedlichen und schmerzlosen Tod am 17. Dezember zu berichten.

"Ihr Bruder kam am 29. Oktober von Tanna zu mir nach Hause. Sein Gesundheitszustand war sehr schwach, da er vor kurzem an einer Krankheit litt, die er durchgemacht hatte und von der er dachte, dass sie durch die Meeresbrise dieser Insel schnell geheilt und seine Kräfte schnell wiederhergestellt werden würden. Am Abend seiner Ankunft machte er mit mir einen Spaziergang von einer halben Meile und stattete am nächsten Tag verschiedene Besuche ab. Er kam jedoch früh zurück, völlig erschöpft. Ich riet ihm, sofort einen Arzt aufzusuchen. Dr. MacLennan sah ihn noch am selben Abend. Zu Ihrer Zufriedenheit lege ich diesem Brief den Bericht bei, den der

Arzt über seine Krankheit schrieb. Wie Ihr Bruder Ihnen selbst erzählt hat, litt er zu Beginn seiner Krankheit schrecklich und war von Anfang an über die Gefährlichkeit der Krankheit informiert. Am 4. November machte er sein Testament, dessen Kopie ich hiermit beilege. Um den 8. November herum schien die Krankheit eine günstige Wendung zu nehmen, und er hegte immer noch die Hoffnung, seine Gesundheit wiederherzustellen, als sich ein Abszess bildete. Er wurde dann täglich schwächer, behielt aber während seiner gesamten Krankheit eine Ruhe und Zufriedenheit bei, die ich nie zuvor gesehen. Ich verließ ihn am 6. Dezember in fast demselben Zustand wie an den vorhergehenden Tagen, aber ohne Anzeichen einer baldigen Auflösung. Am 7. jedoch, etwa um drei Uhr morgens, wurde er von heftigen Schmerzen befallen, die zwei Stunden anhielten. Dr. MacLennan war zu der Zeit bei ihm. Um fünf Uhr morgens ließ Ihr Bruder nach mir schicken: Er litt nicht, als ich ankam; aber sein Aussehen hatte sich seit der vergangenen Nacht sehr verändert, und ich konnte meine Tränen kaum zurückhalten. Dann nahm er meine Hand und sagte zu mir: „Sei nicht traurig; die Zeit naht, und meine Wünsche werden bald in Erfüllung gehen. Ich habe die letzten zwei Wochen zum Himmel dafür gebetet. Es ist eine glückliche Erlösung. Würde ich jetzt noch leben, würde die Krankheit mir wahrscheinlich den Rest meines Lebens schwer machen ... Schreiben Sie meinem Bruder und erzählen Sie, wie friedlich und glücklich meine letzten Tage vergingen ...“

„Er wiederholte mir gegenüber, dass ich seine Manuskripte und Sammlungen nach Frankreich schicken solle, und ging auf die ausführlichsten Einzelheiten seiner Beerdigungsvorkehrungen ein, die er mit protestantischen Riten feiern lassen wollte. Er bat mich, einen einfachen Grabstein mit dieser Inschrift darauf aufzustellen:

„VICTOR JACQUEMONT, GEBOREN
IN PARIS, AM 8. JAHR 1801, GESTORBEN IN
BOMBAYA, NACH EINER REISE MIT DEM
ANHÄNGER „TROISANS ET DEMIDANS L’INDE“

Im Laufe des Tages hatte er mehrere Brechanfälle und seine Atmung war erheblich beeinträchtigt; aber er konnte seine geistigen Fähigkeiten so gut nutzen wie in einem gesunden Zustand. Er war nur wegen seines Todes beunruhigt und fügte hinzu: „Ich fühle mich hier sehr wohl, aber in meinem Grab würde es mir viel besser gehen!" Gegen fünf Uhr nachmittags sagte er zu mir: „Ich werde jetzt meinen letzten Schluck aus deiner Hand nehmen und dann sterben." Es folgte ein heftiger Brechanfall und er wurde völlig erschöpft in sein Bett zurückgelegt. Er öffnete manchmal die Augen und bis zwanzig Minuten vor seinem Tod schien er mich zu erkennen. Sechzehn Minuten nach sechs übergab er im Schlaf seinen Geist dem Tod.

„Er wurde am folgenden Abend mit militärischen Ehren als Mitglied der Ehrenlegion beerdigt. Ihm folgten Regierungsmitglieder und viele andere Menschen.

"Ich empfinde das aufrichtigste Mitgefühl mit Ihnen und Ihrem Vater in diesem unwiederbringlichen Verlust. Ich kannte Ihren Bruder nur während seiner Krankheit und hatte nur die traurige Genugtuung, während seiner Krankheit nach besten Kräften zu seinen Bedürfnissen beizutragen. In Übereinstimmung mit den Wünschen Ihres Bruders habe ich die in meinem Besitz verbliebenen naturhistorischen Artikel mit aller Sorgfalt per Dampfer abgeschickt; sie sind in elf Kisten und Fässern verpackt, für die ich die Rechnung und den Frachtbrief beilege, die vom Kapitän des französischen Schiffes *La Nymphe* aus Bordeaux unterzeichnet sind. Ich schrieb an den Commissaire Général de la Marine in Bordeaux und bat ihn, etwaige Schwierigkeiten, die in diesem Zusammenhang auftreten könnten, auszuräumen. Seien Sie so gut, ihm über die Dinge zu schreiben. Ich habe auch eine an Ihren Vater adressierte Schachtel abgeschickt, die alle Schriftstücke enthält, die Ihr Bruder mir hinterlassen hat. [1] Ich habe seinen Orden der Ehrenlegion, den Ihr Bruder mir ausdrücklich angewiesen hat, Ihnen zu schicken, in die Kiste mit seinen Papieren gelegt. Ich schicke Ihnen auch seine Uhr und seine Pistolen. Seien Sie so freundlich, die zu den Sammlungen gehörenden Kataloge von den anderen Schriften zu trennen und sie an das Royal Museum zu senden. Ich habe die Ehre, Ihr, sehr geehrter Herr, zu sein usw.
JAMES NICOL."

Die Grabinschrift, die der Sterbende selbst verfasste, ist furchtbar kurz und trostlos. Das verlorene Kind namens Antonius hätte für seine unbekannte Mutter etwas Kindlicheres gefunden als dieser Philosoph für seine. Gibt es außer der Mutter, die uns geboren hat, nicht auch die Mutter, die uns in ihre Arme nimmt – das ewige Grab ebenso wie die vorübergehende Wiege? Sollte das trockene und verschlingende Klima Indiens dem Leidenden nicht das sanfte Land seiner Geburt am kostbarsten machen?

Oh, Veilchen und Gänseblümchen, die eines Tages auf meinem Grab sprießen werden, wie sehr würde ich euch bedauern, wenn ich meinen letzten Schlaf unter dem brennenden Sand von Bombay verbringen müsste! Die Seele mag vielleicht nur ein Traum sein; aber der Duft der Blumen ist Realität.

Dem Brief von Herrn James Nicol war der Bericht von Dr. MacLennan über Jacquemonts Krankheit beigefügt, dessen Länge wir zu unserem großen Bedauern nicht wiedergeben können. [2] Er beweist, wie sehr der ausgezeichnete Arzt seine eigene Gesundheit aufs Spiel gesetzt hatte, wie der Sterbende gesagt hatte. Dies waren jedoch nicht die einzigen Zeichen des Mitgefühls, die die Familie ihrer berühmten Toten erhielt. Die Herren Cordier, Geoffroy-Saint-Hilaire und de Jussieu schrieben den folgenden Brief an Herrn Jacquemont, den Vater:

„PARIS, 21. *Mai* 1833

„SIR, – Wir haben zu sehr mit dem Schlag mitgefühlt, der Sie gerade getroffen hat, als dass wir nicht den Wunsch verspüren würden, uns Ihrem Kummer anzuschließen, indem wir unseren eigenen Anteil daran bezeugen. Die Museumsleitung, die Ihrem Sohn die Mission anvertraut hatte, die er ehrenvoll erfüllte und für die er sein Leben geopfert hat, empfindet den grausamen Verlust in doppelter Hinsicht: Sie hat in ihm einen Reisenden verloren, in den sie ihr volles Vertrauen gesetzt hatte, und die Wissenschaft hat einen Naturforscher mit den glänzendsten Aussichten verloren.

„Wir dürfen hoffen, dass die Früchte seiner verhängnisvollen Reise dank der weisen Vorsichtsmaßnahmen, die er in seinen letzten Tagen getroffen hat, nicht verloren gehen; dass die Arbeit von Victor Jacquemont Früchte tragen wird und dass die Ergebnisse sich entwickeln, wenn auch zweifellos weniger brillant, als wenn er sie selbst geleitet hätte, so doch in ausreichendem Maße, um seine Bemühungen sowohl hinsichtlich ihrer tatsächlichen Leistung als auch als Beispiel dafür, welche weitere Arbeit er geleistet hätte, wenn er noch am Leben gewesen wäre, würdigen zu lassen.

„Sie können sich darauf verlassen, dass wir nichts
versäumen werden, um dieses Ziel zu erreichen und Ihnen
den einzigen wahren Trost zu geben, der Ihnen bleibt. – Wir
sind,   Sir,   usw.,
„Les professeurs administrateurs du Muséum

„CORDIER, Direktor
GEOFFROY-SAINT-HILAIREA. DE JUSSIEU"

Tatsächlich kamen alle Schriften von Victor Jacquemont unversehrt in Paris
an. Ich sah sie einmal in der Hand von Monsieur Guizot, als ich ihn um Hilfe
bat, das Leben eines zum Tode Verurteilten zu retten, der am nächsten Tag
erschossen werden sollte. Ich wollte Monsieur Guizot um Hilfe bitten, und
er schrieb auf ein Blatt aus Jacquemonts Manuskripten. Der Mann wurde
gerettet; aber ich werde die Geschichte an der richtigen Stelle erzählen. So
nimmt der Name Jacquemont in meiner Erinnerung und in meinen
Memoiren vielleicht einen wichtigeren Platz ein, als er sollte.

---

[1] Die gesamten Schriften von Victor Jacquemont und die Beschreibung der
wichtigsten naturhistorischen Objekte der Sammlungen, die er an das
Naturhistorische Museum von Paris schickte, wurden von MM. Firmin
Didot frères unter dem Titel *Voyage dans l'Inde veröffentlicht,* 6 Bände in 4to,
vier Druckbände und zwei mit 290 Tafeln und 4 Karten (1841-44).

[2] Der Brief findet sich in der Pariser Ausgabe von *Souvenirs of Dumas,* 1855,
Band vii.

KAPITEL IV

George Sand

Lassen Sie uns nun einige Worte zu den literarischen Produktionen des Jahres 1832 sagen. Wir haben die wichtigsten Theaterstücke gesehen: *Térésa, Louis XI., Dix Ans de la vie d'une femme, Un duel sous Richelieu, La Tour de Nesle, Clotilde, Périnet Leclerc* und *Le Roi s'amuse.*

In seiner Jahresliste, die die Arbeit des Jahres zusammenfasst, beklagt M. Lesur die *mangelnde Produktivität* jener zwölf Monate, in denen lediglich ZWEIHUNDERTSIEBENUNDFÜNFZIG Werke entstanden, darunter auch die oben erwähnten acht Dramen.

Sehen Sie, was der Chronologe über die Romane sagt; seine übliche freundliche Neigung zur zeitgenössischen Literatur wird darin zu erkennen sein:

> „Romane vermehren sich so schnell wie eh und je; sie wimmeln überall und drängeln sich gegenseitig, um uns eine energische Schau der Trivialitäten vorzuführen: Sittenromane, historische Romane, psychologische, physiologische, pathologische Romane; Märchen und komische und phantastische Geschichten aller Art und Couleur!"

Ja, Monsieur Lesur. Und unter diesen zahlreichen Romanen befinden sich tatsächlich zwei Meisterwerke von Madame Sand, „ *Indiana* und *Valentine*", und eines der besten Werke von Eugène Sue, „ *La Salamandre*".

Doch beschäftigen wir uns zunächst mit Madame Sand, jenem genialen Hermaphroditen, der die Kraft eines Mannes mit der Anmut einer Frau verband; die wie die antike Sphinx, das ewig geheimnisvolle Rätsel, mit dem Gesicht einer Frau, den Klauen eines Löwen und den Flügeln eines Adlers an den äußersten Grenzen der Kunst kauert. Später kommen wir auf Eugène Sue zurück.

Madame Sand kam kurz vor der Revolution von 1830 nach Paris. Was wollte sie dort tun? Sie wird es Ihnen selbst mit ihrer gewohnten Offenheit erzählen. Madame Sand trägt Frauenkleider, aber nur als Kleidungsstück, um sie zu bedecken und nicht, um sich zu verbergen. Was nützt Heuchelei, wenn man über Kraft verfügt?

> „Kurz vor der Revolution von 1830", sagt die Autorin von *Indiana*, „kam ich nach Paris mit dem Ziel, eine Beschäftigung zu finden, die nicht so sehr lukrativer Natur

war, sondern vielmehr eine, die mir das Leben erleichterte. Ich hatte nie anders als zum Vergnügen gearbeitet; ich wusste wie alle anderen, dass *un peu de tout rien en somme* bedeutete . Ich legte großen Wert auf eine Arbeit, die es mir erlaubte, in meinem eigenen Haus zu bleiben. Ich wusste nicht, was ich tun sollte. Zeichnen, Musik, Botanik, Sprachen, Geschichte, ich hatte an allem herumgeknabbert und bedauerte sehr, dass ich mich nicht eingehend mit einem davon befasst hatte; denn von allen Beschäftigungen war das Schreiben für die Öffentlichkeit diejenige, die mich am wenigsten anzog. Es schien mir, dass es, abgesehen von einem seltenen Talent dafür, das ich nicht zu besitzen glaubte, weniger nützlich war als jedes andere. Ich hätte also einen bestimmten Beruf viel lieber gehabt. Ich hatte oft zu meinem eigenen Vergnügen geschrieben. Es schien mir sehr unverschämt, vorzugeben, andere Leute unterhalten oder interessieren zu können, und nichts hätte mir helfen können. war weniger kongenial zu meinem zurückhaltenden Charakter, ein Träumer, der sich mehr nach intimen Freundschaften sehnte als nach der öffentlichen Enthüllung seiner intimsten Gedanken. Außerdem beherrschte ich meine eigene Sprache nur sehr unvollkommen. Da ich durch klassische Lektüre erzogen worden war, sah ich, wie sich die Romantik überall ausbreitete. Ich hatte sie zunächst verspottet und aus der Einsamkeit meiner eigenen privaten Ecke und aus den Tiefen meines inneren Gewissens abgelehnt, aber als ich auf den Geschmack gekommen war, wurde ich begeistert; mein Geschmack, der damals noch ungeformt war, schwankte zwischen der Vergangenheit und der Gegenwart, ohne zu wissen, wo er sich niederlassen sollte, und mochte beides, ohne es zu wissen und ohne nach einem Mittel zu suchen, sie miteinander zu versöhnen.“

Besser kann man den Zustand der Ratlosigkeit, in den sich ein Genie während einer bestimmten Lebensphase versetzt, nicht beschreiben, wenn es vom Glauben vorwärts und vom Zweifel zurückgezogen wird. Da die Autorin von *Indiana* damals erst 25 Jahre alt war und sich zwischen dem Brot der Unabhängigkeit und dem täglichen Brot entscheiden musste, begann sie, sowohl Fächer zu malen als auch Porträts für 15 Francs das Stück zu malen und schrieb außerdem einen Roman. Das alles war eine sehr unsichere Arbeit, die schlechtesten, überlackierten Abzüge erzielten eine größere

Wirkung als die Aquarelle der jungen Künstlerin; für 5 Francs – und eine bessere Ähnlichkeit als ihre – konnte man dieselben Porträts haben, die sie für 15 verkaufte; und schließlich schien George Sand der Roman so armselig, dass sie nicht einmal versuchte, ihn zu verwerten. Sie fühlte jedoch, dass ihre wahre Berufung die Literatur war, und beschloss, einen erfolgreichen Literaten zu konsultieren.

Zu dieser Zeit gab es in Paris einen *Literaten* von unbestreitbarem und fast unumstrittenem Genie, einen Schriftsteller ersten Ranges, jedenfalls was Originalität anging. Er hatte mehrere Romane veröffentlicht, und die bemerkenswertesten davon hatten einen ebenso merkwürdigen Erfolg wie derzeit *Ourika* und *Édouard* . Er hatte es am Theater versucht und eine Komödie für das Français geschrieben; sie war unter lautem Lärm zusammengebrochen! Ich habe von seiner ersten und einzigen Aufführung berichtet. Sein Name war Henri de Latouche. Er war ein Landsmann von George Sand und ein Freund der Familie. George Sand beschloss, ihn aufzusuchen.

De Latouche kannte ich, wie ich bereits sagte, nur flüchtig, und etwa 1832 geriet ich mit ihm in Streit, weil ich nicht republikanisch genug war, um ihm zu gefallen, oder vielmehr, weil ich einer anderen Form des Republikanismus angehörte als er. Er war damals ein 45-jähriger Mann mit einem Gesicht, das vor Intelligenz sprühte, mit einer ziemlich korpulenten Gestalt und sehr höflichen Manieren, obwohl diese einen unendlichen Vorrat an Ironie enthielten. Seine Sprache war erlesen und seine Rede rein und wohlmoduliert; er sprach, wie er schrieb, oder vielmehr, wie er diktierte. War er ein geeigneter Führer für einen Anfänger? Ich habe meine Zweifel. De Latouche war in seinen Meinungen willkürlich; er dachte, dass alle, die ihm nicht ergeben waren, feindlich gesinnt waren, alle, die nicht für ihn waren, gegen ihn. So furchtsam wie eine Gämse glaubte er ständig, dass eine Verschwörung im Gange sei, um ihn zu verleumden und zu vernichten. Er zog sich in sein Refugium in La Vallée-aux-Loups zurück. Seine Feinde warfen ihm Feigheit vor und versuchten, ihn dorthin zu verfolgen. Doch wenn sie sich zu weit vorwagten, kehrten sie mit Gesichtern zurück, die wie von Tigerklauen gezeichnet waren. Er begann damit, die arme Novizin grausam zu necken und wie Alkestis alle ihre literarischen Versuche zu verurteilen.

> "Dennoch", sagt George Sand, "entdeckte sich für mich
> trotz all der Hohnsprüche und Kritik, der scherzhaften,
> beißenden, amüsanten Verhöhnung, mit der er mich in
> unseren Gesprächen überhäufte, Vernunft, Geschmack,
> mit einem Wort Kunst. Niemand war besser als er darin, die
> Illusionen der Eitelkeit zu zerstören; aber niemand besaß
> ein gütigeres Feingefühl darin, Hoffnung und Mut zu

> bewahren. Er hatte eine süße und rührende Stimme, eine
> aristokratische und klare Aussprache und ein Benehmen,
> das sowohl verführerisch als auch neckisch war. Das Auge,
> das ihm als Kind ausgestochen worden war, entstellte ihn
> nicht im Geringsten; die einzige Spur des Unfalls war eine
> Art rotes Feuer, das aus der Pupille schoss und ihm ein
> seltsames, leuchtendes Aussehen verlieh, wenn er aufgeregt
> war."

Nein, das Auge entstellte nicht de Latouches Gesicht, aber es entstellte seinen Charakter schrecklich! Vielleicht verdankte er auch einen Teil seines verborgenen Talents diesem blinden Auge, so wie Byron seinem lahmen Fuß. Wir werden weiter George Sands eigene Worte zitieren, die das Bild von de Latouches Charakter vervollständigen:

> "M. de Latouche liebte es, zu belehren, zu tadeln und
> Gesetze zu erlassen; aber er verlor schnell die Geduld mit
> eitlen Leuten und richtete seinen Witz gegen sie in
> spöttischen Komplimenten, die unbeschreiblich bösartig
> waren. Wenn er auf einen Geist traf, der bereit war, von
> seinen Lektionen zu profitieren, war seine Satire
> freundlicher; sein Griff wurde väterlicher und sein feuriger
> Blick sanfter; und nachdem er die Überläufe seines Witzes
> an Ihnen ausgelassen hatte, ließ er Sie darunter ein zartes,
> sensibles Herz sehen, voll hingebungsvoller und
> großzügiger Gefühle."

Sechs Monate vergingen mit dieser Art der Arbeit zwischen Schüler und Meister. Der Meister wies die Schülerin darauf hin, was sie lesen sollte, und las es ihr selbst auf seine Weise vor - das heißt, er erzählte ihr das Buch, anstatt es zu lesen, fügte der Erzählung des Autors die brillanten Ausschmückungen seiner Fantasie hinzu und ließ bei jedem Wort, das er aussprach, eine Perle oder einen Diamanten über seine Lippen fallen, wie die Fee in Tausendundeiner *Nacht,* von der wir alle in unserer Kindheit gelesen haben.

De Latouche war zu dieser Zeit Herausgeber des *Figaro* , einer Art oppositionellem Husaren, einem Offizier der leichten Kavallerie, der täglich gegen die Regierung antrat. Die normalen Herausgeber der Zeitung waren Félix Pyat und Jules Sandeau. Zu ihnen kam noch George Sand. Diese Hinzufügung war eine Art Bachelor-Diplom der Literatur. De Latouches drei Schüler (ich hoffe, da George Sand den Titel annahm, werden die anderen ihn nicht verleugnen) hatten ein gemeinsames Redaktionsbüro, in dem sie sich täglich zu einer bestimmten Stunde trafen. In diesem Büro, an den kleinen, mit grünen Tüchern bedeckten Tischen sitzend, schrieb jeder von ihnen *Abschriften*. Abschriften ist in diesem Fall, wohlgemerkt, ein sehr unpassendes Synonym für Manuskript. De Latouche gab ein Thema vor; sie gingen ausführlich darauf ein, und die Zeitung schien von einem einzigen Geist geschrieben worden zu sein, da sie nur einen einzigen Geist hatte, und dieser Geist kam, wie der Heilige Geist auf die Apostel, in feurigen Zungen auf seine Jünger herab. Aber all diese Aufmerksamkeiten halfen der armen Schülerin nicht, auf ihren Meister verzichten zu können. Die zukünftige Autorin von *Indiana* und *Valentine* und so vieler anderer wunderbarer Bücher wusste nicht, wie man einen Zeitungsartikel schreibt, noch wie man sich kurz fasst. De Latouche behielt ihr alle sentimentalen Anekdoten vor, die eine etwas ausführlichere Behandlung zuließen; George Sand hingegen musste sich immer auf die engen Grenzen einer halben, einer oder höchstens anderthalb Spalten beschränken, und wenn der Artikel einmal *begonnen* hatte , musste er auch schon zu Ende sein; für mehr war kein Platz mehr.

Von den zehn Artikeln, die George Sand ihrem Chefredakteur gab, war oft kein einziger von Nutzen, und oft entzündete er sich an dem Exemplar, das, wie sie erklärt, zu nichts anderem taugte. Doch jeden Tag sagte er zu ihr:

„Lass dich nicht entmutigen, mein Kind. Du kannst keinen Artikel in zehn Zeilen schreiben, aber eines Tages wirst du Romane in zehn Bänden schreiben. Versuche zunächst, deinen Geist von Nachahmungen zu befreien; alle Anfänger beginnen damit, andere zu kopieren. Sei nicht beunruhigt, du wirst allmählich deinen eigenen Weg finden und als Erster vergessen, wie du zu all dem gekommen bist.“

Und tatsächlich schrieb George Sand während der sechs Wochen des Frühlings 1832, die sie auf dem Lande verbrachte, einen zweibändigen Roman. Dieser Roman hieß *Indiana*. Sie kehrte vom Lande zurück, besuchte Latouche und gestand zitternd das neue Verbrechen, das sie gerade begangen hatte.

„Was für ein Glück!“ rief de Latouche aus. „Man wird sagen, ich hätte das vorausgesehen. Ich habe einen Verleger für Sie gesucht und gefunden. Geben Sie ihm Ihren Roman.“

„Wollen Sie es sich dann nicht ansehen?“, fragte der Autor.

„Nein, Sie sind schwer zu durchschauen, und ich lese nicht gern Manuskripte. Bringen Sie die beiden Bände zum Verleger, fordern Sie Ihre 1200 Francs, und ich werde das Werk in seiner gedruckten Form kritisieren.“

Da George Sand nichts Besseres zu tun wusste, als diesem Rat zu folgen, tat sie, was man ihr sagte. Manchmal sagen wir *er* und manchmal *sie* ; ich hoffe, George Sand wird uns verzeihen! Haben wir nicht gesagt, dass ihr wunderbares Genie ebenso zwittrig war wie *die Bragoletta* ihres Meisters?

Einen Monat später erhielt George Sand von ihrem Verleger die zwölf für die Autorin reservierten Exemplare. *Indiana* war am selben Tag erschienen. De Latouche meldete sich.

„Oh! Oh!“, sagte er und roch die frisch aus der Presse gekommenen Bände, so wie der Oger in Tom Thumb das frische Fleisch roch. „Was ist das?“

„Ach!“, antwortete der zitternde Schüler, „es ist mein Buch.“

„Ah! ja, *Indiana,* ich erinnere mich.“

Aber wir lassen George Sand selbst von diesem bedeutsamen Ereignis in ihrem Leben erzählen.

> „Er griff gierig nach einem Band, zerschnitt die ersten Seiten mit den Fingern und begann wie üblich zu spotten, indem er ausrief: ‚Ach! Nachahmung, Nachahmung, der übliche Stil! Hier ist Balzac, *wenn das möglich wäre* !‘ Er trat mit mir auf den Balkon, der um das Dach meines Hauses verläuft, und wiederholte mir noch einmal all die klugen, hervorragenden Dinge, die er mir bereits über die Notwendigkeit erzählt hatte, man selbst zu sein und andere nicht nachzuahmen. Zuerst dachte ich, er sei ungerecht, aber als er weitersprach, stimmte ich ihm zu. Er sagte, ich müsse zu meinen Aquarellen auf Paravents und Schnupftabakdosen zurückkehren, die mich zwar mehr amüsierten als andere Beschäftigungen, für die ich aber leider keinen Absatz fand. Meine Lage war verzweifelt geworden; und doch war ich, sei es, weil ich keine Hoffnung auf Erfolg hatte oder weil ich mit der Unbeschwertheit der Jugend ausgestattet war, durch das Urteil meines Richters nicht beunruhigt und verbrachte eine sehr ruhige Nacht. Als ich aufwachte, erhielt ich diesen Brief von ihm, den ich immer aufbewahrt habe:
>
> „‚Vergessen Sie alle meine strengen Bemerkungen von gestern, vergessen Sie all die harten Dinge, die ich Ihnen in den letzten sechs Monaten gesagt habe. Ich habe die Nacht damit verbracht, Ihr Buch zu lesen usw. …‘
>
> „Es folgen zwei Zeilen des Lobes, zu denen nur Freundschaft Anlass geben konnte, die er aber den schlechten Geschmack hatte, niederzuschreiben, und der Brief endet mit den väterlichen Worten: ‚Oh, mein Kind, ich bin stolz auf dich!‘“

Mit *Indiana* hat George Sand einen Fuß in die Welt der Literatur gesetzt, mit *Valentine* beide. Sie wissen jetzt, wie das männliche und virile Genie, das sich George Sand nennt, ihre Karriere begann.

KAPITEL V

Eugène Sue – Seine Familie, Geburt, Pate und Patin – Seine
Ausbildung – Dr. Sues Weinkeller – Chor der Botaniker –
Chemieausschuss – Abendessen auf dem Rasen – Eugène
Sue bricht nach Spanien auf – Seine Rückkehr – Ferdinand
Langlés Zimmer – Kapitän Gauthier

Zwanzig Kilometer von Grasse entfernt liegt ein kleiner Seehafen namens
La Calle; es ist die Wiege der in der Wissenschaft und Literatur berühmten
Familie Sue.

La Calle wird noch heute von Mitgliedern dieser Familie bewohnt, die
wahrscheinlich die Hälfte der Bevölkerung ausmacht. Von hier aus ließ sich
gegen Ende der Herrschaft von Ludwig XIV. ein junger,
unternehmungslustiger Student als Arzt in Paris nieder. Als er Erfolg hatte,
ließ er seinen Neffen in die Hauptstadt kommen. Beide wurden sehr
angesehen: Pierre Sue als Professor für Forensik und Bibliothekar der
medizinischen Fakultät – er hinterließ Werke von großem wissenschaftlichen
Wert – Jean Sue als Chefarzt, Chirurg am Hospital de la Charité, Professor
der medizinischen Fakultät, Professor für Anatomie an der École des Beaux-
Arts und Chirurg von König Ludwig XVI. Letzterem folgte Jean-Joseph Sue,
der neben der Stelle des Professors der Schönen Künste, die er von seinem
Vater geerbt hatte, auch Chefarzt des militärischen Haushalts des Königs
wurde. Es war Eugène Sues Vater, der die berühmte Diskussion mit Cabanis
über die Guillotine führte. Der Erfinder behauptete, dass eine guillotinierte
Person nur ein leichtes Frösteln am Hals verspüre, während Jean-Joseph Sue
im Gegenteil behauptete, dass es furchtbar schmerzhaft sei, und seine
Meinung mit Argumenten verteidigte, die seine profunden anatomischen
Kenntnisse bewiesen, sowie mit Experimenten, die von einigen deutschen
Ärzten und anderen durchgeführt wurden. Wir haben die ganze Diskussion
im Zusammenhang mit unserem *Mille et un Fantômes gelesen* und geben zu, dass
wir ein lebhaftes Interesse daran hatten.

Eugène Sue wurde am 1. Januar 1803 geboren. Er war also fünf Monate
jünger als ich und ein paar Tage älter als Victor Hugo. Sein Pate war Prinz
Eugène und seine Patin die Kaiserin Joséphine; daher sein Vorname Eugène.
Er wurde von einer Ziege gesäugt und behielt lange Zeit den merkwürdigen,
hüpfenden Gang seiner Pflegemutter bei. Er studierte am Collège Bourbon,
oder besser gesagt, er studierte nicht: – wie alle Männer, die dazu bestimmt
sind, sich eine originelle und herausragende Stellung in der Literatur zu
erarbeiten, war er ein abscheulicher Gelehrter. Sein Vater, ein Frauenarzt, der
einen Kurs über Naturgeschichte für die Gesellschaft hielt, war dreimal

verheiratet. Er war reich, besaß fast zwei Millionen Francs, und er lebte in der Rue du Chemin-du-Rempart, einer Straße, die heute verschwunden ist, damals aber hinter der Madeleine lag. Das ganze Viertel war damals von Holzlagern besetzt; das Land war damals nicht einmal halb so viel wert wie heute. M. Sue hatte dort ein schönes Haus und einen herrlichen Garten. Im selben Haus wie M. Sue lebte seine Schwester, die Mutter von Ferdinand Langlé, der zwischen 1822 und 1830 mit Villeneuve über fünfzig komische Opern schrieb.

In der Zeit, in der wir uns befinden, 1817 bis 1818, gingen die beiden Cousins zusammen auf das Collège Bourbon, das heißt, Ferdinand Langlé ging auf das College und Eugène Sue sollte dorthin gehen. Er hatte in seiner Wohnung einen Privatlehrer, Pater Delteil, einen mutigen Auvergnaten von fünf Fuß Größe, der in Erfüllung seiner Unterrichtspflichten nicht zögerte, sich mit seinem Schüler in Handgemenge zu messen, als dieser in den Garten floh, nur um auf eine Art von Vergils Galatea verfolgt zu werden. Im Garten erlangte der rebellische Schüler ein Arsenal an Verteidigungs- und Angriffswaffen. Die Verteidigungswaffen waren die Grenzen des botanischen Gartens, zwischen denen er Zuflucht suchte, wohin sein Lehrer ihm nicht zu folgen wagte, aus Angst, die seltenen Pflanzen zu zertrampeln, die der flüchtige Schüler gnadenlos und ohne Reue mit seinen Füßen zertrat; Die Angriffswaffen waren die Stützpfähle, die Schilder mit den wissenschaftlichen Namen der Pflanzen trugen. Diese Pfähle baute Eugène Sue zu Speeren um, und mit denen er seinen Meister mit einer Geschicklichkeit besiegte, die einem Schüler von Castor und Pollux, den beiden besten Speerwerfern der Antike, Ehre gemacht hätte.

Als man Eugènes Vater klarmachte, dass die Berufung seines Sohnes das Speerwerfen und nicht die Auslegung von Horaz und Virgil sei, nahm er ihn vom College und ließ ihn als Assistenzchirurg in das dem königlichen Haushalt angeschlossene Krankenhaus eintreten, dessen Chefchirurg er selbst war. Es befand sich in der Rue Blanche. Eugène Sue traf dort seinen Cousin Ferdinand Langlé und den zukünftigen Arzt Louis Véron.

Wir haben gesagt, dass Eugène Sue viele Eigenschaften seiner Pflegemutter hatte: der Schlingel des Hauses, immer bereit, böse Streiche zu spielen, besonders seinem Vater, der gerade wieder geheiratet hatte und ihn sehr hart behandelte. Aber er rächte sich gut für diese harte Behandlung! Dr. Sue beschäftigte seine Schüler mit der Vorbereitung seines Kurses über Naturgeschichte; die Vorbereitungen wurden in einem prächtigen anatomischen Raum durchgeführt, der den Beaux-Arts vermacht worden war. Er enthielt unter anderem das Gehirn von Mirabeau, das in einem Glasgefäß aufbewahrt wurde. Die offiziellen Organisatoren waren Eugène Sue und Ferdinand Langlé sowie ein Freund von ihnen namens Delâtre, der später Arzt der Medizin wurde und es wahrscheinlich immer noch ist; die

Amateurassistenten waren Achille Petit und der alte und kluge Freund James Rousseau, den ich oft erwähnt habe. Die Vorbereitungen waren recht trostlos, wurden aber noch trostloser, weil in unmittelbarer Nähe zwei Schränke voller Wein standen, zu denen der Nektar der Götter genauso passte wie der Weißwein von Limoux. Diese Weine waren Geschenke, die die alliierten Herrscher Dr. Sue nach 1814 gemacht hatten. Da war Tokajer, ein Geschenk des Kaisers von Österreich; Rheinweine , ein Geschenk des Königs von Preußen; Johannisberg-Weine, ein Geschenk von M. de Metternich und schließlich hundert Flaschen Alicante, ein Geschenk von Madame de Morville, die das höchst ehrwürdige und ehrwürdige Datum 1750 trugen. Sie hatten jede erdenkliche Methode versucht, die Schränke zu öffnen, die jedoch Überredungsversuchen ebenso wie Gewalt tugendhaft widerstanden hatten. Sie gaben die Hoffnung auf, Madame de Morvilles Alicante, M. de Metternichs Johannisberg, die Liebfraumilch des Königs von Preußen und den Tokajer des Kaisers von Österreich jemals anders kennenzulernen als durch die Proben, die Dr. Sue bei seinen großen Abendessen seinen Gästen in fingerhutgroße Gläser einschenkte, als Eugène Sue eines Tages beim Herumtasten in einem Skelett zufällig einen Schlüsselbund fand. Es waren die Schlüssel zu den Schränken! Zuerst nahmen sie eine mit dem kaiserlichen Siegel versiegelte Flasche Tokajer in die Hände und leerten sie bis auf den letzten Tropfen; dann versteckten sie die Flasche. Am nächsten Tag war der Johannisberg an der Reihe, und am Tag darauf die Liebfraumilch; als nächstes folgte der Alicante. Mit diesen drei Flaschen machten sie genauso Schluss wie mit der ersten. Aber James Rousseau, der Älteste und daher über ein besseres Weltwissen als seine jungen Freunde verfügte, die gerade erst ihre ersten Schritte auf dem schlüpfrigen Boden der Gesellschaft gewagt hatten, wies klug darauf hin, dass sie bei dem Tempo, mit dem sie gingen, schnell ein Loch machen würden, das Dr. Sues Augen wahrnehmen und so die Wahrheit herausfinden würden. Er machte daher den klugen Vorschlag, nur ein Drittel des Inhalts jeder Flasche zu trinken, sie mit einer Mischung zu füllen, die so viel wie möglich wie Wein aussehen sollte, sie wissenschaftlich wieder zu verkorken und sie wieder an ihren Platz zurückzustellen. Ferdinand Langlé stimmte dem Vorschlag zu und fügte einen Zusatz hinzu: nämlich die große und feierliche Gelegenheit zu nutzen, den Schrank in altmodischer Art zu öffnen, begleitet vom Gesang von Chören. Beide Vorschläge wurden einstimmig angenommen. Am selben Tag öffneten sie einen Schrank zu einem Chor, der aus *La Leçon de botanique* von Dupaty kopiert war. Der Corypheus sang:

„Was die Liebe und die Botanik
betrifft, so ist es nicht jeden Augenblick so; es ist auch so, als würde man den Wein der Eltern trinken!

CHŒUR. Trinken Sie den Wein der Großeltern!"

Dann folgte der Vorschrift das Beispiel. Als sie anfingen, komponierten sie einen zweiten Chor für das Werk. Ihre Arbeit bestand insbesondere darin, die prächtigen Vögel auszustopfen, die sie aus allen vier Himmelsrichtungen erhielten.

Dies ist der Chor der Arbeiter –

„Geben Sie den Weg frei, den der Himmel für uns bereithält; schenken Sie uns Ruhe auf seinen Vögeln; melieren Sie den Kampfer nach Terbenthin. Und mit dem Wein werden wir unsere Arbeit tun."

Daraufhin tranken sie einen zweiten Schluck aus der Flasche, die bald halb geleert war. Als nächstes mussten sie James Rousseaus Rat folgen und sie auffüllen. Zu diesem Zweck ernannten sie ein chemisches Komitee, bestehend aus Ferdinand Langlé, Eugène Sue und Delâtre; später kam noch Romieu hinzu. Dieses chemische Komitee braute eine scheußliche Mischung aus Melasse, Lakritze und gebranntem Zucker zusammen, ersetzte den Wein durch die improvisierte Mischung, verkorkte die Flasche so sorgfältig wie möglich und stellte sie wieder an ihren Platz. Wenn es sich um einen Weißwein handelte, klärten sie das Präparat mit geschlagenem Eiweiß. Aber die Strafe trifft gelegentlich die Schuldigen.

M. Sue gab große und prächtige Dinnerpartys: Zum Nachtisch tranken sie manchmal Alicante von Madame de Morville, manchmal Tokay von Seiner Majestät dem Kaiser von Österreich, manchmal Johannisberg von M. de Metternich oder „Liebfraumilch" vom König von Preußen. Alles lief wie am Schnürchen, wenn sie zufällig auf eine ungeöffnete Flasche stießen; aber wenn sie auf eine stießen, die vom Chemieausschuss untersucht und korrigiert worden war … Nun, dann mussten sie das Getränk schlucken! Dr. Sue probierte seinen Wein, verzog leicht das Gesicht und sagte: „Er ist gut, aber er will getrunken werden!" Das war eine so große Wahrheit, und der Wein schrie tatsächlich danach, getrunken zu werden, dass sie am nächsten Tag wieder anfingen, ihn zu trinken. Eine solche Vorstellung musste zwangsläufig in einer Katastrophe enden, und diese bildete keine Ausnahme. Eines Tages, als sie glaubten, Dr. Sue sei auf seinem Landsitz Bouqueval, von wo er ihrer Meinung nach tagsüber nicht gut zurückkehren würde, gelang es ihnen, durch verschiedene verführerische Annäherungsversuche an die Köchin und die Dienerschaft, ein ausgezeichnetes Abendessen auf dem Rasen im Garten serviert zu bekommen. Alle Vogelausfüller, einschließlich des Chemiekomitees, waren anwesend, lagen im Gras, von Rosen gekrönt wie Sybariten, und tranken Tokajer und Johannisberg oder hatten es vielmehr getrunken, als sich plötzlich die Tür des Hauses, die in den Garten führte, öffnete und der Kommandant erschien – der Kommandant war Dr. Sue. Jeder von ihnen flohen und versteckte sich; nur Rousseau nahm sein leeres

Glas, füllte ein zweites Glas und stolperte geradewegs auf den Doktor zu und
sagte:

„Ah! Lieber Doktor Sue, das ist der berühmte Tokajer! Trinken wir auf die
Gesundheit des Kaisers von Österreich!"

Man kann sich den Zorn des Arztes vorstellen, als er die leere Tokayer-
Flasche im Gras fand, zusammen mit zwei Flaschen Johannisberg und drei
Flaschen Alicante. Den Alicante hatten sie wie gewöhnlichen Wein
getrunken. Gerüchte über Diebstahl, über Staatsanwalt und
Strafvollzugsbeamte schwappten durch die Luft wie Donner in den Wolken
während eines Sturms. Die Angst der Schuldigen war groß . Delâtre kannte
einen ausgetrockneten Brunnen in der Nähe von Clermont und schlug vor,
dort Zuflucht zu suchen!

Eine Woche später brach Eugène Sue als Assistent auf, um Spanien zu
erkunden (im Jahr 1823). Er tat dies und blieb ein Jahr in Cadiz, bis er Anfang
1825 nach Paris zurückkehrte. Die Hitze des Trocadero hatte sein Haar und
seinen Schnurrbart wachsen lassen; er war bartlos wie ein Apfel, als er
abreiste, und er kehrte so haarig wie ein König der primitiven Rassen und so
bärtig wie ein Moujik zurück. Dieses Haarwachstum schmeichelte zweifellos
der Eitelkeit des Arztes, aber es half ihm nicht, seine Geldbörse zu lockern,
die er fest verschlossen hielt.

Desforges, der ein kleines Privatvermögen besaß, und Ferdinand Langlé,
dessen Mutter ihn verehrte, waren die beiden Krösus der Gesellschaft;
mehrmals schenkten sie, wie Krösus es mit Cäsar tat, den Bedürftigsten der
fröhlichen Schar nicht 30.000.000 Sesterzen, sondern 20, 30, 40, 50 und sogar
100 Francs. Außer seiner Börse stellte Ferdinand Langlé den Mitgliedern der
Gesellschaft, die sich nie sicher waren, ob sie ein Bett oder Abendessen
hatten, sein eigenes Zimmer in Monsieur Sues Haus und das Essen zur
Verfügung, das seine Mutter ihm jeden Abend zubereitete.

Ferdinand Langlé, damals ein hochgewachsener Kerl von dreiundzwanzig
Jahren, Autor von einem Dutzend Vaudevilles, Liebhaber des bezaubernden
Mädchens namens Fleurriet, das vorzeitig starb, Schauspielerin an der
Gymnase, [1] schlief selten zu Hause, aber da der Diener seiner Mutter
erzählte, dass Ferdinand mit der Genügsamkeit eines Mönchs lebte, befahl
die gute Mutter, ihm jeden Abend eine Mahlzeit auf den Tisch in seinem
Schlafzimmer zu stellen. Der Diener stellte das Abendessen auf den Tisch
und den Schlüssel der kleinen Haustür an einen vereinbarten Platz. Wenn
einer der Verspäteten obdachlos war, wandte er sich der Rue du Chemin-du-
Rempart zu, steckte seine Hand in ein Loch in der Wand, fand dort den
Schlüssel, öffnete die Tür, steckte ihn gewissenhaft an seinen Platz zurück,
zog die Tür hinter sich zu, zündete die Kerze an und, wenn er der Erste war,
der kam, aß, trank und schlief im Bett. Wenn ein Zweiter auf den ersten

folgte, fand er den Schlüssel an derselben Stelle, ging auf dieselbe Weise hinein, aß die Reste des Huhns, trank den Rest des Weins, hob seinerseits die Bettdecke an und tauchte darunter. Wenn ein Dritter folgte, wiederholte sich dasselbe Spiel mit Schlüssel und Tür, nur dass der Besucher weder Huhn noch Wein noch Platz im Bett vorfand, sondern den Rest des Brotes aß, ein Glas Wasser trank und sich auf dem Ruhebett ausstreckte. Und so *ad infinitum.* Wenn die Zahl übermäßig anstieg, zogen die Letzten eine Matratze aus dem Bett und schliefen auf dem Boden. Eines Nachts kam Rousseau als Letzter und zählte vierzehn Beine. In diesem Zimmer trafen Henry Monnier und Romieu zum ersten Mal aufeinander und machten Bekanntschaft. Am nächsten Tag sprachen sie miteinander und taten dies weiterhin, bis Romieu zum Präfekten ernannt wurde und niemanden mehr tröstete . Am nächsten Morgen wurden sie ziemlich oft von einem Besucher geweckt, einem Brigadegeneral der *Garde,* der im Vorbeigehen kam, um sich den Zustand von Ferdinand Langlés Weinkeller anzusehen. Dieser Brigadegeneral, den ich gut kannte, verdient besondere Erwähnung. Sein Name war Gauthier de Villiers. Er war nicht nur einer der tapfersten Soldaten der Armee, sondern auch einer der aktivsten Boxer Frankreichs. Das Wort Boxer bezieht sich hier auf seinen ganzen Körper. Was aus Hauptmann Gauthier geworden ist, weiß ich nicht. Ich würde ihn gern noch einmal sehen, selbst auf die Gefahr hin, dass er mir beim Zittern die Handgelenke bricht. Er hatte den Mut und die Gutmütigkeit von Porthos. Um nichts in der Welt hätte er einem Kind einen Anstoß gegeben; aber er war geistreicher als Monsieur de Pierrefonds. Er hatte bei den berittenen Grenadieren des Kaiserreichs gedient und sich als Säbelkämpfer einen besonderen Namen gemacht; wenn er einen Feind zu Pferd angriff und erstach, hob er ihn mit der Kraft seines Handgelenks vom Pferd und warf ihn hinter sich, als wäre er ein Bündel Heu. Gauthier hielt mit einer Hand einen Tilbury an, der im vollen Trab lief. Er stieg vom Pferd, legte es auf seine Schultern und trug es zehn, fünfzehn oder zwanzig Meter weit mit fast derselben Leichtigkeit, mit der sein Pferd ihn trug. Er nahm einen Porzellanteller und steckte seinen Finger mit derselben Leichtigkeit hindurch, mit der eine Kugel durch eine Zielscheibe aus Pappe geht. Eines Tages tat man ihm in der Kaserne ein Unrecht, für das er Genugtuung wünschte. Er wartete auf der Brücke der Tuilerien auf König Ludwig XVIII., der herauskommen sollte. Gerade als die Kutsche Seiner Majestät wie üblich im schnellen Trab davonfuhr, sprang Gauthier den Pferden auf den Kopf und hielt die Kutsche abrupt an. Ludwig XVIII. steckte den Kopf aus dem Fenster und erkannte seinen Brigadegeneral . *Gardinen.*

„Ah, Sie sind es", sagte er mit seiner leisen, piepsigen Stimme, „Sie sind es, Gauthier. Also, was wollen Sie, mein Freund?"

Dann kam Gauthier herbei und legte seine Bitte dar.

„Ich werde das untersuchen, ich werde das untersuchen", antwortete Ludwig XVIII.

Eine Woche später wurde Gauthier Gerechtigkeit widerfahren.

Er hatte eine besondere Gabe, Leben zu retten. Wenn ein Mann ins Wasser fiel und zu ertrinken drohte, sprang Gauthier hinein und rettete ihn; wenn ein Haus Feuer fing und ein untätiger Bewohner in Gefahr war, sich zu verbrennen, rettete Gauthier den Nachzügler. Er rettete den alten Vatteville aus dem Odéon-Brand und außerdem siebenunddreißig oder acht andere. Gauthier ging als Dolmetscher in den Afrikafeldzug und lebte in Algier. Bei den Expeditionen um die Stadt nahm er anstelle eines Gewehrs eine kleine Kanone mit vier Kanonen mit. Wenn er auf den Feind traf, brachte er sie in Schussposition und feuerte sie ab. Zu anderen Zeiten war er mit einer Wallkanone zufrieden. Als er bei der Wache war, hatte er ein prächtiges Pferd, das folgende Geschichte hatte. Es hatte den doppelten Fehler, seinen Reiter zu Boden zu werfen und sich, als er dort war, nach ihm zu beugen, um ihn zu beißen: Sie beschlossen, es zu töten. Doch als Gauthier zur Hinrichtung ging, betrat er das Hôtel du quai d'Orsay und sah, wie sich die ganze Gesellschaft versammelt hatte und den Verlust eines so prächtigen Pferdes beklagte. Er erkundigte sich nach der Sache.

„Gut!", sagte er. „Ich werde es in Angriff nehmen, aber unter der Bedingung, dass es mir gehört, wenn ich es bezwinge."

Der Handel wurde vereinbart, und man gab ihm einen Zaum. Das Pferd ließ sich ruhig besteigen, und so hatte Gauthier keine große Mühe, auf seinen Rücken zu springen. Als er dort war, begann das Pferd seine Tricks und Spielchen, scheute nach rechts und links usw., aber das rebellische Tier wusste nicht, mit wem es es zu tun hatte. Gauthier begann, seine Knie hineinzudrücken; das Pferd, das schwer atmete, verdoppelte seine Sprünge: Gauthier drückte stärker. Es war ein großartiger Kampf, dem man zuschauen konnte; das Pferd wurde besiegt und fiel schließlich auf die Knie und legte sich hin. Gauthier sprang ab, um sich von dem Tier zu befreien, und wartete dann. Das Pferd war von seinem ersten Fehler geheilt, der darin bestand, seinen Reiter abzuwerfen; es musste auch von seiner zweiten Angewohnheit, dem Beißen, geheilt werden. Wie gesagt, Gauthier blieb zehn Meter vom Pferd entfernt stehen. Er hatte es wie einen zweiten Alexander unterworfen; es blieb abzuwarten, ob es ihn wie einen zweiten Diomedes verschlingen würde. Tatsächlich, als das Pferd wieder zu Atem kam, wurden seine Augen rot, seine Nüstern rauchten vor Wut; es erhob sich auf die Vorderbeine, dann auf die Hinterbeine, sah seinen Feind an, wieherte und stürzte sich auf ihn. Gauthier wartete in der Haltung eines Boxers auf es; er schlug ihm auf die Nase und brach ihm zwei Zähne aus, das Pferd bäumte sich vor Schmerz auf, drehte sich auf die Hinterbeine und ging in seinen Stall. Es war besiegt.

Sie, d'Arpentigny, werden sich daran erinnern, Sie auch, Leroi und Ferdinand Langlé, meine alten Freunde in der Garde?

Gauthier war einer der Morgenbesucher. Er ging direkt in den Keller, legte seine Lippen an die Flasche Rum oder Brandy und trank so viel, wie darin war. Er begann damit, in seinen Taschen zu tasten; wir müssen ihm diese Gerechtigkeit widerfahren lassen, aber sie waren so leer wie der Keller. Dann sah er drei oder vier Westen und ebenso viele Hosen, die wahllos herumlagen, und begann, sie zu durchstöbern. Die Schläfer beobachteten ihn dabei, ein Auge halb offen und das andere ganz geschlossen; sie hatten keine Probleme, denn Gauthier wollte weder ihre Westen noch ihre Hosen: Er konnte kaum in die größten hineinkommen – er wollte ihren Inhalt, und sie enthielten nichts. Nur Romieu zeigte sich etwas unruhig; er hatte 19 Sous in seiner Westentasche. Gauthier fiel auf den Schatz. Romieu wollte aufstehen und mit Gauthier um seine 19 Sous streiten. Gauthier drückte ihn mit einer Hand auf sein Sofa und klingelte mit der anderen nach dem Diener. Als dieser erschien, sagte Gauthier zu ihm:

„Geh und hol Brandy im Wert von 19 Sous."

Der Diener bereitete sich zum Gehorsam vor.

„Aber, *Sacre Bleu!* ", sagte Romieu, „ich lebe im Faubourg Saint-Germain. Hinterlassen Sie mir wenigstens einen Sohn, damit ich die Pont des Arts überqueren kann."

„Das ist ganz vernünftig", sagte Gauthier und steckte einen Sohn wieder in Romieus Weste. „Geh und hol mir Brandy im Wert von 18 Sous", sagte er zu dem Diener.

An diesem Tag und bei dieser Gelegenheit brachte der Bestohlene, dem Gauthier zwar seine 18 Sous, aber nicht seinen Mut und seine Schlagfertigkeit genommen hatte, das berühmte Chanson zustande:

„Wenn das nicht der Fall ist, wenn das nicht der Fall ist, gibt
es keinen Reichtum in Peru! Ich habe nie gesagt, dass es hier so ist; aber
natürlich gibt es keinen Reichtum!"

Den Rest habe ich vergessen. Bitten Sie Henri Monnier, es für Sie vorzusingen, und er wird sich ebenso lebhaft wie ich an den Anlass erinnern, bei dem das Stück komponiert wurde.

---

[1] Ich habe bereits im Zusammenhang mit meinen literarischen Anfängen mit de Leuven von ihr gesprochen. Castaing wurde beschuldigt, sie vergiftet zu haben, aber sie starb tatsächlich an den Folgen eines Wutanfalls gegen Poirson, den Direktor der Gymnase, wegen der Anstellung von Madame

Théodore in diesem Theater. Der Wutanfall verursachte eine Gehirnentzündung, an der sie innerhalb von 48 Stunden starb.

KAPITEL VI

Eugène Sue ist ehrgeizig genug, um einen Stallburschen, ein
Pferd und eine Kutsche zu besitzen. – Er macht Geschäfte
mit dem Haus Ermingot, Godefroi et Cie, was ihm erlaubt,
diese Fantasie auszuleben. – Triumph auf den Champs-
Élysées. – Eine ärgerliche Begegnung. – Desforges und
Eugène Sue trennen sich. – Desforges beginnt in Bordeaux
mit *„Le Kaléidoscope"*. – Ferdinand Langlé beginnt in Paris
mit *„La Nouveauté"*. – César und der Neger Zoyo. –
Dossion und sein Hund.

Die Zeit verging, Eugène Sue wurde erwachsen, und Dr. Sue zog seinen
Geldbeutel immer enger zu. Eugène wollte einen Pferdeknecht, ein Pferd
und eine Kutsche haben; er musste auf das Nötigste zurückgreifen. Er wurde
mit zwei ehrenwerten Kapitalisten in Kontakt gebracht, die Wein an junge
Leute aus gutem Hause verkauften, die sich zum Handel berufen fühlten;
ihre Namen waren MM. Ermingot und Godefroi. Wir wissen nicht, ob diese
Herren noch immer im Handel tätig sind; aber wir wagen es, ihre Namen zu
nennen, in der Hoffnung, dass sie die folgenden Worte nicht als Werbung
auffassen.

MM. Ermingot und Godefroi stellten Nachforschungen an und fanden
heraus, dass Eugène Sue 100.000 Francs von seinem Großvater
mütterlicherseits und etwa 300.000 oder 400.000 von seinem Vater erben
sollte. Sie kamen zu dem Schluss, dass sie ein gewisses Risiko eingehen
könnten. Eugène Sue erhielt eine Einladung zum Mittagessen in Bercy mit
einem oder zwei seiner Freunde. Er beschloss, Desforges mitzunehmen, der
als Mann der Gesellschaft galt, zu dem Dr. Sue das größte Vertrauen hatte.
Sie wurden im *Grands* oder *Gros Marroniers erwartet,* ich habe vergessen, in
welchem. Es war ein herrliches Mittagessen; sie ließen die beiden jungen
Männer die Weine probieren, die sie zur Verfügung hatten, und Eugène Sue,
der Wein besonders verführerisch fand, war so begeistert von ihnen, dass er
sie auf der Stelle für eine Summe von 15.000 Francs kaufte, die er sofort
durch Wechsel beglich. Der Wein wurde im Haus eines Dritten deponiert,
mit der Vollmacht an Eugène Sue, ihn verkosten und verkaufen zu lassen
und so den größtmöglichen Gewinn daraus zu ziehen. Dieser Gewinn muss
bei der niedrigsten Schätzung mindestens 5000 bis 6000 Franc betragen
haben. Eine Woche später verkaufte Eugène Sue seine Weinpartie für die
Summe von 1500 Franc bar an einen Komplizen der Ermingot & Godefroi
Company zurück. Er verlor bei der Spekulation 13.500 Franc, hatte aber
dennoch sofort 1500 Franc zur Verfügung, mit denen er seinen Wunsch nach

einem Pferdepfleger, einem Pferd und einer Kutsche erfüllen konnte, ein Ehrgeiz, der den beiden Freunden über ein Jahr lang den Schlaf geraubt hatte.

„Wie konnte er für 1500 Francs einen Stallburschen, ein Pferd und eine Kutsche bekommen?", fragt der Leser.

Es ist unglaublich, welchen Kredit 1500 Francs bares Geld verschaffen, besonders wenn man ein Sohn aus guter Familie ist und sich an die Händler des Vaters wenden kann. Sie kauften die Kutsche von Sailer, dem Kutschenhändler des Arztes, und gaben ihm 500 Francs als Anzahlung; sie kauften das Pferd von Kunsmann, bei dem sie Reitstunden nahmen, und gaben ihm etwa 500 Francs. Sie blieben im Besitz von 500 Francs: Sie engagierten einen Reitknecht, den sie von Kopf bis Fuß einkleideten. Das war nicht ruinös, denn sie hatten Kredit beim Schneider, beim Schuhmacher und beim Hutmacher. Dieses großartige Ergebnis hatten sie zu Beginn des Winters 1824/25 erreicht. Die Kutsche blieb den ganzen Winter über erhalten. Im Frühjahr beschlossen sie, zu Pferd auszureiten, um das Erscheinen der ersten Blätter zu begrüßen. Eines Morgens brachen sie auf; Desforges und Eugène Sue waren zu Pferd, gefolgt von ihrem Reitknecht, ebenfalls zu Pferd. Der Bräutigam verzog das Gesicht, und die Passanten konnten sich nicht erklären, was sie damit meinten. Nur Desforges und Eugène Sue kannten die Ursache für die Gesichtsmuskeln des armen John: Sie hatten ihm heute Morgen zu enge Stiefel gekauft, und beide Herren hatten sich Mühe gegeben, ihren Diener hineinzubekommen. Auf halbem Weg zu den Champs-Élysées, als sie gerade die Herren mit Grüßen und die Damen mit Lächeln überschütteten, hielt ein grünes Gefährt an, und ein Kopf erschien und musterte die beiden eleganten Damen verblüfft. Der Kopf gehörte Dr. Sue; das grüne Gefährt war das, was die Familie die Kutsche mit den drei Lampen nannte: Es war ein niedriges Gefährt, das der Doktor erfunden hatte und aus dem man ohne Stufe aussteigen konnte – der Vorfahre aller kleinen Coupés, die heute in Mode sind. Der Kopf traf die beiden jungen Leute wie das Haupt der Medusa; nur dass er sie nicht in Stein verwandelte, sondern ihnen Flügel verlieh. Sie flogen im Galopp davon, aber unglücklicherweise mussten sie umkehren. Sie taten dies erst am übernächsten Tag, kehrten dann aber zurück. Die Gerechtigkeit wartete in der Person von Dr. Sue am Tor. Sie sahen ein, dass sie alles gestehen mussten, und es war für sie sogar eine große Erleichterung; denn das Haus Ermingot & Godefroi begann, seine Zähne zu zeigen und gestempelte Papiere zu schicken, als die Rechnungen für sechs Monate dem Ende zugingen.

Der Handelsvertreter von Dr. Sue wurde beauftragt, die Angelegenheit mit Ermingot & Godefroi zu regeln; die Firma hatte gerade einen kleinen Streit mit der Strafvollzugsbehörde gehabt, was sie sehr entgegenkommend machte: Sie gaben die Wechsel abzüglich 2000 Francs zurück und stellten eine Quittung zur vollständigen Begleichung aus. Daraufhin versprach Eugène Sue, zu seinem Posten im Militärkrankenhaus in Toulon zurückzukehren. Desforges verlor das Vertrauen des Arztes völlig; es wurde herausgefunden, dass er bis zum Äußersten in die Ermingot & Godefroi-Affäre verwickelt war, und er wurde auf den Index gesetzt; und dies, da er über eigene unabhängige Mittel verfügte, veranlasste ihn, Eugène Sue nach Toulon zu folgen. Damon hat nie einen größeren Beweis seiner Hingabe an Pythias gegeben. Sie reisten ab, nachdem sie die Nacht zusammen verbracht hatten; aber im Moment der Abreise war die Begeisterung so groß, dass Romieu und Mira (Sohn des berühmten Brunei) beschlossen, sie zur Postkutsche zu begleiten. Eugène Sue und Desforges saßen im Coupé; Romieu und Mira galoppierten neben jeder Tür. Romieu galoppierte bis Fontainebleau; dort musste er absteigen. Mira wurde noch drei Meilen weitergetragen, dann musste auch er anhalten. Die Postkutsche setzte ihre Fahrt kaiserlich fort und ließ die Verwundeten auf der Straße zurück. Sie erreichten Toulon am dritten Tag – heute kann man in vierundzwanzig Stunden losfahren. Die erste Sorge der Verbannten war, nach Neuigkeiten von ihren Freunden zu fragen; Romieu war auf einer Bahre in die Hauptstadt zurückgebracht worden. Mira hatte es vorgezogen, seine Genesung dort abzuwarten, wo er war, und kehrte vierzehn Tage später in einer Kutsche nach Paris zurück. Die Verbannten ließen sich in Toulon nieder und begannen, mit den Überresten ihrer Pariser Pracht, die in Paris etwas verblasst war, in Toulon als Luxus galt, herumzuspielen. Die Toulonner begannen, die Neuankömmlinge mit bösem Blick zu betrachten. Sie nannten Eugène Sue *le beau Sue*. Noch schlimmer war es, als sie sahen, wie die Dandys allabendlich ins Theater kamen, und als sie merkten, dass sie speziell kamen, um Mademoiselle Florival, *la première amoureuse , anzustarren* ! Es war fast wie ein Angriff auf die Behörden; der Unterpräfekt hatte sie speziell unter seine Obhut genommen. Zwei Pariser waren Abonnenten und verlangten Einlass in die Kulissen. Desforges machte aus seiner Qualität als Autor Kapital; er hatte bereits zwei oder drei Stücke aufgeführt. Eugène Sue war unschuldig an jeglicher Literatur und zeigte keinerlei Anzeichen einer Berufung für die Karriere eines Literat – er war eher ein Künstler; als Jugendlicher hatte er die Ateliers durchlaufen, gezeichnet, skizziert, gemalt. Vor kaum drei oder vier Jahren sah ich in einer alten Straße in der Nähe der Madeleine, die jetzt verschwunden ist, ein Pferd, das er mit schwarzem Lack und einer Schuhbürste an die Wand gemalt hatte. Das Pferd zerbröckelte mit der Straße! Die Seitentüren blieben erbarmungslos geschlossen, was den Toulonnais das unbestreitbare Recht gab, die Pariser zu verhöhnen. Glücklicherweise starb Ludwig XVIII. am 16. September 1824, und Karl X. kam auf die Idee, sich krönen zu lassen. Die Zeremonie sollte am 26. Mai 1825 in der Kathedrale von Reims stattfinden. Wie konnten nun der Tod

Ludwigs XVIII. in Paris und die Krönung von König Karl X. in Reims Desforges und Eugène Sue die Türen des Touloner Theaters öffnen? Auf diese Weise.

, zur Krönung etwas zu schreiben, was man damals einen *Apropos nannte. Eugène Sue stimmte zu. Der Apropos* wurde inmitten allgemeiner Begeisterung geschrieben und aufgeführt. Ich habe noch immer die Kleinigkeit, die vollständig von Eugène Sue geschrieben wurde. Am selben Abend gelangten die beiden Autoren unangreifbar hinter die Kulissen. Mademoiselle Florival erwies sich nicht als strenger als die Verwaltung und überließ den beiden Autoren freie Hand in ihrem Haus. Beide nutzten dies ohne jedes eifersüchtige Gefühl aus. Die Freundschaft zwischen Desforges und Eugène Sue war der zwischen Damon und Pythias ähnlich. Etwa im Juni 1825 trennten sich Pythias und Damon; Eugène Sue blieb allein im Besitz des Zugangs zum Theater und zu Mademoiselle Florivals. Desforges reiste nach Bordeaux ab. Warum ging er nach Bordeaux? Er dachte, er würde einfach einen Freund besuchen: Er wollte eine Zeitung gründen. Geheimnisvoll und tiefgründig sind die Wege der Vorsehung! Desforges dachte daran, ein oder zwei Tage mit seinem Freund zu verbringen. Tessier brachte ihn zu einem Buchhändler, der nicht nur Bücher verkaufte, sondern auch Literatur produzierte. In seinem Laden, der, so glaube ich, in der Rue Esprit-des-Lois lag, fand das Hôtel Rambouillet in Bordeaux statt. Der Reisende traf dort acht oder zehn junge Leute, die begierig darauf waren, die Pariser Brise zu schnuppern, die literarischen Pollen in die ganze Welt trägt.

„Ach, wenn wir doch nur eine Zeitung hätten", sagten sie, „wenn wir doch nur jemanden hätten, der eine herausgibt!"

„Also gut, hier bin ich!", antwortete Desforges, und als Ergebnis dieses Treffens wurde dank Desforges *Le Kaléidoscope* gegründet. So wurden die Missionare des neuen Glaubens in alle Welt verstreut und bereiteten die große literarische Bewegung der Jahre 1827, 1828 und 1829 vor.

Desforges kannte mich damals nur dem Namen nach, nicht durch meine literarischen Werke – die es damals noch nicht gab – und durch meinen Kindernamen, den er bei M. Collard gehört hatte, dem guten, ehrenwerten Lehrer, von dem ich in diesen Memoiren zu sprechen hatte. Soweit ich mich erinnern kann, ließ er einige meiner Verse in *Le Kaléidoscope einfließen,* einen Teil meiner Elegie auf den Tod von General Foy. Später bildete dies den Prüfstein für unsere Bekanntschaft in Paris.

Eines Tages ging ich ins Café des Variétés, und Desforges plauderte mit Théaulon, der mir zum Abschied zunickte. Eine Minute später kam Desforges zu mir.

„Wissen Sie", sagte er, „was Théaulon gerade über Sie gesagt hat?"

„Théaulon mag mich sehr: Sie dürfen nicht alles blind glauben, was er sagt, oder auch das, was er von mir denkt."

„,Nun', sagte er, ,sehen Sie diesen großen, dünnen Kerl? Er wird uns alle in der Literatur überflügeln.'"

Ich lächelte Théaulon zweifelnd an und zeigte ihm meine Dankbarkeit. Von diesem Tag an war unsere Bekanntschaft oder vielmehr unsere Freundschaft mit Desforges. Während Desforges in Bordeaux *Le Kaléidoscope gründete*, gründete Ferdinand Langlé in Paris die Zeitung *La Nouveauté* ; eine weitere offene Hommage an die neue Schule, ein weiterer Wegweiser, der einen Schritt nach vorne markierte.

Langlé hatte eine finanzielle Idee, die für einen Assistenzarzt der Guards gar nicht so schlecht war, vor allem wenn man bedenkt, dass diese Idee sieben Jahre vor dem Auftreten von Émile de Girardin, dem Mann mit den meisten Ideen in Sachen Druckereien, entstand: Die ersten tausend Abonnenten von *La Nouveauté* mit einem Aufwand von 60 Francs sollten Eigentümer der Hälfte der Aktien der Zeitung werden, die andere Hälfte gehörte natürlich dem Gründer, Ferdinand Langlé. Vierzehn Tage nach der Veröffentlichung des Prospekts hatten sie 60.000 Francs auf der Bank. Ich sage auf der Bank, aber unglücklicherweise gab es keine Bank: Der Mangel an einem festen Ort, um das Geld aufzubewahren, führte dazu, dass es innerhalb kurzer Zeit nur noch einen Kassierer gab. Weiß der Himmel, dass es nicht der Kassierer war, der das Geld aufgefressen hatte, das können wir tadellos beweisen. Der Bankier von *La Nouveauté* hatte ein Pferd und eine Kutsche und einen schwarzen Diener; er gab *Zoyo* (so hieß der Diener) 7 Francs pro Woche für seine Verpflegung und 28 Francs pro Monat für die seines Pferdes! Er sollte daraus so viel Profit wie möglich ziehen. Er schaffte es, sich selbst von den 7 Francs zu ernähren und sein Pferd mit Melonenschalen, Salatblättern und Kohlstängeln zu füttern, die er auf Müllhaufen fand – er nannte es „César auf die Weide lassen". Als das nicht reichte, bettelte Zoyo bei den Passanten.

„Warum bettelst du, du komischer Fisch?", fragte ihn einer von ihnen.

„Monsieur", antwortete Zoyo, „es ist nicht für mich, sondern für meinen armen César, der vor Hunger stirbt."

Dann zeigte er auf das Pferd, dessen edles und würdevolles Auftreten Sympathie erweckte. Als die Melonenschalen, Salatblätter und Kohlstängel nicht mehr reichten und die Appelle an die öffentliche Wohltätigkeit wenig bewirkt hatten, traf Zoyo eine wichtige Entscheidung. Er ging zu den Schuhputzern, die am Eingang der Passage Feydeau ein Geschäft hatten, und putzte dem Geschäftsführer des Geschäfts zum halben Preis Stiefel. Als er 10 Sous verdient hatte, indem er zehn Paar Stiefel putzte, verwandelte er seinen Gewinn in eine kleine Menge Hafer oder ein halbes Bündel Heu, und César speiste so gut wie möglich. *Als die Bank* um fünf Uhr schloss, wurde César angeschirrt und in die Kutsche gesetzt; Zoyo kleidete sich in weiße Kniehosen mit Stulpenstiefeln, eine gelbe Weste, einen grünen Mantel und einen breit geschnürten Hut, der mit einer schwarzen Kokarde geschmückt war, und brachte die Kutsche vor die Bürotür, Nr. 67, rue de Richelieu, gegenüber der Bibliothèque Nationale. Der Bankier sprang in seine Falle, Zoyo warf die Kapuze zurück und stieg hinten auf; sie gingen zum Boulevard und fuhren bis zum Place Louis XV., dann entlang der Champs-Élysées und machten ein oder zwei Kurven unter den Bäumen.

Wenn die Leute fragen würden –

„Wer ist der Herr mit dem kastanienbraunen Pferd, der grünen Kutsche und dem schwarzen Pferdepfleger?"

Die Antwort war:

"Er ist der Bankier der Zeitung *La Nouveauté* ."

Das tat der Zeitung gut. Aber es genügte nicht, nur einen Wagen zu haben, sie brauchte auch einen verantwortlichen Redakteur. Es war damals viel schwieriger, einen verantwortlichen Redakteur zu finden, und doch war man gezwungen, einen zu haben: Viele Prozesse wurden gegen Zeitungen geführt, viele verantwortliche Redakteure wurden ins Gefängnis geworfen; verantwortliche Redakteure waren daher eine absolute Notwendigkeit.

Ferdinand Langlé fiel auf eine Art Zwerg namens Dossion. Die Polizei der damaligen Zeit verlangte von einem verantwortlichen Redakteur keine spezielle Figur. Dieser Dossion war eine außergewöhnliche Person mit einer roten Nase und einem gekrümmten Rücken, und er saß stets auf seinem hohen Pferd. Ich erinnere mich, dass wir ihn den Tambourmajor der Ratten in den Abwasserkanälen von Montmartre nannten. Sie können den Ursprung des Namens herausfinden, wenn Sie möchten! Ich habe ihn ganz vergessen, aber er hing natürlich mit einer heute vergessenen Legende aus dieser Zeit zusammen. Er war Souffleur im Vaudeville gewesen und hatte so viel für Désaugiers getan, dass er ihm eine Rolle bei den *Arlequins verschafft hatte,* wo er Laportes Zweitbesetzung war; aber da er kurzsichtig war, kam er am Tag seines ersten Auftritts auf die geniale Idee, eine kurzsichtige Brille auf seine Maske zu setzen. Nur hatte er an eines nicht gedacht: Die Hitze des Theaters ließ die Gläser trüben, so dass Dossion, als er Colombine nachlief, nicht sah, wohin er seinen Fuß setzte, und durch die Falltür des Souffleurs verschwand. Im Gegensatz zu Rosen, die nur einen Morgen leben, hatte Dossion nur von der Nacht gelebt. Wir erfanden einen Scherz, mit dem wir Dossion vor Wut bleich werden ließen. Er hatte einen Hund von der gleichen Farbe wie d'Artagnans Pferd, der zwischen der Farbe einer Jonquille und der einer Butterblume schwankte. Da Dossion tödlich beleidigt war, gaben wir vor, sein Hund habe bei der Kammer eine Petition eingereicht, um die Erlaubnis zu erhalten, seinen Herrn zu verlassen. Aber die dreihundert Mann von Monsieur de Villèle betrachteten die Angelegenheit als eine politische Angelegenheit, und einer von ihnen sprach sogar den berühmten Satz aus:

„Die Anarchie beginnt ihr Haupt zu erheben!"

Castors Bittschrift war auf die Tagesordnung gesetzt worden. Das unglückliche Tier, das gezwungen war, an Dossion zu hängen, starb vor Langeweile. Ich weiß nicht, ob Dossion noch lebt oder tot ist. Wenn er noch lebt, sind die Zeilen, die ich gerade geschrieben habe, eine Huldigung an ihn; wenn er tot ist, ist es eine Blume, die ich auf sein Grab werfe. [1]

[1] Siehe Anhang.

KAPITEL VII

Eugène Sues Debüt als Journalist – Der Mann mit dem bösen Blick – Das Merinoschaf – Eugène Sue in der Marine – Er nimmt an der Schlacht von Navarino teil – Er richtet ein Haus ein – Das letzte Gegenstück der Jugend – Ein weiterer Sohn des Mannes – Bossange und Desforges

Gegen Ende des Jahres 1825 kehrte Eugène Sue aus Toulon zurück. Er fand *La Nouveauté* in einem äußerst florierenden Zustand vor. Da sein Freund Ferdinand Langlé der Manager war und Sue gerade in Toulon ein *A-propos-Stück* aufgeführt hatte, dessen Autor er war, wurde er natürlich Herausgeber der Zeitung. Sie baten ihn um Artikel, und er schrieb vier, eine Serie mit dem Titel *L'Homme-Mouche.*

Dies waren die ersten gedruckten Werke des Autors von *Mathilde* und der *Mystères de Paris*. Es erscheint seltsam, dass wir sie hier wiedergeben. Unsere Memoiren sind, wie wir bereits gesagt haben, das literarische Archiv der ersten Hälfte des 19. Jahrhunderts. Außerdem ist es für Künstler immer interessant, die Anfänge von Männern zu studieren, die die Höhe unseres berühmten Mitbruders erreicht haben.

Die vier Artikel, die er verfasste, erschienen am Montag, dem 23. Januar 1826, Mittwoch, dem 25., Sonntag, dem 29., und Dienstag, dem 31. [1] Wir sehen also, dass der Widerstand unseres Freundes Eugène Sue nicht von gestern ist.

Zwischenzeit zahlte *La Nouveauté* seinen Spendern nicht sehr gut. Andererseits blieb Dr. Sue unnachgiebig: Er hatte sich nicht nur den getrunkenen Wein zu Herzen genommen, sondern noch mehr den Wein, den sie verdorben hatten! Es blieb eine Quelle, die sie nur bei großen Anlässen nutzten: eine Uhr mit Emailleboden im Louis-XVI-Stil, die ihnen seine gute Patin, die Kaiserin Joséphine, geschenkt hatte. In extremen Fällen brachten sie sie ins Pfandhaus und bekamen 150 Francs dafür. Damit konnten die Kosten für den Faschingsdienstag 1826 gedeckt werden; aber dann, nachdem er so lange wie möglich durchgehalten hatte, musste er den Schritt wagen, aufs Land zu gehen. Bouqueval bot den jungen Männern ländliche und bescheidene Gastfreundschaft, also gingen sie dorthin.

Ostern kam und mit ihm einige Gäste; jeder hatte versprochen, seinen Anteil an Essen mitzubringen: der eine einen Hummer, der andere eine Fleischpastete usw.; aber wie es das Unglück wollte, rechnete jeder mit seinem Nachbarn, und da sie alle wahrscheinlich knapp bei Kasse waren, brachte keiner von ihnen etwas mit. Sie gingen direkt in den Stall und schlachteten ein Schaf: Es war ein prächtiges Merinoschaf, das Dr. Sue zu Schauzwecken hielt! Es wurde gehäutet, gebraten und bis zum letzten Kotelett aufgegessen. Als der Doktor von dieser neuen Missetat erfuhr, bekam er eine abscheuliche Laune! Glücklicherweise begegnete Eugène Sue diesen väterlichen Ausbrüchen mit bewundernswerter Gelassenheit. Der gute Junge hatte ein bezauberndes Wesen, er war immer fröhlich, heiter und lachend. Ist er immer noch derselbe, jetzt, da er ein Mann ist? Sein Gesicht ist voller Sorgen, und die Verbannung lastet schwer auf seinem Herzen! Eugène Sue wurde befohlen, Paris zu verlassen. Er ging zur Marine und unternahm zwei Reisen zu den Antillen – daher sein Roman *Atar Gull* und seine herrlichen Landschaftsstücke, die sich durch die Risse eines Bühnenvorhangs wie ein Märchenland lesen. Dann kehrte er nach Frankreich zurück. Eine entscheidende Schlacht stand gegen die Türken bevor: Eugène Sue schiffte sich in seiner offiziellen Eigenschaft als Adjutant an Bord der *Breslau ein,* Kapitän la Bretonnière; er war bei der Schlacht von Navarino anwesend und brachte als *Spolia opima* ein prächtiges türkisches Kostüm mit – das bei seiner Rückkehr bis auf den letzten Rest Spitze zerfressen war –, einen Säbel und einen Koran. Während er von dem türkischen Kostüm lebte, hatte Eugène Sue, der allmählich Geschmack an der Literatur fand, zusammen mit Desforges in *Monsieur le Marquis gespielt.* Schließlich erschien etwa zur selben Zeit *Flick et Flock* , sein erster Roman, in *La Mode.*

In der Zwischenzeit starb Eugènes Großvater mütterlicherseits und hinterließ ihm fast 75.000 Francs. Das war ein unerschöpfliches Vermögen! Also reichte der junge Dichter, der damals 24 Jahre alt war, seine Kündigung beim Marineminister ein und richtete sein Haus ein. Wir sagen, er richtete sein Haus ein, weil Eugène Sue, Künstler aus Gewohnheit und Instinkt, der erste war, der eine Zimmerflucht nach moderner Art einrichtete; er war der erste, der all diese bezaubernden Nippes besaß, die damals niemand wollte, nach denen heute aber jeder schnappt: bunte Gläser, Porzellanteller, sächsisches Porzellan, Renaissancetruhen, türkische Säbel, malaiische Dolche usw. Dann ging er in Gudins Atelier und begann zu malen. Wir haben gesagt, dass Eugène Sue ziemlich geschickt zeichnete oder vielmehr skizzierte. Ich erinnere mich, dass er ein Album aus Navarino mitgebracht hatte, das in doppelter Hinsicht interessant war, sowohl wegen der Illustrationen als auch aus künstlerischer Sicht. Während seiner Zeit mit dem berühmten Seemaler beging Eugène Sue seine letzten Eskapaden, und damit schloss sich die Liste jener Jugendverrücktheiten, die die Gesellschaft von Rousseau, Romieu und Eugène Sue berüchtigt gemacht hatten. Wir haben im Zusammenhang mit der Parodie von *Heinrich IV. den berühmten Überfall auf den Portier in der Rue du Mont-Blanc erwähnt, der unter dem Spitznamen „Portier je veux de tes cheveux"bekannt war und seinen Weg in „Les Mystères de Paris"fand*

.

Gudin, der damals dreißig war, war bereits auf dem Höhepunkt seines Talents und seines Ruhms; Amateure rissen sich an seine Werke, Frauen stritten sich um den Mann. Gudin erhielt, wie alle Künstler von gewissem Rang, von Zeit zu Zeit Briefe von unbekannten Frauen, die seine Bekanntschaft machen wollten und zu diesem Zweck Verabredungen mit ihm vereinbarten. Eines Tages erhielt er zwei solcher Briefe, beide zur gleichen Zeit. Gudin konnte sich nicht entmutigen lassen und sprach mit Eugène Sue über seine Schwierigkeiten. Also bot Eugène Sue an, seinen Platz einzunehmen. Es ist nur ein Schritt vom Schüler zum Meister; außerdem gab es eine große körperliche Ähnlichkeit zwischen den beiden Männern: Sie waren gleich groß, trugen beide Bärte, hatten dunkles Haar, schöne Augen und prächtige Zähne; einer war siebenundzwanzig und die andere dreißig; die am schlechtesten behandelte der beiden unbekannten Frauen hätte nicht gegen den Dieb schreien können. Außerdem steckten sie die beiden Briefe in einen Hut und jeder nahm seinen heraus. Von diesem Moment an und während des restlichen Tages gab es zwei Gudins und keinen Eugène Sue. Jeder ging an diesem Abend zu seinem vereinbarten Platz; am nächsten Tag kehrten beide verzaubert zurück. Die Sache hätte ewig dauern können, aber Neugier zerstört immer Frauen – das beweisen Eva und Psyche. Die Dame, die den falschen Gudin als ihren Anteil erhalten hatte, hatte künstlerischen Geschmack; wenn sie die Bekanntschaft des Malers gemacht hatte, bestand sie darauf, das Atelier zu besuchen, um Gudin bei der Arbeit zu sehen, mit Palette und Pinsel in der Hand. Unter den zahlreichen neugierigen Frauen haben wir Semele vergessen, die ihren Geliebten Jupiter in all seiner Pracht sehen wollte und von einem Blitz bei lebendigem Leib verbrannt wurde. Der falsche Gudin konnte den vielen Bitten nicht standhalten und willigte ein, der schönen *Kuriosität* am nächsten Tag ein Rendezvous zu gewähren. Sie sollte um zwei Uhr nachmittags kommen, der günstigsten Tageszeit für das Licht beim Malen. Um Viertel vor zwei wartete Eugène Sue in prächtiger Livree in Gudins Vorzimmer; ein paar Minuten vor zwei läutete der glückliche Besucher zitternd die Glocke. Eugène Sue ging, um die Tür zu öffnen. Die Dame, die alles sehen wollte, warf zunächst einen Blick auf den Diener, der wie ein schmucker, kräftiger Jüngling aussah und sich demütig vor ihr verneigte. Auf ihre prüfende Miene folgte ein schrecklicher Schrei. „Schreck! Ein Lakai! ...“ Die Dame verbarg ihr Gesicht in ihrem Taschentuch und rannte hastig die Treppe hinunter. Auf einem Maskenball kurz darauf traf Eugène Sue sie wieder und versuchte, ihre Bekanntschaft zu erneuern; aber sie beharrte auf der Annahme, er sei noch immer verkleidet, und Eugène Sue konnte ihr nichts entlocken außer den Worten, die er zuvor gehört hatte: „Schreck! Ein Lakai! ...“

Der Feldzug nach Algier begann, und Gudin begleitete die Expedition. Die beiden Freunde trennten sich. Eugène Sue widmete sich der Literatur. Zu dieser Zeit wurde *Atar Gull* gegründet. Dann kam die Julirevolution. Eugène Sue und Desforges schrieben gemeinsam eine Komödie mit dem Titel *Le Fils de l'Homme*. Man erinnert sich an Barthélemys Gedicht zum gleichen Thema: der König von Rom, eine poetische Figur, einsam und in Schönbrünn gefangen, so wie Napoleon auf St. Helena. In Eugène Sue wurden Erinnerungen an seine Jugend wach; er erinnerte sich, dass Joséphine seine Patin gewesen war und dass er den Namen Prinz Eugène trug.

Die Komödie war geschrieben, kam aber nicht weiter. Nicht nur war die Reaktion der Orleanisten schnell erfolgt, sondern Desforges, einer ihrer Autoren, war auch Sekretär von Maréchal Soult geworden. Aber die Eitelkeit eines Autors ist eine höchst gewagte Leidenschaft, so wie arme Mädchen ihre Mutterschaft durch ihre Mutterliebe verraten können. Eines Tages, als Desforges mit Volnys gefrühstückt hatte, zog er das aufrührerische Stück aus seiner Mappe und las es seinem Gastgeber vor. Volnys ist der Sohn eines Generals des Kaiserreichs. Volnys Herz schmolz bei der Lektüre dahin.

„Lassen Sie mir das Manuskript", sagte er. „Ich möchte es noch einmal lesen."

Also überließ Desforges ihm dies. Sechs Wochen vergingen. In der Literaturwelt machte heimlich das Gerücht die Runde, dass bei den Nouveautés ein großer Aufruhr vorbereitet werde . Man fragte sich, was das für ein Ereignis sein könnte.

Bossange war damals der Direktor des Theaters; er arbeitete mit Frédéric Soulié in zwei oder drei Dramen zusammen und war einer der klügsten Männer von Paris. Bossange, sagen wir, war Direktor und zählte unseren lieben Déjazet zu seinem Personal. Man wusste, dass die beiden zusammen zu allem fähig waren. Das Gerücht von diesem literarischen Ereignis, das Paris auf den Kopf stellen sollte, erreichte Desforges' Ohren, obwohl er sich in den Tiefen seines Büros versteckt hielt. Er zitterte, und ihm kam eine Offenbarung. Angenommen, die dramatische Sensation war die Uraufführung von Fils *de l'Homme!* Er beschloss, noch am selben Abend ins Nouveautés zu gehen und sich bei Bossange darüber zu informieren. Und so stand Desforges um acht Uhr hinter den Kulissen.

„Oh! Besprechen Sie Ihre Angelegenheiten heute Abend nicht mit mir, mein lieber Desforges!", sagte der Direktor zu ihm. „Ich bin in einem Zustand der Verzweiflung! Der und der Mann (ich habe vergessen, wer) hat uns mit seinem Stück enttäuscht, und wir sind im allerletzten Moment gezwungen, ein Stück aufzuführen, das noch geprobt und nicht richtig einstudiert wurde. Kommen Sie, Bühnendirektor, ist Déjazet bereit?"

„Ja, Monsieur Bossange.“

„Also, klopfen Sie dreimal und verkünden Sie, was wir vereinbart haben.“

Sie taten es; Rufe wie „Nehmen Sie Ihre Plätze auf der Bühne ein!“ erklangen, und Desforges war gezwungen, sich wie die anderen hinter eine Kulisse zu setzen.

Der Bühnenmanager im weißen Kragen und schwarzen Mantel betrat die Bühne und sagte nach den üblichen drei Verbeugungen:

„Meine Herren, da einer unserer Schauspieler im letzten Moment erkrankt ist, sind wir gezwungen, Ihnen anstelle des zweiten Stücks eine neue Komödie zu geben, die in drei oder vier Tagen hätte aufgeführt werden sollen. Wir bitten Sie, den Austausch anzunehmen.“

Das Publikum, dem statt eines alten ein neues Stück geboten wurde, übertönte die Worte des Direktors mit Beifall. Der Vorhang fiel und hob sich fast unmittelbar darauf wieder. In diesem Augenblick kam Déjazet in der Uniform eines österreichischen Obersten aus seinem Ankleidezimmer.

„Ach, du lieber Himmel!“, rief Desforges und unterbrach ihn. „Was willst du spielen?“

„Um zu spielen? Warum *le Fils del'Homme* ... Kommen Sie, lassen Sie mich vorbei, Herr Autor!“

Desforges‘ Arme fielen und Déjazet ging weiter.

Das große Ereignis des Théâtre des Nouveautés war in der Tat die Aufführung von *Le Fils de l'Homme* ; nur hatte Bossange, der Hindernisse seitens der Regierung befürchtete, strengste Geheimhaltung gewahrt und, wie wir sehen, die Komödie plötzlich aufgeführt. [2]

„Aber, fragen Sie sich vielleicht, gab es im Jahr 1830 eine Zensur?“

„D'Artagnan, mein guter Freund, ziehen Sie Ihren Hut vor der Person, die uns mit dieser Frage die Ehre erwiesen hat, und verneigen Sie sich tief. Dann antworten Sie:

„Ach, Monsieur, Pech gehabt, es gibt immer eine Zensur.“

***

[1] Siehe Anhang.

[2] Siehe die vollständige Biographie von Eugène Sue in *Les Morts vont vite*, Band II. P. 1.

BUCH VIII

KAPITEL I

Die politischen Duelle

Zu Beginn des Jahres 1833, das nun vor uns liegt, waren die Augen ganz Frankreichs auf das Schloss Blaye gerichtet, in dem Frau Herzogin von Berry eingesperrt war.

Am 28. Januar stellte Herr de Dreux-Brézé der Regierung eine Frage im Zusammenhang mit einer Petition, die mehrere Pensionäre der alten Zivilliste an die Chambre des Pairs gerichtet hatten und die sich auf die Inhaftierung der Prinzessin bezog. Es muss gesagt werden, dass sich das moralische Gefühl Frankreichs größtenteils, mit nur wenigen Ausnahmen, gegen diese Inhaftierung auflehnte, so wie es sich seitdem gegen die von Abd-el-Kader auflehnte. Herr de Dreux-Brézé hatte um Redeerlaubnis gebeten, und diese wurde ihm gewährt. Er bestieg die Tribüne.

"Da die Kammer mir das Wort erteilt hat", sagte er, "erlaube ich mir, sie darauf hinzuweisen, dass das in der Charta verankerte Petitionsrecht seit einiger Zeit zu einem illusorischen Recht in der Versammlung geworden ist. Eine große Zahl von Petitionen zum Gesetz über den Belagerungszustand wurden an die Kammer gerichtet, aber bisher wurde noch kein Bericht darüber vorgelegt. Nun frage ich Sie, warum wurde kein solcher Bericht verfasst? Wenn dies nicht geschieht, nachdem die Kammer ein Gesetz zu diesem Thema erlassen hat, was wird dann aus dem Petitionsrecht? Aber es gibt andere Petitionen höherer Ordnung, bei denen ich erstaunt bin, dass sie nicht vorgebracht werden; ich meine jene, die sich auf die Gefangenschaft einer berühmten Prinzessin beziehen, deren Schicksal die Aufmerksamkeit Frankreichs und Europas auf sich zieht. Ich kann ihre Existenz nicht ignorieren, da sie fast alle an mich gerichtet wurden, um sie der Kammer vorzulegen; ich werde daher die Gelegenheit nutzen, die mir durch die Öffentlichkeit ihrer Debatten geboten wird, um den Bittstellern meine tiefe Dankbarkeit für das Vertrauen zu bezeugen, das sie mir entgegengebracht haben. Ich habe heute Morgen eine Petition mit demselben Anliegen erhalten, die 1700 Unterschriften enthält. Wie kann es sein, meine Herren, dass Tausende von Unterschriften unter Missachtung des Petitionsrechts in Mappen vergraben werden dürfen, die die

Freilassung von Madame la duchesse de Berry fordern? Und unter welchen Umständen? Es ist unmöglich, nicht die größte Angst um ihre Person und begründete Befürchtungen in anderer Hinsicht zu verspüren; denn wenn man die Ungesundheit ihres Haftortes berücksichtigt, ist ihre Gefangenschaft nicht nur ein willkürlicher Akt, sondern wird zu einem Anschlag auf ihr Leben! Ich beabsichtige nicht, meine Herren, hier eine Diskussion zu beginnen, die zu diesem Zeitpunkt irrelevant wäre; aber ich bitte die Kammer, sofort einen Tag für eine Debatte über die zahlreichen Petitionen festzulegen, die die Freilassung von Madame la duchesse de Berry fordern.“

Der Siegelbewahrer bestieg als nächstes die Tribüne und antwortete:

„Der Sprecher beschwert sich über den Ort, an dem die Herzogin von Berry festgehalten wird. Würde er einen ewigen Bürgerkrieg in der Vendée zulassen? Das ist zweifellos nicht seine Idee, aber man kann seine Ansichten vernünftigerweise in dieser Weise interpretieren, wenn er die Freiheit der Herzogin von Berry fordert, wenn man bedenkt, welchen Gebrauch sie von ihrer Freiheit gemacht hat.“

Der Innenminister fügte noch ein paar Worte hinzu: Auch wenn das Château de Blaye ein ungesunder Wohnort sei, sei es doch allgemein bekannt, dass die Stadt nie von Epidemien heimgesucht worden sei. Er verstehe daher die Feindseligkeit jener Personen nicht, die behaupteten, der Ort der Haft sei mit der Absicht gewählt worden, die Gesundheit des erlauchten Gefangenen zu gefährden.

Der Vorfall führte zu gar nichts. Die Chambre des Pairs war nach dem Rücktritt des Herzogs von Fitz-James und Herrn von Chateaubriand nichts weiter als eine Art Archiv, in dem die Gesetze der Chambre des Députés registriert wurden. Nun geschah es, dass der Gesundheitszustand der Herzogin von Berry trotz der Erklärung des Siegelhüters und des Innenministers bald so große Unruhe verursachte, dass die Regierung die Herren Orfila und Auvity nach Blaye entsandte. Ihre Abreise wurde in einer Regierungszeitung angekündigt, ich glaube , *Le Nouvelliste* . Sie beschränkte sich auf die Meldung, dass die beiden berühmten Ärzte eine wichtige Frage der Gerichtsmedizin untersuchen müssten. Die vage Knappheit der Erklärung rief von allen Seiten Kommentare hervor. *Le Nouvelliste,* gezwungen, eine Erklärung abzugeben, fügte den folgenden Absatz ein:

"Viele Zeitungen haben tausend Vermutungen über die Mission von Herrn Orfila und Herrn Auvity im Château de Blaye abgedruckt. Diese Mission enthält nichts, was die Vielzahl der Kommentare rechtfertigen würde, zu denen sie Anlass gegeben hat. *Der Zustand von Frau Herzogin von Berry bietet keinen Anlass zur Beunruhigung; nur ist sie seit einiger Zeit so angeschlagen,* dass es ratsam erscheint, ihr die Gelegenheit zu geben, die beiden Männer zu konsultieren, die das größte Vertrauen verdienen, Herrn Orfila, Doyen der medizinischen Fakultät, und Herrn Auvity, von denen einer ihr Hausarzt und der andere ihr beratender Arzt ist. Die Lage des Gefängnisses, in dem Frau Herzogin von Berry eingesperrt ist, macht dieses natürliche Vorgehen erforderlich, und in diesem Sinne haben wir die Mission der beiden Ärzte *forensisch genannt.*"

Aufgrund dieser Erklärung vermutete *Le Corsaire* , dass die Unpässlichkeit der Herzogin von Berry auf eine Schwangerschaft zurückzuführen war. Am nächsten Tag erschien ein junger Karlist, Monsieur Barbot de la Trésorière, in der Redaktion der Zeitung, um den Autor des Artikels oder, falls dieser nicht anwesend war, den verantwortlichen Manager, Monsieur Viennot, zu einem Duell herauszufordern. Monsieur Viennot antwortete, er könne die Verantwortung für den Artikel nur übernehmen, wenn der Autor die Verantwortung nicht übernehme. Er bat um einen Tag Zeit, bevor er Monsieur Barbot de la Trésorière antworten könne. Dieser Herr hielt die Bitte für durchaus berechtigt, äußerte jedoch den Wunsch, dass die Antwort sehr eindeutig ausfallen sollte, da das Ziel der Karlistenpartei darin bestand, jeden Schatten eines Verdachts auf den Ruf der berühmten Gefangenen zu vermeiden. Kaum waren die letzten Worte ausgesprochen, als einer der Redakteure des *Corsaire* aus der Redaktion kam. Er hatte alles gehört und ging auf Monsieur de la Trésorière zu.

„Monsieur", sagte er zu ihm, „ich bin der Autor des Artikels, den Sie angeblich als beleidigend betrachten. Mein Name ist Eugène Briffault und ich stehe Ihnen jederzeit zur Verfügung."

Nachdem das Duell angenommen war, mussten die Sekundanten den Rest der Angelegenheit regeln. Die Sekundanten unterhielten sich und vereinbarten, dass das Treffen am nächsten Tag um acht Uhr morgens im Bois de Boulogne stattfinden sollte. Zur vereinbarten Stunde trafen sich die beiden Gegner auf dem Platz. Als Waffen waren Pistolen ausgewählt worden. Die beiden Gegner wurden in einer Entfernung von dreißig Metern voneinander aufgestellt: Beim dritten Händeklatschen sollten sie gleichzeitig schießen. Beide feuerten im selben Augenblick. Die Kugel von Herrn Briffault verfehlte ihr Ziel; die von Herrn Barbot de la Trésorière bohrte sich so tief in Herrn Briffaults Schulter, dass sie nicht mehr herausgezogen werden konnte. Die Wunde war schwer. Herr Briffault wurde zu Étienne Arago, dem Direktor des Vaudeville, gebracht. Es muss wohl kaum erwähnt werden, dass der Verletzte dort mit brüderlicher Hingabe gepflegt wurde. Und doch enthielt *La Quotidienne am selben Tag, an dem das Duell stattgefunden hatte,* die folgende Passage:

> „30. Januar – Die Herren Orfila und Auvity sind gerade aus Blaye zurückgekehrt, wo sie die ihnen anvertraute Mission erfüllt haben. Welche Mission das war, verrät die Regierung nicht. Wir aber verraten es, denn wir sind wie Madame der Meinung, dass die Ehre selbst die Aufopferung der heiligsten Konventionen verlangt.

„Seit etwa einer Woche sind im Ausland schändliche Gerüchte über Madames Zustand im Umlauf. Respektable Leute aller Parteien haben sie mit Abscheu vernommen, und wir sind der Wahrheit verpflichtet, zu erklären, dass die liberale Opposition ihre Empörung lautstark kundgetan hat. Man kann sich nicht vorstellen, dass die Autoritätspersonen im Allgemeinen nichts von solchen schamlosen Unterstellungen wissen; man nimmt an, dass zumindest einige der Autoritätspersonen an der Verleumdung beteiligt sind; aber niemand würde auf die Idee kommen, dass sie selbst die ersten waren, die sich täuschen ließen. Zwar wurden gemeine Worte wiederholt, und zwar besonders von Herrn Thiers, aber man konnte nicht an ein Wunder dummer Bösartigkeit glauben.

„Nun, sie wurden getäuscht; weniger schuldig, wenn Sie so wollen, aber ungeschickter, als man sich vorstellen konnte; was sie sagten, glaubten sie; verstehen Sie? Lassen Sie uns jedoch schnell über diese beschämenden Angelegenheiten hinweggehen. Wir werden uns darauf beschränken, zu zeigen, zu welchem Maß an Blindheit gewisse Männer verleitet werden können, wenn sie von niederen Leidenschaften besessen sind. So gingen also die beiden gelehrten Ärzte zur Zitadelle von Blaye. Sehen Sie sie in der Gegenwart von Madame! Sie stammeln und versuchen zu sprechen; sie sprechen; aber sie hatten noch keine drei Worte ausgesprochen, als Madame sie verstand. Dann war es (wir berichten es aus Beweisen, die sicherlich nicht angezweifelt werden können), dass Madame unter dieser Tortur, die für jede Frau grausam und für eine Frau von königlichem Geblüt beleidigend ist, sich, sagen wir, mit ihrem Charakter bewaffnet zu einer erhabenen Anstrengung erhob, über gewöhnliche Anschuldigungen und vulgäre Empfindsamkeiten hinaus. Ruhig, ohne sichtbare Emotionen, wahrscheinlich weniger aufgeregt als die Männer vor ihr, sprach die Prinzessin kraftvoll zu ihnen; sie sprach zu ihrem Gewissen, sie appellierte an ihr Gefühl der Ehre, forderte sie auf, ihre

Mission *vollständig zu erfüllen,* verlangte, dass ihre professionelle Meinung vollständig, vollständig und ohne Zweifel verkündet werden sollte; sie wollte, dass sie vor Gott und den Menschen aussagen sollten, was sie über die Witwe des Herzogs von Berry, die Mutter von Heinrich V., wussten! Die beiden Gelehrten gehorchten Madames Befehlen, bildeten sich ihre Meinung, fanden alles heraus, was sie wissen mussten, und zogen sich dann zurück, errötend vor Scham.

"Ein erster Bericht wurde rasch an die Männer versandt, die geglaubt hatten... Daher eine plumpe Abkehr, die wir mit all dem Misstrauen abgedruckt haben, das sie unweigerlich erwecken muss. Die Autorität wagt es nicht, weiter zu gehen; sie hat nicht den Mut, zu gestehen, was sie von den beiden Fachleuten erwartet oder was sie von ihnen erfahren hat."

Wie man sieht, wurde die Angelegenheit von der Karlistenpartei sowohl als bewaffneter Kampf als auch als schriftliche Polemik begonnen und so kühn wie möglich angegangen. Wir werden sehen, dass sie von der Republikanischen Partei mit gleichem Eifer unterstützt wurde.

Der Bericht von Herrn Auvity und Orfila erschien tatsächlich am 5. Februar im *Le Moniteur* . Er enthielt keine Einzelheiten, die eine Meinung über den angeblichen Zustand der Prinzessin hätten bilden können; daher ließen die Zeitungen ihren Vermutungen weiterhin freien Lauf. Insbesondere *Le Corsaire* blieb bei seiner Ankündigung von Madames Schwangerschaft. Das Ergebnis war, dass sie einer neuen Herausforderung ausgesetzt war. *Le Corsaire* gab seinen Lesern die folgenden Informationen:

> „Leute haben in unseren Büros angerufen, um nach dem Grund für einen Artikel zu fragen, den wir kürzlich über die Herzogin von Berry veröffentlicht haben. Wir antworteten, dass wir das Recht keiner Person anerkennen, uns im Namen der Herzogin von Berry zur Rechenschaft zu ziehen, und lehnten jegliche Auskunft zu diesem Thema ab. Wir fügten hinzu, dass wir sogar bereit seien, die Böswilligkeit der Legitimistenpartei in dieser Hinsicht zu akzeptieren. Das Wort *Verleumdung* , das auf die Gerüchte über die Herzogin angewendet wird, geht uns nichts an: Es gehört denjenigen in hohen Kreisen, von denen die Gerüchte stammen; ihr Ursprung ist nun öffentlich bekannt. Der Herausgeber des Artikels hat ausdrücklich erklärt, dass er behauptet, dass das, was er geschrieben hat, *wahr ist.* Nur die Zeit kann seine Meinung zerstören oder bestätigen. Was die politische Haltung der Karlistenpartei betrifft, die wir als eine Partei dargestellt haben, die viel mehr an Verschwörung als an Kampf denkt, so wollen wir

uns die tatsächlichen Worte der Gefangenen von Blaye ins Gedächtnis rufen. Als sie die Listen der ihr Geweihten sah, rief sie aus: ‚Sie bieten mir ihre Namen an, aber nicht ihre Waffen!' Dieser Ausruf erschien erst vor einem Monat in einer weit verbreiteten Zeitung und wurde nicht dementiert.

"Es ist nicht das erste, sondern das zweite Mal, dass *Le Corsaire* solchen Angriffen ausgesetzt war, und einer seiner Herausgeber, Herr Briffault, hatte sogar das Unglück, von einem sogenannten Legitimisten verwundet zu werden, dem er das Recht zugestanden hatte, sich für den Gefangenen von Blaye einzusetzen. Es ist ziemlich merkwürdig, dass die Empfänglichkeit der Karlistenpartei gegenüber den Prinzen der gefallenen Familie erst seit dem, was sie den versuchten Sieg der patriotischen Partei im Juni nennen, zutage trat. Es ist wahr, dass sich die Könige rühmen, die Republikaner erblassen zu lassen; aber vielleicht wurden nicht alle königlichen Persönlichkeiten an diesem Tag zusammen mit Louis-Philippe besiegt. Gewiss wurden auch viele Patrioten infolge jener Junitage zerstreut, verbannt und eingesperrt; aber es sind noch genug außerhalb des Gefängnisses, damit die Verfechter der Legitimität sicher sein können, bei jeder Gelegenheit jemanden zu finden, der mit ihnen fertig wird; nur hätten sie, wenn sie die Ehre bestritten, Herrn Briffault getötet zu haben, warten sollen, bis seine Wunde erst geheilt war.

"Es ist in der Tat außergewöhnlich, wenn man kein einziges Wort über die Herzogin von Berry schreiben kann, ohne das Schwert zur Hand zu haben, wenn man jedem antwortet, der daran interessiert ist, eine Heldin aus ihr zu machen. Wer hat sich vor der Julirevolution damit amüsiert, Lanzen zu brechen, sei es für oder gegen die Tugend der Herzogin von Berry? Und doch fehlte es damals ebenso wenig an verleumderischen Gerüchten, ob wahr oder unwahr, wie heute. Aber die Herzogin ist eine Gefangene, sie hat Unglück! Das sollte die Herzen ihrer Kavaliere bluten lassen; aber was uns betrifft, die wir uns nur zu lebhaft daran erinnern, wie sie in den Tuilerien tanzte, während unseren Freunden auf dem Place de Grève die Köpfe abgeschnitten wurden, so muss man zugeben, dass Rücksichtnahme von unserer Seite nur aus Motiven reiner Großzügigkeit resultieren kann.

"Die Karlistenpartei beschreitet einen sehr schlechten Weg, um die Sympathie der patriotischen Presse für den Gefangenen von Blaye zu gewinnen. Es sollte genügen, wenn sie uns Schweigen über skandalöse Einzelheiten auferlegen wollen, ob sie nun existieren oder nicht. Aber wenn sie weiterreden, so dass wir uns gezwungen fühlen, uns mit Klatsch zu beschäftigen, den wir normalerweise zu ignorieren pflegen, werden wir diesen Herren ganz gewiss das Recht zugestehen, in so großer Zahl wie sie wollen gegen uns in ihrer Hingabe an die Person der Herzogin von Berry auszusagen. Sie werden in unserem Büro eine lange Liste von Leuten finden, die bereit sind, ihnen jede Gelegenheit zu bieten, sich zu profilieren, die sie wünschen. Diese Herren müssen sehr auf das Herannahen einer dritten Restauration zählen, damit ihre Hingabe anfängt, sich ins Gefängnis zu werfen, die Julirevolution durch Pamphlete, Romane, unterzeichnete Proteste, Straßenumzüge und Herausforderungen an patriotische Zeitungen zu beleidigen. Es scheint, dass der Moment gekommen ist, das berühmte republikanisch-karlistische Bündnis zu beweisen. Gut, das braucht nichts zu bedeuten! Die ergebenen Ritter sollen ihre Zahl angeben, sie sollen sich nur zeigen und die Frage klären. Wir werden jedenfalls nicht nach Leuten suchen, die uns helfen und halbe Ansichten vertreten."

Artikel wie diese waren nicht dazu geeignet, politischen Hass zu besänftigen. *La Tribune* nahm sich der Sache von *Le Corsaire an, und zwischen dieser Zeitung und Le Revenant* kam es zu einer hitzigen Polemik . Herausgeber der letztgenannten Zeitung war damals M. Albert de Calvimont, heute Präfekt des Kaiserreichs. *Le National* mischte sich seinerseits ein, und *Le Revenant* sah sich drei Gegnern gegenüber. M. Albert de Calvimont erhielt von *La Tribune eine kollektive Herausforderung für sich und seine Freunde.* Er antwortete in seinem eigenen Namen, lehnte es jedoch ab, hineingezogen zu werden, mit der Begründung, sie wollten ihm etwas aufzwingen. Gleichzeitig antworteten sie auf einen aggressiven Artikel von Armand Carrel, indem sie ihm eine Liste mit einem Dutzend Personen schickten, aus denen er einen Namen auswählen sollte. Bald machte unter uns die Nachricht die Runde, dass eine Herausforderungsliste mit der Aufforderung, zwölf Gegner auszuwählen, an Armand Carrel gesandt worden war. Ich eilte zu Carrel; eine Menschenmenge stand vor seiner Tür, um ihre Namen einzutragen, und ich schrieb meinen auf, wie die anderen es taten. Ich hatte Carrel lange nicht gesehen; Persönlich standen wir nicht auf kühlerem Fuß miteinander; aber *Le National* griff die romantische Schule heftig an, und unser Umgang war selten geworden. Die Gunst, zu ihm eingeladen zu werden, verdankte ich wahrscheinlich der Seltenheit meiner Besuche. Er frühstückte mit der bezaubernden Dame, von der ich Gelegenheit hatte zu sprechen, deren Leben inmitten all dieser Tumulte und Duelle eine ständige Qual war, getarnt durch ein Lächeln leicht erkennbarer Traurigkeit, das aber immer noch ein Lächeln war. Soweit ich mich erinnern kann, frühstückte Grégoire mit ihnen.

„Ah, also bist du es!" sagte Carrel zu mir. „Es muss etwas sehr Wichtiges auf dem Weg zu dir sein."

„Was macht es schon, lieber Freund, welche Umstände meine Anwesenheit veranlassen?"

"Bist du gekommen, um zu kämpfen?"

„Ich bin gekommen, um zu tun, was ich kann … man hat mir gesagt, Sie hätten eine Liste mit zwölf Karlisten erhalten. Wenn es Ihnen schwerfällt, ein Dutzend Republikaner zu finden, wenden Sie sich an mich; ich werde auf jeden Fall einen zusammenstellen."

„Aber nehmen wir an, ich befinde mich nicht in derartigen Schwierigkeiten? …"

„Dann, lieber Freund, entschuldigen Sie, dass ich mich an diesem Streit nicht beteilige."

„Du bist nicht begeistert davon."

"Ich halte die Sache für lächerlich."

„Was! Lächerlich?"

„Ja, meiner Meinung nach sollten Sie in aller Stille auf offizielle Nachrichten aus Blaye warten. Die Herzogin von Berry ist in erster Linie eine Frau; und mit welchem Recht können Sie von einer Prinzessin, nur weil sie eine Prinzessin ist, etwas sagen, was Sie von der Witwe Ihres Lebensmittelhändlers nicht sagen würden?"

„Was soll man tun?", sagte Carrel, der im tiefsten Inneren und aus ritterlicher Sicht spürte, dass ich mit meiner Ansicht zu dieser Frage richtig lag.

„Ich muss da durch."

„Haben Sie genügend Kraft?"

„Pistolen, ja – Schwertkämpfer, nein …"

„Dann werden Sie mit Pistolen kämpfen?"

„Nein, ich werde Schwerter einsetzen."

"Warum arrangierst du das?"

„Es ist eine Frage des Gefühls, wissen Sie. Ich habe zweimal mit Schwertern gekämpft, zweimal habe ich meinen Feind getroffen, und nur einmal habe ich mit Pistolen gekämpft, und obwohl mein Gegner sehr schlecht schoss und die Kugel sechs Meter von mir entfernt auf den Boden traf, ging sie dennoch durch meine Wade."

"Trinkst du ein paar Runden mit mir?"

"Wenn Sie nichts dagegen haben."

"Komm dann."

Wir gingen in eine Art Salon, in dem Floretts und Masken standen, und stellten uns auf die Hut. Ich schoss schlecht, wie ich schon sagte – obwohl Grisier aus Freundlichkeit mir gegenüber meinen Ruf als guter Schütze verbreitet und mir so mehr als ein Duell erspart hatte –, aber damals hatte er einem guten Kerl namens Castelli, der ein erstklassiger Schwertkämpfer war und allen berühmten Meistern als Lehrer diente, einen kleinen Dienst erwiesen und hatte keine andere Möglichkeit gefunden, sich über mich zu informieren, als von Zeit zu Zeit zu kommen, um mir eine Lektion zu erteilen. Das Ergebnis war, dass ich, ohne es zu merken (seine Lektionen waren so ausgezeichnet), feststellte, dass ich besser war, als ich dachte. Als Grisiers Schüler ging ich eher in die Defensive als in den Angriff. Carrel versetzte mir mehrere Angriffe, denen ich entweder durch einen Sprung zur Seite oder durch Parieren auswich. Carrel ließ sich leicht von der Aufregung mitreißen, und ich spürte, dass seine Übungen Anzeichen großer Aufregung zeigten.

„Passen Sie auf", sagte ich zu ihm, „bei einer solchen Aktion am Boden besteht die große Gefahr, dass Sie beim Parieren und Stoßen gestoppt oder berührt werden."

„Stimmt", sagte er und warf sein Florett weg, „aber ich bin fatalistisch wie ein Moslem: Was geschehen wird, ist im Voraus bestimmt."

„Glauben Sie, dass ich gut genug zeichne, um meinen Namen darauf zu schreiben?"

„Ja, aber ich werde dich nicht herabsetzen."

"Warum nicht?"

Le National aus diesem Dutzend nur einen auswählen."

"Also?"

„Ich wähle M. Roux-Laborie."

„Dann wirst du kämpfen?“

„Natürlich!“ antwortete Carrel.

"Wann?"

"Morgen."

„Ist alles geklärt?“

"Absolut."

„Ich nehme an, Sie haben auch Ihren Nachschlag bereit?“

"Ja."

"Wer sind Sie?"

„Grégoire und d'Hervas.“

„Und mit wem kämpfst du? …“

„Schwerter. Wie Sie bin ich besser mit der Pistole als mit dem Schwert; aber ich gestehe, ich habe eine Schwäche für Schwerter; mit dem Schwert verteidigt man sein Leben, mit der Pistole verzichtet man darauf.“

„Also brauchst du mich nicht?“

"NEIN."

„Für nichts?“

"Nein danke."

„Viel Glück, lieber Freund!“

Carrel zuckte mit den Schultern, als wollte er sagen: „Das wird geschehen, wie Gott will!“

Ich ging nach Hause, wo ich zwei meiner Freunde vorfand, die bereit standen, sich mir anzubieten, falls ich auf der Liste stünde. Ich erzählte ihnen von Carrels Entscheidung. Er war so absolut mutig, dass es niemanden überraschte, dass er sich zum Verfechter der Republik machte, obwohl er ein seltsamer Republikaner war, und das Duell auf sich nahm.

In der Zwischenzeit, d. h. am 1. Februar 1833, wurde die Antwort von Herrn Albert de Calvimont von den Herren Albert Berthier und Théodore Anne an *La Tribune weitergeleitet* . Sie hatten den Auftrag, den Kampf auf persönlicher Ebene weiterzuführen, da dies die einzige Grundlage war, die Herr Albert de Calvimont akzeptieren würde. Es kam zu einer langen Debatte zwischen den beiden Sekundanten von Herrn Albert de Calvimont und Herrn Marrast, an den Herr de Calvimonts Antwort gerichtet war. Herr Marrast, umgeben von all seinen Freunden und von ihnen angestachelt, wollte eine echte Schlacht, bei der die Stärke beider Parteien getestet werden sollte. Die Freunde von Herrn de Calvimont konnten ihrerseits nur das Duell anbieten, da alle anderen Vereinbarungen sie dem Vorwurf des Widerrufs aussetzten. Mitten in der Debatte traf eine Mitteilung aus *Le National ein* : Sie kündigte die Herausforderung an, die Carrel erhalten hatte. Sie berieten sich und beschlossen, dass kein Kampf eingegangen werden sollte, bevor man wüsste, was Carrel tun würde. Vorerst beschränkten sie sich daher darauf, die Mitteilung den beiden Sekundanten von Herrn de Calvimont zu zeigen und die Diskussion auf den Abend zu vertagen. Zu diesem Zeitpunkt war Carrels Entscheidung bereits bekannt: Er hatte sich für Herrn Roux-Laborie junior entschieden, nicht nur weil dieser Royalist war, sondern vor allem, weil er der Sohn eines Mannes war, der sich für das *Journal des Débats interessierte*, eine Zeitung, die sich der royalistischen Sache im Juli widmete. Die Einzelheiten des Duells wurden zwischen den Herren Grégoire und d'Hervas, Carrels Sekundanten, und Théodore Anne und Albert Berthier, Herrn Roux-Labories Sekundanten, ausgetragen. Carrel, als Anstifter, hatte die Wahl zwischen den Waffen und entschied sich für das Schwert. Am nächsten Tag, Samstag, dem 2. Februar (dem Tag der Uraufführung von *Lucrèce Borgia), trat* Herr Roux-Laborie in Begleitung der Herren Grégoire und d'Hervas an. Berthier und Théodore Anne stellten sich an der Barrière de Clichy vor, wo fast unmittelbar darauf Armand Carrel eintraf, unterstützt von Herrn d'Hervas, dem Jägerhauptmann, und Grégoire. Die beiden Gegner blieben in ihren Kutschen, während die Sekundanten ausstiegen und sich berieten. Dann kam es zu einem Zwischenfall unter den Sekundanten, der im Fall eines anderen als des tapferen und loyalen Carrel Anlass gewesen wäre, das Duell aufzugeben. Die Sekundanten von Herrn Roux-Laborie erklärten auf Anweisung der Führer der Karlistenpartei, ihr Freund sei bereit, seine Herausforderung anzunehmen, wolle aber mit jemand anderem als Carrel kämpfen, da die Gefühle der Legitimisten für den Chefredakteur von *Le National* eher Dankbarkeit als Hass seien, da Carrel vor den Versammlungen von Blois durch seine offene und loyale Aussage das Leben eines Parteimitglieds, Herrn de Chièvres, gerettet hatte, der beschuldigt wurde, in die Angelegenheiten der Vendée verwickelt zu sein. Bei dieser Gelegenheit hatte Carrel 1832 für Monsieur de Chièvres das getan, was Monsieur de Chièvres für Carrel getan hatte, als dieser 1823 einer Verschwörung gegen den Staat beschuldigt wurde.

„Wenn Carrel verwundet würde", sagten die Herren Théodore Anne und Albert Berthier, „würde in beiden Lagern Trauer herrschen, während, wenn dagegen Herr Roux-Laborie getroffen würde, nur in einem Lager Trauer herrschen würde und der Kampf nicht ausgeglichen wäre."

Aus allen Gründen forderten die Sekundanten von M. Roux-Laborie die Ersetzung Carrels durch eine andere Person, wen auch immer sie wollten. M.

Roux-Laborie war bereit, diese Person zu akzeptieren, wer auch immer es sein mochte.

Diese Beobachtungen wurden Carrel übermittelt. Er stieg aus seiner Kutsche, ging zu den Sekundanten und dankte ihnen für ihre schmeichelhaften Bemerkungen über ihn, erklärte aber gleichzeitig, dass er es nicht gewohnt sei, ersetzt zu werden; er sei gekommen, um zu kämpfen, und habe vor zu kämpfen. Carrels Entschluss war fest und sie mussten ihm nachgeben. Sie bestiegen ihre Kutschen und suchten nach einem geeigneten Ort für das Gefecht; sie gingen weit, bevor sie ihn fanden. Schließlich hielten sie hinter einer Fabrik in der Nähe der Île Saint-Ouen an. Bis dahin hatten sie den Boden als zu feucht und rutschig empfunden; nur dort war die Erde aufgrund der Ablagerung von Steinkohle fest. Die beiden Gegner stiegen dann aus ihren Kutschen, verbeugten sich höflich und gingen in Deckung. Das Gefecht war kurz und heftig. Nach zwei oder drei Durchgängen stürzten sie sich beide gleichzeitig. Carrels Schwert durchbohrte M. Roux-Labories Arm nur knapp. Die Sekundanten beendeten das Duell mit dem Ruf: „Da ist eine Wunde!"

Sie gingen zu M. Roux-Laborie.

„Ich bin auch verletzt", bemerkte Carrel ruhig und legte gleichzeitig seine Hand auf seinen Bauch.

Während M. Roux-Labories Arzt, M. Bouché-Dugua, seinen Patienten verband, stellte Dumont, Carrels Arzt, eine schwere Verletzung in der Leistengegend fest. M. Roux-Laborie konnte in einer Kutsche weggebracht werden, aber es war unmöglich, Carrel zu bewegen. Sie liefen zur Fabrik und holten eine Matratze, die sie über die Deichsel eines bereitliegenden Karrens spannten. Dann legten sie Carrel auf die Matratze und seine Sekundanten, unterstützt von M. Roux-Labories Freunden, die bei ihnen geblieben waren, trugen den Verwundeten zur Fabrik, wo sie ihn eiligst empfingen. Dumont ließ Carrel zur Ader, aber sein Zustand war zu ernst, um ihn nach Paris fahren zu lassen; das hätte einen tödlichen Unfall riskiert, die Bewegung der Kutsche hätte zu Blutungen geführt. Einer von M. Roux-Labories Sekundanten lief nach Clichy und brachte eine Bahre zurück, auf der sie Carrel zu seinem Haus in der Rue Blanche bringen konnten. Sie schickten sofort nach M. Dupuytren, der sofort herbeieilte. Die Verletzung war schwer, das Schwert war fast drei Zoll tief eingedrungen und hatte die Leber durchbohrt; die Folgen des Unfalls konnten sie noch nicht vorhersagen.

Noch in derselben Nacht verbreitete sich die Nachricht von dem Ereignis in ganz Paris mit der Geschwindigkeit einer schlechten Nachricht. Man muss diese Zeit der Aufregung und Begeisterung miterlebt haben, um eine Vorstellung von der Magie zu haben, die dem Namen Carrel anhaftete. Am nächsten Tag füllten das Duell und seine Einzelheiten die Leitartikel aller

Zeitungen. Wir schlagen zufällig die erste auf, die uns in die Hände fällt – *Le Corsaire* – und lesen:

> „2. *Februar* 1833. – Mit unaussprechlichem Schmerz haben alle aufrichtigen Menschen gestern die Nachricht von der Verletzung erhalten, die M. Armand Carrel bei einem Duell mit M. Roux-Laborie erlitten hat, einem der Legitimisten, deren Namen an *Le National geschickt wurden*. Aber es ist völlig unmöglich, eine Vorstellung von der Empörung und dem Kummer der Patrioten zu geben, die von diesem bedauerlichen Ereignis erfahren haben, insbesondere der Carlisten, die aufgrund unserer Tätigkeit nicht zur Verzweiflung hätten getrieben werden müssen; was wir als Pflicht hätten tun sollen, erfüllen wir jetzt als heilige Verpflichtung. M. Armand Carrel ist aufgrund seines großen Talents, seiner edlen Charakterstärke, des Rufs und der Nützlichkeit der Dienste, die er geleistet hat, und vor allem aufgrund der Verachtung, die er den Feinden unserer Freiheiten entgegengebracht hat, einer jener Männer, deren Jugend bereits eine Ehre für das Land war. Die Partei, die ihn niedergeschlagen hat, hat nicht so viel Reichtum wie M. Carrel. Er folgte einem großzügigen Impuls, während seine Vernunft gleichzeitig dagegen war einem ungerechten Angriff ausgesetzt, willigte er in ein Duell ein, um die traurige Sache zu verteidigen, in die wir uns jetzt verwickeln. Er wurde durch ein Schwert in der Leistengegend verletzt, aber sein Zustand ist noch nicht hoffnungslos, und M. Dupuytren, der zu ihm ging, bestätigt die Schwere der Wunde, ohne die Hoffnung aufzugeben. M. Carrel hat eine so glänzende Zukunft vor sich, dass wir den beunruhigenden Gedanken nicht hegen können, dass sie bald enden könnte. Er ist einer jener Männer, die mit dem Schicksal seines Landes verbunden zu sein scheinen. Er zeigte rührendes Mitgefühl, als das Unglück einen unserer Freunde in derselben Sache traf, und wir werden nicht aufhören, ihm mit unserer Dankbarkeit und Hingabe und mit dem Patriotismus zu folgen, den er so gut lehrte und für den er uns ein so schönes Beispiel gegeben hat."

Ganz Paris rief Carrel an, um sich bei ihm zu erkundigen. Unter den einundzwanzig Namen im Gästebuch waren La Fayette, Chateaubriand, Béranger, Thiers und Dupin. Die Gesellschaft *Aide-toi et le Ciel t'aidera* ernannte ein Komitee aus drei Mitgliedern, die im Namen der gesamten Gesellschaft ihre Namen eintragen und ihr Mitgefühl für das loyale und mutige Verhalten ausdrücken sollten, das er während der ganzen Angelegenheit gezeigt hatte. Das Komitee bestand aus den Herren Thiard, Lariboissière und Lemercier vom Institut. In der Nacht des Tages, an dem das Duell stattfand, erhielt Herr Albert Berthier, einer der Sekundanten von Herrn Roux-Laborie, den folgenden Brief von Herrn d'Hervas:

> „MONSIEUR, – Mit tiefem Bedauern sehe ich mich gezwungen, Sie als Gegenleistung für Ihr gutes und großzügiges Handeln von heute Morgen zu bitten, ein Duell für morgen anzusetzen. M. Carrel ist der Mann, den ich am meisten liebe und verehre. Er ist schwer verwundet, und die Ehre verlangt, dass ich ihn räche. Nur Ihr zuvorkommendes Verhalten von heute Morgen hat mir die Bitte von den Lippen genommen, die ich jetzt an Sie richte. Ich weiß, dass Sie ein Ehrenmann sind, und bin sicher, dass Sie mich verstehen werden. Ich verbringe die Nacht bei M. Carrel, wo ich Ihre Antwort morgen früh erwarte. Wählen Sie die Waffen, den Treffpunkt und die Zeit; aber ich wünsche, dass unser Treffen tagsüber stattfindet, denn ich bin gezwungen, nachts zu meinem Regiment zurückzukehren. – Nehmen Sie meine respektvollen Grüße entgegen,
> „D'HERVAS"

Am Sonntagmorgen erhielt M. d'Hervas diese Antwort:

> 3. *Februar* 1833

> „SIR, – Die Polizei hat mich festgenommen, und ich habe nur Zeit zu antworten, dass es mir im Moment unmöglich ist, auf Ihre Herausforderung zu antworten. Sie werden meine Lage verstehen. – Mit freundlichen Grüßen,
> ALBERT BERTHIER"

Ein Brief mit fast demselben Wortlaut wie der an Herrn Berthier wurde von Herrn Grégoire an Théodore Anne geschrieben. Aber wie Herr Albert Berthier war auch Théodore Anne verhaftet worden. Er war daher gezwungen, das Treffen zu verschieben. Damit jedoch klar war, dass nur höhere *Gewalt* die geplanten Duelle verhindern konnte, ließ die Republikanische Partei als öffentliche Antwort auf die Briefe von Herrn Berthier und Théodore Anne den folgenden Absatz in die Zeitungen einbringen:

> „Wir bedauern zutiefst, meine Herren, dass Sie aufgrund einer Verhaftung oder einer drohenden Verhaftung nicht in der Lage sind, auf den Brief zu antworten, den wir

Ihnen gestern geschrieben haben. Wir hoffen, soweit Sie
dazu in der Lage sind, dass eine baldige Freilassung es
Ihnen ermöglicht, auf unsere Herausforderung zu
reagieren. In der Zwischenzeit akzeptieren wir jedoch
gerne alle Legitimisten, die Sie als Ersatz wählen, bis Sie
selbst dazu bereit sind.
" „D'HERVAS, GRÉGOIRE"

Man wird sehen, dass das Turnier bereits begonnen hatte und ernsthaft
betrieben wurde. Wie man sich vorstellen kann, hat die Verhaftung von
Herrn Berthier und Théodore Anne die beiden Parteien nur noch mehr
erzürnt. Der wahre Feind war, wie sowohl die Karlisten als auch die Patrioten
genau wussten, die Regierung von Louis-Philippe. Der folgende Brief wurde
an die Herausgeber des *Revenant gerichtet* :

> „Meine Herren, wir betrachten Ihre gestrigen Bemerkungen
> im *National* and *Tribune* als direkte Herausforderung. Sie
> haben unsere Herausforderung gestern abgelehnt; heute,
> nach dem, was gerade zwischen Herrn Armand Carrel und
> Roux-Laborie geschehen ist, halten wir stärker denn je an
> unseren Ansichten fest und unterstützen die Bemühungen
> Ihrer Partei, mit ALLEN MITTELN eine gerechte und
> öffentliche Wiedergutmachung zu erreichen. Wir senden
> Ihnen eine vorläufige Liste von zwölf Personen, da Sie
> gestern von zwölf auf Ihrer Seite gesprochen haben. Wir
> fordern nicht ein Dutzend Duelle gleichzeitig, sondern
> nacheinander und zu der Zeit und an dem Ort, die Ihnen
> am günstigsten sind. Keine Entschuldigung, kein Vorwand
> würde Sie vor Feigheit bewahren oder vor den späteren
> Folgen einer solchen Feigheit. Von nun an wird das erste
> Duell die Kriegserklärung zwischen Ihrer und unserer Seite
> sein. Es wird keinen Waffenstillstand geben, bis einer der
> beiden dem anderen erlegen ist –
>
> "ARMAND MARRAST
> "GODEFROY CAVAIGNAC"GARDARIN"

Dann kamen die Namen von zwölf Patrioten. Ein ähnlicher Brief wurde an
die Büros von *La Quotidienne gerichtet.* Er war von Ambert, Guinard und M.
Thévenin unterzeichnet. Zur gleichen Zeit ging Germain Sarrut, unterstützt
von den Herren Delsart und Saint-Edme, zu M. de Genoude, der auf die
geforderten Erklärungen antwortete:

> „MONSIEUR, die Herausgeber der *La Gazette* missbilligen
> offiziell das Verhalten der Männer ihrer Partei, die die
> Mitarbeiter der verschiedenen Zeitungen aufgehetzt haben,

und weigern sich daher, an dem zwischen den beiden Parteien entstandenen Streit in irgendeiner Weise teilzunehmen. "

La Quotidienne wiederum schrieb als Antwort auf den Brief von Ambert, Guinard und Thévenin den folgenden Brief:

"Da die Herren von Montfort, von Calvimont und andere verhaftet sind oder durch einen Haftbefehl unter Druck gesetzt werden, kann die Angelegenheit des Briefes der Herren vom *National* im Augenblick - 3. Februar - nicht behandelt werden."

Dieser Brief wurde am 4. empfangen. Am 5. enthielten die patriotischen Papiere den folgenden Absatz:

"Die Briefe, die unsere Freunde gestern an die Verfechter der Legitimität gerichtet haben, wurden heute durch Angebote mehrerer von ihnen an diese Herren unterstützt, um sie zu konkreten Maßnahmen zu bewegen und eine Situation nicht zu verlängern, die bisher weder eine Annahme noch eine formelle Ablehnung war. Es scheint nun, dass die Zweideutigkeit ein Ende hat. Sie nehmen die Herausforderung nicht an."

In der Zwischenzeit fanden verschiedene Duelle statt. Am 2. Februar, beschäftigt mit der ersten Aufführung von *Lucrèce Borgia, ich hatte mich nur kurz* beim *National* gemeldet ; das Ergebnis der dortigen Versammlung war noch nicht bekannt. Ich fand dort einen meiner Freunde, Monsieur de Beauterne, als impulsiven und leicht erregbaren Charakter vor. Er kam, um sich auf die Liste zu setzen; als er aber erfuhr, dass die Liste geschlossen war, beschloss er, auf eigene Faust zu handeln. Wir kehrten zusammen zurück, und er kam zu mir nach Hause, bat mich um Feder, Papier und Tinte und schrieb an Nettement, den Herausgeber von *La Quotidienne, und* bot ihm eine Versammlung an. Er drängte mich nachdrücklich, dasselbe zu tun; aber es war eine ziemlich schwierige Angelegenheit für mich; obwohl ich Republikaner war, hatte ich sicherlich mehr Freunde unter den Carlisten als unter den Republikanern. Er war so hartnäckig, dass ich nicht umhin konnte, mich zu drücken. Also nahm ich meine Feder und schrieb:

„Meine liebe BEAUCHENE, – Wenn Ihre Partei so albern ist wie meine und Sie zum Kämpfen zwingt, dann bitte ich Sie, Ihnen lieber als eine andere Partei zu zeigen, und ich werde mich freuen, Ihnen einen Beweis meiner Wertschätzung zu geben, wenn ich Ihnen keinen Beweis

meiner Freundschaft zeige. — Immer Ihr
„ALEX. DUMAS"

Beauterne trieb seine Selbstgefälligkeit so weit, dass er selbst die Zustellung des Briefes übernahm. Beauchene war auf dem Lande und sollte erst in einer Woche oder zehn Tagen zurückkehren; aber sein Concierge wurde beauftragt, ihm den Brief zu übermitteln. Am 4. Februar fand das von Beauterne angebotene Treffen mit Nettement statt, und dieser erlitt einen Schwerthieb quer über den Arm. Die Berichte über Carrels Gesundheit, die uns erreichten, waren zufriedenstellend. Niemand durfte sein Zimmer betreten, außer dem ergebenen Geschöpf, das ihn nie verließ, und Monsieur Dupuytren, der ihn zweimal täglich besuchte. Am 5. Februar erschien *Le Revenant* als leeres Blatt Papier: Eine Notiz von einer halben Zeile verkündete, dass alle seine Mitwirkenden verhaftet worden waren. Am 9. verhafteten sie Monsieur Sarrut. Am selben Tag erhielt ich einen Brief von Beauchene: Er wurde noch einige Tage auf dem Lande festgehalten; aber sobald er zurückkäme, würde er sich mir zur Verfügung stellen. Es gab jedoch keine Möglichkeit zu kämpfen, denn jeder von uns war von einem Polizeispitzel verfolgt, der an uns klebte wie unser Schatten. Am 9. ging es Carrel so gut, dass mehrere seiner Freunde in sein Zimmer durften. Ich ging mit zwei oder drei anderen. M. Dupuytren war da. Es war das erste Mal, dass ich ihn sah. Er sprach über die schnelle und einfache Heilung von Schwertwunden und versprach Carrel, dass er in einer Woche wieder auf den Beinen sein würde.

Einen Monat zuvor war dem berühmten Doktor Folgendes passiert: Ein Zahlmeister hatte beim Spiel eine beträchtliche Summe aus der Regimentskasse verloren. Als er nach Hause kam, sah er keine andere Alternative als die Galeeren oder den Tod. Er wählte den Tod. Dann schrieb er mit erstaunlicher *Kaltblütigkeit* seine Gründe für den Selbstmord auf, zog sein Schwert, lehnte den Griff mit der Spitze auf seiner Brust an die Wand, machte einen Schritt nach vorn und das Schwert drang sechs Zoll ein. Er stieß weiter, bis das Schwert einen Fuß tief eingedrungen war … er stieß immer weiter; der Griff des Schwertes hatte, wie man in der Kasernensprache sagt , wie ein Pflaster gewirkt. Trotz allem blieb er aufrecht stehen. Dann überkam ihn die Reue; die Lebenslust überkam ihn, und er klingelte nach seinem Diener; nur da er sich schwach fühlte, setzte er sich rittlings auf einen Stuhl und wartete auf den Diener. In dieser Stellung fand dieser seinen Herrn vor, als er eintrat; Zunächst verstand er die Situation nicht und bemerkte nicht den Griff des Schwertes auf der Brust seines Herrn und die 45 Zentimeter Stahl, die zwischen seinen Schultern hervorragten.

„Holen Sie Herrn Dupuytren", sagte der Beamte.

Der Diener begann zu fragen, was los sei.

„Gehen! Gehen Sie!", wiederholte der Offizier. „ *Sacrebleu!* Sehen Sie nicht, dass wir keine Zeit zu verlieren haben?"

Der Offizier wurde totenbleich, zu seinen Füßen bildete sich eine Blutlache.

Der Diener sah, dass es tatsächlich keine Zeit zu verlieren gab, und eilte zu Monsieur Dupuytren. Als Monsieur Dupuytren ankam, war der Verwundete im Stuhl zusammengesackt und lag ohnmächtig auf der Seite. Monsieur Dupuytren zog mit größter Vorsicht das Schwert heraus, legte einen doppelten Verband an und nahm ein beschriebenes Papier in Besitz. Daraufhin wurde ihm die Ursache des Selbstmords erklärt. Mit dem Papier fand er einen Bankier, und dieser gab dem Offizier die 150 Louis, die er verloren hatte. Am Abend des Tages, an dem Monsieur Dupuytren uns dies erzählte, war der Offizier aufgestanden und konnte zu seinem Schreibtisch gehen. Als er die Schublade öffnete, fand er die 150 Louis.

Der Mann wurde zweimal gerettet.

Während Carrels Genesung voranschritt, wurden, wie von M. Dupuytren vorhergesagt, die Präventivverhaftungen fortgesetzt; doch am 14. Februar befand die Ratskammer die Sekundanten von M. Roux-Laborie und der MM. Albert Berthier und Théodore Anne für nicht schuldig und ließ sie frei. Diese Herren nutzten ihre Freiheit zunächst, um sich den MM. d'Hervas und Achille Grégoire zur Verfügung zu stellen; da sie sich jedoch aus Prinzip nicht auf diese Reihe von Duellen einlassen wollten, wählten sie ihre Sekundanten aus den Reihen der Republikaner. So waren die MM. Mathieu und Alexis Dumesnil die Sekundanten von M. Berthier und Étienne Arago und Anténor Joly die von M. Théodore Anne. Doch am Morgen des 15. erhielten die MM. Théodore Anne und Albert Berthier diesen Brief, den Carrel in zweifacher Ausfertigung geschrieben hatte. Wir haben den an Théodore Anne gerichteten Brief.

> „PARIS, 15. *Februar* 1833
>
> „SIR, ich habe mit tiefer Genugtuung erfahren, dass Sie heute endlich wieder Ihren Geschäften und Freunden nachgehen durften. Ich kann nicht energisch genug gegen die Motive protestieren, die Ihre willkürliche Inhaftierung begründen sollten; aber ich möchte Ihnen insbesondere sagen, Sir, wie sehr ich die Aufmerksamkeiten empfunden habe, die mir Ihre großzügige Loyalität zuteil werden ließ, zu einer Zeit, als ich hätte befürchten können, keinen Anspruch darauf zu haben außer dem Kummer und der aktiven Fürsorge meiner Sekundanten und Freunde. In diesem gefährlichen Moment war es für mich schwierig,

zwischen der Hingabe von Freunden, die meine Sache unterstützen und meine Gefahren teilen wollten, und der großzügigen Höflichkeit der Ehrenmänner zu unterscheiden, die M. Roux-Laborie als Sekundanten ausgewählt hatte. Seien Sie sicher, Sir, ich habe alles bemerkt, selbst während der Zeit, als schweres Leiden mein Licht auszulöschen schien, und ich werde nie die eifrigen Aufmerksamkeiten vergessen, mit denen Sie mich persönlich überhäuft haben. Ich muss Ihnen kaum sagen, Sir, wie sehr es mir leid tat, dass meine Sekundanten es für ihre Pflicht hielten, Ich habe mich dem Impuls des Augenblicks ergeben und Sie und M. Berthier als ihre Gegner ausgewählt. Für die Zukunft kann ich nur Sie zu den Menschen zählen, die mir alles Gute wünschen und denen ich im Gegenzug alles Gute wünsche. Akzeptieren Sie diese Versicherung und glauben Sie mir. Ihr ergebenster Diener,

„CARREL"

Am selben Tag verließ Carrel das Haus und ging zu *La Tribune,* zu *Le National* und zu M. Roux-Laborie, dessen Wunde viel weniger schwerwiegend war als die seines Gegners, aber viel langsamer heilte und ihn immer noch an sein Schlafzimmer fesselte. Nach Carrels Brief waren schließlich keine weiteren Duelle mehr möglich. Am 17. Februar enthielten die republikanischen Zeitungen den folgenden Absatz:

"17. *Februar.*— Man wird sich erinnern, dass nach dem Duell zwischen MM. Carrel und Roux-Laborie die Sekundanten von M. Carrel eine Herausforderung an die Sekundanten von M. Laborie, MM. Albert Berthier und Théodore Anne, richteten. Wie bekannt ist, waren diese beiden Herren verhaftet worden, angeklagt wegen Anstiftung zum Mord. Nachdem diese Anklage fallengelassen worden war, waren MM. Albert Berthier und Théodore Anne verpflichtet, nach ihrer Wiedererlangung ihrer Freiheit die Sekundanten von M. Carrel zu warnen, dass sie nun zu ihrer Verfügung stünden; sie hatten hinzugefügt, dass sie, da sie nicht wollten, dass ein Treffen zwischen ihnen einen politischen Charakter annahm, ihre Sekundanten aus den politischen Freunden der Sekundanten von M. Carrel wählten. Die Sekundanten beider Seiten haben sich getroffen und beschlossen, dass sie keine Fortsetzung dieser Angelegenheit zulassen könnten, da im Namen von MM. Berthier und Théodore Anne die

Frage des politischen Aspekts fallengelassen wird und die Herausforderung von MM. d'Hervas und Achille Grégoire nur ausgelöst durch die Gefahr, der Herr Armand Carrel dann ausgesetzt sein könnte, eine Gefahr, die glücklicherweise und schnell beseitigt wurde. Angesichts dieser Lage verfügen die unterzeichnenden Sekundanten, dass jede Kollision zwischen den Freunden von Herr Armand Carrel und Laborie, wenn die Gründe dafür nicht mehr bestehen, im Lichte der Vernunft und der Ehre nicht zu rechtfertigen wäre.

„AMBERT, GUINARD, GRÉGOIRE LECOCQ, ORANNE, Sekundanten von MM. D'HERVAS und ACHILLE GRÉGOIRE; MATHIEU und ALEXIS DUMESNIL, ÉTIENNE ARAGO, ANTÉNOR JOLY, Sekundanten von MM. BERTHIER und THÉODORE ANNE"

Am 14. wurden, wie gesagt, Théodore Anne und Albert Berthier freigelassen. Am 15. kehrte Beauchene vom Land zurück und informierte mich über seine Ankunft. Am nächsten Tag berieten sich unsere Sekundanten, aber wie gesagt, nach Carrels Brief waren keine Duelle mehr möglich. Außerdem begann das Gerücht von der Schwangerschaft der Herzogin von Berry, ohne dass sie offiziell bekannt gegeben worden war, einen ernsten Charakter anzunehmen. Niemand zweifelte mehr an diesem Thema, als man in der offiziellen Spalte des *Moniteur* vom 26. Februar las:

„Am Freitag, dem 22. Februar, um halb sechs Uhr, übergab Frau Herzogin von Berry Herrn General Bugeaud, dem Gouverneur der Zitadelle von Blaye, die folgende Erklärung:

„Obwohl ich die schwerwiegendsten Gründe habe, meine Ehe geheim zu halten, bin ich aufgrund der Umstände und der von der Regierung angeordneten Maßnahmen dazu gezwungen. Dennoch halte ich es für meine Pflicht und die meiner Kinder, zu erklären, dass ich während meines Aufenthalts in Italien heimlich geheiratet habe.

„ZITADELLE VON BLAYE, 22. *Februar* 1833.

Signiert "'MARIE-CAROLINE'

„Diese von General Bugeaud an Herrn Präsidenten des Rates, Minister für Krieg, übermittelte Erklärung wurde umgehend in das Archiv der französischen Kanzlei gelegt."

In diesen Zeilen fand sich kein Wort über die Schwangerschaft Ihrer Königlichen Hoheit, aber man war sich vollkommen sicher, dass sie nur aufgrund ihres Zustands geschrieben worden waren. Außerdem wurde nur zweieinhalb Monate später der Name des neuen Ehemanns der Herzogin von Berry im offiziellen Bericht über die Entbindung offiziell bekannt gegeben. Hier ist dieser Bericht, eine merkwürdige Fortsetzung des Berichts, der am Tag der Geburt des Herzogs von Bordeaux an die Tuilerien gerichtet war:

„Am 10. Mai 1833, um halb vier Uhr morgens:

„Wir, die Unterzeichneten, – THOMAS-ROBERT BUGEAUD, Mitglied der Abgeordnetenkammer, Marschall des Lagers, Oberbefehlshaber von Blaye; ANTOINE DUBOIS, Ehrenprofessor an der medizinischen Fakultät von Paris; CHARLES-FRANÇOIS MARCHAND-DUBREUIL, Unterpräfekt des Bezirks Blaye; DANIEL-THÉOTIME PASTOUREAU, Präsident des Ersten-Instanz-Tribunals von Blaye; PIERRE NADAUD, Staatsanwalt des Königs vor demselben Tribunal; GUILLAUME BELLON, Präsident des Handelstribunals, Adjunkt des Bürgermeisters von Blaye; CHARLES BORDES, Kommandant der Nationalgarde von Blaye; ELIE DESCRAMBES, Pfarrer von Blaye; PIERRE-CAMILLE DELORD, Kommandant der Place de Blaye; CLAUDE-OLIVIER DUFRESNE, Zivilkommissar der Zitadelle; Zeugen, die auf Ersuchen von General Bugeaud geladen wurden, um bei der Geburt Ihrer Königlichen Hoheit Marie-Caroline, Prinzessin des Deux-Siciles, Herzogin von Berry, anwesend zu sein (MM. MERLET, Bürgermeister von Blaye, Friedensrichter; die ebenfalls geladenen Zeugen waren zu diesem Zeitpunkt im Land abwesend und konnten nicht anwesend sein), geben an, dass wir zur Zitadelle von Blaye und in das von Ihrer Königlichen Hoheit bewohnte Haus gebracht wurden, wo man uns einen Salon neben dem Zimmer zeigte, in dem die Prinzessin untergebracht war.

„Herr Doktor Dubois, Herr General Bugeaud und Herr Delord, Kommandant des Ortes, waren seit den ersten Wehen im Salon. Sie erklärten den anderen Zeugen, dass Madame la Duchesse de Berry gerade um drei Uhr entbunden hatte und dass sie gesehen hatten, wie die Ärzte Deneux und Menière sich um sie kümmerten, während Herr Dubois bis zur Geburt des Kindes im Zimmer gebliebten war. Herr General Bugeaud ging hinein und fragte Madame la Duchesse, ob sie die Zeugen empfangen wolle. Sie antwortete: ‚Ja, sobald das Kind gewaschen und angezogen ist.‘ Wenige Minuten später erschien Madame d'Hautefort im Salon und lud die Zeugen ein, im Namen der Herzogin einzutreten, was wir sofort taten.

„Wir fanden die Herzogin von Berry in ihrem Bett liegend, mit einem Neugeborenen zu ihrer Linken; am Fußende ihres Bettes saß Madame d'Hautefort; Madame Hansler, MM. Deneux und Menière standen am Kopfende des Bettes.

„Herr Präsident Pastoureau näherte sich dann der Prinzessin und stellte ihr mit lauter Stimme folgende Fragen:

„Habe ich die Ehre, mit Madame la Duchesse de Berry zu sprechen?“

"'Ja.'

„Sie sind wirklich Madame la Duchesse de Berry?“

„Jawohl, Monsieur.“

„‚Ist das Kind, das gerade neben Ihnen geboren wurde, Ihr eigenes?‘

„Ja, Monsieur, es gehört mir.“

„‚Welches Geschlecht hat es?‘

„‚Es handelt sich um eine Frau. Ich habe Herrn Deneux beauftragt, dies festzustellen.‘

„Dann gab Louis-Charles Deneux, Arzt der Medizin, ehemaliger Professor der Klinik für Geburtshilfe der Fakultät von Paris und ordentliches Mitglied der Königlichen Akademie der Medizin, folgende Erklärung ab:

„‚Ich habe soeben Madame la Duchesse de Berry, die hier anwesend ist, zur rechtmäßigen Ehefrau des Grafen Hector de Lucchesi-Palli, eines Prinzen aus dem Hause Campo-Franco, Kammerherr des Königs beider Sizilien mit Wohnsitz in Palermo, überstellt.‘

„Auf die Frage von uns, ob sie die Erklärung zu dem Vorfall, dessen Zeugen sie gewesen waren, unterzeichnen würden, antworteten Monsieur le Comte de Brissac und

Madame la Comtesse d'Hautefort, sie seien hergekommen, um der Herzogin von Berry als Freunde beizuwohnen, nicht jedoch, um irgendein Dokument zu unterzeichnen.

„In Anbetracht all dessen haben wir den vorliegenden Bericht in drei Exemplaren verfasst, von denen eines in unserer Anwesenheit im Archiv der Zitadelle hinterlegt werden soll, während die anderen beiden bei General Bugeaud, Gouverneur, hinterlegt wurden, den wir beauftragt haben, sie nach Durchsicht ordnungsgemäß unterzeichnet am oben angegebenen Tag, Monat und Jahr der Regierung zu übergeben."

Unserer Meinung nach hat Madame la duchesse de Berry ein größeres Unrecht begangen, als durch die Heirat mit M. le Comte de Lucchesi-Palli, einem edlen und loyalen sizilianischen Edelmann, dessen Familie ich während meiner Reisen durch Sizilien die Ehre hatte kennenzulernen. Das Unrecht bestand darin, die Erklärung vom 22. Februar und das rechtsgültige Dokument ihrer Entbindung am 10. Mai 1833 zu unterzeichnen; keine menschliche Macht hätte sie dazu zwingen können, und die Opposition gegen die Regierung war zu dieser Zeit so groß, dass jedes offizielle Stück Papier, das nicht von Madame la duchesse de Berry unterzeichnet wurde, wenn auch nicht aus gutem Glauben, so doch zumindest erfolgreich als apokryph zurückgewiesen werden konnte. Zwischen der Ablehnung der Karlistenpartei und der Bestätigung der gemäßigten Partei wäre die öffentliche Meinung in einem Zustand der Unentschlossenheit geblieben.

Damit wurde eine der hitzigsten Perioden zu Beginn der Herrschaft von Louis-Philippe vereitelt. Sie hatte einen echten Vorteil, denn sie brachte die Carlisten und die Republikaner einander näher, nicht so sehr in ihrer Meinung als vielmehr in ihrem Respekt. Indem sie sich mit den Herren d'Hervas und Grégoire zusammenschlossen, während Carrel mit Herrn Roux-Laborie die Klingen kreuzte, bewiesen die Herren Théodore Anne und Berthier jenen Wertschätzungsbeweis, den ich in meinem Gespräch mit Beauchene erwähnte und der unter Feinden in Ermangelung eines Freundschaftsbeweises erbracht wird.

KAPITEL II

Lucrèce Borgia – Entmutigung – Erste Konzeption der historischen Romane

Inmitten all dessen hatte ein großes literarisches Ereignis stattgefunden. Victor Hugos erstes Prosadrama, *Lucrèce Borgia,* wurde im Theater Porte-Saint-Martin aufgeführt. Es ist schwer zu glauben, aber es ist eine Tatsache, dass in dieser stürmischen Atmosphäre die Literatur zum Leben erwachte und von der Blüte zur Frucht heranwuchs.

Das Stück war großartig aufgeführt. Georges und Frédérick spielten die Hauptrollen. Es enthielt sehr bewegende Passagen und war ein großer Erfolg. Wir möchten festhalten, dass wir dieses glühende Bild eines Teils des Lebens der Herzogin von Este der Abwesenheit der Zensur verdanken.

In der Nacht des 2. Februar 1833 begann das wahre Leben des Autors von *Lucrèce Borgia* und *Orientales,* wie es in seiner Darstellung seines schönen Dramas *Marion Delorme erschien.* Sie, schöne Prinzessin Negroni, wissen, was wir meinen, Sie, in der er die Liebe und Hingabe entdeckte, die jede Stunde seines Lebens in diesem, seinem Geburtsland, wie auch in fremden Ländern segnete.

Ach, liebe Comtesse Dash, Sie können mit Recht sagen, dass die interessantesten Fakten dieser Memoiren unglücklicherweise diejenigen sind, die ich nicht aufschreiben kann.

Ich war mit großer Freude Zeuge des neuen Erfolgs von Victor Hugo – auch wenn *Freunde* unsere frühe Freundschaft ein wenig getrübt hatten –, doch war die Freude umso größer, als Hugo, nachdem ich selbst vorübergehend dem Theater abgeschworen hatte, zu dieser Zeit die ganze Schule vertrat.

Warum hatte ich darauf verzichtet? Man erlebt im Leben Momente der Mattigkeit und des Ekels, die man nicht kontrollieren kann. Ich durchlebte eine solche Phase. Ich war zutiefst verletzt – nicht durch den Misserfolg von Fils *de l'Émigré,* denn das Stück war schlecht; es war zu Recht durchgefallen. Ich erkenne die harten Lektionen an, die das Publikum einem Autor erteilt, und unterwerfe mich ihnen – diese Einfachheit, das sei nebenbei bemerkt, ist ein Teil meiner Stärke –, aber in der Einfachheit meines Herzens verstand ich die Wut der Presse gegen mich nicht. Sie wussten tatsächlich eines – oder vielmehr zwei –

Dass ich während des zweiten oder dritten Aktes des Werks krank geworden war; dass ich Frankreich infolge der Unruhen im Juni verlassen hatte – nämlich zu Beginn der Proben; dass ich schließlich kaum für ein Drittel des

Werks verantwortlich war und sie mich wegen meiner fünf oder sechs vorangegangenen Erfolge angegriffen hatten. Kein Wunder, dass ich verblüfft war. Aber in anderer Hinsicht war dieser Rückzug in mein Schneckenhaus, das ich nicht so anmaßend mit dem von Achilles zu vergleichen wage, von großem Vorteil für mein literarisches Leben, das es in zwei Teile spaltete. Ohne das Versagen der *Fils de l'Émigré* und die darauf folgende Hassexplosion hätte ich wahrscheinlich nie etwas anderes als Theaterarbeit gemacht. Im Gegenteil, während des einjährigen Schweigens, das ich in Bezug auf die Bühne bewahrte, veröffentlichte ich meine ersten Eindrücke von meinen Reisen, was bei den Buchhändlern großen Erfolg hatte, und ich bereitete meinen Band mit dem Titel *Gaule et France vor*, ein unvollendetes, aber wunderbares Buch, in dem die doppelte Sicht des Dichters das Wissen des Historikers ergänzt. Diese letztere Arbeit, die mich völlig in Anspruch nahm, indem sie mich in den Rausch unbekannter Dinge stürzte, war für mich von noch größerem Nutzen als für das Publikum, für das ich sie bestimmt hatte: das Publikum lernte sie nicht viel, mich aber sehr viel. Ich war, ich wiederhole, zutiefst unwissend in Geschichte. Wenn ich ein historisches Drama begann, untersuchte ich nicht das ganze Jahrhundert, in dem meine Helden gelebt hatten, sondern nur die zwei oder drei Jahre, in denen meine Handlung stattfand und das Ereignis stattfand, das die Katastrophe des Dramas bildete. Ich grub ein Loch nach Art der Brunnenbohrer; ich tauchte wie die Fischer. Gewiss, durch das Graben brachte ich manchmal einen Goldbarren an die Oberfläche; beim Tauchen brachte ich manchmal eine Perle an die Oberfläche; aber das war reiner Zufall. Die Studien, die ich über die französische Monarchie anstellen musste, von Cäsars Invasion der Gallier bis zur Invasion der französischen Republik in Europa, entfalteten vor meinen Augen jene großartige Kontinuität von achtzehn Jahrhunderten, die fälschlicherweise als Geschichte Frankreichs bezeichnet wird, unter Karl dem Großen, Philipp-August, Franz I., Ludwig XIV. und Napoleon, die zur Weltgeschichte geworden ist. Ich betrachtete mit Erstaunen den wunderbaren Nutzen, der aus diesen Veränderungen der Dynastien, der Sitten und Gebräuche gezogen werden konnte. Ich machte Bekanntschaft mit den Männern, die eine Herrschaft zusammenfassten, mit den Männern, die ein Jahrhundert zusammenfassten, mit jenen, die auch eine Epoche repräsentierten. Ich sah, wie Meteore, die sich dem Blick der Masse in der Nacht der Zeit entziehen, jene seltenen, auserwählten Geister der Vorsehung erscheinen, die mit Feuer auf der Stirn vorüberziehen, die Gedanken Gottes tragend, sich dessen nicht bewusst, was sie tragen, und sich ihrer Mission nicht bewusst werden, bis sie hingehen, um dem Rechenschaft abzulegen, der sie ihnen verliehen hat.

Ich gestehe, dass ich zunächst geblendet war angesichts dieses furchtbaren Sinai, dessen Gipfel von der herrlichen Dreifaltigkeit der Männer, die wir Cäsar, Karl der Große und Napoleon nennen, beschossen wurde. Dann verstand ich, dass für dieses große und schöne Frankreich das getan werden musste, was Walter Scott für das arme kleine Schottland getan hatte: eine illustrierte, malerische und dramatische Geschichte der Vergangenheit – eine Wiederbelebung aller großen Toten – eine Art Jüngstes Gericht über alle, die eine Krone getragen hatten, sei es aus Lorbeer, Blumen oder Gold. Aber ich gebe zu, wenn ich auch von dieser historischen Offenbarung geblendet worden war, so war ich doch überwältigt von der Arbeit, die sie dem Historiker auferlegte, und ich fiel nieder und sagte mir: Glücklich ist der Mann, der diese gigantische Mission erfüllen wird! Aber Gott weiß ganz genau, dass ich nicht die Eitelkeit besitze, mir einzubilden, dass sie mir zuteil werden wird.

Doch trotz der Zweifel und des Gelächters all meiner Freunde setzte ich meine Arbeit mit wachsendem Mut fort. Wenn ich jemanden treffe, den ich eine Zeit lang nicht gesehen habe, sagt er zu mir:

„Also bist du es!"

„Ja, das bin ich. Was ist daran überraschend?"

"Ich dachte du wärst tot."

"Warum?"

"Weil du nichts getan hast."

"Wer hat dir das gesagt?"

„Aber niemand redet von dir."

"Ich habe ein Buch geschrieben."

„Ach ja, Ihre *Impressions de Voyages*. Ich habe sie gelesen, sie waren sehr lustig. Sie sind ein toller Witzbold."

"Warum bin ich ein Witzbold?"

„Wollen Sie mir glauben machen, dass Sie Bärenfleisch probiert und Forellen mit einer Hippe gefangen haben?"

„Natürlich steht in meinen *Impressions de Voyages absolut nichts anderes*. Aber ich schreibe jetzt eine Geschichte." „Sie schreiben eine Geschichte! Sie liegen falsch."

„Warum?"

„Bleiben Sie beim Drama, mein lieber Freund. Sie wissen, dass Sie durch und durch dramatisch sind."

„Folgt daraus, dass ich, wie Sie sagen, in erster Linie dramatisch bin, keine Dramen schreiben sollte? Gibt es außerhalb der Bühne nichts Dramatisches, und könnte man kein Drama in einen Roman einbringen?"

„Ein Roman! Sie möchten eine Liebesgeschichte im Stil von Walter Scott schreiben?"

"Warum nicht?"

Aber mein Gesprächspartner schüttelte den Kopf.

„Walter Scott hat Orte, Charaktere und Sitten dargestellt; man muss den Roman aus Walter Scotts Händen nehmen, so wie Raphael die Kunst aus Peruginos Händen nahm, und die Leidenschaften hinzufügen."

„Ich an Ihrer Stelle würde – auch wenn ich Ihnen keinen Rat geben kann – beim Theater bleiben."

"Lass es mich versuchen."

„Oh! Sie sind ein freier Agent!"

Also verließ mich mein Fragesteller mit einem Achselzucken, so als wollte er sagen: „Da geht noch einer ins Verderben!" Habe ich den Faden verloren, oder habe ich, wie Raffael es mit Perugino gemacht hat, Walter Scott die Romantik aus den Händen genommen, um ihm einen Schubs nach vorne zu geben? Habe ich meinen Zeitgenossen ein wenig über die Geschichte meines Landes beigebracht, indem ich sie dazu brachte, *La Comtesse de Salysbury, Le Bâtard de Mauléon, Isabeau de Bavière, Jehanne la Pucelle, Ascanio, La Reine Margot, La Dame de Montsoreau, Les Quarante* zu lesen? – *Fünf, die drei Musketiere, Vingt und Après, der Vicomte de Bragelonne, der Ritter von Harmental, die Regententochter, Balsamo, das Collier der Königin, Angel Pitou, die Gräfin von Charny und der Ritter von Maison-Rouge?* Die Zukunft muss entscheiden. Die Metamorphose des dramatischen Dichters zum Romanautor datiert jedenfalls auf das Jahr 1833, und der wahrscheinliche Grund dafür war das Scheitern der „ *Fils de l'Émigré".*

KAPITEL III

Der Zustand des Théâtre-Français in den
Jahren 1832 und 1833 – Gründe, die zu
unserer Emigration aus dem Théâtre-
Français geführt hatten – Überlegungen
zur Ausbildung von Theaterkünstlern

In einem der vorhergehenden Bände dieser *Souvenirs* haben wir uns damit
vergnügt, die Stücke aufzuzählen, die das Théâtre-Français von 1830 bis 1834
aufführte, während an der Porte-Saint-Martin *Antonius, Marion Delorme,
Richard, La Tour de Nesle, Lucrèce Borgia, Marie Tudor* und *Angèle aufgeführt wurden.*
Zwei dieser Stücke wurden ohne weitere Ankündigung außer ihrem
Misserfolg an das Théâtre-Français weitergegeben. Es handelte sich um
Guido Reni und *Le Presbytère. Caïus Gracchus* von Théodore Dartois und *Clarisse
Harlowe* von Denain, meinem Mitarbeiter bei *Richard Darlington,* waren den
ersten beiden Dramen gefolgt, ohne das Unglück zu wenden, das dem
Theater anhaftete. In der Rue de Richelieu herrschte echte Verzweiflung: Die
letzten Tage von Mademoiselle Mars waren mit Misserfolgen verschwendet.
Sie hatte tatsächlich in *Guido Reni* und in *Clarisse mitgespielt. Harlowe,* ohne
diesen beiden Werken mehr als ein paar Hauch von Leben einhauchen zu
können. Auf andere Weise begann zwischen der Schauspielschule von 1828
und dem Théâtre-Français der Geist der Feindseligkeit, der bis heute anhält,
selbst nachdem ich meinen *Henri III.* und Hugo seinen *Hernani* dem Théâtre-
Français gegeben hatte. Diese dumme Opposition, die wir als permanent
gegen uns gerichtet empfanden und die halb von der Verwaltung und halb
von der Gesellschaft selbst herrührte, hatte uns dazu veranlasst, es zu
verlassen. Tatsächlich konnte das Théâtre-Français unter den restriktiven
Bedingungen, an die es gebunden war, weder *Christine* noch *Richard,* noch *La
Tour de Nesle* oder *Lucrèce Borgia spielen.* Warum konnten diese Stücke nun nicht
aufgeführt werden? Das ist schwer zu erklären. Warum können bestimmte
Pflanzen, die in anderen Breitengraden prächtig gedeihen, nicht in diesem
oder jenem anderen Klima wachsen? Sie brauchen Atmosphäre.

Nun, man muss zugeben, dass das Théâtre-Français seine eigene
Atmosphäre hat, in der bestimmte Formen der Kunst, die malerische und
die poetische, nicht gedeihen können. Diese sehr malerische und poetische
Seite, die sich nicht in die schleppende Routine des Theaters in der Rue de
Richelieu einfügen konnte, war es gerade, was die prächtige Blüte der
dramatischen Kunst ausmachte. Man muss zugeben, dass diese Seite der
dramatischen Kunst vor dem Aufkommen der modernen Schule in
Frankreich völlig unbekannt war; sie kam aus dem Ausland. Sie hatte ihren

Ursprung in Äschylus, ihre Entwicklung in Shakespeare, Goethe und Schiller. Wie wir gesehen haben, trat sie zu Beginn der dramatischen Welt wieder in den Vordergrund. Wir spürten instinktiv, dass der französischen Kunst ewig etwas fehlen würde, solange sie es nicht schaffte, diese exotische Kunst auf sich zu übertragen. Es war dasselbe wie mit den Gärten in unseren Parks, deren Behörden sie nach der Zeit Ludwigs XIV. umgestalteten. und Ludwig XV., waren nicht mehr zufrieden mit in Arkaden geschnittenen Linden, in Pyramiden geschnittenen Eiben, in schachbrettartigen Linien geschnittenen Kastanien, sondern verspürten das Bedürfnis, sie nach neuen Plänen zu gestalten und den klassischen und nationalen Bäumen die amerikanische Magnolie, den japanischen Sumach und die chinesische Blauglockenblume hinzuzufügen. Was wir, kurz gesagt, in der dramatischen Kunst machen wollten, war etwas im Stil des Gartens des Petit-Trianon, im Gegensatz zu dem von Versailles. Gewundene Pfade, massive Bäume in allen Schattierungen von Laub und Blüte, fließendes Wasser wie in den Alpen oder Pyrenäen, Rasenflächen und moosbewachsene Plätze wie in England und Irland. Anstatt dann ewig dem regelmäßigen Pfad zu folgen, der ohne Zwischenfälle oder Überraschungen direkt zu dem vom ersten Schritt an vorhergesehenen Ende führt, konnte man sich verlieren, seinen Weg wiederfinden und tatsächlich jede Emotion dieser Kunst durchleben, die umso größer ist, als sie sich hinter der Natur verbirgt, bis zu dem Punkt, an dem sie vorgibt, sie existiere nicht. Stellen Sie sich Gärtner vor, die Ihren Horizont mit Palmen mit sich bewegenden Federn, Bananenstauden mit riesigen Blättern und Bambus mit biegsamen, schlanken Stämmen bestücken könnten, denen Sie den Zutritt zu Ihren Gärten verweigern würden, weil die Pracht Ihrer Eichen, der ernste Blick Ihrer Linden und die stolze Haltung Ihrer Eiben die Nähe der Neuankömmlinge nicht ertragen könnten; hätten diese von Ihnen so abgestoßenen Gärtner nicht das Recht, ihre Wintergärten woanders anzulegen? Nun gut! Genau in dieser Situation befanden wir uns in Bezug auf das Théâtre-Français. Die Nachbarschaft von Molière, dieser Linde mit ihren süß duftenden Blüten, über die unzählige summende Bienen schwebten; Corneille, der majestätischen Eiche, die das siebzehnte Jahrhundert mit ihrem Schatten bedeckt; und Racine, dieser angenehmen, immergrünen Eibe, die nach dem Geschmack des Hofes von Ludwig XIV. geschnitten wurde, wurde, so sagten sie, von uns entwürdigt. Da sie ebenso eifersüchtige Götter wie Jehova waren, wollten sie ihren Himmel vor dem Kontakt mit jenen anderen Göttern, Shakespeare, Calderon, Schiller und Goethe, schützen. Daher entstand die administrative Opposition, die in ihrem Absolutismus von der Literaturkritik unterstützt wurde. Nichts ist der Literaturkritik so zuwider wie die Bewunderung der Lebenden. Erinnern Sie sich an die Dialogantwort, die Molière der Kritik gibt, und an Corneilles bescheidene Vorworte zu Nicomède. Denken Sie an Racines bittere Beschuldigungen in Bezug auf Andromaque. Nun gut, die drei Männer, die für die dramatische Dreifaltigkeit in der Religion der modernen Kunst stehen, diese Männer, die mit gutem Grund als Götter angesehen wurden, die den römischen Cäsaren ebenbürtig waren, konnten anscheinend nur durch ihren Tod göttlich werden. Nun sagte die Kritik zu den jungen Dichtern: Außerhalb der Kunst Ludwigs XIV. gibt es keine Rettung. Die Kritik wusste genau, dass diese Kunst tot war, denn tatsächlich war sie erschöpft, da sie so großartige Früchte wie *Tartuffe, Horaz und Britannicus hervorgebracht hatte.* Es wusste ganz genau, dass der beißende Geist Molières gegen einen Gesellschaftszustand, den es nicht mehr gibt, nicht wieder aufleben würde; auch nicht der nachdenkliche Stil Corneilles, des Sohnes der Liga und der Fronde; noch die höfliche Selbstgefälligkeit Racines, die mit einem Blick Lavallières belohnt oder mit einem Wort Ludwigs XIV. bestraft wurde – all das konnte nicht wiederbelebt werden. Es wusste, dass all dies mit den Menschen selbst gestorben war und nicht nach ihnen in anderen Individualitäten wiederbelebt werden konnte, die mit anderen Epochen, Bräuchen und Menschen in Kontakt gebracht wurden. Weil es wusste, dass dieser ganze Geist tot war, völlig tot, bat es uns, ihn wiederzubeleben.

Es wurde darauf hingewiesen, dass akademische Methoden des Galvanismus, die auf Leichen angewendet werden, gelegentlich einen toten Körper zum Zittern bringen könnten; aber zwischen dieser und der Auferstehung der Tochter des Jairus und des Lazarus liege der Abgrund, der Volta von Jesus Christus, den Menschen von Gott trennt. Das macht nichts, riefen die Kritiker. Gebt uns Molière, Corneille und Racine; wir wollen keine anderen. Stimmt, sagten die Herren Lemercier, Viennet und Baour-Lormian, ihr habt uns; aber die Kritik wollte sie nicht akzeptieren.

Kommen wir nun zum Widerstand, der von Seiten der Mitarbeiter kam. Talma hatte sein Leben damit verbracht, Autoren zu bitten, ihm etwas Neues zu schreiben.

Mademoiselle Mars sagte: „Tun Sie es, wenn Sie möchten.“

Andere Mitglieder sagten: „Machen Sie nichts dergleichen.“

Talma, in Paris geboren, aber in England aufgewachsen, sprach Englisch ebenso problemlos wie Französisch. Talma, der mit gleicher Gleichgültigkeit *Auguste* und *Néron* in Paris sowie *Hamlet* und *Richard III.* in London spielte und gezwungen war, Ducis statt Shakespeare zu spielen, konnte begreifen, was für einen Gewinn die Einführung eines frischen Elements in die nationale Kunst bringen würde.

Mademoiselle Mars, intelligent, feinfühlig, eine *Komödiantin* von Natur aus und durch Studium, die den Mangel an Genie durch Witz, an Stärke durch Anmut, an Größe durch Klugheit wettmachte. Sie könnte sagen: „ *Machen Sie etwas Neues, wenn Sie wollen.* “ Mit ihren Qualifikationen, auch wenn diese etwas geringer waren, aber dennoch überaus sympathisch, war sie immer sicher, in allem *Erfolg zu haben* . Sie sieht, dass sie sich nicht geirrt hat, denn nachdem sie Sylvia, Elmire und Célimène gespielt hatte, übernahm sie die Rolle der Herzogin von Guise, Dona Sol und Desdemona.

Die übrigen sagten: „ *Schaffen Sie nichts Neues für uns* ", denn zum größten Teil handelte es sich dabei nur um gewöhnliche, stereotype Künstler, die keine Lust hatten, ihre Ausbildung noch einmal von vorne zu beginnen, und gleichzeitig das Gefühl hatten, dass sie, wenn sie es versuchten, nicht in der Lage wären, sich zu verändern.

Lassen Sie uns tatsächlich die Ausbildung unserer Künstler untersuchen und sehen, ob sie so umfassend und intelligent ist, wie sie sein könnte.

KAPITEL IV

Talma – Mademoiselle Mars – Das Konservatorium –
Macready – Young – Kean – Miss Smithson – Mrs.
Siddons – Miss Faucit – Shakespeare – Die Grenzen der
dramatischen Kunst in Frankreich

Wir haben erzählt, wie Talma ausgebildet worden war. Er wurde früh nach
Paris gebracht und im Alter von acht oder neun Jahren nach London
gebracht. Seine früheste Begeisterung galt Shakespeare. Als er nach Paris
zurückkehrte, trat er 1788 oder 1789 zum ersten Mal auf und tat sein
Möglichstes, um das Theater dazu zu bringen, sich auf wahre Linien
einzulassen. Da es ihm nicht gelang, sie in Bezug auf die Stücke zu bewegen,
wandte er sich den Kostümen zu. Nachdem er *Charles IX.,* Cheniers
klassisches Stück, gespielt hatte, ohne eine einzige Zeile davon ändern zu
können, spielte er Racines *Berenice* und änderte Titus' Perückenstil. Dieser
Perückenwechsel löste eine Revolution aus. Ab 1791, als das Werk gespielt
wurde, trugen sie ihre Locken *à la Titus.* Talma verlangte also nach etwas
Neuem, denn er war ein Genie. Mlle. Mars, eine *fille de la halle* im
Theaterjargon, die von den Knien ihrer Mutter an in Komödien gespielt hatte
und Sedaines *Victorine lispelte*, als sie sprechen lernte; ein Schüler von Monvel,
den man aus der Comédie-Française verbannte, mit einer schändlichen
Entschuldigung, aber eigentlich, weil er mit seinem ungeübten Tonfall, ohne
auch nur die Stimme zu erheben, mehr Wirkung erzielte als die Herren Larive
und Lafond mit ihrem lauten Geschrei und ihrer großen Kraft; Mlle. Mars,
die ihre flexible Stimme der gesamten dramatischen Skala anpassen konnte,
vom bezaubernden Geplapper der Madame de Bawr bis zum knurrenden
und wilden Gebrüll der Clotilde; Mademoiselle Mars, die mit ihrer Kunst
echte Leidenschaft ausgleichen konnte; sie nahm die neue Schule an, weil sie
klug war. Aber was die anderen anging, lehnten sie ab, weil sie bloß
mechanisch waren. Firmin und Joanny wären beinahe auf unsere Seite
übergelaufen, aber der Übergang war letztlich nicht wirklich aufrichtig.
Firmin schreckte vor Antony zurück, und Joanny zog Orosmane sicherlich
Othello vor. Wer war schuld? Ich zögere nicht zu sagen, dass es die
dramatische Ausbildung war, die die Professoren des Konservatoriums ihren
Schülern zukommen ließen. Es stimmt, sie wurden nur unter der Bedingung
zu Professoren am Konservatorium ernannt, dass sie diese und keine andere
Ausbildung vermittelten. Warum ist Frédérick, ein mächtiges Genie (trotz
dem, was unser Mitarbeiter Marteau neulich in *Le Mousquetaire sagte*), warum
ist Frédérick nicht Professor am Konservatorium? Warum ist Bocage nicht
Professor, der auf erhabener Ebene sieben oder acht Rollen geschaffen hat,
die als Typen bleiben werden? Warum ist Lockroy nicht Professor am

Konservatorium, der klügste Berater, den ich kenne? Warum ist schließlich nicht Dorval dort Professorin, eine großherzige Frau, die genug Enthusiasmus besaß, um, wenn möglich, ein halbes Dutzend Schauspielerinnen zu inspirieren?

Denn das Conservatoire darf nichts anderes als tote Kunst lehren und muss der lebendigen Kunst feindlich gegenüberstehen. Mir scheint, das Conservatoire begeht denselben Fehler wie die École de Rome. Alle *Grand-Prix*- Studenten werden nach Rom geschickt. Nehmen wir nun an, Rembrandt und Rubens wären unsere Zeitgenossen: Rembrandt steht für Licht und Rubens für Farbe. Nehmen wir an, Gott hätte Frankreich die Ehre zuteil werden lassen, sie zu unseren Landsleuten zu machen. Nehmen wir dann an, sie sind Schüler, der eine von Decamps, der andere von Delacroix. Nehmen wir an, sie konkurrieren und Rembrandt malt zu seinem Thema *La Ronde de Nuit* und Rubens *die Anbetung der Magier*. Nehmen wir an, sie werden angenommen und – was absolut unvorstellbar ist – der eine erhält den ersten und der andere den zweiten Preis. Dann suchen sie sich Rubens und Rembrandt aus und schicken sie zu M. Ingres, dem Direktor der Malschule in Rom, und schreiben ihm, er solle diesen beiden vielversprechenden jungen Männern eine leitende Hand reichen. M. Ingres lässt sich die beiden Bilder zur Ansicht zusenden. Er fällt beim Anblick von „ *Anbetung der Magier*" *in Ohnmacht* und bekommt einen Anfall, als er „*La Ronde de Nuit*" sieht. Er überlässt die beiden Schüler ihrem unglücklichen Schicksal mit dem Rat: „Studieren Sie Raffael, ohne Raffael ist keine Rettung möglich." Glauben Sie, dass Rembrandt und Rubens, wenn sie Rembrandts „ *Les Fiançailles de la Vierge*" und Rubens „ *La Dispute d'Athènes*" *studieren würden, jemals solche Bilder malen könnten? Sie würden nicht nur schlechte Schüler bleiben, anstatt Meister und sehr große Meister zu werden, sondern anstatt „La Descente de Croix*" und „L'Ange du Jeune*" zu malen, Tobie,* sie würden ein viel schlechteres scheußliches *Pasticcio machen* als dieses.

Ach, genau das passiert den Schülern des Konservatoriums. In Frankreich sind sie entweder für die Tragödie oder die Komödie bestimmt: Wenn sie die Tragödie studieren, studieren sie Corneille und Racine – wenn sie die Komödie studieren, Molière und Regnard. Kaum jemals gleichzeitig Corneille, Molière, Regnard und Racine. Es muss entweder Komödie oder Tragödie sein – Lachen oder Tränen. In England gibt es kein Konservatorium und keinen anderen Autor als Shakespeare. Aber Shakespeare enthält die ganze Menschheit. Ein Schüler, der Shakespeare studiert, studiert gleichzeitig Corneille, Molière, Racine und Regnard. Zudem ist Shakespeare ebenso voller Komödie wie Molière und Regnard; sehen Sie sich *Falstaff* und *Mercutio an*. Er ist ebenso dramatisch wie Corneille und Racine; siehe *Othello* und *Richard III*. Darüber hinaus ist er ebenso mystisch wie Goethe, zum Beispiel *in Hamlet* , und ebenso dramatisch wie Schiller in

Macbeth ; so poetisch ... wie das ganze Reich der Poesie zusammen. Denken Sie an *Romeo*. Wenn also ein Schauspieler oder eine Schauspielerin Shakespeare studiert hat, hat er oder sie alles studiert. Die Schauspielerin hat die Unschuld in Julia studiert, den Ehrgeiz in Lady Macbeth, die Anmut in Ariel, die kindliche Zuneigung in Cordelia, die Mutterliebe in Valeria, die Angst in Hamlets Mutter und Hingabe und Liebe in Desdemona. Der Schauspieler hat die Künstlichkeit in Richard III. studiert, den Wahnsinn in König Lear, die Eifersucht in Othello, die Würde in Julius Cäsar, die Ritterlichkeit in Talbot und die Melancholie in Hamlet — Melancholie, die zehnte Muse, die den Alten unbekannt war und die uns im 16. Jahrhundert offenbart wurde. Shakespeare sah alles voraus, sogar den Mesmerismus, der erst gegen Ende des 18. Jahrhunderts auftauchte. Denken Sie an die Schlafwandelszene von Lady Macbeth! Das Ergebnis ist, dass Shakespeare in den Händen eines gut entwickelten Schülers Molière, Corneille, Racine, Calderon, Goethe und Schiller ersetzen kann. Dies ist es, was Macreadys Stirn in Hamlet verdunkelt, Keans schrecklichen Blick in Othello, das ominöse Lachen von Richard in Young, Smithsons herzzerreißende Tränen in Ophelia und Siddons entsetzliche Schreie in Lady Macbeth und Miss Faucits bezaubernde Liebesspiele in Julia.

Vorhin haben wir einen Vorschlag gemacht. Wir sagten, wir sollten annehmen, Rembrandt und Rubens hätten in unseren Tagen gelebt. Nun stellen wir uns auch vor, Shakespeare sei unser Zeitgenosse. Wer wird im Théâtre-Français Romeo, Julia, Desdemona, Ariel, Miranda, Richard III., Hamlet und Ophelia spielen? Niemand. Mademoiselle Rachels unbeugsames Talent wird sich nicht all der weiblichen Zärtlichkeit beugen können, die für Shakespeares Schwäne notwendig ist. Beauvallet, Geoffroy und Réginer könnten uns vielleicht eine Vorstellung von einigen der männlichen Typen geben. Aber die Zahl der Personen, die die Rolle Shakespeares im Théâtre-Français übernehmen könnten, würde sicherlich nicht zwei oder drei übersteigen. Shakespeare wäre daher gezwungen, das zu tun, was Hugo und ich 1830 taten, oder was Casimir Delavigne 1833 mit *Les Enfants d'Édouard tun musste.*

Oh, meine Herren! Sie, die Sie sich mit der französischen dramatischen Kunst beschäftigen, denken Sie ernsthaft darüber nach. Frankreich mit seiner Assimilationsfähigkeit sollte sich nicht auf die nationale Kunst beschränken. Es sollte die europäische Kunst aufgreifen, die kosmopolitische, universelle Kunst — die im Norden durch Shakespeare, im Osten durch Äschylus, im Süden durch Calderon und im Westen durch Corneille begrenzt wird. So haben August, Karl der Große und Napoleon ihre Reiche konzipiert.

Und nun bitten wir unseren geduldigen, treuen Leser um die Erlaubnis, diese Reihe unserer Memoiren vorläufig abzuschließen. Die Erinnerungen, an die wir uns jetzt erinnern müssen, gehören der Zeit an, in der wir uns befinden, und haben oft zu viele Berührungspunkte mit der heutigen Politik und den Politikern, als dass wir immer frei sprechen könnten. Später, wenn in Frankreich in Sachen Presse bessere Bedingungen herrschen – wenn die Aufnahme dieser Memoiren unseren Erwartungen entspricht und Gott es für angebracht hält, uns das Leben zu schenken – werden wir unsere Chronistenfeder wieder aufnehmen, in der Hoffnung, der wahrheitsgetreuen Geschichte unserer Zeit neues und interessantes Material zu liefern.

ENDE

ANHANG

[Siehe Text, S. 83. Im Folgenden finden Sie die erwähnte Diskussion.]

Wir haben versprochen, uns abzuseilen, die Archive des Staatsrates zu zwingen und eine Ausgabe von fünf oder sechs Sitzungen vorzulegen, die Gegenstand einer Debatte waren, bis hin zur Kommission, die gebildet wurde, um das Gesetz über die Theater vorzubereiten, die Frage der Zensur. Dramatik und Theaterfreiheit. Ohne die chronologische Reihenfolge im Auge zu behalten, werden wir dieses wertvolle Dokument unserer Literaturgeschichte unter die Augen unserer Leser blicken und glauben, dass wir den hier markierten Platz, den wir sonst nirgendwo finden, behalten.

Oder: An diesem Tag, der in der zweiten Hälfte des Septembers 1849 stattfand, erhielt ich einen Brief, in dem es mir gestattet war, den Brief an eine Sitzung des Staatsrats zu überreichen.

Mein Tod war groß. ich habe nichts zu sagen, ich habe keinen Rat verlangt.

Welchen Rat kann ich also verlangen, oder welchen Staatsrat kann ich verlangen?

Ich komme der Einladung je nach meiner Gewohnheit vielleicht etwas zu spät entgegen. außerdem war die Sitzung bereits geöffnet.

M. Vivien hat den Vorsitz übernommen und MM. Die Berater Béhic und Charton setzten sich an ihren Enden fest.

MM. Bayard, Mélesville, Victor Hugo, Eugène Scribe und Émile Souvestre waren wie ich aufgelegt und kamen vor mir an und hielten sich in der Sitzung auf.

Mélesville spricht über die Frage der industriellen Freiheit des Theaters. Diese Frage interessiert mich besonders, da sie zum ersten Mal von einer Kommission gestellt wurde, die mir die Ehre erweist, mich zu einer gemeinsamen Beratung einzuladen.

Mélesville erzählte mit diesem klaren und einfachen Wort, dass er, indem er seine Hände ausstreckte, sie gerade sah und ihre schönen Worte freundlicherweise mit Bewunderung zur Kenntnis nahm. Mélesville erzählte, dass er im vergangenen Jahr an einer von M. Ledru-Rollin einberufenen Kommission teilgenommen habe, die im Hauptteil die theoretische Frage unter dem dreifachen Aspekt der industriellen Freiheit, der Kritik und der Verwarnungen untersuchte.

Der Ausschuss wurde für die industrielle Freiheit nominiert.

Mélesville erklärte, dass es sich in diesem Fall nicht um einen Punkt handele, bei dem es sich um eine Mehrheit handele und dass es sich, seiner Meinung nach, nicht um eine unbegrenzte Freiheit, sondern um eine begrenzte Zustimmung handele.

Alles, was ich gesagt habe, wiederhole ich mit dieser anmutigen Urbanität der Worte, die das besondere Merkmal der Mélesville-Konversation sind.

Dann gewinnt man Bayards Turm.

Als Vizepräsident des Verbands der Theaterautoren erklärt er unter dem Namen dieses Verbands, dass er absolute Theaterfreiheit fordere.

Was sein Personal angeht, so verlangt Mélesville nach einem Mittelwort, das es an Aktivitäten im Theater nicht gibt: zum Beispiel wird das Odéon stark unterstützt, um das Théâtre Français und ein drittes lyrisches Théâtre zu bespielen, um die Opéra-Comique und die Grande Opéra zu unterhalten.

Es ist wie bei diesen Fischzüchtern, die eine bestimmte Anzahl von Sitzstangen und Spießen in ihren Stöcken halten, um sie schließlich zu fangen, und wenn sie jagen, werden die Karpfen zu Gräsern.

Die Diskussion über dasselbe Thema zwischen MM und mir dauerte eine Weile an. die Berater Béhic und Charton und MM. Mélesville und Bayard,— MM. die Berater sagen, dass es genug Theater gibt, MM. Die Autoren sind sich einig, dass ein drittes lyrisches Theater notwendig sei.

Dann ist die Runde des Gesprächs zwischen Schreiber und Verfasser vorbei.

M. SCRIBE. – Die Freiheit der Theater wird niemals die Kunst, den Geist, die Industrie und die *Künste ruinieren!* Mit ihr wird es nie zu guten Theatern kommen. es ist sofort sehr traurig. Die Daseinsberechtigung ist ganz einfach: Die guten Theater strahlen wenig Silber aus. die Mauvais, viel. Ich möchte nicht kommentieren, ob die Freiheit des Theatergeschäfts eingeschränkt werden kann. Mein System ist frei: Ich gestatte mir diese Freiheit nicht. Selbst wenn der Absolutismus einen Teil zulassen könnte, wäre dies die Gewissheit, im Theater zu spielen. Ich möchte, dass dies alles ist, was die kaiserlichen Dekrete zulassen, indem sie auf präzise Weise begrenzt werden und die Zahl der Theater in der Hauptstadt verwässern. Das ist mir egal. ich wollte jedoch nicht, dass er den festen Namen im Jahr 1807 annahm. Die Bevölkerung hat seit dieser Zeit zugenommen: Sie musste über diese Zunahme verfügen. ich nehme beispielsweise den Namen an; auf diesen konservierten Theatern werden sie sich immer den Meisterwerken der Antike widmen, sowohl im lyrischen Genre als auch in der modernen Komödie und Tragödie usw. usw. Durch dieses System werden sie schließlich die Zahl der großen Theater erhöhen. , nützliche Theater, und gleichzeitig gelingen ihnen die Einnahmen durch die Verringerung der Nebenszenen, die ihr zur Verfügung stehen. Die großen Theater, die immer reicher werden, erhalten deshalb Subventionen, die ihnen die Regierung zahlt. Auf Kosten der Wirtschaft und der Moral werden dadurch unnütze und *gefährliche Theater unterdrückt* , beispielsweise Kindertheater, gegenseitiger Unterricht in *schlechter Literatur* und *schlechter Musik.*

Privilegien sind in diesem freien und schweren System legitim, *doch sind sie nicht als Einrichtungen konzipiert, die Werke bevorzugen, die der Kunst Ehre erweisen und für die öffentliche Moral nützlich sein können.*

M. ALEXANDRE DUMAS. – Ich bin der Meinung, dass mit meinem Bruder Scribe keine Einigkeit über die Vorschläge besteht, die sich bezüglich Theatern und Privilegien ergeben.

Kindertheater, das heißt, sie sind unsterblich, das ist wahr. aber sie könnten von einer strengen Polizeibehörde verhört werden: sie sind nicht die einzigen, die sie bestrafen. Verlieren Sie nicht den Verstand, Sie sind ein wertvoller Komiker.

M. SCRIBE.-Und das Konservatorium!

M. DUMAS. – Das Konservatorium schafft unmögliche Komödien. Was mich hier interessierte, war ein im Februar zugelassener Stadtgardist, ein pensionierter Boutique-Händler. Ich habe einen Schauspieler eingestellt. aber ich war nie allein mit den Heerscharen des Konservatoriums. Sie sind durch die Routine und die Mittelmäßigkeit der Schule in Verlegenheit gebracht. Sie haben nicht die Absicht, die Natur zu studieren, sie werden immer dazu geboren, mehr oder weniger von ihrem Meister kopiert zu werden. Im Gegenteil, wenn ein Kind auf dem Theater ist, kann es in ihm ein Talent sehen, das sich von selbst entwickelt. Dies ist auch der Fall bei all unseren großen modernen Komödien.

Quantität über die Freiheit der Theater, nach meinen Worten, plus Sie lassen sie ganz, plus Sie bekommen gute Theater, – und, par *bons théâtres,* ich verstehe, dass ich diejenigen bin, die mehr von der Welt wollen, diejenigen, die leben. mehr als 100 Familien.

Ich weiß nicht, welche Privilegien es gibt: Wenn ich ein Privileg habe, missbrauche ich es! Ein Privileg gab mir ein Recht, das ich meiner Stimme nicht geben konnte, und ich konnte erkennen, was ich nicht wollte, wenn für alle Gleichheit bestünde. Ein Privileg, für ein bankrottes Unternehmen Geld zu finden, und zwar über die Bank. Heute gibt es keinen Ruhm mehr als Privilegien, Sie werden die besten Theater in Paris besuchen. jedoch, eines Tages, wird er sich ganz auf das Nötigste oder das Doppelte beschränken und alles wird sich in einem Zustand befinden, in dem es ihm gut geht. Sagen Sie denen, die die Privilegien abgeschafft haben, dass ein neues Theater nicht sofort mit einem Privileg im Schlachtfeld in Beschlag genommen wird. Und deshalb ist es gut, wenn Sie das Freiheitsregime aushebeln!

M. SCRIBE. – Mein Mitbruder, mit der unbegrenzten Freiheit, versprachen wir, von hier aus in zwei Jahren eine Bankübergabe an ungefähr zehn oder zwölf Theatern; Ich möchte, dass alle zehn oder zwölf Theater aufgeführt werden, bevor ich versäume, den Ruin einer Million Familien zu konsumieren.

Wo bleibt das Übel, denn die kleinen, *unmoralischen Theater* sind schon verschieden, und um ihre Ungleichheit auszugleichen, scheinen es drei französische Theater und vier lyrische Theater zu sein?

Wenn Sie Privilegien genießen, können Sie die Vorteile der Freiheit genießen, ohne Unannehmlichkeiten in Kauf nehmen zu müssen. Ich habe alle Missbräuche des Privilegienregimes ausprobiert und kann es trotzdem schaffen. Die unbegrenzte Freiheit, Sie wissen nichts davon, oder, besser gesagt, Sie wissen nichts davon, es genügt: das ist ein Abîme.

Ich glaube nicht, dass diese Meinung von M. Dumas zutrifft, nämlich dass die besten Theater auf jeden Fall diejenigen sind, die das meiste Silber verdienen und die meiste Welt leben lassen. ich sage im Gegenteil, diese Theaterstücke waren immer noch schrecklich. Mit den echten literarischen Stücken hat man nicht viel Silber verdient. es scheint mir schön, mit Exzentrizitäten, Angriffen auf die Moral und die Regierung davonzukommen. Dank der Freiheit gelangt der Industrialismus auf diesen beklagenswerten Weg immer weiter.

M. DUMAS.—Die Angriffe gegen die Regierung erfolgen auf Erlass der Gesetze. M. Scribe übertreibt allerdings, wenn er sagt, diese Angriffe seien die erfolgversprechendsten für ein Theater: Das Publikum, ein Großteil der Zeit, muss den Angriffen gegen die Moral gerecht werden. Die Angriffe auf die Regierung werden nicht in dem Moment ausgeführt, in dem sie ausgeführt werden.

M. Scribe hat den guten Ruf der kleinen Theater unterstrichen. Die Unmoral ist ihr nicht inhärent und die Kunst ist ihr nicht immer fremd: Sie gehörte nur in Pantomimen und beim Tanzen zur Kunst. Diese Theater, Leute, sollen leben, gut für Künstler, gut für Familien!

Herr Präsident, Herr Präsident, möchte seine Meinung darlegen.

M. ÉMILE SOUVESTRE. – Ich bin der Einzige, der nicht die Macht hat, sich die Meinungen aller meiner Mitbrüder anzueignen, die bisher geäußert wurden.

Ich möchte nicht darauf hinweisen, dass, wie M. Alexandre Dumas sagte, Kunst und Theaterindustrie immer weiter florieren und dass, wo Industrie und Kunst sich weiterentwickeln, sie immer florieren. Ich glaube nicht, dass es, wie M. Scribe sagt, völlig unmöglich ist, zuzuschlagen und das Interesse an der Industrie aufzugeben, denn dort gibt es kein Interesse mehr an der Kunst.

Ein Privileg hat keine Daseinsberechtigung, wenn es sich nicht um einen Profit der Regierung handelt, sondern um einen moralischen oder intellektuellen Nutzen für die Nation. Oder dies ist der Fall bei den meisten derzeit gewährten Theaterprivilegien. Ist dies ein Monopol, das der Regierung Geld abnimmt? Nein. Wird dieses Monopol dem moralischen oder intellektuellen Fortschritt dienen? Viele Theater treten im Gegenteil gegen diesen Fortschritt an. Ich möchte, dass zwischen den Theatern unterschieden wird, die für die Erhaltung und Förderung der Kunst, für die Bildung und Moralisierung des Volkes nützlich sind, und solchen, die nicht bloß einer industriellen Ausbeutung dienen. Deshalb müssen wie alle industriellen Ausbeutungsbetriebe das Regime der Freiheit und des freien Wettbewerbs aufgegeben werden. Die ersten drei Kategorien werden im Gegenteil von der Regierung unterstützt. Deshalb muss ich ihr Lehrer sein.

Die Aufrechterhaltung des Privilegs rein industriell genutzter Theater bedeutet eine Ursache des Ruins: Das Privileg ist ein Nachteil, da man sich nur darauf beschränkt, zu verlieren. es hat nicht den wahren Wert, es ist nicht das Märchen. Aus Angst vor der Faszination dieser Übung habe ich festgestellt, dass Theaterstücke nicht begeistern können. Es häuft alle Kosten aufeinanderfolgender Ausbeutungen an und verursacht außerdem einen dauerhaften Ruin. Diese Gebühren werden niemals an ein normales Unternehmen weitergegeben. Wenn ein Mann in einem Strick schlechte Angelegenheiten erledigt, wird er die Einrichtung für das, was ihm gebührt, unterbrechen und nicht versuchen, die Schulden seines Vorgängers zu begleichen.

Ich glaube daher, dass das Gesetz unbedingt das Prinzip der freien Wettbewerbsfreiheit rein industriell geprägter Theater anerkennen muss. Ist das richtig, weil man ihr bedingungslose Freiheit schenken kann? Ich habe nicht das Ziel, und ich werde zunächst verlangen, dass bestimmte Bedingungen von der Polizei und der Regierung festgelegt werden.

Ich gehe in Theater, die man als Schulen und Museen betrachten kann und die aufgrund der Tatsache, dass sie vom Staat subventioniert werden, Privilegien genießen. Wer werden diese Theater sein? Hier ist die Schwierigkeit ernst. Allerdings bin ich an Bord.

Es handelt sich um ein Theater, das unbestreitbar das Recht hat, in dieser Kategorie zu bleiben: Dies ist die Person, die derzeit vom Théâtre-Français aufgeführt wird. Dieses Theater wird mit der Bewahrung der literarischen Meisterwerke vergangener Zeiten beauftragt. Heute ist es neben diesem stationären Theater ein aufstrebendes und innovatives Theater: Dies wird das Zweite Französische Theater sein. der Faudra schuf es unter ernsten

Bedingungen der Rivalität; Ich möchte mich für das lyrische Genre auf die beiden noch existierenden Theater, die Oper und die Opéra-Comique, konzentrieren. Aber es reicht nicht aus, es ist immer eine Provision, wenn man bedenkt, dass es immer eine Provision ist. Die Regierung hat jedes Jahr die Komponisten ins Leben gerufen, und weder die Frauen noch die Mittel, ihre Werke zu spielen, werden es zulassen. Es handelt sich um ein drittes lyrisches Theater. Dies darf nicht einfach ein Doppel von zwei anderen sein. Es gibt jemanden, der mich in all dieser Frage zu sehr verunsichert hat, das sind die Leute. Sie finanzieren die Theater für reine Kunst, und die Leute, wenn Musikunterricht nicht ausreicht, um unsere großen Opern zu verstehen, werden Sie es ihm selbst überlassen, Sie haben nichts für ihn übrig. Ich möchte, dass die Leute das Théâtre-Français und die Grande Opéra in demselben Saal wiedervereinen. Das heißt, dass es sich um ein Theater handelt, in dem die Werke nicht gespielt werden, seien sie lyrisch, seien sie rein dramatisch. , außer Diskussion über Kunst und Moral.

Wenn dieses Theater nicht geschaffen wird – sei es unter dem Regime der Freiheit, sei es unter dem Regime der Privilegien –, kommt es zu einer aufeinanderfolgenden Demoralisierung, zu einem intellektuellen Verfall der Massen durch das Theater. Tatsächlich ist es viel einfacher, das Fell mit den schlimmsten Leidenschaften zu kleiden als mit den besten Beispielen. von der Art, dass Sie immer gefährliche Theater besuchen, das ist die Todesursache, die eine subversive Richtung der wahren Ordnung einschlägt, das Aufbegehren auf die Guten, das ist die Todesursache auf den nützlichen Theatern, auf den Theater, wo man Respekt zollt und wo man Respekt vor der Kunst hat. Dieses Ergebnis wird durch das Privilegienregime erzielt, das ebenso einfach ist wie die Freiheit. denn die Regierung unternimmt nichts weiter als Maßnahmen gegen die intellektuelle Führung der privilegierten Theater, da diese in den freien Theatern keinen Respekt genießt. Schauen Sie sich an, was das Vaudeville-Theater zu bieten hat. Eine Regierung profitierte von einem Privileg der Republik und griff die Republik jeden Abend an. Sie wissen, meine Herren, diese Stücke sind mit dem Namen *Aristophanes verziert.* Als Premiere traten auf unserer Bühne die Bilder lebender öffentlicher Menschen auf, als auf unserer Bühne die größten Verkörperungen nationaler Macht und der Institutionen, die Frankreich regieren, die Öffentlichkeit in Foul. Ist es eine durchschnittliche Ehrlichkeit, einem Theater zum Erfolg zu verhelfen?

Wenn Aristophanes Komödien erzählt, ist er der Repräsentant der Freiheit des Denkens und nicht der Industrie. Im Theater herrschte in Athen Pressefreiheit. es kam nicht zu einer Ausbeutung; seine Angriffe sind heftig, es ist die Tat eines Bürgers und nicht das Talent eines Herstellers. Es ist also vergeblich, sich hinter einem großen Namen zu verstecken, um die traurigsten Spekulationen über das Privileg des Clans zu verbergen.

Es ist für die Ehre Frankreichs nützlich, weil die Regierung der Industrie nicht nur dramatische Kunst überlässt, sondern das mächtigste Mittel, um seine Materialien zu verwerten, es ist, eine Stimme zu geben. alles im Besonderen für die Organisation von Kunsttheatern und vor allem für Volkstheater. Er übertrug die Komposition mit großem Einsatz den Komitees, die damit beauftragt waren, die Stücke zu spielen. Bisher waren sie in den großen Theatern im Allgemeinen mit einem Vorwurf der Nachlässigkeit konfrontiert. Auf der Grundlage der Personalkosten für die Theaterverwaltung vertreten die Akademiker die Hauptrolle, die schließlich als Komiker fungieren. Die Akademiker ziehen sich umgehend zurück. das Komitee wird sich versammeln; Seien Sie vorsichtig, denn das Primärgericht hat sich nicht darum gekümmert, dass die Richter, denen es nicht gut geht, fair sind, und das sind nicht die besten.

Die Parolenkomitees sind sich nicht darüber im Klaren, was die Theatersubventionen annehmen müssen: Es muss ernsthafter sein. Die Ausschüsse sind nicht ernsthaft in dem Bemühen, dies zu verhindern, und verhängen eine Strafe gegen einige ihrer Mitglieder, die bei den Sitzungen versagt haben. Ich möchte, dass sich ihre Mitglieder nur um die Theaterleitung, die Autoren, die Komiker, aber auch um Künstler und die Leute aus der ganzen Welt kümmern. Die Gefühle dieser Öffentlichkeit sind unterschiedlich, je zurückhaltender sie sind, desto eher kommt es zu einer Entscheidung, die wahrscheinlich der sichere Vorbote einer wahren öffentlichen Entscheidung ist. Um es zusammenzufassen: Das ist, was ich gesucht habe:

Freiheit der Theaterindustrie; Schaffung von Kunst-, Literatur- und Lyriktheatern, die von der Regierung subventioniert werden und auf einer neuen Verfassung beruhen;

Die Schaffung eines auch subventionierten Volkstheaters und sein Ziel ist es, die Moral, den Patriotismus und die Kunst der Arbeiter zu fördern.

M. SCRIBE. – Ich akzeptiere die meisten Ideen von M. Souvestre; Sie scheinen mir generisch und von Natur aus so, dass ihre Anwendung für die Bevölkerung und für die Kunst nützlich ist: Ich verstehe das Gespräch über Zellen, die mit der Einrichtung subventionierter Theater zu tun haben. Ich füge hinzu, dass die Anwendung seiner Ideen für mich mit dem Freiheitssystem schwierig, mit dem Privilegiensystem sehr einfach wäre.

M. SOUVESTRE. – Ich sage die Gründe, weshalb ich das Privilegiensystem bekämpft habe. Es ist nicht so einfach, dieses System auf meine Vorschläge für subventionierte Theater anzuwenden, ich bin derjenige, der sie zurückgibt. Es wird Ihnen jedoch nicht schwer fallen, meinen Vorschlag mit dem System der industriellen Freiheit in Einklang zu bringen. Ich glaube, die Regierung hat entschieden, was die Organisation subventionierter Theater betrifft, aber nicht, was die Organisation von Theatern im Allgemeinen betrifft. ich habe keine Lust, dass er in etwas eingreift, das nur mit Spekulationen zu tun hat, dass er der Theaterindustrie seine Meinung aufdrängt, dass er nicht befürchten muss, dass viele Szenen dieser Art gespielt werden, dass er in Tels Viertel. Lassen Sie Ihr Handelsinteresse bei der Entscheidung über diese Spekulationsfragen beiseite, die Sie leiten. Sie werden nicht zwei Dinge gleichzeitig tun: die Kunst und das Volk.

Im gegenwärtigen Zustand zeugt die Macht davon, dass es sich um Theater handelt, die leben können, und das Ergebnis erweist sich als Kombination daraus, dass es getäuscht wurde. Überlassen Sie diese Bewertung Ihrer Erfahrung. Dank der Freiheit sind die Theater, die keine Daseinsberechtigung haben, verschwunden. Diejenigen, die eine echte Lebensbegabung haben, bleiben nur einige davon erhalten.

Die Lacédémoniens stürzen in eine Falle, auf Kinder, die ihr nicht zumutbar scheinen. es ist aufregend, Leonidas zu treffen. Das ist nicht dasselbe wie das hier. aber wie die Athener lässt die ganze Welt die Existenz versuchen: Die Zeit entscheidet, wer leben soll, wer trauern soll.

Diese wunderbare Improvisation wird dem Staatsrat die größte Wirkung verleihen. leider beweist das Ergebnis, dass die Emotionen auch bei einer so tiefen Reise vorhanden waren!

Das war auf Hugos Tournee zu hören. Es ist heiß.

M. VICTOR HUGO. – Meine Meinung zu dem seit der Kommission diskutierten Thema besteht weiterhin. das ist mir auch in der öffentlichen Diskussion aufgefallen. Ich bleibe hartnäckiger, als es jamais ist. Die Zeit, in der sie sich befindet, wird nicht noch einmal kommen. Allerdings muss, wie in meiner tiefen Überzeugung, der Grundsatz der Freiheit mit dem Triumph über alle Punkte enden. Ich messe der Bedeutung ernsthaft bei, während die Kommission des Staatsrats die Fragen untersucht, die er sich stellt. Diese Vorbereitungsarbeit ist nützlich und ich helfe freiwillig dabei. Ich lasse es nicht aus, zumal es für mich keine Chance auf Freiheitskeime gibt. Lasst uns nachdenken, das sind nur die Ideen. die Zeit vergeht, das ist der Moment, in dem ich mich täusche.

Ich beginne damit, mich der Kommission zuzuwenden, die sich mit der Frage der Theater beschäftigt, einer sehr großen und sehr ernsten Frage, es sind nicht zwei Interessen, die mich beschäftigen. der Wahrheit nach sind sie alle peinlich: Das eine ist der Fortschritt der Kunst, das andere ist die Verbesserung der Menschen.

Ich empfinde in meinem Herzen eine gewisse Gleichgültigkeit gegenüber politischen Formen und eine unerklärliche Leidenschaft für die Freiheit. Ich weiß, dass Ihnen das klar ist: Freiheit ist mein Prinzip, und natürlich ist sie mein Apparat, ich bin kariert oder ich bin für sie gierig.

Doch wenn Sie in der Theaterfrage eine Möglichkeit finden, die Freiheit zu verlieren, sondern die mir den Fortschritt der Kunst und die Verbesserung der Menschen zeigt, werden Sie das große Prinzip für immer opfern. ich kämpfe immer, ich neige mich und ich kämpfe mich. Können Sie also zu diesen anderen Ergebnissen gelangen, die der Freiheit dienen?

Sie berühren den speziellen Stoff, mit dem Sie sich beschäftigen, die große, ewige Frage, die ohne Weiteres zu beantworten ist, und alle Formen davon im Leben der Menschheit. Die beiden großen Prinzipien, die in ihrer ewigen Gewalt dominieren, sind in dieser Frage wie in allen anderen: Freiheit und Autorität. Unter diesen beiden Prinzipien werden Sie sich entscheiden, selbst wenn Sie nur die zweckmäßigsten Unterkünfte finden, zwischen denen, die Sie wählen, und denen, die Sie nicht wählen werden. Es wird Ihnen schwerfallen, zu wählen. Was soll ich Ihnen sagen? Prüfungen.

In der Frage der Theater ist der Grundsatz der Autorität klar für und gegen ihn, denn er wurde bereits ausprobiert. Seitdem es das Theater in Frankreich gibt, besitzt es die Autorität des Staates. Wenn es seine Unannehmlichkeiten gibt, gibt es auch seine Vorteile, aufgrund dessen, was man weiß. Der Grundsatz der Freiheit wurde mir nie wieder vor Augen geführt.

M. LE PRÉSIDENT.—Er wurde zwischen 1791 und 1806 geprüft.

M. VICTOR HUGO. – Es wurde 1791 verkündet, aber nicht verwirklicht; es geschah in Gegenwart der Guillotine: die Freiheit blieb also bestehen, sie wurde nicht erlöst. Man sollte die Auswirkungen der Freiheit des Theaters nicht dadurch ausnutzen, dass sie während der ersten Revolution hervortreten könnte.

Der Grundsatz der Autorität besteht darin, dass er im Gegenteil alle seine Früchte hervorbringt. Ich habe es in einem System vollständiger realisiert, in dem keine Details außer Acht gelassen wurden. Mit diesem System können keine Geräte ohne Genehmigung geöffnet werden. Im Moment habe ich nur die Namen der Personen angegeben, die in jedem Theater auf der Bühne stehen könnten, nur um uns Sängern und anderen Rednern Gesellschaft zu leisten. gerade so, in bestimmten Fällen, das Kostüm und sogar die Geste; nur um in die Fantasien der Szene einzutreten, muss ich sagen, dass hierarchisch alles richtig ist.

Der Grundsatz der Autorität wird, wenn überhaupt, umgesetzt, also was ist das Produkt? Ich werde bald mit Ludwig XIV. und seiner großen Regierung sprechen. Ludwig XIV. übertrug das Prinzip der Autorität unter all seinen Vorzeichen auf seinen allerhöchsten Glanz. Ich kann hier nicht über das Theater sprechen. Eh, gut! das Theater des 17. ^{Jahrhunderts} war ohne den Druck der Autorität ein großartiger Ort. Dieses Prinzip wurde von Corneille übernommen und ist ein robustes Genie. Molière, ich erinnere mich, dass er in der Vertrautheit des Großkönigs lebte, er brauchte nicht das Mitgefühl seiner Mitmenschen. Molière war es nicht vergönnt, dass dieser Teil der Familie Ludwig XIV. als Kammerdiener diente. ohne dieses Viertel seiner Meisterwerke ist es nicht möglich, es zu schaffen. Der Gruß des Meisters erlaubte ihm seine Kühnheit. Wählen Sie „Bizarre à dire"! das ist die Domestizierung, die zur Unabhängigkeit führt: selbst wenn Molière nicht frei ist!

Sie wissen, dass eines der Wunder des menschlichen Geistes von seinen Zeitgenossen für unmoralisch erklärt wurde. Es handelt sich um eine Formelsammlung Ludwigs XIV. für das, was *Tartufe spielte.* So, nun gilt das Prinzip der Autorität im schönsten Jahrhundert. Ich gehe an Ludwig XV. und seiner Zeit vorbei. Dies ist eine Epoche völligen Verfalls der dramatischen Kunst. Ich habe die Tragödien Voltaires verglichen mit den Werken, die am deutlichsten erkennen lassen, was der menschliche Geist hervorbringt. Selbst wenn Voltaire es nicht getan hätte, wäre dies neben ihm einer der schönsten Geister der Menschheit gewesen. dass es nichts bringt, unter anderen großartigen Ergebnissen. Dieses bewundernswerte Ergebnis der Freude der Mütter bleibt auf Campistron-Niveau.

^{Jahrhunderts} keinen Triumph errungen . das habe ich, aber ich muss aufhören. Erinnern Sie sich nur daran, dass das dramatische Meisterwerk, das das Ende dieses Jahrhunderts markiert, „Die *Hochzeit des Figaro* ", auf einen Bruch mit dem Autoritätsprinzip zurückzuführen ist. Ich bin im Reich angekommen: Also wurde die Herrschaft in all ihrem Glanz wiederhergestellt. sie verfügte über jenen glänzenden Sieg, den die Autorität von Ludwig XIV. davontrug; er und sein Mann stehen also einem Meister zur Seite, der sich nicht damit zufrieden geben würde, der größte Kapitän, der größte Gesetzgeber, der größte Politiker, der größte Prinz seiner Zeit zu sein, der jedoch der größte Organisator aller sein möchte. Die Literatur, die Kunst und das Denken können nicht über seine Herrschaft sprechen, nichts weiter als der Rest. Er ist in der EU und ich liebe ihn, den Willen, die Kunst zu organisieren. dafür ist es nicht gespart worden, es ist völlig wunderbar. Von Moskau aus organisiert es das Théâtre-Français. Im Moment dreht sich nur das Glück um ihn und er kann sehen, wie er sich öffnet, er ist damit beschäftigt, die Hüter und die Crispins zu ordnen.

Na gut, trotz großer Sorgfalt und großer Bereitschaft, dieser Mann, der die Schlacht von Marengo und die Schlacht von Austerlitz gewinnen konnte, konnte kein Meisterwerk schaffen. Die Aura der Millionen verleiht diesem Meisterwerk eine neue Dimension; Der auratische Prinz Celui, der in Aura geehrt wurde, ist sein Königreich. Eines Tages wird eine Rezension veröffentlicht. Und in den Ranglisten steht ein mittelmäßiger Autorenschwarm, der Barjaud genannt wird. Die Person kennt diesen Namen nicht. On dit à l'empereur: „Sire, M. Barjaud est là. – M. Barjaud, dit-il aussitôt, sortez des rangs!" Und er verlangte, dass er für ihn da sei.

M. SCRIBE.—M. Barjaud verlangte einen Unterleutnant; Dies ist nicht der Beweis dafür, dass es sich um eine Berufung zum Schreiben handelt. Es war für dich eine Zeit lang her, dass du es getan hast; Das, was ihm Glanz verlieh, war sein Talent – es fehlte ihm das Talent –, das kaiserliche Reich zu beleuchten.

M. VICTOR HUGO. – Sie verlassen mich in meinen Sinnen. Nachdem der Kaiser für Mittelmäßigkeit gesorgt hat, schaue auf das, was er für Talente getan hat. Denken Sie daran, was für Genies übrig sind! Eine seiner Leidenschaften besteht darin, große Literatur zu schaffen. Sein literarischer Wert war überragend: das *Denkmal für Sainte-Hélène*, der Beweis. Wenn der Kaiser ein Buch liest, ist das Werk von Corneille. Eh, gut! In dieser Literatur, in der es darum geht, wie man zuhört, ist es so, als ob er es als großen Schöpfer nicht schaffen würde. Was entsteht im Bereich der Kunst durch Anstrengung, durch Ausdauer, durch Großartigkeit und durch Willenskraft? Warum ist dieses Prinzip der Autorität so wichtig, wenn es von dem Menschen angewandt wird, der es auf eine bestimmte Art und Weise macht? Rien!

M. SCRIBE. – Sie verurteilen die *Templer* von M. Raynouard.

M. VICTOR HUGO. – Das sind nicht die wahren Begebenheiten. In diesem Stück ist ein schönes Gedicht enthalten.

Voilà, aus dem Blickwinkel der Kunst des Imperiums ist es die Autorität des Produkts, die es verdient, wirklich großartig zu sein, wirklich schön.

Ich muss mir meinerseits anmaßen, diese Ergebnisse zu sehen, denn die Autorität kann nicht besser sein als die Kunst, die sie fördert. warum auch immer, vielleicht wird sich jemand anderes um etwas anderes kümmern müssen: wir verraten Ihnen immer die Zeit, in der wir sind.

Der Blickwinkel der Kunst wurde geschärft, er ging zum Anderen über, zum Blickwinkel der Moralisierung und der Belehrung des Volkes. Dies ist eine Frage der Frage, die mich unendlich berührt hat.

Wie ist aus dieser Perspektive das Prinzip der Autorität gültig? und was wird es bringen? – Ich bewege mich alle Tage auf dem Theater. – Das Prinzip der Autorität will und will, dass das Theater seinen Beitrag leistet, für seinen Teil, um das Volk mit allen Respekt zu erziehen, was Sünden sind, die Religion, das monarchische Prinzip, das so herrscht, und ich bin nicht daran interessiert, die Macht der Zivilistin zu unterdrücken. Eh, gut! Ich halte das Theater so, als sei es im Jahrhundert par excellence der Autorität entstanden, ich halte es in seiner berühmtesten französischen Personifizierung, in dem Menschen, der uns alle Jahrhunderte und alle Zeiten umgibt, in Molière. Ich habe beobachtet: Was war das für ein Mensch? Ich werde das Theater vollständig auf die Anweisung hin aufführen, die ihm die Autorität verleiht. Molière spricht von einem Kampf um andere Werke, von der Brut des Dieners gegen den Herrn, von dem Sohn gegen den Vater, von der Frau gegen den Ehemann, vom jungen Mann gegen den Alten, von der Freiheit gegen die Autorität. .

Wir sagen: „In *Tartufe* hat Molière die Heuchelei nicht angegriffen." All seinen Zeitgenossen ist das Gleiche widerfahren.

Hat die Behörde es zugelassen? Verrate es mir. Es war völlig durchgedreht. sie war radikal machtlos. Ich komme zum Schluss, dass ihr nicht die nötige Kraft gegeben ist, um den Leuten etwas zu geben, zumindest nicht durch die Zwischenstufe des Theaters, die Ausbildung ist ihr am besten entsprechend.

Sehen Sie es als wahr an: Die Autorität verlangt, dass das Theater alle Achtung walten lässt. das Theater unterrichtet alle Verweigerungen. Unter dem Druck religiöser Ideen und selbst unter Hingabe ist jede Komödie, die Molière so liebt, skeptisch. Unter dem Druck monarchistischer Ideen ist die ganze Tragödie Corneilles republikanisch. Alle beiden, Corneille und Molière, haben von ihren Lebenden Unsterblichkeit erklärt, eines von der Akademie, das andere vom Parlament.

Und sehen Sie, wie der Tag gekommen ist, sehen Sie, wie das Licht scheint! Corneille und Molière, die das Gegenteil bewiesen haben, als sie ihm unter dem doppelten religiösen und monarchistischen Druck das Autoritätsprinzip aufzwangen, sind sie wirklich unmoralisch? Die Akademie sagt ja, das Parlament sagt ja – die Postérite sagt nicht. Diese beiden großen Dichter waren zwei große Philosophen. Sie haben auf der Bühne nicht die vulgäre Moral der Autorität hervorgebracht, sondern die hohe Moral der Menschheit. Dies ist diese Moral, diese überragende und großartige Moral, die für den Rest des Lebens vorhanden ist und die die höfliche Sicht der Zeitgenossen immer als unmoralisch bezeichnet.

Kein Geist wird von diesem Herzen geblendet, kein Weiser, keine Gerechtigkeit! Der Vorwurf der Unmoral wurde nacheinander erhoben und manches davon wurde von allen Gründern der menschlichen Weisheit und allen Erfindern der göttlichen Weisheit zum Märtyrertum erklärt. Dies ist der Name der Moral, die Sokrates den Tod schenkte und die Jesus am Kreuz zerriss …

Wollen Sie jetzt aus dieser höheren Region absteigen, wo wollen Sie, dass Ihr Geist immer erhalten bleibt, um es aus rein industrieller Sicht auszudrücken: die Frage, die Sie untersuchen? Dieser Gesichtspunkt ist für mich durchaus beachtlich, und ich erkläre, dass die Anzahl der Fehler nicht für mich gilt, sondern für die Seite eines geschaffenen Meisterwerks oder eines intellektuellen oder moralischen Fortschritts des Volkes. Allerdings möchte ich diesen Punkt der Frage nicht völlig außer Acht lassen und frage mich, ob der Autoritätsgrundsatz, oder besser gesagt, richtig ist, um großen Unternehmen zum Erfolg zu verhelfen? Nein. Er hat nicht einmal dieses minimale Ergebnis erzielt. Ich habe keine Angst davor, dass die letzten Jahre des letzten Jahrhunderts vorbei sind. Seit über einem Jahr ist es der Autorität vorbehalten, in den wichtigsten Theatern Privilegien und Genre-Unterscheidungen zu wahren. Was war das Ergebnis?

Der Kaiser wird so viel Spielraum haben und viele Theater in Paris haben; was und in welchem Ausmaß die Bevölkerung der Stadt nicht mehr mithalten kann. Durch einen Akt despotischer Autorität unterdrückt er eine Partei dieser Theater, er erschafft die Welt in der Tiefe und bewahrt sie in der Höhe. Voilà, das ist ein Geniestreich. Die letzte Verwaltung der schönen Künste wurde nach oben zurückgeführt und nach unten vervielfacht. Dies allein genügt, um zu beurteilen, ob der große Regierungsgeist dem kleinen Geist folgt. Was haben Sie in den letzten Jahrzehnten unter dieser beklagenswerten Regierung erlebt, die trotz der Erschütterungen der Politik unter allen Innenministern weiterbesteht? Sie müssen nacheinander durchgehen oder alle echten literarischen Szenen ansehen.

Immer wenn ein Theater einige Besonderheiten der Literatur aufzeigt, unternimmt die Verwaltung unermüdliche Anstrengungen, um es in erbärmliche Genres zu versetzen. Ich charakterisiere diese Verabreichung durch ein Wort: Ausgangspunkte für höhere Gedanken; Vervielfachung der Brillengröber! Sind die Probleme oben geschlossen, sind sie offen? Es genügt die Forderung, ein Konzertspektakel, ein Marionetten- und Seiltänzerspektakel aufzuführen, um die Erlaubnis zu erhalten, das Publikum einzukleiden und zu verführen. Die Gattung der Briefe, unter dem Namen der Kunst und der Literatur, wurde von einem Second-Théâtre-Français verlangt, um ihr mit einem Spott zu antworten. auf dass du das Odeon besuchst!

Voilà, ich werde die Verwaltung bitten, mir Bescheid zu sagen. voilà, kommentiere den Grundsatz der Autorität, der seit fünf Jahren gilt: Einerseits umfasst er den Grundsatz des Denkens; von anderen hat es den

Besitzer weiterentwickelt, also die Geheimdienstparteien, also das rein materielle Interesse. Es basiert auf der aktuellen Situation, denn wir haben eine Liste von Theatern, die in keinem Verhältnis zur Pariser Bevölkerung stehen, und es ist aus Fantasien ohne Grund entstanden. Ich werde den Kummer nicht ertragen. Aufgrund dessen haben Sie viel Zeit darauf verwendet, Privilegien zu missbrauchen. Dieses Recherchegenre hat mir irgendwie gefallen. Ich behaupte, dass die Industrie über ein erbärmliches Maß hinaus expandieren muss, um die Entwicklung der Technik zu behindern.

Derzeit findet eine Revolution statt, wer kommt bis dahin? Das ist so, denn in dem Moment, in dem sie triumphiert, beruhen alle diese faktischen Theaterstücke auf der Laune eines Kommissars, von denen einige auf den Schultern der Regierung sitzen. Es ist so, oder lassen wir den Schmerz, das ist eine Katastrophe für eine Menge Unglück, das sie nährt, oder unterhalten wir uns mit großen Gebühren, das ist eine Katastrophe für den Haushalt. Voilà, die Früchte der Systeme basieren auf dem Prinzip der Autorität. Diese Ergebnisse sind alle lang aufgezählt. Es ist für mich kein zufriedenstellender Punkt. Ich spüre die Notwendigkeit, zu einem System zu wechseln, das auf einem anderen Prinzip basiert als diesem.

Oder hier: es gibt keine zwei Lösungen. In dem Moment, in dem Sie sich vom Prinzip der Autorität abwenden, sind Sie gezwungen, vom Prinzip der Freiheit abzuweichen.

Prüfungen, jetzt, die Frage der Theater im Hinblick auf die Freiheit. Ich habe Sehnsucht nach dem Theater der zwei Freiheiten, die in der Luft dieses Jahrhunderts alle zwei sind: Freiheit der Industrie, Freiheit des Denkens.

Gewerbefreiheit ist der Schlüssel zu Privilegien. Gedankenfreiheit, das ist ein direkter Tadelspunkt.

Beginnend im Rahmen der Industriefreiheit. Wollen Sie uns helfen, das System der Freiheit zu organisieren? Hier nehme ich an, ein bisschen; es gibt sie nicht.

Ich bin verpflichtet, zu meinem Abfahrtsort zurückzukehren. Auto, es ist nicht zu übersehen, dass man einen einzigen Augenblick verliert, der große Gedanke dieses Jahrhunderts, die Zellen, die für alle anderen überleben müssen, für alle politischen Formen, die sie beunruhigen, die Zellen, die für alle die Grundlage sein werden. Institutionen der Zukunft, das ist Freiheit. Ich nehme daher an, dass die Freiheit in die Theaterindustrie eindringt, wie sie in alle anderen Industrien eindringt. dann fordere ich sie auf, mit dem Fortschritt der Kunst zufrieden zu sein, und sie bringt die Erneuerung der Menschen zustande. Hier erfahren Sie, wie Sie verstehen, dass die Freiheit der Theaterindustrie verkündet werden muss.

In der Situation, in der es nur um politischen Geist und politische Fragen geht, kann es ohne die Regierung keine Freiheit geben und sie wird nicht von Überwachung und Einflussnahme erfasst. Die Freiheit des Lernens kann, meinem Verstand nach, unter dieser Voraussetzung nicht bestehen. es ist dasselbe wie die Freiheit des Theaters. Der Staat muss sich unbedingt in diese beiden Fragen einmischen, die nicht nur von materiellem Interesse, sondern von moralischem Interesse von höchster Wichtigkeit sind.

Ich weiß, dass ich ein Theaterstück eröffnen werde, nur um es zu hören, unter den gegebenen polizeilichen Auflagen, unter den gegebenen Warnbedingungen und unter den gegebenen Garantien verschiedener Natur. ... Dies ist das Heft mit den Anklagen gegen die Freiheit.

Diese Maße reichen nicht aus. Ich nähere mich ständig der Freiheit der Theater und der Freiheit der Ausbildung an; Das Theater ist einer der Zweige der Volksbildung. Als Verantwortlicher für Moral und Bürgerrechte darf der Staat nicht auf eine negative Rolle verzichten und nach Beachtung einiger Vorsichtsmaßnahmen alles andere unterlassen. Der Staat muss sich an die Grenzen der freien Theater und der regierenden Theater setzen, und dort soll der gesellschaftliche Gedanke seinen Platz finden.

Ich möchte, dass es ein Theater mit der Würde Frankreichs wird, für die berühmten verstorbenen Dichter, die uns geehrt werden. dann ein Theater für lebende Autoren. Er spielt erneut ein Theater für die große Oper und eines für die komische Opéra. Ich unterstütze diese vier Theater großartig.

Die an die Industrie verkauften Theater sind immer zu einer gewissen Sparsamkeit gezwungen. Ein paar Hunderttausend Franken zum Montieren: Es wird zurückgewiesen; Sie, Sie werden es nicht bemerken. Ein großartiger Schauspieler mit hohen Ansprüchen: ein freies Theater, um zu marschieren und das Kapitel zu verlassen. Sie, Sie gehen nicht weiter. Als Talentschöpfer für ein freies Theater erhält er das Autorenrecht: Er gibt ihm das Doppelte. die Arbeit für Sie. Außerdem sind Sie in den Staatstheatern, in den Nationaltheatern, in den besten Stücken, in den besten Komödien und in den schönsten Vorstellungen zu sehen. In derselben Zeit, Sie, der Staat, der nicht spekuliert, und der, wie es sich gehört, bei Vorhandensein eines großen Schatzes an Ruhm und Nützlichkeit, der zu erlangen ist, ist nicht gezwungen, das Silber zu gewinnen, Sie bieten den Leuten diese großartigen Brillen zum bestmöglichen Preis an.

Ich möchte, dass der Mensch des Volkes für seinetwegen auch gut auf dem Parkett sitzt, in einem Veloursstall, dass der Mensch der Welt für seinetwegen auch auf dem Orchester sitzt. Genauso wie ich mir für meine Idee ein großes Theater wünsche, wünsche ich mir für den Vogel einen großen Saal. Auf diese Weise werden Sie in Paris an vier großartigen Treffpunkten, wo die Reichen und die Armen, die Glücklichen und die Unglücklichen, die Pariser und die Provinzler, die Franzosen und die Fremden sich alle Nächte über treffen, in brüderlicher Gemeinschaft. Sie liebte mich und kommunizierte, um so mehr, in der Betrachtung großer Werke des Menschengeistes. Was hat es mit mir auf sich? Die Verbesserung der Bevölkerung und die allgemeine Moralisierung.

Voilà, das sind die Nationaltheater. Wer spielt jetzt in freien Theatern? Sagen Sie mir, dass sie durch eine zufällige Anweisung ausgelöscht werden. Meine Herren, ich respektiere die Freiheit. aber ich regiere und habe das höchste Niveau. Dies liegt in der Freiheit seines Arrangeurs.

Die Schulden der Nationaltheater könnten Ihnen in Rechnung gestellt werden: Dies ist eine unerlaubte Handlung. Ich habe riesige Summen gekostet, antwortete ich. Gut, dass ich es nicht schaffe, zugunsten des Staates Spekulationen anzustellen. Das finanzielle Ergebnis wird für ihn kein Nachteil sein. Diese besonderen Menschen weisen Sie darauf hin, dass der Staat mit diesen Einrichtungen der guten Geschäfte fertig werden müsse. Dann kam dieses einzigartige und glückliche Ergebnis, als mit einem Meisterwerk ein Dichter durch einen Börsengang das nötige Geld für den Wechsel des Maklers erbeutete.

Aber vergessen Sie es nicht, denn bei den talentierten und genialen Menschen, die mich umgarnen, sage ich: „Ich habe nichts anderes übrig, als Ihr Glück zu versuchen und die Kunst zu fördern, Sie zu beschützen. aber noch ein bisschen höher. Ich möchte, dass Sie Meisterstücke machen, wenn das möglich ist, aber ich möchte, dass Sie das Volk aller Klassen verbessern. Bringen Sie der Bevölkerung gesunde Ideen bei; ich möchte, dass Sie Arbeiten Sie nicht an einer bestimmten Linie, die Sie sehen, und die will mir das Beste geben." Dies ist eine Sprache, die die ganze Welt versteht. Mit allem Gewissensgeist bin ich mir immer der Bedeutung meiner Mission bewusst. Sie besitzen ein Theater, das sich dem Bösen widmet und die Ideen der Zivilisation, den Heldenmut, die Hingabe, die Entsagung, die Liebe zum Land, durch die echte Reproduktion, den animierten oder geradezu patriotischen Geist wiedergibt, der die großen Taten der Menschheit verherrlicht. unsere Geschichte.

Und merken Sie sich, wer da ist! Sie kleiden sich nicht nur in Ihren Theatern, sondern auch in Fremden. Kein reicher Mann in Europa würde es schaffen, mit seiner französischen und literarischen Ausbildung zu seinen Theatern zu gehen. Dies wird eine Quelle des Reichtums für Frankreich und Paris sein. Ihre großartigen Subventionen. Sparen Sie, wer zahlt? Europa. Das Silber des Fremden fließt zu Ihnen; Sie werden dem nationalen Ruhm einen Schritt voraus sein, der Ihnen die europäische Bewunderung zurückgibt.

Meine Herren, im Moment sind wir hier, es ist nicht eine einzige Nation, die sich im Besitz literarischer Produkte auf der ganzen Welt befindet, und diese

Nation ist die französische Nation. Sie haben also ein riesiges Monopol, ein Monopol, das das zivilisierte Universum seit hunderten von Jahren innehat. Die Minister, die uns regieren, haben nur einen Gedanken: die französische Literatur ins Innere zu reißen, sie zur Seite zu opfern und sie systematisch in einen königlichen Raum enttarnen zu lassen. Ich bevorzuge im Gegenteil dieses bewundernswerte Monopol unter all seinen Formen und ich revanchiere mich für die gesamte Welt. Ich habe in Paris leuchtende Foyers geschaffen, die alle Nationen erhellen, und nach und nach werden alle Nationen auf Tour gehen.

Das ist nicht alles. Um mein Werk zu verwirklichen, wünsche ich mir besondere Theater für das Volk. diese Theater, sie gehören mir, nicht dem Staat, sondern der Stadt Paris. Dies wird dazu führen, dass Theater zu ihren Gunsten gebaut werden, und zwar mit der Erlaubnis der Stadtverwaltung, sobald es Theater gibt, und mit deren Subventionen sie es bekommen. Ich rufe die Stadttheater an.

Die Stadt Paris ist aufgrund aller Berichte über die Existenz dieser Theater interessant: Sie entwickelt makabre Gefühle und Bildung in den unteren Klassen: Sie trägt dazu bei, in diesem Teil der Bevölkerung Ruhe zu bewahren. es kommt zu einigen Aufständen und tödlichen Ausschreitungen in der Stadt.

Ich habe dies auf eine allgemeinere Weise gesagt, als ich das Plagiat des Kaisers Napoleon beging, ich wiederhole dies, indem ich meine Behauptung über die untergeordneten Klassen der Pariser Bevölkerung aufstelle: das französische Volk, die hauptsächliche Pariser Bevölkerung, ont viel vom athenischen Volk; es war eine Entscheidung, die ihre Fantasie beflügelte. In städtischen Theatern sind vor allem Derivate enthalten, die die gängigen Brühen neutralisieren. Mit ihnen liebte das Pariser Volk weniger graue Broschüren, trank weniger grauen Wein, ging weniger grauenhaften Orten aus und verschwand weniger gewalttätigen Revolutionen.

Das Interesse der Stadt ist offenkundig. Es ist natürlich, dass sie die Früchte dieser Stiftungen ernten. Sie richtet sich an weise und angesehene Autoren, die auf der Bühne elementare Stücke produzieren, die weit über unsere Nationalgeschichte hinausgehen. Sie haben einen Teil dieses vom Cirque verwirklichten Gedankens erlebt. aufgrund eines unerlaubten Verhaltens (EU tort de le laisser fermer).

Die Stadttheater spielen in verschiedenen Vierteln der Hauptstadt und darüber hinaus in den ärmeren Vierteln und in den Vororten.

Unter der Leitung des Staatsoberhaupts gibt es vier Nationaltheater für Frankreich und für Europa. auf Kosten der Stadtverwaltung, vier

Stadttheater für das Volk der Vororte; neben dieser Hochkultur des Staates, den freien Theatern; voilà, mein System.

Für mich ist dieses System die Freiheit, die Größe der Kunst und die Verbesserung der Menschen, die mir nur zwei Dinge bedeuten. Sie wissen, dass dieses Produkt für diese beiden Zwecke verwendet wird. Das System basiert auf Autorität und besteht aus Privilegien und Tadel. Vergleichen und auswählen.

HERR DER PRÄSIDENT – Sie akzeptieren das Regime der Freiheit, aber Sie schaffen für freie Theater einen ziemlich schwierigen Zustand. Sie werden von den Wolken des Staates zerschmettert.

M. VICTOR HUGO. – Die Rolle freier Theater besteht überhaupt nicht mehr in den Staatstheatern. Diese Theater verlieben sich in ihre Freunde. Wenn Sie die Regierung sind, werden Sie einiges davon verraten. Es gelingt Ihnen, bemerkenswerte Werke wiederzuerlangen. die freien Theater bringen ihm seine Werke näher; Sie profitieren von den Fehlern, die Ihnen gemacht werden, und dem öffentlichen Beifall, den Sie in den Sälen hören, werden Sie für die Vorwürfe empfunden und angespornt.

Und dann sage ich: „Freie Theater, die sich bemühen, der Regierung zu gehorchen, werden versuchen, die Mittelmäßigsten zu verkörpern: Sie werden die Fantasie oder die Leidenschaften der Menschen ansprechen, um das Publikum zu schmücken, er spekuliert über Skandale, er brennt gegen Unmoral und er brennt gegen Politik, er spielt extravagante, exzentrische, obszöne Stücke und aristophaneske Komödien." Wenn Sie in all dem den Auserwählten des Verbrechers sehen, dann ist das die erste Entscheidung der Mittelrechtler. das heißt, Sie werden nicht beunruhigt sein. Ich bin einer von denen, die mir seit Februar Unannehmlichkeiten oder Ehre erweisen, damit einer von ihnen im Theater bleibt. Was ist wichtig? ich mag diese insgesamt harmlosen Freuden sehr, die mir in einer Zeitschrift anhand von fünftausend Beispielen den Lärm vor Augen führen, den sie gegen mich verursacht haben.

Als ich auf der Bildfläche erschien, habe ich die ganze Welt für mich behalten. als ich in ein Tagebuch eindrang, widersprach ich den drei Lesern. und dennoch beunruhigt mich die Pressefreiheit nicht. ich habe in den Zeitungen nicht den Punkt erreicht, an dem ich mich täuschen ließ; ich habe nicht einmal einen Brief mit einem Übersetzer geschrieben. Nehmen Sie also an und verstehen Sie die Freiheit des Denkens in all ihren Formen, die Freiheit des Theaters wie die Freiheit der Presse: Dies ist die Luft, die Sie atmen. Seien Sie zufrieden, wenn die freien Theater nicht darauf verzichten, bestimmte Dinge zu erwähnen, die das Gesetz präzisieren könnte, indem sie mit ihren National- und Kommunaltheatern einen edlen und mächtigen Krieg führen. der Sieg wird dich zurückhalten.

M. SCRIBE. – Die allgemeinen Ideen, die M. Victor Hugo hervorbrachte, sind zum Teil meinetwegen. Mir scheint jedoch, dass diese Dinge in einem weniger komplizierten System realisiert werden müssen. Das System von M. Victor Hugo ist doppelt, und seine beiden Parteien scheinen sich zu widersetzen. In diesem System bleiben die meisten Theater privilegiert und die anderen sind frei und es gibt zwei Möglichkeiten: Oder die Theater der Regierung und der Stadt geben nicht auf, dass die offiziellen Teile der Leute nicht geglaubt werden, oder gut, sie werden ihre großen Subventionen an ihre großen Ressourcen weitergeben; In diesen Fällen werden die freien Theater offensichtlich zerstört.

Warum also dürfen wir uns einen Teufel schnappen, der durch seinen Untergang tödlich enden muss? Wenn das Prinzip der Freiheit nicht auf der Höhe der Zeit ist, warum wird es dann auf der Höhe der Zeit gut sein? Ich möchte, und ohne mich an andere Gründe zu erinnern, die mir M. Hugo gegeben hat, werden alle Theater in den Hauptgebäuden der Regierung stattfinden.

M. VICTOR HUGO. – Ich gebe nicht vor, privilegierte Theater nicht einzurichten; In meinem Denken verschwinden die Privilegien. Das Privileg, das die Theater in ihren Bann zog, ist nicht das, was sie geschaffen haben. die wunderbare Freiheit: Sie fungiert als Funktionärin der Theaterindustrie wie für alle anderen. Die Nachfrage reguliert die Produktion. Die Freiheit ist die Grundlage meines gesamten Systems, sie ist frei und vollständig. aber ich schätze die Freiheit für die ganze Welt sowie für den Staat und für den Einzelnen. In meinem System hat der Staat alle Rechte des Einzelnen. er könnte ein Theater mögen, so wie er eine Zeitschrift schreiben könnte; nur, es wünscht sich noch mehr. Ich habe den Staat so bezeichnet, dass er seine Wünsche beherzigt und die kommunale Freiheit nutzt. voilà, alles.

HERR DER PRÄSIDENT: – Erlauben Sie mir, Sie zu Einzelheiten zu befragen? Beachten Sie in Ihrem System das Vorsichtsprinzip?

M. VICTOR HUGO. – Mir ist immer ein Wort dazu eingefallen. ich bin der Verwalter, und deshalb sage ich: ich möchte die Interessen von Menschen, vor allem von Armen und Schwachsinnigen, nicht gefährden, und die Komiker sind im Allgemeinen schwach und arm. Mithilfe des Systems der industriellen Freiheit wird ihm außerdem ein Abenteuer präsentiert, das sagt: „Ich werde einen Ort finden, an dem ich Akteure einbeziehe; wenn ich reagiere, werde ich bezahlen; wenn ich nicht reagiere, werde ich nicht bezahlen." Oder: Das ist es, was mir nicht gefällt. Bitte antworten Sie mit der Warnung. Es handelt sich um eine andere Verwendung: die Zahlung der möglicherweise an die Direktoren geleisteten Zahlungen. Meiner Meinung nach setzt die Freiheit Verantwortung voraus. Deshalb brauche ich eine Warnung.

M. DER PRÄSIDENT.—Auf Vorschlag der Kommission zur Etablierung, in der Hypothese, dass die industrielle Freiheit verkündet werden würde, die Bedingungen, die unter dem Namen der Theater für die Etablierung erforderlich sind, die tatsächlichen Bedingungen: Konstruktionsbedingungen, Größenbedingungen usw.

M. VICTOR HUGO. – Diese Bedingungen sind die Voraussetzungen für die Einrichtung von Theatern.

M. SCRIBE.—Siehe, ich will, dass die Weisen sie durchkreuzen.

M. DER PRÄSIDENT. – Außerdem wird vorgeschlagen, die Mischung aus Theateraufführungen und anderen Branchen zu unterbrechen. beispielsweise die Café-Brille.

M. ALEXANDRE DUMAS. – Dies ist eine Polizeiangelegenheit.

M. LE CONSEILLER DEFRESNE. – Wie werden die subventionierten Theater im System von M. Hugo verwaltet?

M. ALEXANDRE DUMAS. – Ich habe von der Kommission die Erlaubnis zu seinem unmittelbaren Kommentar verlangt, denn mir zufolge muss die Frage entschieden werden. Ich habe etwas mit dem Material zu tun, ich habe die Theater sehr gemocht, sei es als Autor, sei es als Regisseur. Ich habe mich mit großem Eindruck an die Institution der Staatstheater gewöhnt, gemäß dem System von M. Victor Hugo und dem Werk von M. Souvestre.

Ich glaube nicht, dass die von der Regierung geleitete Verwaltung dieser Theater ihm den aktuellen Schutz gewähren würde. Die Gesamtzahl der jährlichen Subventionen beträgt ein Cent oder ein paar Tausend Franken. Dies wird meiner Meinung nach ausreichen, um möglichst vier Theater zu unterstützen, die ich durch staatliche Subventionen unterstützen möchte: das Théâtre-Français, die Opéra-Comique, die italienischen Theater und das Odéon. Ich spreche nicht noch einmal von der Oper. Alle diese Theater sind mit drei bis vier Füßen leicht geöffnet. Jeder kann Dekorations-Mem verwenden. Jetzt sind es schon ihre; Wer hat einer Verwaltung die Möglichkeit, auf die Fragen zu antworten, die er hat. Heute sind die vier Theater im Mittelpunkt der Nation, um diese vier Regierungen unter einer einzigen Regierung wieder zu vereinen. In jedem Theater wurde für alle vier Jahre die Auswahl der Dekorationen getroffen, die für Aufsehen sorgten.

Auf diese Weise werden fünfzigtausend Franken Wirtschaft für einen ausgegeben werden, also ist es so, als würde man die Tücher und das Holz eines Theaters einem anderen zur Verfügung stellen. Ich habe in der Oper nicht gesagt: „Wegen seiner Maschinen muss er gehen." Das Opernhaus ist auf außergewöhnliche Dekorationen angewiesen. Wenn ein Tuch auf der

Bühne steht, kann es nicht mehr gespeichert werden. Le Théâtre-Français beging im Gegenteil etwas. es kostet nichts als eine Zugabe, fünftausend Franken Dekorationen. Es ist eine Größe, die ihm seine Kostüme geschenkt hat, für viertausend Franken pro Person. Sagen Sie es ihm, das Théâtre-Français ist dazu bestimmt, für immer zerstört zu werden. Was man tun muss, um ein Theater zu spielen, ist eines der durchschnittlichen Rezepte. Wenn eine Regierung glaubt, sie verdiene weniger mit dem Repertoire, das das Talent eines Schauspielers ausmacht, als mit schlechten Taten, denn ein Schauspieler kann nicht jeden Tag spielen. In diesem Fall besteht der Schwerpunkt weniger auf der Verwaltung als auf zwei großen Akteuren, und diese wechseln sich ab, um das Publikum täglich zu kleiden.

HERR DER PRÄSIDENT: Was die Kommission verlangt, sind über die Einzelheiten der Art und Weise der Verwaltung der Theater, die vom Staat oder den Städten unterhalten werden.

M. VICTOR HUGO. – Sie fragen mich, was ich in meinem System verwalte, nämlich die subventionierten Theater, die den Nationaltheatern und den Stadttheatern zur Verfügung stehen.

Ich beginne damit, Ihnen zu sagen, was, was passiert, das Ergebnis eines Systems ist immer das, was passiert. Ich fördere also nicht die Perfektion, sondern eine enorme Verbesserung. Um dies zu erreichen, ist es notwendig, mit äußerster Vorsicht die Menschen auszuwählen, die bereit sind, das zu leiten, was sie zu den *Schultheatern schicken*. Angesichts der schlechten Wahl wird die Institution nicht die beste Wahl treffen. die Ankunft kann einige Dinge betreffen, die auf sie zukommen. das Ministerium hat anstelle von Corneille M. Campistron abgeholt; Wenn er etwas Falsches wählt, werden dies die freien Theater sein, die das Falsche korrigieren, und Sie werden also das französische Theater wie das französische Theater verlassen, aber das wird nicht lange dauern.

Ich möchte, hinter den Kulissen der Theater der Regierung, der unabhängigen Direktoren und der anderen, alle vier dem Direktor unterstellt oder dem Kunstministerium unterstellt, und werde, um es noch schlimmer zu machen, unter ihnen zusammenarbeiten. Sie werden von der Regierung gespendet und haben ein gewisses Interesse an den Wohltaten ihrer Theater.

M. MÉLESVILLE.—Wer ist es, der die Direktoren entlässt?

M. VICTOR HUGO. – Der Minister ist für die Ernennung zuständig und wird ihn auch für die Versetzungen sensibilisieren. Es wird für sie wie für die Präfekten sein.

M. MÉLESVILLE. – Ihnen fällt nur eine einzige Stelle ein. Nehmen wir an, es handelt sich um einen ehrenwerten, angesehenen Mann, der die Comédie Française mit Erfolg verwaltet: Ein Minister verlangte ein Stück einer bestimmten politischen Farbe. Der nächste Minister wird dieser politischen Farbe gegenüber positiv eingestellt sein. Der Direktor, der alle seine Verdienste und seine Dienste beklagt, wird sofort abgesetzt.

M. ALEXANDRE DUMAS.—Dies ist eine Gefahr, die allen Beamten droht.

Zur Frage der dramatischen Kritik werden nun folgende Kommentare von Victor Hugo geäußert:

M. VICTOR HUGO. – Das aktuelle System ist abscheulich. Im Prinzip ist es der Staat, der die literarische Freiheit des Theaters aufrechterhält. Der Staat ist jedoch eine Daseinsberechtigung, die Regierung ist seine Verkörperung und sein Vertreter. jedoch hat die Regierung einen anderen Beschluss gefasst, die Theater zu besetzen: Sie ruht auf dem Innenministerium. aber der Innenminister ist eine gut besetzte Person; es wird durch den Direktor der Schönen Künste ersetzt; Der Brief wurde dem Direktor der Schönen Künste überreicht, der ihn an die Zensurstelle weiterleitete.

Bewundern Sie dieses System, das mit dem Staat begann und mit einem Kommissar endete! Wenn dies der Fall ist, streiten Sie sich mit dramatischen Dingen, bei denen ein Zählmeister wie Ludwig XIV. angerufen werden könnte: „Der Staat, das bin ich!“

Die Freiheit des Denkens in einem Tagebuch, Sie respektieren den Beobachter. Sie werden es der Jury anvertrauen. Die Freiheit des Denkens über das Theater, Sie werden mit der Rüge konfrontiert; Ihr Buch ist strafbar!

Und besteht für ihn ein größeres Interesse, das dies entschuldigt? Punkt.

Wie gut ist die Kritik, die auf das Theater angewendet wird, wenn sie seit drei Jahren produziert wird? Verbirgt sich dahinter eine politische Anspielung auf ihren Tagesablauf? Jamais. Im Allgemeinen hat sie sich stark davon überzeugt, dass ihr Instinkt, der das Publikum dazu bringt, aufs Theater zu gehen und die Opposition in Wallung zu bringen, sie beflügelt.

Aus politischer Sicht wird sie Ihnen deshalb nicht keinen Dienst erweisen. Und bringt sie den moralischen Standpunkt auf den Punkt? Kein Vorteil.

Lassen Sie Ihre Souvenirs verschwinden. Sind Theaterstücke überhaupt nur für die Ausbeutung einer bestimmten Seite des Appetits der Wenigsten des Volkes eingerichtet worden? Nein. Aus moralischer Sicht war die Kritik nicht gut für mich. aus politischer Sicht, schön zu wissen. Warum also und glauben Sie es?

Ja, mehr. Da die Zensur den Ruf hat, die öffentlichen Mächte zu schützen, unterwirft sich das Volk seiner eigenen Autorität und seiner eigenen Überwachung. Die freiwilligen Helfer haben sich mit der Theaterlizenz gegen die Verfolgung durch die Zensur ausgesprochen. Also habe ich heute einen Tag in der Nationalversammlung verbracht, der Richter war Mittäter.

Es ist sogar schwierig, Zähluhr zu erstellen, und die Zählung ist ein unmögliches Unterfangen. Diese Funktionen sind schwierig, wenn auch heikel, und für sie ist eine große Verantwortung erforderlich. Ihre notwendige Logik wird von den bedeutendsten Menschen der Literatur ausgeübt. Finden Sie heraus, wer sie akzeptiert? Sie sind nur deshalb irritiert, weil sie die Bedeutung des Vorschlags nicht verstehen. Sie werden sich nicht so ärgern, um sich daran zu erinnern, dass es sich um Menschen ohne persönlichen Wert handelt und dass es sich um Menschen handelt, die das wenig wertschätzen. und dies sind Menschen, über die Sie entscheiden können, wer das ist? Aus der Literatur! Und wer war derjenige? Von der Moral!

Die Anhänger der Kritik widersprechen uns: „Ja, sie wurde bisher schlecht ausgeübt, aber sie kann sich verbessern." Wie kann ich mich verbessern? Auf keinen Fall darf man so handeln wie ein Mittelmäßiger: Man solle die Kritik von angesehenen Persönlichkeiten, Mitgliedern des Instituts, der Nationalversammlung und anderen, die unter dem Namen der Regierung tätig sind, mit einer gewissen Unabhängigkeit ausüben, sagte er. , eine gewisse Autorität und, mit Sicherheit, eine große Ehre. Es gibt keinen kleinen Einwand dagegen, das ist unmöglich …

Sag mir, ich muss mich nicht mit diesem Wort arrangieren: „Das ist sehr edel, das Institut de France, mit diesem Wort, das ist sehr klein, die Kritik!"

Werden Ihnen in Ihrem Mißtrauenskomitee die Mitglieder der Nationalversammlung, die Sie kennen, in diese Versammlung aufgenommen? Aber zunächst einmal hoffe ich, dass die Versammlung alles ablehnt. und dann, wenn sie einverstanden ist, weil sie ein großes Vergehen begangen hat, wird die Mehrheit der Männer, die ihr das schöne Kind geschenkt haben, euch verführen!

Wollen Sie für die Kritik der Kommission die Theaterkommission übernehmen? Es ist ein Element, das unbedingt notwendig sein wird. eh, gut! Dieses Element wird es nie geben. Ich möchte mit dramatischen Autoren sprechen. Das alles weigere ich mich, verzeihen Sie mir. Was wird Ihre Kritikkommission also tun? Dies wäre ein Marine-Auftrag ohne Seeleute.

Schwierigkeiten über Schwierigkeiten. Aber ich nehme an, Ihre Kommission ist zusammengestellt, ja; Funktioniert sie? Punkt. Sie stellen sich vor, ein Volksvertreter, ein Staatsrat, ein Kassationsrat, in den Theatern, und Sie wissen, dass Sie nicht genug davon haben, um den sinnlichen Appetit zu stillen, den hochtrabende Ideen. Helfen Ihnen die Figuren bei den Wiederholungen und lassen Sie die Tänzerinnenkleider länger aussehen? Um nicht über die Kritik am Manuskript zu sprechen, würden Sie dem Autor gegenüber die Unterdrückung eines Fanges oder eines Zaubers darstellen?

Sie schreiben mir: „Dieser Auftrag wird nicht angenommen, wenn er angerufen wird." Von zwei wählt man einen: oder sie versucht, alle Details anzusprechen, die zwischen dem Autor und den unteren Zählwerken schwierig sind, und der Autor wird sich nicht mit den unteren Zählwerken anfreunden: also, man darf nicht das eine Grad; oder gut, sie wird geboren, ohne in die Details einzudringen, sie wird zustimmen oder ihre Genehmigung verweigern: also, die Tyrannei wird größer sein, als sie es nicht ist.

Sagen Sie, Sie verzichten auf die Kritik und akzeptieren die Lösung der Freiheit. Dies ist das Einfachere, das Würdigere und das Sicherste.

Trotz allem Sophismus weiß ich, dass die Freiheit der Presse die Freiheit der Theater nicht einschränken kann. Die Pressefreiheit ist, wie ich Ihnen mitteilte, in einem beträchtlichen Ausmaß vorhanden, alle Unannehmlichkeiten der Theaterfreiheit.

Aber Freiheit bedeutet Verantwortung. Bei allem Missbrauch ist Unterdrückung die Ursache. Für die Presse: Ich habe den Abseilvorgang durchlaufen, Sie haben die Jury; für das Theater, warum nicht?

Der Beistandsgerichtshof? der ordentlichen Gerichte? Unmöglich.

Die Delikatessen, die man vom Theater aus hören kann, sind für alle gleich. Es gibt Leute, die sagen könnten, dass ein Autor freiwillig in einem Stück gegen die Regeln der Kunst schreiben würde. also, die Versprechungen des Schauspielers, diejenigen, die er ergänzend zu den Worten, Gesten oder Stimmmodulationen sagen kann, ein erkennbares Gefühl, das dem Autor nicht eigen ist.

Es sind die Verpflichtungen des Regisseurs, beispielsweise: Nacktvorführungen auf der Bühne; dann die Mängel des Dekorateurs, die sich aus bestimmten gefährlichen oder an einer Dekoration befestigten Emblemen ergeben; viel vom Kostüm, viel vom Friseur ... ja, vom Friseur: ein Toupet kann hergestellt werden; ein Favorit hat *Vautrin verteidigt*. Schließlich sind es die Versprechungen des Publikums: ein Applaus, der ein Vers hervorhebt, ein Hauch, der höher war als der Schauspieler und niedriger als der Autor.

Wie wird Ihre aus guten Bürgern bestehende Jury es schaffen, das zu erreichen?

Wie soll ich das sagen, was ist mit Celui-ci und was ist mit Celui-là? was der Autor tut, was der Komiker tut und was das Publikum tut? Manchmal wird das Delirium ein Lächeln, ein Grinsen und eine Geste sein. Sollen Sie die Juroren für das Spielen ins Theater bringen? Wollen Sie den Parcours im Parterre besteigen?

Nehmen wir an, dass die Jurys im Allgemeinen alle diese Schwierigkeiten trotzen und zu einer wirksamen Unterdrückung gelangen wollen, nur weil sie nicht verstehen, was sie zu bedeuten haben. Befolgen Sie bei Theatervergehen stets die Anweisungen des öffentlichen Ministeriums und verurteilen Sie ihn, ohne etwas zu sagen, in Ihrem Namen? Also, wissen Sie, was Ihnen wirklich passiert ist? Sie werden den Zorn der Tadel erregen, den Tadel der Angst. Die Regisseure zitterten vor den Verhaftungen, die ihn ruinierten, sie vernichteten ihren Gedanken und unterdrücken ihre Freiheit.

Sie befinden sich zwischen zwei unmöglichen Systemen: der vorbeugenden Kritik, die Sie den Organisatoren widersetzt; die unterdrückende Kritik ist nur noch zulässig, sie betrifft jedoch die Mittel des Gemeinschaftsrechts.

Ich werde Ihnen diese doppelte Unmöglichkeit nicht auf eine Weise erklären.

Um zur Lösung zu gelangen, stellen Sie das theoretische System so dar, wie Sie es angegeben haben. Sie haben eine bestimmte Anzahl subventionierter Theater. alle anderen sind Bücher für die Privatwirtschaft. In Paris gibt es vier Theater, die von der Regierung subventioniert werden, und vier von der Stadt.

Der normale Pariser Staat besteht nicht mehr darin, Theater zu besetzen. Über diese Theater wird er wohl unter dem direkten Einfluss der Regierung oder der Stadt stehen. Der Rest wird im Reich der polizeilichen Beschränkungen und anderer Dinge funktionieren, die Ihnen in Ihrem Gesetz der Theaterindustrie auferlegt werden.

Um all diese Theater und Säle der Provinz zu ernähren, wäre die Situation nicht analog, Sie verlassen sich auf die Theaterautorengesellschaft, eine aus drei Hundert Personen bestehende Gesellschaft, und zwar auf eine Gewerkschaft.

Dieses Unternehmen hat das größte Interesse daran, das Theater innerhalb der Grenzen zu halten, wo es bleiben muss, um den Frieden des Staates und die öffentliche Ehrlichkeit nicht zu stören. Diese Gesellschaft hat von Natur aus dieselben Rechte und einen beträchtlichen Disziplinarvorwurf gegenüber ihren Mitgliedern. Ich nehme an, der Staat kennt dieses Unternehmen und weiß, dass sein Instrument funktioniert.

Jedes Jahr wird sie von einem Rat verständigt, einer Jury. Diese Jury, die allgemeines Wahlrecht genießt, besteht aus mehreren Mitgliedern. Sie wird weiterhin, mit Sicherheit, die angesehensten und namhaftesten Persönlichkeiten der Vereinigung sein.

Diese Jury, die Sie der *Jury die Schuld geben,* oder alle anderen Namen, die Sie nennen möchten, werden es Ihnen sagen, also auf die Klage der öffentlichen Autorität, also auf die Zelle der Dramatischen Kommission oder auch auf alle Vergehen des Theaters, die Ihnen auferlegt werden. die Autoren, die Regisseure, die Komiker. Bestehend aus besonderen Menschen, die von einem Familienrichter eingesetzt werden, hüllt er sich in die höchste Autorität, er umfasst vollständig die Materie, er wird schwer unter Druck geraten und der Durst überlagert den Schmerz ins Unermessliche.

Die dramatische Jury beurteilt die Differenzen. es sind die Aufklärungen, die Schuld. es ist die Schuld von zweien, es liegt an der Aussetzung des Werkes und an einer erheblichen Änderung, die möglicherweise, wenn es einem Autor zugefügt wurde, auf die von den Vertretern der Gesellschaft gewährten Autorenrechte gestützt wird.

Wenn ein Autor dreimal betrogen wurde, wird er anstelle der Liste der assoziierten Autoren angezeigt. Diese Ausstrahlung ist ein sehr ernster Schmerz: Sie achtet nicht nur auf die Ehre des Autors, sie achtet auf sein Glück, sie ist darauf angelegt, ihm fast völlige Entbehrung aufgrund seiner Provinzrechte zu ersparen.

Wissen Sie jetzt, wer als dritter Autor an der Drama-Jury teilnimmt? Für mich, ich habe kein Kreuz. Der ganze Autor hat es übersetzt, bevor die Jury es verteidigt. es ist Schuld, es wird durch diese Schuld zutiefst berührt sein, und, seien Sie ruhig, ich kenne den Geist dieser ausgezeichneten und nützlichen Vereinigung, Sie werden keine Rückfälle erleben.

Sie werden also in ihrem Namen, in ihrer Eigenschaft als dramatische Vereinigung, die Wächter des öffentlichen Interesses sein.

Dies ist die einzige Möglichkeit, eine repressive Kritik zu organisieren. Auf diese Weise vereinbaren Sie die beiden Punkte, die das ganze Problem betreffen: das Interesse der Gesellschaft und das Interesse an der Freiheit ...

Außerhalb der Gewerkschaftsfunktionärin für die Ordnung der dramatischen Autoren wird sie von einem Richter begleitet, der das *Publikum vor der Polizei und* der Würde der Darstellung beschützt. dieser Richter wird die Öffentlichkeit sein. Seine Macht ist groß und ernsthaft. Sie wird immer ernster, wenn sie das Gefühl hat, tatsächlich von einer Richtersache aus demselben Grund untersucht zu werden. Dieser Richter hat die Macht des Lebens und des Todes. er könnte das Tuch wegnehmen, und so ist alles klar.

HERR DER PRÄSIDENT: Aber dieser Richter hat nichts zu sagen, die
Mehrheit hat entschieden, die Minderheit hat protestiert und eine Gruppe
von Leuten ist damit beschäftigt, die Frage zu beantworten.

M. SOUVESTRE. – Die Probleme werden seltener, als Sie vielleicht glauben.
Ich habe keine Angst davor, dass das, was in diesen letzten Zeiten aus dem
Vaudeville-Theater ausschied. Und er hat tolle Stücke gefunden, um die
Leidenschaft und den Widerwillen einer Partei der Pariser Bevölkerung zu
wecken. Die Mehrheit der Öffentlichkeit hat sich zu Gunsten dieser Teile
ausgesprochen. die Minderheit ist im Ruhestand und neigt sich weiterhin
dem Urteil der Mehrheit zu. Analoge Taten werden im Maße häufiger
vorkommen, als man es von der Theaterfreiheit gewohnt ist.

HERR BERATER BÉHIC. – Die Organisation der Repressalien, so der
Vorschlag von Herrn Victor Hugo, stellt eine Herausforderung dar, die den
Richter nicht zerreißt. Es kann jedoch sein, dass Mitglieder der Vereinigung
dramatischer Autoren, die nach dem Spielen eines Stücks dabei sind,
mitmachen. M. Victor Hugo schlägt vor, diese oder ähnliche Bedingungen
für die Eingliederung beizubehalten. Welches Unterdrückungssystem wird
dann auf das erste Werk eines Autors angewendet?

M. VICTOR HUGO. – Das System des Gemeinschaftsrechts, wie es für alle
Autoren gilt, die sich nicht an der Seite der Gesellschaft aufhalten, ist die
Unterdrückung durch die Jury.

M. LE CONSEILLER BÉHIC. – Ich habe eine andere, schwerwiegendere
Kritik an der Fairness des Systems von M. Victor Hugo geübt. Alle Personen,
die die festgelegten Bedingungen erfüllen, haben das Recht, sich in die
Anwaltskammer einzutragen. Darüber hinaus können Anwälte nur streiten.
Wenn ein gewisser literarischer Geist in Ihrem Verein vorherrscht, wird er
sich nicht daran hindern, dass seine Autoren von gegenteiligen Ideen
abgelenkt werden, oder dass sie sich nicht weigern, sich an ein feindliches
Gericht zu wenden, und Wird mein Freund es schaffen, draußen zu bleiben?
Riskieren Sie nicht, dies zu sehen, denn trotz der Vereinigung dramatischer
Autoren, einer so großen Zahl von Autoren, wird es ihrem Verband
schwerfallen, die Mission zu verwirklichen, die ihm M. Victor Hugo
zugeschrieben wurde.

M. SCRIBE. – Ich bitte um die Erlaubnis, diesen Einwand mit einigen
Worten zu erheben. Es sind die unabhängigen Geister, die sich weigern, in
unsere Vereinigung einzutreten, und zwar genau in dem Punkt, dass sie eine
Disziplinarmaßnahme ergreifen, sodass sie in keiner Weise gefährdet werden
und die Gefährlichsten ohne Zweifel bleiben.

J'irai plus Lende. Wenn Sie unserer Vereinigung die Eigenschaft zuschreiben,
die er von M. Victor Hugo hatte, ändern Sie die Natur des Vertrags, der uns

einig war und den wir unterzeichnet haben. Oder ich bin davon überzeugt, dass sich aufgrund dieser Veränderung viele unserer Mitbrüder sofort von uns trennen werden: Sie und viele andere, die sich gut verstehen, werden es leichter haben, als ihre gegenseitigen Vereinbarungen es erfordern.

Im Übrigen werde ich im System von M. Victor Hugo mit seinen großen und wahren Ideen gut darin bestehen, im Präventionssystem zu konservieren, nur wer meiner Meinung nach mit einer kleinen Chance auf Erfolg aufgestellt werden kann. Es handelt sich nicht um eine Person, die es wagt, sich in das neue Gesetz einzuführen, das sich nicht mit den Garantien abfinden kann, dass sie nicht schon vorher existierte. Ich schätze die Kritik auf zwei Grad. Hat der Komponist nicht den Auftrag erhalten, namhafte Personen aus verschiedenen Berufen zu berufen, zumindest nicht die Quellen, die unter einer bestimmten Zahl von Dramatikern gefunden wurden, die ihm das Stimmrecht seiner Mitbrüder einbrachten?

Wenn diese Autoren vom Minister und vom Direktor der schönen Künste entworfen wurden, werden sie ohne Zweifel nicht akzeptiert. jedoch, von ihren Mitbrüdern nominiert, akzeptieren sie. Ich habe das Gegenteil bewiesen und kämpfe gegen das Prinzip von M. Souvestre. Die Worte von M. Victor Hugo werden meine Meinung ändern. Diejenigen von uns, die es sicher sind, werden auch nicht glauben, dass sie die Zensurfunktionen richtig anwenden können. Er hat mir die gleiche Ehre erwiesen, denn er hat das Gefühl, sie seien mir vertraut, nicht um sie zu unterdrücken, sondern um die dramatischen Autoren zu beschützen und zu verteidigen.

M. VICTOR HUGO. – Person, die das nicht akzeptiert. Dramatische Autoren sind nicht bereit, repressive Kritik auszuüben, obwohl dies eine Angelegenheit der Justiz ist. Sie weigern sich, eine Vorsorgemaßnahme zu ergreifen, es sei denn, es handelt sich um eine Polizeibehörde.

Ich habe diese Motive hier an allen Punkten des Geschehens gesehen, sodass ich die vorbeugende Kritik zurückweisen würde. ich habe nichts rezensiert.

Jetzt bin ich zu diesem Einwand gekommen, dass M. Béhic meinte und dass M. Scribe ihn ansprach. Mir ist klar, dass es eine große Zahl dramatischer Autoren geben wird , die aus verschiedenen Gründen außerhalb der Corporation handeln, und dass dies, obwohl ich es nicht tun werde, verloren gehen wird.

Dieses Problem ist schwerwiegend. Ich versuche nicht, den Wendepunkt zu bestimmen; ich habe die Grenze freigelassen und meinen ganzen Gedanken freien Lauf gelassen. Um die Reform umzusetzen, muss sie rigoros durchgesetzt werden und der Freiheitsgeist muss dem Geist der Regierung weichen. Warum möchten Sie, dass der Staat, da er eine beträchtliche Freiheit gewährt, den Menschen, die diese Freiheit genießen möchten, keine

Bedingungen auferlegt? Der Staat sagte: „Jeder, der ein Stück auf einem französischen Theaterstück aufführen möchte, um es ohne Kritik aufführen zu können, muss jedoch Mitglied der Theaterautorenvereinigung sein." Auf diese Weise bleiben die Personen nicht außerhalb der Gesellschaft: Personen, nicht einmal die neuen Autoren, brauchen nur für den Eintritt in die Gesellschaft die Zusammensetzung und nicht die Darstellung eines oder mehrerer Stücke.

Die Zeit hier hat mir gefehlt, damit ich immer weiter nachdenke. ich habe es noch bei einer anderen Gelegenheit erledigt. Ich möchte, dass die Organisation eine Organisation gründet, nicht nur für alle dramatischen Autoren, sondern auch für alle Schriftsteller. Alle Pressevergehen münden in der Unterdrückung durch die Urteile der Ehrengerichte des Unternehmens. Wurde die Wirkungslosigkeit der Unterdrückung durch die Gerichtsverfahren nicht jeden Tag geäußert?

Jeder, der etwas geschrieben und veröffentlicht hat, muss in der Leserschaft unbedingt enthalten sein. An der Stelle der Anarchie, die immer noch unter uns existiert, erlangen Sie eine Autorität. Diese Autorität dient der Bewahrung der Herrlichkeit und der Ruhe des Landes.

Keine Tyrannei in diesem System: der Organisation. Ihm bleibt die volle Freiheit der Äußerung seines Gedankens, selbst wenn er unter einer Voraussetzung der Garantie steht, dass er sich jedermanns Sache annehmen kann.

Die Ideen, die ich zum Ausdruck bringen wollte, waren alle meine Ängste. aber ich dachte gleichzeitig, sie seien nicht noch einmal schwanger. Ihr Tag war wie damals; ich habe Angst vor meinem Teil. Ich sehe die Gläser vor mir: Ich bin derjenige, der ohne Ungeduld die Zusammenarbeit der Zeit akzeptiert.

M. ÉMILE SOUVESTRE. – Vor der Ankunft von M. Victor Hugo in seinem Auftrag, und ohne die Mittel zu kennen, die für die Organisation der repressiven Kritik erforderlich sind, habe ich einige Ideen analog zu Zellen, die vom Entwickler. Diese glückliche Begegnung ist für mich ein neues und mächtiges Motiv, nicht zu sehen, wo ich hingehe: Ich denke, sie hat die Kommission überwältigt.

Ich füge hinzu, was mir nicht gegönnt war, ein Disziplinargericht für literarische Gattungen oder dramatische Autoren einzurichten, wie es das Wort M. Scribe vorsieht. Mit unserer unvollkommenen Organisation haben die Büros dieser Gesellschaften jedoch sehr wohl Schiedssprüche erlassen, da die Parteien sehr freiwillig waren. Es ist bereits ein Rechtskraftwechsel erfolgt.

M. LE CONSEILLER DEFRESNE. – Was M. Victor Hugo und M. Souvestre forderten, ist die Einrichtung einer juristischen oder literarischen Fakultät. Das habe ich den Schuldigen nicht zu verdanken. Die Institution, die diese Forderungen stellt, ist eine große und nützliche Institution. aber wie Sie denken, ich dachte, es sei für eine längere oder längere Zeit nicht mehr nötig.

M. VICTOR HUGO. – Die Zukunftsvisionen werden nicht auf das hinauslaufen, was unsere Väter gesehen haben. Die Bindung der Mitglieder erfolgte auf Grundlage des Autoritätsprinzips und dient der Unterstützung und Organisation. Zukunftsvereinigungen organisieren und fördern die Freiheit.

Ich möchte das Organisationsgesetz für Gruppen von Einzelpersonen zerstören sehen, um diesen Vereinen beim wahren Fortschritt der Freiheit zu helfen. Die Freiheit wird diesen Vereinen verweigert und im ganzen Land verbreitet. Es strahlt Lernfreiheit aus, mit starken Bedingungen, die denen auferlegt werden, die es lernen möchten. Ich verstehe die Freiheit des Unterrichts nicht so, wie ich sie an die Katholiken appelliere: Freiheit des Wortes mit den von den Gerichten auferlegten Bedingungen, Freiheit des Theaters mit analogen Bedingungen. voilà, wie ich die Lösung des Problems verstehe

Ich habe ein Detail hinzugefügt, das die Ideen vervollständigt, die ich bei der Organisation des Freiheitstheaters entwickelt habe. Diese Organisation kann nicht ernsthaft in Gang kommen, wenn eine Reform der obersten Verwaltung nur auf eine Weise durchgeführt wird, die dem Schutz dient, den der Staat den schönen Künsten und den Schöpfungen der Intelligenz zukommen lässt. und, dies ist die Hauptsache, ich habe nicht das Gefühl, dass dies von einem Direktor, sondern von einem Minister kommt. Der Geheimdienstpilot weiß nicht, ob er zu weit oben steht. Passen Sie auf, wann es das Chaos ist!

Der Justizminister an die Nationale Druckerei; das Innenministerium, die Theater, die Museen; der Minister für öffentliche Bildung, die Gelehrtengesellschaften; der Kultusminister, die Kirchen; das Ministerium für öffentliche Arbeiten, die großen nationalen Bauvorhaben. Alles das muss wiedervereinigt sein.

Ein gleicher Geist muss dieses gesamte System in einem umfassenden System koordinieren und zum Scheitern bringen. Was könnten jedoch all diese unterschiedlichen Gedanken sein, die jeden von ihnen ermüden? Also, was soll man tun, ist, den tatsächlichen Fortschritt zu unterdrücken.

Dies ist nicht der Punkt der Utopien, der Träume. Der eigentliche Organisator. Die Autorität, die von außen organisiert wird, ist schlecht, denn sie ist wahrhaftig gut, sie kann nur von ihr ausgehen. Die Freiheit ist entstellt und der Verlust ist vergeblich. Die Freiheit ist ein zweites Prinzip. aber um das zu produzieren, was sie produzieren kann und muss, ist es der Veranstalter.

Organisieren Sie sich also im Sinne der Freiheit und nicht im Sinne der Autorität. Sie ist immer noch notwendig, ihre Freiheit. Warum, meine Damen und Herren, werden Sie ausgelacht? Wir genießen seit sechs Monaten die Freiheit des Theaters. Welche große Gefahr droht ihr in Frankreich?

Und dennoch existiert es weiterhin, ohne dass ich hinter den Garantien zurückbleibe, die ich gewähren möchte. Es handelt sich um die Teile, die die Beschwerdeführer angerufen haben. speichern Sie das, was in diesem Ergebnis enthalten ist? Das ist so, als ob viele Leute, die vor diesen Stücken nicht republikanisch waren, danach sterben würden. Viele Freiheitsfreunde wollten die Republik nicht, manche glaubten, dass diese Regierung in ihrer Natur Intoleranz übte. Diese Menschen werden sich mit der Republik versöhnen. Heute haben sie die Möglichkeit, ihre Meinung frei zu äußern und sich zu verstellen. Sie ist eine gute Prinzessin. mot. Tel.: +49 6222 999-0, Fax: +49 6222 999-10, E-Mail: info@sig.com. Die Republik ist ihren Unterstützern Ehre erwiesen worden.

Warten Sie, bis er ankommt! die Reaktion gegen die Reaktion beginnt. Zuletzt wurde mir ein Ultra-Reaktionsstück präsentiert: Sie ist verschwunden! Und in diesem Moment werden Sie anfangen, Ihnen unrechtmäßig eine Rüge zu erteilen! Sie werden sofort den oppositionellen Geist zum Ausdruck bringen, der im Kern der nationalen Identität steckt!

Was für die Politik passé ist, ist auch für die Moral passé. Tatsächlich wird es seit über einem Jahr gespielt, weniger als die Hälfte des Dekolletés, die es unter dem Einfluss der Kritik nicht gewöhnlich spielt. Das Publikum sagt, das Theater sei frei. es ist schwieriger. Voilà, die Situation des öffentlichen Geistes. Warum also nicht, dass das, was man als richtig empfindet, gut klappt?

Lassen Sie die Kritik los und organisieren Sie sie. aber ich wiederhole es, organisiere die Freiheit!

[Das Folgende steht vor dem Brief an MS Henry Berthoud in der Pariser Ausgabe der *Souvenirs* von 1854.]

Wir haben alles textlich festgehalten, was wir im *Musée des Familles verfolgen werden*

Literaturgeschichte und Dramatik des 19. Jahrhunderts.
Tour de Nesle. -M. ALEX. DUMAS—M. GAILLARDET—M. JULES
JANIN—M. HAREL—M. BARBA

Ein einziger Satz, der im Umfeld eines vom *Musée des Familles veröffentlichten Artikels* gesprochen wird, besagt, dass es in den traurigen Debatten, in denen das wahre Gesetz, unser Unparteilichkeitsgeist, uns daran hindere, ihn zu reproduzieren, keine Rolle spiele. Wenn wir uns bereit erklärt haben, dies auch nur annähernd zu tun, bleibt dieser literarischen Brut nur noch ein Begriff, nämlich dieses wahre dramatische Handgemenge in dem es keine einzige Figur gibt. Der Autor in Mode vergisst das Lob, das er seinem Namen gibt, der unbekannte Autor vergisst das Interesse, das jeden jungen Mann zu seinem Debüt in einer schwierigen Karriere inspiriert, der Regisseur des Theaters vergisst seine gewohnten Kombinationen für faire paye au parterre ses victories dramatiques,—der éditeur théâtral courandant la valeur litéraire du drame moderne,—und schließlich, schließlich der ehrwürdige Feuilletonist der *Debatten* , celui dont deux seules initials sont la terre de vaudevillists et qui justà qu'à très avait Spiel mit dem Privileg der Angriffsmacht ohne Replik. In diesem Stück, das abseits der Bühne und in den Spalten des *Zwei-Personen-Journals abläuft* , werden alle Rollen gespielt, alle Charaktere werden perfekt entwickelt, einiges ist verwirrend, was die Handlung beeinträchtigt, und einiges ist verloren in Noten und Stücken, was soient die Seiten du rezitieren.

Eine einzige Hoffnung lässt das Bedauern wach werden, dass wir einer so traurigen Offenbarung der literarischen Meister unserer Epoche die Dienste der Organe zukommen lassen. Die immense Werbung, die sie für das *Familienmuseum macht* , wir sehen diese jungen Männer, die von ihrer Fantasie getäuscht werden, die versuchen, ihre Provinz, ihre Familie, ihr Foyer, ihren bescheidenen und lukrativen Beruf aufzugeben, für sie Tauschen Sie den Ruhm und die Schönheit des literarischen und künstlerischen Lebens von Paris aus. Was den Herrn betrifft, ist dies Ruhm, was ist dieses Gut!—

[Die folgende zusätzliche Passage findet sich in der Pariser Ausgabe der *Souvenirs,* Band IV, 1854.]

Gehorsam und *Ungehorsam* steht , und dass Gehorsam vom Standpunkt des Kriegsrechts aus seine Pflicht ist, Ungehorsam hingegen Schande bedeutet. Die Soldaten hatten ihre Pflicht nur erfüllt, indem sie gehorchten. Intelligente Männer verstehen diesen Unterschied vollkommen; aber die Massen fassen den Stahl und den Arm, der ihn schwingt, unter demselben Fluch zusammen.

[Aus der Pariser Ausgabe der *Souvenirs,* Band IV, 1854.]

Ist es nicht seltsam, dass Karl X., ein Exilant in England, sich weiterhin als König *von Gottes Gnaden bezeichnet* ? Man erinnert sich an den armen Maurer, der von der Spitze einer Leiter fiel und zu dem ein Passant, als er sich mit nur einem gebrochenen Bein wieder aufrappelte, sagte:

„Ach, mein Freund, die Vorsehung war sehr gnädig mit Dir!"

„Für mich! – Er hätte mir die fehlende Sprosse der Leiter schenken können."

Doch kehren wir zu unserer Proklamation zurück.

[Bericht vom 2. Dezember 1831.]

Nr. 1034.

Die gewissenhaftesten Angaben wurden M. Véret und den in der Notiz aufgeführten Personen mitgeteilt, dass die Nummer nicht identisch sei.

M. Véret hat vor fünf Tagen eine kleine Reise hinter sich gebracht. Wo ist er, der die Söhne eines Freundes begleitet hat, der mir nach seiner Ankunft das Leid schmerzt, ein paar Tage später zu trauern.

Am 25. dieses Monats kam ich in Monceau (Park) an, wo ich mich einloggte, und fand MM. Teulon, Abgeordneter des Gard, und Augier, Anwalt, der gerade Venus zum Abendessen bei Madame Véret aufforderte. es bleibt nicht bei diesen beiden Herren Fremden. Es ist, als wäre es getan, und es ist nicht so, als hätte man einmal im Monat ein Viertel der Zeit dafür ausgegeben. Am 26. Morgen war Madame Véret die ganze Nacht mit Baden beschäftigt und zog nach Mittag ihre Wäsche an und verließ den Park nicht den ganzen Tag. am Sonntag, den 27., geht sie jedoch eine halbe Stunde mit einem Elternteil von M. Véret spazieren. ich ignoriere, welche Objekte sie betreffen.

Was ihn mit Sicherheit ausmacht, ist, dass M. Véret, der den Geist trägt, der Mensch der Welt sein könnte, der sich politisch weniger wohl fühlt, und dass er sich nicht mit anderen beschäftigt.

Der Ehrengast kann auch wie üblich im Haus von M. Véret einen Kommentar abgeben: MM. Crémieux, Madier de Montjau, Augier, Geschlecht von Pigault-Lebrun, und Oudard, Sekretär der Gebote der Königin.

Der Präfekt, der das Haus von Herrn Véret befehligte, und dieser, sagte, muss Herr Thibault kennen, und nicht Herr Thiébault, Arzt, Rue de Provence 56, der nicht Herr Graf von Zellen, die in einer vergangenen Epoche Präfekt in Amsterdam waren, ohne M. Véret und Polizeikommissar? Herr Graf von Celles, seit langer Zeit mit dem Ruhm des Königs geehrt, hat er den Mut, in Opposition zur Regierung des Königs Louis-Philippe zu stehen? Ich kann behaupten, dass dies nicht der Fall ist.

Die Verbindung von M. Véret mit MM. Teulon, Abgeordneter des Gard; Augier, Rechtsanwalt; Rousselle und Madier de Montjau sowie M. Detrée, rue Planche-Mibray, Nr. 3, aus dem Jahr 1815, als M. Véret, damals Polizeikommissar in Nîmes, im gemeinsamen Einvernehmen die Gegner waren. mit der Energie der Massaker, die in dieser Stadt stattfinden. Dies ist noch einmal der Fall, weil sie den berühmten Protest von M. Madier de Montjau würdigten, der es für angebracht hielt, vor dem Königshof von Paris gerügt zu werden.

M. Thibault, Hausarzt, rue de Provence, Nr. 56, ist der Freund und Arzt von M. Véret und seiner Familie, und aufgrund dieser doppelten Qualität ist er bei der Familie Véret, aber selten ohne und wurde aufgerufen. Ich habe in einem früheren Bericht ein Konto eröffnet, das die Meinung dieses jungen Mannes widerspiegelt, der sich frei und selbstbewusst ausdrückt, aber ich bin mir sicher, dass ich nicht in der Lage bin, Regierung des Königs Louis-Philippe, kein Minister; dieser junge Mann, der Talent hat, wird nach den besten Kapitalgesellschaften gesucht und hat sogar sehr gegensätzliche Meinungen. es scheint, als hätte ich das gesagt, an eine angesehene Familie; ein Großvikar von Lisieux ist sein Onkel.

M. Alexandre Dumas, wohnhaft in der Rue Sainte-Lazare, in einem von den Engländern gemieteten Haus, ist in vollem Umfang ein Republikaner mit der vollen Akzeptanz des Wortes. Es wurde vor der Julirevolution im Haus von M. le Duc d'Orléans beschäftigt. Es bleiben noch ein paar Minuten übrig; aber schließlich wollte ich König Louis-Philippe nicht die Treue schwören, er würde seinen Dienst aufgeben. Während der ganzen Zeit, in der er im Haus von Monseigneur le Duc d'Orléans arbeitete, besuchte er häufig das Haus von M. Véret. aber er kann es ohne Angst vor Demenz behaupten, denn in dieser Zeit war er nicht mehr einer bei ihm.

M. Detrée ist seit sieben oder mehr Jahren Eigentümer des Anwesens in der Rue Planche-Mibray Nr. 3 und beherbergt ein Lotteriebüro. er war einst Oberchirurg bei den Streitkräften. Dieser Mann genießt den Ruf eines guten Menschen und erfüllt die Grundsätze der aktuellen Regierung. Unter der Regierung droht ihm, bonapartistisch zu sein. aber man könnte meinen, das sei ein Mensch, dem kaum etwas fehlt. Ich habe es seit dieser Zeit erlebt, als ich mit M. Véret befreundet war.

M. Rousselle, Mann des Rechts, Freund von M. Véret, lebt seit über einem Jahr in der Rue de la Coutellerie Nr. 10, wo er ein Geschäftszimmer und eine zahlreiche Kundschaft hat. er wird in seinem Viertel sehr geschätzt, für seinen Ruf, viel Geist zu haben, und für die Julirevolution mit Vergnügen. seit dieser Zeit ist er Teil der Nationalgarde und wird alles, was er verlangt, genau wiedergeben. Seine Meinung ist, dass es immer sehr gemäßigt war, und, wer auch immer der Freund der Familie Véret ist, er wird nie wieder nach Hause kommen.

M. Augier, Sohn von M. Pigault-Lebrun, genießt den Ruf eines angesehenen Anwalts, eng verbunden mit M. Véret und M. Teulon, Abgeordneter des Gard, genießt allgemeines Ansehen und auf diese Weise „Ich bin überzeugt, großer Anhänger des Königs Louis-Philippe."

Monsieur Puget, geboren im Recht in Nîmes, ist der Sohn eines Freundes von Monsieur Véret, und das ist nicht die Eigenschaft, die er ihm zuteil werden lässt, und das kann ich nur hoffen. dieser junge Mann wohnt seit zwanzig Monaten im Garni, Rue Hautefeuille Nr. 11, wo er auf seine Bequemlichkeit und seine gute Verbindung geschätzt wird. Seit dem 1. November befindet es sich in der Rue des Fossés-Saint-Germain-des-Prés Nr. 9, wo es sich in einer Pension befindet, und wird nie wieder politische Gespräche verstehen.

Siegerin Bluret wohnt seit fünf Tagen in der Rue Jacob Nr. 6. man sagt nie, wo die Würde des Herrn liegt: Er nimmt die menschliche Qualität der Briefe an und hat nie Freude daran. Das ist seine Meinung, denn er weiß nichts, er weiß nichts von Personen zu Hause, noch in der Gegend.

Sieger Zacharie wohnt seit über einem Jahr in der Rue de Bussy Nr. 30. Zuvor wurde in einer Kesselfabrik in Lyon gearbeitet. Ich freue mich, dass dieser Zustand in Paris vorteilhafter ist, und zwar mit seiner Frau, und das steht fest. jedoch war er ohne Arbeit und fand in der Notlage den Schutz des Hauses des Königs wieder. Seit einiger Zeit ist es mit dem Bau der neuen Brücke gegenüber von Saints-Pères beschäftigt. Dieser Mann hat keine Meinung und genießt, was ihm nicht gefällt, den Ruf eines ehrlichen Mannes.

Siegerin Riverand wohnt seit zwei Monaten in der Rue Saint-Martin Nr. 222. Ich sage Ihnen nie, wo die Würde des Herrn liegt, und ich werde drei Monate warten, bis ich diese Wohnung für immer verlassen habe, genauer gesagt, in die Mail-Rue. aber alle Recherchen zum Finden sind unbrauchbar. Ich ließ diese Rue Saint-Martin hinter mir, aus dem Grund, warum sie ihr neues Zuhause verbarg. Was ist der Grund dafür, dass es in seinem alten Zuhause in der Rue Saint-Martin weder gut noch schlecht war? nur, um zu sagen, dass es nicht glücklich war.

Nach den Erwähnungen, die ich von M. Véret erhalten habe, werde ich behaupten, dass er die Wertschätzung aller guten Leute genießt, die ihm im Haus des Königs zuteil werden. aber es ist nicht so, dass es einige Feinde gibt, die dem Favoriten vielleicht zuwiderlaufen, und wenn einige Wörter an einige Personen weitergegeben werden, kann es gut sein, dass der Marquis von Estrada sich für einige Leute entscheidet. in den Erklärungen gegen M. Véret.

Signiert: BINET

[Aus der Pariser Ausgabe der *Souvenirs,* Band 5, 1855.]

Ich erwachte in Montereau. Ich beschloss, an jedem geschichtsträchtigen Ort Halt zu machen. Ich begann in Montereau, das für zwei Ereignisse berühmt ist, eines im Mittelalter und eines in der Neuzeit. Jean-sans-peur wurde dort ermordet und Napoleon dort eine Schlacht gewonnen.

[Aus der Pariser Ausgabe der *Souvenirs* , Band VI, 1855.]

Diese drei Tage gastfreundlicher Unterhaltung haben bei mir eine so angenehme Erinnerung hinterlassen, dass sie die verschiedenen Episoden, die ich über diese entzückende Prinzessin und die anderen Mitglieder ihrer Familie zu erzählen habe, leicht erklären werden.

[Aus der Pariser Ausgabe von *Souvenirs* , Band VII, 1855.]

Aber mein Leser wird dadurch nichts verlieren, denn ich kenne diese Zeilen auswendig und werde sie wiederholen:

„Dieser alte Mann ist übel zugerichtet!"

Dies ist das zweite Mal, dass Triboulet diesen Halbsatz wiederholt. Man sieht deutlich, dass Victor Hugo zweifellos Recht hatte.

„Denken Sie daran, dass ich geredet habe, denken Sie daran, dass ich geschrien habe: Oh, das ist ärgerlich, Diener! Ich schlage meine Schmerzen! Oh, ja, ich bin infam! Ich spreche es aus, aber ich habe den Mächtigen in den Arm genommen. ärgerlich!"

Was zum Teufel! Sie sehen deutlich, mein gelehrter Kritiker, dass Sie diesmal im Unrecht sind und dass der erste Akt mit dem zweiten zusammenhängt.

"Ach! Die Natur und die Menschen sind tot.
Gut gelaunt, gut grausam und gut gelaunt mit Gewalt! O Wut! Sei gefräßig!
O Wut! Sei anders! Immer dieser Gedanke! Und was sich verhüllt, was sich
verhüllt, Wenn die Welt dich erschüttert, wirst du sterben. Ich bin tot!
Nicht gewollt, nicht gemächtig, nicht gewagt und nicht gelacht. Was du
ertragen musst! ... Was an Schande und Elend überhand nimmt! Was! Das
sind die Soldaten, die von der Truppe gequält werden. Das ist der Grund,
warum sie betrogen wurden! Das, was nach allem ruht, bis Mendiant
d'Espagne,Die Sklavin nach Tunis, in ihrer Gewalt,Jedem Mann, hier unten,
der atmet und sich rächt,Das Recht, nicht zu brennen und sich zu erfreuen,
wenn es so weit ist.Ich habe es nicht geschafft! O Gott! Traurig und von
mauvaiser Laune,Einsam in einem Körper, wo ich mich schlecht

fühle,Alles, was ich von meinem Unterschied halte,Schwermut aller Kraft und aller Schönheit,Umgeben von Glanzstücken, die mich düsterer machen,Verliebt, grell und einsam, wenn ich ein bisschen Schatten brauche,Wenn ich einen Moment lang aufatmen und mich beruhigen möchteMein Herz brennt und strahlt. Vergnügung, Mein Meister hat immer überlebt, mein fröhlicher Meister, Wer immer stark ist, liebt Frauen, ist zufrieden mit dem Leben, Eine Macht des Glücks begräbt den Grabstein, Wenn du jung und schön bist und König von Frankreich und schön, Ich muss mit dem Fuß in den Schatten treten, in dem ich sitze, Und ich sage es dir in der Luft: Bouffon! Sag mir, warum nicht! O armer Kerl, der die Nerven behält! – Das ist ein Mann nach allen Seiten! Eh Bien! die Leidenschaft, um die es in mir geht, die Rachen, die Goldschmiede, die hohe Schmiede, Neid und Wut lassen nicht zu, dass es nur so wimmelt, die ewige Rechnung dieser affektierten Dinge, alle diese schwarzen Gefühle bringen ihm sein Herz zum Leuchten, auf ein Zeichen des Meisters hin, in ihm selbst die Flammen, und, weil er sich in Rage versetzt fühlte, war er in Freude versunken! Verworfenheit! es geht, oder sie lässt es zu, oder sie hilft. Immer schickt er den Sohn, der ihm den Fuß ermüdet. – Abschied von allen! – Allen Männern die Demut. Oder gut, das ist eine Frau, eine hübsche Frau, halbnackt und charmant, und es wird ihm nicht gut gehen. Wer auf seinem Bett wie ein Hund spielt! – Also, meine schönen Herren, meine edlen Männer. Oh! wie es dir gefällt! Was sind unsere Feinde! Wie Sie vielleicht glauben, werden Sie Ihren Verstorbenen etwas wert sein! Wie Sie vielleicht glauben, werden Sie verzweifelte Gegenschläge finden! Es ist der schwarze Dämon, der dem Meister rät. Ihr Glück, meine Herren, hat nicht die Zeit der Natur überdauert. Und nun sagen Sie mir, dass er in seinen Nägeln sagen könnte: „Was für ein schönes Leben, das ist das Glück!“ – „Das müssen Sie glauben!“ Oh Schmerz! ist dieses Leben? Lass den Wein aus deinem Fleisch fließen, damit nichts anderes passiert. Wenn etwas guter Instinkt in dir keimt, dann lösche es aus. Lass den Geist, der dich denken lässt, in alle Richtungen gehen, durchquere jeden Tag wie ein verrückter Geist. Die Feste, die du für dich hast, sind nichts als Ironie. Zerstöre das Glück des Tages aus Langeweile. Lass den Ehrgeiz, der durch menschliches Verderben zerstört wird, und gegen alle, egal, was deine Herausforderung ist. Trage jeden Tag in dir, lass alle aus, was du willst. Und hüte und verstecke es unter einem glühenden Rauch. Ein alter Hase liebt, aus dem Herzen strömt! Oh! mir ist übel!"

Sicherlich haben Vergil und seine Begleiter, als sie den siebten Kreis der Hölle besuchten (lesen Sie die *Göttliche Komödie*) , nie einen traurigeren oder bittereren Schrei der Verzweiflung gehört.

Als nächstes analysiert der Kritiker die dritte Szene.

[Aus der Pariser Ausgabe von *Souvenirs* , Band VII, 1855.]

Aber hier ist das Stück, gegen das die Regierung zahlreiche Einwände erheben möchte! Hier werden Unmoral und Obszönität bloßgestellt. Wie schade! Die Macht hatte ihre verborgenen Gründe (die wir gleich enthüllen werden), so viele Vorurteile wie möglich gegen *le Roi s'amuse zu schüren* . Sie hätte es gern gesehen, wenn das Publikum das Stück ohne Anhörung unter der Begründung eines eingebildeten Unrechts erstickt hätte, so wie Othello Desdemona erstickt hat – EHRLICHER JAGO!

[Aus der Pariser Ausgabe der *Souvenirs*, Band VII, 1855.]

Hören Sie:—

„Das ist gut für ihn! – Aber, Welt, betrachte mich,
Ceci, das ist ein Kopfgeld, und Ceci, das ist ein König! Und dieser König! Der Erste von allen! Der höchste König! Ich werde unter meinen Füßen sein, ich werde sie tragen, das ist er selbst. Die Seine für den Grab, und dieser Sack für den Linceul, Wer hat das getan! Gut, ja, das ist ein Eins. Ich werde mir den Sieg nicht gefallen lassen, und die Leute werden sich weigern, ihren Wunsch zu erfüllen. Wer wird den Weg sehen? Was für eine lange Zeit! Vergesst die Nationen, bei einer einzigen Veranstaltung! Werdet ihr hier sein, wie ihr uns wisst. im Jenseits!Eine der höchsten menschlichen Majestäten.Was, François de Valois, dieser Prinz im Feuerherzen?Rivale von Charles-Quint, ein König von Frankreich, ein Gott.—In der Ewigkeit, vorn—ein Ganovenmeister.Lass die Mauerbasen nicht verglühen.Der Mann von Marignan, er hier, jede Nacht.Lass die Bataillons einen im anderen mit großem Lärm erzittern.Und hier, an diesem Weintag, die Hauptsongs mit zitternden Klängen.Verwende nicht mehr als einen Satz dreier großer Degen.Dieser König! des Universums durch seine strahlende Glorie.Gott! Als ob er bald kommen würde. auf einmal! Immer mit der Ruhe, mit all seiner Kraft, Mit seinem Namen, seinem Gerücht und seinem Ruf, der Weihrauch sprüht, Immer mit der Ruhe, wie es ein böses Kind erlebt hat, Eine Nacht, in der es brennt, durch einen Unbekannten! Was! Dieser Hof, dieses Jahrhundert und diese Herrschaft – rauchend! Dieser König, der in ein entflammtes Feuer schwebt! – Erstarrt, verweht, zerstreut sich in der Luft! Erscheint, verschwindet – wie eines dieser Lichter! Und möglicherweise brauchen Sie unnütze Schreie.
Sie stiegen auf und wurden von den Städten zerrissen. Und sie rief im Vorbeigehen aus verlorener Überraschung: – Wer den verlorenen Franz zurückholt, der Erste! – Das ist wunderbar! – Mein Mädchen, das ist mein armer Diener. Ich werde dich bestrafen, und du wirst mich rächen! Oh! was ich brauchte, war sein Lied! Ein bisschen Gold, und das bin ich! Scélérat, kann ich dich noch verstehen? Mein Mädchen, das mehr wert ist als alles

andere, mein Mädchen, dem nichts Böses an den Menschen lag, das willst du mir wünschen und preisen! Gib mir die Ehre mit dem Sohn – und das Unglück, schade! Und gut! das, meinst du? Jetzt ist es seltsam. Ja, das bin ich, der ich bin, der auferstanden ist und der mich rächen wird! Weil ich so tue, als ob ich alles vergessen hätte. Du wirst mich ertragen! – Du wirst also sterben, bedauere! Der Hals eines vernarbten Vaters! – Oh! nicht! In dieser Wut sind wir zwischen uns. Wut des Schwachsinnigen ist die Vergeblichkeit. Der Schwachsinnige ist der Verlierer. Wer seine Füße verliert, wird sein Herz brechen.

[Aus der Pariser Ausgabe der *Souvenirs,* Band VII, 1855.]

Sehr gut! Warum ist Triboulets Leben nicht so lang wie Ihres? Glauben Sie nicht, dass der Vater, dem man seine Tochter geraubt hat, dem König nicht so viel zu sagen hat wie Sie, ein Dichter, der nicht einmal so viel gestohlen hat wie Alexander dem Zyniker Diogenes, nämlich seinen Anteil am Sonnenschein?

[Aus der Pariser Ausgabe der *Souvenirs,* Band VII, 1855.]

Ich werde die Verpflichtungen einhalten, die ich eingegangen bin, meine Herren. Diejenigen in Autoritätspositionen, denen daran gelegen ist, dass diese Diskussion mit Würde und Ordnung geführt wird, brauchen keine Angst vor mir zu haben. Ich empfinde weder Zorn noch Feindseligkeit. Nur, da die Polizei einer meiner Zeilen eine Auslegung gegeben hat, die nicht zutrifft und die ich nie im Sinn hatte, erkläre ich das für eine Unverschämtheit und beleidigender sogar den König als mich, den Dichter. Ich möchte, dass die Polizei ein für alle Mal versteht, dass ich keine Stücke mit doppelter Bedeutung schreibe. Lassen Sie sie das vollständig verstehen, denn ich werde nicht noch einmal auf die Frage zurückkommen.

[Aus der Pariser Ausgabe von *Souvenirs* , Band VII, 1855.]

Als Bonaparte Konsul und Kaiser war, strebte er auch nach Despotie, aber er handelte anders. Er tat es kühn und offen. Er bediente sich keiner der elenden kleinen Vorsichtsmaßnahmen, mit denen heute alle unsere Freiheiten manipuliert werden, die älteren ebenso wie die neueren, die von 1830 ebenso wie die von 1789. Napoleon war weder schlau noch ein Heuchler; er betrog uns nicht eins nach dem anderen um unsere Rechte, unter dem Deckmantel unserer Schwäche, wie es heute geschieht. Napoleon nahm alles auf einmal, mit einem einzigen Sprung und im Alleingang. Der Löwe hat nicht dieselben Methoden wie der Fuchs.

Das, meine Herren, waren großartige Zeiten! Das Kaiserreich war sowohl in seiner Regierung als auch in seiner Verwaltung zweifellos eine Epoche unerträglicher Tyrannei; aber wir sollten nicht vergessen, dass der Verlust unserer Freiheit größtenteils durch Ruhm wettgemacht wurde. Die Haltung Frankreichs war damals, wie die Roms unter Cäsar, unterwürfig und würdevoll zugleich. Es war nicht das Frankreich, wie wir es uns wünschen, ein freies Frankreich, das unabhängige Herrscherin seiner selbst, sondern Frankreich, das Sklave eines Mannes und Herrin der Welt war.

Dann wurde uns zwar unsere Freiheit genommen, aber uns bot sich ein erhabenes Schauspiel. Uns wurde gesagt: „Ich werde an diesem oder jenem Tag und zu dieser Stunde diese oder jene Hauptstadt betreten"; und wir betraten sie tatsächlich an diesem Tag und zu dieser Stunde. In seinen Vorzimmern drängten sich alle möglichen Könige gegeneinander. Eine Dynastie wurde mit einem einzigen Erlass des *Moniteur entthront*. Wenn jemand Lust auf eine Säule hatte, musste der Kaiser von Österreich die Bronze dafür besorgen.

Ich gebe zu, dass das Schicksal der französischen Komödianten ziemlich willkürlich geregelt wurde, aber die Regulierung kam von Moskau. Wie gesagt, sie nahmen uns alle Freiheiten, schufen ein Zensurbüro, zerrissen unsere Bücher, rissen unsere Theaterzettel von den Wänden; aber auf alle unsere Beschwerden hatten sie die großartige Antwort parat: Marengo! Jena! Austerlitz!

Ich wiederhole, diese Tage waren großartig; heute sind wir kleinlich. Wir gehorchen wie damals einem willkürlichen Willen, aber wir sind keine Riesen mehr. Unsere Regierung ist nicht darauf angelegt, eine große Nation über den Verlust ihrer Freiheit hinwegzutrösten. In Sachen Kunst verunstalten wir die Tuilerien; in Sachen Ruhm lassen wir Polen untergehen. Das hindert unsere mickrigen Staatsmänner nicht daran, mit der Freiheit umzugehen, als wären sie für Despoten geschaffen; oder Frankreich mit Füßen zu treten, als wären ihre Schultern stark genug, um die Welt zu tragen.

———————————

[In der Pariser Ausgabe der *Souvenirs*, Band 8, 1835, endet Dumas folgendermaßen:—]

„Möchten Sie nun eine Vorstellung vom französischen Witz im Jahr 1825 haben?"

„Wie meinen Sie das? Ändert sich denn der französische Witz?"

„Gewiss! Alle zehn oder fünfzehn Jahre; so ist es ewig."

„Dann sind geistreiche Menschen Ihrer Meinung nach nur zehn Jahre lang klug?"

„Geistige Menschen sind ihr ganzes Leben lang klug, zum Beispiel Voltaire und M. de Talleyrand. Aber ihr Witz wechselt seine Form, wie eine Schlange ihre Haut wechselt, oft um eine brillantere anzunehmen, als sie abgelegt hat."

[Und dann druckt er zwanzig Seiten mit Auszügen aus einer Zeitung von 1825 als Beispiele für „Esprit".]

Erster Brief des armen Mannes
an Herrn, den Präfekten * * *

MONSIEUR LE PRÄFET – Ich nehme mir die Freiheit, mich an Ihre Erinnerung zu klammern; Auto, Sie ignorieren nichts davon, denn seit ich in der Stadt Toulon bin, habe ich nicht einen einzigen Augenblick lang die Ehrenämter unterbrochen, die mir anvertraut wurden. Als ob Sie sich jedoch jemals geirrt hätten, würde ich Ihnen ein kleines Bild meiner physischen und moralischen Existenz zeigen.

Ich rufe *** an. ja, Herr Präfekt, von ***! Mein Name steht vor dem Partikel und ich war manchmal mit einer dunklen Muscheltasche bedeckt ... Aber danke! Sie werden wie ich in dieser Welt sparen, weil Sie nichts zu sehen bekommen? Revenons à mon portrait. – Ich bin weder groß noch klein, weder schön noch flach; Ich bin einer dieser Leute, die mir leicht gefallen sind, weil sie in unserem Staat einen großen Vorteil haben, selbst wenn wir ihn ständig erkunden. Wir erinnern uns, dass wir in sehr entsetzlichen Szenen aufgetaucht sind. Die Natur ist mir einer dieser schrägen Wünsche schuldig, die der Gewöhnliche als *Lüge bezeichnet,* aber wir wissen andere Schätze zu schätzen. Auto, wenn Sie in der Luft sind und eine Seite betrachten, gehen Sie zum Anderen. Mein Seelenfrieden hat sich sehr entwickelt, und in einem Gespräch hat sich ein Wort nicht geändert. Schließlich ist meine Wirbelsäule übermäßig weich. das, was mir bei dieser Gelegenheit von großem Nutzen war ... Was die Moral betrifft, so habe ich das einnehmendste Wesen der Welt: Ich bin politisch, umgänglich, selbstgefällig und habe die größte Schmeichelei hoher Grad; ich dringe in das Innere der Familie ein, ich durchdringe die Repliken der verborgensten Teile des Menschenherzens: ein Blick, ein halbes Wort, ich gehe auf den Weg, und wenn ich alles durchdringe, alles durch meine Wissenschaft, ich nichts dergleichen gefunden, also habe ich es erfunden!

Dank dieser Vereinigung glücklicher Menschen schätzen Sie die Freude, die mir die Arbeit bereitet. Aus diesen Worten wird deutlich, dass es sich um ein verlorenes Thema mit gutem Grund handelt ... verstehen Sie? einer Ihrer Agenten, der mir mitteilen könnte, schlägt mir vor, in die Großbrüderschaft einzutreten; ich akzeptiere, und dieser neue Zustand dient nicht der Entwicklung meiner Natur. ich wurde schon des Falschen beschuldigt! Ich bin ein guter Lieferant, ein Intrigant und möchte mit einem meiner Mitbrüder aus Montrouge zu meinem Vorteil reden …; es ist mir unmöglich, ihn zu widerlegen: Justiz und Gerichte kommen in all diese kleinen Interessen leider nicht hinein. es ist kein Spaß, sie zu jammern. Ich bin zu Tode verurteilt wegen meiner jahrelangen Zwangsarbeit. Was für eine Demütigung für einen Agenten der Autorität!

Ein Mann kam in dieses riesige Unternehmen, … das der Gesellschaft tatsächlich enorme Dienstleistungen bietet, und wer sonst noch jemanden braucht, der auf uns achtet, ist gut dran … meine Figur ist nur für den Polizeiinspektor ; Er hat mir Talente gegeben, die mir zusagen. Schade, dass ich nicht wusste, ob ich einem undankbaren Land mehr dienen konnte. Die Menschenfreundlichkeit, der Wunsch nach allgemeinem Wohl usw. usw. entscheiden für mich. aber danke! Quelle der Dekadenz, Herr Präfekt! wurde reduziert, um die Moral und Politik der Galerien zu würdigen … Ich werde diesen wichtigen Status in der besten Gesellschaft ausüben! Ich glaube, das ist sehr enttäuschend. Außerdem sind die Chefs nicht alle gleich … Weniger bekannt ist in der Hauptstadt, wo die Fristen gelten. Sie werden sich an die Behörden wenden, auch an die Regierung, denn Sie werden sich vor Gericht gegen *Mouchards* wenden … Wenn wir uns beschweren, wenn wir über unsere Nützlichkeit sprechen, werden wir mit schlimmeren Instrumenten verfahren! Und schließlich, Herr Präfekt, wird es nie geschehen. Zum Glück werden Sie sich für mich interessieren, damit ich so gut wie möglich von diesem Übeltäter ablenke und es mir erlaube, die Mittel zu ergreifen, um eine Karriere fortzusetzen, die ich gerne mit Ehre und dem Glauben an Sie ausüben würde. Wünsche; Auto, ich habe von der Zeit profitiert, die ich hier verbracht habe. Ich habe durch List und Täuschung vernünftige Fortschritte gemacht. ich habe viele Adressen angegeben, die ich diesen Herren gegeben habe, und ich habe ein Konto, das ich nutzen kann, nicht für mich, sondern für die Allgemeinheit.

Sehen Sie, Herr Präfekt, ich gebührt Ihnen alle Ehre, Ihre Wertschätzung und Ihr ganzes Vertrauen. Meine Talente wurden erweitert; Ich habe die Auszahlung anhand von Fakten analysiert und bin sicher, dass mein vergangener Kontakt eine Garantie für meine zukünftige Treue sein wird, die mich davon abhält.

Bitte lassen Sie mich Ihre Anweisungen befolgen und lassen Sie mich dies beim Ausgehen aus der Tasche tun.

Ich habe die Ehre des Lebens, Herr Präfekt, mit der Berücksichtigung der angesehensten Persönlichkeiten, Ihres sehr bescheidenen Dieners, des

armen
Mannes

ZWEITER BRIEF DES SCHLECHTEN MANNES
*An Herrn, den Präfekten * * ***

HERR DER PRÄFET – Ich habe Ihre neuen Befehle erhalten und bin Ihnen
dankbar, dass ich mich an diesem entsetzlichen Bösewicht ergötzt habe, weil
ich mich des Todes geirrt habe. mein Auto ist völlig vertauscht. Ich habe die
Uniform abgelegt und meine rote Mütze für ein *Dreivierteljahrhundert*
gewechselt . .. Oh! Verzeihung, Herr Präfekt ... Verzeihung! das ist schade! ...
Denken Sie nicht, dass ich diesen ehrenwerten Herrn von V* * *, unseren
Vater für alle, unseren guten Vater, beleidigen würde! denn das ist es, was er
all unseren kleinen Ausgaben schenkt, deinem geheimen Haushaltsplan...
Aber dieser Ausdruck ist universell gültig, das ist entschuldbar.—Ich habe
also dieses rote Haus verlassen, das ist mir egal, für eine zerbrochene Farbe
des Mouche-Ails: das ist dein letzter Goût; anstelle dieses großen Riemens,
den ich an den Pfosten befestigt habe (wobei dieser hier, zwischen uns,
keinen gemeinsamen Sinn hat), habe ich nur einen Finger, einen großen
Finger, auf dem ein Loch ist, das nicht Es ist nicht die Absicht der
Vorsehung. Mein Pass ist in Ordnung ... „Ich akzeptiere den Schutz und die
Erlaubnis des Besitzers ...“ Es ist wahr, dass ich nur wenige Besitztümer habe
und dass ich nicht mehr als das habe. alles, auch wenn es sich nicht um einen
Blumentopf mit einer Rose handelt ... was ich zur Zeit meines Unfalls dem
Wohl eines Freundes anvertraut habe. aber ich bin meine Branche, Ihr
Schutz, und das ist eine Kleinigkeit!

Ich bin unterwegs, um ... zu ficken. Ich werde Ihnen helfen, einen kurzen
Bericht über meine Reise zu erstellen.

Mir ist die Sorgfalt am wichtigsten, denn für unsere anderen Beobachter ist
das Theater größer und die Szenen abwechslungsreicher. Ich hätte mir sehr
gewünscht, die linke Münze zu haben, wegen meiner Schulter. aber der Ort
war teuer: er hat mich mit der rechten Seite zufrieden gegeben. Vor meinen
Augen sind zwei große Militärs mit schnauzerartigen Schnurrbärten zu
finden. Ich sage es nicht, aber ihr Aspekt ist mir wichtig ... ich kann ihre
Meinung nicht unterstützen.... An ihrer Seite befindet sich ein Junge; und ich
bin bereit, einen großen Herrn und eine große Dame zu begrüßen. Ich
beginne damit, so zu tun, als würde ich schlafen, obwohl das nichts zu
verstehen gibt und was mir ehrliches Vertrauen einflößt.

Die beiden Militärs parlieren mit tiefer Stimme. die Worte: *Inhalt.* ... *Nehmen Sie ihren Dienst an* usw. usw. und hören Sie mir aufmerksam zu. ich weiß, dass es eine Zeit lang nicht geschlafen hat, ich war vernarrt in ihn. ich versuche, durch diese kleinen Ungereimtheiten die Beherrschung zu verlieren, denn wir glauben nicht, dass Verschwörungen leicht sind ... Unmöglich! ich bin gezwungen, es zu versuchen. Es ist sehr gut, darüber nachzudenken. ... Hören Sie sich unser Gespräch an.

– Sind diese Herren im Dienst?

—Wir und Editionen.

– Haben diese Herren den Dienst freiwillig verlassen?

—Ja, Monsieur.

– Diese Herren sind gut beraten. Auto, in der Zeit, in der wir sind, hilft das! wie wird der Wert belohnt? ... Ich glaube, ich werde mit dir reden ...

—Monsieur, ein Servi?

– Viel Glück, Monsieur! viel! das Einzige, was ich nicht wollte, war … und Gott sagte, ich sei belohnt worden!

– Wir, Monsieur, haben kaum etwas anderes gewählt. Wir leben in Griechenland. wir schenken unseren Brüdern und Schwestern unser Lob; akzeptiere es, und wir zahlen nichts … Wir werden nie ermordet! Also, wir haben dieses unheilbare Land verlassen und werden dem König in unseren Reihen dienen.

– Sehen Sie, Herr Präfekt, es wird nie gelingen, diese Seite zu erreichen.

Ich habe mich an den Pfarrer gewandt.... Hören Sie noch einmal zu.

– Herr Pfarrer, wird er seiner Pfarrerin beitreten?

—Ja, Monsieur.

—Die Pfarrerin von M., der Pfarrer ist beachtlich?

– Nein, Monsieur.

– Müssen die Ernennungen des Pfarrers also eher mittelmäßig sein?

—Ja, Monsieur.

– Aber das ist schade, die mittelmäßigen Ernennungen! Wie soll ich verstehen, dass der Geistliche den Thron unterstützt, wenn auch auf Kosten des Vaters?

—Monsieur, das ist mir einfach egal; Auto, ich habe noch mehr darüber herausgefunden, wie man einige Unglücksfälle behebt.

– Aber, Herr Pfarrer, kümmern Sie sich um das Unglück, ohne Zweifel ist es besser. aber müssen Sie ein Leben voller Entbehrungen führen?

– Monsieur, ich habe Wohltätigkeit und Demut zu schätzen gewusst: ich bin meinem Herzen treu.

– Aber, Herr Pfarrer, ich weiß von den Einwohnern von Montrouge, die dieses Gefühl auch erkannt haben, und das wird nicht vergehen …

– Monsieur, ich lebe nicht in Montrouge. ich bin ein ehrlicher Mensch, mein Lieber, und ich sage: „Gott segne mich, ohne mein Haar."

Mit diesen Worten bleibt es kurz zu lesen.

Er lässt mich nicht darauf hereinfallen, den großen Herrn und die große Dame auszubeuten. es brennt für meine liebe, liebe …

Ich habe den Teil genommen, um den Großen Herrn zu sehen, der ihn gebeten hat, zu dieser Stunde zu kommen: Er hat mir gesagt, ich solle es ziemlich höflich sagen; aber es wurde angekündigt und genau das will ich. Ich beteilige mich an dem Gespräch und erfahre, dass es gewählt wurde … Wählt! hein! Herr Präfekt … Wähler! quelle mine! … Eh bien, pas du tout. Hören Sie noch einmal zu.

– Können Sie wissen, was passiert ist, Herr Wähler?

—Meine Güte! Monsieur, von der guten Seite.

—Kommentar, Monsieur? wie weiter?

– Und wann ist das so? … Wo findet sie die Liebe des Königs und eine gerechte Freiheit?

Und drei! … Sie werden verstehen, Herr Präfekt, dass es zu viel Ärger gibt, wenn man es auf eine kostbare Zeit verliert. Um dies zu verhindern, muss ich außerdem den Bericht erhalten, dass ich die beiden großen Militärs an Bord überwachen werde. Es zielt auf den König, das ist gut. sie sind mutig, das ist sehr gut. aber sie bekämpfen die Türken, und das ist verdächtig. – Und dieser Bursche, der sich gut fühlt, der nicht in Montrouge wohnt … das ist verdächtig! sehr verdächtig! Schließlich genügt es aber nicht, Gott und seinen Nächsten zu lieben: man muss wissen, dass man ihn respektieren muss. – Ganz im Gegenteil, Monsieur, er wird ein Goguenard-Flugzeug mit seiner *guten Seite genießen!* Die große Dame einer bestimmten Epoche, in der sie Hunde verband, hat sich gefangen: Ich habe das für eine Person gekauft. Also, wenn Sie mich vermissen, werden wir jedes Auto anprangern. wenn nichts Schlechtes passiert ist, kann nichts Gutes passieren. Sie werden sehen … wir bleiben unseren Grundsätzen immer treu.

Wir sind bei *** angekommen. Ich beachte die neuen Anweisungen.

Ich habe die Ehre des Lebens usw.

Der Mann mit dem Mouche

DREI BRIEFE DES SCHLECHTEN MANNES
An Herrn Präfekten * * *

HERR DER PRÄFET, ich habe Ihre neuen Bestellungen erhalten, die inzwischen bei *** angekommen sind. Ich habe mich auf eine Art Kommodenart eingelebt und bin froh, dass ich in einem sehr schönen Schrank, in dem ich *arbeite, gelandet bin*. Ich habe es geschafft, am Tisch zu sitzen, aber das kann man gut *beobachten*. Das Theater ist nicht sehr schön. aber es ist besser, wenn es nur einen Teil davon gibt.

Ich weiß, dass mir die ganze Sichtweise der Schauspieler nicht gefiel.

Ich empfehle Ihnen, vor allem ein erbärmliches Drama zu verteidigen, in dem es um einen Spion geht. das ist nichts, was mir eine Anspielung eingefallen wäre, aber es ist egal, ich möchte dieses Schauspiel nicht mit den Augen sehen. Tatsächlich ist das Stück unmoralisch, sehr unmoralisch!

Mir ist hier eine wirklich bizarre Szene passiert, die aber beweist, dass Ihre Angestellten und meine Kollegen sich alle Mühe geben werden.

Ich bitte Sie um Erlaubnis, unser Gespräch und die Überlegungen, die wir zu unseren gegenseitigen Antworten anregen, wiederzugeben. von meinem Mitbruder, ich habe sie in Siennes benachrichtigt.

Ich ging ins Café und nahm meine kleine Tasse, weil mir das Ideen gab und meine Vorstellungskraft wuchs. Denn Sie denken, wir hätten nicht zu viel Fantasie. Ich nehme also mein Café auf dem Tisch ein, der vor dem Fernseher steht ... ein ausgezeichneter Ort für einen Beobachter! Auf dass alles gut gehe, du wirst nie scheitern. er wurde vom Rohr kaum überdeckt und ging dank dieses Schutzes, ohne dass er es bemerkte.

Das Café war insgesamt schlecht zusammengestellt: von den Händlern, einigen Unteroffizieren und schließlich von den kleinen Leuten. Ich habe meine Zeit verloren, denn ein großer Herr der Ringe-Filme hat mir den Weg ins Café versperrt. diese Grüße, Beobachter, die ihm durch alle Sinne folgen; dann wählt er eine Tabelle auf einer ausklappbaren Münze und verlangt eine Stentor-Stimme ... Verdammt, Monsieur der Präfekt ... ich stecke Ihnen das Wort in die Kehle! Er fordert *das Verfassungsgesetz!* Ihnen ist klar, dass dies sehr verdächtig ist, wenn man eine Zeitschrift wie diese verlangt. Außerdem näherte ich mich einem Luftangriff und war sehr erfreut.

Hören Sie zu, Herr Präfekt. Dies ist eine Besonderheit einer Comedy-Szene.

DER SCHLECHTE MANN. – Monsieur, würde er mir nach ihm die Zeitschrift geben?

L'INCONNU.—Gewissheit, Monsieur, mit Vergnügen ... *(Zur Seite)* Voilà, ein Gaillard, der in den letzten Tagen eine ziemlich falsche Wahl getroffen hat! Versuchen Sie, das Gespräch zu beginnen ... (*Oben* .) Monsieur, es ist gut, wenn Sie sich Zeit nehmen! hat er ein anderes Tagebuch geführt? ...

DER SCHLECHTE MANN. – Monsieur, ich weiß, dass ich nicht weiß, was ich meine.

Das Unbekannte, *teilweise.* —Tödlich! was ich meine... Achtung! Dieser Mann ist verdächtig. (*Oben* .) Herr aus gutem Grund: Dies ist der Einzige, der gut denkt ... Nur brauche ich ein bisschen mehr Energie.

Der böse Mann, *teilweise.* – Aber das ist sehr ernst, sehr ernst! ... *(Oben)* Ganz sicher, Monsieur, ich brauche viel mehr Energie ... Wenn wir uns treffen, wird es schlimm, sehr schlimm ... Das ist nicht der Fall. das ist nicht wahr?

L'INCONNU.—Hm! Hm!

Der böse Mann, *teilweise.* – Ich fürchte, das ist klar! *(Oben.)* Gut, gut! je le crois bien! dieser Herr von V***, zwischen uns, das ist einer ...

Das Unbekannte, *teilweise.* – Mehr Zweifel! *(Ober.)* Kommentiere also! und dieser Herr von C***, das ist ein Versager!

DER SCHLECHTE MANN, *zugegeben.* – Ich kann mich nicht über längere Zeit dazu entschließen, eine Sprache zu vertreten, die ebenfalls gegen die öffentliche Moral ist ... *(Oberer)* Monsieur, ich bin allein, aber ich habe eine traurige Aufgabe, mich zu erinnern ... Ich möchte Sie umarmen, Ihre Denkweise ...

L'INCONNU.—Eh bien, Monsieur?

L'HOMME-MOUCHE.—Eh bien, monsieur, je vous arrête!

Der Unbekannte. – Monsieur, genießen Sie es nicht mit ebenso heiligen Dingen! In diesem Augenblick bin ich selbst bereit, Sie aufzuhalten.

L'HOMME-MOUCHE.—Kommentar! m'arrêter? ... Monsieur, wissen Sie, dass dieses Zeichen respektabel und respektiert ist? Kennst du ihn?

Der Unbekannte.—Wer? Ist es Ihnen ernst? ...

DER MANN, DER SCHLECHT. – Wie Sie sagen!

Der Unbekannte, *zeige die Karte.* – Der Rundgang ist bezaubernd! ...

L'HOMME-MOUCHE.—Kommentar! bist du auch ein M...?

L'INCONNU.—Parole d'honneur ... foi d'honnête homme!

DER MANN MIT MUND. – Berühren Sie mich, Monsieur! Ohne Sie zu schmeicheln, werden Sie charmant sein: eine Wiedervereinigung mit mehr Geist, Finesse und Durchdringung ist unmöglich!

Das Unbekannte. – Und so! wie Sie das Wort von Zeit zu Zeit aufsagen!

DER SCHLECHTE MANN. – Und *deins! summen!* wie tiefgründig, wie ein Geist in deinem *Kopf ist!*

L'INCONNU.—Und dann, er muss es ertragen, Sie haben immer Ihre gute Gesellschaft gehabt: Ich beschäftige mich weniger mit einem braunen Höfling!

DER MANN, DER SCHLECHT. – Sie sind zu nachsichtig! ... Wenn Ihnen ein kleines Glas gefallen könnte, wären Sie sehr nachsichtig! ...

Der Unbekannte akzeptiert das kleine Glas und lässt mich an einigen kleinen Intrigen teilhaben, die ich ihm verraten habe.

Sehen Sie, Herr Präfekt, mit welcher Strenge wir uns im öffentlichen Interesse bewegen.

Ich nehme an neuen Aufträgen teil.

Ich habe die Ehre des Lebens usw.

Der Mann mit dem Mouche

VIERTER UND LETZTER BRIEF DES SCHLECHTEN MANNES
An Herrn, den Präfekten * * *

HERR DER PRÄFET – Ihnen ist der Unfall unterlaufen, der mich ins Kapital zurückdrängen ließ: Das begann alles ein wenig mit der Vernunft; nur sind die Zügel noch recht schwach ... Endlich keine besseren Vorstellungen! ... aber ich bin schön geschockt; eine große Dose wie die BHs! Ach! Himmel! ich habe es noch einmal krachen lassen ...

Gespräche über unsere Angelegenheiten.

Als ob in der Hauptstadt jeder Augenblick ein Beobachtungsthema wäre, würde ich Ihnen gerne einen kleinen Eintrag aus meinem Tagebuch schreiben.

Je me suis levé a neuf heures; ich habe mein kleines Brisquet genannt ... Was für ein guter Hund! was für ein schätzbares Tier! Herr Präfekt, Sie haben keine Idee. Übrigens, der *Bericht ist* sehr gut. es hat eine Nase ... was für eine Nase! er hat einen Verdächtigen an einen Ort in der Umgebung geschickt ... und er hat ihn höchstpersönlich verhaftet! ... das finde ich nicht schön.

Ich habe in einem Kabarett in der Rue Montorgueil gegessen. Ein Kabarett! direz-vous, herr der Präfekt; was für ein verrücktes Genre! ... Wie kann ein guter Mann ein totes Telefon häufig hören? Gut, enttäusche dich: Dieses Kabarett ist einer der eleganten Treffpunkte der jungen Leute im Café de *Paris*, wo es fröhliche und frische Trauben und Weißwein gibt. Ich warte auf einige Minuten. Soll ich mir nicht die Mühe machen, meine Aufmerksamkeit zu erregen, denn ich habe das Geräusch auf der Treppe bemerkt und sehe, wie vier junge Leute auf mich zukommen. sie lassen ein kleines bisschen nach: ihre Toilette ist nachtwäsche... Ich bin es: sie sortieren nach Ball, Spiel usw. usw. Ausgestopft.

—Was verlangen wir von Ihnen?

– Von den Hütten, dem Weißwein und einer Holzsuppe.

—Keine andere Wahl?

- Das ist nicht zu verachten ... Also, mein Lieber, ich sage Ihnen, wann Sie diese ehrlichen Häuser schließen müssen, damit Sie Ihr Silber behalten und die Meister das Produkt nicht mehr brauchen. du Fackel! Tatsächlich ist es, wenn überhaupt, sicher, dass man eine gute Gesellschaft findet ... bei Männern; aber jetzt, was möchten Sie sehen? Von den gefräßigen Leuten, von den Frickeln und nur von den Mouchards!

Das ist mir egal, Herr Präfekt.

Die Unterhaltung dreht sich um Frauen, Pferde ... den üblichen Wortschatz dieser Herren. Sie werden sich voraussichtlich zum Opernball verabreden.

Ich mache einen Rundgang durch die Tuilerien und die Champs-Élysées ... Sehen Sie, ob es mir nicht schwerfällt, eine Hose zu tragen ... oder einen Hut aufzusetzen. Ja, Herr Präfekt, haben wir uns nicht mit den politischen Gewändern befasst: den Quirogas, den Bolivarn usw.? Ich erinnere nicht an einen großen Herrn in *drei Cent* . ich bin gerade dabei, ihm etwas Aufmerksamkeit zu schenken. aber ich weiß, dass er aus der Provinz kommt ... Also habe ich gesehen, dass er ohne politische Absichten frisiert war.

Ich bin an der Börse: Es ist wie im Alltag bei gescheiterten Unternehmern so, dass die Leute drei- oder viertausend Dollar an Miete verkaufen und zum Abendessen sofort untergehen!

Fünf Stunden Sonne. Ich esse *Englisch*. Was für eine Enttäuschung für einen Beobachter! Ich bin angekommen, ich habe nur mich gefunden; ich befürchte, dass das Huhn ankommt: Es sind keine Leute da, außer einem

Herrn, der ein Hähnchen à la Marengo und eines anderen ein Eintopf à la Colbert verlangt ... à la Colbert! es kommt mir vor, als wäre dies eine kleine Beleidigung für Herrn von V***. wir vererben. Aber da sie allein sind, kommt kein Gespräch zustande.

Ich bin von Natur aus bei Variétés. Reich an Marquant. Ein mauvaise-Tag, Herr Präfekt. sie wird es bald ändern. Allerdings denke ich, Sie haben eine außergewöhnliche Entscheidung getroffen: Ihren Herrn Odry mit seinem Gendarmenlied! Aber das ist direkt, das, Herr Präfekt, das ist direkt ... Die Gendarmen gehorchen nicht dem Drang ihrer Frau. dieser Antrieb wird von jemand anderem erzeugt. Montieren Sie es an die Quelle und Sie werden merken, dass es für M. Odry nicht heilig ist!

In gewisser Weise bin ich in einem Spielzimmer. Er wird diese Enden nicht beobachten (auch wenn es sich um einen von denen handelt, die ich ausrufe, nicht darum, was ich für meine Zeit tue), aber die Croupiers usw. sind unsere Mitbrüder. .. Aber plötzlich ist der junge Mann da und wird zum ersten Mal erscheinen... Er schrumpft, dreht sich um, seine schüchternen Augen laufen herum und zittert, als er einen Blick aus der Nähe sieht. seine Sicht ist völlig abgeschottet von der Bank... Wenn nicht, dann der Austreiber, dann der Verlust des Goldes, die Frucht eines verpfuschten Wucherers!...

Der Bankier, ich appelliere; Anpassung, es wird erwartet, dass einer dieser jungen Leute hereinkommt.

— Mein lieber Gott, ich sage es Ihnen (ich kenne diesen Banker sehr gut, wir bieten alle unsere Dienste an) , dieser junge Mann hat viel Gold verdient! meine Anerkennung ist günstig; aber er ist ängstlich, er versucht das Glück eines zitternden Mannes zu ertragen. Nehmen Sie das Beispiel; verabreden Sie sich mit diesem kleinen Service; Auto, du sparst, du und wir, das ist alles. Nehmen Sie diese zehntausend Francs; spiele wie du willst; Vergiss es, gib mir das Beispiel und mach es zunichte!

Ich kaufe die Scheine ... Der Banker wartet darauf, die freundliche Kugel auszuwerfen. Der Mitbruder hat einen Zettel mit der Aufschrift: das ist wie ein Pistolenschuss und ...

(Hier ist das Manuskript unterbrochen; siehe den nächsten Brief:)

MONSIEUR LE PRÉFET – L'Homme-Mouche n'est plus! ein furchtbarer Unfall war bei der Ankunft passiert! Der Bankier wird die fatale Roulettekugel werfen; aber in dem Moment, in dem seine Kraft reichte, nahm er den Antrieb an, sie schüttelte den Kopf, riss unseren unglückseligen Freund auf den Kopf und er wurde in seinen Armen gestorben, Opfer seiner Zuneigung, die er zu verlieren hatte.

Was für ein Mensch, Herr Präfekt!

Ich schicke Ihnen zusammen einen Brief, seine Karte, seine Medaille usw. usw.

Wenn Sie Vertrauen in mich haben, weil ich ihm seinen Platz gewähre (weil er mir einen Platz einräumt), sehe ich Sie in der größten Verpflichtung ... Es ist nur so, dass ich in den Berufen und ... stecke. Es ist auch ziemlich hoch, dass es kaputt ist, also muss ich es ersetzen.

Ich habe die Ehre des Lebens usw.